마태복음 해설서

강조성경

마태의 시선으로 예수님을 만나다

| 장인식 지음 |

쿰란출판사

추천사

설교자로 살아오는 동안 가장 큰 숙제는 성경을 기록한 저자의 의도대로 이해하고 해석하는 것이었다. 마태복음을 그 기록자인 마태가 기록한 의도대로 설교하려는 노력을 했다는 뜻이다. 이런 노력에 큰 영감을 주는 저술을 한 저자에게 감사한다.

영문학적 든든한 기반을 가지고 신학을 공부한 저자는, 성경을 바르게 이해하도록 꾸준히 저술 활동을 해왔다. 그런 모습에 고개를 숙인다. 이번에 발간되는 저서는 정년을 앞당겨가면서까지 연구에 몰두한 결과이다. 그만큼 열정을 쏟아 부은 이 책이 마태복음을 바르게 공부하고 이해하려는 모든 독자에게 매우 큰 도움을 주리라 믿는다. 부디 이 책을 대하는 독자들이 2천 년 전의 '마태'를 현재적으로 만나게 되기를 바라는 마음 간절하다.

김 관 선

[산정현교회 담임목사, 대한예수교장로회(합동) 교단지 〈기독신문〉 주필]

추천사

세계적으로 스테디셀러의 자리를 공고히 유지해 온 성경이지만 원문을 번역하고 해석하는 과정을 거칠 때 유용성이 확보되는 법이다. 내용을 제대로 이해하지 못할 때, 오해와 무지의 숲에서 헤맬 수밖에 없기 때문이다. 그래서 번역(translation)과 주해(exegesis)는 복음 증언과 교회를 세우는 중요한 토대일 수밖에 없다.

영문학자이며 신실한 평신도 대표로 헌신한 저자가 마태복음의 문학적인 차원을 꼼꼼히 살피면서 역사적이고 신학적인 의미까지 세심하게 연구한 결과를 반영한 필생의 역작(力作)을 내놓았다. 본서는 로더럼(Joseph B. Rotherham)의 기념비적인 『강조 성경』(*Emphasized Bible*)에서 마태복음을 번역한 후, 충실한 주해를 직접 곁들인 해설서다. 저자가 마태복음을 읽으면서 난해하거나 오해할 여지가 있다고 판단되는 구절과 단락 등을 자세히 설명하여 독서의 즐거움을 배가시킬 뿐 아니라 원저자의 기록 의도를 확인하도록 이끈다.

저자가 번역 주해한 『강조 성경, 마태의 시선으로 예수님을 만나다』는 마태복음의 내용과 신학을 파악하도록 심혈을 기울였는데, 본문의 명료한 이해만이 영적 성숙과 말씀에 관한 정확한 이해를 확보할 수 있다는 저자의 신념과 열정에 근거한다. 본서는 한국교회의 강단과 성도들에게 끼칠 영향이 매우 클 뿐 아니라 마태복음 이해를 위한 주요 해설서라는 명예로운 지위를 오래도록 차지할 것이다.

윤 철 원

(서울신학대학교 신학대학원 신약학 교수, 한국신약학회 24대 회장 역임)

프롤로그

성경 구절 강탈, 이 용어는 국제성경협회의 존 던햄이 성경 구절 남용을 경고하기 위해 만든 신조어다. '차량 강탈'이란 말에서 착안한 이 용어는 성경 원저자의 의도와 무관하게 본문의 문맥에서 벗어나 성경 구절을 적용하는 것을 가리킨다. 이 신조어는 설교자와 평신도들이 성경의 주인인 하나님과 인간 저자의 뜻을 거스르며 자의적으로 성경 구절을 적용하는 사례가 많다는 점을 시사한다. 그런데 불행히도 '차량 강탈 사건'과는 달리 '성경 구절 강탈 사건'은 항상 성공한다. 성경의 원저자가 그것을 제지할 수 없기 때문이다 (Schultz, 227).

성경은 하나님의 메시지를 선포하는 경전이다. 성경 저자들은 하나님의 대언자로서 구문, 단어, 문맥 등을 활용하여 그분의 메시지를 전달한다. 이런 점에서 성경 저자의 말은 하나님의 말씀이며, 그들의 의도는 바로 하나님의 의도다(길성남, 72-73). 따라서 성경 읽기와 연구의 가장 중요한 목적은 성경 원저자가 의도한 의미를 찾는 것이어야 한다. 이것은 어떤 성경 본문을 읽을 때든지 반드시 제일 먼저 밟아야 할 단계다. 만약 성경이 단지 위대한 문학작품이라면 우리는 나름대로 해석할 수 있다. 그러나 하나님의 계시라는 진리를 믿는다면, "본문에서 하나님이 의도하신 의미는 무엇인가?"라는 질문을 던지고, 이에 답해야 한다(Duvall, 277).

히브리어 헬라어 성경을 읽는 상황이 아닐 경우에, 성경 저자의 의도를 파악하려면 적어도 번역에 차이가 있는 여러 개의 역본을 활용하는 것이 가장 바람직하다(Fee, 37). 어떤 역본도 완벽하지 않고 '번역'은 언제나 '해석'이기 때문이다(Peterson, 286). 성경의 언어인 히브리어나 헬라어는 우리말 어순과 정반대일 때가 많다. 하지만 서양 언어들은 히브리어나 헬라어 어순과 거의 비슷하기에, 좋은 번역본과 대조하며 읽으면 훨씬 쉽고 분명하게 읽을 수 있다. 역본을 대조하며 읽는 작업은 주석을 읽는 것보다 더 중요하다. 다양한 영어성경 역본은 성경의 강조점을 찾는 데 아주 유용하다(이연길, 136). 특히 히브리어나 헬라어에 익숙하지 못한 사람에게는 원문을 글자 그대로 번역한 '축자역 성경'이 그 의미를 이해하는 데 도움을 준다.

사복음서는 예수님의 모습을 그린 네 점의 초상화이고, 복음서 저자들은 초상화가와 같다. 그들은 예수님에 관한 자료를 취사선택하고 그 자료를 자신의 방식으로 결합하여, 예수님 생애의 특정 측면을 강조한다(Green 1988, 77). 공관복음인 마태복음, 마가복음, 누가복음에는 중복되는 내용이 상당히 많다. 마가복음 661개 절 중에서 90% 정도는 마태복음에 있고, 누가복음에도 대략 절반 정도가 있다(Burridge, 35).

그렇다면 성경에서 유독 복음서만 네 권인 이유는 무엇일까? 그것은 예수님의 생애를 각기 다른 네 개의 버전으로 읽으며 차이점과 거기에 담긴 저자의 의도를 찾아내라는 뜻이다(Kaiser, 72). 물론

복음서 저자들 중 어느 누구도 자신의 복음서를 다른 복음서와 비교하며 읽기를 기대하지는 않았으리라. 그럼에도 불구하고 하나님은 정경 안에 '네 권의 복음서'를 허락하셨다. 이는 복음서의 병행구들을 대조하여 각 복음서의 독특성과 상호 관련성을 찾게 하고, 결국 이를 통해 예수님을 온전히 이해하게 하기 위함이다(Fee, 159-60).

복음서의 통일성과 다양성, 그리고 성경 원저자의 의도를 제대로 파악하려면 '수직적 읽기'와 '수평적 읽기'를 동시에 해야 한다(Pennington, 431). 사실 이 방법이 하나님이 의도하신 대로 복음서를 읽는 방법이다. '수직적'으로 읽는다는 말은, 각 복음서를 하나의 문학작품으로 보고 저자가 어떻게 내러티브를 구성하고 이야기를 전개하는가에 초점을 두고 읽는 것을 뜻한다. '수평적'으로 읽는다는 말은, 동일한 내용을 담고 있는 다른 복음서의 구절(병행구)과 비교하며 읽는 것을 의미한다. '수평적 읽기'는 각 복음서의 특징을 찾을 때 아주 유용하다. 하지만 이때 특정 복음서에 없는 정보를 병행구에서 가져다가 무조건 채우려는 시도는 삼가야 한다. 성령의 영감으로 기록된 각 복음서의 독특성이 소멸되기 때문이다. 수직적 읽기와 수평적 읽기는 항상 균형 잡힌 긴장 속에서 이루어져야 한다.

이 책은,

첫째, 그리스도인 누구나 마태복음의 흐름과 각 구절의 정확한 의미를 최대한 쉽게 이해할 수 있도록 쓴 책이다.

둘째, 영국의 성서학자인 조셉 로더럼(Joseph B. Rotherham) 목사가 1902년에 출간한 『강조 성경』(*Emphasized Bible*)에서 '마태복음' 성경 본문을 번역하고, 필자가 한 절씩 주해한 책이다. 이 역본은 히브리어 헬라어 성경을 '축자역'으로 번역한 대표적인 성경이다.

셋째, 마태복음 헬라어 원문에서 강조된 부분과, 왜 그 부분이 강조되었는지 설명하며 성경 저자의 의도를 찾는 데 초점을 둔다. 성경 원문의 강조점을 제시하며 그 이유를 설명한 이러한 시도는 국내에서 이 책이 처음이다.

넷째, 마태복음을 수직적, 수평적으로 읽으며 마태복음의 고유한 메시지를 찾는다. 아울러 70여 권의 전문 서적과 30여 종의 영어성경 역본을 참고하며 각 구절의 의미를 드러낸다. 마태복음 책 한 권을 수직적, 수평적으로 읽는 시도 역시 지금까지 국내에서 없었다.

다섯째, 기존의 성경 주석과는 다르게 편하게 읽을 수 있도록 정리하였고, 개역개정판의 미흡한 부분도 해당 구절에서 지적하였다.

조셉 로더럼 목사가 번역하여 출간한 『강조 성경』은 수십 종의 영어성경 중에서 가장 독특하다. 이런 종류로는 유일하다. 이 역본은 헬라어 성경을 '문자적'으로 번역하고, 성경 저자가 강조한 부분을 표시하여 저자의 의도를 파악하는 데 큰 도움을 준다. 헬라어 원문이 단어의 위치, 반복, 명사나 대명사의 사용 등을 통해 강조한 부분을 특수 기호를 사용하여 '네 단계'로 나누어 보여준다.

이 역본이 원저자의 의도를 파악하는 데 얼마나 큰 도움을 주는지 간단한 예를 통해 살펴보자. 예수님이 한 '중풍병자'를 고치신 기적은 공관복음에 기록되어 있다(마 9:1-8; 막 2:1-12; 눅 5:17-26). 그리고 주님께서 병자를 데려온 사람들의 믿음을 보고 그의 죄를 용서한 후 치유하셨다는 설명은 모두 동일하다. 그렇지만 마태복음의 강조점은 마가복음이나 누가복음과는 다르다. 마가와 누가는 '그들의 믿음을 보시고'를 강조하며, 그들이 지붕을 뜯고 중풍병자를 달아 내린 눈물겨운 믿음의 행위를 소개한다. 그러나 마태는 이런 내용을 다 생략한 채 그들의 믿음을 '보셨다'는 부분만을 강조한다. 마태복음에는 그들의 믿음을 보여주는 적극적인 행위가 전혀 없는데, 과연 예수님은 무엇을 보셨을까? 마태의 이러한 기교는 인간의 마음을 꿰뚫어 보시는 예수님의 '신적 권세와 권위'를 더욱 강조한다. 저자의 이런 의도를 간과하고, 마가복음이나 누가복음의 내용을 끌어와 마태복음에 없는 부분을 보충하려 한다면, 그것은 성경 저자의 의도를 무시하는 처사다.

이 책을 통해 한국교회의 성도들이 복음서 저자의 의도와 마태복음만의 독특한 메시지를 찾게 되기를 간절히 바란다. 마지막으로, 추천의 글을 써주신 산정현교회 김관선 목사님, 서울신학대학교 신학대학원 윤철원 교수님, 원고를 검토해 주신 전 중부대학교 교목실장 배내윤 목사님께 진심으로 감사드린다. 원고의 교정을 도와준 敬에게도 감사의 마음을 전한다. 본서의 출간을 위해 애써 주신 쿰란출판사 대표 이형규 장로님과 편집진에게도 고마움을 표하고 싶다.

2021년 10월 30일
장 인 식

목차

일러두기

- 성경 본문에 사용된 네 개의 강조 기호는 다음과 같다.
  ① { } : 다른 부분보다 약간 강조된 부분
  ② [ ] : 비교적 강하게 강조된 부분
  ③ ‖ ‖ : 아주 명백하고 확고하게 강조된 부분
  ④ 〈 〉: 주로 긴 문장의 도입부에 쓰이며, 읽을 때 다소 힘을 주어야 하는 부분으로 독자의 관심을 끌어들이는 부분
- 본서에 소개된 성경 본문은 『강조 성경』(*Emphasized Bible*) 마태복음을 필자가 번역한 것이다. 뒤에 이어지는 해설은 이 역본에 기초하여 성경 저자의 의도를 찾고 있다.
- 『강조 성경』(*Emphasized Bible*)은 최대한 헬라어 원문에 가깝게 문자적으로 번역한 역본이다. 따라서 이 역본을 번역한 본서도 정관사, 인칭대명사, 소유격, 시제, 수동태, 복수형, 접속사 등을 직역하여 번역하였다. 그 결과 우리말 번역문이 어색한 경우가 상당히 많다. 하지만 이 표현들을 자연스런 우리말로 다듬지 않았다. 이를 통해 원문의 정확한 의미를 파악하게 하기 위함이다.
- 성경 본문에 있는 인용 부호는 오해를 방지하기 위한 목적만을 위해 매우 제한적으로 사용하였고, 나머지 경우에는 모두 생략하였다.
- 본서는 교회의 전승에 따라 사복음서의 저자를 마태, 마가, 누가, 요한으로 가정하고 집필하였다.
- 본서에 언급된 '개역개정'은 개역개정판 제4판이다.
- 히브리어 헬라어 원문과 관련된 내용은 인터넷 자료 Blue Letter Bible과 Bible Hub를 참고하였다.
- 인용문의 출처는 본문 안에 최소한의 정보(저자나 편집자명과 페이지)만 표시하였고, 상세한 정보는 맨 뒤에 있는 참고문헌에서 제공하였다.

- 인용문 출처 표기에서 동일한 저자나 편집자의 책이 둘 이상인 경우에는 출판 연도를 병기하였고, 출판 연도가 같을 때에는 a, b를 붙여 놓았다. 세 권 이상으로 된 다권본은 저자명 뒤에 권차를 붙여 구별하였다.
- 인용문 뒤에 페이지가 없는 것은 인터넷 성경 주석이며 해당 장절을 의미한다. 이 경우 자료의 저자명이나 첫 단어만 표시하였다.
- 히브리어나 헬라어를 사용할 경우에는 음역을 표기하고 작은따옴표를 붙였다.
- 장절 표기에서 특별한 경우가 아닌 때에는 장과 절을 생략하였고(예. 7:5), 본문이 속한 장의 절을 표기할 때는 장의 표기를 생략하였다(예. 10절).
- 예수님이나 하나님과 관련하여 높임말을 써야 할 경우, 마지막 용언에만 적용하는 것을 원칙으로 하였다.
- 해설에 등장하는 '70인역' 성경은 히브리어 구약성경의 헬라어 번역본으로 예수님 당시 널리 사용되었다.
- '인클루지오' 구조는 단락의 처음과 끝을 동일한 단어나 어구, 개념 등으로 감싸서 그 단락의 주제를 암시하거나 강조하는 문학적 기교를 말한다.
- 헬라어의 '부정과거 시제'는 단순과거라고 부르기도 하며, 과거의 일회적 사건을 말할 때 사용한다. '미완료 시제'는 미완료과거이며 과거진행형을 의미한다.

본서에 사용된 영어성경 역본

AMP, Amplified Bible

ASV, American Standard Version

AUV, An Understandable Version

BLB, Berean Literal Bible

CEV, Contemporary English Version

CLV, Concordant Literal Version

Diaglott, Emphatic Diaglott New Testament

ECB, exeGeses Companion Bible

ERV, Easy-to-Read Version

ESV, English Standard Version

EXB, Expanded Bible

GNT, Good News Translation

Godbey, Godbey New Testament

GW, God's Word Translation

ISV, International Standard Version

JMNT, Jonathan Mitchell New Testament

KJV, King James Version

LITV, Green's Literal Translation

MLV, Modern Literal Version

MSG, The Message

NASB, New American Standard Bible

NCV, New Century Version

NIRV, New International Reader's Version

NIV, New International Version

NJB, New Jerusalem Bible

NKJV, New King James Version

NLT, New Living Translation

NLV, New Life Version

NRSV, New Revised Standard Version

RSV, Revised Standard Version

TLV, Tree of Life Version

TPT, The Passion Translation

VOICE, The Voice

WEB, World English Bible

YLT, Young's Literal Translation

제1장

예수 그리스도의 족보

【1절】 다윗의 자손이며 아브라함의 자손인 예수 그리스도의 계보

❀ 사복음서는 시작하는 내용이 서로 다르다. 그것은 각 복음서의 저자가 제시하는 예수님의 초상이 서로 다른 까닭이다. 마태복음은 이스라엘 백성이 오랫동안 기다려 왔던 '메시아'이며 '왕'이신 예수님을 소개한다.
그렇다면 왜 지루하게 보이는 족보, 그것도 하필이면 다윗과 아브라함 이야기부터 시작할까? 이는 예수님이 '왕'인 것을 증명하려면 왕족 혈통 족보가 필요하고, 유대인의 '메시아'라는 점을 보여주려면 아브라함의 후손임을 입증해야 하기 때문이다(Swindoll, 15). 하나님은 아브라함에게 나타나 그의 자손에게 약속한 땅을 주고(창 12:7), 다윗에게 그의 왕위가 영원히 견고케 할 것이라고 선언하셨다(삼하 7:16).

❀ 개역개정 1절은 "아브라함과 다윗의 자손"으로 시작된다. 그런데 이런 번역은 저자의 의도를 제대로 전달하지 못한다. 헬라어 원문은 '다윗의 자손, 아브라함의 자손'으로 되어 있고, 70여 종의 영어성경 역본도 한결같이 이렇게 처리한다. 마태는 후대에 태어난 다윗을 아브라함 앞에 배치하여 아브라함보다 다윗을 더 강조

한다. 분명히 족보는 시간순으로 기록되고, 족보의 제목 역시 시간순으로 서술될 것을 독자는 기대한다. 하지만 마태는 독자들의 예상을 뒤집는다. 이러한 서술 기법은 예수님의 족보에 등장하는 '다윗 왕'을 특히 부각하기 위함이다(Quarles, 117).

❃ 헬라어 원문에는 '계보'란 표현이 1절 맨 앞에 등장한다. '계보'로 번역된 헬라어 '비블로스 게네세오스'는 '기원에 관한 책', '계보에 관한 기록'이란 뜻이다. 이 용어가 70인역 창세기 2:4과 5:1에 등장한다(Nolland, 71). 마태복음 1:1을 듣거나 읽는 유대인은 이 대목을 접하며 창세기 첫 부분을 떠올렸을 것이다. 마태는 예수님에 관한 이야기를 통해 어떻게 이스라엘 역사가 재정리되고, 신약의 교회 공동체가 구약의 이스라엘 백성을 대체하게 되었는지를 보여준다(Barton 1997, 18). 예수님의 오심은 하나님의 창조로부터 시작된 계획의 완성을 의미한다(윤철원, 208).

【2절】 [아브라함은] 이삭을 낳았고, [이삭은] 야곱을 낳았고, [야곱은] 유다와 그의 형제들을 낳았다.

❃ 족보의 제목에서 '다윗'을 강조한 저자는 메시아의 족보를 복의 통로인 아브라함에게서 시작한다. 그는 이렇게 함으로써 예수님의 생애가 이스라엘뿐만 아니라 모든 민족에게 축복이 된다는 점을 암시한다(목회와신학, 45). 2절과 11절은 족보의 틀을 깨며, 필요 없는 것처럼 보이는 '그의 형제들'이란 문구를 덧붙인다. 이들이 살았던 시기는 모두 고통과 속박을 배경으로 한다. '유다와 그의 형제들'은 이집트에서의 속박과 이스라엘 12지파를 암시하며, 장차 유다를 통해 진정한 왕이 출현할 것(창 49:10)을 예고한다(Nolland, 73). '여고냐와 그의 형제들'(11절)은 바벨론 포로 생활을

함축한다. 여기에 공통으로 등장하는 '형제'란 단어는 하나님의 백성이 공동체라는 사실과 교회가 지녀야 할 형제애를 상징적으로 보여준다. 아울러 암울한 시대에 태어난 메시아가 고통을 당하는 자들에게 소망이 될 것을 약속한다(강대훈, 233; Gundry, 14).

❀ 마태복음과 누가복음에 기록된 족보는 진행 방향과 범위가 다르다. 마태는 이스라엘의 조상 아브라함부터 시작하여 예수님까지 내려가며, 예수 그리스도의 가계가 이스라엘과 관련이 있음을 강조한다. 반면에 누가는 예수님으로부터 시작하여 아담까지 거슬러 올라가며, 예수 그리스도가 모든 인류와 관련이 있음을 보여준다. 마태복음에서 무수히 반복되는 '낳았고'란 단어는 반드시 가장 가까운 조상만을 의미하지는 않는다. 여러 세대를 건너뛰는 조상을 의미하기도 한다(Bock 2012, 88).

【3절】 [유다는] 다말에게서 베레스와 세라를 낳았고, [베레스는] 헤스론을 낳았고, [헤스론은] 람을 낳았다.

❀ 예수님의 족보에 네 명의 이방 여인이 등장한다. 다말, 라합, 룻, 우리야의 아내가 바로 그들이다. 우리야의 아내 밧세바는 우리야가 헷 사람인 점을 고려하면 이방인이었을 것으로 추측된다(Nolland, 75). 이 여인들의 공통점은 정상적인 결혼 생활을 영위하지 못했으나 후에 유대인들로부터 존경받는 인물이 되었다는 점이다. 이들의 생애는 마태 공동체에서 마리아의 임신이 적절치 못하다고 비난하는 사람들의 주장에 대해 해명할 수 있는 좋은 자료를 제공해 주었을 것이다(Attridge, 1668).

예수님의 족보는 인간의 노력이 아닌 은혜의 족보다(Swindoll, 17). 족보에 사라, 리브가, 라헬과 같은 이스라엘의 위대한 여인들이 빠져 있다는 점이 굉장히 이상하다. 이런 시각에서 보면 이방인 구원을 염두에 둔 마태의 의도는 분명해진다(김창선, 47).

【4절】 [람은] 아미나답을 낳았고, [아미나답은] 나손을 낳았고, [나손은] 살몬을 낳았다.

【5절】 [살몬은] 라합에게서 보아스를 낳았고, [보아스는] 룻에게서 오벳을 낳았고, [오벳은] 이새를 낳았으며,

【6절】 [이새는] ‖다윗 왕을‖ 낳았다. [다윗은] 우리야의 아내였던 여인에게서 솔로몬을 낳았다.

❀ 예수님의 족보에서 '다윗 왕'(6절)이 제일 강조되었는데, 헬라어 원문에는 '왕' 앞에 정관사가 있다. 마태는 이스라엘 역대 왕들을 열거하며 '다윗'의 이름에만 '그 왕'(the king)이란 호칭을 덧붙여 족보 소개의 패턴을 깨뜨린다(Nolland, 79). 이는 다윗이 단순히 역대 왕 중 하나가 아니라, 이스라엘 역사에서 가장 이상적인 왕이며 메시아이신 예수님과 직결된다는 점을 분명히 한다(Hagner, 97; Quarles, 118).

마태의 족보는 왕족 계열을 강조한다. 6절 후반부는 다윗 왕의 자손으로 솔로몬을 언급한다. 솔로몬은 이스라엘 왕으로 그의 아버지 다윗을 계승했다. 반면에 누가의 족보는 왕으로 전혀 통치한 적이 없는 다윗의 아들 나단(3:31)을 소개한다(Wilkins, 66).

❀ 6절에서 저자가 '밧세바'란 이름을 사용하지 않고 '우리야의 아내'라고 소개한 것은 그의 치밀한 서사 전략을 보여준다. 그 의도가 무엇일까? 다음과 같은 네 가지 이유를 생각해 볼 수 있다. 첫째, 그리스도의 혈통에 있는 다윗 왕의 치명적 오점을 드러냄으로써, 하나님 왕국이 오직 그분의 은혜로 이루어진다는 사실을 보여준

다(Swindoll, 17). 둘째, 인간의 생각을 초월하여 역사하시는 하나님의 사역을 인정하게 함으로써, 메시아의 동정녀 탄생을 거부감 없이 받아들이게 한다(Wright, 21). 셋째, 간통죄를 저지른 다윗과 의로운 요셉을 대비하여 과거와는 차원이 다른 새로운 시대를 예고한다. 넷째, 헷 사람이었던 우리야를 주목하게 함으로써, 하나님의 백성 가운데 이방인이 포함될 것을 시사한다(France, 37).

【7절】 [솔로몬은] 르호보암을 낳았고, [르호보암은] 아비야를 낳았고, [아비야는] 아사를 낳았다.

❋ 예수님의 족보에는 선한 왕만 등장하지 않는다. 사악한 르호보암이 악한 아비야를 낳고, 아비야는 선한 왕이었던 아사를 낳는다. 아사는 선한 왕이었던 여호사밧을 낳지만, 여호사밧은 악한 왕이었던 요람을 낳는다. 선한 왕과 악한 왕이 동시에 등장하는 이 족보를 보고 독자들은 굉장히 놀라며, 선하게 살아야 한다는 의무감을 강하게 느낄 것이다. 아울러 자녀에게 바른 신앙을 물려줘야 한다는 책임감도 느낄 것이다. 하나님은 결점이 많은 인간을 통해서도 구원사역을 이루어 가신다(Wilkins, 69-75).

【8절】 [아사는] 여호사밧을 낳았고, [여호사밧은] 요람을 낳았고, [요람은] 웃시야를 낳았다.

【9절】 [웃시야는] 요담을 낳았고, [요담은] 아하스를 낳았고, [아하스는] 히스기야를 낳았다.

【10절】 [히스기야는] 므낫세를 낳았고, [므낫세는] 아몬을 낳았고, [아몬은] 요시야를 낳았고,

【11절】 [요시야는] 바벨론으로 끌려갈 무렵에 여고냐와 그의 형제들을 낳았다.

【12절】 〈바벨론으로 끌려간 후에〉 [여고냐는] 스알디엘을 낳았고, [스알디엘은] 스룹바벨을 낳았다.

❁ 10절은 히스기야가 므낫세를 낳았다고 간략히 기술한다. 성경은 히스기야 왕을 아주 긍정적으로 묘사한다(왕하 18-20장). 그는 성전을 정화하고 산당을 제거하였으며, "그의 하나님 여호와 보시기에 선과 정의와 진실함으로" 행하였다(대하 31:20). 더욱이 죽을병에 걸렸을 때 하나님께 기도하자 하나님이 그의 생명을 무려 15년이나 연장시켜 주셨다(왕하 20:6). 그렇지만 우리는 그가 생명을 연장 받은 기간에 유다 왕 중에서 가장 악한 왕 므낫세가 태어났다는 사실을 기억해야 한다. 기도 응답이 중요하다면, 기도 응답을 받은 후의 삶은 더욱 중요하다.

❁ 12절은 '바벨론으로 끌려간 후에'를 강조한다. 바벨론 포로 사건은 이스라엘 역사에서 분기점이 되는 굉장히 큰 사건이다. 여기서 '끌려감'(사로잡힘)에 해당하는 헬라어는 '강압적인 힘에 의해 끌려가는 것'을 의미한다. 마태는 이 부분을 강조하여 이스라엘 백성이 겪은 온갖 흥망성쇠의 사건 배후에 하나님의 주권적 의지와 역사가 있었음을 알려 준다(Hagner, 100).

【13절】 [스룹바벨은] 아비훗을 낳았고, [아비훗은] 엘리아김을 낳았고, [엘리아김은] 아소르를 낳았다.

【14절】 [아소르는] 사독을 낳았고, [사독은] 아킴을 낳았고, [아킴은] 엘리웃을 낳았다.

【15절】 [엘리웃은] 엘르아살을 낳았고, [엘르아살은] 맛단을 낳았고, [맛단은] 야곱을 낳았다.

【16절】 [야곱은] 마리아의 남편인 요셉을 낳았는데, 그녀에게서 그리스도

라 불리는 예수가 태어나셨다.

❀ 16절은 족보에서 가장 놀라운 문구를 보여준다. 아브라함에서 시작하여 요셉에 이르기까지 명부를 줄줄이 읊어 댄 저자가, 갑자기 요셉을 '마리아의 남편'이라고 소개하여 '마리아'를 부각한다. 게다가 지금까지 사용해 온 능동형 동사 '낳다' 대신에 수동형 '태어나다'를 사용한다. 이러한 기교는 요셉을 예수님의 생부(生父)가 아닌 법적 아버지로 격하하고, 마리아의 위상을 높인다. 이와 함께 수동형 동사를 통해 동정녀 탄생이 하나님에 의해 이루어졌음을 선포한다(Hagner, 99). 유대인은 하나님의 이름을 거명하지 않으며 그분의 행동을 강조하는 신적 수동태 용법을 즐겨 사용했다(최갑종, 36).

【17절】 그러므로 〈아브라함부터 다윗까지 {모든} 세대가〉 [열네] 대이고, 〈다윗부터 바벨론으로 끌려갈 때까지가〉 [열네] 대이며, 〈바벨론으로 끌려간 때부터 그리스도까지가〉 [열네] 대이다.

❀ 17절은 '14'란 숫자를 연달아 세 번이나 강조하여 예수님이 '다윗의 자손'이란 사실을 분명히 한다(Burridge, 129). 다윗의 히브리어 이름에 나오는 세 자음(DVD)은 각각 알파벳에서 넷째(4), 여섯째(6), 넷째(4) 글자다. 따라서 이 셋을 합치면 14가 된다(Nolland, 87). 이런 방식을 '게마트리아'라고 하는데, 고대 유대인들은 이 방식을 종종 사용하였다. 저자는 예수님의 족보를 기술하며 처음(1절), 중간(6절), 끝(17절)에서 다윗을 상기시키고, 예수님이 다윗 왕의 후손이라는 점을 역설한다.

14대로 삼등분된 이 족보에는 각각 750년, 400년, 600년의 장구한 세월이 압축되어 있다. 마태는 아브라함과 다윗, 그리고 바벨론

포로 생활을 분기점으로 삼아 이스라엘 역사를 정리한다. 동시에 이 모든 사건이 지향해 온 것이 바로 메시아의 탄생이며, 예수님은 이스라엘 역사의 최종 결실이라고 단언한다(Hagner, 90-99).

마리아에게서 태어나신 그리스도

【18절】 ‖예수 그리스도의‖ 탄생은 [이렇게 이루어졌다]. 그의 어머니 마리아는 [요셉과] [정혼한] 사이였는데, [그들이 동거하기 전에] 그녀가 성령으로 잉태한 사실이 드러났다.

【19절】 그런데 ‖그녀의 남편인 요셉은‖ 계속해서 [의롭게 사는] 사람이라, 그녀가 비난의 대상이 되지 않게 하려고 [은밀히] 이혼하기로 작정하였다.

❁ 18절은 '예수 그리스도'와 '이렇게 이루어졌다'를 강조하며 인류 역사상 유례없는 동정녀 탄생에 대해 설명한다. 저자는 마리아와 요셉이 정혼한 관계였지만 동거하기 전에 마리아가 성령으로 잉태하였다고 말한다. '이렇게 이루어졌다'는 말은, 예수님의 탄생 자체보다 그것에 따른 부수적인 상황 변화에 초점을 둔다(Nolland, 92). 다시 말하면 인물과 사건을 통해 역사하시는 하나님의 손길을 보게 한다.

개역개정의 "의로운 사람이라"(19절)에 해당하는 헬라어는 현재분사 능동태이며 진행의 의미를 내포한다. 이는 요셉이 지속적으로 의롭게 살았음을 시사한다. 마태는 여기서 '의롭다'는 표현을 강조하여 예수님에게 경건한 부모가 있었다는 사실을 지적한다

(Osborne, 83). JMNT 역본은 19절 앞부분을 이렇게 번역한다. "그녀의 남편 요셉은 계속 따라야 할 그 방식에 따라 살았고, 하나님과 또 사람과의 관계에서 언제나 공평과 정의를 추구했다."

❀ 신약시대에 여자는 대체로 일찍 정혼했고 12-16세에 혼인했다. 남자는 보통 18-20세에 결혼했다. 정혼 기간은 1년 남짓 지속되었으며, 공식 혼약을 맺었기에 이 약속을 깨려면 이혼 절차를 밟아야 했다(Strauss, 250). 비록 정혼 기간 중에 성관계가 허용되지 않았고 여자는 여전히 친정에 있었지만, '남편'과 '아내'라는 용어가 적용될 수 있었다(Hagner, 106). 마리아가 이 기간에 부정을 저질렀다고 의심한 요셉은 그녀를 비웃음거리로 만들지 않기 위해 은밀히 이혼하기로 결심하였다.

【20절】 하지만 〈그가 [이 일들에 관해] 곰곰이 생각하고 있을 때〉, 보라! ‖주의 사자(使者)가‖ [꿈]에 그에게 나타나서 말하였다. "다윗의 자손 요셉아! 마리아를 데려와 네 아내로 삼는 것을 두려워하지 말라. 왜냐하면 〈[그녀 안에] 잉태된 아이는〉 [성령으로] 말미암은 것이기 때문이다."

❀ '생각하다'에 해당하는 헬라어 '엔뒤메오마이'는 '심사숙고하다', '곰곰이 생각하다'의 뜻이다. 이 단어는 전치사 '엔'(안에)과 명사 '뒤모스'(분노)가 결합된 것이다. 마태는 요셉이 결정을 내리고도 고민하고 분노하는 장면을 부각하며, 특히 '이 일들'을 이중으로 강조한다. 개역개정은 "이 일"(단수)로 처리하나, 헬라어 원문에는 복수로 되어 있다. 아마 요셉은 여러 가지 문제로 심각하게 밤을 지새우며 괴로워했으리라(Swindoll, 26). 원래 약혼 기간 중에 간음죄를 저지른 여자는 돌로 쳐 죽이게 되어 있었다(신 22:23-24). 하

지만 신약시대에 이 형벌이 엄격히 시행되지는 않았던 것 같다(Hagner, 108).

예수님의 탄생 이야기에서 마태복음은 요셉의 관점에서 진행되며, 천사가 요셉의 꿈에 나타난다. 반면에 누가복음은 마리아의 시각에서 서술되며, 천사가 마리아에게 나타난다. 마태복음을 읽는 유대인은 천사, 꿈, 출생 예언, 하나님의 개입을 보며 구약성경에 나오는 몇몇 출생 이야기(사래, 아브람, 하갈, 삼손)를 떠올렸을 것이다(Burridge, 130).

❋ '보라'로 번역된 헬라어 '이두'는 문장에 활력을 더하며 예상치 못한 일이 발생했을 때 쓰인다. 이 단어는 뒤에 이어지는 특별한 사건에 관심을 집중시키며, 하나님께서 인간이 예상치 못한 방법으로 다양하게 역사하시는 현장을 소개한다. 천사는 요셉을 "다윗의 자손"이라 부르며 그의 중요성을 부각한다. 예수님이 다윗 왕의 가문에 속하려면 반드시 그가 있어야 했기 때문이다(Nolland, 97). 예수님 이외의 사람에게 '다윗의 자손'이란 칭호가 적용된 경우는 마태복음에서 이곳밖에 없다. 이 칭호는 요셉의 사건을 예수님의 족보(1:1)와 연결한다(Wilkins, 88).

【21절】 그리고 그녀가 아들을 낳을 터인데 너는 그의 이름을 예수라 하여라. 왜냐하면 [그가] 자기 백성을 그들의 죄들로부터 구원하실 것이기 때문이다.

❋ 신약시대에 '예수'란 이름은 유대인 사회에서 흔했다. 1세기의 역사가 요세푸스는 자신의 지인 중에서 '예수'라는 이름을 가진 사람이 약 20명이나 된다고 말할 정도였다. 하나님의 아들이신 예수님은 평범한 인간의 이름을 취하셨다. 이는 그분이 자신을 인

간사회로부터 분리하기보다는 오히려 평범한 사람들과 하나가 되려고 했음을 암시한다(Keck, 135). 마태복음은 '예수'라는 용어를 170회가량 언급하는데, 이는 마가복음(90회)과 누가복음(95회)에 등장하는 횟수를 합친 것과 거의 비슷하다. 21절의 '자기 백성'은 궁극적으로 교회 공동체다(Hagner, 110).

[22절] 하지만 ‖이 모든 일이‖ 일어나게 된 것은 주께서 그 선지자를 통해 하신 말씀이 성취되게 하려 하심이다.

❄ 22절은 '이 모든 일'을 제일 강조하여 지금까지 일어난 일들이 하나님의 계획에 따라 일어났음을 돋보이게 한다. 마태복음은 일차적으로 유대인을 대상으로 하기에 구약성경을 여러 차례 인용한다. 동시에 그 말씀이 예수님을 통해 어떻게 성취되는지 보여준다.
참고로 복음서에 나타난 구약성경의 인용 횟수를 비교하면 다음과 같다(Garland, 28). 마태복음(42회), 마가복음(19회), 누가복음(19회), 요한복음(14회). 중간 부분에 있는 '주께서'란 표현이 특이하다. 마태복음에 있는 수많은 인용구 중에서 오직 두 구절(1:22; 2:15), 즉 예수님이 '하나님의 아들'이라는 진리를 시사할 때만 마태는 이렇게 표현한다(Luz, 49).

[23절] "보라! ‖처녀가‖ 잉태하여 아들을 낳을 것인데, 그들이 그의 이름을 임마누엘이라 부를 것이다." 이는 '우리와 함께 계시는 하나님'이란 뜻이다.

❄ 23절은 동정녀 탄생을 제일 강조한다. '그들이 ~부를 것이다'에 해당하는 헬라어가 '칼레수신'인데, 미래 직설법 3인칭 복수다. 따라서 '그들이 그의 이름을 임마누엘이라 부를 것이다'로 번역해야

한다. 개역개정에는 '그들'이 누락되었다. 여기서 '그들'이란 단어가 약간 이상하다. 이 구절은 이사야 7:14을 인용한 것이다. 그런데 히브리어 성경에는 "그녀가 임마누엘이라 부를 것이다"로, 70인역에는 "네가 임마누엘이라 부를 것이다"로 되어 있다(Harrington, 36). 마태는 주어를 3인칭 복수(그들)로 바꿈으로써, 앞으로 예수 그리스도를 통해 등장하게 될 교회 공동체를 암시한다(Gundry, 25). 이러한 내용은 21절에도 함축되어 있다. '교회'란 용어는 마태복음에만 등장하는 중요한 키워드다.

❀ 마태는 이사야 7:14을 인용하며 하나님이 다윗의 계보 안에서 어떻게 구체적으로 '우리와 함께'하시는지 보여준다. '임마누엘 하나님'에 대한 언급은 마태복음에만 있다. 마태는 예수님의 승천 사건을 기술하지 않고, "내가 세상 끝 날까지 너희와 항상 함께 있으리라"(28:20)는 구절로 복음서를 마무리한다. 이는 임마누엘 예수님을 실제로 보여주려는 저자의 의도를 반영한다. 마태복음의 처음(1:23)과 마지막(28:20)에 있는 '임마누엘'에 대한 언급은, 복음서의 내용을 하나로 만드는 인클루지오 기법의 대표적인 예다(양용의, 62).

【24절】 요셉은 잠에서 [깨어나] 주의 사자가 자신에게 지시한 대로 행하였다. 그래서 마리아를 그의 아내로 맞이하였다.

❀ 24절은 '깨어나'를 강조하여 요셉이 잠에서 깨어나자마자 능동적으로 또 즉각적으로 하나님의 명령을 수행했음을 드러낸다(Nolland, 103). 이런 행동은 그가 의로운 사람이었다는 점과 완전히 일치한다. 마리아를 아내로 맞이했다는 말은 정식 혼례를 올리고 자기 집으로 데려와 살았다는 뜻이다.

【25절】 그리고 그녀가 아들을 낳을 때까지는 그녀를 알지 않았고, 아들을 낳자 그는 그의 이름을 예수라고 불렀다.

❀ '알지 않았다'는 말은 성관계를 갖지 않았다는 뜻이다. '알다'에 해당하는 헬라어 '기노스코'는 남녀 간의 성관계를 의미한다(Bock 2005, 53). '아들을 낳을 때까지'란 문구는 예수님을 낳은 이후에는 여느 부부들처럼 정상적인 성관계를 가졌다는 사실을 함축한다(France, 59). 요셉이 '마리아의 남편'(19절)임을 제일 강조했던 저자는, 이제 요셉이 아이의 이름을 '예수'라고 불렀다는 사실을 알려준다. 이는 예수님이 다윗 왕의 가문에 안전하게 입적되었고, 요셉이 법적 아버지가 되었음을 분명히 한다(France, 59). 개역개정 25절 마지막 부분은 "낳으매 이름을 예수라 하니라"로 되어 있는데, '그가'(요셉이) '예수'라고 불렀다는 사실을 더 분명히 밝혀야 한다.

제2장

동방에서 온 현자들

【1절】 그런데 〈헤롯 왕 때에 [예수께서] 유대 땅 베들레헴에서 태어나셨을 때〉, 보라! [동쪽 여러 지역에서 온 현자(賢者)들이] 예루살렘에 와서

【2절】 물었다. "유대인의 왕으로 태어나신 이가 어디에 있습니까? 왜냐하면 우리가 동쪽에서 그의 별을 보고 그에게 경배하러 왔기 때문입니다."

❀ 2장의 사건들은 마태복음에만 있다. 1절은 '헤롯 왕'과 '왕으로 오신 예수님'을 대비한다. 이는 두 왕국이 동일한 공간에 존재하며 대결하는 상황을 시각화한다. 2절의 '유대인의 왕'이란 칭호가 이를 입증한다(Gundry, 26). 본문의 헤롯 왕은 헤롯 대왕인데, 마태는 1절에서 '헤롯'보다 '예수님'을 더 강조한다. 이러한 기교는 '메시아 왕국'과 '이 세상의 왕국'을 독자에게 제시하며 어느 쪽을 선택할 것인지 결단하게 한다(Hagner, 129). 1절 전반부는 예수님의 '베들레헴' 출생을 강조한다. 유대인의 관점에서 보았을 때 메시아는 반드시 다윗의 후손이어야 하며 다윗의 동네, 곧 베들레헴 출신이어야 했다(장재일, 60-61). 동방 박사들이 예루살렘으로 간 이유는 당연히 왕이 수도에서 태어날 것이라는 추측을 따랐기 때문이었으리라(France, 67).

❀ 내레이터는 동방 박사들이 과연 몇 명인지, 동쪽 어느 지역에서 왔는지 구체적으로 말하지 않는다. 2절은 아기 예수를 만나려는 이방인들의 적극적인 태도와, 이스라엘 지도자들의 무관심을 드러낸다. 저자는 1-4절에서 '동방에서 온 현자들', '헤롯 왕', '대제사장들과 서기관들'을 강조하여 이들의 대조적인 모습을 클로즈업시킨다. 이러한 대조는 하나님께서 하시는 일에 오히려 이스라엘 밖의 사람들이 민감한 반응을 보였음을 알려 준다(Bock 2012, 113).

【3절】 하지만 〈헤롯 왕은 이 말을 들었을 때〉 굉장히 소동하였다. {모든} 예루살렘 사람들도 마찬가지였다.

❀ 3절은 '헤롯 왕'이 '들었다'는 사실을 강조한다. '소동하다'에 해당하는 헬라어 '타랏소'는 '두려워 떨다', '소동을 일으키다'의 뜻이다. 아마도 당시 70세 노인이었던 헤롯은 왕위를 빼앗길까 봐 굉장히 두려워했을 것이다. 실제로 그는 왕위를 노린다고 생각한 다섯 명의 마카비 용사, 그리고 심지어 자신의 아내와 두 아들까지 살해한 적이 있다(Pulpit). 마태는 이 대목에서 아기 예수와 헤롯, 두 왕을 언급하며 누가 진정한 왕인지 판단하라고 묻는다. 본문은 예수님을 '유대인의 왕'(2절)으로, 헤롯을 별도의 수식어가 없이 '헤롯 왕'(3절)으로 서술한다. 이러한 묘사는 진정한 왕이 누구인지 암시한다(Gundry, 27).

【4절】 이에 그는 〈{모든} 대제사장들과 백성의 서기관들을 모아 놓고〉, "[그리스도가] 어디서 태어나겠느냐?" 하고 계속 캐물었다.

❀ 전반부는 '모든 대제사장들과 서기관들'을 강조하여 그들이 백성

의 대표자란 사실을 부각한다. 종교 지도자들은 상당히 중립적인 태도를 취하는 것처럼 보인다. 그러나 저자는 동방 박사들과 그들의 태도를 비교하며 그들의 나태함과 무관심을 은연중에 꼬집는다(Nolland, 112). 메시아의 출생지를 정확히 알고 있는 서기관들이 그분의 탄생에 대해 긍정적으로도(11절) 부정적으로도(16절) 반응하지 않았다는 점이 놀랍다(Keener 1998, 55). '캐묻다'에 해당하는 헬라어가 미완료 시제인데, 이는 헤롯이 집요하게 캐물었음을 암시한다(Robertson).

【5절】 그러자 [그들은] 그에게 대답하였다. "유대 땅 베들레헴입니다. 왜냐하면 그 선지자를 통하여 [이렇게] 기록되었기 때문입니다.

【6절】 '‖너, 유대 땅 베들레헴아‖, 너는 유대의 통치자들 중에서 [결코 가장 작지 아니하다]. 이는 [네게서] 한 다스리는 자가 나와서 내 백성 이스라엘을 목양(牧羊)할 것이기 때문이다.'"

❁ 6절은 미가서 5:2을 인용하는데, 저자는 의도적으로 미가의 본문을 약간 변형시킨다. 첫째, '에브라다'라는 지명을 '유대 땅'으로 대체한다. 둘째, 베들레헴을 하찮게 묘사한 미가의 내용을 반전시키며 '결코'라는 단어를 첨가한다. 셋째, 미가서 5:2 마지막 부분을 사무엘하 5:2의 문구로 바꾼다. 게다가 '너, 유대 땅 베들레헴'과 '결코 가장 작지 아니하다'라는 부분을 강조한다. 마태는 이렇게 함으로써 예수님의 출생이 다윗 왕과 관련된 메시아적 의미를 갖는다는 점을 분명히 한다(목회와신학, 143). 매우 짧은 마태복음 2장에 무려 네 개의 상이한 지명(베들레헴, 이집트, 라마, 나사렛)이 포함된 구약 인용구들이 등장한다. 이는 제2장만이 지닌 흥미로운 특징이다. 저자는 이야기의 흐름에 인용구들을 삽입하여 예언의 성취를 보여준다(Hagner, 117).

【7절】 ‖그때 헤롯은‖ 그 현자들을 [은밀히] 불러서 그들로부터 그 별이 {나타난} 때를 확인한 후,

【8절】 그들을 베들레헴으로 보내며 이렇게 당부하였다. "가서 그 아기에 관하여 철저히 조사하고, [아기를 발견하는 즉시] 내게 알려 주시오. [나도] 가서 직접 그 아기에게 경배하고 싶소."

【9절】 이제 [그들은 왕의 말을 듣고] 떠났다. 그런데 보라! [그들이 동방에서 보았던 바로 그 별이] 그들보다 앞서 가다가 아기가 있는 곳 위에서 멈추었다.

❋ 7절은 '그때'와 '헤롯'을 제일 강조한다. '그때'('토테')란 부사는 마태복음에 90회, 마가복음에 6회, 누가복음에 15회 사용된다. 마태복음은 이 부사를 사용하여 내러티브를 연결한다(강대훈, 297). 저자는 이 부분을 강조함으로써 자신이 원하는 답을 얻어 속으로 쾌재를 부르며 살해 음모를 꾸미는 헤롯 왕의 표정을 시각화한다. '은밀히'로 번역된 헬라어 '라드라'는 공관복음에 두 번밖에 등장하지 않는데, 마태복음 1:19과 본 절에 나온다. 이 단어가 각 절에서 공히 강조되어 있다. 마태는 마리아를 수치스럽게 만들지 않기 위해 '은밀히' 관계를 끊으려던 요셉과 헤롯의 사악한 의도를 대비한다(Gundry, 30).

❋ 8절은 '아기를 발견하는 즉시'와 '나도'를 강조하여 헤롯의 음흉한 계략과 위선적 태도를 고발한다. 헤롯 왕의 거짓말은 히브리 사내아이들이 출생하는 순간 살해하도록 산파들에게 지시했던 바로 왕의 명령(출 1:16)과 상통한다(Keener 1998, 56). 별의 위치를 옮기는 초자연적 징표를 통해 박사들을 인도한 하나님은, 불과 구름으로 이스라엘 백성을 인도하신 하나님을 연상케 한다(Keener 1998, 56).

【10절】 그들은 그 별을 보고 기뻐서 어쩔 줄 몰랐다.

【11절】 그들은 그 집에 들어가서 아기가 그의 어머니 마리아와 함께 있는 것을 보고, 친히 엎드려 아기에게 경배한 후, 그들의 보물함들을 열어 아기에게 예물들을 드렸다. 황금과 유향과 몰약이었다.

❀ 마태복음은 누가복음과는 달리 예수님의 탄생 과정에 대해 상세히 기록하지 않는다. 11절 첫 부분은 박사들이 '집'에 들어갔다고 이야기한다. (누가복음은 이 대목에서 '구유'를 언급한다.) 학자들은 대체로 이 내용에 근거하여 박사들이 예수님의 탄생 후 일정 시간이 지난 뒤에 도착했다고 주장한다(France, 75). 11절은 요셉에 대해 일체 언급하지 않고 오직 아기와 마리아만을 이야기하는데, 굉장히 인상적이다. 특히 '아기'가 마리아보다 먼저 등장한다는 점이 더욱 그렇다. 이런 기교는 예수님의 신성과 동정녀 탄생을 부각한다(Gundry, 31).

주님의 신성에 대한 강조는 뒤에 이어지는 동방 박사들의 경배와 멋진 조화를 이룬다. 11-12절은 세 개의 분사('엎드려', '열어', '지시를 받고')에 의해 수식된 세 개의 부정과거 동사('경배하다', '드리다', '물러가다')를 이용한다. 저자는 이런 기법을 통해 박사들의 경배 현장을 간결하면서도 힘차게 기술한다(Hagner, 117).

❀ '경배하다'(11절)에 해당하는 헬라어 '프로스퀴네오'는 신이나 왕에게 경의를 표하기 위해 무릎을 꿇고 이마를 땅에 대는 행위를 뜻한다. 고대 동방에서는 왕에게 이런 태도를 취했다. 이 단어는 마태복음에 무려 13번이나 사용된다. 마태복음은 '경배'로 시작하여 '경배'로 끝난다. 첫 장면에서 동방 박사들이 경배하고, 마지막 장면에서는 예수님의 열한 제자가 경배한다(28:17). 마가복음과 누가복음에는 예수님이 경배를 받으시는 장면이 거의 없다. 마태는

처음부터 끝까지 예수님이 '왕'이신 '메시아'라는 진리를 확고하게 천명한다. 이방인 박사들의 경배는 시편 72:10-15과 이사야 60:1-6을 상기시키며, 세상 모든 나라가 그분께 나아오는 상황을 예고한다(양용의, 68). 개역개정에는 '보배합'이 단수인데, 헬라어 원문에는 복수로 되어 있다.

【12절】 그들은 〈꿈에 헤롯에게로 돌아가지 말라는 지시를 받고〉, [다른 길을 통해] 그들 자신의 나라로 물러갔다.

❀ 12절은 박사들이 하나님의 지시를 받았다는 점을 강조한다. '지시를 받다'에 해당하는 헬라어 '크레마티조'는 '조언을 요청하는 자에게 답변하다', '신의 음성을 구하는 자에게 응답하다'의 뜻이다. 이 단어가 수동형인데, 이는 상대방의 요청이 먼저 있었음을 전제로 한다. 그렇다면 동방 박사들이 하나님께 기도하여 응답 받은 것일까? 이 문제에 관하여는 학자들의 의견이 일치하지 않는다. 그렇지만 그들이 헤롯을 만났을 때 당황하는 모습을 보았다면, 다시 헤롯에게로 갈 것인가 하는 문제로 고민하며 하나님께 도움을 청했다고 볼 수도 있다(Expositor). 이 헬라어가 복음서에 세 번 등장하는데, 본 절과 마태복음 2:22(요셉의 경우), 누가복음 2:26(시므온의 경우)이다.

❀ 박사들은 헤롯 왕으로부터 아기 예수를 발견하는 즉시 와서 보고하라는 명령을 들었다(8절). 9절은 그들이 왕의 말을 '들었다'는 점을 강조한다. 그리고 12절에서 박사들은 또 한 번의 지시를 받는다. 헤롯에게로 가지 말라는 하나님의 지시다. 이 두 번째 지시 역시 강조되어 있다. 두 왕으로부터 명령을 들은 박사들, 과연 그들은 누구의 지시를 따랐는가?

마태는 그들이 '다른 길을 통해' 갔다는 점을 부각한다. 동방 박사들은 고국으로 가기 위해 보다 긴 여정을 택했다. 박사들의 희생과 인내는 아기 예수님께 대한 그들의 경배가 그들의 삶에 얼마나 큰 영향을 미쳤는지 잘 보여준다(Wilkins, 117).

이집트로 피신하다

【13절】 그런데 〈그들이 물러간 후에〉, 보라! ‖주의 사자가‖ 꿈에 요셉에게 나타나 말하였다. "일어나 그 아기와 아기의 어머니를 데리고 이집트로 피신하여, 내가 네게 지시할 때까지 거기 있으라. 왜냐하면 헤롯이 그 아기를 찾아 멸하려고 하기 때문이다."

❀ '물러가다'에 해당하는 헬라어 '아나코레오'는 '돌아가다', '물러가다'의 뜻이다. 이 단어가 신약성경에 총 14번 나오는데, 마태복음에 무려 10번이나 등장한다. 특히 2장에 연거푸 네 번 사용된다(12, 13, 14, 22절). 이 단어는 마태복음에서 재현되는 적대(敵對), 후퇴, 예언적 성취를 강조한다. 마태는 적대적 환경에서도 하나님의 주권적 보호가 예수님의 삶을 둘러싸고 있음을 역설한다(Wilkins, 117). 하나님은 역사의 배후에서 다양한 인물이 물러가게도 하고 등장하게도 하신다. 유대인의 시각에서 보면 2:13-21은 모세의 생애를 떠올리게 하는 장면을 여러 번 제시한다(Burridge, 133). 유아 살해 명령(13절), 죽이라는 명령을 피해 도망감(14절), 아이들에 대한 대량 학살(16절), 악한 자들이 죽자 되돌아옴(20절) 등이 여기에 해당한다. 이런 서술 전략은 모세보다 더 위대하신 예수님을 잘 보여준다.

【14절】 이에 [그가] 일어나 밤에 그 아기와 아기의 어머니를 데리고 이집트로 물러가서

【15절】 헤롯이 죽을 때까지 거기에 있었다. 이것은 주께서 그 선지자를 통해 "내가 내 아들을 [이집트에서] 불러내었다"라고 하신 말씀이 성취되게 하려 하심이었다.

❁ 요셉은 꿈을 꾼 그날 밤, 아기와 마리아를 데리고 서둘러 이집트로 피신한다. 저자는 그들이 밤중에 이동하였다는 것을 분명히 하며 당시의 긴박한 상황을 전달한다. 요셉 가족은 어둠을 틈타 약 240km나 되는 여행을 시작했는데, 분명히 일주일 이상 걸렸을 것이다. 특히 밤중에 이동하는 것은 굉장히 위험했으리라.
우리는 여기서 순종의 본을 보여주는 요셉을 발견한다(France, 79). 천사가 말한 내용이 14절에서 그대로 반복되는데, 이는 천사의 지시에 복종하는 요셉의 이미지를 제시한다. 15절은 '이집트'를 강조하여 앞으로 예수님께서 일으키실 영적 출애굽을 암시한다(EXB). 마태는 이스라엘과 예수님이 '하나님의 아들'로서 피치 못할 상황에서 이집트로 갔다가 하나님에 의해 구출되는 장면을 보았을 것이다. 그리고 이스라엘의 역사가 예수님의 삶에 집약되어 있다는 결론을 얻었으리라(Hagner, 136).

천진난만한 아이들을 학살하다

【16절】 [그러자 헤롯은] 〈그가 그 현자들에 의해 조롱당했다는 것을 알고〉 매우 분노하였다. 그래서 사람들을 보내어 베들레헴과 그 근

처 모든 지역에 있는 두 살 이하의 사내아이들을 {모조리} 살해하였다. 이것은 그가 현자들로부터 알아낸 때를 기준으로 한 것이었다.

[17절] [이리하여] 선지자 예레미야를 통해 하신 말씀이 [성취되었다].

❁ 16절은 '모조리' 살해했다는 사실을 강조하여 헤롯이 왕권을 위협할 요소를 하나도 남김없이 제거했다는 점을 부각한다. 그가 '두 살' 이하의 사내아이와 '베들레헴 근처 모든 지역'을 언급한 것도 같은 맥락으로 볼 수 있다(France, 85). 17절은 '이리하여'와 '성취되었다'를 강조한다. 저자가 왜 이 부분을 강조했을까?
마태복음 1-2장은 구약의 예언이 성취되었음을 수차례 언급한다. 그런데 다른 구절에서는 "이루려 하심이라"(1:22; 2:15, 23)고 서술할 뿐 강조하지는 않는다. 반면에 17절은 다른 표현을 활용하며 '성취되었다'를 강조한다. 이는 다른 구절의 경우에 그 예언을 이루시려는 하나님의 적극적인 개입이 있었다는 것을 암시한다. 그러나 여기서는 유아 학살 사건이 악한 인간의 의지에 따라 일어났으며, 다만 하나님께서 이를 적극적으로 막지 않으셨음을 드러낸다(제자원 2006, 154). 하나님은 인간의 악한 행위까지 이용하여 구원사역을 이루신다.

[18절] "[라마에서] ‖한 소리가‖ 들리니 눈물을 흘리며 심히 애통하는 소리다. 라헬이 자기 아이들을 위하여 우는데, 그들이 없기 때문에 위로받는 것을 원치 않는구나."

❁ 마태복음은 유대인을 주대상으로 하기에 구약성경을 자주 인용하여 예수님을 통해 어떻게 성취되는지 조명한다. 18절은 예레미야 31:15을 인용하며 '라마'에서 들리는 '한 소리'를 강조한다. 저자는

라마의 무덤 속에서 포로로 끌려가는 자기 자녀들을 보며 우는 라헬의 통곡을, 베들레헴에서 살해당한 아이의 어머니들이 우는 통곡 소리에 견준다(Barton 2002, 72). 라마는 예루살렘에서 북쪽으로 약 9km 떨어진 지역으로, 주전 586년 이스라엘 백성이 포로가 되어 바벨론으로 끌려가기 위해 집결했던 장소다(렘 40:1). 야곱의 아내이며 이스라엘 민족의 어머니로 간주되는 라헬의 무덤(삼상 10:2)이 거기에 있다(Osborne, 109). 하지만 이와 다르게 창세기 48:7에 근거하여 베들레헴 근처를 라헬의 매장지로 보는 전통도 있다.

어쨌든 저자는 이 두 전통을 결합하여 '라마'를 '베들레헴'과 연관시킨다(Keck, 147). 16절의 '베들레헴과 그 근처 모든 지역'은 '라마'를 포함한다(Nolland, 124). 예수님이 베들레헴에서 태어나신 사건은 굉장히 중요한 역사적 의의를 지닌다. 이스라엘 백성이 포로로 끌려가는 모습을 보며 눈물을 흘렸던 라헬의 통곡은, 바로 이스라엘의 회복을 원하시는 하나님의 애통이다. 하나님은 이스라엘의 애통을 회복시킨다는 상징적 의미로 예수님이 베들레헴에서 출생하게 하셨다(강대훈, 311-12).

나사렛에 정착하다

【19절】 하지만 〈헤롯이 [죽은] 후에〉, 보라! [주의 사자가] 이집트에서 꿈에 요셉에게 나타나서 말하였다.

【20절】 "일어나라! 그리고 그 아기와 그의 어머니를 데리고 이스라엘 땅으로 가라. 왜냐하면 그 아기의 목숨을 찾던 자들이 죽었기 때문이다."

❀ 20절은 예수님과 모세의 관련성을 명확히 보여준다. 하나님께서 모세에게 내리셨던 명령이 여기서 그대로 반복된다(Nolland, 126). "이집트로 돌아가라. 네 목숨을 노리던 자들이 다 죽었느니라"(출 4:19). 20절은 '아기의 목숨을 찾던 자들'이라고 복수로 표현한다. 분명히 아기의 목숨을 노리던 자는 헤롯인데, 왜 이처럼 복수로 했을까? 그 이유는 모세의 경우를 상기시키기 위함이다. (히브리어 구약성경에서는 이 부분이 복수인데, 개역개정 출애굽기 4:19은 단수로 처리한다.) 마태는 예수님께서 이스라엘을 구원하려고 돌아오신 것을, 모세가 이스라엘 백성을 구원하기 위해 돌아온 사건과 동일시한다(Harrington, 45; 강대훈, 314).

【21절】 그래서 [그는] 일어나 아기와 그의 어머니를 데리고 이스라엘 땅으로 들어갔다.

【22절】 〈그러나 [아켈라오가] 그의 아버지 헤롯의 뒤를 이어 유대를 다스리고 있다는 말을 듣고〉, 그는 [그곳으로] 가기를 두려워하였다. 그러다가 꿈에 지시를 받고, 그는 갈릴리 지역으로 물러갔다.

【23절】 그리고 나사렛이란 동네로 가서 정착하였다. 이는 "그가 [나사렛 사람이라] 불릴 것이다"라고 하신 그 선지자들의 예언이 성취되게 하려 하심이었다.

❀ 22절은 '아켈라오'를 이중으로 강조한다. 헤롯 대왕이 죽은 후 그의 왕국은 세 아들에게 분배되었는데, 아켈라오는 유대와 사마리아와 이두매 지역을 통치했다. 아켈라오는 아주 잔인하고 포악하여 대부분의 백성이 그를 증오하였다. 요세푸스에 의하면 그는 자신의 후계자 계승을 반대하던 3,000명이나 되는 유월절 행사 참석자들을 학살하며 통치를 시작했다(France, 90-91). 요셉은 아켈라오의 통치에 관한 끔찍한 소문을 듣고 유대 지역으로 가기를

두려워하다가 하나님의 지시를 받는다.

❁ '그가 나사렛 사람이라 불릴 것이다'(23절)라는 구절은 구약의 예언인데, 문제는 이 인용구나 '나사렛'이란 단어가 구약성경에 없다는 점이다. 본문은 구체적인 출처를 밝히지 않고 여러 선지자들의 예언을 종합하여 소개한다(Swindoll, 48). 그 의도가 무엇일까? 마태는 예수님이 구약에 언급조차 되지 않은 초라한 마을에서 성장하여 천대를 받았지만, 인류의 구세주가 되셨음을 분명히 한다(목회와신학, 146). 개역개정은 이 부분을 "선지자로 하신 말씀"이라고 단수(선지자)로 번역하나, 헬라어 원문에는 복수(선지자들)로 되어 있다.

'나사렛 사람'이란 칭호는 마태복음 최초의 독자에게 굉장히 중요했을 것이다. 그들도 주위 사람들로부터 이런 놀림을 받으며 배척당했기 때문이다(Garland, 31). '나사렛 사람' 예수님은 마태 공동체 구성원들이 조롱당하며 불리는 이름과 동일한 이름을 지니셨다(Luz, 46). 예수님이 다윗 왕의 후손임을 강조했던 저자는(2:1), 이제 그분이 어떻게 나사렛에 정착하게 되었는지 들려준다. 동시에 그 이동 과정 하나하나가 말씀의 성취를 입증한다는 것을 보여준다(Garland, 28). 누가는 요셉 가족이 이집트로 피신한 사건에 대해 단 한마디도 언급하지 않은 채, 베들레헴에서 직접 나사렛으로 옮겨간 것으로 기술한다(2:39).

제3장

세례 요한이 주의 길을 예비하다

【1절】 그런데 [그 무렵에] 세례자 요한이 나타나 유대 광야에서 선포하며
【2절】 "너희는 회개하라. 왜냐하면 하늘나라가 이미 가까이 왔기 때문이다" 하고 계속해서 말하고 있었다.

❀ 1절은 세례 요한이 출현한 시점을 언급한다. 2-3장 사이에는 약 28년이란 시간의 경과가 있는데, 저자는 '그 무렵'을 강조하여 앞 단락과 본 단락을 결합한다(Nolland, 135). (마가와 누가의 병행구에는 이 표현이 없다.) 이 표현은 구약성경에서 새로운 시대의 시작을 알리는 데 주로 사용되었다(Harrington, 50). 예수님 당시 유대인의 관점에서 보면 세례 요한의 등장은 엄청난 사건이었다. 하나님께서 지난 400년 동안 침묵해 오셨고, 그동안 어떤 선지자도 나타나지 않았다. 따라서 유대인들은 다음에 등장하는 선지자가 메시아와 관련된 중요한 인물일 것이라고 믿었다(Osborne, 120).

❀ 세례 요한의 메시지를 이처럼 강하게 직접화법으로 기록한 저자는 복음서에서 오직 마태뿐이다(Hagner, 151). 마가와 누가는 내레이터의 설명을 통해 그가 "죄 사함을 받게 하는 회개의 세례"를 전파하였다고 요약한다(막 1:4; 눅 3:3). 마태복음은 대체로 '하나님 나라'보다 '하늘나라'(천국)라는 용어를 선호한다. 이는 하나님의

이름을 직접 부르지 않음으로써 그분에 대한 경외심을 보여주는 유대인의 관행 때문이다(Bock 2012, 157). (마가와 누가는 '하나님 나라' 라는 용어를 사용한다.)

그렇다면 '하늘나라'와 '회개'는 무슨 관련이 있을까? 여기서 말하는 '하늘나라'는 이스라엘 사람들이 오래 기다렸고 메시아의 출현과 함께 시작되는 나라다. 유대인들은 하늘나라와 더불어 선민에게는 구원과 축복이, 하나님과 그분이 보낸 메시아를 거절한 자들에게는 심판과 저주가 임한다고 믿었다. 그러기에 진노를 피하려면 회개가 반드시 필요했다(Swindoll, 54).

【3절】 왜냐하면 [이 사람은] 이사야 선지자를 통해 언급되었던 바로 그 사람이기 때문이다. "광야에서 크게 외치는 자의 목소리여! 너희는 주의 길을 준비하고, 그의 오솔길들을 [곧게] 하라."

❋ 3절은 '이 사람'을 강조한다. 공관복음에서 마태만이 바로 '이 사람'이 이사야 선지자가 예언한 사람이란 사실을 강하게 부각한다. 이런 기교는 요한이 소개하는 예수님이 하나님 나라를 이룩하실 약속된 분임을 분명히 한다(Hagner, 152). 3절은 70인역 이사야 40:3을 인용하는데(Keck, 156), 개역개정과 내용이 다르다. 개역개정 이사야 40:3에는 '광야에서'라는 표현이 소리가 외쳐지는 장소가 아니라, 주님의 길을 예비하는 장소로 나타나 있다.

❋ 3절 후반부는 옛날에 특히 동양에서 왕이 행차할 때 미리 사신을 보내어 그 지방 백성들로 하여금 길을 닦게 하던 풍습을 반영한다. 마태는 이 왕을 메시아에 비유한다(고영민, 39). 여기에 두 종류의 길이 있다. 하나는 '주의 길'이고, 다른 하나는 '주의 오솔길'이다. 개역개정은 이 둘을 동일하게 '길'로 번역하지만, 실은 헬라

어 단어가 다르다. 앞의 '길'에 해당하는 헬라어 '호도스'는 단수이고, 뒤의 '길'(오솔길)에 해당하는 '트리보스'는 복수다.

이렇게 생각하면 쉽게 이해할 수 있다. 예수님이 성육신하여 인간에게 생명을 주시는 '길'('호도스', way)은 하나지만, 그분이 각 인간의 마음에 찾아오시는 '오솔길'('트리보스', paths)은 다양하다(Bengel). '오솔길'은 모든 성도가 하나님을 알아가는 영적 여정에서 반드시 거쳐야만 하는 좁은 행로, 즉 믿음의 길을 암시한다. '오솔길'을 곧게 한다는 말은, 개인의 모든 죄악과 세상의 가치관을 버리고 하나님께서 우리의 삶을 다스리시도록 하는 것을 의미한다(Benson).

【4절】 하지만 요한 [자신은] 낙타털로 만든 그의 옷을 입었고, 그의 허리에는 가죽 띠를 띠었으며, [그의 음식은] 지속적으로 메뚜기들과 야생 꿀이었다.

❋ 4절은 요한의 외모와 생활방식을 소개한다. 특히 요한 '자신'을 강조하고, '그의 옷', '그의 허리', '그의 음식'으로 표현하여, '그의'라는 소유격을 세 번이나 사용한다. 마가의 병행구에는 강조된 부분이 전혀 없고, 소유격('그의 허리')이 한 번밖에 등장하지 않는다(1:6). (개역개정으로는 이 차이를 느낄 수 없다.) 사실 한 인물의 외모에 대한 이런 상세한 설명은 복음서에서 찾아보기 힘들다.

1세기 유대인들은 메시아가 등장하기 전에 엘리야 선지자가 나타나 이스라엘을 준비시킬 것이라고 믿으며, 엘리야의 도래를 고대하였다(Green 2005, 98). 구약성경에 묘사된 엘리야는 "털이 많은"(또는 '털옷을 입은') 사람이고, "허리에 가죽 띠를" 띠고 있었다(왕하 1:8). 4절에 묘사된 세례 요한의 모습은 엘리야의 외모와 일치한다(Hagner, 153). 저자는 '그의'라는 소유격을 통해 요한의 옷과 허리,

그리고 음식을 눈여겨보라고 촉구한다. 이러한 기교는 요한이 바로 유대인이 고대하던 엘리야이고, 그의 뒤에 오시는 예수님이 메시아임을 역설한다. 세례 요한의 청중은 그가 엘리야의 역할을 하는 선지자임을 직감하였으리라(양용의, 83).

❋ 세례 요한이 먹었던 메뚜기가 과연 진짜 메뚜기일까? 상당수의 학자들은 이를 문자적으로 해석하여 당시 광야에 살았던 사람들이 메뚜기를 소금에 절여 말렸다가 야생 꿀에 발라 먹었다고 설명한다(Freeman, 17; Keck, 156).
하지만 메뚜기가 아닌 쥐엄나무 열매였다는 주장도 참고할 만하다. 1세기 광야에 메뚜기가 그리 많지 않았고, 쥐엄나무 열매의 모양이 메뚜기와 비슷하여 고대 히브리인들이 그것을 '메뚜기나무'라고 불렀기 때문이다. 쥐엄나무 열매는 궁핍한 사람이 식량이 없을 때 먹는 것으로 알려져 있다. 아마 요한은 말린 쥐엄 열매를 유대 광야에 저장해 놓고 먹었을 것이다(장재일, 100; 류모세 2008, 203). '돌아온 탕자 이야기'에서 둘째 아들이 먹을 것이 없을 때 쥐엄 열매로 배를 채우려고 했다는 내용이 누가복음에 있다(15:16).

【5절】 [그때] 예루살렘과 {온} 유대와 요단강 주변의 {모든} 지역에 살던 사람들이 계속해서 그에게로 나아가

【6절】 그들의 죄들을 솔직하게 고백하며 요단강에서 그에게 세례를 받고 있었다.

【7절】 하지만 그는 〈[많은 바리새인들과 사두개인들이] 자신이 세례를 베푸는 곳으로 오는 것을 보고〉 그들에게 이렇게 말했다. "독사의 자식들아! 누가 너희들에게 다가오는 진노로부터 도피하라고 제안했느냐?"

❁ 5절은 '온'과 '모든'을 강조하여 세례 요한의 설교가 엄청난 반응을 불러일으켰음을 알려 준다. 사복음서에서 오직 마태만이 바리새인들과 사두개인들이 요한에게 나아왔다고 이야기한다. 바리새인과 사두개인은 종교적 성향이 완전히 다르기 때문에 서로 적대 관계였다. 바리새인은 율법에 충실한 평신도 지도자들이었고, 사두개인은 제사장 계층으로 비교적 자유스런 신앙관을 가졌다. 따라서 이들이 함께 나아온 상황은 아주 특이하다(Nolland, 142). 마태는 이 점을 이중으로 강조하여, 종교 지도자들이 서로 대립하고 있었음에도 불구하고 앞으로 하나가 되어 주님을 대적하게 될 것을 시사한다(Hagner, 154). "세례 베푸는 데로" 왔다는 내레이터의 설명(7절)은 이들이 특별한 목적을 가지고 왔음을 암시한다(고영민, 39). 이들은 진정으로 회개하며 세례를 받기 위해 온 것이 아니라, 단지 상황을 살피기 위해 왔다(France, 110).

요한은 이들을 향해 "독사의 자식들"이라고 외친다. 고대인들은 특정한 종류의 독사가 자신의 어미를 잡아먹으며 태어난다고 생각했다. 따라서 누군가로부터 '독사'로 불리는 것만으로도 아주 심각한 일이었다. 부모를 살해하는 행위가 고대 사회에서 가장 극악한 일로 여겨진 점을 감안하면, '독사의 자식'이란 호칭은 최고의 모욕이었다(Keener 1998, 59). 누가의 병행구는 종교 지도자에 대해 언급하지 않으며, 세례 요한이 "무리에게" "독사의 자식들"이라고 외쳤다고 기술한다(3:7).

【8절】 그러므로 회개에 합당한 열매를 맺고

【9절】 마음속으로 '우리는 ‖아브라함을‖ [우리의 조상으로] 모시고 있다'라고 말할 생각은 하지도 말라. 왜냐하면 내가 너희에게 말하지만 하나님께서는 능히 [이 돌들로부터] 아브라함을 위한 자녀들을 일으키실 수 있기 때문이다.

❀ 9절은 '아브라함'과 '우리의 조상'을 강조하고, 그중에서도 '아브라함'을 제일 강조한다. 유대인은 자신들이 아브라함의 자손이기에 당연히 구원을 받는다고 믿었다. 심지어 랍비 문학에 따르면, 그들은 지옥의 불조차도 자신들의 죄악에 대해 영향을 미치지 못한다고 생각하였다(Garland, 35). 그러나 세례 요한은 그들의 편견에 철퇴를 가한다. '돌'을 아브라함의 자녀로 만든다는 말은, 앞으로 많은 이방인이 하나님의 자녀가 될 것을 예고한다(France, 111).

【10절】 ‖게다가 이미‖ 그 도끼가 [그 나무들의 뿌리를 향하여] 놓여 있으니, 그러므로 [좋은 열매를 맺지 않는 {모든} 나무는] 다 찍혀 [불에] 던져질 것이다.

❀ 10절은 '게다가 이미'를 제일 강조하여 하나님의 심판을 부각한다. '이미'는 긴급성을 암시하는데, 하나님의 통치가 다가왔다는 선언(2절)과 잘 어울린다(France, 112). 세례 요한은 그 도끼가 '그 나무들의 뿌리를 향하여' 놓여 있다는 점을 강조하며 회개를 촉구한다. 개역개정은 "도끼가 나무뿌리에 놓였으니"라고 번역하는데, 헬라어 원문에는 '나무' 앞에 정관사가 있고 복수로 되어 있다. 이는 각 나무의 뿌리에 도끼가 놓여 있는 상황을 보여준다(Nolland, 145).
본문의 나무는 일반적인 나무가 아니다. 1세기 유대인은 이 표현에 친숙했고, 이 나무가 무화과나무라는 것을 잘 알고 있었다. 당시 유대인들은 열매 없는 무화과나무를 도끼로 베어 두었다가 성전 번제단의 불이 꺼져 갈 때 다시 살려 내는 불쏘시개로 활용하였다. 왜 무화과나무일까? 이는 일 년에 다섯 번이나 열매를 맺으며 물을 많이 빨아들여서, 열매를 맺지 못할 경우 다른 농작물에 큰 피해를 주기 때문이다(장재일, 118).

【11절】 사실 [나는] 너희로 하여금 [회개하게 하려고] 지금 [물로] 세례를 준다. 하지만 ⟨[내 뒤에] 오는 분은 [나보다 능력이 많으시고], 나는 그의 [샌들을] 들고 다닐 자격도 없다⟩. ‖그는‖ 너희에게 ‖성령과 불로‖ 세례를 베푸실 것이다.

【12절】 그의 손에 키가 있다. 그리고 그는 자신의 타작마당을 정돈하여, 자신의 밀알은 모아 그 곡창(穀倉) 안으로 들이고, [쭉정이는] 꺼지지 않는 불로 태우실 것이다.

❀ 마태는 세례 요한과 비교할 수 없을 정도로 뛰어나신 예수님을 확고하게 제시한다. 병행 단락과 비교해 보면 그 차이를 알 수 있다(막 1:7-8; 눅 3:16-17). 첫째, 다른 복음서에는 '나보다 능력이 많으시고', '샌들', '성령과 불로'라는 표현이 강조되어 있지 않다. 그러나 마태는 이들을 강조한다. 마가복음에는 '불'과 '타작마당'에 대한 언급이 없다. 둘째, 마가복음과 누가복음에서는 요한이 "그의 신발끈을 풀기도" 감당치 못한다고 선언한다. 하지만 마태복음에서는 "그의 신을 들기도" 감당치 못한다고 말하여, 자신과 예수님의 현격한 차이를 부각한다(Hagner, 157).

아마도 이 대목을 들은 신약시대의 유대인은 마음이 굉장히 아팠을 것이다. 출애굽 사건 이전에 자신의 조상이 이집트에서 겪었던 노예 생활을 상기시켰기 때문이다. 당시 유대인 사회에서 다른 사람의 신발을 벗기거나 들고 다니는 일은 가장 비천한 노예가 하였다. 유대교 랍비들의 견해에 의하면, 신발끈을 풀어주는 것은 유대인에게 어울리지 않는 일이었다. 그래서 유대인 종에게 이런 일은 시키지 않았다(Bock 2012, 138). '성령과 불로 세례를 베푼다'(11절)는 말은, 주님께서 의인은 성령을 통하여 정화하여 구원하고, 악인은 심판하신다는 의미다(양용의, 86; Osborne, 127).

요한이 예수께 세례를 베풀다

【13절】 [그때] 예수께서 갈릴리를 떠나 요단강으로 요한에게 오신다. 그에게 세례를 받기 위함이다.

❄ 13절은 예수님이 무대에 등장하시는 시점을 강조하는데, 가장 어울리지 않고 그럴 것 같지 않은 장면이다. 앞 단락에 묘사된 메시아 이미지와 너무 다르다. 요한의 메시지를 들은 군중들은 아마 고대의 전사 다윗처럼 정복자로서 당당하게 오실 메시아를 기대했으리라. 그러나 마태는 담담하게 '그때'('토테') 예수님께서 요단강으로 오신다고 기술하며 이를 강조한다(Wilkins, 158). 개역개정과는 다르게 마가의 병행구(1:9)는 '그 무렵에'라는 문구를 사용한다. 오직 마태복음만이 이러한 역설을 강조하여 낮아지신 예수님을 부각한다.

본문은 역사적 현재 시제를 사용한다. 이러한 기교는 예수님의 출현 장면을 생생하게 보여주며, 모든 교회가 주님의 모범을 따라야 한다고 암시한다(Gundry, 49). 복음서 중에서 오직 마태만이 주님께서 요한에게 나아오신 목적을 분명히 밝힌다(고영민, 42).

【14절】 하지만 [요한은] 계속해서 그를 말리며 "[제가] ‖당신께‖ 세례를 받아야 할 [필요가 있는데], [당신께서] 제게 오십니까?" 하고 말하였다.

❄ 14절은 '당신'을 연달아 두 번이나 강조한다. 요한의 행동과 말에는 당황해하며 어쩔 줄 모르는 그의 심정이 역력히 드러나 있다.

그 이유는 심판자이자 왕이며, 하나님의 아들인 그분이 자신에게 나아와 회개의 세례를 받으려 하시기 때문이다(Swindoll, 58). '말리다'로 번역된 헬라어 '디아콜뤼오'는 진행 중이거나 개시 직전의 일을 방해하는 것을 말한다. 따라서 이는 주님이 세례를 받기 위해 어떤 동작을 취하셨음을 암시한다. 이 단어가 미완료 시제인데, 이 시제는 세례 요한이 계속 예수님을 말리는 모습을 시각화한다(JMNT).

❅ 요한이 예수님께 세례 베푸는 것을 거절하는 장면은 마태복음에만 있다. 요한과 예수님은 각기 세례를 받아야 할 '필요성'('크레이아')에 대해 강하게 주장한다(14-15절). 개역개정은 "세례를 받아야 할 터인데"라고 번역하는데, '필요성'이 더욱 부각되어야 한다. '처지'나 '형편'을 의미하는 '터'로는 부족한 느낌이 든다. 더욱이 원문에서 이 부분이 강조되었고, 신학적으로도 중요한 의미가 있기 때문이다.

요한이 세례를 받아야 할 필요가 있다고 말한 것은, 그 자신이 죄인이고 예수님은 죄가 없으신 분이라는 진리를 함축한다(Blomberg, 81). 마태복음에 묘사된 세례 요한은 예수님이 메시아이심을 분명히 알고 있다(Hagner, 163). 죄인이 아니면서도 의를 이루기 위해 세례를 받을 것을 고집하시는 주님의 모습에서 우리는 겸손을 엿볼 수 있다. 예수님의 '겸손'은 마태복음의 중요한 주제 중 하나다(2:23; 11:29; 21:5). 앞에 열거한 이 세 구절은 마태복음에만 있다(Gundry, 51).

【15절】 그러나 예수께서 그에게 대답하여 말씀하셨다. "지금은 나를 허용하라. 왜냐하면 [이렇게 함으로써] 우리가 [모든 의를] 성취하는 것이 적절하기 때문이다." [그제서야] 그가 그를 허용하였다.

❀ '의'에 해당하는 헬라어 '디카이오수네'는 '정의', '깨끗한 삶', '하나님께서 받으실 만한 상태'를 뜻하는데, 이 단어가 마태복음에 특히 많다. 사복음서에서 총 9번 사용되는데, 마태복음에 6번, 누가복음에 1번, 요한복음에 2번 등장한다. 이 단어는 마태에게 아주 중요한 개념이며, 하나님이 자신의 백성에게 요구하시는 의로운 행위를 가리킨다(강대훈, 346). 예수님이 하늘 아버지의 뜻에 순종하신다는 사실은, 죄인이 아니면서도 요한의 세례를 기꺼이 받아들이는 데서 분명히 나타난다(Barton 1997, 39-40).

후반부는 예수님이 받으시는 세례가 '모든 의를' 성취한다는 점을 강조하여, 지금부터 전개될 사건을 통해 하나님의 구원역사가 완성될 것을 시사한다. 일부 초기 기독교인들은 예수님이 왜 세례를 받으셨는지 이해하지 못했다. 그러기에 마태는 이 질문에 대해 "모든 의를" 이루기 위함이란 주님의 대답을 제시한다(Burridge, 136). 예수님은 죄인이 아니지만, "자기 목숨을 많은 사람의 대속물로"(20:28) 내어 주기 위해 자신을 죄인과 동일시하며 기꺼이 세례를 받으신다(France, 120).

【16절】 예수께서 〈세례를 받으시고〉 [곧] 그 물에서 올라오셨다. 그런데 보라! 하늘이 열렸고, 그는 하나님의 성령이 마치 비둘기처럼 내려와 자기 위에 임하는 것을 보셨다.

❀ 16절은 예수님이 세례를 받고 '곧' 물에서 올라오셨다는 점을 강조한다. 이는 많은 사람들이 죄를 자복하고 세례를 받는 모습(6절)과는 완전히 다르다. 이러한 묘사는 예수님께서 고백할 죄가 없었기에 물에서 지체하실 필요가 없었다는 사실을 드러낸다. 마가의 병행구에도 이 내용이 있다(1:10). 그러나 마태복음의 경우가 주님이 세례를 받으신 '직후' 물을 완전히 떠났다는 점을 더 분명히 한

다(Gundry, 51). 마가복음은 "예수님이 세례를 받았고, 물에서 올라오자 '즉시' 하늘이 갈라지는 것을 보셨다"고 기술한다(YLT). 개역개정으로는 이 차이를 느낄 수 없다.
마태는 예수님의 세례를 이스라엘 백성이 홍해를 건넌 사건으로 이해했을 가능성이 매우 크다(양용의, 88). 하나님의 아들 이스라엘이 이집트에서 나와 홍해를 건넜듯이, 진정한 하나님의 아들인 예수님도 이집트를 떠난 후에(2:19-21) 물에 들어갔다가 나오신다.

❄ 내레이터는 '하나님의 성령'이 내려왔다고 이야기한다. 병행구와 비교하면, 다른 복음서는 하나같이 '성령'이 내려왔다고 기록한다(막 1:10; 눅 3:22; 요 1:32). 마태는 '하나님의 성령'이라고 표현하여 구원사역에서 펼쳐지는 삼위일체 하나님의 역사를 강조한다. 성령은 마치 비둘기처럼 하늘에서 '내려와'(descend) 예수님 위에 '임했다'(come upon). 마태복음은 내려오는 동작과 임하는 것, 둘로 나누어 묘사한다(Hagner, 166). 게다가 이 두 동작을 현재분사로 표현하여 성령이 내려와 임하는 현장을 그대로 보여준다. 마가와 누가의 병행구는 단지 '내려오는' 동작만을 언급한다. 다시 말하면 '임했다'는 말이 없다.
왜 마태는 다르게 서술했을까? 그 이유는 마태복음이 전체적으로 신적 임재를 강조하기 때문이다. 마태복음은 처음부터 예수님을 '임마누엘' 하나님으로 소개하고, 마지막 장면에서도 '임마누엘 하나님'(28:20)을 상기시킨다. '성령이 내려와 임했다'는 표현은 창세기 1:2 말씀, 즉 하나님의 영이 수면 위에 운행하셨다는 대목을 떠올리게 한다(JMNT). 비둘기처럼 임하신 성령은 주님이 수행하실 새 창조의 사역을 예고한다(France, 122).

【17절】 그리고 보라! 하늘로부터 음성이 들려왔다. "[이는] 사랑하는 나

의 아들이며, 나는 그로 인해 기뻐한다."

❃ 17절은 '이는'(이 사람은, 3인칭)을 강조한다. 마태복음에서는 당시 현장에 있던 모든 사람이 들을 수 있도록 하나님의 음성이 들린다. 하나님께서 자랑스럽게 예수님이 자신의 아들임을 선포하신다(France, 122). 그러나 마가복음과 누가복음에서는 오직 예수님만이 하나님의 음성을 듣는다(Burridge, 136). 3인칭이 아닌 2인칭("너는")이 사용되었기 때문이다(막 1:11; 눅 3:22).

17절의 인용문은 시편 2:7과 이사야 42:1을 합쳐 놓은 말씀인데, '메시아'의 사명을 감당하시는 '고난받는 종'을 암시한다(Green 2005, 106). '내가 그로 인해 기뻐한다'는 말은 '내 기쁨이 그에게 있다'는 뜻이며, '이 사람 위에 인류 구원이란 내 계획이 얹혀 있다'는 의미를 함축한다(고영민, 43). '하나님의 아들'이란 칭호는 예수님의 시험 이야기에서 키워드로 등장한다.

제4장

사탄이 예수를 시험하다

【1절】 [그때에] 예수께서 성령에 이끌려 마귀에게 시험을 받기 위해 그 광야로 가셨다.

❀ 예수님이 시험을 받으신 이야기는 공관복음에 모두 등장한다. 마태복음과 누가복음은 시험 내용을 상세히 다루지만, 마가복음은 시험을 받으셨다는 사실만을 간략히 서술한다(막 1:12-13; 눅 4:1-13). 1절은 예수님께서 시험을 받으신 시점('그때')을 밝히며 이를 강조한다. 세례를 받으신 직후, 즉 주님께서 메시아 사역을 공적으로 시작하는 첫 순간에 시험을 받으셨다고 말한다. 마태는 예수님의 세례와 시험 사건을 아주 밀접하게 연결한다(Robertson). 마태복음 2-4장에 기록된 예수님의 삶은 이스라엘 백성의 출애굽 사건을 떠올리게 한다(강대훈, 360). 이집트에서의 탈출(2:19-21) → 홍해를 건넘(예수님의 세례) → 이스라엘의 광야 시험(예수님의 광야 시험). 하지만 누가복음의 경우는 문맥이 완전히 다르다. 예수님의 이집트 탈출 이야기는 마태복음에만 있다.

❀ '마귀'에 해당하는 헬라어 '디아볼로스'는 '비방하기를 좋아하는 자', '거짓말로 고소하는 자'를 의미한다. 마태복음은 예수님이 시험을 받으시는 장면에서 시종일관 이 용어를 사용한다. 이 단어

는 예수님과 마귀의 설전(舌戰) 장면과 잘 어울린다. 마태는 주님께서 마귀를 단호하게 물리치시는 마지막 시험에서만 '사탄'(대적자)이란 용어를 쓴다. 반면에 마가는 '사탄'이란 용어를 사용하며, 마귀와의 설전 장면을 기록하지 않는다.

공관복음에서 오직 마태만이 예수님이 광야로 가신 목적이 시험을 받기 위함이라고 구체적으로 밝힌다(Hagner, 175). 이는 하나님께서 이스라엘 백성으로 하여금 광야 길을 걷게 한 목적이 시험하기 위함이었다고 선언하신 것과 상통한다(신 8:2). 본문은 독자들에게 이 사건을 이스라엘 백성의 광야 생활과 연결하여 이해할 것을 촉구한다(Gundry, 53). (본 단락에 대한 필자의 해설이 장인식, 『복음서 그 차이를 읽다』, 25-129에 있다. 아래 설명은 이를 많이 활용하였다.)

【2절】 그리고 40일 낮과 40일 밤을 금식하신 [후에] 그가 주리셨다.

❋ '40일 낮과 밤', '금식'이란 표현은 마태복음에만 있다. 저자는 이를 통해 예수님과 모세를 대조하며 이스라엘의 실패를 되돌리시는 예수님의 모습을 보여준다. 모세는 시내산에 올라가 40일을 '밤낮으로' 금식한 후에 계명을 받고 내려왔다(출 34:28; 신 9:9). 주님도 이스라엘 백성이 실패한 현장, 즉 광야에서 40일을 '밤낮으로' 금식한 후에 산에 올라가 천국의 윤리를 가르치신다. 이것이 산상수훈이다. 마가복음과 누가복음에는 '40일'이라고 되어 있고, 누가복음은 '금식'이란 용어를 사용하지 않으며, 마가복음에는 음식 관련 내용이 없다.

【3절】 이때 시험하는 자가 다가와서 그에게 말하였다. "〈만일 네가 하나님의 ‖아들‖이라면〉, 말해 보아라! ‖이 돌들이‖ [빵들이] 되라고 말이다."

❁ 1절에서 '마귀'란 용어를 사용한 마태는 여기서 마귀를 '시험하는 자'로 소개한다. 유독 마태복음에만 이런 변화가 있다. '시험하는 자'란 마귀의 공격 수법을 알려 준다(Osborne, 146). 그러나 그 이상의 암시가 있다. '시험하다'에 해당하는 헬라어 '페이라조'가 마태복음에 총 여섯 번 등장한다(4:1, 3; 16:1; 19:3; 22:18, 35). 마태복음은 예수님을 '시험하기 위해' 질문을 던지는 바리새인, 사두개인, 율법사와 관련하여 이 단어를 사용한다. 이 동사는 이스라엘의 지도자들과 마귀를 연결하며, 바로 이들이 마귀의 역할을 한다는 사실을 시사한다. 마태복음에서 유대인의 지도자들과 마귀는 동일시된다(Gundry, 55-56).

❁ 본 단락에서 '만일 네가 하나님의 아들이라면'이란 문구가 매번 강조되고, 특히 그중에서도 '아들'이 제일 강조된다. 이는 마귀가 3:17을 염두에 둔다는 뜻이다. (여기서 '하나님의 아들'은 메시아를 의미한다.) 마귀는 예수님이 하나님의 아들이란 사실을 의심했기에 이 제안을 한 것이 아니다. 이미 3:17에서 그분이 하나님의 아들이라는 진리가 당시 현장에 있던 모든 사람들에게 전달되었기 때문이다. 따라서 이 문구를 '조건'이 아닌 '이유'로 해석하여, '네가 하나님의 아들, 즉 메시아이기 때문에'로 이해해야 한다(MacArthur, 1126; 고영민, 44).

마태복음에 있는 예수님의 시험은 절대로 개인적 차원에서 굶주림을 해결하라거나, 명예와 부를 추구하라는 유혹이 아니다. 오히려 '메시아이기 때문에' 대중이 원하는 메시아의 모습을 한번 보여주라고 꼬드기는 차원이다(Nolland, 163). 반면에 누가의 병행구에 있는 '하나님의 아들'은 메시아가 아닌 '인류의 대표자'다(Bock 2012, 150).

❀ 첫 번째 시험에서 마귀는 예수님께 주변에 흩어져 있는 '돌들'을 쫙 보여주며 그 돌들을 모두 빵으로 만들라고 요청한다. (개역개정은 누가복음 4:3에서도 '돌들'이라고 복수로 처리하는데, 헬라어 원문에는 분명히 단수다.) 저자는 여기서 '돌들'(복수)을 제일 강조하며, 예수님께 메시아로서 다시 한 번 만나 기적을 베풀어 보라고 요청한다. 만약 개인의 굶주림을 해결하라는 의도였다면 큼지막한 돌덩이 하나로 충분했으리라(Gundry, 55).

'하나님의 아들'(메시아)과 '만나'는 무슨 관련이 있을까? 1세기 유대인들은 로마의 속박에서 구해 줄 메시아를 학수고대했는데, 그분이 오시면 하늘로부터 빵을 공급하는 기적을 행하리라 믿고 있었다. 그들은 모세와 같은 지도자가 이끄는 새로운 출애굽은 새 만나, 즉 하늘에서 내려오는 빵과 더불어 완성된다고 믿었다. 그러기에 마귀는 예수님께 유대인의 기대에 부응하라고 요청한다(Keener 1998, 61). 하나님이 원하시는 '고난받는 메시아'가 되지 말고, 사람들로부터 쉽게 메시아로 인정받는 길을 택하라고 부추긴다.

【4절】 하지만 [그는] 대답하여 말씀하셨다. "'사람이 [빵으로만 사는 것이 아니라], 하나님의 입을 통해 나오는 모든 선언으로 살 것이다'라고 기록되어 있다."

❀ 예수님은 메시아의 능력을 사용하여 만나 기적을 베풀며 백성의 요구에 부응하는 쉬운 길을 택하지 않으셨다. 하나님 아버지의 뜻에 순종하여 고난과 죽음을 통해 메시아의 사명을 완수해야 한다는 사실을 알고 계셨다(Hagner, 178). 마귀의 첫 번째 시험에 대해 주님은 신명기 8:3 후반부를 비교적 완벽하게 인용하신다. 이 말씀으로 반격하신 이유는 이 구절이 만나 사건과 직결되기 때문이다. 이 구절의 배경은 출애굽기 16장이다. 예수님은 신명기

8:3을 통해 비록 이스라엘 백성은 광야에서 만나와 관련하여 실패했지만, 자신은 패배하지 않는다고 선언하신다(Swindoll, 66). '하나님의 입을 통해 나오는 모든 말씀으로 산다'는 말은, 그분의 말씀이 우리의 배를 채워 준다는 뜻이 아니다. 삶의 우선순위를 이야기한다. 즉 하나님의 뜻에 대한 순종이 우리의 일상에 필요한 모든 것보다 더 중요하다는 의미다(France, 131). '기록되어 있다'에 해당하는 헬라어는 '게그랍타이'인데, 마태는 예수님이 시험을 물리치실 때마다 매번 이 표현을 사용한다(4:4, 7, 10). 구약의 말씀이 어떻게 그분을 통해 성취되는지 보여주기 위함이다. 누가복음은 마태복음 인용구의 절반만을 인용한다. 그것도 더 중요한 후반부("하나님의~모든 말씀으로 살 것이라")를 생략한다(4:4). 게다가 '기록되었으되'라는 표현을 두 번만 사용한다(4:4, 8).

【5절】 [그러자] 마귀는 예수를 데리고 그 거룩한 도시로 가서, 그가 그를 그 성전 꼭대기에 세우고

【6절】 그에게 이렇게 말한다. "〈만일 네가 하나님의 ‖아들‖이라면〉, 너 자신을 아래쪽으로 던지라. 왜냐하면 '그분이 너를 위하여 [자기 사자들에게] 명하여, 그들이 너를 [손으로] 받쳐 주어, 네 발이 한 번도 돌에 부딪치지 않게 하실 것이다'라고 적혀 있기 때문이다."

❀ 두 번째 시험은 성전 꼭대기에서 시작된다. '그 거룩한 도시'와 '성전 꼭대기'에 대한 언급은 하나님의 임재와 그분의 도움을 떠올리게 한다(Nolland, 165). 마태복음의 두 번째 시험이 누가복음에는 세 번째 시험으로 되어 있다. 마귀는 예수님께 성전 꼭대기에서 뛰어내리라고 요청하며 시편 91:11-12의 일부를 인용한다. 여기서 마귀는 시편 91:11 후반부, 즉 "네 모든 길에서 너를 지키게 하심이라"는 부분을 슬그머니 뺀다. '하나님께서 모든 길에서 지켜

주신다'는 말은, 성도가 의롭게 살 때 언제나 동행하며 사망의 음침한 골짜기로 다닐지라도 보호해 주신다는 의미다. 이 시편의 말씀은 인간이 의도적으로 자신을 위험에 빠뜨릴 때 하나님께서 구해 주신다는 뜻이 결코 아니다(Swindoll, 68). 마귀가 따온 성경 구절은 문맥을 무시하고 성경을 왜곡하기 때문에 심각한 문제점을 안고 있다.

❀ 첫 번째 시험에서 만나 기적을 요구했던 마귀는, 이번에는 하나님이 지켜 주실 것이라는 억지 주장을 하며 성전 꼭대기에서 뛰어내리라고 촉구한다. 성전에서 뛰어내리는 행위와 메시아는 무슨 관련이 있을까? 구약성경 말라기 3:1은 이스라엘 백성이 갈망하던 언약의 사자, 곧 "주가 갑자기 그의 성전에" 임하실 것이라고 예언한다. 히브리어 원문을 보면 이 구절에서 '갑자기'가 제일 강조되었다.

1세기 유대인 랍비들은 메시아가 오실 때 성전 꼭대기에서 이스라엘 백성을 향해 "너희 가련한 자들이여, 너희 구속의 때가 다가왔느니라" 하고 선언하리라 믿고 있었다(Green 2005, 107). 그래서 누군가가 이런 식으로 말한 후에 뛰어내려 땅 위로 사뿐히 내려오면, 그를 메시아로 추앙할 분위기였다(Robertson). 하지만 예수님은 고난받는 메시아로 오셨기에 마귀의 요구를 수용할 수 없으셨다.

【7절】 예수께서 그에게 말씀하셨다. "[또] 기록되었기를, '너는 [주, 너의 하나님을] 시험하지 말라'고 되어 있다."

❀ 7절은 '또' 기록되었다는 점을 강조한다. 이 표현은 예수님이 율법의 권위를 인정하였고, 그 말씀에 의지하여 시험을 이기셨음을 역설한다(Gundry, 57). 마태가 일차적으로 염두에 둔 독자가 유대

인이었다는 점을 고려하면, 이 내용은 그들에게 좋은 영향을 주었으리라. 누가복음에는 '또'('팔린')란 단어가 없다(4:12).

주님은 마귀의 유혹에 대해 신명기 6:16로 대항하신다. 이 구절은 출애굽기 17:7(맛사 사건)을 배경으로 한다. 이스라엘 백성이 광야 생활을 하며 르비딤에 이르렀을 때 마실 물이 없었다. 그래서 자신들을 광야에서 죽게 한다며 모세를 돌로 치려 하고, 하나님을 '시험'하며 그들 중에 있는지 없는지 모르겠다고 투덜댔다. 예수님은 신명기 말씀을 통해 자신을 이스라엘 백성과 동일 선상에 놓고, 그들과 어떻게 다른지 입증하신다(장인식, 51).

【8절】 [이번에는] 마귀가 그를 데리고 지극히 높은 산으로 가서, 그에게 세상의 {모든} 왕국들과 그 영광을 보여주며

【9절】 그에게 말했다. "‖이 모든 것들을‖ 내가 네게 주겠다. 만일 네가 엎드려 내게 경배한다면 말이다."

❄ 마귀는 예수님을 지극히 높은 산으로 데려가 세상의 모든 왕국과 그 영광을 보여준다. 왜 높은 산을 택했을까? (누가의 병행구에는 "이끌고 올라가서"로 되어 있다.) 당연히 천하만국과 그 영광을 보여주려면 가장 높은 곳으로 데려가야 했으리라. 그게 전부일까? 아니다. '지극히 높은 산'은 모세, 즉 출애굽 사건과의 연관성을 강조한다(Gundry, 57). 신명기 3:27에서 하나님은 모세에게 "비스가 산 꼭대기에 올라가서 눈을 들어 동서남북을" 바라보라고 명하신다. 본문 9절은 '이 모든 것들'을 제일 강조한다. (누가의 병행구는 이 부분을 강조하지 않는다.) 이 대목은 모세가 죽기 전에 비스가 산 꼭대기에서 약속의 땅을 바라보는 장면을 연상시킨다(Nolland, 166).

❄ 마지막 시험에서 마귀의 말투가 변한다. 그는 지금까지 사용했던

"네가 만일 하나님의 아들이어든"이란 문구를 생략한 채, 주제넘게 하나님에 대한 예수님의 충성스런 태도를 포기하게 한다. 세상의 모든 왕국과 그 영광을 보여주며 왕 중의 왕으로 삼게 해주겠다고 단언한다. '세상 모든 나라를 다스린다'는 개념은 구약성경(시 2:8; 72:8-11; 단 7:13-14)에서 메시아의 통치와 관련하여 하나님의 백성이 고대하던 바였다(France, 135).

마귀는 십자가의 고통을 경험하지 않고도 쉽게 약속된 통치권을 얻을 수 있다고 장담하며, 자신에게 경배하라고 제안한다(Barton 2002, 114). 쉽게 메시아가 되라고 유혹한다. 마귀는 동방 박사들이 주님께 한 일을 이번에는 자신에게 하라고 요구한다. 2:11에도 동일한 분사('엎드려')와 동사('경배하다')의 배열이 나타난다(Hagner, 182). 하지만 주님은 그렇게 하지 않으셨다. "하늘과 땅의 모든 권세"(28:18)를 얻는 방법은 고난과 죽음을 통해 하나님의 뜻을 성취해야 하는 것임을 아셨기 때문이다(Nolland, 168).

【10절】 그때 예수께서 그에게 말씀하신다. "사탄아, 물러가라! 왜냐하면 '너는 [주 너의 하나님께] 경배하고, [오직 그분께만] 신성한 예배를 드려라' 하고 기록되었기 때문이다."

【11절】 [그러자] 마귀는 그를 떠난다. 그런데 보라! [천사들이] 다가와 그를 섬기기 시작했다.

❀ 저자는 예수님이 시험을 당하신 이야기를 기록하며 5-6절, 8절, 10-11절에서 현재 시제를 사용한다. 이러한 기법은 예수님과 마귀의 대화에 생동감을 더하며, 하나님의 아들이신 예수님의 권위를 절감하게 한다(Gundry, 56-57). 병행 단락인 누가복음 4:1-13은 이런 기교를 사용하지 않는다. 마귀의 무례한 요구에 대해 주님은 신명기 6:13로 반격하신다. "사탄아 물러가라"는 명령은 마태복

음에만 있다. 오직 마태만이 주님께서 절대적인 명령으로 사탄을 물리치시는 통쾌한 장면을 보여준다.
이와 동일한 명령이 16:23에도 등장한다. 베드로가 예수님의 수난 예고를 듣고 말리려 하자 주님께서 베드로에게 하신 말씀이다. 이러한 기교는 이 두 사건을 연결하여 '고난받는 메시아' 이미지를 더욱 부각한다(Harrington, 67). 10절은 클라이맥스를 장식하듯, 지금까지 사용했던 '마귀' 대신에 '대적자'를 의미하는 '사탄'이란 용어를 사용한다. 마귀를 신으로 경배하라는 요청을 받고 주님은 더 이상 참으실 수 없었으리라. 그래서 격한 감정으로 단호히 물러가라고 호령하신다(Hagner, 182).

❀ 예수님이 인용하신 신명기 6:13의 배경은 출애굽기 32장이다. 모세가 시내산에 올라가 있는 동안, 이스라엘 백성은 아론에게 모세의 생사를 알 수 없으니 자신들을 인도할 신을 만들어 달라고 간청하였다. 이에 아론은 금 고리를 가져오라고 요구하였고, 결국 이것으로 금송아지를 만들어 이스라엘 백성을 인도한 신이라고 선포하였다.
이스라엘 백성은 약속의 땅에 들어가기 전에 '하나님만 섬기라'는 모세의 명령을 들었다. 마찬가지로 예수님도 하나님의 아들로서 사역을 시작하기 전에 이 말씀을 자신의 것으로 삼으신다(장인식, 55). 11절은 마귀가 떠난 후 '천사들'이 와서 예수님을 섬기기 시작하였다는 점을 강조한다. 마귀가 인용한 시편 91:11에 언급된 천사들의 보호(6절)가 여기서 성취된다(France, 136).

❀ 마태복음에 기록된 세 번의 시험은 광야에서 실패한 이스라엘 백성의 과거를 회복시키시는 예수님의 이미지를 보여준다(Osborne, 141). 첫 번째 시험은 만나 기적을 재현하라는 것, 두 번

째 시험은 하나님을 시험해 보라는 것, 마지막 시험은 마귀 자신을 경배하라는 것이었다. 이 순서는 이스라엘 백성이 광야 생활을 하며 실패했던 현장을 앞에서부터 뒤로 하나씩 추적한다. 만나 사건(출 16장), 하나님을 시험한 맛사 사건(출 17장), 금송아지 숭배 사건(출 32장). 주님은 신명기의 말씀을 인용하여 이스라엘의 실패를 뒤에서부터 하나씩 지워 나가신다. 그러기에 신명기의 말씀은 역으로 되어 있다(Gundry, 56). 첫 번째 시험(만나 사건, 신 8:3), 두 번째 시험(맛사 사건, 신 6:16), 세 번째 시험(우상숭배 사건, 신 6:13). 마귀는 1세기 유대인이 가지고 있던 메시아에 대한 통념을 상기시키며, 쉬운 방법으로 백성들에게 메시아임을 보여주라고 유혹한다. 그러나 주님은 하나님의 뜻에 따라 고난받는 메시아의 길을 선택하여 승리하신다. 누가복음의 이야기는 '인류의 대표자'인 예수님이 아담과 하와가 저지른 원죄(창 3:6) 문제를 해결하시는 과정을 보여준다. 그러기에 시험의 순서와 어휘가 거기에 맞춰져 있다(Talbert, 50).

예수께서 갈릴리 사역을 시작하시다

【12절】 그는 〈[요한이] 넘겨졌다는 소식을 듣고〉 갈릴리로 물러나셨다.

❋ 단락을 연결하는 이 구절 속에 세례 요한과 예수님의 연속성과 불연속성이 동시에 드러난다. 이제 세례 요한과는 차원이 다른 사역이 새로운 지역에서 시작된다(France, 140). 12절은 '요한이 넘겨졌다는 소식을 들으시고'를 강조한다. 헤롯 안티파스가 요한을

투옥한 사건을, 예수님은 사역을 갈릴리로 옮기라는 하나님의 신호로 받아들이셨다(Osborne, 157). (당시 헤롯 안티파스는 갈릴리와 베레아 지방을 다스렸다.) 주님이 갈릴리로 가신 이유는 헤롯의 위협 때문이라기보다, 요한의 체포를 계기로 흑암에 앉은 자들에게 복음을 전해야 할 필요성을 느꼈기 때문이다(강대훈, 375).

❀ '넘겨주다'에 해당하는 헬라어는 '파라디도미'인데 원문에 수동태로 되어 있다. 이는 '구속되는 것', '배신을 당하는 것', '죽임을 당하는 것'을 의미한다. 개역개정은 이 단어를 "잡혔음"으로 번역하나, 실은 더 중요한 의미를 함축한다. 이 단어는 예수님의 수난 예고에서 여러 번 등장하고(17:22; 20:18, 19), 주님이 배신당하고 잡히시는 26장에서 무려 10번이나 사용된다. 마태는 이 표현을 강조하여 앞으로 예수님도 이렇게 되실 것을 예고한다(Harrington, 74).

【13절】 그리고 나사렛을 떠나, 그는 스불론과 납달리 지역의 호숫가에 있는 가버나움으로 가서 거기에 정착하셨다.

❀ 13절은 가버나움을 '스불론과 납달리 지역의 호숫가에 있는' 곳으로 설명한다. 갈릴리 지방은 스불론과 납달리 땅을 포함하는 곳으로 이스라엘 북쪽에 위치해 있다. 마가복음과 누가복음의 병행구에는 '스불론'과 '납달리'에 대한 언급이 전혀 없다(막 1:21; 눅 4:31). 저자는 뒤에 이어지는 예언의 성취를 강조하기 위해 스불론과 납달리를 끌어들이며, 이방인 선교에 대한 관심을 내비친다(Gundry, 60). 예수님의 고향은 나사렛이지만 사역의 중심지는 가버나움이었다. 복음서에서 오직 마태만이 주님이 가버나움에 정착하신 사실을 밝힌다.

【14절】 이는 이사야 선지자를 통해 말씀하신 것이 성취되게 하기 위함이었다.

【15절】 "〈스불론 땅과 납달리 땅, 요단강 건너편 그 호수 길, 여러 민족이 있는 갈릴리여〉,

【16절】 ‖어둠 속에 앉아 있는 백성이‖ [하나의 큰 빛을] 보았고, ‖죽음의 땅과 죽음의 그림자가 드리운 곳에 앉아 있는 사람들에게‖, 그들에게 [빛이] 떠올랐다."

❋ 14-16절은 마태복음에만 있는데, 죽음의 땅에 있는 유대인과 이방인들의 모습을 생생하면서도 강하게 서술한다. 저자는 예수님께서 갈릴리 지역에 거하신 것을 구약성경 이사야 9:1-2의 성취로 이해한다. 15절은 '여러 민족이 사는' 갈릴리를 언급한다. 개역개정의 "이방의 갈릴리"란 표현은 '여러 민족이 사는 갈릴리'란 뜻이다. 이 표현은 갈릴리 지역에 이방인들이 많이 거주한 것과 관련이 있다. 갈릴리 거주민들은 주전 732년 앗수르의 침공 때 포로로 끌려갔고, 그곳의 인구가 외국인으로 채워졌다(강대훈, 377). 마태는 이 말씀을 인용하여 복음이 결국 갈릴리에서 시작되어(28:16) '모든 민족을'(28:19) 향하게 될 것을 시사한다(France, 143).

❋ 16절은 '어둠 속에 앉은 백성', '죽음의 땅', '죽음의 그림자가 드리운 곳에 있는 사람들'을 제일 강조하며 그들에게 임할 새로운 빛을 소개한다. 본문에 제시된 사람들은 일차적으로 앗수르의 통치 이후 갈릴리 지역에서 아무 소망도 없이 살던 유대인이다. 물론 여기에 이방인도 포함된다(Wilkins, 196; Osborne, 158).
그런데 16절 마지막 부분이 약간 이상하다. 이사야서에는 "그늘진 땅에 거주하던 자에게 빛이 비치도다"라고 되어 있는데, 저자는 끝부분을 '빛이 떠올랐다'로 변경한다. '떠오르다'('아나텔로')란 단어는 예수님의 탄생 시 동방 박사들이 '동쪽'('아나톨레', 2:2)에서 보았던 별을 상기시킨다(France, 143). ('아나텔로'는 해, 달, 별이 솟아오르는 것을 가리킨다.) 마태는 '떠오르다'의 과거형을 사용함으로써, 선지자의 예언이 하늘나라의 복음을 선포하시는 예수님 안에서 성취되었음을 강조한다(강대훈, 378). 개역개정은 이 부분을 "비치었도다"로 번역하는데, '떠올랐다'(YLT, MLV) 또는 '솟아올랐다'(ASV, GW, KJV)가 훨씬 좋다. 동방 박사 이야기를 상기시켜야 하기 때문이다.

【17절】 [그때부터] 예수께서 선포하여 "너희는 회개하라. 왜냐하면 하늘나라가 이미 가까이 왔기 때문이다" 하고 말씀하기 시작하셨다.

❋ 마태복음에서 예수님은 지금까지 대체로 수동적이셨다. '그때부터'('아포 토테')란 문구는 상황의 변화를 알려 주며, 예수님이 주도권을 쥐고 사역하시게 될 것을 시사한다(France, 143). 이 문구는 16:21, 26:16에도 등장하는데, 예수님의 사역에서 전환점이 되는 상황을 암시한다(고영민, 48). 마태복음에서 이 문구가 강조된 곳은 이 세 곳밖에 없다. 마가의 병행구(1:15)와 비교하면 예수님의 메시지가 약간 다르다. 마태복음은 마가복음에 나오는 "때가 찼고", "복음을 믿으라"는 문구를 생략한다. 아울러 순서를 바꿔 "회개하라"를 "하늘나라가 가까이 왔느니라" 앞에 배치한다. 마태복음은 천국 선포에 앞서 '회개'를 강조한다. 이는 행함의 중요성을 강조하는 저자의 관점을 반영한다(김창선, 80-81).

네 명의 어부를 제자로 부르시다

【18절】 〈갈릴리 바닷가를 걸어 다니다가〉 그는 {두} 형제, 즉 베드로라 불리는 시몬과 그의 형제 안드레가 커다란 그물을 바다에 던지는 것을 보셨다. 왜냐하면 그들은 어부들이었기 때문이었다.

❋ 18절과 21절은 예수님이 제자들을 부르시는 장면을 서술하며, '바닷가를 걸어 다니다가', '조금 더 가다가'라는 문구를 강조한다. 유대인의 시각에서 보았을 때, 이처럼 예수님이 주도권을 쥐고 제자를 부르시는 모습은 이상하게 보였을 것이다. 신약시대에는 대체로 스승이 제자를 불러 모으기보다 제자가 랍비를 찾아가 그의 문하에 들어가기로 결정하였다(Keener 1998, 62).

베드로, 안드레, 요한, 야고보를 부르신 사건은 마가복음에도 있다(1:16-20). 하지만 본문은 특별히 '두 형제'라는 점을 부각한다(18절, 21절). 마태는 이들이 '형제'라는 사실을 뒤에서 언급하면서도, 굳이 '두 형제'라는 표현을 삽입하여 18절과 21절을 동일한 형태로 만든다(Hagner, 195). (마가복음에는 이 표현이 없다.) 이는 두 형제들의 즉각적인 반응이 얼마나 중요한지 알려 준다. 아울러 교회 공동체가 지녀야 할 형제애를 상징적으로 보여준다(Hagner, 194; Gundry, 61). 마태복음이나 마가복음에 묘사된 이 장면은 누가복음(5:1-11)과 완전히 다르다.

【19절】 그러자 그가 그들에게 "나를 따라오너라. 그러면 내가 너희를 [사람들의] 어부들로 만들어 주겠다" 하고 말씀하신다.

【20절】 이에 ‖그들은‖ [즉시] 그 그물들을 버려두고 그를 따라갔다.

❀ 19절이 역사적 현재 시제인데 매우 의미심장하다. 저자는 제자를 부르시는 주님의 명령이 시공을 초월하여 모든 사람의 귀에 울려 퍼지게 한다(Gundry, 62). 예수님의 부르심이 이처럼 긴급하고 과격하게 주어진 것은 하늘나라가 가까이 왔기 때문이다(Nolland, 179). 주님은 자신을 따르라는 명령을 통해 인격적 관계에 기초한 제자도의 모델을 제시하신다(Bock 2012, 165). 마태는 "따라오라"는 예수님의 명령을 들은 형제들이 '즉시' 따랐다는 사실을 20절과 22절에서 연달아 강조한다. 마가의 병행 단락은 '그들'을 강조하지 않으며 '즉시'란 단어도 한 번만 사용한다(1:18). 마태가 마가에 비해 '즉시'란 단어를 자주 사용하지 않는다는 점을 고려하면(마태복음 15회, 마가복음 40회, 누가복음 8회), 이 경우는 상당히 이례적이다. 본문의 제자들은 전에 예수님을 만난 적도, 기적을 체험한 적도, 가르침을 받은 적도 없다. 그렇지만 그들은 즉시 전적으로 따랐다. 우리는 여기서 주님이 행하신 최초의 기적을 본다. 그분의 능력 있는 말씀이 이들을 따르게 했고, 제자가 되도록 이끌었다(Keck, 169). 베드로와 안드레가 '즉시' 따랐다는 말은, 그들이 물고기를 끌어올리는 일에 시간을 들이는 것까지도 포기한 것으로 이해할 수 있다(Osborne, 165). 요한복음에 의하면 이들은 이전에 예수님을 만난 적이 있다(1:35-42).

【21절】 〈거기서 조금 더 가다가〉 그는 {다른} {두} 형제, 즉 세베대의 아들 야고보와 그의 형제 요한이 배에서 그들의 아버지 세베대와 함께 그들의 그물들을 깁는 것을 보고, 그가 그들을 부르셨다.

【22절】 그러자 ‖그들은‖ [즉시] 그 배와 그들의 아버지를 남겨 두고 그를 따라갔다.

❀ 아마도 야고보와 요한은 베드로의 경우와는 다른 형태의 고기잡

이를 하고 있었을 것이다. 18절의 그물은 단수인데 여기서는 복수다. 개역개정은 21절에서 '그물'을 단수로 번역한다. 21절이 특히 '배'를 언급한 것을 보면, 세베대 가족은 배를 소유한 상당히 부유한 계층이었을 것으로 추측할 수 있다(France, 147). 예수님이 부르시자 야고보와 요한은 즉시 순종했다.
그런데 마가의 병행구와 비교하면 '즉시'의 위치가 다르다. 마가복음에서는 예수님이 베드로와 안드레를 부른 후에 조금 더 가다가, 야고보와 요한을 보고 '곧' 부르신다. 그러나 마태는 이 단어를 뒤로 돌려 야고보와 요한이 '즉시' 따랐다고 이야기한다. (마가복음에는 '즉시' 따랐다는 설명이 없다.) 이런 마태의 기교는 20절과 22절이 두 에피소드의 결론이 되게 하며 완벽한 병행을 이루게 한다. 천국 복음이 선포되고 인간의 전적인 순종이 뒤따르는 것으로 인해 신앙 공동체가 탄생한다(김창선, 82). 이 네 제자의 즉각적인 순종은 카리스마적 권위를 지닌 예수님의 이미지를 부각한다. 주님의 가르침과 기적에 나타난 독특한 권위는 5-9장에서 지속적으로 강조된다(France, 148).

예수께서 큰 무리를 치료하시다

【23절】 그리고 예수께서 갈릴리 {온 지역을} 두루 다니며 그들의 회당들에서 가르치고, 그 나라의 기쁜 소식을 선포하며, 백성 중에서 {모든 종류의} 질병에 걸린 사람들과 허약한 {모든} 사람들을 고쳐 주고 계셨다.

❀ 23-24절은 예수님의 가르침과 치유사역을 개괄적으로 서술하는데, 이와 동일한 내용이 9:35에도 등장한다. 마태는 이 구절을 통해 5-7장에 있는 예수님의 '가르침'과, 8-9장에 기록된 '치유사역'을 하나로 묶는다. 이러한 인클루지오 기법은 그분이 가르침과 행동면에서 권위를 지닌 완벽한 메시아임을 보여준다(Hagner, 357).

'그들의 회당'이란 표현은 마태 공동체와 유대교가 이미 관계를 끊은 상태라는 인상을 준다(Harrington, 72). 마태복음은 예수님이나 제자들과 관련하여 '회당'을 지칭할 때 시종일관 '그들의 회당'으로 표현한다(4:23; 9:35; 10:17; 12:9; 13:54). 반면에 이 표현을 마가는 두 번, 누가는 한 번 사용하고, 요한은 한 번도 사용하지 않는다.

【24절】 그러자 그에 관한 소문이 시리아 전역에 퍼졌고, 그들이 아픈 사람들을 {모조리} 그에게 데려왔다. [{각종} 질병과 고통에] 시달리는 자들, 귀신 들린 자들, 간질병 환자들, 중풍병자들을 데려왔고, 그는 그들을 치료해 주셨다.

❀ 본문은 예수님께 나아온 많은 병자들의 증상을 열거하며 주님께서 치료해 주시는 광경을 소개한다. 23-25절의 상황과 병행 단락을 비교하면, 마태복음의 경우가 가장 감격적이며 환희를 느끼게 한다(참고. 막 3:7-12; 눅 6:17-19). 마태는 질병의 종류를 제일 상세히 제시하며 '모조리'와 '각종'을 강조한다. 24절은 주님의 가르침과 치유사역이 아주 포괄적이며 성공적이었고, 그분의 중요성이 드러났다는 점을 부각한다(Nolland, 184).

【25절】 마침내 갈릴리, 데가볼리, 예루살렘, 유대, 그리고 요단강 건너편에서 온 큰 무리들이 그를 따랐다.

❀ 24-25절은 여러 지역에서 온 많은 무리들이 예수님을 따랐다고 기술한다. 여기에 열거된 지역들은 찬란했던 다윗 왕국 시절 이스라엘 왕국의 경계를 보여주는 사방 네 지역을 모두 포함한다(Garland, 49). 저자는 유대인 독자에게 다윗 왕국을 상기시키며, 이스라엘이 회복되어 각처에서 사람들이 주님께 몰려오는 가슴 벅찬 장면을 상징적으로 보여준다. 또한 이 장면 바로 뒤에 산상수훈을 배치하여, 수많은 무리들이 하나님 나라 메시지를 듣게 한다. 이런 점에서 4장의 이 마지막 단락은 다른 복음서의 병행 단락보다 우리를 가장 매료시킨다(Bock 2012, 206).

제5장

팔복

【1절】 하지만 예수께서는 [그 무리들을 보고] 산으로 올라가셨다. 그리고 그가 앉으셨을 때 그의 제자들이 그에게 나아왔다.

❀ 제4장에서 과거 이스라엘 백성의 실패를 되돌린 예수님은, 이 제5장에서 메시아로서 또 왕으로서 천국의 윤리를 선포하신다(Swindoll, 82). 산상수훈(5-7장)은 마태복음에 기록된 다섯 번의 가르침 중에서 첫 번째다. 산상설교의 많은 부분이 마태복음에만 있다. 그러나 60% 정도는 누가복음의 병행 구절에도 등장한다(양용의, 109). 마태가 산 위에서 말씀을 전하는 예수님을 기록한 것과는 달리, 누가는 산에서 내려와 평지에서 말씀을 전하시는 예수님에 대해 기록한다. 누가의 '평지설교'에는 복(6:20-23)과 화(6:24-26)를 선포하는 내용이 동시에 담겨 있다.

❀ 1절은 예수님이 '그 무리들을 보고' 산으로 올라가셨다는 사실을 강조한다. 여기서의 '무리'는 바로 앞에서 언급된 유대인과 이방인이 어우러진 군중을 가리킨다. 이는 주님의 가르침이 전 세계 모든 교회에 적용되어야 한다는 점을 시사한다(Gundry, 65). 누가의 병행구에는 이 문구가 없다. 산에 올라가 말씀을 전하시는 예수님은 율법을 받기 위해 시내산에 올라갔던 모세를 연상케 한다

(Hagner, 206).

마태복음은 예수님을 새로운 모세, 또는 구약의 모세를 능가하시는 분으로 소개한다. 주님은 5:21-48에서 구약의 율법을 하나하나 인용하며 그것을 새로운 관점에서 해석해 주신다(Ehrman, 110). 예수님이 '앉으셨다'는 말은 유대인 랍비들이 가르칠 때 취하는 전형적인 자세를 취하셨다는 뜻이다. 탈무드에서 '앉는 것'과 '가르치는 것'은 거의 동의어로 쓰인다. 누가의 병행구에는 '앉았다'는 표현이 없다. '제자들이 예수님께 나아왔다'는 말은 그리스도인 교회 공동체의 시작을 함축한다(Cambridge). 마태복음은 다른 복음서보다 가르치시는 예수님을 강조하며, 제자들은 그분의 가르침을 통해 훈련받는다.

【2절】 그러자 그가 입을 열어 그들에게 가르치기를 시작하셨다.

❀ 내레이터는 주님께서 '입을 열어' 가르치셨다고 설명한다. 그런데 사실 '입을 열어'라는 문구는 없어도 뜻을 전달하는 데 아무 이상이 없다. '입을 열어 가르치셨다'는 말은 셈족 언어에서 주로 쓰이는 관용구인데, 산상설교의 진지함과 엄숙함을 암시한다(Nolland, 193). 아울러 예수님이 시험을 받을 때 인용하셨던 신명기 8:3, 곧 "하나님의 '입으로부터 나오는' 모든 말씀"(4:4)을 상기시킨다. 마태는 누가의 병행구에 있는 "눈을 들어 제자들을 보시고"(6:20)를 "입을 열어"로 대체하여, 예수님을 신명기에 나오는 하나님과 동일시한다(Gundry, 67). 주님은 우리와 함께하는 하나님이시고(1:23), 산상수훈은 그리스도인이 매일 먹어야 할 양식이다.

【3절】 ‖행복하다‖, [심령이] 극도로 가난한 자들이여, 왜냐하면 하늘나라가 [그들의 것이기] 때문이다.

❋ 팔복에서 '행복하다'가 제일 강조되어 있다. '행복하다'에 해당하는 헬라어('마카리오스')는 외적 환경에 관계없이 하나님의 은혜와 구원으로 느끼는 영적 만족과 환희를 뜻한다(AMP). 이 표현은 복을 간구하는 말이 아니다. 이미 행복이나 행운이 존재하는 상태를 나타내는 선언이다(Bailey, 109).

본문은 기독교가 마치 슬픔과 고통을 동반하는 종교인 것처럼 착각하는 이들에게 청천벽력과도 같은 말씀으로 다가온다(Green 2005, 116). '극도로 가난한'에 해당하는 헬라어 '프토코스'는 '거지 신세로 전락한', '극빈한'의 뜻인데, 남의 도움 없이는 살아갈 수 없는 극심한 빈곤을 의미한다(Nolland, 198). 마가와 누가는 두 렙돈을 헌금한 가난한 과부와, 부자의 집 앞에서 구걸하던 거지 나사로를 묘사하며 이 단어를 사용한다(막 12:42; 눅 16:20). '심령이 가난한 자'는 자신의 무능을 철저히 느끼며 전적으로 하나님만을 의지하는 사람이다(Swindoll, 88).

❋ 예수님은 첫째 복(3절)과 마지막 복(10절)에서 '그들의 것이기 때문이다'(현재 시제)라는 문구를 사용하며, '그들의 것'을 강조한다. 팔복에서 이 두 절만 현재 시제이고, 나머지는 모두 미래 시제다("~할 것임이요"). 여기서 현재 시제에 주목할 필요가 있다. 주님께서 제자들과 함께하시기에, 삶의 고통 속에서도 이미 천국이 그들의 것이 되었기 때문이다(Hagner, 214). 팔복은 하나님 나라의 현재적 측면과 미래적 측면의 긴장 관계 속에 있다(양용의, 112).

병행구와 비교하면 두 가지 차이를 발견할 수 있다. 첫째, 누가복음에는 '심령'이란 단어가 없다. 마태복음이 심령이 가난한 자, 즉 종교적 차원을 이야기한다면, 누가복음은 문자 그대로 궁핍하고 가난한 자를 언급한다(김창선, 109). 이러한 차이는 마태 공동체에 물질적으로 부유한 자들과 영적인 부를 자랑하는 자들이 상당히 있었음을 반영한다(서중석 1991, 154). 둘째, 누가는 2인칭 복수('너희 것임이요')를, 마태는 3인칭 복수('그들의 것임이요')를 사용한다. 이러한 마태의 기교는 예수님을 구약성경에 나오는 하나님과 동일시한다. 구약성경은 복을 이야기할 때 '2인칭'보다 '3인칭'을 압도적으로 많이 사용한다(Gundry, 68).

【4절】 ‖행복하다‖, 애통하는 자들이여, 왜냐하면 [그들이] 위로를 받을 것이기 때문이다.

❀ '애통하다'에 해당하는 헬라어 '펜테오'는 사랑하는 사람이 세상을 떠났을 때 비통하게 울부짖는 것을 의미한다. '애통'은 자신의 죄와 사회적 악에 대해 회개하며 애통해하는 행위를 함축한다(Blomberg, 99). 하나님과 바른 관계에 있는 그리스도인은 죄의 파괴적인 영향력과 악한 세상을 보며 가슴 아파한다(Swindoll, 88).

【5절】 ‖행복하다‖, 온유한 자들이여, 왜냐하면 [그들이] 그 땅을 상속받을 것이기 때문이다.

❀ '온유하다'는 말은 자칫하면 오해를 불러일으킨다. 무능력한 사람을 떠올릴 수 있기 때문이다. '온유한'에 해당하는 헬라어 '프라우스'는 하나님께서 갚아 주실 것을 믿고 기꺼이 손해를 감수하며 말씀대로 사는 삶을 의미한다. 이는 결코 비열하거나, 열등하거나, 무기력하거나, 연약한 상태를 뜻하지 않는다(Barnes). 이 단어가 사복음서에 두 번 등장하는데, 본 절과 21:5이다. 마태는 겸손하게 나귀 새끼를 타신 예수님을 '온유하다'고 묘사한다.

【6절】 ‖행복하다‖, 의에 주리고 목마른 자들이여, 왜냐하면 [그들이] 배

부르게 될 것이기 때문이다.

【7절】 ‖행복하다‖, 자비로운 자들이여, 왜냐하면 [그들이] 자비를 입을 것이기 때문이다.

【8절】 ‖행복하다‖, [마음이] 청결한 자들이여, 왜냐하면 [그들이] [하나님을 볼 것이기] 때문이다.

❈ 6절에 나오는 '의'(義)는 산상수훈에서 아주 중요한 용어다(5:6, 10, 20; 6:1, 33). 이 단어가 사용된 문맥에서 볼 때, 이것은 하나님 앞에서 하는 옳은 행위를 가리킨다. 의에 주리고 목마른 자는 하나님 앞에서 옳은 일을 행하려는 열망을 가진 사람이다(Osborne, 184). '마음이 청결하다'(8절)는 말은 마음의 중심, 곧 생각과 동기가 깨끗하다는 뜻이며, 주님의 교훈을 마음속 깊이 간직한 상황을 시사한다(Hagner, 217). '하나님을 본다'는 표현은 은유적으로 하나님을 알고 그분을 경험하는 것을 말한다(강대훈, 428). 마태복음의 독자들은 8절을 읽으며 '임마누엘'(1:23)을 떠올렸으리라(Nolland, 205).

【9절】 ‖행복하다‖, 평화를 위해 일하는 자들이여, 왜냐하면 [그들이] [하나님의 아들들이라 불릴 것이기] 때문이다.

❈ '화평케 하는 자'는 마치 도어 매트처럼 항상 수동적으로 다른 사람에게 양보만 하는 사람이 아니다. 오히려 적극적으로 분쟁이 있는 곳에 뛰어 들어가 화해시키고 회복시키는 사람을 뜻한다(Swindoll, 90). 예수님은 여기서 공동체의 분열에 대한 치료를 생각하고 계신다. 본 절의 취지는 교회 안에서의 화해, 나아가 교회와 세상 간의 화해다. 이것은 예수님 당시에 의미 있는 일이었으며, 제자 중 하나였던 열심당원 시몬(10:4)에게는 굉장히 어려운 일이었을 것이다(Osborne, 186).

【10절】 ‖행복하다‖, 의를 위해 핍박을 받은 자들이여, 왜냐하면 하늘나라가 [그들의 것이기] 때문이다.

❁ 앞 문장들과는 다르게, 유독 10절은 헬라어 원문이 완료분사 수동형으로 되어 있다. 이는 마태가 염두에 둔 유대인 독자들이 그리스도인이라는 이유로 많은 고난을 받아 왔음을 암시한다. '핍박하다'에 해당하는 헬라어 '디오코'는 사냥꾼이 사냥감을 쫓거나 전쟁터에서 적을 추격할 때 쓰는 단어다(Pulpit). 특히 11절에서 강조된 부분은 그들이 당한 고통을 여실히 보여준다. 예수님은 이들을 위로하기 위해 12절을 덧붙이며, 핍박을 받을 때 오히려 기뻐 날뛰라고 촉구하신다. 10절 마지막 부분에서 "그들의 것임이라"(개역개정)가 강조되었는데, 이 문구가 3절에도 등장한다. 저자는 첫째와 여덟째 복의 결론을 동일하게 하여 인클루지오 구조로 만들며, 팔복을 하나로 엮는다(Gundry, 73).

【11절】 ‖행복하다‖, 너희들이여, [나 때문에] 그들이 너희를 몹시 비난하며 핍박하고, 너희를 거슬러 [거짓되게] {온갖} 악한 말을 할 때에

❁ 11절은 비난하고, 핍박하며, 거짓말로 속이는 위태한 분위기를 보여준다. 이러한 묘사는 마태 공동체가 직면한 현실을 보여주며, 예수님 때문에 온갖 고난을 당하는 상황을 강조한다. 병행구인 누가복음 6:22은 마태복음과 비교하면 상당히 약화되어 있다. 게다가 '온갖 거짓말로 악한 말을 한다'는 내용이 누가복음에는 없다.

【12절】 크게 즐거워하며 기뻐 날뛰어라. 왜냐하면 하늘에서 [너희가 받을 상이] 크기 때문이다. 그들은 너희 이전에 살았던 선지자들도 [이처럼] 핍박하였다.

❀ '기뻐 날뛰다'에 해당하는 헬라어 '아갈리아오'는 억제할 수 없는 기쁨과 환희를 함축한다. 이 단어는 '할로마이'(뛰다, 튀어 오르다)라는 단어에서 파생하였는데, 마태복음 이곳에서 유일하게 한 번 사용되었다. 누가는 처녀 마리아가 예수님의 잉태 소식을 듣고 기뻐하며 하나님을 찬양하는 대목에서 이 단어를 사용한다(1:47). 개역개정은 이 동사를 "즐거워하라"로 번역하는데 의미가 너무 약하다. 마태는 모진 박해와 관련하여 '크게 즐거워하다', '기뻐 날뛰다'란 단어들을 사용하여 팔복의 역설을 고조시킨다(Hagner, 219). '상'은 마태의 특별한 용어로 산상수훈에서 무려 6번이나 나타나는데, 그리스도를 따름으로써 얻는 보상을 가리킨다(Osborne, 187). 개역개정은 마지막 문장을 "선지자들도 이같이 박해하였느니라"로 처리하는데, 번역에 문제가 있다. 마치 선지자들이 박해하는 상황으로 오해할 수 있기 때문이다. 따라서 '선지자들도 이런 핍박을 받았다', '선지자들도 이와 같이 박해를 받았다'로 수정해야 한다.

빛과 소금으로서의 신자들

【13절】 [너희는] 이 땅의 소금이다. 하지만 〈만약 그 소금이 맛을 잃으면〉 무엇으로 그것을 짜게 할 수 있겠느냐? 그것은 더 이상 [아무짝에도] 쓸모없어서, 다만 밖에 버려져 사람들에게 짓밟힌다.

❀ 만약 그리스도인들이 팔복에서 제시된 충격적인 방식으로 살아간다면, 이 세상에서 주목을 받게 될 것이다. 그리스도인의 영향력은 세상 사람과 똑같이 살아가는 데서 오지 않는다. 오히려 그

들과 다른 데서 온다.

'맛을 잃다'에 해당하는 헬라어 '모라이노'는 '모로스'(어리석은)란 단어에서 파생하였다. 이 단어가 신약성경에 네 번 사용되는데, 두 번은 '맛을 잃은'(마 5:13; 눅 14:34), 두 번은 '어리석은'(롬 1:22; 고전 1:20)의 의미로 쓰인다. '소금이 맛을 잃는다'는 말은 어리석게 산다는 뜻이며, 제자로서의 정체성을 잃은 상태를 말한다(Hagner, 225). 주님이 그리스도인을 세상의 '소금'과 '빛'으로 선언하신 것은, 우리가 살고 있는 이 세상에서 천국이 실현되어야 한다는 의미다(최갑종, 68).

❀ 신약시대의 소금은 오늘날 우리가 사용하는 순수한 염화나트륨이 아니었다. 사해 근처에서 채취한 소금은 다른 미네랄이 많이 섞여 있어서, 진짜 소금 성분이 물에 씻겨 나가면 불필요한 잔류물만 남는 경우가 있었다(France, 174-75). 몇몇 학자들은 이와 관련하여 소금의 짠 특성은 결코 없어지지 않는다고 주장한다. 하지만 분명한 것은 예수님이 여기서 소금의 과학적 측면이 아닌 윤리적 측면을 말씀하신다는 사실이다. 주님은 제자의 사명과 관련하여 쓸모없는 자가 되지 말라고 촉구하신다(Osborne, 194). 마가복음 9:49-50에서도 소금 관련 주제가 다루어진다. 그러나 문맥은 완전히 다르다.

【14절】 [너희는] 이 세상의 빛이다. [산 위에 있는] 도시가 숨겨진다는 것은 불가능하다.

❀ 14절은 마태복음에만 있다. '세상'으로 번역된 헬라어 '코스모스'는 '세상', '우주', '세상에 존재하는 사람들', '조화를 이루며 배열되어 있는 조직'을 의미한다. 그리스도인은 세상의 빛, 우주의 빛, 사회 조직체 내에서 작동하는 빛이다. JMNT 역본은 14절 전반부를 이렇게 번역한다. "너희들 스스로가 질서 있는 그 시스템 속에 존재

하는 빛이다. 다시 말하면 인간의 모든 사회적 영역인 문화계, 종교계, 정치계, 정부, 사회 조직에서 빛으로 살아야 할 존재들이다."
'산 위에 있는' 도시는 이스라엘의 지형과 문화를 반영한다. 이스라엘 백성이 정착한 중앙 산지는 산과 골짜기로 구성되었는데, 산 위는 석회암 바위로, 골짜기는 우기 때 흘러내린 모래로 이루어졌다. 이런 이유로 성서 시대부터 이스라엘의 마을은 산 위에 형성되었다. 그래야 우기 때 갑자기 흘러내리는 창수로부터 안전하기 때문이다(류모세 2009a, 128).

【15절】 그리고 사람들이 등불을 켜서 그것을 말 아래 놓지 않고 등잔대 위에 둔다. 그래야 그것이 집 안에 있는 {모든 사람들에게} 빛을 비춘다.

【16절】 ‖이와 같이‖ 너희 빛을 사람들 앞에 비추어, 그들이 너희의 착한 행동들을 보고 하늘에 계신 너희 아버지께 영광을 돌리게 하라.

❀ '말'에 해당하는 헬라어 '모디오스'는 곡식을 측정할 때 쓰는 용기인데, 약 8-9리터 용량의 흙으로 만든 그릇이다(Expositor). 등불이 집 안의 '모든 사람을' 비춘다는 말은 당시 팔레스타인 일반 가옥이 방 하나로 이루어진 구조임을 보여준다(강대훈, 442). 등경 위의 등불에 관한 은유가 마가복음 4:21과 누가복음 8:16에서도 발견된다. 하지만 마가복음과 누가복음은 예수님의 사명과 관련하여 이 은유를 사용한다(Hagner, 223).
16절은 마태복음에만 있는데 '이와 같이'를 제일 강조한다. 마태는 이 단락을 마무리하며 선행을 강조하는 16절을 결론으로 삼는다(Gundry, 78). 여기서 주목할 점은 단순한 복음 증거가 아닌 선한 '생활 패턴'을 말한다는 사실이다. 그것은 항상 다른 사람을 돕고 그들에 대한 하나님의 사랑과 관심을 보여주는 태도를 뜻한다(Osborne, 195).

율법을 완성하시는 그리스도

【17절】 내가 율법이나 선지자들을 훼손하기 위해 왔다고 생각하지 말라. 나는 훼손하기 위해서가 아니라 완성하기 위해 왔다.

❀ 17-24절은 마태복음에만 있다. 17-20절은 율법과 예수님의 말씀을 대조하는 여섯 가지 사례(5:21-48)에 대한 머리말이다. 여기서 주님은 자신이 율법 폐지론자라는 비난에 대해 말씀하시는 것 같다. 율법에 대한 자신의 접근이 유대교의 전통적 사고와 다르다는 점을 암시하시기 때문이다. 본문은 여섯 가지 주제에 대해 외부적 관점이 아니라 내부적 관점, 곧 사람의 마음이 중요하다고 역설한다(Bock 2012, 224). 주님의 율법 해석은 바리새인들의 해석과는 근본적으로 차원이 달랐다(Hagner, 232).

❀ '훼손하다', '완성하다'라는 표현은 1세기의 랍비들이 율법 해석에 대해 논쟁하며 자주 사용하던 어휘였다. 이는 율법을 완전히 폐지한다거나 부족한 부분을 보완한다는 의미가 아니다. '훼손한다'는 말은 율법을 느슨하게 잘못 해석하여 율법의 정신을 훼손한다는 뜻이고, '완성한다'는 말은 제대로 해석하여 본래의 뜻과 취지를 잘 드러낸다는 의미다(류모세 2014, 126). 예수님은 율법에 나타난 하나님의 의도가 무엇인지 완벽하게 드러내 주셨다. 이것은 마치 미켈란젤로의 벽화 위에 쌓인 오래된 먼지를 완전히 제거하여 원래의 모습을 보여주는 것과 같다(Garland, 63).

【18절】 내가 [진정으로] 너희에게 말한다. 〈이 하늘과 이 땅이 사라질 때

까지는〉, 모든 것이 이루어질 때까지는, 율법의 [가장 작은 하나의 문자나 한 획도] 결코 사라지지 않을 것이다.

❋ 18절 맨 앞에 있는 "진실로 너희에게 이르노니"(개역개정)라는 문구는 뒤에 이어지는 말씀에 무게를 더한다(Hagner, 233). '진정으로'라는 표현은 히브리어 '아멘'을 음역한 것인데, 이 단어가 마태복음에 무려 32번이나 등장한다. (복음서 중에서 제일 많이 나온다.) 개역개정에 '점'으로 번역된 헬라어 '이오타'는 가장 작은 히브리어 문자인 '요드'를 의미할 수 있다. '획'으로 번역된 '케라이아'는 히브리어 문자의 뜻을 분명히 하기 위해 덧붙이는 작은 점이나 선을 가리킨다(Kaiser, 366).

【19절】 〈따라서 누구든지 이 계명들 중에서 가장 작은 것 하나라도 소홀히 하거나 그렇게 하도록 사람들을 가르치는 자는〉, 하늘나라에서 [가장 작은 자라고] 불릴 것이다. 하지만 [이 계명들을] 〈지키고 그렇게 하도록 가르치는 자는〉 하늘나라에서 [크다고] 불릴 것이다.

【20절】 그래서 내가 너희에게 말하는데, 〈{너희} 의가 서기관들과 바리새인들의 의를 능가하지 못하면〉 [결코] 너희가 하늘나라에 들어가지 [못할 것이다].

❋ 예수님은 '너희 의가 서기관과 바리새인의 의를 능가하지 못하면'을 강조하며, 이렇게 하지 못하면 천국에 들어가지 못한다고 천명하신다. 이 선언은 주님의 말씀 중에서 가장 충격적이고 사실상 불가능한 진술처럼 보인다. 바리새인은 예수님 당시 가장 존경받는 종교인이었고, 서기관은 율법에 관한 한 최고의 전문가였다. 바리새인이나 서기관은 '겉'을 깨끗이 하면 '안'은 자동적으로 깨끗해

진다고 믿었다.

그러나 주님은 이런 자세를 정죄하며 하나님에 의해 성취될 수 있는 '내적' 의를 강조하신다. 주님의 제자는 안에서 시작되어 밖으로 향하는 변화를 추구한다(Wilkins, 259-60). 그리스도인의 의가 서기관과 바리새인의 의보다 더 나은 이유는, 그 의가 하나님과의 관계에 의존하기 때문이다(Barton 2002, 161). 바리새인과 서기관은 율법을 행함으로써 의를 추구하고, 제자들은 주님께서 이미 성취하신 율법을 통해 의를 추구한다(최갑종, 73).

마음에서 시작되는 살인

[21절] 옛사람들에게 주어진 명령, 즉 "살인하지 말라. 〈살인하는 자는 누구든지〉 심판을 [받게] 될 것이다"라는 말을 너희는 들었다.

[22절] 하지만 [나는] 너희에게 말한다. 〈자신의 형제에게 화를 내는 사람은 {누구든지}〉 심판을 [받게] 되고, 〈자신의 형제에게 '무익한 놈!'이라고 욕하는 사람은 누구나〉 공회에 [넘겨지게] 되며, 형제에게 〈'반역자!'라고 말하는 사람은 누구나〉 불타는 지옥에 [던져지게] 될 것이다.

❀ 22절부터 예수님은 모세의 율법을 재해석하시는데, 전체적으로 '나'를 강조한다. 이는 주님께서 율법을 제정하시는 분으로서의 권위를 가지고 있음을 보여준다(Cambridge). 본문은 여섯 가지 사례 중 첫째로 살인에 대해 이야기한다. "나는 너희에게 이르노니"(개역개정, 22절)라는 문구는 당시의 랍비들에게 낯설 수밖에 없었으리

라. 그들은 성경 말씀에 상충되는 듯한 해석을 할 때 자신의 주장과 비슷한 랍비 전승을 인용하는 것이 고작이었다(Hagner, 240). '반역자'에 해당하는 헬라어 '모로스'는 '하나님이나 부모님께 반역하는 자', '어리석은 자'라는 의미다. 22절은 '자신의 형제'라는 표현을 반복하여 그리스도인의 형제애를 상징적으로 표현한다(Gundry, 85).

【23절】 그러므로 〈네가 네 제물을 그 제단에 드리다가, [거기서] 네게 반감을 갖고 있는 [네 형제가] 생각나거든〉,

【24절】 네 제물을 그 제단 앞에 두고 가서, [먼저] 네 형제와 화해하고, [그 후에] 와서 네 제물을 드려라.

❃ 예수님은 살인과 분노에 대한 해결책으로 화해를 말씀하신다. 24절은 '먼저'와 '그 후에'를 강조하여 무엇이 더 중요한지를 분명히 한다. 23절의 '제단'은 예루살렘 성전 제단이다. 1세기의 지리적 배경을 고려하면 이 구절은 익살스러우면서도 의미심장하게 다가온다. 예수님의 설교를 듣던 청중은 대부분 갈릴리 출신인데, 갈릴리는 예루살렘에서 약 130km 떨어져 있다. 게다가 갈릴리 사람들은 예루살렘에 갈 일이 거의 없었으므로, 본문의 상황이 일 년에 한두 번 있는 중요한 사건임을 기억해야 한다. 또한 거기에는 순서를 기다리는 긴 줄이 있었으리라(Osborne, 211). 이 상황에서 번제를 드리러 왔다가 자신에게 반감을 품은 형제가 생각난다면, 산 짐승을 성전 뜰에 거의 일주일 동안 놔두고 집으로 돌아가야 한다. 그리고 그 사람에게 용서를 구한 후, 다시 예루살렘으로 돌아와 제사를 드려야 한다(France, 203).

이런 일이 가능할까? 물론 현실적으로는 불가능하다. 하지만 주님은 그렇게 하겠다는 정신으로 선을 베풀며 성실하게 살라고 요청하신다(Wright, 78). 대체로 그리스도인들은 예배를 드리는 일이 가장 중요하고, 또 먼저 해야 한다고 생각한다. 그렇지만 본문은 신앙 공동체에 진실성과 건전함이 없다면 진정한 예배가 불가능하다고 선언한다(Bock 2012, 229).

【25절】 너를 대적하는 사람과 함께 법정으로 가는 도중에 있거든, 서둘러 타협하라. 만약 그렇지 않으면 네 적대자가 너를 재판관에게 넘겨주고, 재판관은 너를 간수에게 넘겨주어, 결국 네가 [감옥에] 갇힐 것이다.

【26절】 내가 [진정으로] 네게 말한다. 네가 마지막 한 푼까지 다 갚기 전에는 네가 [결코] 거기서 나오지 [못할 것이다].

❁ 25-26절에는 1세기의 문화가 담겨 있다. 로마법에 의하면 다툼이 생겨 그 문제를 해결할 수 없을 때, 피해를 본 사람이 분쟁 대상자에게 법정까지 동행해 달라고 요청할 수 있었다(Freeman, 26). 그러기에 법정에 도달하기 전에 서둘러 타협하라고 충고하는데, 23-24절보다 두 사람의 관계가 더 구체적이다. 26절에 돈이 언급된 것을 보면 둘 사이의 적대적 관계가 금전 문제로 보인다(강대훈, 465). '법정으로 가는 도중'이란 문구는 화해의 긴급성을 일깨우며, 하나님의 심판(22절)이 임박했음을 시사한다(Osborne, 212).

마음으로 짓는 간음죄

【27절】 "간음하지 말라"고 말해진 것을 너희는 들었다.

【28절】 하지만 [나는] 너희에게 말한다. 〈음욕을 채우기 위해 여자를 지

켜보는 사람은 {누구나}〉 [이미] 그의 마음속에서 그 여자와 간음한 자다.

❋ 둘째 교훈은 간음 문제다. 27-28절은 마태복음에만 있다. 예수님은 음욕으로부터 간음이 시작된다고 말씀하신다(Bock 2012, 230). '지켜보다'에 해당하는 헬라어 '블레포'는 눈에 보이는 사물을 마음으로 가져와 어떤 행동을 취할 준비를 하고 관찰하는 것을 함축한다. 본문은 인간의 본능에 따라 아름다운 여자에게 자연스레 눈길을 주는 차원을 말하지 않는다. 성적 욕구를 채우려는 악의를 품고 여자를 살피는 행위를 지적한다. 즉 인간의 본능 자체가 아니라, 불순한 동기를 가지고 행동하려고 할 때 죄가 된다고 경고한다(고영민, 61).

【29절】 〈만일 [네 오른 눈이] 너로 하여금 계속 넘어지게 하거든〉, 그것을 빼어 그것을 네게서 던져 버려라. 왜냐하면 [네 지체들 중에서 하나를] 잃는 것이 [네 온몸이] 지옥에 던져지는 것보다 네게 더 유익하기 때문이다.

【30절】 〈만일 [네 오른손이] 너로 하여금 계속 넘어지게 하거든〉, 그것을 잘라 그것을 네게서 던져 버려라. 왜냐하면 [네 지체들 중에서 하나를] 잃는 것이 ‖네 온몸이‖ [지옥에] 던져지는 것보다 네게 더 유익하기 때문이다.

❋ 29-30절은 '오른 눈'과 '오른손'을 이중으로 강조하며, 그것이 우리를 넘어지게 할 때 과감히 잘라 버리라고 명령한다. 고대인은 모든 면에서 왼쪽보다 오른쪽을 더 중시하였다(Harrington, 87). 좌편을 천시하고 금기시하는 풍습은 중동의 문화에 뿌리 깊이 박혀 있다. 여기서 '눈'이 먼저 나오고 '손'이 나중에 언급된다. 문맥을 보면

27-28절이 간음과 관련되기 때문에, 일차적으로 눈과 손은 성적 욕구와 관련하여 해석해야 한다. 예수님이 눈과 손을 선택하신 것은 취지에 잘 맞는다. 간음이 눈에서 시작하여 손으로 나아가기 때문이다(Osborne, 217). 본문은 성적 욕구를 조절하기가 쉽지 않더라도, 소중한 오른쪽 지체를 잘라내는 심정으로 분투하라고 요청한다(Expositor).

❀ 병행 단락과 비교하면 네 가지 차이를 발견할 수 있다(Gundry, 88). 첫째, 마태복음은 오른쪽 지체에 대해 경고하는데, 마가복음에는 오른쪽 왼쪽에 대한 언급이 없다(막 9:43, 45, 47). 오른쪽을 중시하는 문화에서 오른쪽 눈과 손을 잃는 것은 굉장히 심각한 문제다. 둘째, 마태는 직설법을, 마가는 가정법을 활용한다. 이는 마태가 복음서를 쓸 당시 이런 일이 실제로 빈번히 일어나고 있었음을 암시한다. 셋째, 마태는 마가보다 더 철저한 단절을 요구한다. 마가는 '잘라 버리다', '빼어 버리다'로 표현하는데, 마태는 그것을 '잘라, 던져 버리다', '빼어, 던져 버리다'로 대체한다. 두 단계로 나눈 마태의 묘사는 훨씬 단호한 결단을 함축한다. 넷째, 마태복음은 눈과 손에 대해 언급하고, 마가복음은 여기에 발에 대한 언급을 첨가한다.

결합시키는 신성한 결혼

【31절】 또한 "〈누구든지 자신의 아내와 이혼하려는 사람은〉 그가 그녀에게 이혼장을 써 주어야 한다"고 말해졌다.

【32절】 하지만 [나는] 너희에게 말한다. 〈{누구든지} 음행한 경우를 제외하고 자기 아내와 이혼하면〉, 이는 그녀로 하여금 간음하게 하는 것이고, [이혼한 여자와 결혼하는 자는 누구든지] 간음하는 자다.

❀ 셋째 교훈은 이혼 문제다. 예수님은 이혼과 관련된 신명기 24:1을 인용하신다. 남자가 이혼 증서를 써 주는 것은 고대 가정에서 절대적 권위를 지녔던 남편의 힘을 제한하여 여자에게 책임 있는 행동을 하도록 한 것이었다. 곧 이혼 장려가 아니라 여자를 보호하는 차원이었다(강대훈, 469).

이혼과 관련하여 당시 바리새인들은 신명기 24:1에 언급된 '수치스런 일'을 해석함에 있어 두 가지 견해로 나뉘었다. 보수학파는 랍비 샴마이의 견해에 따라 '수치스런 일'을 성적인 죄로 한정하였다. 그러나 자유로운 사상을 가진 힐렐 학파는 남편을 불쾌하게 만드는 모든 요인들을 여기에 포함시켰다(Swindoll, 101). 예수님의 말씀은 유대인들의 논의를 초월한다. 주님은 결혼 서약을 저버리는 이혼은 비극적 결과를 가져오기에 반드시 존중하며 지키라고 선언하신다(Bock 2012, 231).

예수께서 맹세를 금하시다

【33절】 [또한] 옛사람들에게 주어진 명령, 즉 "거짓 맹세를 하지 말고, 너희가 맹세한 것들은 주께 지켜야 한다"는 말을 너희는 들었다.

❀ 넷째 교훈은 맹세 문제다. 33-37절에 기록된 맹세에 관한 내용

은 사복음서에서 오직 마태복음에만 등장한다. 마태는 구약성경 레위기 19:12을 암시하며 여기에 담긴 하나님의 의도를 보여준다(Harrington, 88). 예수님은 맹세가 정직을 대신해서는 안 되고, 무엇인가를 조작하는 수단으로 악용되어서는 안 된다고 말씀하신다. 주님은 정직을 해법으로 제시하신다(Bock 2012, 233).

【34절】 하지만 [나는] 너희에게 말한다. [절대로] 맹세하지 말라. 하늘을 두고 맹세하지 말라. 왜냐하면 그것은 [하나님의 보좌이기] 때문이다.

【35절】 이 땅을 두고 맹세하지 말라. 왜냐하면 그것은 그분의 [발판이기] 때문이다. 예루살렘을 두고도 하지 말라. 왜냐하면 그것은 그 위대하신 왕의 [도시이기] 때문이다.

❀ 신약시대 종교 지도자들은 만일 하늘이나 예루살렘을 두고 맹세하면, 하나님의 이름으로 맹세한 것이 아니기에 대가를 치르지 않고도 맹세에서 벗어날 수 있다고 가르쳤다. 그러나 예수님은 모든 약속이 하나님 앞에서 구속력이 있다고 말씀하신다(Barton 2002, 180). '발판'에 해당하는 헬라어 '휘포포디온'은 '발 아래'라는 뜻이다. 이는 정복자가 피정복자의 목을 발로 밟는 행위를 암시하며, 전적인 지배를 상징한다. 주님은 34-36절에서 하늘, 땅, 예루살렘, 인간의 머리를 예로 들며 절대로 맹세하지 말라고 경고하신다. 모든 것이 하나님의 주관 아래 있기 때문이다.

【36절】 ‖너 자신의 머리를‖ 두고도 맹세하지 말라. 왜냐하면 너는 [머리카락 {하나라도}] 희거나 검게 할 능력이 없기 때문이다.

【37절】 다만 네가 '예' 할 것은 '예' 하고, '아니오' 할 것은 '아니오'라고 말하라. ‖이것을 넘어서는 것은‖ [악에서 비롯된] 것이다.

❃ 36절은 '너 자신의 머리'를 제일 강조한다. 우리는 흔히 하늘이나 예루살렘은 자신이 주관할 수 있는 영역을 넘어선다고 여긴다. 하지만 '자신의 머리'는 신체의 일부이기에 마음대로 할 수 있다고 생각하여 쉽게 머리를 두고 맹세할 수 있다. 그러나 예수님은 이것까지도 금하신다. 인간의 생명을 창조하신 분이 하나님이시고, 머리카락 하나에 이르기까지 그분의 솜씨가 배어 있기 때문이다. '머리'를 두고 맹세하는 것은 '목숨'을 걸고 맹세하는 것과 동일하다(Barnes).

❃ 36절에서 '머리카락 하나라도'가 강조되었고, 그중에서 '하나라도'가 이중으로 강조되었다. 성경시대의 고대인들도 머리를 염색하는 방법을 알고 있었다는 점을 고려하면, 이 구절은 아주 재미있게 다가온다. 아무리 염색을 해도 본래의 색깔은 바꿀 수 없다(Harrington, 88). 본문은 일시적인 염색에 대해 말하고 있지 않다. '예' 또는 '아니오'라고 말하라는 것은, 진지한 자세로 간단히 자신의 입장을 밝히라는 뜻이다. 절대로 뒤에 맹세하는 말을 덧붙이지 말라는 의미다(민영진 1999, 80). 사람의 말이 처음부터 신뢰를 전제로 한다면 구태여 맹세할 필요가 없다(Hagner, 262). 37절 마지막 문장은 성실함보다 맹세에 더 집중하는 사람이 사탄의 추종자라는 의미다(Osborne, 226).

일 마일을 더 가라

【38절】 "눈에는 눈, 이에는 이"라고 말해진 것을 너희는 들었다.

【39절】 하지만 [나는] 너희에게 말한다. 악에 맞서지 말라. 아니 오히려 〈누가 계속해서 네 {오른쪽} 뺨을 세게 때리거든〉, 그에게 [{반대편} 뺨마저] 돌려 대라.

❋ 다섯째 교훈은 보복 문제다. 38-42절에 등장하는 네 가지 예는 모두 1세기 유대인 사회를 배경으로 해석해야 한다(Blomberg, 113). 본문은 우리에게 해를 입히는 사람을 오히려 섬김으로써 그들이 하나님 나라의 진리로 회심할 수 있는 기회를 갖게 하라고 조언한다(Wilkins, 280). '때리다'에 해당하는 헬라어 '라피조'는 '손으로 얼굴을 강타하다', '지팡이나 막대기로 세게 치다'의 뜻이다.
39절은 '오른쪽'을 이중으로 강조한다. 이는 신약시대에 지위가 높은 사람이 낮은 사람을 멸시하며 오른손 손등으로 상대방의 오른 뺨을 때리는 경우를 말한다(JMNT). 유대인 랍비의 율법에 의하면, 손등으로 사람을 치는 행위는 손바닥으로 때리는 것보다 두 배의 모욕을 주는 것으로 간주되었다(고영민, 63), 오른뺨을 때리는 사람에게 왼뺨을 돌려 대는 행위는, 자신을 늘 멸시하는 사람에게 이렇게 말하는 것과 같다. "원한다면 나를 다시 때려도 좋다. 하지만 이번에는 열등하게 봐서가 아니라 대등하게 보고 때려라"(Wright, 88). 병행구인 누가복음 6:29에는 오른쪽, 왼쪽의 구별이 없다.

【40절】 그리고 〈계속해서 너를 재판에 걸어 [네 속옷을] 취하려고 간절히 원하는 자가 있거든〉, 그에게 [네 겉옷까지] 내주어라.

❋ 신약시대 대부분의 유대인에게 겉옷은 오직 한 벌뿐이었다. 게다가 겉옷은 외투가 될 뿐 아니라 밤에 덮고 잘 유일한 담요 역할을 했기에 속옷보다 더 비싸고 소중했다(Expositor). 따라서 유대인 사회에서 가난한 사람의 겉옷은 전당 잡을 수 없었고, 설령 빚

을 갚지 못해 빼앗았다 해도 해가 지기 전에 돌려주어야 했다(출 22:25-27).

40절은 가난한 채무자가 빚을 갚지 못하자, 부자인 채권자가 그의 소유물을 빼앗고 '속옷'까지 빼앗으려고 고소한 상황을 암시한다. (유대인 사회에서 고소하는 사람은 속옷만을 요구할 수 있었다.) 이 경우에 채무자가 속옷은 물론이고 겉옷까지 벗어 주면, 다른 사람들은 그 채권자가 얼마나 비열한지 알게 되고, 그 채권자는 수치를 당하게 될 것이다(JMNT). 누가복음의 병행구는 법정에 대한 암시가 없고, 속옷과 겉옷의 순서가 반대로 되어 있다(6:29). 그 이유는 강제로 빼앗는 상황이므로 겉옷 다음에 속옷이 나올 수밖에 없다(Hagner, 264).

【41절】 〈누가 네게 강제로 {일} 마일을 가자고 하거든〉, 그와 함께 {이} 마일을 가라.

❋ 41절은 당시 점령군이었던 로마 군인이 유대인에게 강요했던 강제 노역법을 배경으로 한다. 이 규정에 의하면 로마 군인은 유대인을 징발하여 강제로 자신의 짐을 1마일 정도 나르게 할 수 있었다. 예수님이 십자가를 지시고 골고다 언덕을 올라갈 때 로마 군인들이 구레네 시몬에게 대신 지고 가도록 한 사례가 여기에 해당한다(27:32).

유대인은 이 법이 로마에 대한 복종을 강요하기에 몹시 싫어하였다. 하지만 종종 남용되었다. 예수님은 이 경우에 기꺼이 2마일을 동행하여 사랑을 실천함으로써, 로마 군인이 스스로 부끄러움을 느끼게 하라고 촉구하신다(JMNT). 41절은 누가의 병행 단락에는 없다. 아마 복종을 강요하는 야만적 행위에 대해 누가가 반감을 가졌기 때문에 생략했으리라(Gundry, 95).

【42절】 〈네게 달라고 요청하는 사람에게〉 주며, 〈네게 꾸기를 계속해서 간절히 원하는 사람에게〉 너는 거절하지 말라.

❀ 42절은 빌리는 사람의 애절한 처지를 반영하는데, '요청하고', '간절히 원하는' 상황을 강조한다. 현대인의 시각에서 이 구절을 해석해서는 안 된다. 1세기의 배경을 염두에 두어야 한다. 당시 유대인 사회는 5퍼센트 미만의 부유층과 95퍼센트 이상의 극빈층으로 이루어졌고, 물건을 서로 빌리는 것이 상호 생존 규약에 해당하였다. 오늘날처럼 편의점이 있어서 원하면 아무 때나 물건을 살 수 있는 세상이 아니라는 점을 기억해야 한다(류모세 2014, 194). 본문은 단순히 꾸어 주라는 의미보다는, 돌려받을 가능성이 없는 사람에게도 기꺼이 자비를 베풀라는 뜻이다(Hagner, 266).

네 원수를 사랑하라

【43절】 "네 이웃을 사랑하고 네 원수를 미워하라"고 말해진 것을 너희는 들었다.

【44절】 하지만 [나는] 너희에게 말한다. 너희 원수들을 끊임없이 사랑하고 너희를 계속 박해하는 사람들을 위해 지속적으로 기도하라.

❀ 여섯째 교훈은 원수를 사랑하는 문제다. 본문의 '원수'는 개인적인 원수다. 당대 유대인들은 사랑하는 대상에 제한을 두었다. 선민인 유대인만을 사랑했고, 이방인은 죄인이자 원수로 여겼다(최갑종, 78). 구약성경에는 '원수를 미워하라'는 명령이 명시적으로 나

오지 않는다. 이 말은 1세기의 전통을 말하는 것으로 보인다(강대훈, 482). 예수님은 세상 사람의 기준에 따라 살지 말고 하늘 아버지의 성품을 닮으라고 선언하신다(Bock 2012, 236). 후반부에 나오는 세 개의 동사, 즉 '사랑하다', '박해하다', '기도하다'는 헬라어 원문에 의하면 모두 지속의 의미를 내포한다.

【45절】 그렇게 해야 너희는 하늘에 계신 너희 아버지의 아들들이 될 수 있다. 왜냐하면 그분은 악한 자들이나 선한 자들 위에 [그분의 해가] 떠오르게 하고, 의로운 사람들이나 불의한 사람들 위에 비를 내려주시기 때문이다.

❆ 개역개정에는 "그 해"로 되어 있으나, 헬라어 원문에는 인칭대명사('아우투')가 있다. 따라서 '그분의 해'로 번역해야 한다. 특히 저자가 이 표현을 강조하기 때문에 더욱 그렇다. KJV, NIV, NLT, NIRV, GNT, RSV를 비롯한 대부분의 역본이 '그분의 해'로 처리한다. 예수님은 천체를 주관하는 분이 하나님이라는 사실을 분명히 밝히며, 그분께 만사를 맡기고 오직 말씀대로 살라고 촉구하신다.

【46절】 〈만일 너희가 너희를 사랑하는 사람들만 사랑하면〉 너희가 무슨 상을 받겠느냐? ‖심지어 세리들도‖ [그렇게] 하지 않느냐?

❆ 예수님은 '세리'를 예로 들며, 만약 사랑하는 자만을 사랑한다면 세리와 다를 바가 없다고 책망하신다. 본문에서 '세리'가 제일 강조되어 있다. 당시 세리는 로마 정부가 부과한 세금 이상으로 많은 금액을 징수하여 자신의 사욕을 채우는 데 혈안이 되어 있었다. 그래서 유대인 중에서 가장 타락한 자로 취급되었고, 증오와 천대의 대상이었다. 한마디로 그들은 일반인에게 뱀과 같은 자요, 매국

노와 악질이었다(고영민, 65). 병행구인 누가복음 6:32-34은 연속해서 세 번이나 '죄인'이라고 표현하는데, 마태는 '세리'라고 구체화한다. 이는 세리에 대한 그의 특별한 관심을 반영한다(Gundry, 99).

【47절】 〈만일 너희가 너희 형제들에게만 인사하며 지낸다면〉 [다른 사람보다 더 나은 것이] 무엇이냐? ‖심지어 이방 사람들도‖ [그 정도는] 하지 않느냐?

【48절】 그러므로 [하늘에 계신 너희 아버지께서] 완전하신 것처럼, ‖너희도‖ ‖완전하게‖ [될 것이다].

❀ 48절은 신명기 18:13을 암시한다(Gundry, 100). 이 구절은 천국 시민이 지켜야 할 윤리의 결론인데, 저자는 '너희'와 '완전하게'를 제일 강조한다. '하늘에 계신'이란 표현은 신약성경에 11번 사용되는데, 마태복음에 7번 등장하며 항상 '하늘에 계신 아버지'를 가리킨다. 이것은 하나님의 초월성과, 하늘 자체가 땅 위에 있는 그리스도인의 삶에 관여하고 있음을 알려 준다(Osborne, 237). 개역개정은 48절 후반부를 "너희도 온전하라"로 번역하는데, 헬라어 원문은 미래 시제로 되어 있다. 따라서 '너희도 완전하게 될 것이다'(NKJV, YLT, ASV, NASB)로 이해해야 한다.

저자는 미래 시제를 사용하여 '목표'와 '약속'을 동시에 보여준다. 즉 하나님 아버지는 우리가 닮아야 할 목표일 뿐 아니라, 우리를 거룩하게 하시는 분이라는 진리를 전달한다(Wilkins, 286). '완전하게 된다'는 말은 하나님의 창조 목적에 맞게 사는 것, 그분이 정하신 기준에 도달하는 것, 행동 면에서 성숙한 사람이 되는 것을 의미한다(Swindoll, 105; 고영민, 66). 이러한 삶은 하나님의 통치를 받을 때 우리에게 선물로 주어진다(양용의, 140). 누가의 병행구는 "자비로운 자가 되라"고 촉구한다(6:36).

제6장

하나님을 기쁘시게 하기 위해 선을 행하라

【1절】 하지만 너희는 사람들의 주목을 받기 위해 그들 앞에서 [너희 의를] 행하지 않도록 세심한 주의를 기울여라. ‖그렇지 않으면 어떤 경우에도‖ 너희가 하늘에 계신 너희 아버지로부터 [보상을] 받지 못한다.

❀ 1-8절은 마태복음에만 있다. '주목하다'에 해당하는 헬라어 '데아오마이'는 멋진 장관이나 구경거리를 관심을 가지고 보는 행위를 의미한다. 이 단어에서 '공연장', '극장'을 뜻하는 'theatre'란 영어 단어가 파생되었다. 전반부는 '너희 의'를 강조한다. 이것은 일차적으로 2-4절에서 말하는 자선 행위를 가리킨다. 그러나 2-4절, 5-18절에서 이 주제가 반복된 것을 보면 반드시 그렇게만 볼 수는 없다. 따라서 1-18절 전체를 아우르는 표제어로 보아야 한다 (Gundry, 101).

❀ '세심한 주의를 기울이다'에 해당하는 헬라어 '프로세코'는 '전념하다', '사람이나 사물에 착 달라붙다', '세심한 주의를 기울이다'의 뜻이다. 개역개정에는 이 단어가 첫 문장 제일 마지막에 있는데, 헬라어 원문에서는 맨 앞에 위치한다. 이 단어가 복음서에 총 10번 사용되는데, 마태복음에 6번 등장한다. 마태복음에 자주 나

오는 이 단어는 위선의 해악을 경고하는 저자의 간절한 심정을 대변한다. 저자는 바리새인과 사두개인의 누룩, 거짓 선지자를 조심하라고 경고하는 대목에서 이 단어를 집중적으로 사용한다(7:15; 16:6, 11, 12). 후반부는 '그렇지 않으면 어떤 경우에도'를 제일 강조한다. 대조를 나타내는 이 표현은 동기의 중요성을 역설한다. 여기서의 대조는 이 땅에서의 상과 하늘의 보상, 일시적인 것과 영원한 것의 차이다(Osborne, 243).

【2절】 〈그러므로 네가 관례적으로 자선을 베풀 때〉 네 앞에서 나팔을 불지 말라. 마치 [그 위선자들이] 그 회당들이나 그 거리들에서 그들이 사람들로부터 영광을 얻으려고 그렇게 하듯이 말이다. 내가 [진정으로] 너희에게 말하는데, 그들은 지금 그들의 보상을 받고 있다.

❀ '때'로 번역된 헬라어 '호탄'은 '~할 때마다'의 뜻인데, 이는 어떤 행동이 규칙적으로 일어나는 상황을 시사한다. 이 단어는 '자선'이 유대인의 관습이었음을 알려 준다(강대훈, 491). 이 접속사는 5절, 6절, 16절에서도 사용된다. 1세기 유대 사회에서 대다수의 서민은 매일 끼니를 걱정해야 할 만큼 궁핍하게 살았다. 그래서 자선을 중요하게 여겼다(최갑종, 80).
우리는 1절과 2절에서 주어가 다르다는 점을 염두에 두어야 한다. 1절은 '너희'(복수)를 주어로 하기 때문에 일반적 차원에서 권면한다. 그러나 2절에서는 주어가 '너'(단수)로 바뀌어 대상이 분명해진다(Clarke). 이러한 기교는 본문을 듣고 읽는 사람 모두가 선을 베풀어야 하며, 그렇게 할 때 반드시 은밀히 행할 것을 요청한다.

❀ 1세기 유대인 사회에서 자선 행위를 할 때 나팔을 불었다는 기록

은 찾아볼 수 없다. 이 표현은 약간 풍자적인 과장법이다(France, 236). 전반부는 '그 위선자들'을 강조한다. '위선자'에 해당하는 헬라어 '휘포크리테스'는 원래 고대 그리스 시대에 무대에서 가면을 쓰고 연극을 하는 배우를 의미했다. 하지만 점차 말과 행동이 일치하지 않는 위선자나 이중인격자를 가리키게 되었다. 개역개정에는 나타나 있지 않으나, 헬라어 원문에는 이 단어 앞에 정관사가 있다. 따라서 '그 위선자들', 즉 바리새인과 서기관, 사두개인을 지칭한다. 이 단어가 신약성경에 총 20회 등장하는데, 마태복음에 15회, 마가복음에 1회, 누가복음에 4회 사용된다.
우리는 마태가 '위선' 문제와, 바리새파와의 차별성에 대해 얼마나 심각하게 고민했는지 엿볼 수 있다. 다른 사람의 관심을 끌기 위해 자선을 베푸는 사람은 마땅히 하나님께 돌려야 할 영광(5:16)을 그들이 가로챈다(Nolland, 275). 고대 사회에서는 기부자의 이름과 기부 내역을 기념비에 새겨 넣는 경우가 종종 있었다(Nolland, 274).

【3절】 그러나 〈너는〉 〈관례적으로 자선을 베풀 때〉 네 오른손이 지금 하고 있는 일을 [네 왼손이] {알지} 못하게 하여

【4절】 네 자선 행위가 숨겨지게 하여라. 그러면 [은밀히 보시는 네 아버지께서] 그것을 네게 갚아 주실 것이다.

❀ 3절은 '너는'을 강조하여 위선자와 제자의 생활방식이 확연히 달라야 함을 지적한다(Gundry, 103). 오른손이 하는 일을 왼손이 모르게 한다는 말은, 구제가 절대적으로 은밀히 이루어져야 한다는 것을 뜻한다. 25:35-40에 의하면, 의인들은 자신이 행한 선행을 조금도 기억하지 못한다. 4절은 '은밀히 보시는 네 아버지'를 강조한다. 이 문구는 우리에게 관심이 있는 아버지 하나님께서 만사를 알고 계신다는 구약성경의 관점을 반영한다. 특히 시편 139편이

이런 시각을 잘 보여준다(France, 237-38).

모범 기도

【5절】 〈너희는 규칙적으로 기도할 때마다〉 그 위선자들처럼 하지 말라. 왜냐하면 그들은 사람들 앞에서 과시하려고 〈회당들 안이나 대로(大路) 모퉁이에〉 그들의 자리를 잡고 서서 기도하기를 아주 좋아하기 때문이다. 내가 [진정으로] 너희에게 말하는데 그들은 지금 그들의 보상을 받고 있다.

❋ 1세기의 유대인이 공공장소에서 기도하는 것은 이상한 행동이 아니었다. 대부분의 이슬람교도가 그러하듯이, 유대인도 때로 실외에 있을 때 정해진 기도 시간에 기도하였다. 이때는 보통 서서 기도하였다. 예수님은 다른 사람이 있는 곳에서 기도하는 것 자체가 아니라, 타인에게 보이기 위해 특정 장소에서 특정한 자세를 취하는 행위에 대해 경고하신다(Nolland, 278).
유대인은 매일 하루에 세 번 성전이나 회당에서 기도했다. 하지만 사정에 의해 그렇게 할 수 없을 때 자신이 있는 처소에서 성전을 향해 기도했다. 아마도 여기서 말하는 기도는 오후 3시에 드리는 기도 상황을 묘사한 듯하다. 본문의 위선자들은 오후 기도 시간에 맞추어 가장 붐비는 장소를 지나가다가, 그곳에 서서 많은 사람이 지켜보는 가운데 기도를 드렸을 것이다(양용의, 146).

【6절】 하지만 〈너는〉 〈기도하려고 할 때〉 네 밀실에 들어가, 네 문을 단

단히 잠그고, 은밀하게 계시는 네 아버지께 기도하라. 그러면 [은밀히 보시는 네 아버지께서] 네게 갚아 주실 것이다.

❀ '밀실'에 해당하는 헬라어 '타메이온'은 '밀실', '창고', '헛간'을 의미한다. 당시 대부분의 사람에게는 개인적인 방이 없었고, 헛간이 유일하게 잠글 수 있는 방이었다(Keener 1998, 70). 그래서 유대인들은 이 헛간에 아무도 모르게 귀중품이나 식량을 보관하였다. 예수님은 공간의 문제라기보다, 오직 하나님만을 의식하며 그분과 나누는 친밀한 교제가 진정한 기도라고 설명하신다(Osborne, 251). 개역개정 6절 전반부에는 인칭대명사가 두 번('네 골방', '네 아버지') 등장하는데, 헬라어 원문에는 연달아 세 번이나('네 밀실', '네 문', '네 아버지') 나온다. 이것은 기도할 때 외부와 완전히 차단하고 오로지 하나님과의 관계에만 집중하라는 뜻이다(Expositor).

【7절】 그리고 [기도하는 동안에] 이방인들처럼 빈말을 반복하지 말라. 왜냐하면 [그들은 말을 많이 해야] 기도를 들어주시는 줄로 생각하기 때문이다.

【8절】 그러므로 너희는 그들처럼 행동하지 말라. 왜냐하면 너희 아버지 하나님께서는 너희가 그분께 요청하기 전에 너희에게 [필요한] 것들이 무엇인지 아시기 때문이다.

❀ 헬라인들은 기도할 때 어떤 신이 자신에게 도움을 줄지 모르기에 최대한 여러 신의 이름을 열거하며 각 신에게 도움을 요청했다. 그리고 신에게 드리는 제물이나 자신의 선행을 나열하여 기도 응답을 유도하려 했다. 이교도들은 길게 기도하면 신이 어쩔 수 없이 들어주실 것으로 간주했고, 많은 유대인들도 이런 신념을 가지고 있었다(Keener 1998, 70; Green 2005, 131).

본문은 기도를 길게 하거나 같은 기도를 반복하지 말라는 뜻이 아니다. 오히려 기도의 횟수나 길이, 소요 시간을 관습적으로 맞추려 하거나 이를 자랑하려는 태도를 갖지 말라고 경고한다(People).

❀ 8절은 우리가 요청하기 전에 하나님께서 우리에게 '필요한' 것이 무엇인지 다 아신다고 확언한다. 그렇다면 왜 기도하라고 요청하실까? 여기에 대한 대답은 '기도'를 어떻게 정의하느냐에 달렸다. 기도는 우리가 하나님께 어떤 정보를 제공하는 행위가 아니다. 하나님으로부터 무언가를 얻어내는 행위는 더욱 아니다. '기도'는 하나님을 '아버지'로 여기며 자연스럽게 신뢰의 관계를 표현하는 친밀한 교제다(France, 241).

【9절】 그러니 [너희는] [이런 방식으로] 기도하라. 하늘에 계신 우리 아버지, 당신의 이름이 거룩히 여김을 받게 하시고

❀ 9절은 '너희'와 '이런 방식으로'를 강조한다. '이런 방식으로'에 해당하는 헬라어 '후토스'는 기도의 내용과 순서가 어떻게 되어야 하는지 알려 준다. 즉 기도할 때 1) 하나님 찬양, 2) 하나님 나라의 임재, 3) 하나님의 사역, 4) 개인적 필요를 위한 간구, 5) 죄의 용서, 6) 시험에 빠지지 않도록 기도함 등이 포함되어야 한다고 가르친다. 주님은 우리에게 기도하는 방식을 가르쳐 주신다(Nolland, 285).
주기도문은 마치 주문처럼 거듭해서 암송하라고 주신 기도문이 아니다. 만약 그렇게 한다면 그것은 이방인이 드리는 중언부언하는 기도와 다를 바가 없다. 그런데도 오늘날 많은 기독교인들이 기계적으로 주기도문을 외우는 것을 보면 대단히 아이로니컬하다(Blomberg, 118). 누가의 병행구에는 '이런 방식으로'라는 문구

가 없다(11:2). 마태복음에 기록된 이 기도가 본보기로 제시된다면, 누가의 기도문은 그대로 따라 할 것을 요구한다고 볼 수 있다(Hagner, 289).

❀ 본문은 하나님을 '하늘에 계신 우리 아버지'로 길게 소개한다. 누가의 병행구는 간단하게 '아버지'로 제시한다. 마태가 이렇게 한 이유는 유대인이 이런 스타일을 선호하기 때문이다(Harrington, 97). '하늘에 계신'이란 표현은 하나님의 초월성과 주권적 능력을 함축한다(Osborne, 253). 여기서 저자는 '우리'(복수)라고 표현하여 하나님이 그리스도를 주님으로 고백하는 모든 그리스도인의 아버지가 되심을 천명한다. 이러한 사상은 이방인의 기복신앙과는 차원이 다르다. 마태복음은 다른 복음서보다 공동체적 신앙을 강조한다. 복음서에서 마태복음만이 '교회'란 용어를 사용한다는 사실이 이를 입증한다(김춘기, 86).

❀ 마태복음과 누가복음에 기록된 주기도문은 문맥, 요청하는 내용, 사용된 어휘, 길이가 다르다. 마태복음의 예수님은 외식하는 자들의 기도와 이방인이 드리는 중언부언하는 기도의 문제점을 지적한 후에, 이와는 완전히 다른 기도문을 제시하신다. 그러나 누가복음에서는 세례 요한처럼 주님의 제자에게도 기도를 가르쳐 달라는 한 제자의 요청을 받고 가르치신다.
이 차이는 마태와 누가가 각기 염두에 둔 공동체가 다르기 때문이다. 누가복음의 독자는 대부분 이방인이었고, 이들은 기도하는 법을 잘 몰랐다. 반면에 마태복음의 독자는 주로 유대인이었고, 이들은 이미 기도하는 사람들이었다. 따라서 마태는 이방인과 다르게 기도하는 법, 즉 단순하고 정확하게 기도하는 법을 가르쳐 줄 필요를 느꼈으리라(Green 2005, 132).

【10절】 당신의 왕국이 임하고, 당신의 뜻이 [하늘에서 성취된 것처럼] 땅에서도 성취되게 하소서.

❀ 주기도문은 처음부터 모든 강조점을 아버지 하나님께 두는 '절대적인 하나님 중심 사상'을 보여준다(최갑종, 85). 10절 후반부, 곧 하나님의 뜻에 관한 언급은 누가의 병행구에는 없다(11:2). 우리는 예수님의 겟세마네 동산 기도에서 하나님의 뜻에 순종하시는 모습을 볼 수 있다(26:39). 마태는 하나님 이름의 영화(榮華)와 그 나라의 도래가 그분의 뜻을 행하는 데서 일어난다고 해석하지만, 누가는 이에 대해 침묵한다(김창선, 127). 마태의 이러한 첨가 역시 유대인의 기도문을 의식한 것으로 볼 수 있다(Harrington, 97).

【11절】 오늘 [우리가 필요로 하는 빵을] 우리에게 주시고

❀ 이 구절에는 당시 유대인의 고단함과 절박함이 배어 있다. '주시고'에 해당하는 헬라어 시제가 부정과거여서, 연속이 아닌 1회를 의미하기 때문이다. 누가복음 병행구(11:3)는 시제가 현재형이기에 '날마다' 계속 빵을 공급해 달라고 간청한다(고영민, 459-60). 마태는 누가복음의 시제를 바꾸어 '날마다'가 아닌 '오늘'이 되게 한다. 마태복음의 이러한 변화는 6:25-34의 관점과 일치한다. 특히 "내일 일을 위하여 염려하지 말라"(6:34)는 말씀과 일맥상통한다. 누가복음이 미래에 지속적으로 공급되는 양식을 이야기한다면, 마태복음은 오늘의 삶에 초점을 맞춘다(Gundry, 107).

❀ 1세기 유대인 여인들이 빵을 만들기 위해 맷돌을 가는 장면을 상상하면 본문은 더욱 애절하게 다가온다. 당시 여인 한 명이 담당해야 할 가족 숫자는 보통 여섯 명이었다. 그래서 한 가족의 어머

니는 식구들을 먹여 살리기 위해 매일 약 3kg의 곡식을 갈아야 했는데, 이렇게 하려면 매일 4시간 정도 맷돌을 갈아야 했다(장재일, 264).

본문은 '나'의 빵이 아닌 '우리'의 빵을 주시도록 간구하며 이 부분을 강조한다. 곧 다른 사람에게 관심을 가져야 한다고 역설한다. 여기에 사용된 어휘는 이스라엘 백성이 광야에서 먹었던 만나를 상기시킨다. 만나가 하루에 한 번 주어진 것처럼, 제자들은 오늘의 양식을 위해 하나님께 의존해야 한다(Wilkins, 313). 11절은 단지 '빵'만을 달라고 요청한다기보다, '우리는 오늘 필요한 것들을 위해 하나님을 의지합니다'라는 간구를 담고 있다(France, 248).

【12절】 [우리 역시] 우리에게 빚진 자들을 용서해 준 것처럼, 우리의 빚들을 용서해 주소서.

❁ 12절은 '빚'이란 단어를 사용하는데, 누가의 병행구는 '죄'란 용어를 사용한다(11:4). 누가는 이방인 독자들이 이해하기 어려운 고어체를 피하기 위해 '빚'이란 용어를 사용하지 않았으리라. 죄를 하나님께 진 빚으로 보는 견해는 히브리인의 사고를 반영한다(Hagner, 293). 우리가 하나님께 마땅히 해야 할 순종을 하지 못했기 때문이다. 이러한 관점은 마태복음에만 기록된 '일만 달란트 빚진 자의 비유'(18:23-35)에서 잘 드러난다.

【13절】 그리고 우리를 시험에 들지 않게 하시고, 오직 우리를 그 악한 자로부터 신속하게 구해 주소서.

❁ "우리를 시험에 들게 하지 마시옵고"(개역개정), 이 구절의 의미가 무엇일까? 하나님의 자녀들이 시험에 빠지지 않게 보호해 달라고

간구하는 내용인가? 아니면 시험 중에 있을 때 보호해 달라고 요청하는 내용인가? 이 구절을 이해하려면 13절 후반부를 살펴보아야 한다. 그런데 누가복음의 주기도문에는 13절 후반부가 없다. 따라서 '우리를 그 악한 자로부터 구해 주소서'라는 요청은 13절 전반부를 설명하는 데 도움을 주기 위해 추가된 것으로 판단해야 한다.

본문은 그리스도인이 시험을 당할 때 보호해 달라고 요청하는 상황이다. 이러한 내용은 유대교의 아침과 저녁 예배 기도문에 나오는 "우리를 시험의 권능 안에 두지 마옵소서"라는 청원을 상기시킨다. 이 청원은 '우리가 시험에 둘러싸여 있음을 깨닫게 되었을 때, 그것에 압도당하지 않게 해주소서'라는 의미로 받아들일 수 있다(Kaiser, 378-79). '그 악한 자'에 해당하는 헬라어는 '투 포네루'인데, 이를 남성 명사(악한 자)로 볼 수도 있고, 중성 명사(악)로 볼 수도 있다. 그렇지만 바로 앞에 있는 탄원과 관련하여 볼 때, 정관사가 있는 이 명사를 '그 악한 자'(사탄)로 해석하는 편이 좋다(Harrington, 95).

【14절】 〈만일 너희가 다른 사람의 잘못들을 용서하면〉, ‖하늘에 계시는 너희 아버지께서‖ [너희 잘못까지] 용서해 주실 것이다.

【15절】 하지만 〈만약 너희가 다른 사람의 잘못들을 용서하지 않으면〉, 너희 아버지께서도 [너희 잘못들을] 용서하지 않으실 것이다.

❅ 14-15절은 일종의 부록인데 12절의 내용을 보충한다. 그런데 사실은 주기도문에서 14절이 제일 강조되어 있다. 더욱이 이런 내용이 마가복음에는 딱 한 번 등장하고(11:25), 누가복음이나 요한복음에는 나타나지 않는다. 하지만 마태복음은 18:35에서 이 내용을 한 번 더 언급하며 강조한다. 마태는 주님이 이 말씀을 하셨을 때 큰

감동을 받았으며, 자신의 공동체에서 '예배'보다 '공동체의 조화'가 더 중요하다고 느꼈을 것이다(Osborne, 257). 5:24에서도 이를 확인할 수 있다.

그리스도인의 삶은 하나님과 나의 관계만이 아니라 다른 사람과의 관계까지 포함해야 한다. 흥미롭게도 예수님은 여기서 '형제'가 아닌 '다른 사람'이란 표현을 사용하여, 제자들의 행위가 공동체 안에만 국한되지 않음을 알려 주신다(강대훈, 521). 14절은 '하늘에 계시는 너희 아버지'를 제일 강조한다. 타인의 잘못을 용서해 주는 경우를 언급하는 대목에서 말이다. 그러나 용서하지 않는 상황을 강조하는 15절에서는 '하늘에 계시는'이란 문구를 생략한다. 이런 기교는 제자가 주님의 법에 순종하여 타인의 잘못을 용서해 줄 필요가 있음을 더욱 분명히 한다(Gundry, 110).

오직 하나님께 보이기 위한 금식

【16절】 너희는 〈주기적으로 금식할 때마다〉 그 위선자들처럼 침울한 표정을 짓지 말라. 왜냐하면 그들은 [사람들에게] 금식하고 있다는 것을 보여주려고 어두운 표정을 짓는다. 내가 [진정으로] 너희에게 말하는데, 그들은 지금 그들의 보상을 받고 있다.

❋ 16-18절은 마태복음에만 있다. 구약성경은 이스라엘 백성에게 오직 하루 금식할 것을 명하였다. 그것이 대속죄일이고, 예루살렘이 함락된 후에는 몇 번의 금식일이 추가되었다. 그런데 당시 바리새인은 모세가 시내산에 올라간 것으로 추정되는 목요일과, 내

려온 날로 여겨지는 월요일에도 금식했다. 이들은 금식할 때 육체적 고통을 참아내고 있음을 공개적으로 알리기 위해 머리와 얼굴에 재를 뿌려 외모를 흉측하게 했다(Meyer).

본문은 집단적 금식이 아닌 개인적 금식을 이야기한다. 그것도 금식하지 않는 대중으로부터 관심을 끌기 위해 금식하는 바리새인을 염두에 둔다(Gundry, 111).

【17절】 하지만 〈[너는] 금식할 때〉 네 머리에 기름을 바르고 [네 얼굴을] 씻어라.

【18절】 그리하여 네가 금식한다는 것을 [사람들에게] 보이지 말고, 은밀하게 계시는 네 아버지께 보여라. 그러면 [은밀히 보시는 네 아버지께서] 네게 보상해 주실 것이다.

❀ 17절은 2인칭 인칭대명사를 연속해서 세 번('너', '네 머리', '네 얼굴')이나 사용한다. 게다가 '너는'을 이중으로 강조한다. 개역개정에는 인칭대명사가 한 번밖에 없다. 유대교의 금식은 음식만이 아니라 다른 활동, 예를 들면 피부의 건조를 막기 위해 머리에 기름을 바르는 행위까지도 금지하였다. 유대인에게 머리에 기름을 바르는 것은 일상적인 일이었다. 따라서 이런 행위를 중지하면 금식한다는 사실이 쉽게 알려지게 되어 있었다.

이런 관점에서 보면 신약시대의 그리스도인은 유대인의 관습과는 정반대로 살아야 했다(Gill). 본문에서 강조된 '너는'이란 표현은, 너의 주변 사람들이 다 그렇게 살아도 '너'만은 달라야 한다는 마태의 강력한 외침을 담고 있다.

보물을 하늘에 쌓아 두라

【19절】 너희를 위하여 계속해서 보물들을 이 땅에 쌓아 두지 말라. 거기는 [좀과 녹이] 못쓰게 하고, 거기는 [도둑들이] 구멍을 뚫고 들어와 훔쳐간다.

【20절】 오히려 너희를 위하여 계속해서 보물들을 하늘에 쌓아 두라. 거기는 [좀이나 녹이] 못쓰게 하지 [못하고], 거기는 [도둑들이] 구멍을 뚫고 들어와 훔쳐가지도 않는다.

【21절】 왜냐하면 〈[네 보물이] 있는 곳〉 [그곳에] [네 마음도] 있을 것이기 때문이다.

❁ 19-21절은 '보물들'을 하늘에 쌓아두라고 강하게 촉구한다. 이 단락을 누가의 병행구와 비교하면 저자의 관점이 확연히 드러난다. 누가는 '보물'과 '도둑'을 모두 단수로 표현하고, '좀'에 대해서만 기술하며 그것도 한 번 언급한다(12:33). 하지만 마태는 '보물'과 '도둑'을 공히 복수로 표현하며 '좀과 녹'에 대해 서술한다. 그것도 사실상 동일한 내용을 두 번이나 반복한다. 개역개정은 마태복음의 '보물'과 '도둑'을 모두 단수로 번역한다.

마태는 누가보다 보물을 훨씬 폭넓게 해석하고(Gundry, 112), 재물을 이 땅에 쌓는 것이 얼마나 위험한지 실감나게 묘사한다. 마태 공동체에 부유한 사람이 많았다는 점을 고려하면, 이 단락은 그들에게 상당한 충격을 주었을 것이다(서중석 1991, 106).

❁ 도둑이 구멍을 뚫고 들어온다는 말은, 유대인의 집 벽이 진흙 벽돌로 되어 있어서 쉽게 구멍을 뚫을 수 있는 상황을 암시한다

(Gundry, 112). 예수님은 소유물 자체나 미래를 설계하는 것을 금하지 않으신다. 만약 19-21절을 근거로 보험에 가입하거나 은퇴 준비를 위해 투자하는 것을 믿음 없는 행위로 간주한다면, 그것은 본문을 오해한 것이다. 주님은 재물을 축적하는 데 초점을 두고 살아가는 삶, 즉 이기적인 태도와 사치스런 생활방식에 대해 경고하신다(Swindoll, 118).

몸의 등불

【22절】 눈은 [몸의 등불이다]. 그러므로 〈만일 네 눈이 온전하면〉 ‖네 온 몸이‖ [밝을] 것이다.

❀ 대체로 22-23절이 복음서에서 가장 어려운 구절 중 하나라고 말한다(Osborne, 269). 그렇지만 문맥을 살펴보면 의외로 쉽게 이해할 수 있다. 현대인은 '눈'을 인체에 빛이 들어오게 하는 '창'에 비유하지만, 고대인은 '등불'에 비유하였다. 마태는 이 비유를 사용하여 제자가 재물에 대해 가져야 할 태도를 언급한다. 즉 재물 문제를 다룰 때 눈이 어두우면 잘못된 판단을 내리기에 삶 전체가 왜곡된다고 경고한다(Keck, 210).

'눈이 몸의 등불'이란 말은 재물을 어떻게 다루어야 하고, 삶의 우선순위가 어디에 있는지 가르쳐 준다(Swindoll, 119). '온전하면'에 해당하는 헬라어 '하플로스'는 '단순한', '건전한', '초점이 한 곳에 맞추어진'이란 뜻이다. '눈이 온전하다'는 말은, 오로지 하나님께 초점을 맞추고 그분의 뜻에 맞추어 살아가는 단순한 삶을 말한다(Bengel).

【23절】 그러나 〈만약 네 눈이 [악하면]〉 ‖네 온몸이‖ [어두울] 것이다. 〈그러므로 ‖네 안에 있는 그 빛이‖ [어두우면]〉 ‖그 어둠이‖ [얼마나 심하겠느냐]!

❋ 23절은 굉장히 강한 어조다. 한 구절 안에 이처럼 강조된 표현이 연달아 나오는 경우가 거의 없다. '악하면'으로 번역된 헬라어 '포네로스'는 '노동에 의해 피곤해진', '악한', '눈이 먼'이란 뜻이다. 사복음서에 나타난 이 단어의 사용 빈도를 보면 마태복음에 25회, 마가복음에 2회, 누가복음에 13회, 요한복음에 3회로 유독 마태복음에 이 단어가 자주 나타난다.
'눈이 악하다'는 말은, 하나님께 초점을 맞추지 못하고 세상으로 향하는 영적 태도에 대해 경고한다. 특히 22-23절이 재물 관련 문맥(6:19-24) 속에 있기 때문에, 재물에 집착하여 영적 안목을 상실한 경우를 함축한다(강대훈, 530-33). 누가의 병행 단락(11:34-36)은 문맥이나 강조점이 다르다.

하나님과 재물을 함께 섬길 수 없다

【24절】 ‖아무도‖ [{두} 주인을] 섬길 수 ‖없다‖. 만약 그렇게 하면 그가 [한쪽을] 미워하고 [다른 쪽을] 사랑하든지, 아니면 그가 [한쪽에] 전념하고 [다른 쪽은] 멸시하게 될 것이다. 너희는 [하나님과] [재물을] 함께 섬길 수 없다.

❋ 24절은 두 주인을 섬기는 것이 불가능하다는 점을 제일 강조한

다. '섬기다'에 해당하는 헬라어 '둘류오'는 '종속되다', '복종하다', '순종하다'의 뜻인데, 궁극적으로 노예나 종이 되는 것을 가리킨다. (이 단어는 '노예'와 '종'을 의미하는 '둘로스'에서 파생하였다.) 따라서 자신의 의지, 소유권, 권한이 전혀 없이 오직 상대방의 명령에 따라 움직이는 상황을 암시한다(France, 262). 그런 까닭에 하나님을 섬기면 하나님의 종이 되고, 재물을 섬기면 재물의 종이 된다.
재물과 하나님을 동시에 섬기지 못하는 이유는, 그 둘이 종에게 상반된 것을 요구하기 때문이다. 재물은 자기중심적 삶을 강요하고, 하나님은 다른 사람을 섬길 것을 요청하신다. 더욱이 하나님의 요구는 절대적이어서 재물을 섬길 여지가 없다(Osborne, 270). 마태는 공동체에 속한 부유한 사람들이 입으로는 하나님을 섬긴다고 하면서도 재물에 마음을 빼앗긴 심각한 상황을 지적한다. 누가의 병행구는 '옳지 않은 청지기 비유' 뒤에 위치해 있는데, 문맥과 강조점이 다르다(16:13).

염려하지 말라

【25절】 [이런 이유 때문에] 내가 너희에게 말한다. 너희 목숨을 위하여 너희가 무엇을 먹을까, 너희가 무엇을 마실까, 아니면 너희 몸을 위하며 너희가 무엇을 입을까, 걱정하지 말라. [목숨이] [음식보다] 더 소중하고, [몸이] [의복보다] 더 소중하지 않느냐?

❀ 25절은 '이런 이유 때문에'를 강조하여 24-25절을 연결한다. 본문은 재물의 종이 아닌 하나님의 종으로서 그분을 섬기는 자에

게 그분께서 모든 것을 어떻게 공급하시는지 분명히 보여준다(France, 267). '걱정하다'에 해당하는 헬라어 '메림나오'는 '나누어지다', '서로 반대 방향으로 당기다'의 뜻인데, 근심 걱정으로 마음이 분열된 상태를 반영한다. 그리스도인은 두 주인을 섬길 수 없고 오직 하나님께만 초점을 맞추어야 하기에 걱정해서는 안 된다. 25-34절의 내용이 누가복음에도 있는데, 누가의 병행 단락(12:22-32)은 평지설교에 나오지 않고 어리석은 부자의 비유(12:16-21) 바로 다음에 위치한다.

【26절】 ‖하늘에 있는 저 새들을‖ 자세히 관찰해 보아라. 그들은 씨를 뿌리거나 거두거나 창고에 모아들이지도 않는다. 하지만 [너희 하늘 아버지께서] [그들을] 먹이신다. ‖너희는‖ [그들보다] 훨씬 더 소중하지 않느냐?

❀ 26절은 하나님의 돌보심에 대해 이야기한다. 누가의 병행구는 "까마귀를 생각하라"(12:24)고 권면하는데, 마태는 왜 다르게 서술할까? 다음 두 가지 이유를 생각해 볼 수 있다(Gundry, 116). 첫째, '하늘에 있는 새'란 표현이 구약성경에 종종 등장하기에(겔 31:6, 13), 마태는 이런 묘사를 통해 예수님이 하나님이심을 알려 주고 싶었으리라. 둘째, 까마귀가 유대인에게 부정한 짐승으로 여겨지기 때문에(신 14:14), 그들에게 혐오감을 주고 싶지 않았을 것이다. '자세히 관찰하다'로 번역된 헬라어 '엠블레포'는 관심을 가지고 집중하여 보고, 분명하게 깨닫는 것을 암시한다. 26절이 '저 새들'과 '너희'를 제일 강조하는데, 예수님은 이 둘을 대비하여 자신의 자녀를 향한 하나님의 무한한 사랑을 표출하신다.

【27절】 너희 중에 누가 걱정한다고 해서 자신의 키를 한 자 정도 더 늘

릴 수 있느냐?

❀ '키'에 해당하는 헬라어 '헬리키아'는 '생명'을 의미하기도 한다. 만약 이 단어를 '생명'으로 해석하면, 본문은 인간의 수명을 연장하는 것으로 이해할 수 있다. '한 자'는 '한 규빗'을 말하며, 보통 사람의 손가락 끝에서 팔꿈치까지의 길이를 말한다.

【28절】 그리고 너희는 어찌하여 [옷에 대해] 걱정하느냐? 저 들에 있는 백합화들이 어떻게 자라는지 잘 관찰하여 보아라. 그들은 수고하지도 않고 옷감을 짜지도 않는다.

【29절】 그러나 내가 너희에게 말하지만, ‖자신의 온갖 영화를 누린 솔로몬조차도‖ [이 꽃들 중 하나만큼] 곱게 차려입지는 ‖못하였다‖!

❀ '잘 관찰하다'에 해당하는 헬라어 '카타만다노'는 '철저하게'('카타')와 '배우다'('만다노')가 결합된 단어다. 따라서 '깊이 생각하여 무언가를 깨닫다', '주의 깊게 관찰하다', '철저하게 배우다'를 의미한다. 이 단어는 신약성경에서 딱 한 번, 본 절에 사용되었다. 주님은 들에 핀 백합화를 주목하여 보며 거기서 철저한 깨달음을 얻으라고 촉구하신다. 누가의 병행구는 다른 동사('카타노에오')를 사용한다(12:27). 29절은 '온갖 영화를 누린 솔로몬'과 '들의 백합화'를 대조하여 하나님의 솜씨가 얼마나 뛰어난지 절감하게 한다.

【30절】 〈[오늘] 있다가 ‖내일‖ [아궁이에] 던져지는 저 들풀도 하나님께서 저렇게 아름답게 꾸미는데〉, [너희는] 더 잘 입히시지 않겠느냐? 믿음이 작은 자들아?

【31절】 그러므로 '우리가 무엇을 먹을까?' '우리가 무엇을 마실까?' '우리가 어떻게 차려입을까?'라고 말하며 걱정하지 말라.

❋ 예수님은 먹고 마시고 입는 문제가 중요하지 않다는 뜻으로 말씀하시지 않는다. 물질적인 것들을 경멸한다는 의미에서 최대한 적게 마시고, 가장 허름한 옷을 입으라고 말씀하시지도 않는다. 여기서의 핵심은 우선순위다(Wright, 109).

【32절】 왜냐하면 ‖이 {모든} 것들은‖ [이방 사람들이] 추구하는 것들이기 때문이다. 너희 하늘 아버지께서는 너희에게 [이 {모든} 것들이] 지금 필요하다는 것을 [아신다].

【33절】 오직 너희는 먼저 하나님 나라와 그 나라의 의를 지속적으로 추구하여라. 그러면 [이 모든 것들이] 너희에게 더해질 것이다.

❋ 헬라어 사본에 따라 33절 앞부분을 '하나님 나라와 그분의 의'로, 또는 '하나님 나라와 그 나라의 의'로 번역할 수 있다. 어쨌든 마태는 다가오는 종말론적 하나님 나라의 개념과, 아버지 하나님의 주권적 보호에 대한 신뢰를 언급하며 '의'란 용어를 사용한다(Keck, 211). '추구하다'(33절)에 해당하는 헬라어는 '제테오'인데, 아직 존재하지 않는 어떤 것을 추구하라는 의미로 사용된 것 같지는 않다. 이 명령은 하나님 나라를 우리 존재의 중심으로 삼고, 그분의 통치를 온전히 체험하는 것을 부단히 추구하라는 뜻으로 이해해야 한다(Hagner, 316).

누가의 병행구(12:31)와 비교하면, 마태는 '그 나라의 의'("그의 의")를 첨가한다. 33절은 마태복음에서 '하늘나라'(천국)가 아닌 '하나님 나라'란 용어가 사용된 다섯 번의 사례 중 하나다. 이 용어는 하나님에 대해 보다 개인적이며 자신의 백성을 돌봐주시는 '왕'으로서의 이미지를 부각한다(France, 271-72).

【34절】 그러므로 내일을 위하여 염려하지 말라. [왜냐하면 내일 걱정은]

[내일 스스로가] 할 것이기 때문이다. 한 날에 겪은 악은 [그날로 충분하다].

❀ 34절은 자칫하면 오해를 불러일으킨다. 마치 미래를 위한 계획을 세우지 말라는 뜻으로 해석할 수 있다. 아니면 오늘은 오늘 걱정만 하고, 내일 걱정은 내일 가서 하라는 의미로 받아들일 수 있다. 그러나 이 구절은 그런 의미가 아니다. 본문은 '내일'과 '내일 스스로'를 강조하며, '그날의' 걱정은 '그날이' 하기 때문에 언제든지 아무 걱정 없이 살라는 뜻이다(민영진 1999, 87). 저자는 우리의 미래가 천지를 주관하는 하늘 아버지의 손에 있음을 상기시키며, 그분께서 결국 선한 결과를 가져오게 하시리라 믿고 기쁘게 살라고 권면한다(Keck, 211).
'악'에 해당하는 헬라어 '카키아'는 '악', '고통', '악함'을 의미한다. 예수님은 제자들에게 그들이 타락한 세상에 살고 있음을 알려주신다(Bock 2005, 78). 마지막 문장은 제자가 제자답게 살려면 필연적으로 세상의 괴로움과 손해를 감수해야 한다는 점을 시사한다(양용의, 160). 본 절은 누가의 병행 단락(12:31-32)에는 없다.

제7장

판단하지 말라

【1절】 판단하지 말라. 이는 너희가 판단을 받지 않기 위함이다.
【2절】 왜냐하면 〈너희가 내리는 그 판단으로〉 너희가 판단을 받게 될 것이고, 〈너희가 재는 그 잣대로〉 너희가 평가를 받을 것이기 때문이다.

❁ 1-12절은 이웃에 대한 태도를 다룬다. 1절은 성경에서 흔히 잘못 인용되는 경우가 있다. 개역개정에는 "비판하지 말라"가 맨 뒤에 있지만, 헬라어 원문에는 문장의 맨 앞에 있다. 게다가 현재 시제 명령형이어서 매우 강하게 경고한다. '판단하다'에 해당하는 헬라어 '크리노'는 '심판하다', '법정에서 판결을 내리다', '통치자가 사법권을 가지고 지배하다'의 뜻이다. 영어 단어 '비평가'(critic)가 여기서 파생되었다.
본문은 법정에서 내리는 판결이나 잘잘못을 가리는 정당한 판단을 말하지 않는다. 오히려 정확한 지식이나 타인에 대한 동정심 없이 함부로 비난하는 상황을 암시한다(Bengel). 마치 자신이 상대방의 잘못을 판결하는 '재판관'인 양 의로운 체하며 타인을 판단하는 행위의 위험성을 지적한다(Meyer). 2절은 미래 시제 수동태를 두 번이나 사용하여 마지막 날에 있을 하나님의 심판을 예고한다(Gundry, 120). 누가의 병행 단락(6:37-38)은 주는 것과 용서에 대해 첨가하며 하나님이 상을 주신다는 내용을 덧붙인다.

【3절】 게다가 너는 어찌하여 네 형제의 눈 속에 있는 그 티는 보면서, [{네 자신의} 눈 속에 있는 {그 들보는}] 네가 생각하지 못하느냐?

❀ '티와 들보'에 관한 속담은 지금도 유대인과 아랍인 사회에서 널리 쓰인다. '티'에 해당하는 헬라어는 '지푸라기', '작고 마른 나뭇가지', '나무 파편', '왕겨'를 의미한다. 유대인은 집을 건축하며 진흙의 접착력을 높이기 위해 지푸라기를 사용하였는데, 이것이 바로 티다. '들보'는 사면을 돌로 쌓고 뽕나무 뿌리에서 나온 가지로 지붕에 수평으로 깔던 나무를 말한다(류모세 2010b, 185).
예수님은 '보는 것'과 '못 보는 것' 간의 대조가 아니라, '보는 것'과 '의도적으로 무시하는 것' 간의 대조를 지적하신다. 여기서 '네 자신'과 '그 들보'가 이중으로 강조되었는데, 이는 자신의 문제를 전혀 생각하지 않고 타인에 대해 가혹한 태도를 꼬집는다(Bock 2012, 251). 3절은 당시 바리새인의 비인간적 행태를 고발한다. 그들은 자신의 결점을 의도적으로 무시하며 다른 사람을 판단하였다(Expositor).

【4절】 아니면 어떻게 네가 네 형제에게 "네 눈 속에 있는 그 티를 내가 빼 주겠다" 하고 말할 수 있느냐? 보라! 너 {자신의} 눈 속에 ‖들보가‖ 있는데 말이다.

【5절】 위선자여! 먼저 [너 자신의 눈에서] ‖그 들보를‖ 빼내라. 그리고 [그 후에] 분명하게 보고, 네 형제의 눈에서 그 티를 빼낼 수 있을 것이다.

❀ 4-5절은 '너 자신의 들보'를 제일 강조하여, 마치 예수님께서 제자

들의 눈을 빤히 보시며 말씀하시는 듯한 효과를 자아낸다. 특히 예수님이 목수였다는 사실을 기억한다면, '들보'를 강조하시는 그분의 심정을 충분히 이해할 만하다. 누가의 병행구에도 동일한 내용이 있지만 '들보'가 이처럼 강조되어 있지 않다(6:41-42).

이 단락(3-5절)에서 '네 형제'라는 표현이 세 번이나 등장한다는 사실은, 이 내용이 그리스도인 공동체를 향한 말씀임을 암시한다(Hagner, 321). 마태복음은 다른 복음서보다 '위선' 문제를 집중적으로 다루며 인간 행동의 바른 동기, 내면성, 실천적 신앙을 강조한다(Barton 1997, 36).

【6절】 거룩한 것을 개들에게 주지 말고, 너희는 너희 진주들을 돼지들 앞에 던지지 말라. 그들이 [그것들을] 그들의 발로 짓밟고, 돌아서서 ‖너희들을‖ 찢지 않도록 말이다.

❀ 6절은 해석하기가 쉽지 않다. 문맥과 전혀 상관이 없는 것처럼 보이기 때문이다(Nolland, 321). 상당수의 학자들이 이 구절을 이방인이나 복음을 배척하는 자들에게 복음을 전하지 않아야 한다는 의미로 받아들인다(MacArthur, 1134; Hagner, 324). 그런데 만약 이렇게 이해하면 앞 단락과 연결이 되지 않는다.

이 문장은 앞 단락, 즉 남을 판단하는 문제와 관련하여 해석해야 한다(Kaiser, 383). 1-5절이 남을 함부로 판단하지 말라고 경고한다면, 6절은 이와 다른 관점에서 지혜와 분별력을 가지고 적절하게 판단할 필요가 있다고 충고한다(Wilkins, 351). 거룩한 것을 개에게 주지 않고 진주를 돼지 앞에 던지지 않으려면, 누가 '개'이고 '돼지'인지 알아야 하는 것처럼 말이다(양용의, 163). 만일 무분별하게 교회 공동체에 속한 형제를 판단하면, 오히려 비기독교인들이 그것을 악용하여 교회를 공격할 수 있기 때문이다(Garland, 86).

1세기 유대인은 이 구절을 들으며 성전의 제사장을 떠올렸을 것이다. 제사장은 거룩한 제물인 속죄제와 속건제의 고기를 정한 시간 내에 일정한 장소에서 먹어야 했고, 이 고기를 개에게 주어서는 안 되었다(장재일, 290). 본 절은 유대인을 주대상으로 하는 마태복음에만 있다.

계속 요청하고, 추구하고, 두드려라

【7절】 계속 요청하라. 그러면 너희에게 주어질 것이다. 계속 추구하라. 그러면 너희가 발견할 것이다. 계속 두드려라. 그러면 너희에게 열릴 것이다.

❋ 7절에 나오는 세 개의 동사, 즉 '요청하다', '추구하다', '두드리다'가 모두 현재 시제 명령형인데, 이는 끈질기게 찾을 것을 요구한다. 이 동사들은 모두 기도를 암시하는 유대인의 표현이며, 하나님께서 내가 기대하지 않은 방법으로 응답하실 수도 있음을 전제로 한다. 그분은 만물을 주관하고 자신의 자녀에게 가장 좋은 것이 무엇인지 아신다(Keck, 212; Green 2005, 143).

'주어질 것이다', '열릴 것이다'에 해당하는 헬라어가 수동태인데, 이는 하나님께서 주고 열어 주신다는 사실을 시사한다(Hagner, 328). 본문은 구하는 사람보다 하나님께 초점을 맞추며 우리의 기도에 반드시 응답하시는 하나님의 신실하심을 강조한다(Bock 2012, 254).

【8절】 왜냐하면 [요청하는 사람은 누구든지] 받고, [추구하는 사람은 누구든지] 발견하고, [두드리는 자에게] 그것이 열릴 것이기 때문이다.

❀ 8절은 기도의 필요성과 하나님께서 확실히 응답하신다는 사실을 강조한다. 여기서 약간의 변화가 나타난다. 7절에서는 세 번 등장하는 하나님의 응답이 모두 미래 시제다. 하지만 8절에서는 앞에 있는 두 번의 경우가 미래 시제에서 현재 시제로 바뀐다. 즉 '(지금) 받고, (지금) 발견한다'고 선언한다. 이러한 변화는 현재 주어지는 그분의 응답을 강조한다(Osborne, 290).

개역개정은 8절을 7절과 동일하게 미래 시제로 "받을 것이요", "찾아낼 것이요"라고 번역한다. 그러나 NIV, NLT, NRSV, NKJV를 비롯한 대부분의 역본은 7절과 8절의 차이를 분명히 보여준다.

【9절】 아니면 [너희 중에] 누가 자신의 아들이 빵 한 덩이를 달라고 하는데, 그에게 [돌멩이 하나를] 줄 사람이 있겠느냐?

【10절】 아니면 [생선 한 마리를] 달라고 하는데, 그에게 [뱀 한 마리를] 줄 사람이 있겠느냐?

【11절】 〈비록 ‖너희가‖ [악하지만] 너희 자녀들에게 [좋은 선물들을] 줄 줄 아는데〉, ‖하물며‖ [하늘에 계신 너희 아버지께서] [자신에게] 요청하는 자들에게 좋은 것들을 주시지 않겠느냐?

❀ 11절은 '너희'와 '하물며'를 제일 강조하여 인간의 아버지와 하늘에 계신 아버지를 분명하게 대비한다. 주님은 "하늘에 계신 '너희' 아버지"라고 말씀하시며 그분이 우리와 어떤 관계를 맺고 있는가에 주목하라고 요청하신다. 저자는 여기서 '너희'("하늘에 계신 너희 아버지")라는 인칭대명사를 첨가하여 그분이 우리의 아버지가 되

신다는 점을 강조한다(Gundry, 124). (병행구인 누가복음 11:13 헬라어 원문에는 '너희'라는 인칭대명사가 없는데, 개역개정은 "너희 하늘 아버지"로 번역한다.) 누가의 병행 단락(11:9-13)은 '기도'라는 주제를 다루는 배경 속에 들어 있고, '성령'을 하나님이 주시는 가장 좋은 선물로 제시한다(Bock 2012, 255). 마태가 제시하는 '좋은 것들'은 누가가 언급한 '성령'보다 더 포괄적이며, 6:25-34에 소개된 일상의 모든 좋은 것을 포함한다(France, 281).

【12절】 〈그러므로 다른 사람들이 너희에게 계속 해 주기를 바라는 것이 있다면 그것이 무엇이든지〉, ‖너희 역시‖ ‖그렇게‖ [그들에게] 계속 해 주어라. 왜냐하면 [이것이] 율법과 그 선지자들이기 때문이다.

❀ '황금률'이라 불리는 12절 전반부는 너무 잘 알려져 있는데, 그 의미가 왜곡되어 전해지는 사례가 흔하다. 문맥을 고려하지 않기 때문이다. 첫째, 이 문장은 헬라어 원문의 시제가 현재인데, 이는 지속적으로 다른 사람에게 베풀라는 뜻이다. 둘째, 본문은 '너희 역시'와 '그렇게'를 제일 강조하여, 하나님께서 좋은 것을 주시듯이 우리도 타인에게 베풀어야 할 의무가 있음을 상기시킨다. 셋째, '그러므로'에 해당하는 헬라어('운')는 앞 문장에 따른 필연적 결과를 언급할 때 사용된다. 이 점을 놓치면 안 된다. 사실 이런 황금률은 다른 나라의 격언에도 많다. 그러나 이 구절만의 특징은, 도덕적 교훈 이면에 간구하는 자에게 좋은 것을 주시는 하나님의 사랑이 배어 있다는 점이다(Wright, 119).

❀ 저자는 12절을 통해 7-11절을 요약하며 하늘에 계신 아버지를 닮으라고 강력히 요청한다. 마태는 누가의 병행구(6:31)보다 훨씬 강

한 표현을 사용하며, '율법과 그 선지자들'이란 독특한 문구를 첨가한다(Hagner, 330). '율법과 그 선지자들'이란 구약성경을 의미하고, 이는 황금률이 선지자들의 가르침과 율법의 핵심이란 뜻이다(Nolland, 330). 문맥을 살펴보면 이 문장은 5:17부터 시작된 메시지의 결론이다. 율법과 선지자를 완전하게 하러 오신 예수님은 구약성경의 핵심이 무엇인지 분명히 보여주신다.

좁은 길

【13절】 너희는 [그 {좁은} 문으로] 들어가라. 왜냐하면 멸망으로 인도하는 그 문은 넓고 그 길이 널찍하여 거기로 들어가는 사람이 [많고]

❋ 13-27절에서 예수님은 강렬한 감정을 표출하신다. 우리는 이 대목을 산상수훈의 적용 단락이라 부를 수 있다. 예수님은 청중을 향해 "이제 너희가 내 이야기를 다 들었으니, 어떻게 할 작정이냐?" 하고 물으신다. 주님은 네 가지 선택 사항을 제시하신다(Swindoll, 134). 1) 두 종류의 문(13-14절), 2) 두 종류의 나무(15-20절), 3) 두 종류의 반응(21-23절), 4) 두 종류의 기초(24-27절).

'좁은 문'은 다음의 네 가지 사실을 암시한다(Nolland, 332). 첫째, 때로는 쉽지 않은 결정을 내려야 한다. 둘째, 그 문이 어디에 있는지 주의 깊게 찾아야 한다. 셋째, 좁은 공간을 지나가야 하기에 불편을 참아야 한다. 넷째, 다른 사람이 지나가는 동안 참을성 있게 기다려야 한다.

'들어가다'에 해당하는 헬라어가 부정과거 명령형인데, 이는 제자의 삶이 결코 정적이지 않고 중대하며 확고한 결단을 요구한다는 점을 암시한다(Keck, 216). 이 명령을 일회적 사건으로 해석하여 '회심'으로 이해할 수도 있다. 하지만 완성된 행위로서 전체적으로 보는 편이 더 좋다. 그리스도인의 삶은 항상 좁은 문을 향해 나아가야 한다(Osborne, 299). 누가의 병행 단락(13:23-24)은 전혀 다른 문맥 속에 있다.

【14절】 생명으로 인도하는 그 문은 [좁고] 그 길이 [매우 비좁아] [그것을] 찾는 사람이 [거의 없기] 때문이다.

❀ 좁은 문과 넓은 문, '두 갈래 길' 비유는 유대교에서 흔히 쓰였기에 예수님의 말씀을 듣는 청중은 이 표현에 익숙했을 것이다(Keener 1998, 74). 신약시대 대부분의 유대인은 이스라엘 민족 전체가 구원을 얻고, 나머지는 버림을 받으리라 여겼다. 하지만 주님은 그들의 생각을 뒤집어엎으신다.

'매우 비좁다'로 번역된 헬라어 '들리보'는 '주위에서 심한 압력을 받다', '고통을 당하다'의 뜻이다. 이 단어가 본문을 제외하면 신약성경에 9번 등장하는데, 그중에서 8번이 '환난을 당하다'(고후 1:6; 4:8; 7:5; 살전 3:4; 살후 1:6, 7; 딤전 5:10; 히 11:37)이고, 나머지 한 번이 '에워싸 밀치다'(막 3:9)의 뜻으로 사용된다. 생명의 길은 고통을 수반한다(Nolland, 334). 헬라인을 염두에 두고 기록된 누가의 병행구(13:24)는 좁은 문에 대해서만 설명한다. 하지만 마태는 좁은 문과 넓은 문, 즉 구원과 심판을 동시에 이야기한다(김창선, 129).

그들의 열매를 보고 그들을 알리라

【15절】 거짓 선지자들을 조심하라. 그들이 양의 옷을 입고 너희에게 나아오지만 [속을 보면] 그들은 노략질하는 늑대들이다.

❀ '거짓 선지자'에 해당하는 헬라어가 복음서에 다섯 번 사용되는데, 마태복음에 세 번(7:15; 24:11; 24:24), 마가복음과 누가복음에 각각 한 번씩(막 13:22; 눅 6:26) 등장한다. 마태복음은 종종 거짓 예언자에 대해 언급한다. 마태는 자신이 염두에 둔 공동체에 성도를 현혹하는 무리가 있어 이들에 대해 경고하기 위해 이런 말을 했을 것이다(Barton 1997, 43). 15절은 병행구가 없다.

【16절】 너희는 [그들의 열매를 보고] [그들을] 찾아낼 수 있을 것이다. 과연 사람들이 〈가시나무에서〉 포도를, 〈엉겅퀴에서〉 무화과를 거둘 수 있겠느냐!

【17절】 이처럼 ‖모든 좋은 나무는‖ [아름다운 열매를] 맺고, 반면에 ‖{쓸모없는} 나무는‖ [악한 열매를] 맺는다.

❀ 16절 첫 문장의 마지막 부분이 '찾아낼 수 있을 것이다'로 되어 있는데, 헬라어 원문이 미래 시제이기 때문이다. 이 문구는 지금 거짓 선지자를 구분하는 일이 어려울 수도 있음을 시사한다(제자원 2006, 523). '찾아내다'에 해당하는 헬라어 '에피기노스코'는 '철저히 알다', '정확히 알다'의 뜻이다. 저자는 본문에서 '알다'의 뜻으로 흔히 사용하는 '기노스코'란 단어를 사용하지 않고 강조 형태를 쓴다. 철저히 알고 경계해야 하기 때문이다(Gundry, 129). 여기

서 16절 첫 문장과 20절이 동일하고 강조하는 부분도 똑같다. 저자는 인클루지오 구조를 활용하여 이 단락을 하나로 묶는다. '아름다운'으로 번역된 헬라어 '칼로스'는 '아름다운', '뛰어난'의 뜻이다. 고대 그리스인은 어떤 면에서 뛰어나거나 탁월하여 사람을 기쁘게 하는 모든 것에 이 단어를 사용하였다. 누가의 병행 단락은 부정적 관점에서 서술한다(6:43-44).

【18절】 ‖좋은 나무가‖ [악한 열매를] 맺는 것이 [불가능하고], ‖쓸모없는 나무가‖ [아름다운 열매를] 맺는 것도 불가능하다.

【19절】 ‖아름다운 열매를 맺지 않는 {모든} 나무는‖ 잘려 [불에] 던져진다.

【20절】 그러므로 너희는 [그들의 열매들을 보고] [그들을] 찾아낼 수 있을 것이다.

❋ 16-20절은 반복해서 열매를 맺는다는 사실을 부각한다. 마태복음은 특히 '열매'를 강조하는데, 이 단어가 사용된 횟수만 보아도 알 수 있다. '열매'에 해당하는 헬라어 '카르포스'가 마태복음에 19회, 마가복음에 5회, 누가복음에 12회, 요한복음에 10회 사용된다. 물론 누가의 병행 단락에도 열매가 등장한다. 그러나 마태복음과 문맥이 아주 다를 뿐 아니라, 마태복음의 내용이 훨씬 더 길고 강도도 세다.

누가복음이 일반적 관점에서 열매를 언급한다면, 마태복음은 보다 좁은 관점에서 거짓 선지자와 관련하여 이야기한다(Bock 2012, 261). 본문은 실제적 영성을 제시하며, 천국 백성이 선한 열매를 맺음으로써 선민으로서의 지위를 보여주어야 할 책임이 있음을 분명히 한다(Barton 1997, 42).

나는 결코 너희를 알지 못한다

【21절】 ‖나에게 "주님! 주님!"이라고 말한다고 해서 누구나‖ 하늘나라에 들어가는 것은 ‖아니다‖. 오직 하늘에 계신 나의 아버지의 뜻을 행하는 사람이 들어가게 될 것이다.

❃ 예수님 당시 '주님!'이란 표현은 강한 존경의 의미를 나타내는 칭호였고, 마태와 그의 공동체 구성원에게 중요한 기독론적 고백이었다(Osborne, 303). 예수님은 종교적 열정이 대단한 것처럼 보이지만 말씀을 실천하지 않는 신앙의 문제점을 신랄하게 꼬집는다. 마태 공동체 구성원들은 이 구절을 통해 '주님'이란 신앙고백이 기독교에서 중요하지만, 행함이 없는 고백이 얼마나 공허한지 새삼 깨달았으리라(Hagner, 345). 이 단락(21-23절)을 누가의 병행구(6:46; 13:25-27)와 비교하면, 마태는 하나님의 뜻대로 행하는 것을 천국에 들어가는 유일한 조건으로 제시한다. 열매가 없는 신앙고백은 아무 의미가 없다고 단언한다. 누가복음의 경우는 마태복음보다 덜 구체적이다(Bock 2012, 262).

【22절】 [그] 날에 [많은] 사람들이 내게 "주님! 주님! 우리가 [당신의 이름으로] 예언하고, [당신의 이름으로] [귀신들을] 쫓아내며, 그리고 [당신의 이름으로] ‖많은 능력 있는 기적들을‖ 행하지 않았습니까?"라고 말할 것이다.

❃ 22절은 마지막 심판 날에 거짓 선지자들이 버림을 당했을 때 강하게 항변하는 장면을 리얼하게 보여준다. 이들은 자신의 과거 업

적을 자랑스럽게 늘어놓는다. '예언하고', '귀신들을 쫓아내며', '많은 능력 있는 기적들을 행했다'고 열변을 토한다. 갈수록 강도가 더해가는 점이 아주 흥미롭다. 기존의 우리말 성경으로는 이런 느낌을 받을 수가 없다.

그런데 사실 이런 일들은 주님의 제자들도 했던 사역이다. 본문은 '당신(주님)의 이름으로'라는 문구를 연달아 세 번이나 강조한다. 이러한 기교는 예수님의 말씀을 구약성경에 나오는 하나님의 말씀과 동일시한다. 예레미야 14:14, 27:15에 거짓 선지자들이 "내(여호와) 이름으로" 예언한다는 내용이 담겨 있다(Gundry, 132). 마태는 이 대목을 서술하며 당시에 유행하던 카리스마적 예언자들을 염두에 두었을 것이다(Green 2005, 147). 누가의 병행구에는 22절의 내용이 없다(6:46; 13:26).

【23절】 그러면 [그때] 내가 그들에게 분명히 말하리라. "나는 지금까지 너희를 [단 한 번도] 인정한 적이 없다. 내게서 떠나라. 너희 불법을 행하는 자들아!"

❀ '그때'는 종말론적 심판의 날을 가리킨다(Hagner, 347). 예수님은 자신과의 인격적 관계가 없는 사람이 하는 모든 종교적 활동을 불법이라 규정하시는데, 상당히 충격적이다(양용의, 172). 주님은 "불법을 행하는 자들"에게 "내게서 떠나가라"고 명하신다. 누가복음 병행구(13:27)는 이들을 "행악하는 자들"로 지칭한다.

마태는 70인역 시편 6:8을 부분적으로 인용하여 구약의 말씀을 최대한 끌어들인다(Gundry, 132). '불법'으로 번역된 헬라어 '아노미아'는 '법을 위반하거나 무시한 행위', '악함'을 의미한다. 이 단어는 사복음서에서 마태복음에만 네 번 등장한다.

반석 위에 세우라

【24절】 〈그러므로 나의 이 말들을 듣고 그것들을 행하는 모든 사람은〉 자신의 집을 그 반석 위에 지은 지혜로운 사람과 같을 것이다.

❀ 24절은 예수님이 당시의 건축 기술에 익숙하셨음을 암시한다. 아마도 목수였던 아버지의 일을 이어받았기 때문이었으리라(Wilkins, 370). 저자는 24절을 기록하며 앞으로 베드로가 보여줄 믿음의 고백(16:16)을 통해 교회 공동체가 반석 위에 세워질 것을 내다보았을 것이다. 마지막 부분이 미래 시제('같을 것이다')인데, 이는 종말론적 의미를 함축하며 주님의 말씀을 행했는지의 여부가 최후의 심판 때 드러날 것임을 시사한다(France, 297).

'행함'에 대한 주님의 강조는 자칫 행위 그 자체에 초점을 둔 것으로 오해될 수 있다. 그러나 예수님이 강조하시는 의는 바리새인의 율법주의적 의와 명확히 구분된다. 주님이 말씀하시는 의는 인간의 노력으로 획득되는 것이 아니라, 하나님께서 다스리실 때 은혜로 주어진다(양용의, 174-75).

【25절】 그래서 비가 내리고, 개울물들이 밀려오고, 바람이 불어 그 집에 몰아쳐도, 그 집은 무너지지 않았다. 왜냐하면 그것이 그 반석 위에 세워졌기 때문이다.

❀ 이스라엘 백성이 정착한 중앙 산지는 산과 골짜기로 이루어졌다. 그래서 비가 오면 산지의 빗물은 석회암 층에 흡수되지 않고 골짜기로 흘러 내려가, 골짜기의 물이 불어난다. 비가 많이 오

지 않아도 골짜기는 늘 이런 식으로 여러 갈래의 빗물이 모여 홍수가 난다. '반석'은 석회암으로 된 바위 지대를, '모래'(26절)는 산과 산 사이에서 흘러 내려온 토사가 쌓인 땅을 뜻한다(류모세 2009a, 128). 비가 내리고, 개울물이 밀려오며, 거센 바람이 몰아치는 현상은 구약성경에서 흔히 종말론적 심판을 암시한다. 에스겔 13:10-15이 이와 유사한 내용을 기술한다(Hagner, 351).

❀ 본 단락(24-27절)을 누가의 병행 단락(6:47-49)과 비교하면 세 가지 차이를 발견할 수 있다(Hagner, 351; Gundry, 134-35). 첫째, 마태복음은 지혜로운 자와 어리석은 자의 경우를 거의 완벽한 대칭 구조로 보여준다. 반면에 누가복음은 내용이 비교적 짧고, 지혜로운 자와 어리석은 자의 대조가 없다. 둘째, 누가의 병행구는 간단하게 홍수(단수)에 대해서만 언급한다. 그러나 마태는 폭우와 홍수(복수), 광풍과 같은 다양하고 세찬 공격을 설명하며, 반석 위에 지은 집이 얼마나 견고한지를 보여준다. 마태복음의 이러한 묘사는 근동 지방의 건조하고 더운 기후에서 자주 일어나는 기상 현상을 반영한다. 셋째, 마태복음은 반석의 중요성을 시각화한다. 누가는 주님의 가르침을 실천하는 사람과 관련하여, 헬라인의 건축 방식을 보여주듯 집을 짓는 과정을 상세히 설명한다(Hagner, 350). 하지만 마태는 이런 세부 과정을 다 생략한 채 "반석 위에" 지었다는 사실만을 부각한다.

헬라어 원문으로 보면 누가는 집을 짓는 과정을 세 단계로 나누어 기술한다. 1) 땅을 파고('스캅토'), 2) 그것을 깊게 하고('바두노'), 3) 기초를 놓는다('티데미 데멜리오스'). 그렇지만 마태는 집이 얼마나 견고한지 테스트하는 과정을 세 단계로 소개한다. 1) 비가 내리고, 2) 개울물이 밀려오고, 3) 바람이 몰아친다. 이러한 마태의 시각은 반석 위에 세워진 교회의 견고함(16:18)과 일맥상통한다.

【26절】 〈그러나 나의 이 말들을 듣고 그것들을 행하지 않는 사람은 누구나〉 자신의 집을 그 모래 위에 세운 어리석은 사람과 같을 것이다.

【27절】 그래서 비가 내리고, 개울물들이 밀려오며, 바람이 불어 그 집에 몰아치자, 그것은 무너져 버렸고, [그런 까닭으로 그 무너짐이] [엄청나게 컸다].

❄ 장엄한 산상수훈에서 예수님의 말씀은 비극적 논조로 끝난다. 그것도 '무너짐이' '엄청나게 컸다'를 강조한다. 이러한 결말은 현대의 설교자들이 결론짓는 방식이 아니다. 우리는 격려의 말로 끝내는 것을 선호한다. 그러나 예수님은 다양한 사람들에게 서로 다른 도전을 주며, 주님을 따르는 자들에게 진정성이 있는지 점검하게 하신다(Wilkins, 374).

【28절】 그리고 〈예수께서 이 말씀들을 마치시자〉, 그 무리들은 그의 가르침에 계속 충격을 받고 경악하였다.

❄ 내레이터는 산상수훈을 마무리하며 '예수께서 이 말씀들을 마치시자'라는 문구를 사용한다. 이 문구는 마태복음에 다섯 번 등장하는데, 그것도 하나같이 강조되었다. 본문을 제외한 나머지 네 번은, 1) 제자들을 파송하기 위해 교훈한 후에(11:1), 2) 천국 비유를 들려준 후에(13:53), 3) 공동체에 필요한 가르침을 전달한 후에(19:1), 4) 앞으로 이루어질 일에 대해 경고하신 후에(26:1) 나타난다. 주님의 가르침을 다섯 개로 나누어 기술한 마태의 서술 전략은 모세 오경을 상징적으로 보여주며, 율법을 전해준 모세를 떠올리게 한다(Attridge, 1680). 이 다섯 편의 설교는 길이와 구조, 그리고 내용이 균형을 이룬다는 점에서 저자의 예술가적 솜씨를 유감없

이 드러낸다. A-B-C-B-A 구조는 독자의 자양분을 위해 저자가 준비한 두 겹의 샌드위치를 연상시킨다(Burridge, 145-46). A(5-7장, 현재를 위한 가르침, 107절), B(10장, 교회의 사명, 38절), C(13장, 천국 비유, 50절), B(18장, 교회의 삶, 33절), A(24-25장, 미래를 위한 가르침, 94절).

❄ 28절은 예수님의 가르침을 듣고 무리들이 충격을 받았다고 전한다. 개역개정은 이 부분을 "그의 가르치심에 놀라니"라고 번역하나, 이는 너무 약한 표현이다. '놀라다'에 해당하는 헬라어 '에크플렛소'는 '제정신이 아닌 상태로 만들다', '많은 사람을 때리거나 덮쳐 공포에 빠뜨리다', '충격을 주어 놀라게 하다'의 뜻이다. 더욱이 이 단어가 미완료 수동형인데, 이는 무리가 상당한 시간 동안 충격을 받고 놀랐음을 보여준다(Hagner, 355). 이 헬라어가 복음서에 사용된 횟수를 보면 마태복음이 4회, 마가복음이 5회, 누가복음이 3회다. 마가와 누가는 사람들이 주님의 기적을 보고(막 7:37; 눅 9:43), 가르침을 들으며(막 1:22; 눅 4:32) 놀라는 장면에서 공히 이 단어를 사용한다. 하지만 마태는 '가르침'을 들으며 놀랐다고 말하는 대목에서만 이 단어를 활용한다(7:28; 13:54; 19:25; 22:33).
마태복음은 다른 복음서보다 권위 있게 가르치시는 예수님의 이미지를 더욱 부각한다. 누가복음의 평지설교(6:20-49)에는 28-29절의 내용이 없다.

【29절】 왜냐하면 그가 그들의 서기관들과 같지 않고 [권위를] 지닌 자로서 그들을 계속 가르치셨기 때문이었다.

❄ 청중이 예수님의 가르침을 듣고 놀란 원인은 주님의 권위 때문이었다. 당시 서기관들은 자신의 권위보다 주로 스승의 전승에 의존하여 가르쳤다(Hagner, 355). 마태는 산상수훈을 마무리하며 예

수님의 가르침이 '권위'가 있었다는 점을 강조한다. 주님은 시내산에서 모세에게 율법을 주신 하나님의 권위를 가지고 제자들을 가르치셨다(Swindoll, 138). 본 절은 마태복음에서 주님의 권위가 처음으로 언급된 경우다.

❋ '권위'에 해당하는 헬라어 '엑수시아'는 '권위', '권세', '통치권'을 의미한다. 이 단어는 본문의 문맥을 이해하는 데 결정적인 역할을 한다. 이 단어가 예수님께서 열두 제자를 부르시는 장면에 다시 등장한다(10:1). 마태복음은 7:29부터 10:1까지를 '권위'란 단어로 감싸며 인클루지오 구조를 형성하게 한다(Keck, 222). (사복음서에서 오직 마태복음만이 이런 형식을 취한다.)

그렇다면 이 중간에 있는 8-9장은 예수님의 '권위'(권세) 관점에서 해석해야 한다. 8-9장에 기록된 10개의 기적은 각 영역에서 다양하게 드러나는 그분의 권세를 보여준다(Wright, 131). 그러기에 불필요한 부분은 다 생략하고 권위를 제일 돋보이게 한다. 8-9장에 수록된 기적 이야기를 병행 단락과 비교하면 전체적으로 마태복음의 경우가 제일 짧은데, 그 이유가 바로 여기에 있다(Gundry, 137). 5-7장에 있는 예수님의 권위 있는 말씀과 8-9장에 기록된 그분의 권위 있는 사역은, 그분이 명실상부한 '메시아'임을 분명히 드러낸다(Hagner, 357).

제8장

예수께서 나병 환자를 고치시다

【1절】 그리고 〈그가 그 산에서 내려오시자〉 큰 무리들이 그를 따랐다.

❀ 8-9장에 수록된 10개의 기적은 시간순으로 기록된 것 같지는 않다. 각 복음서마다 서로 다른 위치에 배열되어 있다. 분명히 마태는 신학적인 목적을 가지고 이 이야기들을 여기에 배치했을 것이다. 예수님이 베푸신 이 기적들은 모세가 이집트에서 행한 10개의 기적을 상기시키며, 하나님 나라가 도래했음을 보여준다(Attridge, 1680). 아울러 그 나라가 갖는 전복과 반전의 특성을 보여준다(윤철원, 212). 5-7장에서 모세의 옛 계명과 주님의 새 계명이 대조를 이룬다면, 8-9장에서는 모세가 행한 10가지 이적과 주님이 행하신 10가지 이적이 대조를 이룬다(최갑종, 109). 개역개정에는 누락되었지만, 헬라어 원문 1절에는 '그리고'라는 접속사가 있어서 산상수훈과 본 단락을 하나로 엮는다(제자원 2006, 550). 1절은 '그(예수님)가 그 산에서 내려오시자'라는 부분을 강조한다. 이 구절은 겉보기에는 5:1("산에 올라가 앉으시니")을 염두에 두지만, 실제로는 모세가 산에서 내려왔다는 사실(출 19:14; 32:15)을 강하게 암시한다(김득중, 68).

【2절】 그런데 보라! [한 나병 환자가] 다가와 그에게 절을 하기 시작하

며 "주님! [만일 당신께서 원한다면], 당신께서 저를 깨끗하게 하실 수 있습니다" 하고 말하였다.

❃ 2절은 '보라'라는 감탄사를 사용하여 나병 환자가 예수님께 나아왔다는 주목할 만한 사실에 관심을 갖게 한다. 병행구인 마가복음 1:40, 누가복음 5:12은 나병 환자를 강조하지 않는다.
마태는 왜 이 사건을 첫 번째 기적으로 서술하며 나병 환자를 강조할까? (마가와 누가는 더러운 귀신 들린 사람을 치유하신 사건을 첫 번째 기적으로 제시한다.) 다음과 같은 두 가지 이유를 생각해 볼 수 있다. 첫째, 구약을 아는 유대인들은 나병 환자 치유 기적이 모세와 연관이 있음을 기억한다(Quarles, 74). 모세가 공생애 기간에 제일 처음으로 경험한 기적이 바로 자신이 나병에 걸렸다가 치유된 사건이다. 저자는 모세와 예수님을 연결하려는 의도를 가지고 이 이야기를 서술했을 것이다. 더욱이 4절은 '모세'의 이름까지 언급한다(김득중, 69-70). 둘째, 나병 환자가 고침을 받은 사건은 예수님이 메시아이심을 보여주는 결정적 증거가 된다. 주님은 자신의 메시아적 사역과 관련하여 나병 환자 치유 사건을 언급하신다(11:5). 마태복음에서 나병 환자가 치유된 사건은 이 이야기가 유일하다.

❃ '절하다'('프로스퀴네오')라는 동사는 왕이나 신적 존재를 암시한다. 이 환자는 예수님을 왕이나 신적인 인물로 간주하여 경배한다(Harrington, 112). 이 단어가 미완료 시제인데, 이는 계속해서 경배하는 동작이 이루어졌음을 암시한다. 마태는 여덟 번째 기적에서 한 관리가 자신의 딸을 살리기 위해 주님께 나아와 경배하는 대목(9:18)에서도 이 동사를 사용한다. 이러한 기교는 예수님이 메시아로서 경배를 받으실 분임을 시사한다(유상섭 2009, 276). 마가나 누가의 병행구는 다르게 표현한다(막 1:40; 눅 5:12).

【3절】 그가 그 손을 내밀어 그를 만지며 "내가 원하니 깨끗해져라!" 하고 말씀하셨다. 그러자 [곧] 그의 나병이 깨끗해졌다.

❀ 3절에서 '내가 원하니'(현재 시제)와 '깨끗해져라'(부정과거 시제)에 해당하는 헬라어 시제가 서로 다르다. JMNT 역본은 이 차이를 살려 다음과 같이 번역한다. "내가 습관적으로 원하니, 즉시 깨끗해져라." 고대 사회에서 나병 환자는 죽은 사람으로 취급받았다. 그들은 종교적으로 부정한 사람으로 간주되었고, 타인을 감염시킬 위험이 있다는 이유로 사회로부터 철저히 격리되었다. 사람들이 나병 환자를 곁에 오지도 못하게 했다는 점을 감안하면, 예수님이 그를 만지셨다는 사실은 매우 놀랍다. 주님은 말씀만으로도 그를 낫게 할 수 있지만 그를 만지셨다(Hagner, 362).

마지막 문장은 '곧'을 강조하여 예수님의 '권위'를 부각한다. 유대인의 시각에서 보면 나병 환자를 고치는 것은 죽은 자를 살리는 기적만큼이나 어려운 일이었다(Blomberg, 138). 이 기적은 예수님이 하나님이심을 입증한다(참고. 왕하 5:7).

【4절】 이에 예수께서 그에게 말씀하신다. "명심해라. 이 일을 [아무에게도] 말하지 [말라]. 다만 물러가서 [네 자신을] 그 제사장에게 보여주고, [그들에게 증거로 삼기 위해] 모세가 명한 예물을 드려라."

❀ 나병 환자는 육체적으로 깨끗해졌다 해도, 제사장의 검사를 통과하고 정결예식(레 14:1-20)을 위한 예물을 하나님께 드리기 전에는 여전히 부정한 상태다(강대훈, 586). 후반부를 병행구와 비교하면 미묘한 차이를 발견할 수 있다. 마가와 누가의 병행구에서는 예수님께서 모세가 명한 대로 '정결예식'('카타리스모스')을 위한 예물을 바치라고 명하신다(막 1:44; 눅 5:14). 하지만 마태복음에는 '정결

예식'에 대한 언급이 없다. 그 이유는 나병 환자를 치유하신 분이 바로 예수님이며, 제사장은 단지 치유 사실을 확인해 줄 뿐임을 강조하기 위함이다(Hagner, 359).

이런 관점에서 보면 마가와 누가는 이 환자가 치유된 기적을 두 단계로 나누어 묘사한다. 그러나 마태는 "내가 원하노니 깨끗함을 받으라"(개역개정)는 주님의 권위 있는 말씀 한마디로 치료를 끝낸다(Gundry, 140). 마가는 아무에게도 말하지 말라는 예수님의 경고에도 불구하고, 치유받은 환자가 소문을 퍼뜨렸다는 내용을 첨가한다(1:45). 그렇지만 마태는 이 부분을 생략하여 주님 말씀의 권위를 더욱 강조한다.

예수께서 백부장의 하인을 치료하시다

【5절】 그리고 〈그가 가버나움에 들어가셨을 때〉 한 백부장이 그에게 나아와 그에게 간청하며

【6절】 "주님! [제 하인이] 중풍으로 집에 누워 있는데 [굉장히 괴로워하고] 있습니다" 하고 말하였다.

【7절】 그가 그에게 "[내가] 가서 그를 고쳐 주겠다"라고 말씀하신다.

❃ 7절은 '내가'를 강조하여 주님께서 먼저 자발적으로 가서 고쳐 주겠다고 선언하신 사실을 돋보이게 한다. 이 부분이 누가의 병행 단락과 상당히 다르다(7:3-5). 누가복음에 따르면, 처음 단계에서 백부장이 유대인 장로들을 통해 주님이 직접 와서 고쳐 주시도록 요청한다. 하지만 마태복음에서는 백부장이 주님께 나아와 자신

의 곤경을 호소한다. 주님은 이방인의 집에 들어가서는 안 된다는 유대인의 규례에도 불구하고 가겠다고 말씀하신다.
예수님의 말씀을 직접 인용한 7절은 마태복음에만 있고, 그것도 현재 시제로 되어 있다. 마태가 유대인 장로를 등장시키지 않은 이유는, 주님과 이방인의 직접적인 대면, 백부장의 믿음, 이방인에 대한 그분의 은총을 드러내기 위함이었으리라(France, 311).

【8절】 하지만 그 백부장은 대답하여 말했다. "주님! 저는 당신을 [제 지붕 아래로] 오시게 할 만한 자격이 없습니다. [그저 한 말씀만 해 주시면] 제 하인이 나을 것입니다."

❁ 유대인의 전통에 따르면 이방인의 집에 들어가는 사람은 부정해진다. 분명히 백부장은 이 규정을 알고 예수님을 자신의 집에 오시게 함으로써 불편하게 하고 싶지 않았을 것이다(MacArthur, 1136). 백부장은 주님을 '자신의 지붕 아래로' 모실 자격이 없다고 강하게 주장한다. 누가의 병행구에서는 주님과 백부장이 직접 만나지 않는다. 그러나 마태는 백부장으로 하여금 '자격이 없다'는 사실을 직접 고백하게 함으로써 주님의 권위를 더욱 드러낸다(Gundry, 143).

❁ 8절은 '한 말씀'을 강조한다. 개역개정은 "다만 말씀으로만 하옵소서"라고 번역한다. 그런데 헬라어 원문에 '말씀'이 단수이므로 '한 말씀'으로 처리해야 한다. 누가복음 병행구에도 이 표현이 있으나 강조되어 있지는 않다(7:7). 본문의 이 표현은 예수님의 권위와 백부장의 믿음이 얼마나 대단한지를 여실히 보여준다. 그는 주님께서 자발적으로 오시겠다는 제안을 거절하고 말씀만 해달라고, 그것도 '한 말씀'이면 족하다고 고백한다. 마태복음에서 예

수님은 이 사건 이전에 원격 치유를 하신 적이 없다. 백부장의 고백은 놀라운 믿음의 도약이며, 이방인의 입에서 나온 것이기에 더 놀랍다(Osborne, 323).

【9절】 왜냐하면 [저 역시] 권위 아래 있고 제 밑에도 군인들이 있습니다. 그래서 제가 이 사람에게 "가라!" 하면 그가 가고, 다른 사람에게 "오라!" 하면 그가 옵니다. 또 [제 종에게] "이것을 하라!" 하면 그가 그것을 하기 때문입니다.

❋ 9절 앞부분은 '저 역시'를 강조하는데, 백부장은 자신의 위치와 예수님의 권위를 비교한다. 즉 자신이 로마 황제로부터 권위를 부여받아 그 권위로 부하에게 명령한다고 단언한다. 따라서 이 말에는 예수님이 하나님으로부터 권위를 부여받아 그 권위로 세상 만물을 다스리신다는 백부장의 관점이 배어 있다(Nolland, 356). 백부장은 주님의 권위가 하나님으로부터 왔다는 것과, 그분의 그 절대적 권위가 온 피조물에게 미치고 있음을 분명하게 고백한다(Harrington, 114).

❋ 후반부는 '제 종에게'를 강조한다. 누가의 병행구는 이를 강조하지 않는다(7:8). 왜 마태복음은 굳이 '종'이란 단어를 강조할까? 헬라어 원문을 보면 '종'이란 단어가 앞에서 사용된 단어와 다르다. 6절, 8절, 13절은 '하인'이란 단어를 사용한다. '하인'에 해당하는 헬라어('파이스')는 '아이', '유아', '하인', '왕의 신하'를 의미한다. 그런데 9절에 나오는 '종'('둘로스')은 '노예'를 뜻한다(Cambridge). 9절에서 갑자기 단어가 바뀐 이유가 무엇일까?
백부장은 예수님의 권위를 암시하는 결정적인 대목에서 주님의 권위를 '주인과 노예'의 관계에 비유한다. 백부장은 자신의 권위가 미치는 영역을 열거하며 예수님께서 질병에 대해, 또 악령에 대해 동일한 권위를 가지셨다고 선언한다(Vincent). 마치 노예의 소유주처럼, 그분이 원하는 것은 무엇이든 시킬 수 있는 궁극적 권위를 가지고 계신다고 확언한다. 이 대목이 그의 믿음의 절정이다(Pulpit).

【10절】 이에 예수께서 이 말을 듣고 놀라며 따르는 자들에게 말씀하셨다. "[진정으로] 내가 너희에게 말한다. 나는 지금까지 [이스라엘 사람 중에서] ‖이만한 믿음을‖ 발견하지 [못하였다]."

❃ 예수님은 백부장의 말을 듣고 놀라신다. '놀라다'에 해당하는 헬라어('다우마조')가 마태복음에 여덟 번 등장하는데, 본 절을 제외하면 모두 다른 사람이 예수님을 보고 놀라는 경우다. 주님이 다른 사람을 보고 놀라실 때 이 동사가 사용된 것은 이곳이 유일하다(France, 315). 마태가 예수님의 감정 표현을 거의 언급하지 않는다는 점을 고려하면, 이 사건이 얼마나 특별한지 짐작할 수 있다. 본문은 '진정으로'를 강조하여 뒤에 이어지는 선언이 얼마나 중요한지 알려 준다. 마태는 '이만한 믿음'을 제일 강조하며 다른 복음서에는 없는 11-12절을 뒤에 덧붙인다. 누가의 병행구(7:9)도 '이만한 믿음'을 강조하나, 마태복음이 훨씬 강하다. 저자의 관심은 이스라엘 사람을 부끄럽게 만든 이방인의 믿음에 집중되어 있다. 이 백부장은 "모든 민족을 제자로"(28:19) 삼기 위한 사역의 첫 열매다(Hagner, 374).

【11절】 그러나 내가 너희에게 말하는데, [동쪽과 서쪽으로부터 많은 사람들이] 와서, 하늘나라에서 아브라함과 이삭과 야곱과 함께 기대어 누울 것이다.

❋ 11절은 종말론적 잔치, 즉 구약에서 예언되고 하나님의 승리를 축하하기 위해 열린 큰 잔치를 이야기한다(Nolland, 357). '동쪽과 서쪽으로부터'라는 말은 많은 이방인이 참여할 것을 시사한다(Swindoll, 147). '기대어 눕다'에 해당하는 헬라어 '아나클리노'는 천국에서 이루어질 식탁 교제를 암시하며, 몸을 비스듬히 기대어 식사하는 장면을 보여준다(JMNT). 유대인은 연회에서 이런 자세로 음식을 먹었고, 식탁 교제는 친밀함의 상징이었다(Keener 1998, 77). 저자는 복음을 받아들이지 않는 유대인들에게 강하게 경고하며, 이방인들이 아브라함과 함께 하나님의 축복을 누리게 될 것을 예고한다. 누가복음 13:28-29에도 이와 유사한 내용이 있다. 하지만 문맥은 완전히 다르다.

【12절】 반면에 [그 나라의 자손들은] 바깥 어두운 곳으로 쫓겨날 것이다. [거기에는] 울부짖음과 이를 가는 것이 있을 것이다.

❋ '그 나라의 자손들'은 원래 하나님 나라를 물려받기로 예정되었던 유대인을 가리킨다(JMNT). 유대인이 쫓겨날 것이라는 주님의 경고는 당시 유대인들의 생각과 정반대다. 그들은 천국에서 개최되는 성대한 종말론적 잔치에 오직 유대인만이 족장들과 함께 참여할 수 있다고 믿었다(MacArthur, 1136).

【13절】 그리고 예수께서 그 백부장에게 말씀하셨다. "물러가라! [네가 믿은 대로] 그것이 네게 이루어져라." 그러자 그 시각에 그 하인이 나았다.

❋ 13절은 마태복음에만 있다. 백부장은 처음부터 원격 치유가 가능하다고 믿었다. 그는 예수님 말씀 한마디면 충분하다고 여겼고,

질병이나 악령을 물리치시는 그분의 권위가 절대적이라고 확신하였다. '그 시각'이란 표현이 누가복음에는 없다(7:10). 이는 주님의 원격 치유가 얼마나 즉각적이며 확실한가를 보여주고, 말씀의 권위를 돋보이게 한다(Hagner, 368).

●

베드로의 장모가 치료를 받다

【14절】 그리고 예수께서 베드로의 집에 들어갔을 때 그의 장모가 열병으로 앓아누워 있는 것을 보셨다.

【15절】 그가 그녀의 손을 만지시자 그 열병이 떠나고, 그녀가 일어나 그의 시중을 들기 시작하였다.

❀ 마가복음과 누가복음에서는 예수님이 베드로의 집에 들어갔을 때, 제자들이 그분께 베드로의 장모를 치료해 주시도록 요청한다(막 1:30; 눅 4:38). 그러나 마태복음에는 베드로 장모의 병을 낫게 해달라는 다른 사람의 요청이 없다. 오히려 예수님이 먼저 보고 주도적으로 치료하신다. 마태는 주님과 이 여인의 만남에 초점을 맞춘다(Nolland, 359). 열병을 치유하시는 장면을 병행구와 비교하면 마태복음이 제일 간단하고, 주님의 강력한 권위를 잘 드러낸다. 말씀 한마디 하지 않고, 단지 '손을 만지는' 행위만으로 질병을 물리치신다. 마가복음에서는 예수님께서 손을 잡아 일으키고, 누가복음에서는 열병을 꾸짖으신다.

15절은 '일어나'라는 단어를 사용하여 베드로의 장모가 스스로의 힘으로 일어났음을 암시한다. 마태는 이 동사를 통해 그녀의 완쾌를 입증하며 주님의 권위를 부각한다(Hagner, 376). 15절 마지막 부분은 베드로의 장모가 '예수님을'(단수) 시중들었다고 서술한다. 마가와 누가의 병행구는 공히 '그들을'(복수), 즉 예수님 일행을 시중들었다고 설명한다. 본문은 오로지 예수님에게만 초점을 둔다. 다른 복음서에 비해 마태복음에 등장하는 인물의 숫자가 제일 적은 것도 이와 같은 맥락이다.

그날 저녁에 많은 사람을 고치시다

【16절】 하지만 [저녁이] 되자 그들이 귀신 들린 사람들을 많이 그에게 데려왔다. 그래서 그는 말씀 한마디로 그 영들을 쫓아내고, [아픈 사람들을 {모두}] 그가 고쳐 주셨다.

❀ 16절은 예수님이 그들을 '모두' 고쳐 주셨다는 점을 이중으로 강조하여 주님의 권위를 드러낸다. 마태는 마가복음 1:21-28과 누가복음 4:31-37에 기록된 안식일 회당 축사 사건을 기록하지 않는다. 본문은 저녁이 되어 안식일이 끝났기에 유대인들이 안식일 법을 위반하지 않고 많은 병자를 주님께 데려왔음을 알려 준다(Wilkins, 391). 저자가 첫 부분에서 '저녁'을 강조한 이유가 여기에 있다. 이러한 묘사는 저자가 유대인 독자를 의식했기 때문인 것으로 추측할 수 있다.

❀ 본문은 주님의 치유사역을 이야기하는데 병행 단락과 비교하면 굉장히 짧다. 마가는 세 절(1:32-34), 누가는 두 절(4:40-41)에 걸쳐 설

명하는데, 마태는 한 절로 축소한다. 그런데 두 가지 중요한 차이가 있다. 첫째, 마태는 이렇게 축약하면서도 '말씀 한마디'라는 문구를 오히려 덧붙여 말씀의 위력을 실감하게 한다. 개역개정은 이 부분 역시 "말씀으로"라고 번역한다. 둘째, 마태복음은 다른 복음서와는 다르게 16절 후반부에서 '그 영들'이란 표현을 쓴다. (마가와 누가는 이 표현을 사용하지 않는다.) 개역개정은 "귀신들"로 번역하나, 헬라어 원문에는 '그 영들'(the spirits)이라고 되어 있다. 물론 '그 영'은 더러운 영, 곧 귀신을 가리킨다. 그런데 신약성경에서 더러운 영을 언급하며 어떤 수식어도 없이 본문과 같이 '영'으로 표현한 곳은 이곳이 유일하다(Gundry, 149).

마태의 이러한 기교는 주님의 '말씀 한마디'가 '영적 세계'를 다스리신다는 진리를 시사한다. 그분의 권위가 얼마나 강력하고 그 적용 범위가 광범위한가를 역설한다(Osborne, 332).

【17절】 이는 이사야 선지자를 통해 "‖그가 친히‖ [우리의 연약한 것들을] 맡아 주었고 [질병들을] 짊어지셨다"라고 하신 말씀이 성취되도록 하기 위함이었다.

❄ 17절은 마가와 누가의 병행 단락에는 없다. 이 인용문은 이사야 53:4 앞부분을 인용한 것인데, 약간 이상하다. 우리는 보통 이 구절을 예수님의 십자가 고난, 죽음, 그리고 대속과 연결하여 생각한다. 마태는 앞의 치유 내러티브에서 예수님의 권위(권세)를 강조했는데, 이제 정반대로 우리의 질병을 짊어지시는 고난의 종을 제시하며 예언의 성취를 강조한다.

8:2-15에 기록된 세 번의 치유는 다른 복음서에도 등장한다. 하지만 치유를 이사야 53장의 성취로 해석한 것은 마태복음이 유일하다(강대훈, 601). 마태는 예수님이 구약의 예언을 성취시키는 분

이심을 분명히 한다.

제자가 치러야 할 대가

【18절】 이제 예수께서 〈자기 주변에 있는 한 무리를 보고〉 건너편으로 가자고 명령하셨다.

【19절】 그런데 어떤 서기관이 그에게 나아와 "선생님, 당신께서 어디로 가시든지 제가 당신을 따르겠습니다" 하고 말하였다.

❄ 18-22절의 단락은 누가복음 9:57-62에도 등장한다. 그러나 문맥이 완전히 다르다. 마태복음의 문맥을 보면 사실 이 단락은 이야기의 흐름을 방해한다. 18절에서 예수님이 제자들에게 바다 건너편으로 가자고 명령하시고, 23절에서 예수님과 제자들이 배에 타기 때문이다. (건너편으로 가자는 주님의 권위 있는 명령은 마태복음에만 있다. 마가복음 4:35과 누가복음 8:22에서는 "저편으로 건너가자" 하고 제안하신다.) 따라서 19-22절을 괄호로 묶어야 글의 흐름이 자연스럽게 된다. 마태는 의도적으로 19-22절을 18절과 23절 사이에 끼워 넣으며, 뒤에 이어지는 풍랑 사건을 제자도와 연결시킨다. 동시에 중간에 삽입된 에피소드를 통해 주님을 따르는 자들의 부족한 믿음과 그분의 절대적 권위를 보여준다(Hagner, 392). 본 단락에 있는 두 개의 삽화는 예수님의 부르심이 얼마나 철저하며 혁신적인지 알려 준다(Nolland, 363).

【20절】 그러자 예수께서 그에게 말씀하신다. "‖여우들도‖ [굴들이] 있고,

[하늘의 새들도] 보금자리들이 있다. 하지만 ‖인자는‖ [그가 그의 머리를 기댈] 곳이 없다."

❁ 저자는 20절, 22절, 26절에서 현재 시제를 사용하여 예수님의 말씀을 고스란히 들려준다. 이는 주님의 말씀이 시공간을 초월하여 모든 교회 공동체에 적용된다는 점을 상징적으로 보여준다(Gundry, 152). 누가의 병행 단락은 시종일관 부정과거 시제를 사용한다(8:22-25; 9:57-62). 마태복음에서 '인자'라는 용어가 여기에 처음으로 등장한다. 이 용어는 다니엘 7:13-14에 나오는데, 종말론적 호칭으로 마지막 심판 때 세상을 심판하시는 분을 암시한다.
본 절에서 '여우'와 '인자'가 제일 강조되어 있다. 주님은 자신이 '인자'라는 사실을 강조하시며 메시아로서의 권위를 돋보이게 한다(Barton 2002, 283). '머리를 기댈 곳이 없다'는 말은, 집이 없다는 뜻이 아니라 사람들로부터 환영을 받지 못한다는 의미다(Nolland, 366-67). 실제로 주님은 가다라 지역에서 배척을 당하신다(8:34). 제자의 길을 집도 없이 떠도는 고난의 길로 설명하신 주님의 말씀은, 안일한 생각을 가지고 있던 그 서기관에게 상당한 충격을 주었으리라(Hagner, 387).

【21절】 이번에는 [그 제자들 중 한 사람이] "주님! 제가 [먼저] 가서 제 아버지를 장사하도록 허락해 주십시오" 하고 그에게 말하였다.

❁ 이 제자의 요청을 다음과 같이 해석할 수 있다. 첫째, 제자의 아버지가 아직 죽은 상황이 아니어서 아버지가 죽을 때까지 집에 머물기를 원했다고 생각하는 견해이다. 둘째, 아버지가 죽은 뒤에 즉시 장례를 치렀지만, 그 유골을 납골당으로 이전하는 두 번째 장례를 끝내기 위해 집에 머물기를 원했다는 견해이다. 이 두

번째 장례는 보통 처음 매장 후 약 1년이 지난 시점에 이루어졌다(Wilkins, 396-97). 이 제자의 경우에 아버지가 이미 죽은 상태가 아니다. 죽은 자를 매장하는 일은 24시간 안에 이루어져야 했다. 따라서 만약 그의 아버지가 죽었다면 그가 이처럼 예수님을 따르는 무리 중에 있을 수 없었으리라(Swindoll, 154).

하지만 어떤 경우든 문제가 되지 않는다. 초점이 거기에 있지 않다. 유대인 랍비의 가르침에 의하면 부친 장례를 치르는 일은 인간이 할 수 있는 가장 중요한 일이었고, 다른 어떤 일보다도 제일 먼저 해야 했다. 더욱이 "네 부모를 공경하라"는 십계명의 계명과도 관련이 있다. 마태는 여기서 '하나님의 권위'를 가지고 제자를 부르시는 예수님을 보여준다(Garland, 100). 메시아의 현존은 인간의 모든 가족 관계와 종교적 의무까지도 그 우선순위의 재조정을 요구한다(양용의, 189).

【22절】 하지만 [예수께서] 그에게 말씀하신다. "계속해서 나를 따르라. 그리고 [죽은 자들이] [그들 {자신의} 죽은 자들을] 장사하게 하라."

❀ 앞에 나오는 '죽은 자들'은 영적인 면에서 죽은 자를 가리킨다(EXB). '영적으로 죽은 자'란 개념은 당시의 유대인에게는 그리 생소한 것이 아니었다(Hagner, 389). 개역개정에는 "너는 나를 따르라"는 문장이 맨 뒤에 있지만, 헬라어 원문에는 문장 앞에 위치해 있다. '따르다'에 해당하는 헬라어가 현재 시제 명령형인데, 이는 지속적으로 따르라는 뜻이다.

바람과 물결이 예수께 복종하다

【23절】 그리고 〈그가 배 안으로 [들어가시자]〉 그의 제자들이 그를 따랐다.

❀ 23절은 예수님께서 먼저 배 안으로 들어가셨다는 사실을 강조하며, 제자들이 주님을 '따랐다'고 언급한다. 오직 마태만이 이렇게 묘사한다. 마태는 '제자의 길'이란 주제를 분명히 한다(Hagner, 392). 여기서 '따르다'에 해당하는 헬라어 '아콜루데오'에 주목할 필요가 있다. 주님께서 "계속 나를 '따르라'('아콜루데오')" 하고 명령하신 후에(22절), 제자들이 주님을 따라 배를 타기 때문이다.
이러한 서술 전략은 제자로서의 삶이 어떤 것인지를 보여주려는 마태의 관점을 잘 표출한다. 마태는 주님의 말씀을 듣고 따를 때에도 풍랑을 만날 수 있음을 시사한다(고영민, 86). 마가와 누가의 병행구는 문맥과 사용된 어휘, 그리고 강조점까지 다르다.

【24절】 그런데 보라! 그 바다에 [거대한 돌풍이] 일어나자 [그 배는] 계속 해서 [물결로] 뒤덮이고 있었다. 하지만 [그는] 주무시고 계셨다.

❀ '돌풍'으로 번역된 헬라어 '세이스모스'는 '지진', '폭풍우', '소동'을 의미한다. 이 단어가 복음서에 총 6번 등장하는데, 마태복음 4번, 마가복음 1번, 누가복음 1번이다. 그 용례를 살펴보면, 복음서에서 본 절을 제외한 나머지 경우에 모두 '지진'의 의미로 쓰인다(마 24:7; 27:54; 28:2; 막 13:8; 눅 21:11). 복음서 이외의 경우에도 한결같이 '지진'을 의미한다(행 16:26; 계 6:12; 8:5; 11:13, 19; 16:18). 이렇게 보면 본문의 돌풍은 지진과 관련된 기상 현상으로 볼 수 있다.

이처럼 강력한 돌풍과 풍랑 속에서도 전혀 요동하지 않고 주무시는 주님의 모습은 그분의 절대적 주권을 잘 보여준다(유상섭 2005, 260). CLV, ECB, JMNT 역본은 이 단어를 '흔들림'(지진)으로 번역한다. 마가와 누가의 병행구는 '광풍'이란 단어를 사용한다(막 4:37; 눅 8:23).

❄ 마지막 문장은 '그는'을 강조한다. 갑자기 풍랑이 일어난 것보다, 배가 물결로 뒤덮이는 상황에서 예수님이 깊이 주무셨다는 사실이 우리를 더 놀라게 한다(Swindoll, 155). "인자는 머리 둘 곳이 없다"(20절)라고 선언한 그분이 곤히 주무시는 장면은 아주 역설적이다(Hagner, 394). 마가는 예수님이 "베개를 베고" 주무셨다고 설명한다(4:38). 하지만 마태는 주님께서 "머리 둘 곳이 없다"라고 하셨기에, '베개를 베고'라는 문구를 생략한다. 마태는 두려워 떠는 제자들과 곤히 주무시는 예수님을 대비하여 하나님을 전적으로 신뢰하는 것이 어떤 모습인지 보여준다.

【25절】 이에 그들이 다가와 그를 깨우며 "주님! 구해 주세요. 우리가 죽게 되었습니다!"라고 말하였다.

❄ 이 장면을 상상해 보면 참으로 재미있다. 갈릴리 바다 어부 출신이었던 제자들은 주님께 살려 달라고 간청한다. 그것도 어부 경험이 전혀 없는 예수님께 말이다(France, 336). 병행 구절과 비교하면 제자들이 외치는 소리가 서로 다르다(막 4:38; 눅 8:24). 마태는 제자들의 외침을 '기도' 형태로 제시하여 교회 공동체가 위기 상황에서 어떻게 행동해야 하는지 알려 준다(Keck, 230). 마태는 마가복음의 '선생님'이란 용어를 '주님'으로 대체한다.

【26절】 그러자 그가 그들에게 말씀하신다. "믿음이 작은 자들아. 너희가 [왜 무서워하느냐]?" [그러고는 일어나서] 그가 그 바람과 그 바다를 엄하게 질책하시자, 그것이 아주 잔잔해졌다.

❀ 제자들에 대한 예수님의 평가가 각 복음서마다 다른데, 마태복음이 마가복음이나 누가복음보다 훨씬 부드럽다(참고. 막 4:40; 눅 8:25). 마태복음에서 예수님은 다섯 번이나 제자들을 '믿음이 작은 자들'로 평가하신다(6:30; 8:26; 14:31; 16:8; 17:20). 본문의 제자들은 마가복음과 비교하면 비교적 믿음 있는 행동을 보여준다. 이들은 1) 예수님을 따랐고(23절), 2) 위기의 순간에 주님께 나아왔으며(25上절), 3) 예수님을 '주님'으로 이해했고(25下절), 4) 도움을 요청하며 기도했다(25下절). 마태복음의 제자들은 비록 지금은 부족하지만 점차 깨달아 성장할 가능성이 있는 존재로 묘사된다(김춘기, 98-99). 병행 단락과 비교하면, 본문은 백부장의 믿음을 칭찬하는 장면과 가깝게 붙어 있다. 하지만 누가복음에는 이 두 사건이 상당히 떨어져 있다. 마태는 백부장의 담대하고 큰 믿음과 두려워 떠는 제자들의 부족한 믿음을 대조하여, 유대인 독자에게 엄청난 도전을 준다.

❀ 26절은 '그러고는 일어나서'를 강조하여 사건의 진행 순서에 관심을 갖게 한다. 공관복음에서 오직 마태만이 주님께서 제자들을 책망한 후에, 바람과 바다를 질책하셨다고 기록한다. 마가복음과 누가복음은 순서가 다르다. 예수님이 먼저 바람과 바다를 꾸짖은 후에 제자들을 책망하신다. 사실 마태복음의 순서는 자연스럽지 못하다. 생사가 걸린 위급한 순간에 제자들을 먼저 구하고 책망하는 것이 순리다. 이 순서에 저자의 관점이 담겨 있다.

마태의 시각에서 보면, 풍랑을 잔잔하게 하는 것보다 제자를 가르치는 것이 더 중요하다. 풍랑은 전혀 문제가 되지 않기 때문이다. (여기에도 예수님의 절대적 권위가 암시되어 있다.) 그러기에 저자는 제자들을 책망하는 말씀은 인용하면서도, 바람과 바다를 꾸짖으시는 명령은 내레이터의 설명으로 대체한다(Gundry, 156). 마가복음에서는 예수님이 바다를 향해 "잠잠하라. 고요하라" 하고 명하신다. 본문은 기적 자체보다 '제자의 길'이라는 주제를 부각하며, 주님께 대한 전적인 신뢰를 강조한다(Hagner, 395).

【27절】 하지만 [그 사람들은] 놀라며 "이분이 어디서 오신 분이기에, ‖바람과 바다가‖ 그에게 순종하는가?" 하고 말하였다.

❄ 27절은 '그 사람들'이 놀랐다고 지적한다. 마태는 통상적인 '제자들'(23절), 혹은 '그들'(25절)이란 표현을 사용하지 않고, '그 사람들'이라고 칭하며 이를 강조한다. 마가복음이나 누가복음은 이와 다르다. 당연히 '그 사람들'은 배에 있던 제자들이다. 저자는 이 표현을 통해 '그 사람들'과 예수님의 '신적' 권위를 대비한다(France, 337). 연약한 '인간'으로서의 제자들과 '하나님'이신 예수님을 비교하여 그 차이를 느끼게 한다(Expositor).

❄ '어디서 오신'에 해당하는 헬라어 '포타포스'는 '어떤 나라에서 온', '어떤 종족에서 온', '어떤 종류의'라는 뜻이다. 이 단어는 마태복음에서 딱 한 번 여기에 사용된다. 마가와 누가는 "그가 누구이기에"라고 서술한다(막 4:41; 눅 8:25). 오로지 마태만이 예수님의 출신에 대해 언급하며, 인간과는 차원이 다른 신적 존재임을 암시한다. 본문은 '바람과 바다'를 제일 강조한다. 마가와 누가의 병행구는 이처럼 강조하지 않는다. 구약을 잘 알고 있는 유대인들은 오직 여호와만이 이러한 능력을 지니셨다는 사실을 기억한다(시

107:23-32). 따라서 바람과 바다를 다스리시는 주님을 보며 하나님을 떠올렸으리라(Hagner, 396).

귀신 들린 사람을 고치시다

【28절】 그리고 〈그가 건너편 가다라 지역에 [도착하셨을] 때〉, 귀신 들린 {두} 사람이 [그 무덤들로부터] 나와 그를 만나게 되었다. 이들은 굉장히 난폭하여 아무도 그 길로 다닐 수 없었다.

❀ 본문에는 귀신 들린 사람이 둘인데, 마가와 누가의 병행 단락에는 한 사람만 등장한다(막 5:2; 눅 8:27). 오직 마태만이 이처럼 여러 차례 짝 맞춤을 시도한다(9:27; 20:30; 21:2). (아마 마가와 누가는 두 사람 중 특히 두드러진 한 사람에 대해서만 기록하였을지도 모른다.)
이 점에 대해 다음과 같은 두 가지 가능성을 생각해 볼 수 있다. 첫째, 유대인을 주대상으로 하여 복음서를 기록하고, 율법을 늘 의식하던 저자가 두세 증인이 필요했기에 이렇게 했을 수 있다(Hagner, 401). 우리는 저자가 "두세 증인의 입으로 말마다 확증하게 하라"(18:16)고 말하며, 신명기 19:15을 암시하였음을 기억해야 한다. 증인이 '둘'이라는 점은 유대인 청중에게 중요한 의미를 지닌다. 둘째, 기적에 대한 묘사를 통해 예수님의 권위와 능력을 더욱 강조하기 위함이다. 어쨌든 한 사람을 치유하는 것보다 두 사람을 치유하는 것이, 주님의 권위와 능력을 더 잘 보여주기 때문이다(Kaiser, 384-86).

❋ 이 이야기는 마가와 누가의 병행 단락과 비교하면 분량이 절반 정도에 불과하다. 마태는 귀신 들린 사람의 심각한 상황, 예수님과 그들의 대화, 치유된 후의 모습에 대해 침묵하며, 오직 주님의 권위에 초점을 맞춘다. 28절 마지막 문장은 마태복음에만 있다. 청중은 분명히 귀신 들린 사람들을 잘 알고 있었고, 그만큼 그들은 위협적이었다. 마태가 귀신 들린 사람 둘을 묘사한 것은, 그가 이들을 개인적으로 알고 있었기 때문이라고 추측할 수도 있다 (Wilkins, 400).

【29절】 그런데 보라! 그들이 큰 소리로 외쳤다. "오, 하나님의 아들이여! 우리와 당신 사이에 무슨 공통점이 있습니까? [그 적절한 때가 되기 전에] 우리를 괴롭히려고 당신이 여기에 오셨습니까?"

❋ 귀신들은 예수님을 보고 "하나님의 아들이여!"라고 큰 소리로 외친다. 마가와 누가의 병행구에서는 귀신들이 예수님을 "지극히 높으신 하나님의 아들 예수여!"라고 칭한다(막 5:7; 눅 8:28). 무슨 차이가 있을까? 고대인들은 상대방의 정확한 이름을 부르면 그 사람을 제압할 수 있다고 믿었다(Attridge, 1682; Bock 2012, 288). 여기에 나타난 호칭을 비교해 보면, 마가복음과 누가복음의 경우가 마태복음에 비해 훨씬 완벽하다. '예수 그리스도'가 그대로 드러난다.
반면에 마태는 자신의 복음서에서 가장 중요한 이름인 '예수'(1:21)를 생략하며 훨씬 간략히 묘사한다. 이렇게 보면 마가와 누가는 예수님께 저항하는 귀신의 모습을, 마태는 주님의 신분을 인정하며 자신의 파멸을 감지하는 귀신의 모습을 강조한다(Garland, 101). 본문은 주님의 권위에 압도된 귀신 이미지를 확고히 드러낸다. 게다가 '예수'라는 호칭을 생략함으로써 예수님의 인간적 측면을 축소하고 신적 측면을 더 부각한다(Hagner, 400).

❋ "우리가 당신과 무슨 상관이 있나이까?"(개역개정)라는 질문은, '당신과 내가 공통점이 없으니, 우리를 내버려두라'의 뜻이다(EXB). 29절 마지막 문장은 마태복음에만 있다. '그 적절한 때'는 세상 종말에 있을 마지막 심판의 때인데, 이때 사탄과 그의 앞잡이들이 불타는 못에 던져진다(계 19:20). 본문은 이 구절을 강조하여 예수님이 심판자로서의 권위를 지니신 분임을 분명히 한다(Hagner, 403). 마태는 이 대목에서 마가와 누가의 병행 단락에 있는, 예수님이 귀신 들린 자의 이름을 묻는 장면을 생략한다. 마술을 통해 귀신을 쫓아내려면 상대방의 이름을 아는 것이 중요했기에, 마술에 의한 치유라는 인상을 주지 않기 위함이다(Keener 2009, 281).

【30절】 그때 그들로부터 멀리 떨어진 곳에서 많은 돼지 떼가 먹이를 먹고 있었다.

【31절】 [그 귀신들이] 그에게 간청하기 시작하였다. "〈만일 당신이 우리를 쫓아내시려거든〉 우리를 저 돼지 떼 속으로 보내주십시오."

【32절】 그러자 그가 그들에게 "가라!" 하고 말씀하셨다. 그러자 [그들이] 나와서 돼지들 속으로 들어갔다. 그래서 보라! 그 돼지 떼가 {모두} 그 바다를 향해 그 벼랑을 내리달아 물에 빠져 죽었다.

❋ 귀신들은 예수님의 권위를 깨닫고 돼지에게 들어가게 해달라고 요청한다. '간청하다'에 해당하는 헬라어가 미완료 시제인데, 이는 지속적으로 간청했음을 시사한다(Osborne, 355). 반면에 마가와 누가의 병행구는 공히 부정과거 시제를 사용한다(막 5:12; 눅 8:32). 마태복음의 이 이야기에서 주님은 오직 한 번 말씀하신다. 그것도 귀신에게 "가라"는 명령 한마디만을 내리시고, 귀신은 그 절대적인 명령에 복종한다. 마가와 누가의 이야기에서는 예수님이 두 차례, 또는 세 차례, 그것도 길게 말씀하신다. 더욱이 마가와 누가

는 돼지에게 들어가도록 허락해 달라는 요청에, 예수님이 이를 허락하셨다는 내레이터의 설명("허락하신대")을 들려준다. 마태복음은 말씀 한마디로 귀신을 제압하시는 예수님의 강력한 권위를 돋보이게 한다(Swindoll, 162). "가라"는 주님의 명령은 8:16의 '말씀 한마디'를 상기시킨다.

【33절】 이에 [그것들을 치던 자들이] 달아나 그 도시로 들어가서, 귀신 들렸던 자들에게 일어난 모든 일들을 알렸다.

【34절】 그래서 보라! [{온} 도시 사람들이] 예수를 만나러 나와서 그를 보고, 그에게 그들의 지역에서 떠나 달라고 간청하였다.

❋ 34절은 '보라'를 사용하여 독자의 관심을 한 번 더 집중시킨다. 이는 예수님의 강력한 능력이 귀신을 물리치지만, 반드시 사람들에게 믿음을 불러일으키지는 않음을 보여준다(Gibbs, 452). 저자는 여기서 "인자는 머리 둘 곳이 없다"(20절)는 진리를 절감하게 한다. 34절에 묘사된 어두운 장면은, 귀신들이 돼지에게서 나와 자신이 거주할 새로운 처소를 도시 사람들에게서 찾은 듯한 인상을 준다. 이는 예수님을 거부한 자에게 주어진 불길한 징조다(Wilkins, 402).

공교롭게도 귀신 들렸던 자들이 보였던 반응과 도시 사람들이 보인 태도에서 동일한 헬라어가 사용된다(Gibbs, 452). 첫째, 귀신 들렸던 자가 무덤에서 '나와'('엑세르코마이') 예수님을 '만났듯이'('휘판타오'), 도시 사람들도 그 도시에서 '나와'('엑세르코마이') 주님을 '만난다'('휘판테시스'). 둘째, 귀신들이 자신을 돼지에게 들여보내 주시도록 '간청했듯이'('파라칼레오'), 도시 사람들도 예수님께 그 지역에서 떠나 달라고 '간청한다'('파라칼레오'). 공관복음에서 오직 마태복음만이 동일한 단어를 연속해서 사용하여 이 둘을 병렬 구조로 만든다.

제9장

예수께서 한 중풍병자를 치료하시다

【1절】 그리고 그가 배를 타고 건너서 그 자신의 도시로 오셨다.

❋ '그 자신의 도시'는 예수님이 정착하여 살고 계신 마을, 즉 가버나움을 말한다. 마태복음 4:13은 주님께서 나사렛을 떠나 가버나움에 정착하셨다고 언급한 바 있다. '그 자신의 도시'란 표현과 주님이 가버나움에 정착하셨다는 설명은 마태복음에만 있다.

【2절】 그런데 보라! 그들이 중풍병자 한 사람을 [침상에] 누인 채 그에게 데려오고 있었다. 예수께서 그들의 믿음을 [보고] 그 중풍병자에게 "용기를 내라! 얘야. 네 죄들이 용서받았다" 하고 말씀하셨다.

❋ 이 에피소드는 공관복음에 모두 기록되어 있는데(막 2:1-12; 눅 5:17-26) 마태복음의 경우가 제일 짧다. 마가복음이나 누가복음에는 이 이야기가 예수님이 가다라 지역에서 귀신 들린 자를 고치신 사건 앞에 배치되어 있다. 마가나 누가는 이 사건이 집 안에서 일어났다고 서술하는데, 본문은 특정 공간에 대한 설명이 없다. 따라서 지붕을 뜯는 작업이나 몰려드는 무리에 대한 언급을 불필요하게 만든다(France, 344). 마태는 오직 예수님에게만 관심의 초점을 둔다. '데려오고 있었다'는 표현이 미완료 시제인데, 이는 그들

이 병자를 데려오는 데 어려움이 있었음을 함축한다(Gundry, 162).

❋ 예수님께서 '그들의 믿음을 보셨다'는 내용은 병행 단락에도 모두 등장한다. 그런데 강조점이 다르다. 마가와 누가는 "그들의 믿음을 보시고"를 강조한다(막 2:5; 눅 5:20). 그렇지만 마태는 '보시고'라는 단어만 강조한다. 그렇다면 마태복음에 나타난, 그들이 보여준 '믿음의 행위'가 무엇일까? 아마도 대부분의 설교자들은 중풍병자의 친구들이 지붕으로 올라가서 지붕을 뜯고 병자를 달아 내린 눈물겨운 사연을 소개하고 싶으리라. 하지만 그것은 마가와 누가의 스토리다.
마태는 그들이 보여준 기발한 행동에 대해 일체 언급하지 않는다. 병자를 데려온 사람들의 태도에 답이 있다(Gundry, 162). '데려오다'에 해당하는 헬라어 '프로스페로'는 치유 능력이 있거나 친절을 베풀 준비가 된 대상에게 데려가는 행위를 뜻한다. 이 단어는 마태복음에서 종종 하나님께 바치기 위해 가져가는 것을 암시한다. 중풍병자의 친구들은 예수님께서 치료해 주실 줄로 믿고 마치 하나님께 예물을 바치듯이 이 병자를 데려왔다. 그리고 주님은 이들의 마음을 꿰뚫어 보셨다(VOICE). 마태의 이런 기교는 예수님의 신적 권위를 강조한다. 마가와 누가의 병행구는 '페로'(운반하다, 가져오다)라는 동사를 사용한다.

❋ 1세기 유대인들은 대체로 질병이 죄의 결과라고 믿었다(Swindoll, 168). '네 죄들이 용서받았다'는 말씀이 헬라어 원문에 의하면 현재 시제 수동태 직설법인데, 이는 예수님의 선언과 동시에 죄가 용서되었음을 의미한다(고영민, 89). 이러한 묘사는 그 순간 그곳에서 예수님의 신적 권위에 의해 죄가 용서되는 장면을 생생히 보여준다(France, 345). 본 절은 주님께서 직접 죄 용서를 선언하신 유일

한 경우다(Nolland, 380). 주님의 이 말씀은 하나님이 누군가의 죄를 용서해 주셨다고 선언하는 제사장들의 말과는 완전히 차원을 달리한다(Hagner, 411). '얘야'라는 호칭은 '내 아들아'로 번역될 수 있다(VOICE).

【3절】 그러자 보라! [어떤 서기관들이] '[이 사람이] 하나님을 모독하는구나!' 하고 속으로 말하였다.

❀ 2-3절은 '보라'라는 감탄사를 연거푸 사용하여 다음에 전개될 극적 장면에 관심을 갖게 한다. 아울러 2절에 묘사된 그들의 믿음과, 3절에 나타난 서기관들의 교만한 태도를 극명하게 대비한다. 내레이터는 전지적 작가 시점에서 서기관들의 내면을 조명하여 그들의 생각을 고스란히 드러낸다. 유대인 랍비들은 오직 하나님만이 인간의 죄를 사하실 수 있다고 굳게 믿었다(Hagner, 412). 서기관들은 예수님이 지닌 하나님으로서의 권위를 인정하지 않았을 뿐만 아니라 그분을 메시아로 받아들이지도 않았다. 이 대목이 마태복음에 나오는 예수님과 종교 지도자들의 첫 번째 대립이다(Keck, 234).

마가와 누가의 병행 단락에도 서기관과 바리새인이 등장하는데(막 2:6; 눅 5:21), 마태복음만이 '서기관들'을 강조한다. 그 이유는 종교 지도자들과 예수님 사이에서 벌어지는 갈등이 마태복음 내러티브의 기본 플롯이기 때문이다(Burridge, 164). 유대인의 율법에 의하면 하나님을 모독하는 자는 돌로 쳐 죽여야 했다(레 24:16).

【4절】 예수께서 그들의 생각들을 [알고] 말씀하셨다. "너희가 무슨 목적으로 너희 마음속에 악한 생각들을 품고 있느냐?"

❋ 중풍병자와 그를 데려온 사람들의 믿음을 간파한 예수님은, 서기관들의 속마음을 정확히 읽어낼 뿐 아니라 그 원천까지 파악하신다. 4절은 '아시고'를 강조한다. '악한 생각'이란 표현이 마가와 누가의 병행구에는 없다. 마태의 이런 기교는 예수님을 대항하는 것과 하나님을 대항하는 것을 동일시하며 주님의 신적 권위를 강조한다(Hagner, 412).

'악한'에 해당하는 헬라어 '포네로스'는 '사악한', '질병에 걸린', '앞을 못 보는'이란 뜻인데, 특히 마태복음에서 자주 사용된다(25회). 서기관들은 자신이 의롭다고 여긴다. 그러나 이들이 품은 '악한' 생각은 자신들이 바로 질병에 걸린 사람들임을 은연중에 드러낸다. 이러한 시각은 12-13절의 내용과 일맥상통한다.

【5절】 어느 편이 더 쉽겠느냐? "네 죄들이 용서받았다" 하고 말하는 것이냐? 아니면 "일어나서 계속 걸어가라!" 하고 말하는 것이냐?

❋ 이 질문은 죄가 사하여졌다고 말하는 편이 훨씬 쉽다는 것을 전제로 한다. 인간적 관점에서 실제로 그렇게 되었는지 확인할 길이 없는 까닭이다. 반면에 치유되었다고 선언하는 것은 더 어려워 보인다. 당장 확인이 가능하기 때문이다(Swindoll, 168-69).

【6절】 하지만 〈인자가 이 땅에서 죄들을 지속적으로 용서하는 [권세를] 가지고 있다는 것을 너희로 하여금 알게 해 주겠다〉. [그러고 나서] 그는 그 중풍병자에게 "일어나라! 네 침상을 가지고 네 집으로 가라" 하고 말씀하신다.

【7절】 그러자 그는 일어나서 자기 집으로 갔다.

❋ '그러고 나서'(6절)라는 부사는 마태복음에만 있는데, 사건의 진행

순서가 중요함을 보여준다. 즉 병자를 고치는 기적이 문제가 아니라, 예수님이 인자이며 죄를 용서하는 권세를 가지고 있음을 알려 주는 것이 본문의 핵심이란 뜻이다(Gundry, 164). 그러기에 저자는 6절 전반부에서 '권세'를 이중으로 강조하며 '인자'라는 용어를 다시금 등장시킨다. '인자'는 예수님을 가리키지만, 마지막 날에 오실 심판자가 죄를 사하는 권세를 가지고 이 세상에 오셨음을 시사한다.

6절 마지막 문장이 역사적 현재 시제다. 이는 질병을 권위 있게 물리치시는 예수님을 더욱 드러내며, 그분이 죄를 용서하는 권세를 가지고 있음을 분명히 보여주는 문학적 기교다(Nolland, 382).

【8절】 이에 그 무리들은 [이 광경을 보고] 두려워하며, [이런] 권세를 ‖사람들에게‖ 주신 하나님께 영광을 돌렸다.

❁ 8절은 기적을 목격한 무리의 반응인데 마태의 시각을 잘 보여준다. 마가와 누가의 병행구에서는 무리들이 '기적'을 베풀어 주신 하나님을 찬양한다(막 2:12; 눅 5:26). 그러나 본문에서는 죄를 용서하는 권세를 '사람들에게' 베풀어 주신 하나님께 영광을 돌린다. 저자는 여기서 '권세'란 단어를 한 번 더 사용하여, 8-9장의 키워드가 무엇인지 확실히 한다.

문제는 '사람들에게'(복수)라는 문구다. 이 표현이 문맥과 어울리지 않게 보이기 때문이다. 분명히 '이런 권세를 인자에게 (또는 사람에게) 주신'으로 해야 적절해 보인다. 과연 그럴까? 개역개정은 "이런 권능을 사람에게(단수) 주신"으로 번역하는데, 이는 오역이다. 헬라어 원문에는 분명히 남성 복수이고, 제일 강조되어 있다. 여기서의 '사람들'은 앞으로 등장할 교회 공동체를 가리킨다(Nolland, 383). 사복음서에서 오직 마태만이 교회 공동체를 통해 죄를 용서하는 권한이 실행되는 모습을 제시한다(Garland, 103; Keck, 235). 이를 입증하듯 16:19, 18:18은 교회가 죄를 용서하는 문제에 대해 언급하며 이를 강조한다. 그렇다면 예수님은 누구신가? 자신의 제자들에게 죄를 용서하는 권세를 주시는 하나님, 이것이 본문이 제시하는 예수님의 이미지다(Gundry, 165).

세리 마태

【9절】 그리고 예수께서 〈거기를 떠나 지나가다가〉 [마태]라는 사람이 그 세관에서 업무를 주재하는 것을 보고, 그에게 "계속해서 나를 따르라" 하고 말씀하신다. 그러자 그가 일어나서 예수를 따랐다.

❀ 9절은 '거기를 떠나 지나가다가'를 강조하여, 앞의 에피소드와 뒤에 이어지는 이야기를 하나로 묶는다. 이 문구는 마태복음에만 있다. 죄를 용서하는 권세를 보여준 예수님은 이제 죄인의 대명사이며 악명 높은 세리를 제자로 부르신다. 예수님이 마태를 부르신 사건은 죄 용서의 범위를 알려 준다(강대훈, 635).

마태는 헤롯을 위해 일하던 세리였을 수도 있지만, 주요 무역로를 통해 수입된 상품이 항구로 들어올 때 수입세를 부과하는 세관에서 근무했을 가능성이 더 크다. 그의 사무실이 가버나움에 있었던 것을 보면 이런 추측이 가능하다. 그의 직업은 큰 수입과 안정이 보장되었지만 그는 기꺼이 포기했다(Keener 1998, 80). 주님의 부름이 현재 시제 명령형인데, 이는 평생에 걸쳐 제자의 길로 이끄는 부르심을 암시한다(Osborne, 371). 우리는 예수님이 마태를 부르시자 그가 즉석에서 따랐다는 기사가, 마치 그것이 당연한 것처럼 간결하게 기술되어 있다는 사실에 주목해야 한다(Hagner, 420).

❁ 본문은 '마태'를 강조한다. 한편 마가와 누가의 병행구는 '레위'란 이름을 사용한다(막 2:14; 눅 5:27). 마가와 누가는 마태가 세리였다는 사실을 의도적으로 숨기고 싶었는지도 모른다(고영민, 90). 예수님의 12제자 이름을 나열하는 대목에서 '마태'라고 소개하면서도(막 3:18; 눅 6:15), 이 장면에서는 굳이 '레위'라고 기술하기 때문이다. '하나님의 선물'이란 뜻을 지닌 '마태'라는 이름은, 아마도 레위가 회심한 후 자신의 새로운 삶을 상징하기 위해 붙인 것일 수도 있다(Hagner, 420-21).

1세기 유대인 사회에서 세리는 가장 멸시받는 사람이었고, 반역자요 도둑이나 살인자와 같은 인물로 여겨졌다(Swindoll, 169). 마태는 이러한 유대인의 시각에도 불구하고 자신의 부끄러운 과거를 숨기거나 변명하지 않고 솔직히 드러낸다. 여기서 우리는 겸손한 마태의 모습을 본다(MacArthur, 1138). 아울러 말씀 한마디로 인간을 근본적으로 변화시키시는 주님의 신적 권위를 본다(Green 2005, 171). 문맥을 살펴보면 마가복음이나 누가복음과는 다르게, 마태복음은 이 사건을 치유의 기적 한복판에 배치한다. 마태는 자신이 변화된 이야기가 치유의 기적이라고 느끼며 여기에 배치하였으리라(Wright, 156-57).

【10절】 한번은 〈예수께서 그 집에서 기대어 누워 있을 때〉, 보라! [{많은} 세리들과 죄인들이] 와서, 예수와 그의 제자들과 함께 기대어 누워 있었다.

❁ 10절은 예수님이 '그 집에서' 식사하셨다는 점을 강조한다. '그 집'

이 누구의 집일까? 대부분의 학자들은 '마태의 집'으로 해석한다. 개역개정을 비롯한 NIV, NIRV, AMP 역본은 헬라어 원문의 '그 집'(the house)을 아예 '마태의 집'으로 번역한다. 병행구인 누가복음 5:29이 "레위가 예수를 위하여 자기 집에서" 잔치를 베풀었다고 설명하기 때문이다. 하지만 마태복음에는 그 집이 마태의 집이라는 분명한 증거가 없다(Nolland, 385). 그러기에 학자에 따라 예수님이나 베드로의 집으로 보기도 한다.

마태복음은 마가복음이나 누가복음보다 예수님의 역할을 더 돋보이게 하고, 죄인들에게 자비를 베푸시는 모습을 강조한다(Gundry, 167). 유대인들은 특별한 식사 때 비스듬히 기대어 누워 가운데 탁자에 놓인 음식을 먹었다. 신약시대 유대인 사회에서 함께 음식을 먹는 행위는 그 자리에 참석한 사람들과의 친밀한 관계, 즉 그들과 하나가 되는 것을 상징했다(France, 353). 저자는 많은 세리와 죄인들이 예수님과 함께 음식을 먹었다는 설명 앞에 '보라'라는 감탄사를 덧붙인다.

【11절】 ‖그 광경을 본‖ [바리새인들이] 그의 제자들에게 "왜 너희 선생은 [세리들과 죄인들과 함께] 음식을 먹느냐?" 하고 말하기 시작하였다.

❋ 11절은 '그 광경을 본'이란 문구를 제일 강조하여 소스라치게 놀란 바리새인들의 표정을 또렷이 보여준다. 자칭 율법의 수호자로 여기는 바리새인의 눈에 세리와 죄인들과 함께 식사하시는 예수님의 파격적 행위는 분명 이단적 모습으로 비쳤으리라. 바리새인과 같은 철저한 유대인은 죄인을 기피했지만, 주님은 오히려 죄인들을 자신의 관계 안으로 끌어들이셨다. 본문의 잔치는 메시아적 연회를 암시한다(Gundry, 168). 바리새인들은 예수님의 제자들에

게 그분이 '가버나움의 인간쓰레기'와 어울린다는 사실을 깨닫게 하여, 주님을 따르지 않게 할 작정이었다(Swindoll, 171).

【12절】 그러자 [그가] 이 말을 듣고 대답하셨다. "건강한 자들에게는 의사가 필요 없지만 병든 자들에게는 필요하다."

❋ 12절의 인용문은 1세기에 널리 쓰이던 속담인데, 예수님은 영적 건강과 질병에 초점을 두고 말씀하신다(Blomberg, 156). 본문에서 건강한 사람은 바리새인이며, 병든 자는 세리와 죄인들이다. 그러나 주님은 바리새인들이 실제로 건강하다고 말씀하지 않으신다. 오히려 '나는 건강하다고 믿는 사람을 위해 오지 않았고, 자기가 병들었다는 것을 아는 자를 위해 왔다'는 의도로 말씀하신다(Osborne, 373).

【13절】 하지만 너희는 가서 배워라. '내가 ‖자비를‖ 간절히 원하고 [제사를] 원하지 않는다'는 것이 무슨 뜻인지 말이다. 왜냐하면 나는 의인들을 부르러 온 것이 아니라 죄인들을 부르러 왔기 때문이다.

❋ '가서 배워라'는 명령은 마땅히 알아야 할 것을 알지 못하는 사람을 책망할 때 쓰는 표현인데, 1세기의 랍비들이 율법을 가르치며 자주 사용하였다(MacArthur, 1138). 마태는 마가복음이나 누가복음에는 없는 이 명령을 삽입하여, 스스로 교사라고 여기던 바리새인들을 초보자로 전락시키고 주님의 권위를 한껏 드높인다. 동시에 예수님과 종교 지도자들 사이의 대결 분위기를 고조시킨다(Bock 2012, 191). 바리새인들로부터 "너희 선생"(11절)이란 호칭을 들은 예수님은 그들에게 무언가를 가르칠 필요를 느껴 "배우라"고 명하신다(Nolland, 387). '너희 선생'이란 호칭은 마가와 누가의

병행구에는 없다.

❀ 예수님의 식탁 교제는 마가복음 2:13-17과 누가복음 5:27-32에도 있다. 그렇지만 13절 전반부의 인용문은 마태복음에만 등장한다. 주님은 구약성경 호세아 6:6을 인용하며, 많은 죄인과 함께하는 식탁 교제가 결국 하나님의 자비를 누리는 것임을 분명히 하신다(목회와신학, 211). 저자는 여기서 '자비'와 '제사'를 대조하며 '자비'를 더욱 강조한다. 이러한 기교는 18-34절에 기록된 네 개의 기적이 어떻게 하나님의 자비를 드러내는지 구체적으로 보여준다. 9:36 역시 이 점을 명확히 한다. 본문에서 말하는 '제사'는 하나님의 계명을 엄격히 준수하는 것을 말한다(Hagner, 422).

금식에 관해 질문을 받은 예수

【14절】 그때 요한의 제자들이 그에게 와서 말했다. "[우리와 바리새인들은] 금식하는데, 왜 [당신의 제자들은] ‖금식하지 않습니까‖?"

【15절】 그러자 예수께서 그들에게 대답하셨다. "[결혼 첫날밤을 보내는 방의 아들들이] [신랑이] [그들과 함께] 있는 동안에 슬퍼할 수 있느냐? 하지만 [그들이] 신랑을 [빼앗길] 날들이 올 텐데, [그때는] 그들이 금식할 것이다."

❀ 이 단락이 여기에 배치된 이유는, 예수님이 죄인을 멀리하라는 규정을 준수하지 않았다는 앞 단락의 내용과 관련이 있기 때문이다. 본 단락에는 율법 준수에 관한 예수님의 입장이 담겨 있다

(Hagner, 425). 주님이 사역을 시작하셨을 당시 세례 요한은 헤롯에 의해 체포된 상태였다. 그런데 요한의 제자들 중 몇 명은 계속 요한을 추종하고 있었던 것 같다(Swindoll, 172).
'결혼 첫날밤을 보내는 방의 아들들'은 신랑과 관계가 있는 사람이나 신랑 친구들, 또는 결혼식 하객을 가리킨다(JMNT). 물론 '신랑'은 예수님이시다(Harrington, 127). 15절은 '신랑'과 '그들과 함께'를 강조하여 '우리와 함께하시는 하나님'(임마누엘)을 시각화한다. '빼앗긴다'는 표현은 예수님의 죽음을 함축하는데, 마태복음에서 처음으로 주님의 죽음이 암시된다(France, 356).

【16절】 [아무도] 아직 줄어들지 않은 새 천 조각을 낡은 옷에 대고 깁지 [않는다]. 왜냐하면 그 천 조각이 옷을 잡아당겨서 [더 심하게 찢어지기] 때문이다.

【17절】 그리고 새 포도주를 낡은 가죽부대들에 담는 사람은 아무도 없다. 만약 그렇게 하면 그 가죽부대들이 터져 [그 포도주가] 쏟아지고, [그 가죽부대들도] 못쓰게 된다. 오히려 사람들은 새 포도주를 한 번도 사용한 적이 없는 가죽부대들에 담는다. 그래야 [둘 다] 함께 보존된다.

❁ 1세기 유대인들은 포도주를 짐승의 가죽으로 만든 가죽부대나 병에 담아 보관했다. 낡은 가죽부대는 속에 담긴 포도주의 발효 작용 때문에 이미 팽창 한계에 도달해 있었다. 따라서 발효되지 않은 새 술을 낡은 가죽부대에 담으면 그 가죽부대는 당연히 터진다(Keener 1998, 81). '새 가죽부대'는 한 번도 사용한 적이 없고 종류가 완전히 다른 새것을 의미한다. '새로운'에 해당하는 헬라어 '카이노스'는 '새로운 종류의', '전례가 없는', '들어본 적이 없는'의 뜻이다.

17절 마지막 문장은 마가와 누가의 병행구에는 없다. 여기서 강조된 '둘'이 구체적으로 무엇을 가리키는가에 대해 학자들 사이에 이견이 있지만, 대체로 '새 포도주'와 '새 가죽부대'를 의미하는 것으로 해석한다(France, 357; Bock 2012, 195). '새 포도주'는 예수님이 제공하시는 복음, 죄 용서, 하나님 자녀의 신분이고, '새 가죽부대'는 그분이 새롭게 해석해 주신 율법에 대한 성실한 준수다(목회와 신학, 213; Hagner, 430-31).

한 소녀가 살아나고, 한 여인이 치료받다

【18절】 〈그가 그들에게 [이러한 것들을] 말씀하시는 동안에〉, 보라! [어떤 한 지도자가] 와서 그에게 절을 하기 시작하며 말했다. "[제 딸이] 방금 죽었습니다! 하지만 오셔서 당신의 손을 [그녀] 위에 얹어 주십시오. 그러면 그녀가 살아날 것입니다."

❀ '이러한 것들'이란 표현이 마가와 누가의 병행구에는 없는데, 앞 단락과 뒤에 이어지는 네 개의 기적 이야기를 하나로 엮는다(Nolland, 389). (개역개정은 "이 말씀"으로 번역하는데, 헬라어 원문에는 복수로 되어 있다.) 이 문구가 마태복음에만 있는 이유는 다른 복음서와 문맥이 판이하기 때문이다. 마가복음이나 누가복음에는 18-26절의 기적이 거라사인 광인 치유 사건 바로 뒤에 있다(막 5:21-43; 눅 8:40-56).

하지만 마태복음에는 1) 제사보다 '긍휼'을 원하신다는 예수님의 선언(9:13), 2) 금식에 관한 논쟁(9:14-15), 3) 새 포도주와 새 가죽부대에 관한 말씀(9:16-17) 뒤에 위치해 있다. 18절은 '이러한 것들'을 이중으로 강조하여, 18-38절에 나오는 기적들이 어떻게 13-17절의 내용을 입증하는지 보여준다. 즉 뒤에 이어지는 이야기들이 인간을 '불쌍히 여기시는'(13절, 36절) 예수님의 신적 권위와, 신랑과 함께하는 기쁨이 어떤 것인지 알려 준다(Bock 2012, 293; Hagner, 432). 또한 새 포도주와 새 가죽부대가 상징하는 '새로움'이란 주제가 어떻게 나타나는지 제시한다(Green 2005, 174).

❄ 마가복음이나 누가복음은 '회당장 야이로'라고 이름을 밝히지만, 본문은 단지 '어떤 지도자(관리)'라고 소개한다. 따라서 그가 유대인인지 아닌지 알 수 없게 만든다. 이는 마태복음이 기록될 당시 마태 공동체와 유대인의 회당이 서로 괴리감을 느끼고 있었다는 점과 무관하지 않다. 동시에 예수님께서 유대인의 지도자에게 기적을 베풀었다는 사실을 마태가 전혀 기록하지 않았다는 사실과도 일맥상통한다(Keck, 237).

전반부는 한 지도자가 예수님께 '절을 하였다'고 설명한다. 이 내용은 마태복음에만 있다. 마가와 누가는 그가 주님의 '발 앞에 엎드렸다'고 기록한다. 저자는 마가복음이나 누가복음의 내용을 상당히 많이 생략하면서도, 이 동사(절하다, '프로스퀴네오')를 사용하여 주님의 신성과 왕으로서의 위엄을 강조한다(Blomberg, 160).

❄ 마태복음은 이 관리의 딸이 이미 죽은 상황에서 시작한다. 한편 마가복음과 누가복음은 그녀가 죽기 직전의 상태에서 이야기가 시작된다(막 5:23; 눅 8:42). 본문의 이런 설정은 죽음을 물리치시는 예수님의 권위와, 마가복음이나 누가복음에 나오는 것과는 차원이 다른 관리의 놀라운 믿음을 보여준다(France, 362). 이 관리는 딸의 몸에 손을 얹어 달라고 간청하며 '그녀'(시신)를 강조한다. 마

가복음에도 손을 얹어 달라는 요청이 있다. 하지만 마가복음에서는 그녀가 아직 죽지 않은 상태였고, '그녀 위에'가 강조되어 있지도 않다.
병자에게 손을 얹고 기도하는 것이 신약시대에 흔했다(Harrington, 131). 그러나 본문에서는 그녀가 이미 죽었기에, 시신 위에 손을 얹어 달라는 요청은 유대인에게는 상상하기 어렵다. 율법에 의하면 시체를 만진 사람은 7일 동안 부정해진다(민 19:11). 마가복음에서는 회당장 야이로가 '양손'(복수)을 얹어 달라고 간청하지만, 마태복음에서는 '한 손'(단수)만 얹어도 딸이 살아날 것이라고 고백한다. (개역개정으로는 이 차이를 느낄 수 없다.) 한마디로 마태는 마가나 누가보다 예수님의 절대적 권위를 더 강하게 드러낸다. '그녀가 살아날 것입니다'라는 문장이 직설법 미래 시제인데, 이것 역시 그분의 능력을 돋보이게 한다. 마가복음 병행구는 이 대목을 가정법으로 처리한다(Hagner, 435).

【19절】 이에 예수께서 일어나 그를 따라가셨고 그의 제자들도 따랐다.

❁ '일어나다'에 해당하는 헬라어('에게이로')는 마태복음에서 주님의 부활을 암시하는데(17:23; 26:32; 28:6, 7), 이 단어가 25절에 한 번 더 등장한다. '예수님께서 일어나셨다'는 내용이 다른 복음서에는 없다. 이 문장은 관리의 딸이 살아날 것과 함께 예수님의 죽음과 부활을 미묘하게 암시한다(목회와신학, 214). 관리의 요청을 듣고 유대인의 금기사항을 깨뜨리며 즉각 반응하시는 주님의 모습에서 우리는 무한한 '자비'와 '긍휼'(13절)을 본다. 저자는 관리의 죽은 딸에게 주어지는 새 생명이 바로 예수님이 언급하신 새 포도주임을 시사한다(France, 362).

[20절] 그런데 보라! ‖12년 동안 출혈로 앓고 있던 한 여인이‖ [뒤로 와서] 그의 겉옷 그 술을 만졌다.

❀ 20절은 '12년 동안 출혈'이 있었다는 사실을 제일 강조한다. 이 여인의 질병은 한 달 내내 생리가 지속되는 병처럼 여겨진다. 구약 율법(레 15:26-27)에 따르면 이 여인은 항상 부정한 상태였다. 따라서 만일 이 여인이 다른 사람과 접촉하면 그 사람도 그날 내내 부정하게 되었다. 그녀는 만지는 사람마다 부정하게 만들었기에 군중 속에 섞여 있으면 안 되었다(Keener 1998, 81).

마태는 이 에피소드를 시작하며 제일 충격적인 내용을 맨 앞에 두고, 바로 이 여인이 예수님을 만졌다고 선언한다. 그렇지만 주님은 부정하게 되기는커녕 오히려 부정한 것을 거룩하게 변화시키신다(Swindoll, 179). 이것이 묵은 포도주와 새 포도주, 낡은 가죽부대와 새 가죽부대의 차이다(Garland, 104-5).

❀ 마태는 그녀가 예수님의 겉옷 가장자리, 즉 옷 술을 만졌다고 이야기하여 최소한의 접촉을 강조한다(Nolland, 396). (마가의 병행구는 이와 다르다.) '겉옷 술'은 유대인의 겉옷 네 귀퉁이에 달린 '옷 술'을 의미한다. 이것은 그들이 하나님의 계명 안에서 살아간다는 것을 기억하게 하는 상징이었다(민 15:38-40). 또한 그 사람의 종교적·사회적 권위, 하나님과의 관계를 보여주는 중요한 상징물이었다. 따라서 타인의 옷 술은 함부로 만질 수가 없었다. 그 사람의 권위를 손상하기 때문이었다.

1세기 랍비 문헌에 의하면 남의 옷 술을 만진 사람은 처벌을 받았다. 그런데 이 술을 만지고도 처벌을 면하는 사람이 있었는데, 바로 옷 술 소유자의 자녀들이었다(류모세 2010a, 110). 이런 배경을 고려하면 혈루증을 앓던 여인이 예수님의 옷 술을 만졌고, 그분이 그녀를 '딸'(22절)이라 부르신 것은 굉장히 의미심장하다. 주님은 이 여인을 자신의 자녀로 선포하셨다.

【21절】 왜냐하면 그녀는 '〈만일 내가 그의 겉옷을 만지기만 하면〉 나는 나을 것이다!'라고 계속 속으로 말하고 있었기 때문이었다.

❁ 내레이터는 그녀의 생각을 그대로 전달한다. 오직 마태복음만이 이렇게 묘사한다. 마태복음에 등장하는 예수님은 인간의 속마음을 읽으며 믿음이 있는지를 간파하신다(Keck, 238). 마가의 병행구는 그녀가 소리를 내어 말한 것으로 되어 있다(5:28). 헬라어 원문을 직역한 YLT, MLV, BLB, CLV, JMNT 역본은 하나같이 마가의 병행구를 이렇게 번역한다. 70여 종류의 영어성경 중에서 일부 역본(MSG, NASB, NIV, NIRV, NLT)을 제외한 나머지도 모두 이런 식으로 처리한다. 개역개정 마가복음 5:28은 그녀가 생각한 것으로 번역한다.

【22절】 그러자 ‖예수께서‖ [돌아서서 그녀를 보며] "용기를 내어라! 딸아. [네 믿음이] 너를 낫게 하였다"라고 말씀하셨다. 바로 그 시각부터 그녀가 나았다.

❁ 22절은 '예수님께서' 말씀하셨다는 사실을 결정적으로 강조한다. 마가와 누가는 예수님의 이름을 사용하지 않고 이처럼 강조하지도 않는다(막 5:34; 눅 8:48). 게다가 옷을 만진 자가 누구인지 확인하기 위해 주님께서 질문을 던지신 것으로 서술한다. 하지만 마태는 이런 내용을 다 생략한 채 주님의 마지막 진술만을 기록한다. 본문에서 '돌아서서 보며'가 강조되었는데, 이는 여인이 옷자락을 만진 순간 예수님이 그녀의 행동을 알아채셨음을 암시한다. 그녀는 마가복음이나 누가복음의 경우처럼 자신의 상황을 길게 말씀

드릴 필요가 없었다. 주님은 이미 그녀의 비참한 형편과 믿음을 감지하셨다(Hagner, 437).

❋ 예수님은 이 여인을 '딸'이라고 부르신다. 마치 중풍병자를 '아이'(아들, 9:2)라고 불렀듯이 말이다(Nolland, 397). 주님은 육체적 치료에만 관심을 갖지 않으신다. 개인적인 친밀한 관계를 맺고 그들을 감정적으로 고양시키며 영적으로 회복시키신다. 한마디로 전인적 치유를 베푸신다(Swindoll, 170).

마태복음에서 치유와 관련하여 믿음이 강조된 경우는 오직 이곳뿐이다(Hagner, 437). 다른 복음서와 비교하면 이 여인이 고침을 받은 시점이 다르다. 마가복음과 누가복음에서는 그녀가 옷을 만지는 순간 즉시 피가 멈추었다(막 5:29; 눅 8:44). 그러나 본문에서는 주님의 말씀이 떨어지는 순간 병이 나았다(France, 363). 마태는 그분의 말씀이 지닌 강력한 권위와 능력을 보여준다.

[23절] 그리고 〈예수께서 그 지도자의 집에 [들어가서] 피리를 부는 자들과 소동하는 무리를 보고〉

[24절] "물러가라! 왜냐하면 이 소녀는 죽은 것이 아니라 자고 있기 때문이다"라고 말씀하고 계셨다. 그러자 그들은 그를 비웃기 시작했다.

❋ 이 대목도 마가의 병행 단락과 비교하면 상당히 축소되었다. '피리를 부는 자'에 대한 언급은 마태복음에만 있다. 마가와 누가는 소동하는 무리에 대해서만 언급한다. 유대인의 풍습에 따르면 아무리 가난한 사람도 장례식 때 최소한 두 명의 피리 부는 자(장례식을 위한 전문 악사)와, 한 명의 곡하는 자를 고용해야 했다. 피리를 부는 자가 있다는 사실은 이 딸이 이미 죽었음을 확증한다(Harrington, 132). 당시 풍습에 따르면 숨을 거둔 날 장사를 지내야 했다.

【25절】 하지만 〈그 무리가 쫓겨난 후에〉 그는 안으로 들어가 그녀의 손을 잡으셨다. 그러자 그 소녀가 일어났다.

❀ 이 부분도 마가복음이나 누가복음과 비교하면 굉장히 많이 축약되었다. 병행구와 비교하면 예수님이 소녀를 살리시는 방법이 서로 다르다. 본문에서는 말씀 한마디 없이, 단지 손만 잡음으로써 죽은 소녀를 살리신다. 마가복음과 누가복음에서는 아이의 손을 잡고 "일어나라"고 말씀하신 후에 살려내신다(막 5:41; 눅 8:54). 인간의 삶에서 죽음보다 더 강력한 파괴자는 없다. 마태복음의 예수님은 제일 간단하게 죽음을 물리치신다. 마태는 죽음의 권세를 물리치시는 주님의 신적 권위를 보란 듯이 보여준다.

【26절】 그리고 이 소문이 그 땅 전역으로 퍼져 나갔다.

❀ 병행 단락과 비교하면 이야기의 결론이 완전히 다르다. 마가와 누가의 병행 단락에는 아이의 부모와 제자들이 놀랐다는 내용, 아이에게 먹을 것을 주라는 명령, 이 일을 아무에게도 알리지 말라는 경고가 있다. 그러나 마태는 이런 내용을 다 생략하고 주님의 권위에 초점을 맞추며, 예수님의 명성에 관한 언급으로 이야기를 끝낸다(Gundry, 176). 죽었던 자가 살아난 기쁜 소식이 전역으로 퍼져나가게 하며, 새 포도주를 맛보는 기쁨을 느끼게 한다.

두 맹인이 고침을 받다

【27절】 그리고 〈예수께서 [거기를 떠나 지나가시는데]〉 {두} 맹인이 그를

따르며 큰 소리로 "우리에게 자비를 베풀어 주십시오. 오, 다윗의 자손이여!"라고 계속 울부짖었다.

❃ 27절은 '거기를 떠나 지나가시는데'를 이중으로 강조하여 앞 단락과 본 단락을 긴밀하게 연결한다(France, 366). 맹인들은 예수님을 '다윗의 자손'이라 부르며 자비를 베풀어 달라고 간청한다. 마태복음에서 등장인물이 이 호칭을 사용한 것은 이번이 처음이다. 그런데 약간 이상한 점은, 눈을 뜨고자 하는 그들의 소원이 암시되어 있을 뿐 구체적인 내용이 없다는 것이다. 맹인들은 오직 예수님의 '자비'('엘레오')만을 요청한다.
저자는 '자비'라는 단어를 통해 이 사건과 13절의 '긍휼'('엘레오스')을 결합한다. '다윗의 자손'이란 표현은 마태복음의 주요한 주제인데, 마태는 이 칭호를 예수님께 아홉 번 적용한다. (마가와 누가는 각기 세 번씩 적용한다.) 물론 이 칭호는 강한 정치적 의미를 함축한다. 하지만 마태는 '긍휼'을 베푸시는 예수님의 치유사역과 관련하여 이 용어를 사용한다(Strauss, 400).

【28절】 〈그가 그 집에 들어가셨을 때〉 그 두 맹인이 그에게 나아왔다. 그래서 예수께서 그들에게 "너희는 내가 [이 일을 할 수 있다고] 믿느냐?" 하고 말씀하신다. 그들이 그에게 "예, 주님!"이라고 말한다.

【29절】 그때 그가 그들의 눈을 만지며 "[너희의 믿음대로] 너희에게 이루어져라" 하고 말씀하셨다.

【30절】 그러자 그들의 눈이 열렸다. 예수께서 "유념해라! 이 일을 아무에게도 알리지 말라!" 하고 [그들에게 엄히 명령하셨다].

❃ 예수님께서 말씀하시자 '그들의 눈이 열렸다'는 설명은 주님의 말

씀이 지닌 권위를 보여준다. 하지만 이 선언은 마태복음에서 중요한 의미를 함축한다. 사복음서에서 마태만이 서기관과 바리새인을 영적 맹인에 비유하며 여섯 번이나 심하게 책망한다(15:14; 23:16, 17, 19, 24, 26). 본문의 치유 사건은 개인적 차원이 아니라, 예수님께서 영적으로 눈먼 이스라엘을 치유하기 위해 오신 메시아임을 보여준다(목회와신학, 215).

❁ '엄히 명령하다'(30절)에 해당하는 헬라어('엠브리마오마이')는 '진지하고 간절하게 명령하다', '엄하게 명령하다', '협박하다'의 뜻이다. 이 단어는 마태복음에서 오직 한 번 여기에 등장하는 강력한 표현이다. 이 단어가 신약성경에서 주님의 기적과 관련하여 사용된 경우가 한 번 더 있는데, 바로 마가복음 1:43이다. 마가는 주님이 나병 환자를 고치시는 대목에서 이 단어를 사용한다. 그렇다면 저자의 의도가 무엇일까? 우리는 복음서에서 맹인이 고침을 받은 기적을 마태가 가장 여러 차례(5회) 기록하였음을 기억해야 한다(9:27; 12:22; 15:30; 20:30; 21:14). 이해 비해 마가와 누가는 각각 2회, 요한은 1회 기록한다.
마태는 맹인이 눈을 뜬 사건에 굉장한 의미를 부여한다. 유대인이 기대하던 메시아가 나타나 베풀게 될 기적 중 첫 번째 기적이 맹인의 눈을 밝게 하는 것이기 때문이다(사 35:5-6). 그러기에 예수님도 세례 요한에게 이 점을 상기시키신다(11:5). 하지만 유대인이 기대하던 메시아는 다분히 정치적 성격을 띠기에, 주님은 치유 사실을 아무에게도 알리지 말라고 엄히 경고하신다.

【31절】 그러나 [그들은] 나가서 그에 대한 소문을 그 땅 전역에 퍼뜨렸다.

❁ 31절은 두 맹인이 고침을 받은 사건에 대한 결론인데 26절과 동

일한 내용이다. 이러한 서술 전략은 이 기적과 관리의 딸이 죽었다가 살아난 사건을 하나로 만든다(Gundry, 179). 예수님의 엄한 명령에도 불구하고 고침을 받은 두 맹인은 소문을 퍼뜨린다. 본문은 이들의 불순종을 강조하기보다, 하나님 나라에 관한 기쁜 소식이 퍼져 나가는 것을 누구도 막을 수 없음을 알려 준다(Hagner, 445).

말 못하는 사람이 말을 하다

【32절】 그리고 〈[그들이] 나아가고 있을 때〉, 보라! 사람들이 귀신 들려 말을 못하는 한 사람을 그에게 데려왔다.

【33절】 〈그 귀신이 쫓겨나자〉 말을 못하던 그 사람이 말을 하였다. 이에 그 무리들이 놀라며 "이런 일은 이스라엘에서 [단 한 번도] 일어난 적이 [없다]"라고 말하였다.

❋ 32절은 '그들이 나아가고 있을 때'를 강조하여, 맹인 치유 사건과 귀신 들려 말을 못하는 사람이 고침을 받은 사건을 하나로 만든다. 마치 진료를 받은 환자가 진료실에서 나가자마자 다른 환자가 들어오는 상황을 보여주는 듯하다(Nolland, 403). 이 단락에서 저자는 기적 자체에 관한 설명은 축소하고, 무리와 바리새인의 대비되는 행동에 초점을 맞춘다(Nolland, 402). 기적을 목격한 무리는 "이런 일은 이스라엘에서 단 한 번도 일어난 적이 없다" 하면서 감탄하는데, 여기서 '단 한 번도 없다'는 점이 강조된다.

저자가 이 부분을 강조한 이유가 무엇일까? 그것은 예수님이 언급하신 '새로운 포도주'(17절)와 연결시키기 위함이다. '새로운'('카이노스')의 의미가 '한 번도 들어본 적이 없는'이란 뜻인데, 저자는 주님께서 행하신 이 기적이 새 포도주와 직결된다는 점을 확실히 한다. 33절의 반응과 유사한 내용이 마가복음에도 등장한다. "우리가 이런 일을 도무지 보지 못하였다"(막 2:12). 마가복음에서는 중풍병자가 고침을 받는 기적을 목격하고 무리가 이렇게 외친다. 그런데 마태는 이 구절을 여기로 끌어들여 자신의 관점을 전달한다. 본 사건은 예수님이 선포하신 하나님 나라의 실현과 거기에 따르는 놀라운 기쁨을 반영한다(Hagner, 450).

【34절】 하지만 [바리새인들은] "그가 [그 귀신들의 우두머리의 힘으로] 지금 그 귀신들을 쫓아내고 있다"라고 말하기 시작하였다.

❀ 바리새인들은 주님의 초자연적 능력을 더 이상 의심할 수 없었다. 그들은 예수님이 메시아라는 사실을 인정하고 싶지 않아서, 그 능력의 근원에 대해 의문을 제기한다. 메시아로서의 권위와 능력을 사탄의 도움에 의한 것으로 일축한다(Swindoll, 182). 34절에서 예수님에 대한 바리새인들의 적개심이 공개적으로 표출된다. 여기서 시작된 이들의 적개심은 앞으로 더욱 고조되어 결국 그분을 처형하는 단계에까지 이른다. 마태의 내러티브에서 유대인의 종교 지도자들은 시종일관 악한 인물로 묘사되며 사탄과 한패 노릇을 한다(Strauss, 410).

불쌍히 여기신 예수

【35절】 그리고 예수께서 모든 도시들과 마을들을 두루 다니며 그들의 여러 회당에서 가르치고, 그 나라의 기쁜 소식을 선포하며, {모든} 질병과 {모든} 약한 것들을 고쳐 주고 계셨다.

❀ 35절은 4:23과 동일한데, 마태의 이런 기법은 인클루지오 구조를 형성하게 하여 5-9장의 내용을 하나로 만든다. 즉 5-7장은 권위 있는 주님의 말씀을, 8-9장은 주님의 권위(권세)가 나타난 놀라운 이적들을 하나하나 소개한다(Nolland, 406). 여기서 주목할 점은 저자가 가르치는 것과 선포하는 것을 치유사역보다 앞에 둔다는 사실이다(Hagner, 453).

【36절】 하지만 [그 무리들을 보았을 때] 그는 그들에 대해 불쌍히 여기는 마음을 가지셨다. 왜냐하면 그들이 목자 없는 양과 같이 찢기고 내팽개쳐진 상태였기 때문이었다.

❀ '불쌍히 여기다'에 해당하는 헬라어 '스플랑크니조마이'는 타인에 대한 동정심으로 창자가 움직이는 것을 의미한다. 유대인들은 사랑과 동정의 감정이 창자에서 나온다고 여겼다. 이 단어가 마태복음에 총 다섯 번 사용되는데, 18:27을 제외하면 모두 예수님께서 불쌍히 여기시는 장면을 묘사한다(14:14; 15:32; 20:34). 이 동사는 본 절을 13절의 '긍휼'과 연결한다.
'목자 없는 양'에 대한 언급은 복음서에 두 번 등장한다. 본문과 마가복음 6:34이다. 하지만 문맥은 완전히 다르다. 마가복음의 경우는 오병이어 사건에서 나온다. 마가는 단지 '목자 없는 양'이라고 서술하는데, 마태는 여기에 '찢기고 내팽개쳐진'이란 문구를 삽입한다. 이는 구약성경(왕상 22:17; 대하 18:16)에 나오는, 야생동물의 공격을 받아 흩어진 하나님의 백성 이미지를 상기시킨다(Gundry, 181).

【37절】 [그때] 그가 그의 제자들에게 말씀하신다. "정말로 [추수할 것은] 많은데, [일꾼들은] 거의 없구나."

❀ 37절은 현재 시제를 사용하여 38절의 명령이 모든 교회 공동체에 적용된다는 점을 알려 준다. 누가복음 병행 구절은 미완료 시제를 사용한다(10:2). (마태복음과 누가복음의 문맥은 다르다.) 이 대목에서 예수님은 처음으로 무리와 제자를 구분하는데, 이는 열두 제자를 부르시는 사건(10:1-4)에 대한 준비 작업이라고 볼 수 있다(Gundry, 181).

【38절】 그러므로 너희들은 그 추수의 주인에게 요청하라. 그가 그의 추수를 할 일꾼들을 강권하여 보내 주시도록 말이다.

❀ '추수의 주인'은 하나님이시다. 하지만 마태는 다음 단락에 예수님께서 열두 사도를 파송하는 장면을 배치하여 그분이 하나님이심을 시사한다(Gundry, 181). '강권하여 보내다'로 번역된 헬라어 '에크발로'는 '폭력을 사용하여 내쫓다', '강제로 떠나게 하다'의 뜻인데, 저항할 수 없는 힘으로 밀어내는 행위를 의미한다. 마태복음에서는 주로 귀신을 내쫓거나(7:22; 8:16), 사람들을 밖으로 내모는(21:39; 22:13) 상황에 사용된다.
그런데 여기서 한 가지 흥미로운 점을 발견할 수 있다. 이 단어가 앞 단락(33절, 34절)과 뒤에 이어지는 단락(10:1)에 동시에 등장한다는 사실이다. 저자는 이 동사를 사용하여 9:32-10:1을 하나로 엮는다. 예수님은 저항할 수 없는 힘으로 귀신을 '쫓아내시고'(9:33), 추수하는 주인은 일꾼을 '강권하여 보내시고'(9:38), 보냄을 받은 일꾼들은 귀신들을 '쫓아낸다'(10:1).

제10장

열두 사도

【1절】 그리고 〈그가 그의 {열두} 제자들을 가까이 불러〉 그들에게 더러운 영들을 제압하는 권세를 주어 그것들을 쫓아내고, {모든} 질병과 {모든} 약한 것들을 고치게 하셨다.

❁ 예수님은 산상수훈에서 권위 있게 메시지를 선포하였고(5-7장), 각종 질병과 죄를 물리치는 권세를 제자들에게 직접 보여주셨다(8-9장). 이제 주님은 10장에서 그 권세를 제자들에게 주어 파송하신다. 오직 마태복음만이 이런 구조를 취한다. 열두 제자를 부르는 모습은 전 세계에 있는 하나님의 백성을 연합하기 위해 오신 이스라엘의 진정한 메시아이며 왕이신 주님을 보여준다(Wilkins, 437).

❁ 1-2절은 '열둘'을 이중으로 강조하여 특별한 의미를 부여한다. 이 숫자는 이스라엘 열두 지파와 이스라엘의 회복을 암시한다(Nolland, 409). 마가와 누가의 병행구는 강조점이 다르다(막 6:7; 눅 9:1). 1절 앞부분은 '그의 제자'를 강조하여, 예수님이 그분의 권위를 제자들에게 주셨음을 돋보이게 한다(Gundry, 182). 마가복음과 누가복음에는 '그의'라는 소유격이 없다. 공관복음에서 마태복음이 제자들에게 부여된 권세를 제일 길게 구체적으로 설명한다. 후반부는 '모든'이란 형용사를 연속해서 강조한다. 이런 특징

은 주님의 사역을 설명한 대목(4:23; 9:35)에서도 그대로 나타난다(Nolland, 410). 저자는 예수님의 능력이 제자에게 동일하게 전달되었음을 보여주기 위해 의도적으로 이렇게 서술한다.

【2절】 [그 {열두} 사도의 이름들은] 이러하다. 첫째는 베드로라고 불리는 시몬과 그의 형제 안드레, 세베대의 아들 야고보와 그의 형제 요한

❀ 2-4절은 제자들의 이름을 나열하며 둘씩 짝을 지어 소개한다. 복음서에서 마태만이 이렇게 서술한다. 이는 마가가 예수님께서 제자들을 "둘씩"(6:7) 짝을 지어 파송하셨다고 설명한 것에서 영향을 받았을 수 있다. 아니면 율법의 요구에 따라 최소한 두 명의 증인이 필요하기에(신 19:15) 이렇게 했을 가능성도 있다(Blomberg, 167). 하지만 마태복음에서 저자가 유난히 '둘'이란 숫자를 여러 번 강조한 것을 보면 후자가 더 타당하다고 본다. 개역개정은 2절에서 둘씩 짝을 짓지 않고 번역한다.

❀ '사도'라는 용어가 마태복음에서 유일하게 여기에 사용되는데, '명령을 받고 파송을 받은 자'를 의미한다. 또한 보내는 사람의 대리자로 그의 권위를 공유하는 사람을 말한다(Hagner, 461). 반면에 '제자'란 용어는 마태복음에서 70회 이상 사용된다. 마태는 제자의 모습 중에서 배우는 학생으로서의 측면을 굉장히 강조한다.
2절은 열두 제자의 이름을 소개하며 '이름은 이러하다'로 시작한다. 오로지 마태복음만이 이런 형태를 취한다. 이러한 서술 방식은 유대인 독자에게 상당한 의미를 주었으리라. 이 표현이 민수기 1:5에 등장하기 때문이다(France, 376). 민수기의 이 구절은 이스라엘 백성이 인구조사를 할 때 모세를 도울 조력자를 각 지파별로

세우는 장면이다. '모세-예수 모형론'은 마태복음의 가장 중요한 주제 중 하나다. '첫째는'이란 단어가 다른 복음서에는 없다. 이는 베드로가 목록에서 처음으로 등장한다는 사실 외에도 그가 제자를 대표하는 인물임을 암시한다(Harrington, 136). '첫째는'에 해당하는 헬라어 '프로토스'는 '맨 앞에 있는', '가장 중요한', '가장 영향력이 있는'이란 뜻이다. 저자는 리더로서의 베드로의 역할과 그의 신앙고백을 통해 교회 공동체가 탄생할 것을 염두에 두고 이 단어를 썼을 것이다(France, 378). 개역개정에는 이 단어가 누락되었다.

【3절】 빌립과 바돌로매, 도마와 그 세리 마태, 알패오의 아들 야고보와 다대오

❀ 개역개정은 "세리 마태"라고 번역한다. 하지만 헬라어 원문에는 '세리'라는 단어 앞에 정관사가 있고, 70여 종류의 영어성경 역본도 '그 세리 마태'로 번역한다. 이 표현은 본문의 '마태'가 9:9에서 부르심을 받은 '그 세리 마태'라는 사실을 확실히 한다(Nolland, 412). 마태복음은 마태를 소개하며 유일하게 그의 과거 직업을 덧붙인다. 마가와 누가의 병행구는 어떤 설명도 없이 '마태'라고만 소개한다(막 3:18; 눅 6:15). 마태는 자신이 정말로 숨기고 싶은 경력을 가졌음에도 불구하고 주님의 사도가 된 것에 감격하며 이렇게 적었으리라. 이런 기교는 마태가 마태복음의 저자임을 내적으로 증거한다(고영민, 97).

한 가지 더 재미있는 사실은, 마가와 누가는 한결같이 '마태'란 이름을 '도마' 앞에 두는데, 마태는 '도마' 뒤에 배치한다는 점이다. 분명히 마태는 두 사람이 한 쌍을 이루는 구조에서 자신의 이름이 도마 앞에 오는 것에 대해 마음이 편치 않았을 것이다(Gundry, 183).

【**4절**】 그 열심당원 시몬과 그를 넘겨준 가룟 사람 유다이다.

❋ '열심당'은 로마 정부를 전복시키고 이스라엘의 독립을 쟁취하려던 과격한 민족주의자 단체다. 이 단체는 주후 66년에 예루살렘을 장악하였고, 결국 이는 로마의 공격을 초래하여 주후 70년에 예루살렘이 파괴되었다(Rhodes, 187). 시몬은 이 운동의 선구자 중 하나로서 활동했을 것이다. 세리 마태가 로마를 위해 유대 민족에게 적대적인 역할을 했다면, 시몬은 유대 민족을 위해 로마와 대항해서 싸운 인물이다(강대훈, 689). '가룟'이란 말은 '그리욧 사람'이란 뜻인데(Nolland, 413), 열두 제자 중에서 가룟 유다만이 갈릴리 출신이 아니다. 남쪽 유대 출신이다(최갑종, 53).

제자의 목록을 살펴보면 한 가지 흥미로운 점을 발견할 수 있다. 저자는 특히 세 사람에 대해 간단한 설명을 덧붙인다. 마태와 시몬에게는 출신 배경을, 유다에게는 그의 행적을 추가한다. 출신 배경이나 성향이 완전히 다른 이들이 어떻게 함께 여행하며 교제를 나누었을지, 하나님의 은혜가 아니면 불가능했으리라(France, 378).

열두 제자를 보내시다

【**5절**】 예수께서 [이 열둘을] 보내며 그들에게 이렇게 명령하셨다. "[이방인들의 길로] 가지 말고, [사마리아인들이 사는 어떤 도시에도] 들어가지 말라."

❋ 5-42절은 마태복음의 다섯 강화 중에서 두 번째 강화인데, 제자

들의 하나님 나라 선포 사역에 초점을 둔다. 여기에 담긴 내용은 마가복음과 누가복음의 여러 곳에 흩어져 있다. 이 내용은 일차적으로 열두 제자의 파송 당시 상황과 관련된 문제를 다룬다. 하지만 부차적으로 후대의 교회가 주목해야 할 사항도 함께 이야기한다(양용의, 212-13).

5-8절의 대부분은 마태복음에만 등장한다. 5절은 제자를 파송하시는 분이 '예수님'이라고 밝힘으로써 그분의 권위를 드러내며, 그분이 추수의 주인이심을 알려 준다(Gundry, 184). 마가와 누가의 병행구는 예수님의 이름을 사용하지 않는다.

❀ 이방인이나 사마리아인 지역으로 가지 말고, 오로지 이스라엘 사람에게로 가라는 예수님의 명령은 너무 심한 발언처럼 들린다. 5-6절은 이스라엘 민족에게 우선권이 있음을 의미할 수 있다. 하지만 제자들의 메시지가 이방인이나 사마리아인이 이해할 수 있는 내용이 아니라는 점에서, 지금은 그 의미를 아는 사람에게만 전하라는 뜻으로 해석할 수도 있다(장재일, 374). 마태복음의 중간중간에 이방인이 등장하기는 하지만(동방 박사, 백부장, 가나안 여인 등), 본격적인 이방인 선교는 예수님의 부활 이후에 시작된다.

【6절】 오히려 오직 이스라엘 집의 잃어버린 양들에게로 계속해서 가라.

❀ 마태는 6절을 통해 이스라엘에 대한 약속의 성취를 강조한다. 아울러 기독교가 다른 종교와 차원이 다르며, 원래 이방인을 위해 만들어진 종교가 아님을 확인하고 싶어 한다. 이런 내용은 마태 공동체의 유대인 그리스도인에게 특별한 의미를 주었으리라(Hagner, 472).

【7절】 그리고 [너희는 가면서] "하늘나라가 가까이 왔다!"라고 선포하라.

【8절】 계속해서 [병든 자들을] 고치고, [죽은 자들을] 살리며, [나병 환자들을] 깨끗하게 하고, [귀신들을] 쫓아내라. 너희가 ‖거저‖ [받았으니] [거저] ‖주어라‖.

❀ 8절 내용을 사도들은 문자적으로 받아들였겠지만, 마태복음의 독자들은 영적 의미로, 즉 복음을 받아들일 때 일어나는 일로 받아들였을 수도 있다(Hagner, 470). 8절 마지막 문장은 '거저'와 '주어라'를 제일 강조한다. 여기서 '거저'는 하나님의 긍휼(9:13)을 상기시킨다. '주다'에 해당하는 헬라어가 부정과거 명령형인데, 이는 삶의 전반적 특성이 그렇게 되어야 함을 알려 준다(Osborne, 420). 마태는 자신이 속한 공동체의 문제를 해결하기 위해 이처럼 강하게 경고했으리라. 분명히 일부 지도자들 중에 복음을 전하거나 병을 고쳐 준 대가로 금전을 요구한 사례가 있었을 것이기 때문이다. 고대 사회에서는 종교적 행위나 자신의 사상을 전수하며 대가를 받는 일이 흔했다. 몇몇 견유학파 철학자는 자신들이 하는 일에 대해 금전을 요구했다(Bock 2012, 304).

【9절】 너희는 너희 전대에 금이나 은이나 동을 넣으려고 애쓰지 말라.

❀ 병행구와는 다르게 본문은 돈의 종류를 일일이 열거한다. 마가는 '동'(6:8)을, 누가는 '은'(9:3)을 언급하는데, 마태는 '금화', '은화', '동전'을 얻기 위해 애쓰지 말라고 경고한다. 게다가 마가와 누가는 '돈'을 넷째 품목으로 언급하는데(지팡이, 양식/배낭, 돈), 마태는 첫째 품목으로 다룬다(돈, 배낭, 옷, 신발, 지팡이). 이는 마태 공동체가 마가 공동체에 비해 상당히 부유했다는 사실과(서중석 1991, 107), 저자의 직업이 세리였음을 짐작하게 한다.

❀ 9절 마지막 부분을 개역개정은 “가지지 말고”로 번역하는데, 헬라어 원문의 의미는 이와 다르다. ‘애쓰다’에 해당하는 헬라어 ‘카타오마이’는 ‘소유하기 위해 부단히 애쓰다’, ‘취득하다’의 뜻이다. 마태는 이 단어를 통해 그리스도인이 진정으로 추구해야 할 것은 물질이 아니라, 전적으로 하나님만을 의지하는 것임을 역설한다. 마가복음과 누가복음은 다른 동사를 사용한다(막 6:8; 눅 9:3). 본문은 금전을 가지고 다니지 말라는 뜻이 아니라, 복음을 전하며 돈을 벌기 위해 애쓰지 말라는 뜻이다(고영민, 99; Osborne, 420).

【10절】 여행용 가방이나 {두 벌} 옷이나 신발이나 지팡이도 챙기지 말라. 이는 일꾼이 자기 생계유지에 필요한 것을 받는 것이 [합당하기] 때문이다.

❀ 바위가 많은 팔레스타인 지역에서 신발을 신지 않고 다니는 것은 사실상 불가능하다. 따라서 본문의 ‘신발’은 여분의 신발을 의미하는 것으로 보아야 한다(Harrington, 140). 마가복음은 지팡이를 챙기라고 이야기하는데(6:8), 마태복음은 지팡이까지 챙기지 말라고 가르친다. 게다가 마가나 누가는 공히 지팡이를 첫째 품목으로 다루지만, 마태는 다섯째 품목으로 언급한다(Gundry, 187). 이는 마태복음이 농촌이 아닌 도시 공동체를 배경으로 하기에 지팡이가 필요하지 않음을 암시한다(서중석 1991, 111). 예수님 당시 지팡이는 때로 호신용이나 공격용 무기로 활용되었다.

【11절】 〈너희가 어느 도시나 마을에 들어가든지〉, 그 안에서 [합당한] 사람을 철저히 조사하여 찾아내고 너희가 떠날 때까지 [거기에] 머물라.

❀ 합당한 사람을 찾아내라는 말은 마태복음에만 있는데, 10장에

서 '합당한'('악시오스')이란 단어가 중요한 모티프로 등장한다. 이 단어는 '가치 있는', '일치하는', '적합한'이란 뜻이다. 이 형용사가 마태복음에 총 아홉 번 나타나는데, 그중에서 무려 일곱 번이 10:10-38에 등장하고, 그것도 모두 강조되어 있다. 다른 복음서의 병행구에는 이 단어가 없다(참고. 막 6:10; 눅 9:4). 이 표현은 복음과 일치하는 삶(3:8), 적합한 것과 적합하지 않은 것을 구별하는 지혜롭고 순결한 삶(10:16)을 떠올리게 한다.

❋ '철저히 조사하여 찾아내다'로 번역된 헬라어 '엑시타조'는 '구체적으로 묻다', '철저히 조사하다'의 뜻이다. '합당한 사람을 찾으라'는 말에는 하나님께서 그들보다 먼저 그곳에 가셔서 필요한 사람을 준비해 두신다는 의미가 담겨 있다(Swindoll, 190). 마태복음에만 있는 이 명령은 마태 공동체의 상황을 반영한다. 그 당시 교회 공동체와 유대교 공동체 사이에 대립과 갈등이 심각하여 복음 전도자가 긴장의 끈을 놓을 수 없었기 때문이다.
제자들은 예수님에 의해 파송을 받았지만, 마을을 순회할 때마다 적합한 사람을 찾아내야만 했다. 물론 하나님께서 인도해 주셨지만 인간이 해야 할 일은 성실히 수행해야 했다(Gundry, 188).
'합당한 사람'은 제자를 환대하는 사람이다(Hagner, 471).

【12절】 그리고 〈너희는 그 집에 들어가며〉 평안을 빌어 주어라.

【13절】 〈만약 그 집이 합당하면〉 너희가 빌었던 평안이 그 집에 임하게 하고, 〈만약 그 집이 합당하지 못하면〉 너희가 빌었던 평안이 너희에게 되돌아오게 하라.

【14절】 그리고 〈누구든지 너희를 영접하지 않거나 너희 말들을 듣지 않거든〉, [너희가 그 집이나 도시를 떠날 때] 너희 발의 먼지를 털어 버려라.

❀ 이 강화에서 처음으로 제자들의 사역에 대한 반응이 언급된다. '평안하기를 빈다'(12절)는 말은 가족에 대한 문안 그 이상을 의미한다. 이 인사말은 누가복음 10:5에 나오는 "이 집이 평안할지어다"와 같은 축복이라 할 수 있다(Hagner, 471). 14절은 1세기 유대인의 문화를 반영한다. 유대인들은 이방인 지역을 방문하였다가 되돌아올 때, 이교도 지역의 흙이 발에 묻는 것조차 싫어하여 발의 먼지를 털었다. '발에 묻은 먼지를 턴다'는 말은 교제의 단절을 뜻하며, 복음에 응하지 않는 이들을 거룩하지 않은 사람이나 이교도로 취급한다는 의미다(JMNT). 이와 함께 그런 사람을 하나님의 심판에 맡긴다는 뜻을 담고 있다(Nolland, 420).

【15절】 [진실로] 내가 너희에게 말하는데, ‖심판 날에 소돔과 고모라 땅이‖ [그] 도시보다 [견디기 쉬울] 것이다!

❀ '진실로'에 해당하는 헬라어 '아멘'은 특별히 어떤 중요한 말씀이 하나님에게서 직접 온 것임을 확실히 할 때 쓰인다(Osborne, 423). 15절은 '심판 날'과 '소돔과 고모라 땅'을 제일 강조한다. 저자는 유대인 독자들이 잘 아는 내용을 덧붙이며 심판의 결과가 얼마나 무서운지 실감나게 보여준다. 또한 이스라엘 선교를 종말론적 관점에서 보도록 한다. 누가의 병행구는 "그날"과 "소돔"에 대해서만 이야기한다(10:12). 하지만 마태복음은 '심판 날'과 '소돔과 고모라'에 대해 언급함으로써, 구약성경의 표현(창 19:24)에 더 가깝게 만든다(Gundry, 190).

박해가 다가오고 있다

【16절】 보라! ‖내가‖ 너희를 보내는 것이 마치 양들을 이리들 가운데로 보내는 것과 같다. 그러므로 너희는 뱀처럼 신중하고 비둘기처럼 순진하라.

❁ 예수님은 제자들에게 다가올 박해를 경고하며 파송하는 주체가 누구인지 확실히 밝히신다. 16절은 '내가'를 결정적으로 강조하여 주님의 권위에 집중하게 하고, 제자들로 하여금 다가올 어려움을 능히 극복하게 한다(Gundry, 191). 누가의 병행구는 '내가'를 강조하지 않는다(10:3). 마지막 문장은 마태복음에만 있는데, 아마 통속적인 속담이었을 것이다(Hagner, 477).

성경에서 보통 '뱀'은 악과 관련되지만 여기서는 긍정적 의미로 사용된다. 이 구절은 눈에 띄지 않게 잘 피하고 약탈자로부터 교묘히 빠져나가는 뱀의 속성을 시사한다(Swindoll, 194). 성경 시대의 유대인들은 뱀의 혀가 둘로 갈라져 있기에, 혀가 하나인 동물보다는 훨씬 말을 잘한다고 생각했다(장재일, 385). 그렇다면 그러한 지혜는 어디서 얻을까? '그러므로'에 답이 있다. 여기에 해당하는 헬라어 '운'은 '따라서', '결과적으로', '상황이 이렇기 때문에'의 뜻이다. '지혜'는 궁극적으로 예수님에게서 온다. 맨 앞에 있는 '나'(예수님)라는 주어가 16절 문장 전체를 지배한다(Gundry, 191).

【17절】 하지만 사람들을 조심하라. 왜냐하면 그들이 너희를 여러 공회에 넘겨줄 것이고, 그들이 [그들의 여러 회당에서] 너희를 채찍질할 것이기 때문이다.

❀ 17절은 '이리'(16절)의 공격이 어떻게 나타나는지를 보여준다. 17-22절은 열두 제자를 파송했을 때 나타날 결과라기보다, 예수님의 부활 이후 제자들에게 닥칠 상황을 서술한 것으로 보아야 한다. 이와 유사한 내용을 담고 있는 마가복음 13:9-13, 누가복음 21:12-19이 마지막 때에 닥칠 환난의 징조를 언급하기 때문이다(Keck, 258; Blomberg, 174). 마태는 후에 나타날 더 큰 교회 공동체를 염두에 두고 내용을 전개한다.
본 절은 '그들의 여러 회당'을 강조하는데, 이는 마태 공동체와 회당 사이에 이미 심각한 분열이 있음을 시사한다(Hagner, 478). 병행구인 누가복음 12:11은 이와 다르게 표현한다. (개역개정에는 "공회"와 "그들의 회당"으로 번역되었는데, 헬라어 원문에는 모두 복수로 되어 있다.) '공회'는 유대인 마을에 있는 지역 의회인데, 여기서 채찍으로 때리는 형벌이 선언될 경우 39번까지 매로 때리는 처벌이 가능하였다(France, 391).

【18절】 그리고 너희는 [나 때문에] [총독들과 왕들 앞에] 끌려가서 ‖그들과 이방인들에게 증언하게‖ 될 것이다.

❀ '총독과 왕'은 이방인 지도자들을 의미하고, 이런 표현들은 앞으로 복음이 이방인에게로 확산될 것을 전제로 한다. 18절은 제자들의 복음 선포와 이로 인해 나타나는 갈등을 왕국 간의 대결 구도로 설명한다(Keck, 258). 이러한 양상은 아기로 태어나신 '유대인의 왕'(2:2)과 '헤롯 왕'의 대결(2:13)에서부터, 주님의 마지막 명령(28:19)에 이르기까지 지속된다.

❀ 6절이 '이스라엘 집의 잃어버린 양'을 언급했다면, 18절은 이방인의 총독과 왕이 복음을 듣게 될 것을 예견한다. 본문에서 '총독

들', '왕들', '이방인들'이 부각되어 있다. 17-18절을 비교하면 저자는 제자들이 복음을 전하다가 끌려간다는 사실보다, 그 끌려감이 결국 선교의 기회를 제공한다는 점을 더 강조한다. 얼핏 보면 10장은 이스라엘 선교에만 초점을 맞춘 듯한 인상을 준다. 하지만 본문에 나타난 저자의 시각이나 어감을 고려하면, 이방인 선교가 더 비중 있게 다루어짐을 알 수 있다. 실제로 이스라엘 선교를 언급하는 6절에는 강조된 부분이 전혀 없다. 마가와 누가의 병행구에는 '이방인'이란 단어가 없다(막 13:9; 눅 12:11).

【19절】 〈그들이 너희를 넘겨줄 때〉 너희가 어떻게 또는 무슨 말을 해야 할지 걱정하지 말라. 왜냐하면 {그}때에 너희가 해야 할 말이 너희에게 주어질 것이기 때문이다.

【20절】 그 이유는 말하는 이가 [너희가] 아니라, 너희 안에서 반복하여 말씀하시는 [너희 아버지의 영]이기 때문이다.

❀ '너희 안에서 말씀하시는', '너희 아버지'란 표현이 마가나 누가의 병행구에는 없다(막 13:11; 눅 12:12; 21:15). '너희 안에서'라는 문구는 마태복음에서 굉장히 중요하다. 우리와 동행하시는 임마누엘 하나님을 실제로 보여주기 때문이다. 20절은 '성령'을 '너희 아버지의 영'이라 칭하여 하나님을 가장 친밀하신 분으로 묘사한다. 마가복음과 누가복음은 '성령'이라고 표현한다. 헬라어 원문에서 '말씀하신다'(20절)에 해당하는 '랄레오'가 반복적 성격을 강조하는 현재 시제다(Osborne, 432). 이는 시공을 초월하여 언제든지 우리 안에서 말씀하시는 아버지 하나님의 사역을 시각화한다. '아버지'란 용어는 영적 가족 공동체를 상기시키며, 갈등 관계에 있는 육체적 가족(21절)과 극명한 대조를 이룬다(Gundry, 193).

【21절】 그리고 [형제가] [형제를], ‖아버지가‖ ‖자식을‖ 죽음에 넘겨줄 것이고, [자식들이] [부모에게 대항하여] 일어나 ‖그들을 죽게 할 것이다‖.

❁ 21절은 믿음으로 인해 가족 안에서 심각한 분쟁이 있을 것을 예고한다. 병행구와 비교하면 마태복음이 제일 강하고, 누가복음이 제일 약하다(비교. 막 13:12; 눅 21:16). 본문은 아버지가 자식을, 자식이 부모를 '죽음'에 넘겨준다는 점을 제일 강조한다. 사실 한 문장에서 이처럼 강조된 부분이 연달아 나오는 경우는 아주 드물다. 마치 가족 안에서 벌어지는 도무지 상상할 수 없는 충격적인 장면을 영상으로 보여주는 듯하다. 이런 상황은 오늘날보다 가족 관계가 더욱 밀접했던 1세기에 훨씬 참혹했으리라(Osborne, 432).

【22절】 너희가 내 이름 때문에 모든 사람에게서 미움을 받을 것이다. 하지만 ‖끝까지 견디는 사람‖, [그 사람은] 구원을 받을 것이다.

❁ 후반부는 '끝까지 견디는 사람'을 제일 강조하고, 바로 뒤에서 '그 사람'을 한 번 더 강조한다. 이런 기교는 인내가 절대적으로 필요하고, 인내하는 자에게 주어지는 축복이 확실함을 시각화한다. '끝까지'라는 말은 박해의 끝이나 인간 삶의 끝을 의미할 수 있다(Ellicott).

마지막 문장은 '너희가 끝까지 견디면 내가 너희를 죽지 않게 할 것이다'라는 뜻이 아니다. 오히려 '견딜 수 없을 것처럼 보여도 계속 참아라. 비록 그들이 너희 육체를 죽인다 해도 너희 영혼은 영원한 구원을 얻을 것이다'라는 의미를 전달한다(Swindoll, 197). 마태는 자신의 공동체에서 박해로 어려움과 갈등을 겪는 성도를 격려하기 위해 이 내용을 기록하였으리라.

【23절】 〈그들이 이 도시에서 너희를 핍박하면〉 다른 도시로 급히 피신하라. 내가 [진정으로] 너희에게 말하는데, ‖인자가‖ 올 때까지 [너희가 이스라엘의 모든 도시들을 결코 다 돌아다니지 못할 것이다].

❀ 23절은 마태복음에만 있는데, 특히 후반부는 난해한 구절로 알려져 있다. 이 구절은 이스라엘의 복음화가 인자의 재림과 함께 오는, 현시대의 종말 이전에는 완수되지 못할 것임을 암시한다. 다시 말하면 예수님의 재림 때까지 유대인에 대한 복음사역은 끊임없이 진행되어야 한다는 의미다(Kaiser, 390; Wilkins, 448). 본문은 불필요한 위험이나 무모한 도전을 피하라고 경고한다. 만약 충분히 피할 길이 있는데도 하나님께서 지켜 주실 것을 믿으며 무모하게 목숨을 버린다면, 이는 어떤 면에서 그분을 시험하는 태도다. 박해는 하나님께서 우리에게 다른 지역으로 가라고 알려 주시는 신호일 수 있다.

【24절】 [제자가] [그 선생]보다 높지 않고, [종이] [그의 주인]보다 높지 않다.

【25절】 [그 제자가] [그의 선생만큼] 되면 [충분하고], [그 종이] [그의 주인]만큼 되면 충분하다. 〈만약 그들이 ‖그 집의 주인을‖ [바알세불이라] 불렀다면〉, 그의 집의 식구들에게는 얼마나 더 심하게 하겠느냐!

❀ '바알세불'은 원래 사탄 숭배와 관련이 있는 가나안 신을 의미하는데, 후에 사탄을 지칭하는 용어가 되었다(MacArthur, 1142). 본문에서 이 표현은 일종의 언어유희로 쓰인다. '바알세불'이 '집'(히브리어로 '제블')의 '주인'(히브리어로 '베엘' 또는 '바알')이란 의미로 풀이되기 때문이다(Hagner, 486).

사람들이 예수님을 바알세불이라 부른 경우는, 바리새인들이 예수님을 향해 '귀신의 왕'을 의지하여 귀신을 쫓아냈다고 비난한 사건(9:34)을 가리킨다. 주님은 제자들이 당할 고난을 자신이 당한 고난과 연결하신다. 따라서 '하나님의 집' 주인인 자신이 고난을 받았다면, 그 집의 식구인 제자들도 고난을 당할 것이라는 논리를 펼치신다(Gundry, 195).

병행구인 누가복음 6:40은 제자와 선생의 관계에 대해서만 이야기한다. 하지만 마태는 여기에 종과 주인의 관계를 첨가하여 주님의 권위를 더욱 강화한다(Gundry, 195). 25절의 '그 집'은 그리스도인의 가족 공동체를, '그 집의 식구'는 그리스도인과 예수님의 친밀한 관계를 상징적으로 보여준다(Keck, 262). 이러한 영적 가족 이미지는 관계가 단절된 육체적 가족 이미지(35-36절)와 좋은 대조를 이룬다(Nolland, 434). 아울러 '바알세불'이 상징하는 사탄의 왕국과도 극적인 대비를 이룬다.

하나님을 두려워하라

【26절】 그러므로 그들을 두려워하지 말라. 왜냐하면 [감추어진 것이] [드러나지] 않을 것이 [없고], [숨겨진 것이] [알려지지] 않을 것이 없기 때문이다.

❋ 예수님은 제자들에게 두려워하지 말아야 할 첫째 이유를 제시하신다. '감추어진 것과 숨겨진 것이 드러난다'는 말은, 사람들이 진리를 억압하고 하나님의 사자를 핍박하지만, 마지막 날에 그분이 그들의 온갖 행태를 드러내신다는 의미다(강대훈, 719). 제자들의

충성과 믿음, 그들의 인내와 견딤 역시 그때 빛 가운데 드러나게 될 것이다(Wright, 179).

【27절】 〈내가 어둠 속에서 너희에게 말하는 것을〉 너희는 빛 가운데서 말하라. 그리고 〈너희가 귓속말로 듣는 것을〉 너희는 지붕들 위에서 선포하라.

❀ 예수님은 제자들에게 그들이 들은 내용을 모든 사람에게 선포하라고 명령하신다. '어둠 속에서 말하는 것'은 지금까지 주님께서 은밀히 가르치신 교훈을 의미한다. 마태의 시각에서 보면, 이는 마태 공동체 교인들이 밤마다 모여 나누었던 주님의 가르침을 암시한다(Keck, 264). '귓속말로 듣는 것'은 신의 음성을 듣는 행위(욥 4:12)를 상징적으로 표현한 것이다(Matthew).

들은 말씀을 '지붕 위에서' 선포하라고 하신 이유는 무엇일까? 유대인의 가옥은 지붕이 평평한 구조여서 그 위에 올라가 쉬거나 기도하거나 다른 사람에게 말을 전할 수 있었다. 1세기에 중요한 공적 소식은 지붕 위에서 선포되었다(Osborne, 441). 27절은 누가의 병행구(12:3)와 의미가 다르다. 누가복음의 경우는 인간의 위선과 가식, 은밀한 속삭임이 결국 드러나게 된다는 뜻이다. 반면에 마태는 제자들이 은밀하게 들은 말씀을 광명한 데서 전파해야 한다고 말한다(Hagner, 488).

【28절】 지금 육체는 죽이지만 [영혼은] 죽일 능력이 없는 사람들 때문에 두려워하지 말라. 오히려 오직 [영혼과 육체를 모두] 지옥에서 멸망시킬 능력이 있는 분을 두려워하라!

❀ 28절은 제자들이 두려워하지 말아야 할 둘째 이유인데, 그것은

그들이 영원한 생명을 이미 확보했기 때문이다(Wilkins, 449). '육체는 죽이지만 영혼은 죽이지 못하는 자'는 제자를 핍박하는 자이고, '영혼과 육체를 모두 멸망시키는 분'은 하나님이시다(Meyer; Pulpit). 하나님을 두려워하여 경배하는 사람은 이 세상에서 누구도 두려워할 필요가 없다. 후반부는 '죽이다' 대신에 '멸망시키다'란 동사를 사용하는데, 이는 육체적 죽음 이후의 상태를 설명하는 데 아주 적절하다(Nolland, 436).

본문은 하나님과 인간의 '능력'('뒤나마이')을 비교하며, 인간의 무능과 하나님의 전능하심을 뚜렷이 보여준다(Gundry, 197). 누가의 병행 구절(12:4-5)에는 이 단어('뒤나마이')가 없다. '두려워하다'에 해당하는 헬라어 '포베오'는 '무서워하다', '숭배하다', '존중하며 복종하다'의 뜻이다. '하나님을 두려워한다'는 말은 긍정적 측면에서 그분을 숭배한다는 의미다.

【29절】 ‖참새 {두} 마리가‖ [한 앗사리온에] 팔리지 않느냐? 그러나 [그 중 한 마리도] 너희 아버지의 허락이 없으면 땅에 떨어지지 않을 것이다.

❋ 29-31절은 두려워하지 말아야 할 셋째 이유인데, 그것은 주권자이신 하나님 아버지의 감독이 있기 때문이다(Wilkins, 450). 신약시대에 참새는 조류 중에서도 가장 싼값에 거래되었고, 가난한 사람이 살 수 있는 값싼 음식 중 하나였다. 헬라어 '앗사리온'은 고대 로마의 동전 중 가장 작은 화폐 단위로서, 노동자의 하루 품삯인 한 데나리온의 16분의 1에 불과했다(Keener 1998, 85). 29절은 '참새 두 마리'를 제일 강조하며, 가장 작은 생명체에 이르기까지 하나님의 주권과 보호가 미친다는 점을 알려 준다. 이 세상의 모든 일이 제멋대로 일어나는 것 같지만 궁극적으로 하나님께서 통제하신다(Nolland, 438).

누가는 "참새 다섯 마리가 두 앗사리온에" 팔린다고 이야기한다(12:6). 하지만 마태는 '적다'는 점을 부각하기 위해 참새 다섯 마리를 두 마리로, 두 앗사리온을 한 앗사리온으로 축소하고, 누가보다 더 강조한다(Gundry, 198). '참새가 땅에 떨어진다'는 표현은 마태복음에만 있다. 이는 제자의 순교를 암시하며, 70인역 아모스 3:5을 상기시킨다(강대훈, 722; Gundry, 198).

【30절】 〈심지어 [너희] 머리의 머리카락들까지도〉 이미 다 헤아려진 바 되었다.

【31절】 그러므로 두려워하지 말라. ‖너희는‖ [{많은} 참새들보다] 더 귀하다!

❄ '헤아려진 바 되었다'는 말은 그리스도인에게 일어나는 모든 일을 하나님이 다 알고 계신다는 뜻이다. 마태는 그리스도인과 예수님의 관계를 집안 식구와 집주인의 관계에 비유하고(25절), 하나님께서 참새 한 마리까지 보살피신다고 언급한다(29절). 그리고 우리의 머리카락 숫자까지 다 세신다는 논리를 편다. 31절은 '너희'를 제일 강조하여 '아버지'(29절)가 자신의 자녀에게 베푸는 무한한 사랑을 전적으로 신뢰하라고 역설한다. 누가의 병행구는 '너희'를 강조하지 않는다(12:7).

사람들 앞에서 그리스도를 시인하라

【32절】 〈그러므로 누구든지 사람들 앞에서 나를 시인하면〉, ‖나도‖ 하늘

에 계신 내 아버지 앞에서 [그를] 시인할 것이다.

【33절】 하지만 〈누구든지 사람들 앞에서 나를 부인하면〉, ‖나도‖ 하늘에 계신 내 아버지 앞에서 [그를] 부인할 것이다.

❀ 32절은 '그러므로'라는 접속사를 강조한다. 이는 앞 단락과 본 절을 연결하여 아버지 하나님의 엄청난 보호를 약속한다(Gundry, 198). (개역개정에는 이 단어가 누락되었다.) 누가의 병행구에는 이 단어가 없다(12:8). 32절과 33절의 전반부는 각기 하나님을 대적하는 사람들 앞에서 자신이 그리스도인임을 밝히는 상황을 염두에 둔다(France, 405). 반면에 후반부는 하늘 법정 장면을 암시한다. 예수님은 제자가 사람들 앞에서 그분을 인정하거나 부정하는 모든 행위가 하늘 법정에서 빠짐없이 평가를 받는다고 선언하신다(강대훈, 725).

❀ '사람 앞에서 예수님을 시인한다'는 말은, 그분의 존재를 객관적으로 인정한다는 의미를 넘어선다. 그것은 말과 행동에서 그리스도와 온전히 하나가 되는 것을 뜻한다. 우리가 믿음을 고백하는 것은 전투에 뛰어드는 것을 의미한다. 1세기에도 그랬고, 지금도 마찬가지다(Swindoll, 202-3). 예수님은 하나님을 '내 아버지'라 칭하여 그분과 하나님의 친밀한 관계, 또한 예수님의 제자들도 공유하는 특별한 관계를 강조하신다(Hagner, 494). 누가의 병행구는 "하나님의 사자들" 앞에서 시인한다고 설명하는데, 마태는 "내 아버지"라고 표현하여 아버지로서의 하나님을 더욱 드러낸다(Gundry, 198).

분열을 가져오시는 그리스도

[34절] 내가 이 땅에 평화를 던져 주러 왔다고 생각하지 말라. [평화가] 아니라 [칼을] 던져 주러 왔다.

❋ 34절은 예수님이 오신 '목적'이 아니라 '결과'가 그렇게 될 것이란 뜻으로 이해해야 한다(Kaiser, 392). 즉 주님께서 평화를 위해 오셨지만, 한 가정이나 사회에서 주님을 영접하는 사람과 그렇지 않은 사람 간에 때로 갈등이 있을 수밖에 없음을 지적한다. 아마 이는 예수님의 개인적 경험에 근거했을 것이다. 주님의 가족이나 형제 중에도 그분을 믿지 않는 사람이 있었기 때문이다. 아울러 마태 공동체에서 가족과 믿음 간에 선택을 할 수밖에 없었던 1세기의 상황을 반영한다(Keck, 261). '칼'은 관계의 분열과 적대감을 상징한다(Nolland, 440). 누가의 병행구는 '분쟁'을 일으키기 위해 왔다고 이야기한다(12:51). 하지만 마태는 에스겔 38:21과 일치시키기 위해 '칼'을 언급한다(Gundry, 199).

[35절] 왜냐하면 나는 [사람이] [자신의 아버지와], [딸이] [그녀의 어머니와], 그리고 [새색시가] [그녀의 시어머니와] 대적하여 서로 갈라서게 하려고 왔기 때문이다.

❋ 35-36절은 '칼'이 가정에 들어왔을 때 벌어지는 상황을 구체적으로 보여준다(Nolland, 440). '새색시'로 번역된 헬라어 '님페'는 '신부', '최근에 결혼한 여자', '며느리'를 뜻한다. 이 단어는 신약성경에서 본문과 병행 구절(눅 12:53)을 제외하면 모두 다섯 번 사용된다(요

3:29; 계 18:23; 21:2, 9; 22:17). 그런데 용례를 살펴보면 한결같이 '신부'의 뜻으로 쓰인다. 개역개정은 이 단어를 "며느리"로 번역하는데, '새색시'로 번역하는 편이 훨씬 좋다.

대체로 새색시는 시어머니와의 갈등을 내색하지 않는다. 하지만 여기서는 새색시와 시어머니가 대적하는 살벌한 상황을 이야기한다. 저자는 기독교 신앙이 들어가는 곳에 갈등이 생길 수밖에 없다고 선언하며, 가족 관계가 파괴되는 충격적인 장면을 제시한다.

❄ '서로 갈라서다'로 번역된 헬라어 '디카조'는 '힘을 사용하여 완전히 절단하다', '쪼개어 나누다', '유대 관계를 끊다'의 뜻이다. 이 단어는 신약성경에서 유일하게 여기에 한 번 사용되었다. 개역개정은 "불화하다"로 번역하는데, 헬라어 원문과 비교하면 의미가 약하다. 누가의 병행구는 다른 동사를 사용한다(12:52-53). 34-36절은 마태 공동체의 상황을 반영한다. 마태 공동체 역시 유대교 공동체로부터 완전히 분리되어 유대 관계가 단절된 모습을 보여준다(목회와신학, 59).

【36절】 그리고 [사람의 원수들이] ‖자기 집안 식구들‖이다.

❄ 36절은 구약성경 미가 7:6을 암시한다(France, 408). 하지만 문맥과 강조하는 부분은 다르다. 미가서의 내용은 이스라엘 백성이 타락하여 기본적인 인간관계가 파괴되고, 가족 안에서조차 서로를 믿지 못하는 사회가 되었다고 지적한다. 미가서의 구절은 '사람의 원수'를 아주 강조한다. 그러나 본문은 '자기 집안 식구들'을 제일 강조한다.

왜 마태는 강조의 초점을 바꾸었을까? 그 대답은 25절에 있다. '집안 식구'에 해당하는 헬라어 '오이키아코스'는 '가장의 지배를 받는 구성원'을 의미한다. 이 단어는 신약성경에서 두 번, 그것도 마태복음 10장 25절과 36절에서 사용된다. 저자는 이 단어를 강조하여 세속적 가족보다 영적 가족이 더 중요하고, 이제 그 영적 가족이 새롭게 시작되었다는 점을 부각한다(France, 409). 36절은 누가의 병행 단락(12:51-53)에는 없다.

【37절】 〈아버지나 어머니를 나보다 더 사랑하는 사람은〉 내게 [합당하지] 않고, 〈아들이나 딸을 나보다 더 사랑하는 사람도〉 내게 [합당하지] 않다.

❄ 37절은 부모나 자녀를 사랑하지 말라는 의미가 아니다. 우리가 그리스도를 사랑하는 그 이상으로 사랑하지 말라는 뜻이다(Swindoll, 204). 예수님은 제자도와 관련하여 부모와 자녀의 관계보다 더 우선되는 궁극적 주권을 말씀하신다. 유대인의 어떤 랍비도 요구하지 않았던 것을 드리라고 말씀하신다.

본 절은 예수님의 신성에 대한 암묵적 선언이다(Wilkins, 451). 이 선언은 당시의 유대인들에게 굉장한 충격을 주었으리라. 유대교에서는 가족 관계보다 더 중요한 인간관계가 없다고 가르쳤기 때문이다(Bock 2012, 313). 누가의 병행구는 자기 부모와 심지어 자기 목숨까지 미워하지 아니하면 주님의 '제자가 되지 못한다'고 설명한다(14:26). 그러나 마태는 '제자'라는 용어를 사용하지 않고, '내게 합당하지 않다'고 서술하여 기독론적 의미를 강화한다(Gundry, 200).

【38절】 또 〈자기 십자가를 지고 나를 따르지 않는 사람도〉 내게 [합당하지] 않다.

【39절】 [자기 목숨을 찾는 사람은] 그것을 잃게 될 것이고, 〈[나를 위해] 자기 목숨을 잃는 사람은〉 그것을 찾게 될 것이다.

❀ 예수님은 1세기 유대인에게 익숙한 십자가 이미지를 이용하여 요점을 분명히 전달하신다. 당시 범죄자는 자기가 매달릴 십자가의 가로대를 지고 형장으로 가야 했으며, 적대적인 조롱을 퍼붓는 군중들의 한복판으로 지나가야만 했다.
본문은 복음을 믿고 실천하는 삶이 고통과 수치를 동반함을 암시한다(Keener 1998, 86). '십자가를 진다'는 말에는 주님을 따를 때 비록 위험한 순간이 닥치더라도 이기심에 사로잡히지 말고 결단하라는 의미가 내포되어 있다(Nolland, 442). '자기 목숨을 찾는' 것과 '자기 목숨을 잃는' 행위는 이 땅에서 이루어지는 행동이며, 이런 사람이 멸망하거나 목숨을 찾는 것은 최후 심판 이후의 결과다(강대훈, 729).

냉수 한 잔

[40절] 〈너희를 영접하는 사람은〉 [나를] 영접하는 것이고, 〈[나를] 영접하는 사람은〉 ‖나를 보내신 분을‖ 영접하는 것이다.

❀ 40절의 병행구는 요한복음 13:20이다. 물론 누가복음 10:16에도 유사한 말씀이 있지만, 누가복음은 말씀을 받아들이지 않는 쪽에 초점을 둔다. 예수님은 파송을 받은 자와 예수님, 그리고 하나님과의 관계를 언급하며, '나를 보내신 분'을 제일 강조하신다. (요한복음의 병행구는 이 부분을 강조하지 않는다.) 분명히 이 말씀은 '십자가의 길'(38절)을 생각하는 제자들에게 엄청난 위로를 주었으리라. 그들 자신과 그리스도가 동일시되고, 그리스도와 하나님이 동

일시되기 때문이다. 결국 제자가 하나님의 대리자가 된다. 우리는 여기서 임마누엘 하나님의 현존과 임재의 개념을 엿볼 수 있다(강대훈, 730).

【41절】 〈선지자의 이름으로 선지자를 영접하는 사람은〉 [선지자의 상을] 받을 것이고, 〈의인의 이름으로 의인을 영접하는 사람은〉 [의인의 상을] 받을 것이다.

❀ 41절은 마태복음에만 있다. 마태가 염두에 둔 공동체는 가정교회였을 것으로 추측되는데, 그 안에 선지자와 의인이 있었을 것이다. '선지자'는 하나님의 말씀을 선포하는 신자, '의인'은 그분의 명령에 따라 모범적으로 살아가는 일부 신자를 부르는 명칭이었으리라(목회와신학, 63). '선지자'와 '의인'을 특정 카테고리가 아닌 진정한 신자를 가리키는 호칭으로 이해할 수도 있다(Osborne, 453).

【42절】 그리고 〈누구든지 ‖제자의 이름으로‖ 이 작은 사람들 중 하나에게 [냉수 한 잔이라도] 주는 사람은〉, 내가 [진정으로] 말하는데 [결코] 자신의 상을 잃지 [않을 것이다]!

❀ 42절은 '제자의 이름'을 제일 강조하는데, 이는 복음을 전하는 자가 예수님의 제자이기에 그를 영접한다는 뜻이다. 본문은 단순한 선행이 아니라 예수님과의 관계에 기초한 자비로운 행동이 중요하다는 점을 지적한다. '이 작은 사람들 중 하나'는 교회 공동체에서 어떤 지위도 갖지 않은 그리스도인을 의미할 수 있다(Gundry, 203). 하지만 1세기 적대적인 사회에서 살아가는 모든 제자를 의미하는 것으로 보는 편이 더 좋다(France, 415). 이 표현에는 당시의 제자들이 사회에서 당하는 멸시와 고통이 배어 있다(Meyer).

여기서 '자신의 상'이란 표현에 주목할 필요가 있다. 개역개정은 "상"으로 처리하는데, 헬라어 원문에는 '자신의 상'으로 되어 있다. 따라서 하나님께서 그를 위해 특별히 준비해 두신 상을 의미한다. 병행구인 마가복음 9:41은 '물 한 잔'을 제공하는 것을 언급한다. 그렇지만 본문은 '냉수 한 잔'을 이야기하며 이 부분을 강조한다. 이 표현은 잠언 25:25을 상기시키며(Gundry, 202), 뜨거운 팔레스타인 지역에서 지친 여행자들이 느끼는 극심한 갈증과 상쾌함을 시사한다(Expositor).

제11장

세례 요한이 예수께 사자들을 보내다

【1절】 〈예수께서 그의 {열두} 제자들에게 가르치기를 끝낸 후에〉, 그는 그들의 여러 도시에서 계속 가르치고 선포하기 위해 거기를 떠나셨다.

❋ 1절은 오직 마태복음에만 나오는데, 10장 5절부터 시작되어 42절에서 끝나는 이야기의 결론이다. 그런데 한 가지 이상한 점이 있다. 분명히 예수님이 제자들을 '내보내셨다'(10:5)고 언급했는데, 제자들의 활동 상황에 대한 설명이 없다. 마가복음과 누가복음에는 제자들의 선교사역 보고가 있다(막 6:30; 눅 9:10). 그러나 마태복음에서는 제자들이 주님과 함께 다시 다른 도시를 향해 떠난다.

그 이유가 무엇일까? 아마 저자는 예수님께 관심을 집중하며(Gundry, 203), 독자들에게 선교사역 보고보다 말씀 교육이 더 중요함을 알려 주고 싶었으리라(김경진 2012, 107). 아니면 10장에 있는 교훈이 열두 제자에게만 해당되지 않고, 모든 교회 공동체에 필요한 내용이기 때문이었을지도 모른다(Luz, 104; Wilkins, 445). '그들의 여러 도시'란 문구는 '그들의 회당'(4:23), '그들의 서기관들'(7:29)이란 표현과 더불어, 마태 공동체와 회당 간의 적대적 감정을 반영한다(Hagner, 506). 11장은 처음부터 갈등과 긴장을 느끼게 한다.

【2절】 이제 ‖요한이‖ 〈그 감옥에서 그리스도께서 하신 일들을 전해 듣고〉, [자신의 제자들을 보내어 그들을 통해]

❀ 당시 세례 요한은 헤롯의 요새 마케루스 성의 토굴 감옥에 갇혀 있었다(Keener 1998, 86). 저자는 이미 요한이 '잡혔다'는 사실을 4장에서 언급한 바 있다(4:12). 물론 여기서 '잡혔다'는 말은 감옥에 갇혔다는 뜻이다(JMNT). 그런데 새삼스레 이 대목에서 그가 감옥에 있음을 다시 상기시키며 강조한다. 누가의 병행구(7:18)에는 감옥에 대한 언급이 없다. 이러한 마태의 묘사는 하나님 나라가 공격을 받고 있음을 부각한다.
2절은 요한이 '그리스도께서 하신 일들'을 감옥에서 들었다는 사실을 강조한다. 이는 예수님이 메시아임을 그가 믿었지만, 현재 주님이 행하시는 사역과 요한이 기대했던 메시아의 사역 간에 차이가 있음을 암시한다(Swindoll, 211). 개역개정은 "그리스도께서 하신 일(단수)"로 번역하지만, 헬라어 원문에는 '일들'(복수)로 되어 있다(Nolland, 450). 따라서 여기에는 5-7장에 있는 주님의 가르침, 8-9장에 기록된 능력 있는 사역들, 그리고 10장의 교훈이 다 포함된다.

【3절】 "‖당신이‖ 오실 그분입니까? 아니면 우리가 ‖다른 분을‖ 고대해야만 합니까?" 하고 그에게 말하였다.

❀ 3절은 '당신'과 '다른 분'을 아주 강하게 대조한다. 그 이유가 무엇일까? '다른'에 해당하는 헬라어 '헤테로스'는 동일한 종류가 아니라 질적인 면에서 완전히 다른 차원을 암시한다. 누가의 병행 단락(7:19-20)은 '다른 사람'을 지칭하며 '알로스'란 단어를 사용하는데, 이는 질적 차원에 대한 암시가 없다. 마태는 이 '알로스'를 마태복음에서 무려 30번이나 사용한다. 그런데 굳이 이 대목에서 '헤

테로스'를 고집한 이유가 무엇일까? 요한이 던진 질문은 "우리가 다른 분을 기다려야 합니까? 당신이 메시아가 맞습니까?"라는 의미가 아니다. 오히려 주님이 약속된 메시아라는 사실은 믿지만, 예수님과는 차원이 다른 '정치적인' 메시아를 다시 기다려야 하는지를 묻는다(Keck, 266). 요한이 이 질문을 한 궁극적인 의도가 무엇일까? 정말로 다른 메시아를 기다리겠다는 뜻일까? 물론 이런 의도도 있었겠지만, 어서 자신을 감옥에서 구해 주고 심판자로서의 역할(3:12)을 해주시기를 원했을 가능성이 더 많다(Blomberg, 185).

❀ '고대하다'에 해당하는 헬라어 '프로스도카오'는 단지 수동적으로 기다리는 차원이 아니라, 애타게 찾고 간절히 기다리는 행위를 암시한다. 이 단어가 마태복음에서 두 번 사용되는데, 본 절과 24:50이다. 이 단어에는 하나님의 대적들에 대한 묵시록적 심판이 예수님을 통해 이뤄지기를 바라는 요한의 기대감이 녹아 있다(Hagner, 510).

【4절】 그러자 예수께서 그들에게 [대답하며] 말씀하셨다. "가서 너희가 듣고 보는 것을 요한에게 전해라.

【5절】 [맹인들이] 시력을 되찾고, [절름발이들이] 걸으며, [나병 환자들이] 깨끗해지고, [못 듣는 사람들이] 들으며, [죽은 사람들이] 살아나고, [극도로 가난한 사람들에게] 그 기쁜 소식이 전해진다고 하라."

❀ 예수님은 구체적인 증거를 제시하며 요한의 질문에 대답하신다. 병행 단락과 비교하면 약간의 차이를 느낄 수 있다. 누가는 요한의 질문을 한 번 더 반복하고(7:20), 주님께서 병자들을 고치시는 장면(7:21)을 보여준 후, 예수님의 대답을 들려준다. 그러나 마태는

곧바로 주님의 대답을 제시하고, 그것도 '예수님'의 이름을 삽입하여 그 말씀에 권위를 더한다. 누가의 병행구(7:22)는 예수님의 이름을 사용하지 않는다. 개역개정으로는 헬라어 원문의 이런 차이를 느낄 수 없다.

❀ '극도로 가난한'에 해당하는 헬라어 '프토코스'는 '거지 신세로 전락한', '아무것도 성취할 능력이 없는', '전적으로 무력한'이란 뜻이다. 저자는 5:3에서 '심령이 가난한 자'를 설명하며 이 단어를 사용한다. 개역개정은 "가난한 자"라고 번역하는데, 원문의 의미는 이것보다 훨씬 강하다. 5절에 사용된 여섯 개의 헬라어 동사가 모두 현재 시제인데, 이는 예수님의 사역 결과가 지속적으로 나타나는 상황을 강조한다(JMNT).

예수님은 이사야 35:5-6, 61:1을 암시하며 메시아 시대에 나타날 축복을 소개하신다. 동시에 자신이 바로 구약에서 예언된 메시아임을 알려 주신다(Swindoll, 212). 여기서 주님은 심판자로서의 메시아가 아닌, 이사야 선지자가 예언한 야훼의 종으로서의 사역을 염두에 두고 말씀하신다(최갑종, 136).

【6절】 그리고 누구든지 ‖내 안에서‖ 걸려 넘어질 만한 요인을 발견하지 않는 사람은 [행복하다].

❀ '걸려 넘어지다'로 번역된 '스칸달리조'는 '죄를 짓게 하다', '마땅히 믿어야 할 사람을 배신하고 떠나다', '분노하다'의 뜻이다. 6절은 하나님 나라가 1세기 유대인의 기대와 일치하지 않기에 예수님을 배척할 사람이 반드시 있음을 전제로 한다(Hagner, 512). 저자는 '내 안에서'와 '행복하다'를 강조한다. '행복하다'에 해당하는 헬라어 '마카리오스'는 외적 환경에 관계없이 만족감과 기쁨을 누리는

상태를 함축한다(AMP).

예수님은 비록 자신이 요한을 감옥에서 구해 주지는 않지만, 그가 이 말을 듣고 진정한 행복을 느낄 것이라고 확신하셨으리라. 16-24절은 그리스도에 대한 그릇된 기대 때문에, 주님을 받아들이지 않고 오히려 걸려 넘어진 사람들의 예를 제시한다(양용의, 237). 누가의 병행구(7:23)는 '내 안에서'를 강조하지 않는다.

【7절】 하지만 〈그들이 떠나가고 있을 때〉 예수께서 그 무리들에게 요한에 관해 말씀하기 시작하셨다. "너희가 무엇을 주목하여 보기 위해 그 광야로 나갔느냐? 바람에 흔들리는 갈대냐?"

❀ 세례 요한의 질문과 관련하여 예수님은 무리에게 요한이 얼마나 고상한 인물인지를 확증하신다. 7절 앞부분은 '그들이 떠나가고 있을 때'를 강조하여, 요한에 대한 주님의 칭찬이 단순한 아첨이나 입발림이 아님을 입증한다(Swindoll, 214). '주목하여 보다'로 번역된 헬라어 '데아오마이'는 '매우 주의 깊게 보다', '숙고하다', '대단한 인물을 경탄하며 보다'의 뜻이다. 개역개정은 "보려고"로 번역하는데, 신약시대의 배경을 고려하면 의미가 너무 약하다.

세례 요한은 이사야 선지자가 예언하고(사 40:3) 700년이 지난 후에 등장함으로써 그 예언을 성취하였다. 게다가 이스라엘 백성의 입장에서 보면, 요한은 400년 만에 나타난 예언자이기에 당연히 유대인들이 주목할 수밖에 없었다.

❀ '광야'는 계시와 메시아의 구원을 암시한다(Hagner, 516). 왜 여기서 느닷없이 '갈대'가 나올까? '갈대'는 요단강 언덕에서 자라는 회초리 같은 식물이다(Barton 2002, 381). '갈대'로 번역된 헬라어 '칼라모스'는 '갈대', '갈대로 만든 지팡이'를 말하는데, 이는 헤롯 왕

을 암시한다. 예수님 당시 통용되던 동전에 갈대를 든 헤롯 안티파스의 형상이 새겨져 있었다(Garland, 126). 1세기 유대인은 이 단어를 들으며 헤롯을 떠올렸으리라. 갈대 이미지는 정치적 상황에 따라 쉽게 흔들렸던 헤롯 왕과, 목숨을 걸고 회개를 외쳤던 요한을 대조하게 한다(Nolland, 454).

【8절】 아니면 너희가 무엇을 보려고 나갔느냐? 부드러운 옷을 차려 입은 사람이었느냐? 보라! [부드러운 옷을 입은 사람들은] 왕들이 사는 집에 있다.

❁ '부드러운'으로 번역된 헬라어 '말라코스'는 '촉감이 부드러운', '남자답지 않게 연약하고 사치스런', '여색을 좋아하는'을 뜻한다. 고린도전서 6:9은 '탐색(貪色)하는 자'의 뜻으로 이 단어를 사용한다. '부드러운 옷'은 세례 요한이 입었던 낙타털로 만든 거친 옷과 좋은 대조를 보인다. 8절은 부드러운 옷을 입은 사람을 강조하여 헤롯 왕의 악행을 간접적으로 고발한다. 헤롯은 자기 형제의 아내를 빼앗아 결혼하였고, 갈대와 같이 연약하였으며, 방탕한 삶을 살았다.
저자는 7-9절에서 헤롯과 세례 요한을 비교하며 왕국 간의 대립 모티프를 계속해서 보여준다(Keck, 267). 누가의 병행 단락은 헤롯의 화려하고 사치스런 생활을 마태보다 훨씬 강하게 서술한다(7:25).

【9절】 그러면 너희가 왜 나갔느냐? [선지자를] 보려고 갔느냐? 그렇다. 내가 너희에게 말하는데 선지자보다 훨씬 훌륭한 자다.

【10절】 [이 사람]에 대해 이렇게 기록되어 있다. "보라! [내가] 내 사자를 네 얼굴 앞에서 보낸다. 그가 네 앞에서 네 길을 준비할 것이다!"

❋ 예수님은 10절에서 말라기 3:1을 인용하여 그 말씀이 자신을 통해 성취된 것을 강조하신다(양용의, 238). 마태는 여기서 말라기서에 나오는 '내 앞에서'를 '네 앞에서'로 바꾸어 예수님을 하나님과 동일시한다. '네 얼굴 앞에서 보낸다'는 말은 예수님이 등장하시기 전에 요한이 나타나 그 길을 준비할 것이라는 의미다(JMNT).

【11절】 내가 [진정으로] 너희에게 말하는데, [여자에게서 태어난 사람들 중에] ‖세례자 요한보다 더 위대한 사람이‖ 지금까지 나타난 적이 없다. 하지만 ‖하늘나라에서는 가장 보잘것없는 사람이라도‖ [그보다 더 위대하다].

❋ '진정으로'는 뒤에 이어지는 내용이 얼마나 중요하고 엄숙한 진리인지 알려 준다. 병행구인 누가복음 7:28에는 이 단어가 없다. '여자에게서 태어난 사람'이란 표현은 구약성경(욥 14:1; 15:14; 25:4)이나 유대인의 관용구에 종종 등장한다(Nolland, 456). 11절은 '가장 위대한 세례 요한'과 '하늘나라에서 가장 보잘것없는 사람'을 대조하며 이를 제일 강조한다. 누가의 병행구도 이 내용을 담고 있다. 하지만 마태복음은 하늘나라의 위대함을 누가복음보다 더 강조한다. '하늘나라에서 가장 보잘것없는 사람'은 평범한 그리스도인을 가리킨다.

세례 요한은 구약의 선지자들이 예고했던 예언의 성취를 목격했고, 메시아의 시대가 가까이 왔음을 선포했다는 점에서, 다른 선지자들보다 더 훌륭하다. 그러나 주님의 제자는 아무리 보잘것없는 사람이라도 성취의 시기에 살고 있기에 요한보다 더 위대하다(Wright, 193). 이는 그리스도인이 하나님의 자녀가 되고 회개를 통한 죄 사함과 성령의 내주를 경험하기 때문이다. 본문은 인간의 업적 간의 대조가 아닌 시대 간의 대조를 강조한다(Wilkins, 471).

요한이 옛 시대에 속한 자라는 사실은, 주님의 사역이 시작되기 전에 그가 감옥에 갇힘으로써 더 이상의 역할을 수행하지 못했다는 사실과 무관하지 않다(양용의, 239).

【12절】 하지만 〈세례자 요한의 날들로부터 심지어 지금까지〉 하늘나라는 [침략을 받고 있고], [침입자들이] ‖그것을 강탈하고 있다‖.

❀ 본문은 세례 요한의 때부터 하늘나라가 침략을 받는다는 점을 강조하며, '강탈'을 제일 부각한다. '침략하다'로 번역된 헬라어 '비아조'는 '폭력을 사용하다', '폭행을 가하다'의 뜻인데, 신약성경에서 본 절과 누가의 병행구(16:16)에서 한 번씩 사용되었다. (누가의 병행구는 문맥이 다르다.) 문제는 이 동사가 중간태나 수동태로 모두 해석이 가능하다는 점이다. 중간태로 보면 '천국이 힘차게 뻗어나가고 있다'로, 수동태로 해석하면 '천국이 공격을 당하고 있다'로 이해할 수 있다.
'침입자'에 해당하는 '비아스테스'는 '폭력을 사용하는 자'인데, 신약성경에서 여기에 딱 한 번 사용되었다. 이 명사를 긍정적으로 보면 '천국을 향해 돌진하는 자들', 부정적으로 보면 '천국을 공격하기 위해 폭력을 쓰는 자들', 즉 서기관, 바리새인, 헤롯 등 사탄의 세력으로 이해할 수 있다.

❀ 대부분의 신학자들은 12절이 난해하다고 이야기한다. 이중적 의미를 내포하기 때문이다(Hagner, 519; Keck, 268). 긍정적 관점에서 보면, '천국이 지금까지 영적 힘을 발휘하고 있으며, 들어가려고 애쓰는 자들이 천국을 차지한다'(GW, NCV, NLT)로 해석할 수 있다. 부정적 관점에서 보면, '천국이 지금까지 공격을 받고 있으며, 폭력을 쓰는 악한 자들이 그것을 강탈한다'(GNT, NKJV, NRSV)로 이해할 수 있다.

하지만 본문은 부정적 관점에서 해석해야 한다. 우선 문맥을 보면 부정적으로 해석할 수밖에 없다(Garland, 127; Blomberg, 188). 예수님은 10장에서 제자들이 박해를 받을 것을 예고하고(10:16-25), 저자는 세례 요한이 감옥에 갇힌 사건을 강조한다(11:2). 게다가 요한은 주님의 정체성에 의문을 제기하고(11:3), 주님은 복음을 거절한 이 세대와 권능을 가장 많이 행한 도시를 강하게 질책하신다(11:16-24). 저자는 12절 앞뒤에 복음이 공격을 당하는 상황을 의도적으로 배치한다. 병행구인 누가복음 16:16은 문맥, 사용된 어휘, 강조점이 판이하기에 본문과 연결시키면 안 된다.

❁ '강탈하다'란 동사 역시 이 문장을 부정적으로 해석해야 한다는 점을 시사한다. '강탈하다'에 해당하는 헬라어 '하르파조'는 공관복음에서 오직 두 번 사용된다. 그것도 본문과 마태복음 13:19이다. 마태는 길가에 뿌려진 씨앗과 관련하여, '악한 자'가 와서 복음의 씨앗을 '빼앗아 간다'('하르파조')고 경고하며 이 단어를 쓴다. 악한 자, 즉 마귀가 복음의 씨앗을 강탈하는 이미지는 12절의 내용과 일치한다(Nolland, 458).

물론 마가와 누가도 '씨 뿌리는 자 비유'에서 동일한 내용을 언급한다. 그러나 마가와 누가는 '빼앗아 가다'의 의미로 다른 동사('아이로')를 사용한다(막 4:15; 눅 8:12). 우리는 마태가 자주(20번) 사용하는 '아이로'를 의도적으로 피하고, 거의 쓰이지 않는 '하르파조'를 12절과 13:19에서 사용한 이유를 알아야 한다.

【13절】 왜냐하면 ‖그 {모든} 선지자들과 율법이‖ [요한까지] 예언하였기 때문이다.

❁ 13절은 12절을 이해하는 데 아주 중요하다. '왜냐하면'이란 접속

사가 있어서 하늘나라가 공격받는 이유를 제시하기 때문이다. 헬라어 원문을 직역한 YLT, CLV, MLV, LITV, Godbey 역본은 이 접속사를 충실히 살리는데, 개역개정에는 이 단어가 누락되었다. 병행구인 누가복음 16:16은 "율법과 선지자는 요한의 때까지요"라고 서술한다. 하지만 마태는 '모든 선지자들'을 이중으로 강조하고 '예언하였다'란 말을 뒤에 첨가한다.

일반적으로 구약성경을 '율법과 예언서'라고 칭한다는 점을 고려하면, 여기에 나타난 저자의 관점은 분명해진다. 마태는 예언과 성취를 부각하며 성취의 때가 얼마나 중요한가를 시사한다 (Gundry, 210). 악한 세력이 하나님 나라를 방해하는 이유가 여기에 있다. VOICE 역본은 12-13절을 이렇게 번역한다. "구약성경에 나오는 모든 예언자들과 율법은 세례 요한이 출연할 때까지 하나님 나라에 대해 예언하였다. 이러한 예언들은 우리로 하여금 이제 여기서, 바로 이 순간을 준비하게 한다. 세례 요한이 왔을 때 그 하늘나라가 우리에게 다가오기 시작했다. 그래서 권력을 잡은 자들이 지금 하늘나라를 탄압한다. 너희는 왜 요한이 감옥에 갇혀 있다고 생각하느냐?"

【14절】 〈만일 너희가 그것을 기꺼이 받아들이기를 원한다면〉, [요한이] 바로 오기로 예정되어 있는 엘리야다.

❁ 14-15절은 병행구가 없다. 14절은 앞부분을 강조하여, 요한이 "오리라 한 엘리야"(개역개정)라는 사실을 당시의 많은 유대인이 인정하기 어려웠음을 암시한다. 그 이유는 요한이 감옥에 갇혀 있어 이제 곧 죽을 운명이기에, 그가 엘리야의 능력으로 왔다는 것을 받아들이기가 쉽지 않았으리라(고영민, 109). 예수님은 세례 요한이 여호와의 날이 이르기 전에, 옛 시대의 마지막 선지자로서 올 것

으로 예언된 엘리야임을 분명히 밝히신다(양용의, 241).

【15절】 ‖귀가 있는 사람은‖ 들어라!

❋ 15절은 당시의 관용적 표현이다. 이 명령은 마가복음과 누가복음에서 '씨 뿌리는 자 비유'와 함께 처음으로 등장한다(막 4:9; 눅 8:8). 그렇지만 마태복음은 이 비유 앞에 있는 본 절에서 한 번 더 사용하며, 다른 복음서보다 더욱 강조한다. 사실 엄밀히 말하면 11:12-15은 병행 단락이 없다. 단지 유사한 구절이 누가복음에 있을 뿐이다(16:16). 저자는 11장 1-11절과 16-19절 사이에 12-15절을 삽입하여 자신의 관점을 분명히 전달한다. 그만큼 이 삽입된 단락의 의미가 중요하며 이해하기가 쉽지 않다는 뜻이다(Hagner, 522).

【16절】 그런데 내가 이 세대를 [무엇에] 비교할까? 이 세대는 [마치] 여러 장터에 앉아서 [다른 아이들을 부르는] 아이들과 같다.

【17절】 그들은 "우리가 너희를 향해 피리를 불었는데도 너희는 춤을 추지 않았고, 우리가 애곡해도 너희는 가슴을 치지 않았다"라고 말한다.

❋ 16-17절은 신약시대의 아이들이 장터에서 즐기는 결혼식과 장례식 게임을 언급하며, 이 세대를 풍자한다. 1세기 유대인들은 결혼식에서 악사가 피리를 불면 남자들은 거기에 맞춰 춤을 추었고, 장례식에서 여인들의 애곡 소리에 맞춰 가슴을 치며 비통해 하였다(Gill).

예수님은 '이 세대'를, '여러 장터'(복수)에 앉아 자신들이 피리를 불거나 애곡할 때 다른 아이들이 호응하지 않았다고 비난하는 '아이들'과 같다고 말씀하신다. 여기서 '이 세대'는 피리를 불거나 애곡하는 아이들(17절의 "우리")이 된다(Swindoll, 216). 누가의 병행구와 비교하면 누가복음은 '장터'가 단수인데, 마태복음은 복수다. 마태가 장터를 복수로 표현한 것은 예수님이 여러 도시에서 가르치셨다는 사실(1절)을 반영한다(Gundry, 211).

16절에 나오는 '이 세대'는 장터에 앉아 소리치는 아이들이고, 이들은 바로 주님이 전도하기 위해 다니셨던 여러 도시의 사람들이다. 이들은 다른 아이들이 자신들의 요구에 반응하기를 원한다. 그렇다면 '반응하지 않는 아이들'(17절의 "너희")은 누구인가? 그들은 세례 요한과 예수님이다. 장터에서 피리를 부는 아이들은 자신들의 요구에 응하지 않는 요한과 예수님에 대해 불평하였다(강대훈, 757; Swindoll, 216). 그 아이들이 불평한 이유는 18-19절에서 언급된다.

【18절】 왜냐하면 [요한은] 와서 ‖습관적으로 먹지도 않고 연속해서 마시지도 않자‖, 그들은 "그가 [귀신이] 들렸다!"라고 말한다.

❁ 18-19절에 사용된 '먹다'와 '마시다'에 해당하는 네 개의 헬라어 분사는 모두 습관적이며 반복적인 행동을 함축한다(JMNT). 18절은 '습관적으로 먹지도 않고 마시지도 않자'를 제일 강조하여, 이 세대 사람들과 요한이 완전히 다르다는 것을 시각화한다. 유대인들은 자신들의 피리 소리에 맞춰 세례 요한이 춤을 추기를 원했지만, 그가 광야에서 금욕 생활을 하며 회개와 심판을 선포하자 그를 거부하였다.

요한을 배척한 사람들은 그가 마치 귀신 들린 사람처럼 억세게 보였고, 무덤이나 광야에 살던 귀신들처럼 광야에서 지냈기에 더욱 비난하였다(Wilkins, 474). 18-19절에 묘사된 세례 요한과 예수님의 생활방식은 누가의 병행구(7:33-34)보다 더 강조되어 있다.

【19절】 [인자는] 와서 ‖어김없이 먹고 연속해서 마시자‖, 그들은 "보라! 게걸스러운 탐식가요 술꾼이다! [세리들과] 죄인들의 친구다!"라고 말하기 때문이다. 그러나 지혜는 지금까지 그녀가 행한 일들로 옳다는 것이 입증되었다.

❋ 이 세대의 사람들은 자신들이 애곡할 때 예수님이 거기에 맞춰 가슴을 치지 않았다고 비난한다(Swindoll, 216). 19절은 '세리들'을 강조하는데, 누가의 병행구(7:34)는 이 단어를 강조하지 않는다. 헬라어 원문을 보면 마태복음과 누가복음에 있는 '세리'란 단어의 위치가 다르다. 마태는 의도적으로 '세리'를 강조하여 이들에 대한 자신의 관심을 내비친다(Gundry, 213). 마지막 문장은 요한과 예수님의 삶이 정당하였다고 주장한다. 본문에서 '지혜'가 의인화되었는데, 이는 세례 요한과 예수님을 통해 제시된 지혜 또는 예수님을 상징한다(France, 435). 성경에서 지혜는 여성으로 묘사된다.

회개하지 않는 도시에 대한 저주

【20절】 [그때에] 그가 자신의 가장 고귀한 기적들이 행해진 그 도시들을 책망하기 시작하셨다. 왜냐하면 그들이 회개하지 않았기 때문이다.

❋ 20절은 누가의 병행 단락에는 없다(10:12-15). 본 절은 '그때'를 강조하여 앞 단락과 본 단락을 결합한다(Nolland, 466). 마태는 왜 20절을 여기에 배치하였을까? 본문은 예수님이 기적을 베풀며 회개

를 촉구했음에도 불구하고, 거기에 반응을 보이지 않은 도시들을 책망하는 내용이다. 마태는 이 세대의 사람들이 요한과 예수님에 대해 자신들의 요구에 응하지 않는다고 신랄하게 비난한 내용(11:16-19)을 서술하였다.

이제는 상황이 역전되어 주님께서 이 세대의 사람들을 향해 자신의 요구에 따르지 않는다고 질책하며 격한 감정을 표출하신다. 마태는 이런 서술 전략을 통해 '장터의 아이들 비유'를 깔끔하게 마무리한다. 서로에게 공평한 게임이 된 셈이다. 누가의 병행 단락(7:31-35)은 이런 구조를 취하지 않는다.

【21절】 아, 슬프다. 너 고라신아! 아, 슬프다. 너 벳새다야! 왜냐하면 〈만일 너희 안에서 행해졌던 그 능력 있는 사역들이 [두로와 시돈에서] 행해졌다면〉, 그들은 ‖오래전에‖ [베옷을 입고 재 가운데서] 회개하였을 것이기 때문이다.

【22절】 게다가 내가 너희에게 말하는데, 심판 날에 ‖두로와 시돈이‖ [너희보다] [더 견디기 쉬울] 것이다.

❅ '아, 슬프다'로 번역된 헬라어 '우아이'는 동정심이나 연민의 감정이 섞인 탄식, 또는 재난이나 화를 선포할 때 사용되는 감탄사다. 예수님은 강한 '분노'와 '유감'을 동시에 표출하신다. 이렇게 보아야 하는 이유는, 마태복음의 경우에 주님이 바로 다음 단락에서 다시 한 번 모든 사람을 초청하며 기회를 주시기 때문이다(28-30절). 누가복음에는 이러한 초청이 없다(10:21-22).

21절에서 고라신과 벳새다가 중요하게 언급되는데, 마태복음의 다른 곳에서 이 지역이 언급되지 않았다는 사실이 우리를 놀라게 한다(Nolland, 466). 그렇지만 이 두 도시가 모두 갈릴리 지역에 있기 때문에 주님이 행하시는 기적을 분명히 보았을 것이라 확신할 수 있다(4:23-25; 11:1). 두로와 시돈은 팔레스타인 북부, 즉 지중해 연안에 있는 항구도시로서 사악한 바알 숭배의 중심지였다. 누가의 병행 단락(10:12-15)은 예수님께서 칠십 인의 제자를 각 지역으로 파송하며 교훈하신 말씀 속에 배치되어 있다. 그러나 본문은 이스라엘의 여러 도시에서 이루어진 주님의 집중적인 전도가 실패했음을 보여주는 결론으로 제시되어 있다. 마태는 본 단락을 이곳에 배치하여 '거절과 배척'이란 주제를 확실히 한다.

【23절】 그리고 [너] ‖가버나움아‖! 네가 [하늘에까지] 들어 올려질 것 같으냐? 너는 [음부에까지] 낮춰질 것이다. 왜냐하면 〈만약 네 안에서 행해졌던 그 능력 있는 사역들이 [소돔에서] 행해졌다면〉, 그 도시가 오늘까지 남아 있었을 것이기 때문이다.

【24절】 게다가 내가 너희에게 말하는데, 심판 날에 ‖소돔 땅이‖ ‖너보다‖ [더 견디기 쉬울] 것이다.

❀ 가버나움 사람들의 교만은 하나님처럼 되기를 원했던 바벨론 왕의 오만한 모습과 비교된다(사 14:13-14). '음부'로 번역된 헬라어 '하데스'는 죽은 자들의 영이 거한다고 여겨지는 지하 세계를 뜻한다(Nolland, 468). 이 용어는 무덤이나 죽음, 지옥을 의미하기도 한다(사 14:15). 예수님은 가버나움을 '두로'나 '시돈'보다 유대인 청중이 더 잘 알고 있는 '소돔'에 비유하며, 오히려 소돔이 심판 날에 더 견디기 쉬울 것이라고 예고하신다(Swindoll, 221). 고라신, 벳새다, 가버나움, 이 세 도시는 주님께서 이적을 가장 많이 베푸셨던 곳으로 '복음의 삼각주'라 불린다. 이 도시들이 심한 책망을 받은 것은 계시가 클수록 책임도 크다는 진리를 입증한다(Wilkins, 475; Hagner, 531).

예수께서 진정한 안식을 주시다

【25절】 [{그}때에] 예수께서 대답하여 말씀하셨다. "아버지여, 하늘과 땅의 주인이시여, 내가 당신을 공개적으로 찬양합니다. 이는 당신께서 이러한 것들을 지혜롭고 분별력이 있는 사람들에게는 숨기고, 어린아이들에게는 그것들을 계시하셨기 때문입니다."

❀ 25절은 '그때'를 이중으로 강조한다. '때'에 해당하는 헬라어 '카이로스'는 '기다리던 결정적인 순간', '적절한 때'를 의미한다. 이 표현은 25절과 앞 단락을 긴밀하게 연결한다(Harrington, 166). 즉 고라신, 벳새다, 가버나움이 예수님의 메시지를 받아들이지 않은 것이 하나님의 주권적 의지와 관련이 있음을 암시한다(Hagner, 535).
주님은 자신의 선교사역이 실패로 끝난 순간, 슬픔과 탄식의 자리에 머물지 않고 오히려 그때를 하나님의 사역을 찬양하는 절호의 기회로 삼으신다. 누가복음 병행구에도 '그때'라는 표현이 등장한다(10:21). 하지만 누가는 '카이로스'가 아닌 '호라'를 사용한다. '호라'는 일상적인 특정한 시간을 의미한다.

❀ '공개적으로 찬양하다'에 해당하는 헬라어 '엑소몰로게오'는 '공개적으로 기쁘게 인정하다', '찬양하다', '공적으로 선언하다'의 뜻이다. 25-26절은 개인적 기도가 아니라 공개적 찬양이며 선언이다(Nolland, 470). 후반부는 지혜로운 자와 어린아이를 대비한다. '지혜롭고 분별력이 있는 자'란 스스로 학식이 많다고 자랑하는 서기관과 바리새인, 예수님을 믿지 않는 유대인을 말한다. '어린아이'는 복음을 받아들인 제자를 가리킨다(VOICE).

병행 단락과 비교하면 누가복음은 문맥이 다르다(10:21-22). 거기서는 70인 제자들의 선교 활동이 성공적으로 끝난 것에 대해 예수님께서 성령으로 기뻐하며 감사하신다. 그러나 마태복음에 묘사된 주님은 거부와 배척, 선교의 실패 가운데서도 진지하고 엄숙하게 찬양하신다(Hagner, 533).

【26절】 그렇습니다. 오, 아버지여! [그래서] 그것이 당신 앞에 [하나의 큰 기쁨이] 되었습니다.

❀ 절망과 탄식의 순간에 예수님이 찬양하실 수 있었던 비결은 하나님의 기쁘신 뜻에 전적으로 따르며 만족하기 때문이다. 26절을 이렇게 풀어볼 수 있다. "그래요, 선교 결과는 이렇게 참담하지만 긍정적 측면도 있습니다. 복음을 배척한 사람들은 교만한 마음으로 눈이 멀어 영생을 거절했지만, 모든 사람이 다 그런 것은 아니기 때문입니다. 영생을 갈망하는 영혼은 기쁨으로 구원의 샘에 나아왔으니까요"(Jamieson).

【27절】 ‖모든 것들이‖ 내 아버지에 의해 [내게] 넘겨졌다. 그래서 ‖그 아버지 외에는‖ [아무도] 그 아들을 완전히 알지 [못하고], [그 아들과] 그 아들이 그분을 [계시해 주기를] 원하는 사람 외에는 아무도 ‖그 아버지를‖ 완전히 알지 못한다.

❀ 27절은 예수님과 하나님의 관계가 얼마나 친밀한지를 보여준다. 이는 공관복음에서 하나님을 '아버지'('파테르')로 언급한 횟수를 비교하면 분명히 알 수 있다. 마태복음은 43회, 마가복음은 5회, 누가복음은 17회 언급하고 있다. 당시 유대인들은 하나님을 '아버지'로 부르시는 예수님의 선언을 들으며 출애굽 사건을 떠올렸을

것이다. 하나님께서 이스라엘을 이집트로부터 구해내며 '이스라엘이 자신의 아들'(출 4:22)임을 증명하셨기 때문이다(Wright, 98).

첫 문장은 '모든 것들'을 제일 강조한다. 여기서의 '모든 것'은 좁은 의미에서 보면 하나님을 아는 지식을 인간에게 계시해 주시는 권한을 말한다(France, 445). 그렇지만 넓은 의미에서 보면 하나님 나라를 실현하는 데 필요한 모든 것과, 28:18에 제시된 모든 권세까지 다 포함된다(Expositor). 이 문장은 주님만이 하나님에 대한 지식을 인간에게 전달해 주시는 유일한 통로임을 확실히 한다. 하지만 그렇다고 해서 인간의 자유의지와 책임이 하나님과 예수님의 주권에 의해 말소되지는 않는다(Hagner, 540).

❋ 본문은 예수님의 계시가 없으면 하나님을 완전히 아는 것이 불가능하다고 단언한다. '완전히 알다'에 해당하는 헬라어 '에피기노스코'는 '정확히 알다', '철저히 알다'의 뜻인데, 개인적 경험을 통해 철저히 아는 것을 함축한다. 누가복음 병행구는 일반적 의미에서 '아는 것'을 뜻하는 '기노스코'를 사용한다(10:22). 개역개정은 이 두 단어를 모두 '알다'로 번역하는데, 사실 이러한 차이점은 살려 주어야 한다. 유대인들이 하나님을 잘 안다고 생각하기에, 저자는 이 동사를 사용하여 하나님에 대한 그들의 지식이 불완전하다는 점을 꼬집는다.

27절의 내용은 누가의 병행구와 대부분 일치한다. 그러나 누가는 '계시하다'란 동사를 강조하지 않는다. 마태는 특히 '계시해 주다'를 강조하고 자연스럽게 28절을 첨가하며, 주님께 나아오라고 초청한다. 그분이 직접 하나님을 알려 주시기 때문이다.

【28절】 내게로 오라! 힘들게 일하며 무거운 짐을 진 너희 {모든} 자들아, [내가] 너희에게 안식을 줄 것이다.

❀ '내게로 오라'는 예수님의 직접적인 초청은 복음서에서 28절에만 등장한다. 주님께서는 제자를 부를 때 언제나 "나를 따라오라"고 말씀하셨다(마 4:19; 막 1:17; 눅 5:27). 하지만 여기서는 색다르게 표현하신다(Hagner, 542). 그분만이 하나님을 계시해 줄 수 있고, 자신에게 나아오는 모든 사람에게 그 특권을 주시기 때문이다.

28-30절은 오직 마태복음에만 있는데, '멍에'(29절)라는 표현은 유대교의 지혜와 율법에 대한 이해를 배경으로 한다. 외경 집회서 51:26은 아담의 후손이 태어나는 날부터 죽는 순간까지 무거운 멍에를 질 수밖에 없다고 선언한다. 따라서 율법을 통해 오는 지혜의 멍에를 자신의 목에 씌워야만 한다고 주장한다. 그러나 주님은 율법이 아니라 자신에게 나아오라고 초청하신다(Bock 2012, 326). '무거운 짐을 지다'에 해당하는 헬라어 '포르티조'는 부당한 여러 의식, 교훈, 지침 등의 짐을 지게 하는 행위를 암시한다. 이는 예수님 당시 바리새인과 서기관이 유대인에게 부과한 율법에 대한 율법주의적 해석의 짐을 가리킨다(양용의, 247).

【29절】 내 멍에를 네가 메고 내게서 배워라. 왜냐하면 나는 [마음이] [온유하고] 겸손하기 때문이다. 그러면 너희 영혼이 안식을 찾을 것이다.

【30절】 이는 [내 멍에는] 편하고 [내 짐은] 가볍기 때문이다.

❀ 저자는 하늘나라가 침입자들에 의해 공격을 받는다고 선언했는데(12절), 이제 거기에 대한 대안으로 예수님께 나아와 그분의 멍에를 메고 직접 배우라고 권면한다. '내 멍에'라는 표현은 세상 사람 누구나 어떤 형태든 자신의 멍에를 메고 있음을 시사한다. 그러므로 어떤 멍에를 멜 것인가는 스스로 결정해야 한다(Garland, 133). '멍에를 멘다'는 말을 '네 목을 내 멍에 쪽으로 기울여라'의

뜻으로 이해할 수 있는데(TPT), 이는 그리스도와 함께하는 삶을 상징적으로 보여준다(France, 449). 29절에 있는 두 개의 동사, 즉 '메다'와 '배우다'에 해당하는 헬라어가 모두 부정과거 명령형이다. 이 시제는 우리의 삶 전 과정이 그렇게 되어야 함을 암시한다(Osborne, 493).

❁ 29절은 '마음이 온유하고'를 강조하여 바리새인들의 교만한 태도를 꼬집는다(Hagner, 544). 30절은 '내 멍에'와 '내 짐'을 강조한다. 본문은 예수님께서 원하시는 제자의 길이 큰 노력을 요하지 않는다는 의미가 아니다. 사실 주님의 요청 역시 유대인 랍비들의 요구만큼 엄격한 훈련을 요구한다. 하지만 그 멍에와 짐이 쉬운 이유는, 하나님의 은혜와 성령을 통한 도움의 손길이 우리에게 주어지기 때문이다(Blomberg, 194).

제12장

안식일의 '주'(主)이신 예수

【1절】 《{그}때에》 예수께서 안식일에 밀밭들을 통과하여 지나가셨다. 그런데 [그의 제자들이] 배가 고파서 밀 이삭들을 잘라 먹기 시작하였다.

❀ 1절은 '그때'라는 표현을 이중으로 강조하여 본 단락과 앞 단락을 연결한다. 12:1-8은 마가복음이나 누가복음의 병행 단락과 비교하면 문맥이 판이하다(막 2:23-28; 눅 6:1-5). '그때'란 표현은 마치 주님이 쉬운 멍에와 가벼운 짐에 대해 말씀하셨을 즈음에, 이를 증명하는 사건이 일어났다고 말하는 것과 동일하다(Hagner, 549). 저자는 안식일 논쟁을 여기에 배치함으로써, 11:28-30에서 언급된 '안식'과 '쉬운 멍에'가 무엇인지 구체적으로 보여준다(Garland, 134).

❀ 제자들이 '배가 고파서' 이삭을 잘라 먹었다는 내용은 마태복음에만 있다. 본문에서 말하는 배고픔은 단순히 식사 시간이 되기 전에 느끼는 배고픔이 아니라, 식량이 부족한 데서 오는 굶주림이었을 것이다(Jamieson).
마태는 이 단락을 서술하며 다른 복음서의 내용에서 불필요하다고 생각되는 "아비아달 대제사장 때에"(막 2:26), "손으로 비비어"

(눅 6:1) 같은 문구를 생략한다. 하지만 제자들이 밀 이삭을 따 먹은 이유를 오히려 첨가하여 플롯을 더욱 짜임새 있게 한다. 또한 제자들의 행위에 정당성을 부여하고, 안식일 모독 사건을 덜 중대한 것으로 만든다(Hagner, 550).

【2절】 그러자 [바리새인들이] 그 광경을 지켜보다가 그에게 말하였다. "보시오! [당신의 제자들이] 지금 [안식일에] 해서는 안 되는 일을 하고 있소."

❀ 바리새인들이 이 광경을 지켜보았다는 내용은 마가와 누가의 병행구에는 없다(막 2:24; 눅 6:2). 갈릴리 지역에 바리새인이 많지 않았다는 점을 고려하면, 이것은 결코 우연한 일이 아니다(Osborne, 503). 분명히 이들은 계속 예수님을 따라다니며 그분의 말과 행동을 감시하였으리라(Gill).

❀ 마가와 누가의 병행구는 바리새인들이 "어찌하여 안식일에 하지 못할 일을 하나이까?"라고 예수님께 질문하는 형식을 취한다. 그러나 마태는 의문문을 평서문으로 바꾸어 더 직설적으로 표현함으로써 바리새인들의 공격적인 자세를 부각한다(Keck, 278). 동시에 '당신의 제자들'을 강조하여 비난의 화살을 직접 주님께 돌린다. (마가의 병행구는 '그들'이라고 표현하며 이 부분을 강조하지 않는다.) 사실 배고픈 제자들이 밀 이삭을 잘라 먹은 행위는 율법에 허용된 것이었다(신 23:25). 그런데 안식일에 한 것이 문제였다. 율법은 유대인들에게 안식일을 거룩하게 지키라고 명령하였다. 하지만 바리새인들은 안식일에 해서는 안 되는 행동 39가지를 긴 목록으로 만들어 그것을 지켰다. 그들의 주장에 의하면 밀 이삭을 자른 행위는 추수에 해당하는 위법 행위였다(Swindoll, 233).

【3절】 그가 그들에게 말씀하셨다. "너희들은 [다윗과 그와 함께한 자들이 배고팠을 때에] [다윗이] 한 일을 읽은 적이 없느냐?"

❋ 3절은 다윗과 그의 일행이 배고팠다는 점을 강조한다. 이 내용은 제자들이 배고팠다고 말한 사실(1절)과 자연스럽게 연결된다. 저자는 이런 기법을 통해 주님의 제자들과 다윗 일행, 예수님과 다윗을 병행 관계로 엮으며 다윗 왕의 후손이신 그분의 권위를 드러낸다(Gundry, 221). 마가와 누가의 병행구는 다윗과 그의 일행이 배가 고팠다는 사실을 강조하지 않는다(막 2:25; 눅 6:3).

'읽은 적이 없느냐?'는 질문은 구약성경에서 논쟁을 시작할 때 흔히 사용하는 문구였다. 그래서 구약을 잘 알고 있는 유대인 독자는 이 질문을 한 예수님의 의도를 분명히 알 수 있었으리라(France, 458). '읽다'에 해당하는 헬라어 '아나기노스크'의 시제가 완료적 부정과거인데, 이는 긍정적 대답을 기대한다. 따라서 주님의 질문은 '너희는 이것을 읽었다. 그렇지?'라는 의미로 이해할 수 있다(Osborne, 503).

【4절】 어떻게 그가 하나님의 집에 들어가서 [오직] 제사장들만 먹을 수 있고, 그와 그의 일행에게는 [허용되지] 않은 [그 진설병을] 먹었느냐?

❋ 진설병은 이스라엘 열두 지파의 수대로 성소 안에 있는 상 위에 두 줄로 항상 진열해 두었던 빵을 말한다. 이것은 누룩 없이 만들어졌으며, 안식일 아침에 제사장이 새것으로 교체하였다. 그리고 묵은 빵은 제사장이 먹었다. 제사장이 진설병을 먹는 행위는 하나님께서 모든 레위인과 제사장을 먹이고 입히신다는 것을 상징

적으로 보여준다(Attridge, 1688; 장재일, 432).

본문의 배경은 사무엘상 21:1-6이다. 다윗이 사울 왕의 추격을 피하여 놉 땅에 가서 제사장 아히멜렉에게 먹을 것을 요청했을 때, 그가 진설병을 내주어 다윗이 그것을 먹고 목숨을 부지했던 사건이다. 저자는 여기서 단지 과거 이야기를 소개하는 데 그치지 않는다. 이 이야기의 핵심은 주님이 다윗을 능가하는 진정한 왕이시기에(Wright, 208), 다윗과 그 일행의 행동이 용납되었다면 제자들의 행동 또한 문제가 되지 않는다는 점이다.

【5절】 아니면 ‖안식일에‖ 제사장들이 성전에서 [안식일을] 모독해도 [죄가 되지 않는다는] 것을 너희가 율법에서 읽지 못하였느냐?

❀ 5-7절은 마태복음에만 있다. 마태는 안식일 논쟁에 대해 마가나 누가보다 더 상세히 알려 준다. 그것은 마태복음의 저자가 유대교와 관련된 문제에 대해 가장 많은 관심을 보였기 때문이리라(Bock 2012, 199). 마태는 다윗 이야기만으로는 부족하다고 느껴, 율법에 기록되어 있으면서 안식일과 직접 관련된 제사장 이야기를 추가한다(Harrington, 177). 다윗 이야기는 안식일과 관련이 없는 까닭이다.

5절에서 '안식일'이 제일 강조된 이유가 여기에 있다. 제사장은 안식일에 성전에서 평일보다 더 많은 일을 했다(Green 2005, 207). 양을 잡아 제사를 드렸고, 진설병을 새로운 것으로 교체했다(레 24:5-9; 민 28:9-10). 제사장의 이런 행위는 분명히 안식일 법을 위반하는 것이었지만 아무도 범법 행위라고 비난하지 않았다. 본문의 핵심은 제사장이 안식일에 하나님의 일을 하는 것이 허용된다면, 주님의 제자도 하나님의 일을 수행하기에 아무 문제가 없다는 점이다(Garland, 137).

【6절】 하지만 나는 너희에게 말한다. [그 성전보다 더 위대한 것이] 여기에 있다!

❀ 예수님은 제자들의 행동이 성전보다 더 위대한 것과 관련되기에 아무 문제가 없다는 논리를 펴신다. '성전보다 더 위대한 것'이 무엇인가에 대해 학자들 간에 이견이 있다. (이와 동일한 패턴이 41-42절에도 등장한다.)

후반부와 관련하여 두 가지를 지적하고 싶다. 첫째, '더 위대한 것'에 해당하는 헬라어가 '메이존'(6절)과 '플레이온'(41-42절)이다. '메이존'은 '더 크다', '더 위대하다'의 뜻이고, '플레이온'은 질적인 면에서 우수한 것을 의미한다. 개역개정은 이 둘을 모두 '크다'로 번역하는데, '위대하다'의 뜻으로 이해하는 편이 좋다. 둘째, 개역개정은 이 문구를 "더 큰 이"(6, 41, 42절)로 번역하여 '사람', 즉 '예수님'을 지칭하는 것으로 해석한다. 하지만 헬라어 '메이존'과 '플레이온'이 모두 중성이기에 '더 위대한 것'으로 번역해야 한다. 70여 종의 영어성경 역본을 비교하면, '더 위대한 이'로 처리한 역본도 일부 있지만(KJV, NKJV, NLT), 대다수의 역본은 '더 위대한 것'으로 번역한다(RSV, NRSV, NIV, NASB, GNT).

❀ '성전'보다 '더 위대한 것'이 무엇일까? 결론부터 말하면 예수님 자신으로 이해하기보다는, 예수님과 제자들의 사역으로 나타나기 시작하는 '하나님 나라의 실체'를 가리키는 것으로 보아야 한다. 물론 여기에는 예수님의 인격과 하나님의 임재도 포함된다 (Hagner, 552).

본문의 문맥도 이 견해를 지지한다. 주님은 하나님 나라가 시작된 새로운 시대가 얼마나 위대한지 지적하였고(11:11), 바리새인이 눈치 채지 못한 사이에 그 나라가 '이미' 임하였다고 단언하신다(12:28). 그리고 하나님의 가족 공동체 구성원이 누구인지 구체적으로 알려 준 후(12:46-50), 천국의 모습을 비유로 소개하신다(13장). 또한 구약의 "많은 선지자와 의인이" 하나님 나라의 실체를 보고자 열망하였으나 보지 못하였다고 확언하신다(13:17).

【7절】 〈그러나 만약 너희가 "나는 [제사를] 원치 않고 ‖자비를‖ 갈망한다"는 말의 의미가 무엇인지 알았더라면〉, 너희가 죄 없는 사람들을 정죄하지 않았을 것이다.

❄ '알다'에 해당하는 헬라어 '기노스코'는 개인적이며 친밀하게, 또 경험적으로 아는 것을 의미한다. 예수님은 이미 바리새인들을 향해 여기에 인용된 호세아 6:6의 의미가 무엇인지 배우라고 촉구하였고(9:13), 자신에게 나아오라고 초청하셨다(11:28). 그러나 그들은 오기를 거절했다. 안식일에 밀 이삭을 잘라 먹은 제자들의 행위를 호세아 6:6에 비추어 보면, '제사'는 안식일 준수이고, '자비'는 궁핍한 자에게 동정심을 베푸는 행위다(Harrington, 173). 본문은 하나님의 말씀보다 구두 전승을 더 중시하여 백성의 짐을 가중시키는 바리새인의 잘못된 행태를 지적한다(Wilkins, 499).

【8절】 왜냐하면 ‖인자는‖ [안식일의 주]이기 때문이다.

❄ 본 절을 병행구와 비교하면, 마태는 마가복음 2:27에 나오는 안식일에 관한 충격적인 선언("안식일이 사람을 위하여 있는 것이요")을 생략한다. 이 문장이 유대인에게 너무 과격하다고 생각하여 그랬을 수도 있지만(Hagner, 549), 주님이 안식일의 주인이심을 더욱 드러내기 위해 그랬을 가능성이 더 많다(Gundry, 224). 8절은 예수님의 '신성'을 강조하며, 그분이 안식일을 주관하는 권한을 가지고 계심

을 선포한다(MacArthur, 1145).

안식일에 치료하시다

【9절】 그리고 그가 거기를 떠나가다가 그들의 회당에 들어가셨다.

❀ '거기를 떠나가다가'라는 문구는 앞 단락과 본 단락을 연결한다(Keck, 277). 마가복음과 누가복음에는 이런 연결어가 없다. 저자는 이 두 단락을 하나로 결합하여 하나님의 자비(12:7)가 어떻게 나타나는지, 또 주님의 멍에(11:29)가 사람을 얼마나 자유롭게 하는지 입증한다. '그들의 회당'은 유대인의 회당으로 바리새인의 회당을 의미한다. 마가와 누가는 '그 회당'으로 소개하는데(막 3:1; 눅 6:6), 오직 마태만은 이렇게 묘사한다. 이는 바리새인의 회당과 그리스도인의 회당 간에 분열이 시작된 당시의 상황을 반영한다(Harrington, 173). 마태의 내러티브는 긴장된 분위기 속에서 이야기를 전개한다.

【10절】 그런데 보라! [한쪽 손이 오그라든] 사람이 있었는데, 사람들이 그에게 "[안식일에] 치유하는 것이 합법적입니까?" 하고 물었다. [이는 그들이 그를 고소하기 위한 것이었다].

❀ 저자는 '보라'라는 감탄사를 사용하여 이 주목할 만한 사건에 독자의 관심을 끌어 모은다. 이 사람은 영양 부족에 의한 위축증으로 오른손이 마비된 석공인데, 자신이 더 이상 구걸할 필요가 없

도록 주님께 치료해 달라고 간청했다고 한다(TPT). 이 에피소드는 공관복음에 모두 나오는데, 이야기의 성격이 서로 다르다. 마가복음과 누가복음의 경우는 기적 이야기다(막 3:1-6; 눅 6:6-11). 병을 고치는 데 초점을 두기 때문이다.

하지만 마태복음은 선언 이야기다. 사람들이 "안식일에 병 고치는 것이 옳으니이까?"라고 묻고, 예수님이 그 질문에 대답하신다(France, 465). 마가복음과 누가복음에는 이 질문이 없고, 주님이 안식일에 병자를 고쳐 주시는지 사람들이 주시하였다고 서술한다. 마가와 누가가 묘사하는 바리새인들은 수동적 차원에서 주님의 행동을 관찰하며 기다린다. 그러나 본문의 바리새인들은 그분을 고소할 조건을 찾기 위해 적대적인 질문을 던지며, 안식일을 어기도록 부추긴다(Gundry, 225).

【11절】 그가 그들에게 말씀하셨다. "[너희 중에] 누가 양 한 마리를 가지고 있는데, 〈만약 이 양이 안식일에 구덩이에 빠진다면〉, 그 양을 잡아 끌어내지 않겠느냐?"

❄ 11-12절은 마태복음에만 있다. 유대인의 전통에 의하면 생명이 위협을 받는 경우에만 안식일에 치료 행위가 가능하였다. 예수님은 당시 유대인 사회에서 자주 논의되던 안식일에 일어난 또 다른 사례를 소개하신다(Harrington, 175). 여기서 청중을 적극적으로 끌어들이며("너희 중에") 논증하시는 주님의 모습이 아주 인상적이다. 이방인 독자를 주대상으로 하는 마가복음과 누가복음은 이 예화를 언급하지 않는다(Bock 2012, 329). '구덩이'는 대개 늑대와 같은 사나운 짐승을 잡기 위해 파놓은 함정인데, 가축도 빠질 때가 종종 있었다(Keener 1998, 90).

【12절】 [사람]은 [양]보다 얼마나 더 귀하냐? 그러므로 [안식일에] ‖선하게‖ 행동하는 것은 합법적이다.

❀ '얼마나 더 ~하겠느냐?'는 표현은 유대인의 논쟁에서 흔히 사용되었기에, 분명히 예수님을 반대하던 자들도 이 논증을 이해했으리라(Keener 1998, 90). '선하게'로 번역된 헬라어 '칼로스'는 '아름답게', '훌륭하게', '비난의 여지가 없게'라는 뜻이다. 이는 마땅히 해야 할 일을 훌륭히 해내는 상황을 암시한다. 안식일 준수 문제는 1세기 교회 공동체의 중요한 관심사였다(Harrington, 176). 따라서 우리는 마태 공동체에서 이런 논의가 있었던 것으로 추측할 수 있다. 마태는 예수님의 말씀을 통해 안식일에 대한 자신의 입장을 분명히 밝힌다.

【13절】 그리고 그가 그 사람에게 "네 손을 펴라!" 하고 말씀하신다. 그가 그 손을 펴자 [다른 손처럼 온전하게] 회복되었다.

❀ 예수님은 병자에게 "네 손을 펴라" 하고 말씀하신다. 누가의 병행구는 부정과거 시제를 사용하여 '말씀하셨다'로 처리하지만(6:10), 본문은 역사적 현재 시제를 사용한다. 마태는 자신의 공동체에서 하나님의 말씀을 왜곡하는 사람들의 잘못된 시각이 이처럼 쫙 펴지기를 고대하며 현재 시제를 사용했을 것이다.
주님은 치료 과정에서 '일'이라 부를 만한 행동을 전혀 하지 않으신다(Barton 2002, 406). 손을 만지거나 치유되었다는 명령을 내리지 않고, 단지 "손을 펴라"고 말씀하신다. 이런 치유 방식은 모세의 병든 손을 치료하시는 하나님의 방법(출 4:6-7)과 유사하다(Wilkins, 501). 오직 마태복음만이 '다른 손처럼 온전히 회복되었다'고 말하여 치료받은 후의 상태를 분명히 보여준다. 마가복음과 누가복음은 “그 손이 회복되었더라”고 짧게 마무리한다(막 3:5; 눅 6:10). 이처럼 상세한 마태의 묘사는 고통받는 자의 짐을 덜어 주시는 예수님의 모습을 부각한다(11:28).

【14절】 그러자 그 바리새인들은 [나가서] [그들이 그를 파멸시키기 위해] 그를 대항하여 [모의]하였다.

❀ 바리새인들은 예수님께서 말씀하신 것을 ‘일’(노동)로 간주하였고, 결국 파멸시키려고 음모를 꾸민다. 아마 바리새인들은 예수님이 자신을 “안식일의 주인”(8절), 즉 ‘하나님’이라고 주장한 것 때문에 더욱 죽이려고 했을 것이다(MacArthur, 1145). 마가는 바리새인들이 헤롯당과 의논하였다는 점을 강조하나(3:6), 마태는 주님을 대적하는 무리를 바리새인으로 좁힌다. 아마 마태 공동체를 핍박하는 일에 바리새인이 주도적인 역할을 하였기 때문일 것이다(Gundry, 228). 누가복음은 바리새인의 적대적인 태도를 훨씬 약화한다(6:11).

‘파멸시키다’로 번역된 헬라어 ‘아폴로미’는 ‘완전히 없애다’, ‘사형을 언도하다’, ‘영원한 지옥 형벌을 받게 하다’의 뜻으로 아주 강한 의미를 지닌다. 마태는 헤롯 왕이 아기 예수를 찾아 ‘살해하려고’ 시도하는 장면에서 이 단어를 사용한다(2:13).

나의 종을 보라

【15절】 그러나 [예수께서는] 알고 그곳에서 물러나셨다. 그러자 많은 사

람들이 그를 따랐고 그는 그들을 모두 고쳐 주었는데,

【16절】 자신을 [명백히 드러내지] 말라고 그들에게 엄히 명령하셨다.

❋ 15-16절은 예수님의 사역을 요약하는데, 마가의 병행 단락을 과감하게 축소한다(3:7-12). 마가복음에서는 예수님이 바닷가로 물러가자 수많은 무리가 모여들고, 주님께서 귀신을 쫓아내며 '더러운 영들'에게 침묵하라고 명령하신다. 하지만 마태복음은 주님께서 물러나신 이유를 부각하며 신적 능력에 초점을 맞춘다. 그리고 '병 고침을 받은 사람들'에게 그분에 관해 알리지 말라고 엄히 명령하시는 장면을 보여준다.

한마디로 마태는 침묵 명령의 적용 범위를 마가보다 넓힌다. 이것이 구약성경의 성취와 직결되기 때문이다(Hagner, 561). '엄히 명령하다'로 번역된 헬라어 '에피티마오'는 '심하게 책망하다', '날카롭게 꾸짖다'의 뜻이다. 개역개정은 이 단어를 '경고하다'로 번역하는데, 의미가 상당히 약하다.

【17절】 이는 선지자 이사야를 통해 하신 말씀이 성취되도록 하기 위함이었다.

❋ 17-21절은 마태복음에만 있다. 마태는 15-16절에서 예수님의 사역에 대한 설명을 축소하는 대신에, 18-21절에서 구약성경을 가장 길게 인용한다(Swindoll, 242). 공관복음에서 마태만이 이런 방식으로 기적을 일으키신 후에 침묵하라는 명령을 내리는 것 자체가 예언의 성취임을 강조한다. 주님의 사역 특성이 그렇기 때문이다.

【18절】 보라! 내가 선택한 나의 종, [내 영혼이] 매우 기쁘게 여기는 나의 사랑하는 자를, 내가 내 영을 그의 위에 둘 것이니 그가 [모든 나

라에] ‖정의를‖ 선포할 것이다.

❀ 저자는 이사야 42:1-4을 인용하여 마태복음 3:17을 암시한다. 18-21절은 미래 시제 동사 여덟 개를 연달아 사용하여 이사야의 예언이 예수님 안에서 성취되었음을 보여준다(Osborne, 519). 이러한 내용은 유대인이 바라던 정치적이고 호전적인 메시아상과 대비되며, 온유한 메시아 이미지를 강조한다(MacArthur, 1145). '정의'에 해당하는 헬라어 '크리시스'는 '분리', '재판', '심판', '정의'를 뜻하는데, 유독 마태복음에 자주 사용된다(마태복음 12회, 마가복음 2회, 누가복음 4회).

【19절】 그는 분투하지 않고 그는 외치지도 않을 것이며, 아무도 모든 대로에서 그의 음성을 듣지 못할 것이다.

【20절】 그는 [상한 갈대를] 꺾지 않고, 그는 [연기 나는 심지를] 끄지 않을 것이며, 그는 계속 재촉하여 [정의가] 승리할 때까지 그렇게 할 것이다.

❀ '갈대'에 해당하는 헬라어 '칼라모스'는 '갈대', '갈대로 만든 지팡이', '막대기'를 의미한다. 이는 우리나라에서 흔히 보는 그런 갈대가 아니라, 대나무라고 할 정도의 식물이다. 고대에는 길이를 측정하거나 지붕을 엮을 때 갈대를 사용하였으며, 지팡이로 가지고 다니기도 했다. 그러나 '상한 갈대'는 지팡이로 사용하다가 손이 베일 염려가 있기에 버리는 편이 더 나았다(장재일, 440). '연기 나는'으로 번역된 헬라어는 불이 꺼져 가는 상태가 아니라, 이미 불이 꺼져 연기만 모락모락 피어나는 상황을 암시한다(제자원 2006, 136).
'상한 갈대'와 '연기 나는 심지'는 그냥 놔두면 회복될 가능성이 전혀 없는 약하고 무력한 인간을 함축한다. 특히 마태복음의 문맥에서는 "수고하고 무거운 짐 진 자들"(11:28)에 대한 은유적 표현이라 할 수 있다(Osborne, 520). 상한 갈대를 꺾지 않는 자비로운 주님의 모습은, 한 손 마른 사람이나(12:9-13) 눈멀고 말 못하는 사람을 고쳐 주시는 장면(12:22)에서 분명히 드러난다. 오직 마태만이 이런 서술 전략을 취한다.

【21절】 그리고 여러 나라들이 [그의 이름에] 희망을 걸 것이다.

❀ 저자가 이사야 42:1-4을 인용하며 42:4의 전반부("그는 쇠하지 아니하며 낙담하지 아니하고")를 건너뛰고, 이방인 선교를 암시하는 본문 21절을 여기에 포함시킨 것은 의미심장하다(Hagner, 565). 바리새인의 박해를 예상하며 스스로 물러난 주님의 행동(15절)은 그분이 제자들에게 가르치신 교훈(10:23)에 대한 좋은 실례가 된다(Gundry, 228). 결국 이로 인해 복음이 온 세계로 확산된다.

분열된 집안은 서지 못한다

【22절】 그때 그들이 귀신 들려 눈멀고 말 못하는 한 사람을 그에게 데려왔다. 그가 그를 고쳐 주시자, 말을 못하던 사람이 말을 하고 보게 되었다.

❀ '그때'란 연결어는 앞 단락과 본 단락을 하나로 만든다. 눈먼 사람을 치유하는 행위는 예수님이 행한 이적에서 가장 흔했고, 그의 메시아적 신분을 잘 드러낸다(Wilkins, 504). 이 이야기는 눈멀고 말 못하는 사람이 치유된 유일한 기사다. 저자는 치료 과정을 모두 생략한

채 오직 바리새인들의 비난과 예수님의 반응에 초점을 맞춘다. 누가복음 병행 단락에는 귀신 들려 말 못하는 사람이 등장한다(11:14). 이 둘을 비교하면 본문의 병자가 더 불행하다. 중복 장애를 갖고 있기 때문이다. 마태는 이런 인물을 등장시켜 아무짝에도 쓸모없는 '상한 갈대'와 '꺼져 가는 심지'의 좋은 본보기가 되게 한다(12:20).

【23절】 그러자 거기에 있던 모든 무리들이 놀라서 제정신이 아닌 상태가 되어 "혹시 [이분이] ‖다윗의 자손이‖ 아닐까?"라고 말하고 있었다.

❄ 23절은 마태복음에만 있다. '놀라서 제정신이 아닌 상태가 되다'에 해당하는 헬라어 '엑세스테미'는 '도저히 믿을 수 없는 일로 크게 놀라다', '미치다'의 뜻이다. 개역개정은 "놀라"로 번역하는데, 헬라어 원문에 의하면 이는 단순히 놀라는 정도가 아니다. 마태복음에서 이 단어가 여기에 딱 한 번 사용되었다. 누가는 오순절날에 제자들이 성령을 받아 서로 다른 언어로 말하는 것을 보고 무리가 놀랐을 때 이 단어를 사용한다(행 2:7). 본문에서 이 단어가 미완료 시제인데, 이는 한동안 이런 상태에 있었음을 암시한다. 누가의 병행구는 무리의 반응을 묘사하며 '이상하게 여기다', '놀라다'의 뜻을 지닌 '다우마조'를 사용한다(11:14).

❄ '다윗의 자손'은 마태복음의 키워드인데, 종말론적 성취를 이룸으로써 현재의 질서를 변화시킬 사람임을 암시한다(Hagner, 569). 본문은 이 호칭을 제일 강조하여 메시아를 고대하던 무리의 염원을 드러낸다. 기적을 목격한 무리는 "이분이 다윗의 자손이 아닐까?"라는 질문을 던진다. 이 질문의 의미에 대해 학자들 간에 약간의 이견이 있다. 부정적 의미로 보기도 하고, 강한 의심으로 이해하

기도 한다. 하지만 약간의 가능성이 내포된 강한 의심으로 이해하는 편이 좋다(Osborne, 527).

【24절】 그러나 [그 바리새인들은] 이 말을 듣고 "[이 사람이] [그 귀신들의 통치자인 바알세불 안에 있지 않고는] 그 귀신들을 쫓아내지 못한다"라고 말하였다.

❀ 바리새인들은 기적이 일어났다는 사실을 부인하지는 않으나, 능력의 근원이 사탄에게 있다고 주장한다. 그런데 이렇게 말하는 것은 아주 심각한 참소다. 사탄의 힘을 빌려 마술을 행하는 것은 돌로 쳐 죽임을 당해야 하는 사형죄에 해당한다(Wilkins, 505). 병행구와 비교하면 마가는 예루살렘에서 온 서기관들이, 누가는 기적을 목격한 사람들 중 일부가 이런 비방을 했다고 설명한다(막 3:22; 눅 11:15). 그렇지만 마태는 현장에 있던 바리새인들 모두가 이렇게 말했다는 점을 강조한다. '바알세불 안에 있다'는 말은 사탄과 연합 작전을 벌였다는 뜻이다(JMNT).

【25절】 그는 [그들의 은밀한 생각들을 아시고] 그들에게 말씀하셨다. "‖스스로 분열된 {모든} 나라는‖ 황폐하게 되고, ‖{어느} 도시나 집안도 서로 갈라서면‖ 서지 ‖{못한다}‖."

❀ 25-30절을 마가복음 병행 단락(3:23-27)과 비교하면 마태복음이 상당히 긴데, 이런 경우는 흔치 않다. 이는 저자가 이 단락을 아주 중요하게 여긴다는 사실을 반영한다(Osborne, 528). 마태는 여기서 하나님의 왕국과 사탄의 왕국 간의 대결 양상을 시청각적으로 묘사한다. 첫 문장은 예수님의 초자연적 능력을 강조한다. '은밀한 생각'에 해당하는 헬라어 '엔뒤메시스'는 '엔'(~을 가지고)과 '뒤마

스'(분노, 열정)가 합성된 단어다. 즉 '분노 어린 생각'을 암시한다. 그럴 수밖에 없는 이유는 바리새인들이 이미 주님을 죽이기로 결의했기 때문이다(14절).
병행구인 누가복음 11:17에도 "예수께서 그들의 생각을 아시고"라는 구절이 등장한다. 개역개정으로 보면 본문과 동일하다. 하지만 헬라어 성경으로 보면 누가의 병행구는 '생각'('디아노에마')이란 단어가 다르고, 본문처럼 강조되어 있지도 않다. 누가복음의 문맥은 마태복음과 다르다.

【26절】 그런데 〈만약 [사탄이] 계속 ‖사탄을‖ 쫓아내며〉 [자신과 싸운다면], 그가 이미 분열된 것이니, 어떻게 ‖그의 왕국이‖ [서 있을 수] 있겠느냐?

【27절】 그리고 〈만일 ‖내가‖ 지금 [바알세불 안에서] 귀신들을 쫓아내고 있다면〉, [너희 아들들은] 지금 누구 안에서 그것들을 쫓아내고 있느냐? 그러므로 ‖그들이‖ [너희의 재판관들이] 될 것이다.

❁ 사탄과 연합하여 귀신을 쫓아낸다는 바리새인의 주장에 대해 예수님은 세 가지 근거를 대며 반박하신다(Swindoll, 245). 첫째, 만약 주님이 사탄의 능력을 힘입어 귀신을 쫓아낸다면, 그것은 사탄이 자신과 싸우는 꼴이 되기에 말이 안 된다는 것이다(26절). 둘째, 만약 주님이 바알세불의 힘을 빌려 귀신을 쫓아낸다면, 바리새인들이 귀신을 쫓아내는 것 역시 바알세불과 결탁한 것이기에 그들의 말이 앞뒤가 맞지 않는다는 것이다(27절).

❁ 예수님이 바리새인들로부터 심한 공격을 받는 상황은 마태에게 굉장한 의미가 있었으리라. 마태 공동체도 주변 사람들로부터 이런 비난을 받고 있었을 것이기 때문이다(Keck, 285). '너희 아들들'은 바

리새인의 제자나 유대인 주술사를 의미한다. 1세기에 주술은 이교도나 유대인 사회에서 모두 번창하는 사업이었다(Osborne, 529).

GNT 역본은 27절을 이렇게 번역한다. "너희들은 내가 바알세불의 능력을 받아서 귀신들을 쫓아낸다고 주장한다. 그렇다면 너희의 추종자들은 누구로부터 능력을 받아 귀신을 쫓아내느냐? 너희의 추종자들이 하는 행동을 보면 너희가 잘못되었음을 알 수 있다!"

【28절】 그러나 〈만약 [내가] 지금 ‖하나님의 영 안에서‖ 귀신들을 쫓아낸다면〉, 그렇다면 분명히 ‖하나님 나라가‖ 너희도 모르게 이미 너희에게 임하였다!

❋ 셋째, 예수님이 귀신을 쫓아내는 것은 이미 하나님 나라가 그들 가운데 임했음을 증명한다는 것이다. '바알세불 안에서' 귀신을 쫓아낸다는 비방에 대항하여, 주님은 '하나님의 영' 안에서 능력을 행사한다는 사실을 확언하신다. 누가의 병행구는 "하나님의 손을 힘입어"(11:20) 귀신을 쫓아낸다고 설명한다. 그렇지만 마태는 그분의 사역이 이사야 42:1('하나님의 영')의 성취라는 점을 보여주며, '성령을 모독하는 죄'에 대한 근거를 마련하기 위해 이렇게 표현한다(Gundry, 235).

1세기 유대인들은 대체로 구약시대 이후로 성령이 소멸되었거나 잠잠하게 되었다고 생각하였다. 하지만 메시아가 나타나 하나님 나라가 시작되면 성령이 활동을 재개할 것이라고 여겼다. 저자는 '하나님의 영'이란 표현을 제일 강조하여 예수님이 메시아이심을 암시한다(Keener 1998, 92).

❋ 28절은 마태의 신학에서 아주 중요하다. 하나님 나라의 도래가 예수님과 세례 요한이 전한 메시지의 핵심이기 때문이다(3:2; 4:17).

저자는 26절에서 사탄의 왕국을, 28절에서 하나님의 왕국을 제일 강조한다. 마태복음은 대체로 '천국'(하늘나라)이란 용어를 선호한다. 저자가 여기서 '하나님 나라'라는 표현을 사용하며 제일 강조한 이유는, 하나님의 왕국과 사탄의 왕국 간의 대결을 시각적으로 보여주기 위함이다(Hagner, 572).

병행 단락을 보면, 마가복음에는 '사탄의 왕국', '하나님의 왕국'이란 용어 자체가 없고(3:22-27), 누가복음에는 이 두 용어가 이처럼 강조되어 있지 않다(11:18, 20). '임하다'로 번역된 헬라어 '프타노'는 '앞서다', '먼저 오다'의 뜻이다. 이 표현은 하나님 나라가 '바리새인이 예상했던 것보다 일찍'(AMP), '그들이 눈치채지 못한 사이에'(EXB) 도착해 있는 상황을 알려 준다.

【29절】 아니면 사람이 강한 자의 집에 들어가 [먼저] 그 강한 자를 묶어 놓지 않고서, 어떻게 [그의 소유물을 강탈할 수] 있겠느냐? [묶은 후에야] 그가 ‖그의 집을‖ 약탈할 수 있으리라.

【30절】 ‖나와 함께하지 않는 사람은‖ [나를 대적하는] 자이고, [나와 함께 모으지 않는 사람은] ‖흩어 버리는‖ 자다.

❀ 29절에서 '강한 자의 집'은 사탄의 왕국, '강한 자'는 사탄, '그의 소유물'은 사탄에게 속박된 사람들, '그의 소유물을 강탈하는 행위'는 갇힌 자를 풀어 주시는 예수님의 사역을 의미한다(EXB). 30절에서 '모으는 것'과 '흩어 버리는 것'은 각각 신실한 사람과 배교자를 설명하는 구약의 묘사다(Barton 2002, 421). MSG 역본은 30절을 이렇게 번역한다. "이것은 중간 지대가 없는 전쟁이다. 만약 너희가 내 편에 서지 않으면 너희는 나의 적이 된다. 만약 너희가 돕지 않으면 사태는 더욱 악화된다."

용서받지 못하는 죄

【31절】 [그러므로] 내가 너희에게 말한다. 사람들의 ‖{모든} 죄와 모독적인 말은‖ 용서받을 수 있다. 그러나 [말로 성령을 모독하는 것은] ‖용서받지 못할 것이다‖.

❋ 예수님은 자신을 고소하는 사람들의 얼굴을 빤히 쳐다보며 이 말씀을 하신다(Swindoll, 250). 본문은 ‘그러므로’를 강조하여 본 단락과 24-30절의 내용을 밀접하게 연결한다. 따라서 용서받지 못할 죄에 대한 언급이 바알세불 논쟁과 직결된다는 점을 명확히 한다. 첫 문장인 ‘그러므로 내가 너희에게 말한다’는 구절은 엄중한 경고나 선언을 하기 전에 주님께서 종종 사용하셨던 문구다. 이것은 “여호와께서 가라사대”라는 구약의 진술과 동일하며, 예수님이 하나님이심을 입증한다(Barton 2002, 421). 마가나 누가의 병행구에는 ‘그러므로’라는 연결어가 없다(막 3:28; 눅 12:10).

❋ 전반부는 사람들의 ‘모든 죄와 모독적인 말이’ 용서받을 수 있음을 강조한다. 여기서 ‘모든’이란 단어가 이중으로 강조되어 앞에서 언급된 하나님의 자비(7절)를 상기시킨다. 아울러 성령을 모독한 바리새인의 죄가 얼마나 심각한가를 은연중에 드러낸다. ‘용서받을 수 없는 죄’는, 예수님의 치유와 사역을 사탄의 활동에 의한 것으로 단정 짓는 것을 말한다(Wright, 218).

바리새인들은 주님께서 귀신을 쫓아내시는 사역이 성령의 능력이 아니고서는 불가능하다는 것을 알면서도 이를 비난한다. 즉 진리를 알면서도 의도적이고도 악의적으로 거부한다. 이것이 성령을 모독하는 죄다(Swindoll, 252).

【32절】 또 〈누구든지 말로 인자를 대적하는 사람은〉 용서받을 수 있을 것이다. 그러나 〈누구든지 말로 성령을 대적하는 사람은〉 ‖{이} 세대에서도 {오는} 세대에서도‖ [용서받지 못할 것이다].

❁ 말로 인자를 대적하는 자가 용서받을 수 있다는 교훈은, 주님의 삶이 유대인이 생각했던 메시아상과 일치하지 않았다는 점을 전제로 한다(Gundry, 237). 아울러 인자가 감추어진 모습으로 왔기에 오해받을 수 있었음을 시사한다(Hagner, 577). 그 대표적인 예로 바리새인이었던 사울이 예수님의 제자들을 박해한 사건을 들 수 있다(MacArthur, 1146). 사울의 행동은 무지에서 나온 것이었기에 용서받을 수 있었다(딤전 1:13).

❁ '이 세대'와 '오는 세대'라는 표현은 이 세상에서의 삶과 다음 세상에서의 삶을 대조하여 보여주는 유대인식 표현법이다(France, 484). '용서받지 못하는 죄'와 관련하여 자신이 그런 죄를 지었을까 봐 염려하는 태도는, 오히려 그들이 그런 죄를 저지르지 않았음을 증명한다(Blomberg, 204). 용서받지 못할 죄를 지은 사람이 용서받지 못하는 이유는, 그들의 죄가 다른 사람의 죄보다 더 악하기 때문이 아니다. 그들이 결코 하나님께 용서를 구하지 않을 것이기 때문이다(Barton 2002, 423).

열매를 보고 나무를 안다

【33절】 나무를 좋게 만들어 그 열매가 좋게 하든지, 아니면 나무를 쓸모없게 만들어 그 열매가 쓸모없게 하라. 왜냐하면 나무는 [그 열매에 의해] 알려지기 때문이다.

【34절】 독사의 자식들아! 너희가 [악한] ‖존재인데‖ 어떻게 선한 것들을 말할 {가능성이} 있느냐? 이는 입이 [그 마음에 가득 찬 것으로부터] 말하기 때문이다.

❈ 예수님은 성령을 모독하는 죄와 관련하여 문제의 핵심을 지적하신다. 주님은 바리새인들을 향해 그들 속에 있는 악의 근원이 무엇인지 밝히신다(Swindoll, 253). 34절은 마태복음에만 있는데, '독사의 자식들'이란 표현은 세례 요한이 바리새인과 사두개인을 보며 외쳤던 장면을 상기시킨다(3:7). TPT 역본은 34절을 이렇게 번역한다. "너희 바리새인들은 철저히 썩었다. 너희들은 뱀의 자손이기에 독으로 오염되었다. 너희 속이 완전히 썩었는데, 어떻게 너희 말이 선하고 믿을 수 있겠느냐?"

【35절】 ‖{선한} 사람은‖ [그 {선한} 보물 창고에서] [선한 것들을] 내놓고, ‖{악한} 사람은‖ [그 {악한} 보물 창고에서] [악한 것들을] 내놓는다.

【36절】 그러나 나는 너희에게 말한다. 〈사람들은 자기가 표출하게 될 {모든} 쓸데없는 표현들〉, 그들은 그것에 대해 심판 날에 상세하게 해명해야 할 것이다.

【37절】 왜냐하면 ‖네 말로 인해‖ 네가 [의롭다 함을] 받게 될 것이고, ‖네

말로 인해] [정죄를] 받을 것이기 때문이다.

❋ 35절은 인간의 마음이 마치 우물과 같아서 그 안에 사상이 담겨 있고, 인간의 혀는 우물에서 그것을 끌어올리는 두레박과 같다고 말한다(Swindoll, 253). 36-37절은 마태복음에만 있다. '모든 쓸데없는 표현들'(36절)은 바리새인들이 예수님을 대적할 때 사용했던 말(24절)을 역설적으로 표현한다(Harrington, 184).

주님은 36절에서 3인칭 복수를 주어로 사용하다가 갑자기 37절에서 주어를 2인칭 단수로 바꾸신다. 동시에 '네 말로 인해'라는 문구를 연달아 강조하신다. 이러한 기교는 심판의 날에 개인적 차원에서 엄중한 심판이 있을 것을 암시한다(Gundry, 241).

❋ '의롭다 함을 받고', '정죄를 받는다'(37절)는 표현은 모두 사법적 용어다. 마태는 말로 믿음을 고백하는 것을 굉장히 중요시한다(10:18-20, 26-27, 32-33). 마태 공동체 구성원은 회당에서 주님께 대한 그들의 믿음을 고백하지 못하도록, 또 그분을 비방하는 말을 하도록 많은 유혹을 받았을 것이다(Keck, 288). 저자는 36-37절을 기록하여 제자들이 그런 유혹에 넘어가지 않고 꿋꿋하게 잘 견디기를 기대했으리라.

서기관과 바리새인이 표적을 요구하다

【38절】 [그때] 서기관들과 바리새인들 중 몇 사람이 그에게 대답하여 말했다. "선생님! 우리는 당신이 [표적을 보여주기를] 간절히 원합니다."

❀ '그때'와 '대답하여 말했다'는 표현은 본 단락과 22-37절을 긴밀하게 연결한다. '대답하다'에 해당하는 헬라어 '아포크리노마이'는 이미 앞에서 언급한 내용과 관련하여 말하는 상황을 암시한다. 저자는 우리가 표출한 '쓸데없는 표현들'(36절)에 대해 심판 날에 해명해야 한다고 선언한 후에, 서기관과 바리새인이 주님께 한 말을 고스란히 들려준다. 마가와 누가의 병행구는 이런 구조를 취하지 않을 뿐만 아니라, 바리새인들의 요구를 인용하지도 않는다(막 8:11; 눅 11:16).

❀ 바리새인과 서기관이 요구한 표적은 평범한 기적이 아니라, 그들도 수긍하지 않을 수 없는 합법적인 표적을 의미한다(Hagner, 586). 1세기 유대인은 메시아적 표적에 굉장히 민감했다. 메시아에 대한 기다림이 결국 로마의 지배에서 풀려나는 것을 의미했기 때문이다(장재일, 448). 종교 지도자들의 이러한 요구는 그들의 위선과 무례함, 그리고 모독적인 자세를 반영한다. 그들은 주님이 행하시는 표적을 보고 믿겠다는 태도가 아니라, 오히려 사기꾼이라고 주장함으로써 제거하려고 시도한다(Swindoll, 258).

【39절】 그러나 [그는] 그들에게 대답하여 말씀하셨다. "‖사악하고 음란한 세대가‖ [표적을] 찾으려고 애쓰지만, ‖선지자 요나의 표적 외에는‖ [단 하나의 표적도] [주어지지] 않을 것이다."

❀ 누가의 병행구는 '악한 세대'가 표적을 구한다고 서술하는데(11:29), 마태는 여기에 '음란한'이란 형용사를 덧붙이며 누가복음보다 더욱 강조한다. '사악하고 음란한 세대'란 문구는 신약성경에서 마태복음에만 두 번 등장하는데(16:4), 모세가 반항하는 이스라엘 백성을 묘사하며 썼던 표현(신 32:5)을 상기시킨다(France,

489). '요나의 표적'은 예수님이 땅에 묻히고 난 후에 부활하시면, 그것이 바로 그분을 대적하던 자들도 결코 놓칠 수 없는 단서가 될 것이란 뜻이다(Wright, 221).

예수님의 부활이 그분의 세대에 주어진 유일한 표적이라는 선언은 마태의 내러티브를 전체적으로 이해하는 데 굉장히 중요하다. 마태복음에 서술된 모든 내용은 예수님의 부활 이후의 관점에서 기록되었다(Keck, 296).

【40절】 왜냐하면 〈요나가 {세} 낮과 {세} 밤을 그 바다 괴물의 뱃속에 있었듯이〉, 인자도 [그처럼] 세 낮과 {세} 밤을 이 땅의 심장부에 있을 것이기 때문이다.

❋ '바다 괴물'로 번역된 헬라어 '케토스'는 '바다 괴물', '고래', '거대한 물고기'를 의미한다. 이 단어는 신약성경에서 오직 한 번 본문에 사용되었고, 70인역 요나서 2:1에 등장한다. '세 낮과 세 밤'이라고 해서 반드시 72시간을 의미하지는 않는다. 예수님은 금요일 저녁에 무덤에 묻혔다가 주일 아침 6시경에 부활하셨다. 사실 주님은 각기 다른 세 날의 일부만 무덤에 계셨다. 당시 유대인들은 하루의 일부를 하루 전체로 간주하였다. 주님은 요나가 물고기 뱃속에 있었던 것과 엇비슷한 시간 동안 묻혔다가 살아날 것이란 뜻으로 이 이야기를 하셨으리라(Kaiser, 394). '이 땅의 심장부'는 '스올', 즉 죽은 자들이 거하는 장소, 아니면 무덤을 의미한다(France, 491). 40절은 마태복음에만 있다.

【41절】 그 심판 때에 ‖니느웨 사람들이‖ 이 세대와 함께 일어나 이 세대를 정죄할 것이다. 왜냐하면 그들은 요나의 선포를 듣고 회개하였기 때문이다. 그런데 보라! [요나보다 더 위대한 것이] ‖여기에‖ 있다.

❁ 주님은 고대 유대인이나 로마인이 고소하거나 법정에서 증거를 제출할 때, 증인이 증인석에서 일어나던 관습을 염두에 두고 이 말씀을 하신다. 42절에서 남방 여왕이 일어난다는 것도 이러한 관습을 반영한다. 스데반이 돌에 맞아 순교하며 "인자가 하나님 우편에 서신 것을" 본다고 하였는데(행 7:56), 이것 역시 자신의 무죄를 하나님이 증언하신다고 선포한 것이다(Freeman, 49).

❁ 니느웨 사람들이 이 세대를 정죄하는 까닭은 그들이 요나의 설교를 듣고 회개하였기 때문이다. 하지만 바리새인들은 하나님 나라의 실체와 예수님의 선포가 진리임을 보여주는 수많은 기적을 보고도 믿지 않았다(28절). 니느웨 사람은 거의 알지 못하는 바를 따랐던 반면에, 바리새인은 자신들이 본 바를 받아들이지 않았다. 심지어 주님의 사역을 사탄의 활동으로 모독하기까지 했다(Hagner, 584).

마지막 문장에 있는 '요나보다 더 위대한 것' 역시 6절과 마찬가지로 '하나님 나라의 실체'를 가리킨다. 이 문장에서 '여기'가 제일 강조된 점에 주목해야 한다. 만약 개역개정의 번역처럼 '요나보다 위대한 것'이 '예수님'을 가리킨다고 한다면, '여기'보다 '요나보다 더 위대한 것'이 더 강조되어야 했으리라.

【42절】 그 심판 때에 [그 남방 여왕이] 이 세대와 함께 일어나 이 세대를 정죄할 것이다. 왜냐하면 그녀는 솔로몬의 지혜를 듣기 위해 이 땅의 끝에서 왔기 때문이다. 그런데 보라! [솔로몬보다 더 위대한 것이] ‖여기에‖ 있다.

❁ '남방 여왕'은 스바 여왕을 가리킨다(왕상 10:1). 그녀는 아라비아 남방 지역(오늘날의 에티오피아나 예멘)에 살고 있었으나, 솔로몬의

지혜를 들으려고 2천여 킬로미터나 되는 먼 거리를 여행했다(고영민, 463). 니느웨 백성은 요나의 설교를 듣고 회개했고, 남방 여왕은 솔로몬의 지혜를 듣고 감탄했다.

그런데 정작 이 세대의 사람들은 '하나님 나라의 실체'를 보여주는 수많은 증거를 보고도 주님을 배척했다. 여기서 우리는 이방인인 니느웨 사람과 남방 여왕이 이스라엘을 심판하기 위해 일어날 것이라는 놀랄 만한 사실에 주목해야 한다. 마태는 '믿는 이방인'과 '믿지 않는 유대인'이라는 주제를 독자에게 제시한다(Hagner, 588).

더러운 영이 돌아오다

【43절】 하지만 〈그 {더러운} 영이 그 사람에게서 나와서〉 쉴 곳을 찾아 {물이 없는} 장소들을 두루 다니지만, 쉴 곳을 발견하지 못한다.

❀ 얼핏 보면 '더러운 영'에 관한 이야기는 문맥과 관련이 없는 것처럼 보인다. 예수님은 비유를 사용하여 서기관과 바리새인의 완고한 마음, 즉 이 세대의 영적 실상을 보여주신다(Swindoll, 260). 이 비유는 하나님의 영을 받아들이지 않고 도덕적 개혁만을 추구하는 사람들의 영적 상태를 묘사한다(MacArthur, 1147). (결코 귀신이 쫓겨 나간 사람에게 일반적으로 일어나는 상황을 설명하는 이야기가 아니다.)

'더럽다'에 해당하는 헬라어 '아카타르토스'는 마태복음에서 본절을 제외하면 10:1에서 딱 한 번 사용된다. 개역개정에는 나타나 있지 않지만, 헬라어 원문에는 '더러운 영' 앞에 정관사가 붙어 있다. 여기에 등장하는 더러운 영은 22-29절의 귀신 축출 논쟁을 반영한다(양용의, 270). 그렇다고 해서 앞에서 있었던 귀신 축출에 관한 코멘트는 아니다(Nolland, 514).

❀ 43절에 사용된 세 개의 동사('찾다', '다니다', '발견하다')가 모두 현재형인데, 이는 습관적 동작을 말하며, 계속 먹잇감을 찾아 헤매는 귀신의 행태를 시각화한다. 귀신들이 찾는 안식은 주님이 주시는 진정한 안식(11:28)과 뚜렷한 대조를 이룬다. 동시에 본 단락과 안식일 논쟁(12:1-14)을 하나로 엮는다(Blomberg, 208). 요세푸스의 글, 위경, 랍비 문헌에는 귀신이 사람에게 들어와 사람을 숙주로 삼는 사례가 나와 있고, '물이 없는 곳'(광야)은 귀신의 거주지나 귀신이 선호하는 장소로 언급된다(강대훈, 825; Barton 2002, 431).

【44절】 [그때] 그것은 "[내가 나왔던 내 집으로] 돌아가야겠다"라고 말한다. 그리고 와서 보니 그곳이 비어 있고 깨끗이 청소되었으며, 꾸며져 있는 것을 발견한다.

❀ '내가 나왔던 내 집'이란 문구는 귀신의 강한 집착과 소유욕을 암시하는데, 귀신은 여기서 제국주의적 용어를 사용한다(Hagner, 591). 병행구인 누가복음 11:24에도 이 표현이 등장한다. 그러나 누가복음에는 '내 집'이 강조되어 있지 않다. '집'에 해당하는 헬라어 '오이코스'는 '건물', '거처', '가족 구성원'을 의미한다. 본문에 묘사된 사탄의 가족 이미지("내 집")는 다음 단락에서 소개되는 하나님의 가족 공동체와 절묘한 대조를 보이며, 독자에게 강한 인상을 준다. 복음서에서 오직 마태만이 이런 멋진 기교를 선사한다. 누가의 병행 단락은 문맥이 다르며, 마가복음에는 아예 병행 단락이 없다.

【45절】 [그러자] 그것은 가서 자신과는 {차원이 다르고} [더 사악한] {일곱} 영들을 데리고 들어가 거기에 살게 된다. 그래서 [그 사람의 최종 상태가] ‖처음보다 더 나쁘게‖ 된다. 이 [악한] 세대도 [그렇게] 될 것이다.

❀ '자신과는 차원이 다르고 더 사악한 일곱 영'이란 구절이 아주 재미있다. '다른'에 해당하는 헬라어 '헤테로스'는 질적인 면에서 차이가 있음을 알려 준다. 곧 본성이나 종류, 계층 면에서 차이가 있는 상황을 시사한다. 나중에 등장한 일곱 귀신은 앞에서 언급한 귀신과는 차원이 다른 아주 악한 귀신이다. '7'은 일곱이란 뜻이지만, 이 숫자가 완전수이기에 철저히 악마의 소유가 되었음을 상징한다.

❀ 병행 단락과 비교하면, 누가복음 11:24-26은 바알세불 논쟁 바로 뒤에 위치하며 개인적 차원에서 다음과 같이 끝난다. "그 사람의 나중 형편이 전보다 더 심하게 되느니라"(11:26). 그러나 마태는 "이 악한 세대가 또한 이렇게 되리라"(개역개정)는 문장을 첨가하여 사회적 차원으로 전환시키며, 앞 단락의 '악하고 음란한 세대'(12:39)와 연결한다.
이 비유가 어떻게 바리새인의 영적 실상을 보여주는가? 바리새인과 서기관은 율법을 엄격히 준수하며 오직 외적, 도덕적 측면만을 개혁하려고 노력하였다. 이들은 자신의 의를 내세우며 스스로 거룩하다고 여겼고, 메시아를 배척하며 성령을 모독하는 죄를 저지르기에 이르렀다. 비유에 등장하는 사람이 '하나님의 영'을 받아들이지 않다가 더 나쁜 상태를 맞이하듯이, 종교 지도자들도 이런 결말을 맞게 될 것이다(Swindoll, 260-61). 본문은 귀신의 지배에서 벗어나는 것만으로는 충분치 않다고 경고한다. 집이 빈 상태로 유지될 수 없기에, 반드시 귀신에 의한 지배에서 그리스도에 의한 지배로 바뀌어져야 한다고 역설한다(Blomberg, 207).

예수의 어머니와 형제들이 예수를 만나려고 오다

【46절】 〈예수께서 여전히 그 무리들에게 말씀하시고 계실 때〉, 보라! [그의 어머니와 형제들이] 그와 이야기하려고 몹시 애를 쓰며 밖에서 있었다.

❆ 46절은 예수님이 말씀하고 계셨다는 사실을 강조함으로써, 앞 단락에서 언급한 '사탄의 가족 공동체'와 본 단락을 하나로 만든다. 병행 단락인 마가복음 3:31-35과 누가복음 8:19-21은 모두 문맥이 다르다. 43-45절은 귀신이 쫓겨나가는 은혜를 받았더라도 '하나님의 영'의 지배를 받지 않으면, 오히려 더 악화된다고 경고하였다. 이제 46-50절은 하나님의 가족 공동체를 소개하며, 이 긴박한 순간에 어느 공동체에 속할 것인지 결단하라고 촉구한다. 이와 함께 13장에서 전개될 천국 이야기에 대한 단서를 제공한다.

❆ '몹시 애를 쓰다'로 번역된 헬라어 '제테오'는 발견하기 위해 생각하고, 추론하고, 문의하는 상황을 함축한다. 이 단어는 예수님의 가족이 주님과 대화하기 위해 계속 방도를 찾는 모습을 시각화한다. 여기서 한 가지 재미있는 사실은, 귀신이 자신의 거처를 '찾는'('제테오') 대목(43절)에서도 이 단어가 등장한다는 점이다. 저자는

아주 대조적인 두 장면을 동시에 보여준다.

마태복음은 왜 예수님의 어머니와 형제들이 주님을 만나려고 왔는지 그 이유를 제시하지 않는다. 단지 중립적 관점에서 하나님의 가족 공동체를 소개하는 계기를 마련해 줄 뿐이다. 마가복음은 예수님이 미쳤다는 소문을 듣고 데려가기 위해 왔다고 설명한다(3:21).

【47절】 어떤 사람이 그에게 말했다. "보세요! ‖당신의 어머니와 당신의 형제들이‖ 당신과 [이야기하려고] 몹시 애를 쓰며 [밖에] 서 있습니다."

【48절】 그러나 [예수께서는] 그에게 말을 하고 있는 사람에게 대답하여 말씀하셨다. "누가 내 어머니이고, 누가 내 형제들이냐?"

【49절】 그리고 그가 그의 제자들을 향해 그의 한 손을 내밀며 말씀하셨다. "보라! 내 어머니와 내 형제들이다!"

❄ 47절은 예수님의 가족이 집 '밖에' 있다는 점을 강조한다. 이는 예수님의 육체적 가족이 아직 제자의 수준에 미치지 못한 상태에 있음을 시사한다. 동시에 육체적 가족보다 제자 공동체가 더 중요하다는 사실을 암시한다(양용의, 272). 주님은 제자들을 향해 손을 내밀며 말씀하신다. '제자'란 용어는 마가와 누가의 병행 단락에는 나타나지 않는데, 주님은 제자들의 모습에서 가족 공동체를 발견하신다. 손을 내미는 행동도 마태복음에만 있다. 마가복음에서는 '둘러앉은 자들을 보며' 말씀하시고(3:34), 누가복음에서는 어떤 행동도 취하지 않고 말씀만 하신다(8:21).

우리는 여기서 마태가 하나님의 가족 공동체에 대해 강한 애착을 느낀다는 점을 알 수 있다. 복음서에서 오직 마태만이 '교회'(16:18)란 용어를 사용한다는 사실에서도 이를 확인할 수 있다. '손을 내미는 행동'은 궁핍한 자에게 베푸는 동정심과, 언제나 지켜 주시겠다는 약속을 상징한다(Osborne, 550).

【50절】 왜냐하면 〈누구든지 하늘에 계신 내 아버지의 뜻을 행하는 사람〉, [그가] 나의 [형제요 자매요 어머니]이기 때문이다.

❀ 예수님은 육신의 가족을 부인하는 것이 아니라, 영적 관계의 영원성과 우선권을 강조하신다, 또한 자신의 육체적 가족조차도 주님을 영접해야 할 필요성이 있음을 암시하신다(MacArthur, 1147). 주님은 하나님을 "하늘에 계신 내 아버지"로 친근하게 부르며, 자신에게 영적 가족이 있음을 확실히 하신다. 이 문구는 마태복음에만 등장한다. 가족 간의 유대를 중시하는 유대인의 문화에서, 50절에 있는 예수님의 선언은 8:22, 10:37과 마찬가지로 청중에게 큰 충격을 주었으리라(Blomberg, 209).

❀ 46-49절과 50절을 비교해 보면 두 가지 차이점이 있다. 하나는 '자매'란 단어가 추가되었다는 것이고, 다른 하나는 순서가 달라졌다는 점이다. 첫째, '자매'가 추가된 것은 당시의 상황을 고려하면 아주 획기적이다. 1세기 유대인 사회에서 여성은 남성과 동등한 권리를 갖지 못했다. 오직 남성만이 랍비의 제자가 될 수 있었고 율법을 연구할 수 있었다. 그러나 예수님은 제자의 범위에 여성을 포함시키신다. (개역개정이 49절에서 "동생"으로 번역한 헬라어 '아델포스'는 '형제'를 뜻한다.)

둘째, 저자는 46-49절에서 무려 네 번이나 '어머니와 형제들'이라고 서술한다. 그런데 50절에서는 순서를 바꾸어 '형제, 자매, 어머니'로 기술하고, 이들을 하나하나 강조한다. 이 세 단어를 모두 강조하는 것은 오직 마태복음뿐이다. 마가복음은 이 세 단어를 언급하나 강조하지 않고, 누가복음은 어머니와 형제만을 이야기한다(막 3:35; 눅 8:21).

❀ '하나님의 가족 공동체'에 들어갈 수 있는 조건이 복음서마다 약간씩 다르다. 마태복음은 "하늘에 계신 내 아버지의 뜻대로 하는 자", 마가복음은 "하나님의 뜻대로 행하는 자"(3:35), 누가복음은 "하나님의 말씀을 듣고 행하는 사람"(8:21)이다. 이 문구들을 비교하면 마태복음이 제일 친밀하고 단란한 가족 분위기를 느끼게 한다. '아버지', '어머니', '형제', '자매'가 한데 어우러진 완벽한 가족 이미지를 보여준다(Gundry, 250). '하늘에 계신 아버지의 뜻을 행하는 자'는 바로 예수님의 제자이다(49절).

제13장

씨 뿌리는 자 비유

【1절】 [그날] 예수께서 그 집에서 나와 그 바닷가에 앉아 계셨다.

❀ '그날' 예수께서 그 집에서 나오셨다는 설명은 마태복음에만 있는데, '그날'과 '그 집'이란 표현은 12장과 본 단락을 하나로 엮는다. 1절은 '그날'을 강조한다. 아마도 11-12장을 읽은 독자들은 왜 예수님이 유대인들로부터 이처럼 환영을 받지 못했는지 그 이유를 알고 싶었을 것이다. 그러기에 저자는 13장의 비유를 통해 그들이 예수님을 거부한 근원적인 이유, 하나님 나라의 본질, 제자에게 주어진 특권이 무엇인지 알려 준다(France, 499).

【2절】 그런데 큰 무리들이 그에게 모아지자, ‖그는‖ [한 배에] 올라가 앉아 계셨고 [그 온 무리는] 그 해변에 서 있었다.

❀ 2절 첫 부분이 헬라어 원문에 의하면 수동태인데('모아지자'), 이는 많은 무리가 주님의 초자연적 능력에 의해 이끌린 듯한 인상을 준다(강대훈, 833). 개역개정은 이 부분을 능동형으로 번역하는데("큰 무리가 모여들거늘"), KJV, NKJV, YLT 역본은 수동형으로 번역한다. 오직 마태만이 주님께서 배에 올라가 앉으시고 무리는 해변에 서 있었다고 서술한다(비교. 막 4:1). (마가복음에는 무리가 서 있었다는

설명이 없다.) 이러한 모습은 유대인 랍비가 제자를 가르칠 때 볼 수 있는 전형적인 장면이다(Gill). '서 있다'에 해당하는 동사의 시제가 미완료에 상응하는 과거완료인데, 이는 청중이 끈질기게 기다리며 말씀을 갈망하는 상황을 시각화한다(Pulpit).
11-12장에서 거절과 배척을 경험한 예수님이 바닷가에서 많은 무리에게 복음을 전하시는 모습은 저자에게 강한 인상을 주었으리라(Jamieson). 주님은 북적거리는 군중들로부터 벗어나기 위해 배에 오르셨지만, 그로 인해 그분의 말씀이 청중에게 더 잘 들릴 수 있었다. 물가에 있는 청중을 향해 연설하는 것은 음향학적으로 아주 이상적인 환경이었다(Keener 1998, 94).

【3절】 그러자 그가 그들에게 많은 것들을 비유들을 사용하여 말씀하셨다. "보라! 씨를 뿌리는 자가 씨를 뿌리러 나갔다."

❋ 13:3-52은 마태복음의 다섯 강화 중 세 번째 강화인데, 천국에 관한 여덟 개의 비유를 담고 있다. 마태는 천국 비유를 예수님이 유대인들로부터 배척당하시고(12:22-45; 13:53-58) 하나님의 가족 공동체가 형성되기 시작하는 과정(12:46-50) 한복판에 배치한다. 여기에 기록된 비유들은 1) 예수님이 유대인들로부터 배척당하신 이유와, 2) 하나님의 가족 공동체의 탄생에 관한 설명이라 할 수 있다(Keck, 300). 또 한 가지 기억해야 할 사실은, 저자가 여덟 개의 비유를 예수님의 가족 이야기(12:50; 13:55-56)로 완전히 감싸고 있다는 점이다(윤철원, 214). 오직 마태복음만이 이러한 독특한 문맥과 구조를 취한다.

❋ 13장에 있는 여덟 개의 비유는 서술 방식에 따라 각각 네 개씩 두 그룹으로 나누어진다. 첫째 그룹은, 씨 뿌리는 자 비유(13:3-23)

와 그 뒤에 이어지는 세 개의 비유(독보리 비유, 겨자씨 비유, 누룩 비유)다. 여기서 뒤에 있는 세 비유는 공통적으로 '또 하나의 비유를 예수님께서 그들에게 베푸셨다'(24, 31, 33절)라는 문구로 시작된다. 따라서 이 후렴구가 연결 고리가 되고, '또 하나의'('알로스')라는 형용사가 시종일관 이중으로 강조된다. 첫째 그룹의 비유들은 유대인이 예수님의 메시지에 대해 반응을 보이지 않은 근원적인 이유를 제시한다(Garland, 144).

둘째 그룹은, 숨겨진 보물 비유(13:44)와 그 뒤에 이어지는 세 개의 비유(진주 비유, 그물 비유, 집주인 비유)다. 여기서 앞에 있는 세 비유는 '하늘나라는 마치~같다'(44절)라는 문구로 시작되며, '또한'('팔린', 45, 47절)이란 부사로 44절과 결합되어 있다. 마지막에 있는 '집주인 비유'는 천국 비유의 결론이다. 집주인 비유는 앞의 문구를 사용하지 않고 '보물'(52절)이란 키워드로 '숨겨진 보물 비유'와 엮여 있다(Keck, 301-13). 둘째 그룹에 속하는 이 네 비유는 천국의 본질에 대해 설명한다. 13장의 문학적 구조를 이해하는 것이 천국 비유의 의미를 파악하는 데 아주 중요하다.

❋ 1세기 유대인 사회에서 농부가 씨를 뿌리기 전에 쟁기질을 했는지, 아니면 후에 했는지 논란이 있다. 또 각 주장에 대한 증거도 있어서 결정을 내리기가 쉽지 않다(Osborne, 564). 어쨌든 본문은 이 점에 대해 언급하지 않고, 이것이 비유 해석에 영향을 미치지도 않는다. 만일 씨를 뿌린 후에 밭을 갈았다면, 씨가 좁은 길이나 바위투성이 토양 위에 떨어진 상황을 이해하기가 조금 더 쉬워진다(Hagner, 606).

【4절】 〈그가 씨를 뿌릴 때〉, [어떤 씨들은] 정말로 그 좁은 길 가장자리에 떨어졌고 [그 새들이] 와서 그것을 게걸스레 먹어 치웠다.

❀ 팔레스타인의 농부들은 손으로 직접 씨를 뿌리거나 구멍이 뚫린 씨앗 자루를 가축의 등에 올려놓고 그 구멍에서 씨앗이 떨어지게 했다. 따라서 본문과 같은 상황은 언제든지 일어날 수 있었다(Keener 1998, 94). '좁은 길'에 해당하는 헬라어 '호도스'는 밭과 밭 사이에 나 있는 좁은 길, 즉 밭두렁을 가리킨다(Cambridge). '게걸스레 먹다'에 해당하는 헬라어 '카테씨오'는 '카타'(따라가다)와 '에씨오'(먹어 치우다)가 합성된 단어다. 이는 새들이 계속 씨앗을 따라가며 보이는 족족 게걸스럽게 먹어 치우는 상황을 보여준다.

【5절】 또 [어떤 씨들은] 흙이 많지 않은 바위투성이 장소들 위에 떨어졌다. 그래서 흙이 깊지 않아 [즉시] 싹이 났지만

【6절】 [해가 뜨자] 그것은 타 버렸고, 그것은 뿌리가 없으므로 말라 버렸다.

❀ '바위투성이 장소'란 지면에 바위가 널려 있는 장소가 아니라, 바위 위에 흙이 얇게 덮인 지점을 말한다(NLT). 팔레스타인에는 석회암층이 많기 때문에 이런 땅이 많다. 개역개정은 이 장소를 "돌밭"으로 번역한다. 하지만 이 비유에 등장하는 농부는 네 종류의 밭이 아니라, 네 종류의 땅 또는 네 종류의 토질을 가진 하나의 밭에 씨를 뿌린다. 따라서 '밭'(field)보다는 '땅'(토양, ground)이나 '곳'(place)으로 이해하는 편이 좋다(강대훈, 836). 70여 종의 영어성경도 한결같이 '땅'이나 '곳'으로 번역한다.

【7절】 또 [어떤 씨들은] 가시덤불들 위에 떨어졌고, 그 가시덤불이 올라와 그것을 질식시켰다.

❀ '가시덤불'은 가시가 있는 다양한 관목이나 엉겅퀴를 말하는데,

이런 덤불은 밭의 경계를 표시하거나 짐승이 들어오지 못하게 하는 울타리 역할을 하였다. 가시덤불 위에 떨어진 씨앗이란, 덤불이 있는 밭의 가장자리에 떨어진 씨앗을 말한다(Harrington, 195).
열매를 맺지 못하는 사람을 유형별로 살펴보면, 굳은 마음을 가진 유대인의 지도자들은 첫째 토양, 흥미를 느끼지만 헌신하지 않는 무리들은 둘째와 셋째 토양에 해당한다(Osborne, 555). 1세기 유대인들은 이 비유를 들으며 상당히 실망했으리라. 그들이 기대했던 내용이 아니었기 때문이다. 그들이 생각했던 하나님 나라에는 오직 풍요로운 추수만이 있을 뿐이었다(Edersheim2, 529).

【8절】 그러나 [어떤 씨들은] 좋은 땅에 떨어져 계속 열매를 맺었는데, 정말로 [어떤 것은] 100배, [어떤 것은] 60배, 또 [어떤 것은] 30배를 맺었다.

❃ 저자는 4-7절에서 열매를 맺지 못한 씨앗의 상황을 설명하며 시종일관 부정과거 시제를 사용하였다. 그러나 열매를 맺는 씨앗의 경우에는 미완료 시제('맺었는데')를 사용하여 지속적으로 열매를 맺는 상황을 부각한다. 게다가 '어떤 것'을 연거푸 세 번이나 강조하여, 앞에서 열매 맺지 못한 세 부류의 사례를 보완하는 효과를 느끼게 한다.
마가의 병행구는 수확의 결과를 "30배, 60배, 100배"라고 점층식으로 설명하나(4:8), 마태복음은 이를 거꾸로 표현하여 "100배, 60배, 30배"라고 점강식으로 서술한다. 누가는 100배의 결실에 대해서만 언급한다(8:8). 마가는 클라이맥스를 향해 상승하는 흐름을 보여주어 최후의 결과에 관심을 갖게 한다. 그렇지만 마태는 상식을 뛰어넘는 특별한 성과를 돋보이게 하기 위해 100배를 맨 앞에 둔다(Harrington, 195). 달란트 비유(25:14-30) 역시 본문과 동일한 패턴으로 제일 많은 결실을 거둔 종의 사례부터 설명한다 (Keck, 304). 제자들의 다양성을 설명할 때 마태는 종종 이런 방식 (많은 것에서 적은 것으로)을 사용한다(Osborne, 565).

【9절】 [귀 있는 자는] 들어라.

❋ 9절은 생각하는 것보다 더 깊은 의미가 비유 속에 내재되어 있음을 알려 준다. 아울러 모든 사람이 들을 수 있는 귀를 갖고 있지 않다는 사실을 시사한다(Wilkins, 537). 저자는 이 경고를 9절과 43절에 배치하여 '씨 뿌리는 자 비유 해설', '독보리 비유', '겨자씨 비유', '누룩 비유'를 하나로 묶는다. 오직 마태복음만이 이러한 인클루지오 구조를 취한다.

비유로 말씀하시는 목적

【10절】 그러자 그 제자들이 그에게 [다가와서] "무엇 때문에 당신께서는 그들에게 [비유들을 사용하여] 말씀하고 계십니까?"라고 말했다.

❋ 제자들은 예수님께 나아와 여러 비유를 사용하여 말씀하시는 이유를 묻는데, 여기서 '비유들'이 강조되어 있다. 개역개정은 "비유" (단수)로 번역하는데, 헬라어 원문에는 '비유들'(복수)로 되어 있다. 그러므로 제자들이 던진 이 질문은 '씨 뿌리는 자 비유'뿐 아니라 여러 비유가 제시된 후에 나온 질문으로 보아야 한다. 그렇다면 저자는 왜 뒤에 있어야 할 이 질문을 여기에 배치했을까? 그것은

본 단락에 대한 이해가 뒤에 이어지는 여러 비유를 이해하는 데 굉장히 중요하기 때문이다(Gundry, 255). 실제로 이 단락(10-17절)을 병행 단락과 비교하면 마태복음이 분량 면에서 제일 길다(비교. 막 4:10-12; 눅 8:9-10).

❀ 마가와 누가의 병행구에서는 제자들이 비유의 의미에 대해 묻는다. 하지만 마태복음에서는 비유로 말씀하신 이유를 묻는다. 이는 마태복음의 제자들이 비유의 의미를 이해했다는 증거다(Garland, 146). 마태는 예수님이 함께하시기에 제자들이 깨달을 수 있다는 점을 암시한다. 반면에 마가복음의 제자들은 깨닫지 못한 것에 대해 주님으로부터 책망을 듣는다(4:13).

【11절】 [그가] 대답하여 말씀하셨다. "그 이유는 하늘나라의 그 신성한 비밀들을 아는 것이 [너희에게는] 주어졌으나, [그들에게는] 주어지지 않았기 때문이다."

❀ 11절은 '너희'와 '그들'을 각각 강조하여 이들을 대비한다. '너희'는 제자들, '그들'은 의도적으로 복음을 거부한 유대인을 가리킨다. '신성한 비밀'에 해당하는 헬라어 '뮈스테리온'은 '하나님의 신비한 뜻', '비밀', '숨겨진 것'이란 뜻인데, 헬라어 원문에 복수(비밀들)로 되어 있다. (개역개정은 이 단어를 단수로 번역한다.) 이는 이미 임한 하나님 나라의 여러 비밀을 보란 듯이 보여주시는 예수님의 모습을 강조한다(France, 511). 천국과 관련된 여덟 개의 비유가 13장에 종합적으로 제시된다는 사실이 이를 반영한다. 마가복음에서는 '비밀'에 해당하는 헬라어가 단수다(4:11).

❀ 앞 단락(12:50)에서 하나님의 가족 공동체를 언급한 예수님은 본

절에서 제자에게 주어진 특권이 무엇인지 소개하신다. 그것은 천국의 '비밀들'을 아는 것이 주어졌다는 것이다. 후반부에 나오는 '주어지고', '주어지지 않았다'는 표현이 신적 수동태인데, 이는 주는 행위의 주체가 하나님이란 뜻이다. 유대인들은 하나님의 신비를 암시할 때 전형적으로 이렇게 표현하였다(Harrington, 195).

【12절】 왜냐하면 [가진 사람은 누구든지] 그것이 ‖그에게‖ 주어지기에 그가 풍성해질 것이다. 그러나 [가진 것이 없는 사람은 누구든지] ‖그가 가지고 있는 것까지도‖ 빼앗길 것이기 때문이다.

❀ 12절은 가진 사람과 가진 것이 없는 사람을 대조하며 그들에게 주어질 상반된 결과를 강조한다. '가진 사람'은 하나님 나라의 메시지를 받아들이고 적절한 반응을 보인 사람이다. 반면에 '가진 것이 없는 사람'은 메시지를 받아들이지 않고 반응도 보이지 않은 사람이다(Hagner, 611-12). 가진 사람이 풍성하게 될 것이란 내용은 마가의 병행구(4:25)에 없다. 마태는 이 구절을 첨가하여 신앙생활의 근본 원리가 무엇인지 독자에게 제시한다. '풍성하게 된다'는 말은, 하나님 안에서 인생의 의미를 발견하고 풍요로운 삶을 살게 된다는 뜻이다(김창선, 166).

'가진 것이 없는 사람이 가지고 있는 것까지 빼앗긴다'는 말은, 복음을 거부한 사람이 아무런 지식을 얻지 못하고, 그들의 특권까지도 상실하게 될 것을 암시한다. 여기서 '없는' 자들은 유대인의 종교 지도자들과 대부분의 유대인을 가리킨다. 이들은 자신이 하나님의 선민이라는 특권을 가졌기에 안전하다고 생각하지만, 결국 그 지위까지 빼앗긴다(Barton 2002, 19).

【13절】 ‖이런 이유 때문에‖ 내가 [그들에게 비유들을 사용하여] 말한다.

이는 그들이 [보아도] 보지 않으며, [들어도] 듣지 않으며, 그들이 깨닫지도 않기 때문이다.

❀ 13절은 '이런 이유 때문에'를 제일 강조하여 비유로 말할 수밖에 없는 까닭을 제시한다. '깨닫다'로 번역된 헬라어 '수니에미'는 13장에서 하나님 백성의 특징을 드러내는 중요한 단어다. 이 단어가 마태복음에서 총 아홉 번 사용되는데, 13장에 무려 여섯 번이나 나온다(13, 14, 15, 19, 23, 51절). 마가복음에는 다섯 번, 누가복음에는 네 번 사용된다. 말씀을 깨닫지 못하는 사람은 진리에 반응하지 않는다. 그러나 깨닫는 사람은 진리에 반응하고, 그것으로 인해 변화된다(Bock 2005, 98).

❀ 후반부는 "보아도 보지 못하며 들어도 듣지 못하며 깨닫지 못함이니라"(개역개정)와는 다르다. 본문에 사용된 헬라어 원문의 직설법 동사들은 '능력의 한계'가 아니라, 의도적으로 예수님의 메시지를 '거부하는' 행위를 가리킨다. 따라서 못하는 것이 아니라, 고의적으로 안 하는 것이다. 이러한 모습은 11-12장에서 고의로 주님을 배척하는 사람들의 행위를 보면 분명해진다(양용의, 617). 주님을 배척한 바리새인들은 아예 보거나 들으려는 자세를 취하지 않았다(Gundry, 257). 병행구와 비교하면, 마가와 누가는 '그들로 하여금 깨닫지 못하게 하려고', 즉 고의로 진리를 거부하는 자의 눈을 가리기 위해 비유를 사용하셨다고 선언한다(막 4:12; 눅 8:10). 하지만 마태는 '목적'을 '이유'로 바꾸어, 그들 스스로가 눈을 감았기 때문에 비유로 말씀하셨다고 단언한다.
13절을 다른 역본으로 소개하면 다음과 같다. "이는 그들이 볼 수 있는 능력을 가지고 있으면서도 보지 않고, 들을 수 있는 능력을 가지고 있으면서도 듣지 않고, 영적인 것들을 이해하려고 하지 않기 때문이다"(AMP). "이는 그들이 보면서도 진정으로 보지 않고, 그들이 들으면서도 진정으로 귀를 기울이거나 이해하지 않기 때문이다"(NLT).

【14절】 그래서 이사야가 말한 예언이 [지금 그들 안에서 다시 성취되고 있다]. "그들은 [분명히 듣지만] 깨닫지 않을 것이고, [분명히 보지만] 알아채지 않을 것이다."

❀ 마태는 이사야의 예언이 예수님의 사역에서 종말론적으로 성취되는 장면을 본다. 즉 유대인 대다수가 주님을 받아들이지 않은 것이 구약 예언의 성취이고, 그것이 바로 하나님의 주권적인 역사라는 점을 분명히 한다(Hagner, 613). 예수님은 13절에서 이사야 6:9-10의 내용을 요약하고, 14-15절에서 이사야서 6:9 후반부와 10절을 한 번 더 길게 인용하신다. 본문은 인간의 책임과 의도적인 거부를 부각하며, 천국의 비밀을 받은 자와 그렇지 못한 자의 대조를 더욱 돋보이게 한다(Harrington, 200). 13절은 마가와 누가의 병행구에도 있다. 그러나 이사야서의 내용이 예수님의 입을 통해 인용되는 것은 마태복음이 유일하다.

【15절】 왜냐하면 이 백성의 마음이 이미 둔해져서 그들은 이미 [자신들의 귀로] 둔하게 듣고, 그들은 이미 [자신들의 눈을] 감아 버렸기 때문이다. 이는 그들의 눈으로 보지 못하게 하고, [그들의 귀로] 듣지 못하게 하고, 그들의 마음으로 깨닫지 못하게 하고, 돌아서지 못하게 하여, 내가 분명히 그들을 치료하지 않으려는 것이다.

❀ 예수님은 이사야 6:9-10을 70인역에 따라 인용하신다. 저자가 이사야서를 불필요할 정도로 길게 인용한 목적은, '마음으로 깨닫

다'라는 문구를 포함시키고 싶어서 그랬을 가능성이 있다. '깨닫다'란 단어가 마태복음에서 아주 중요하기 때문이다(Snodgrass, 152). 본문은 예수님이 사탄과 결탁하였다고 비난한 바리새인들의 죄악을 드러내며, 그들의 죄가 용서받지 못할 것임을 예고한다(Barton 2002, 21). 아울러 하나님의 구원계획이 왜 이스라엘을 떠나 이방인에게 향했는지 알려 준다(김창선, 166).

【16절】 그러나 ‖너희‖ 눈은 그것들을 보고 있으니 행복하고, 너희 귀는 그것들을 듣고 있으니 행복하다.

❀ 16절은 '너희'를 제일 강조하는데, 이는 15절에 나오는 '그들'과 뚜렷한 대조를 이룬다. 고대 히브리인들은 눈과 심장, 귀와 입이 서로 연결되었다고 여겼다. 그러기에 눈으로 보는 것을 통해 심장이 반응하고, 귀를 통해 입이 반응한다고 생각하였다. '눈이 보고 있으니 행복하다'는 말은 눈으로 보는 것이 마음으로 연결되어 믿게 된다는 뜻이다. '귀가 듣고 있으니 행복하다'는 말은 들은 내용이 입으로 연결되어 입으로 시인하여 구원을 받는다는 의미다(장재일, 466).

【17절】 왜냐하면 내가 [진정으로] 너희에게 말하는데, [많은 선지자들과 의인들이] 너희가 보는 것을 보려고 애썼지만 보지 못하였고, 너희가 듣는 것을 들으려고 애썼지만 듣지 못하였기 때문이다.

❀ 16-17절이 마가복음에는 없고, 누가복음에서는 전혀 다른 문맥에서 등장한다(10:23-24). '의인'은 하나님 나라의 도래를 간절히 기다렸으나 그 이전에 세상을 떠난 구약시대의 사람을 말한다. 예수님은 하나님 나라의 임재를 체험한 제자와 구약의 영웅을 비교하며, 제자들이 받은 축복이 얼마나 엄청난 것인지 알려 주신다.

'진정으로'가 강조되었다는 점이 이를 입증한다. 누가의 병행구는 '많은 선지자와 임금'(10:24)을 언급하는데, 마태는 이를 '많은 선지자들과 의인들'로 바꾸어 서술한다. 이러한 변화는 '의'를 강조하는(5:20) 마태의 관점을 반영한다(Harrington, 196).

❋ '애쓰다'로 번역된 헬라어 '에피뒤메오'는 '열망하다', '금지된 것을 탐내다'의 뜻이다. 누가는 탕자가 쥐엄 열매로 배를 채우려고 애쓰는 대목과(15:16), 거지 나사로가 부자의 상에서 떨어지는 부스러기를 먹으려고 노력하는 장면에서 이 단어를 사용한다(16:21). 이 동사는 개역개정의 번역("보고자 하여도")보다 더 강렬한 의미를 전달한다. 누가의 병행구는 '델로'(원하다)라는 동사를 사용하는데, 마태복음보다 의미가 약하다. 우리는 여기서 하나님 나라의 도래가 얼마나 엄청나고 놀라운 것인가를 절감한다. 만약 17절을 12장 6절, 41절, 42절의 형식에 맞춰 표현한다면 이렇게 될 것이다. "보라! 구약의 많은 선지자들과 의인들보다 더 위대한 것이 여기에 있다. 그것이 바로 천국의 실체다."

씨 뿌리는 자 비유 설명

【18절】 그러면 [너희는] 씨 뿌리는 사람의 비유를 들어 보라.

【19절】 〈누구든지 그 나라의 말씀을 듣고 그것을 깨닫지 않을 때〉, 그 사악한 자가 와서 그의 마음에 뿌려진 것을 빼앗아 간다. ‖이런 사람이‖ [그 좁은 길 가장자리에] 뿌려진 사람이다.

❀ 19절은 듣는 것보다 깨닫는 것을 더 강조한다. 병행구와 비교하면, 마가복음과 누가복음에는 '그것을 깨닫지 않을 때'라는 구절이 없다(막 4:15; 눅 8:12). 마태는 이 구절을 삽입함으로써 말씀을 깨닫기 위해 노력하지 않는 것이 결국 말씀을 뺏기는 원인이 된다고 지적한다. 아울러 그 책임이 '사탄'이 아니라 '듣는 자'에게 있음을 알려 준다(Gundry, 259). 이들은 깨달으려고 하지만 '깨닫지 못하는'(개역개정) 사람이 아니라, 아예 '깨달으려고 노력하지 않는' 사람들이다.

❀ 19-23절을 살펴보면 한 가지 중요한 차이점을 발견할 수 있다. 둘째, 셋째, 넷째 토양을 설명하는 대목에서는, 씨를 뿌린 장소가 제일 앞에 강조되어 나오고 그 뒤에 결과가 이어진다. 하지만 첫째 토양의 경우에는 거꾸로 되어 있다. 결과가 먼저 나오고 토양에 대한 언급이 뒤에 나온다. 이러한 기교는 하나님 나라의 메시지를 거절하는 유대인들의 죄를 강조하기 위함이다. 지금 그들의 상태가 바로 이와 같다(Osborne, 571).
사악한 자가 와서 씨앗을 빼앗거나 그들이 말씀을 깨닫지 못하는 이유는, 말씀의 전달이 불충분해서가 아니라 그들이 완악하게 거절했기 때문이다. 그러기에 말씀을 거부하는 자는 사탄과 협력 사역을 하는 자다(Hagner, 621). 마가와 누가의 병행 단락에서는 시종일관 씨를 뿌린 장소가 앞에 나오고 그 뒤에 결과가 이어진다(막 4:15-20; 눅 8:12-15).

【20절】 ‖바위투성이 장소들 위에 뿌려진 사람‖, [이런 사람은] [그 말씀을 듣고] [즉시 기쁘게] 그것을 받아들이는 사람이다.

【21절】 그러나 그는 자신 안에 뿌리가 없어서 [단지 잠시 동안만] 있다가, 〈그 말씀 때문에 환난이나 핍박이 일어나면〉 [즉시] 그는 걸려

넘어질 요인을 발견한다.

❀ 바위투성이 장소에 뿌려진 씨앗은 즉시 기쁘게 받아들이지만 곧 넘어진다. 복음에 대해 열정적 반응을 보인다고 해서 그것이 진정한 제자라는 것을 보장하지는 못한다. '자신 안에 뿌리가 없다'는 말은, 받아들인 말씀이나 교훈이 삶에 침투해 들어가지 못한 상황을 의미한다(EXB). 개역개정은 21절을 "잠시 견디다가"로 번역하는데, 약간 지나치다. '견디다'로 번역된 헬라어 '에스티'는 영어의 'be 동사'에 해당한다. 이들은 결코 견디는 사람이 아니다. '환난이 닥쳐올 때 걸려 넘어질 요인을 발견한다'는 말은, 닥쳐온 환난으로 인해 분개하며 하나님의 뜻과 구원의 길에서 빗나가는 것을 의미한다(France, 521).

【22절】 ‖가시덤불들 사이에 뿌려진 사람‖, [이런 사람은] [그 말씀을 듣지만] [이 시대의 염려와 부(富)의 속임수가] 그 말씀을 질식시켜 그것이 [열매를 맺지 못하게] 한다.

❀ 개역개정은 22절을 수동형("세상의 염려와 재물의 유혹에 말씀이 막혀")으로 번역한다. 하지만 헬라어 원문은 능동태로 되어 있어서 세상의 염려와 부의 속임수가 말씀을 질식시키는 현장을 리얼하게 보여준다.

【23절】 하지만 ‖좋은 땅에 뿌려진 사람‖, [이런 사람은] 그 말씀을 듣고 깨닫는 사람이다. 그는 정말로 열매를 맺어 생산하는데 [어떤 것은] 100배, [어떤 것은] 60배, 또 [어떤 것은] 30배를 결실한다.

❀ 마태는 비유를 해설하는 대목에서 땅의 종류를 열거하며, 첫째

토양에서 넷째 토양에 이르기까지 시종일관 '단수'(~하는 사람)를 사용한다. 그는 이렇게 함으로써 각 개인의 책임을 강조한다(Keck, 305). 마가복음과 누가복음은 '복수'(~하는 사람들)를 사용한다.
'깨닫다'에 해당하는 헬라어 '수니에미'가 현재분사인데, 이는 말씀을 지속적으로 받아들여 이해하는 상황을 함축한다. 이 단어는 '마음에서 하나가 되게 하다', '하나로 결합하다'의 뜻인데, 말씀과 자신의 생각을 일치시키는 것, 곧 말씀에 따라 사는 삶을 말한다.

❋ '생산하다'로 번역된 헬라어 '포이에오'는 '만들어내다', '행하다', '올바르게 행하다'의 뜻이다. 그런데 놀라운 사실은 12:50에 이 단어가 있다는 점이다. 예수님이 "하늘에 계신 내 아버지의 뜻대로 '행하는'('포이에오') 자가 내 형제요 자매요 어머니이다"라고 말씀하신 대목이다. 마태는 '좋은 땅에 뿌려진 씨앗'과 '하나님 나라의 가족 공동체'를 완전히 하나로 본다. 예수님의 가족이 주님을 찾아온 이야기(12:46-50) 바로 직후에 '씨 뿌리는 자 비유'를 배치한 저자의 의도가 여기에 있다. 이들이 어떻게 연결되는지 보여주기 위함이다.

❋ 23절에 또 하나의 중요한 특징이 있다. 저자는 좋은 땅에 뿌려진 씨앗이 결실하는 과정과 관련하여, 두 개의 동사('열매를 맺다', '생산하다')를 연달아 사용한다. 결실하는 장면에서 이처럼 동사 두 개가 나오는 경우는 마태복음밖에 없고, '생산하다'('포이에오')란 단어 역시 마태복음에만 있다. 개역개정은 이 둘을 구별하지 않고 "결실하여"로 번역하는데, 이는 헬라어 원문의 벅찬 감동을 전달하지 못한다. 아울러 예수님 가족 이야기와의 관련성도 느끼지 못하게 한다.

밀과 독보리(가라지) 비유

【24절】 [{또 하나의} 비유를] 그가 그들에게 베푸셨다. "하늘나라는 마치 자기 밭에 {좋은} 씨를 뿌린 사람과 같다."

❀ '씨 뿌리는 자 비유'를 들려주신 후에 예수님은 '또 하나의' 비유를 들려주신다. '또 하나'에 해당하는 헬라어 '알렌'은 '또 하나의', '또 다른'이란 뜻이다. 이 형용사가 24절, 31절, 33절에서 연달아 사용되며 연결 고리 역할을 한다(Snodgrass, 219). (개역개정으로는 이런 특징을 발견하기가 어렵다.) 저자는 이 연결 고리를 통해 '씨 뿌리는 자 비유', '독보리 비유', '겨자씨 비유', '누룩 비유', 이 네 개를 하나로 묶는다. 여기서 강조의 패턴이 모두 동일하다. 이러한 서술 방식은 44절, 45절, 47절의 형식과 확연히 구별된다.

'베푸셨다'에 해당하는 헬라어 '파라티데미'는 '앞에 두다', '식탁에 음식을 두다', '설명하다'의 뜻이다. 이 동사는 70인역에서 주로 식사를 대접할 때 쓰인다. 본문은 이 동사를 사용하여 비유를 듣는 제자들에게 과감하게 도전하여 영적 양식으로 삼으라고 권유한다(France, 525).

【25절】 그런데 [사람들이 자고 있는 동안에] 그의 원수가 와서 그 밀 가운데 독(毒)보리를 덧뿌렸다. 그리고 그는 가버렸다.

❀ '독보리 비유'는 마태복음에만 있다. '독보리'에 해당하는 헬라어 '지자니온'은 일종의 가라지인데, 잎사귀가 약간 좁고 낟알이 거무스레한 것만 제외하면 밀과 구분하기 어렵다. 개역개정은 이를

'가라지'로 번역하는데, 사탄이 미치는 해악성을 고려하면 '독보리' 란 용어가 더 좋다고 본다. '독보리'는 볏과에 속하는 한해살이풀이지만, 열매에 독을 내는 알칼로이드가 들어 있어 다른 동식물에 해를 끼친다.

❀ 사람들이 잠자는 동안에 사탄은 밀 가운데 독보리를 덧뿌리고 가버린다. 여기서 '덧뿌리다'가 매우 중요하다. 그냥 뿌린 것이 아니라 좋은 씨 위에 뿌렸기 때문이다. 독보리는 밀밭 한가운데 뿌려졌다. 따라서 독보리의 뿌리와 잎이 알곡과 뒤엉켜 있을 것이 분명하다. 마태는 이러한 묘사를 통해 심지어 예수님의 열두 제자 중에도 배반자가 있었음을 암시한다(Edersheim2, 534-35). 1세기 유대인 사회에서 원한을 품은 사람이 상대방의 밭에 독보리를 뿌리고 달아나는 사례가 종종 있었다. 그래서 고대 로마 사회에서는 이런 보복 행위를 범죄로 간주하여 처벌하는 법이 있을 정도였다(France, 525).

【26절】 〈그 잎이 돋아나고 [열매를] 맺을 때〉, [그때] ‖그 독보리 역시‖ 모습을 드러냈다.

【27절】 그 집주인의 종들이 다가와 그에게 말했다. "주인님! 당신께서 [{좋은} 씨를] 당신의 밭에 뿌리지 않으셨습니까? 그런데 [독보리는] 어디서 온 것입니까?"

❀ 26절은 '그 독보리 역시'를 제일 강조하여 마귀의 영향을 부각한다. 물론 '씨 뿌리는 자 비유'에서도 악한 자가 와서 길가에 떨어진 씨앗을 빼앗아 간다. 하지만 그것은 소극적이다. 여기서는 보다 적극적으로 악한 씨앗을 뿌린다. '씨 뿌리는 자 비유'가 씨앗을 받아들이는 인간의 마음 자세를 설명한다면, '독보리 비유'는 더 근원적인 문제,

즉 다른 종류의 씨앗을 이야기한다. 바꿔 말하면 바리새인들이 복음을 받아들이지 않는 이유는, 그들의 마음도 문제이지만 그들이 마귀에게 속했기 때문이라는 것이다. 하나님 나라와 사탄의 나라, 두 왕국의 대결 이미지는 여기서도 분명히 제시된다(Keck, 309).

【28절】 그러자 그는 "‖원수가‖ [이렇게 했구나]" 하고 그들에게 대답하였다. 이에 그들이 [그에게] "그러면 당신은 우리가 가서 그것을 모으기를 원하십니까?" 하고 묻자,

【29절】 [그는] 이렇게 말한다. "아니다! 너희가 어느 때에 [그 독보리를 모으다가] 그것과 함께 [그 밀을] 뿌리째 뽑아낼까 봐 걱정된다."

❀ 28절은 독보리의 근원이 원수에게 있음을 제일 강조한다. '원수'는 일차적으로 주인과 경쟁 관계에 있는 농장주다. 원수가 독보리를 뿌리고 간 이유는, 고대 사회에서 가장 중요하게 여겼던 명예에 타격을 가함으로써 평생 수치를 안고 살아가게 하려는 것이었다. 원수는 주인의 밭에 밀과 독보리가 함께 자라는 것을 여러 사람이 보게 하여, 결국 주인에게 수치를 안겨 주려는 의도를 가지고 있었다(장재일, 469).

하지만 주인은 전체적인 수확량이나 자신의 명예보다 밀 하나하나의 안전에 더 많은 관심을 보인다. 하나님의 관심은 천국 백성의 안전에 있다. 일반적으로 주인은 독보리를 미리 뽑아내어 밀이 성장하는 데 방해가 되지 않게 한다. 또 이렇게 해야 수확량도 늘어난다. 그러나 주인은 이러한 상식을 뒤엎는다(양용의, 242).

【30절】 그 둘이 추수 때까지 함께 자라도록 내버려 두어라. [추수 때에] 내가 그 추수꾼들에게 말할 것이다. "너희는 먼저 그 독보리를 모아 그것을 완전히 태울 수 있도록 여러 개의 단으로 묶어라. 하지

만 [그 밀은] 내 곳간으로 거두어들여라."

❀ 주인의 대답은 명예를 중시하며 절대로 수치를 당치 않으려던 1세기 유대인의 입장에서는 이해가 되지 않는다(장재일, 469). 이 비유는 마지막 심판 때까지 악한 자의 아들들과 하나님 나라의 자녀들이 공존할 것과, 심판 때에 이들이 분리될 것을 암시한다. 저자는 이스라엘 종교 지도자들이 주님을 배척한 사실과 관련하여, 이런 상황까지도 하나님께서 주관하신다는 진리를 알려 준다.

●

겨자씨 비유

【31절】 [{또 하나의} 비유를] 그가 그들에게 베푸셨다. "하늘나라는 마치 어떤 사람이 가져다가 자신의 밭에 뿌린 [겨자씨 한 알과] 같다."

❀ 개역개정은 어떤 사람이 겨자씨 한 알을 자기 밭에 '심었다'고 번역하는데, 헬라어 원문에 의하면 심지 않고 뿌린다. '뿌리다'에 해당하는 헬라어 '스파이로'가 '씨 뿌리는 자 비유'에도 등장한다(13:4). 겨자씨 비유는 마가복음과 누가복음에도 있는데, 누가복음은 문맥이 완전히 다르다(막 4:30-32; 눅 13:18-19). 병행구와 비교하면 미묘하지만 중요한 차이를 발견할 수 있다. 씨를 뿌리는 장소와 방식이 각기 다르다.

본문에서는 어떤 사람이 겨자씨 한 알을 자신의 '밭에' '뿌린다'(능동태). 마가복음에서는 '땅에' '뿌려진'(수동태) 한 알의 겨자씨를 이야기한다. 누가복음에서는 어떤 사람이 겨자씨를 자신의 '정원'에

'던진다'(능동태). 마태는 '뿌린다'('스파이로')는 동사를 사용하는데, 누가는 '던진다'('발로')고 표현한다. '발로'는 씨가 떨어지는 장소에 별로 신경을 쓰지 않고 아무렇게나 내던지는 상황을 함축한다. 이렇게 보면 마태복음에 나오는 농부가 분명한 목적을 가지고 제일 신경을 써서, 한 알의 겨자씨를 밭에 뿌린다. 더욱이 31절은 '겨자씨 한 알'을 강조하는데, 오직 마태복음만이 이렇게 처리한다.

【32절】 그것은 참으로 {모든} 씨앗들보다 [더 작지만], [자라면 다른 정원수들보다 더 커져서] 나무가 된다. 그래서 하늘의 새들이 와서 그 가지들 사이에 깃들인다.

❀ 사실 겨자씨가 가장 작은 씨앗은 아니지만, 유대인은 가장 작은 것을 말할 때 겨자씨란 표현을 사용하였다(EXB). 겨자씨는 5일 안에 발아하여 신속히 자란다(Snodgrass, 220). 이스라엘, 특히 갈릴리 지역에서 겨자는 온 산지와 평지에서 볼 수 있는 너무 흔한 1-2년생 들풀이다. 겨자 풀은 다 자라면 대략 2미터 정도가 된다. 따라서 아무리 크게 자란다 해도 나무라고 볼 수 없고, 가지 사이에 새가 깃들인다는 설명 역시 과장이다(France, 527; Keck, 309).
겨자씨 비유에 대해 설교자들이 오해하는 경우가 상당히 많다. 대부분의 설교자들은 대체로 이 비유를 작은 씨앗과 거대한 나무 사이의 대조로 이해한다. 따라서 하늘나라가 작게 시작하였지만 나중에는 크게 된다는 점을 강조한다. 한마디로 '급속한 성장'과 '역동성'에 주안점을 둔다. 물론 대조의 의미가 부각되어 있기는 하지만, 이것이 비유의 핵심은 아니다(Snodgrass, 225). 본문의 문맥과 이 비유를 들었던 유대인 청중의 시각을 고려한다면 말이다. 총 여덟 개의 비유 중에서 처음에 나오는 네 개는 유대인들이 예수님을 배척한 근원적인 이유를 설명하는 것이 주목적이다.

❆ 아마도 1세기 유대인은 겨자씨 비유를 들으며 다음과 같은 두 가지 사실에 충격을 받았을 것이다. 첫째, 어떤 사람이 겨자씨 한 알을 자기 '밭'에 '뿌렸다'는 사실이다. 겨자는 3월 중순에서 4월 초순까지 갈릴리 지역 어디서나 볼 수 있는 '잡초'다. 따라서 예수님 시대에 어느 누구도 겨자를 얻기 위해 자기 밭에 겨자씨를 파종하지 않았다. 이런 상황에서 만약 누군가가 자신의 밭에 겨자씨를 파종한다면 그는 분명히 손가락질을 받았으리라(장재일, 471-72).
둘째, 초라한 겨자씨와 거대한 나무 이미지를 병치시켜 놓았다는 점이다(Keck, 309). 복음서에서 오직 마태복음만이 '제일 작은 겨자씨 한 알'과 '다른 정원수들보다 더 커진다'는 점을 동일하게 강조한다. 약 2미터 정도 자라는 겨자 풀을 떠올리면, 이 비유는 분명히 어색하며, 바로 이 점이 독자로 하여금 비유의 의미를 다시금 생각하게 한다.

❆ 이 비유의 핵심은 무엇일까? 유대인의 종교 지도자들과 대부분의 유대인은 초라하고 어리석게 보이며, 자신들의 기대와는 상반된 주님의 사역을 도저히 받아들일 수 없었을 것이다. 마치 겨자씨 한 알을 밭에 뿌리는 사람처럼 어리석게 보였기 때문이다. 그래서 배척하였다.
예수님과 함께 시작된 하나님 나라는 영광스런 모습이거나, 정치적 성격을 띠거나, 로마 정부를 무너뜨리는 타입이 아니었다. 겸손하게 사역하시는 예수님, 군마(軍馬)가 아닌 나귀를 타신 그분의 이미지는, 거대한 나무가 아니라 들풀과 잡초로 상징되는 천국을 상징한다(Keck, 309). 세상 사람이 보기에는 정말로 우습게 보이지만, 주님은 겨자씨 한 알을 자신의 밭에 뿌리고 정성껏 키워 결국 거목이 되게 하신다. 이것이 천국의 비밀이다.

누룩 비유

【33절】 [{또 하나의} 비유를] 그가 그들에게 말씀하셨다. "하늘나라는 마치 어떤 여인이 가져다가 밀가루 서 말 속에 숨겨 [그 전체를] 부풀게 한 [누룩과] 같다."

❀ '누룩 비유'도 누가복음 13:20-21에 '겨자씨 비유'와 함께 등장하는데, 마태복음과 문맥이 다르다. '누룩'에 해당하는 헬라어 '쥐메'는 일반적으로 타인을 오염시키는 고질적인 정신적, 도덕적 부패를 상징한다. 이 단어는 신약성경에 13번 사용되며, 시종일관 부정적 의미로 쓰인다(막 8:15; 눅 12:1; 고전 5:6-8; 갈 5:9). 마태복음에서는 바리새인과 사두개인의 누룩(교훈)을 조심하라고 경고하는 장면에 나온다(16:6, 11, 12).

당시의 누룩은 오늘날 우리가 빵을 만들 때 소량으로 사용하는 이스트와는 다르다. 고대 사회의 누룩은 발효된 반죽의 일부인데, 빵을 구울 때 일부를 떼어 놓았다가 나중에 새로운 밀가루 반죽에 섞어 사용하는 식이었다(France, 528). 유대인 사회에서 이처럼 집에서 만든 누룩은 언제든지 건강을 해칠 수 있는 위험성이 있었고, 만약 그것이 오염된 경우에는 빵 전체를 상하게 할 수 있었다. 그러기에 누룩은 언제나 악한 세력의 침투를 상징했다(Garland, 150).

❀ 이 비유도 설교자들이 잘못 해석하는 사례가 많다. 대체로 작은 것에서 큰 것으로 엄청나게 성장하며 승리하는 교회 이미지를 강조한다(Keck, 312). 하지만 '성장'과 '대조'를 이 비유의 핵심으로 생

각해서는 안 된다(Snodgrass, 225). 아마 누룩 비유는 다음 세 가지 점에서 청중을 놀라게 했을 것이다(Keck, 309).

첫째, 유대인의 전통에서 거의 언제나 부패를 상징하는 누룩을 하나님 나라와 병치시킨다는 점이다. 둘째, 비유에 사용된 밀가루의 양 때문이다. 밀가루 서 말에 해당하는 헬라어 원문의 양은 약 42리터인데, 이는 성인 100명을 먹일 수 있는 분량이다. 게다가 1세기의 누룩은 발효되는 데 시간이 아주 오래 걸렸다. 유대인의 구전 토라 모음집 미쉬나에 의하면, 밀가루 반죽 발효 시간과 관련하여 "여리고에서 예루살렘까지 왕복하면 누룩이 발효된다"고 적혀 있을 정도다. 여리고에서 예루살렘까지는 왕복 3-4일 거리다. 따라서 이렇게 효과적이지 못한 누룩을 40리터가 넘는 반죽에 넣는 행위 자체가 당시의 유대인에게는 비정상적으로 보였으리라(장재일, 475-76). 셋째, 누룩을 밀가루 반죽 안에 '숨겨 놓았다'는 점이다. 이러한 행동은 아주 부자연스럽다(양용의, 245). 대체로 함께 반죽하거나 섞는 행동을 기대하는데, 이 여인은 그렇게 하지 않았다.

❀ 누룩 비유의 핵심은 무엇일까? 바리새인을 비롯한 유대인의 관점에서 보았을 때, 예수님의 사역은 마치 서 말의 밀가루 반죽 속에 누룩을 숨기는 것과 같은 어리석은 행위로 보였을 것이다. 더욱이 세리나 창기와 함께 식사하고 안식일을 범하는 주님의 모습은, 거룩하다고 자랑하는 종교 지도자들의 눈에 부패를 전염시키는 누룩으로 보였을 것이 뻔했다. 이들의 눈에는 하나님의 왕국 이미지가 전혀 보이지 않았다. 다시 말하면 가장 장래성이 없을 것처럼 보였다(Edersheim2, 537). 그래서 배척하였다. 엄청난 양의 밀가루 반죽을 부풀게 하는 누룩, 이 이미지는 마치 초라하게 십자가에 달린 예수님이 하나님 나라의 '왕'이라고 선언하는 것만큼이나 충격적이다(Keck, 311-12).

예언과 비유들

【34절】 예수께서 [이 모든 것들을] 비유들을 사용하여 그 무리들에게 말씀하였고, ‖비유가 아니면‖ 그가 그들에게 [아무것도] 말씀하지 [않으셨다].

【35절】 이것은 그 선지자를 통해 하신 말씀이 성취되도록 하기 위함이었다. "내가 내 입을 열어 [비유들을 사용하여] 말할 것인데, 세상이 창조될 때부터 숨겨진 것들을 내가 드러낼 것이다!"

❀ 저자는 지금까지 언급된 네 비유를 예수님이 '무리에게' 말씀하셨다고 설명하여 이 비유들을 하나로 묶는다(34절). 주님은 비유를 사용하여 천국의 비밀을 드러내신다. '드러내다'(35절)로 번역된 헬라어 '에류고마이'는 '힘껏 방출하다', '내뱉듯이 퍼붓다'의 뜻인데, 어떤 것을 힘껏 방출하거나 강물이 흘러가게 하는 것을 의미한다. 이 동사는 44절부터 시작되는 하나님 나라의 본질에 관한 네 개의 비유와 잘 어울린다.

35절의 인용구는 시편 78:2에서 따온 것으로 13:10-13의 내용을 상기시킨다. 마태는 천국 비유를 쏟아 내시는 주님의 모습에서 시편의 말씀이 성취되는 것을 본다. 35절은 마가복음의 병행 단락에 없다(4:33-34). 그 뒤에 이어지는 비유가 없기 때문이다.

독보리 비유에 대한 설명

【36절】 [그때] 그가 〈그 무리들을 돌려보내고〉 그 집으로 들어가시자, 그의 제자들이 그에게 다가와 "밭의 독보리 비유 의미를 우리에게 분명하게 해주십시오"라고 말하였다.

【37절】 그러자 [그가] 대답하여 말씀하셨다. "‖좋은 씨를 뿌리는 사람은‖ 인자요,

【38절】 [밭은] 이 세상이고, ‖{좋은} 씨앗‖ [이들은] 그 나라의 아들들이다. 그리고 [독보리 씨앗들은] 그 악한 자의 아들들이고,

【39절】 [그것들을 뿌린 그 원수는] 마귀다. 그리고 ‖추수 때는‖ [이 시대의 종말이고], ‖추수꾼들은‖ [천사들이다]."

❃ 36-52절은 마태복음에만 있다. 36절은 예수님께서 무리를 돌려보내셨다는 사실을 강조하여, 13장에 있는 여덟 개의 비유를 둘로 나눈다. 즉 비유를 듣는 대상을 다르게 한다. 처음 네 비유가 무리에게 주어진 것이라면, 44절부터 시작되는 네 비유는 제자들에게 들려주신 것이다.
우리는 자칫하면 38절의 '밭'을 '교회'로 한정할 수가 있다. 상당수의 설교자가 이 비유를 참된 신자와 거짓 신자가 섞여 있는 교회의 특성으로 이해한다. 물론 그런 면이 없는 것은 아니지만, 예수님은 이런 해석을 의도하지 않으셨다. 본문은 '밭'이 '이 세상'이라고 분명히 밝히며, 이 시대에 하나님의 자녀와 악한 자의 아들들이 어떻게 공존하는지 보여준다(Wilkins, 548).

【40절】 그러므로 〈그 독보리가 모아져 [불로 태워지듯이]〉, 이 시대의 종

말에도 [그렇게] 될 것이다.

【41절】 인자가 자신의 천사들을 보낼 것이며, 그들은 걸려 넘어지게 하는 {모든} 요인들과 불법을 행하는 자들을 그의 나라 밖으로 거두어 내어

❋ 개역개정 41절에는 "그 천사들"로 번역되었으나, 헬라어 원문에는 '자신의 천사들'로 되어 있다. 이러한 묘사는 예수님의 신적 권위를 부각한다. 마태복음에서 다른 사람을 걸려 넘어지게 하는 것, 곧 다른 사람을 실족하게 하는 행위는 중대한 죄로 취급된다. 비록 여기에 사용된 단어가 중성 명사 복수형('요인들')이지만, 이는 분명히 다른 사람을 실족하게 하는 자들을 가리킨다(Hagner, 641).

【42절】 그들을 그 불가마 속으로 던져 넣을 것이고, [거기에는] 슬피 우는 것과 이를 가는 것이 있게 될 것이다.

❋ '가마'에 해당하는 헬라어 '카미노스'는 복음서에서 오직 마태복음 13장에만 두 번 등장한다(13:42, 50). 이 단어는 70인역 다니엘 3:6에서도 사용된다. 마태는 영원한 형벌을 묘사하며 두 가지 은유를 사용한다. 하나는 어두운 곳에서 울며 이를 가는 것과, 다른 하나는 지옥의 불 가운데서 고통받는 것이다(Osborne, 595). 독보리 비유는 최후의 심판 장면을 보여준다.

【43절】 [그때 의인들은] 그들의 아버지 나라에서 해처럼 빛날 것이다. [귀 있는 자는] 들어라!

❋ 예수님은 중요한 말씀을 하실 때마다 "귀 있는 자는 들어라" 하고 말씀하신다(11:15; 13:9). 이는 유대인이 자주 사용하는 관용구인

데, 말씀을 단지 듣는 것으로 만족하지 말고 행동으로 옮기도록 촉구한다(류모세 2014, 50). 앞에서도 지적했듯이, 이 구절(9절, 43절)이 씨 뿌리는 자 비유 해설, 독보리 비유, 겨자씨 비유, 누룩 비유를 감싸고 있다. 예수님은 자칫하면 바리새인과 서기관처럼 하나님 나라의 실체를 보면서도 그것을 무시할 수 있기에 조심하라고 신신당부하신다. 첫째 그룹에 있는 이 네 비유는, 주님을 대적하는 세력이 이 세상에서 끊임없이 활동하고 있음을 기억하게 한다(Swindoll, 284).

숨겨진 보물 비유

【44절】 하늘나라는 마치 [밭에 숨겨진 보물과] 같다. 어떤 사람이 그것을 발견하여 숨겨 두고, [기뻐하며] 돌아가서 그가 가진 모든 것을 팔아 그 밭을 산다.

❀ 44-52절에 있는 네 개의 비유가 둘째 그룹이다. 여기서 44-50절이 하나의 단위로 묶여 있는데, '하늘나라는 마치 ~과 같다'(44, 45, 47절)는 동일한 형식으로 시작된다. (첫째 그룹과 시작하는 형식이 확연히 다르다.) 마태복음에만 있는 이 네 비유는 천국의 본질에 대해 설명하며 누가 진정한 제자인지 알려 준다.

팔레스타인은 외세의 침략이 많았기 때문에 사람들이 보물을 땅속에 감추는 일이 종종 있었다. 본문의 배경은 한 소작농이 지주의 농토를 갈다가 밭에 숨겨진 보물을 발견하고, 주인이 그것을 요구하지 못하도록 덮어 둔 상황이다. 이 소작농은 그 보물을 얻기 위해 전 재산을 팔아 그 밭을 산다. 예수님은 밭에 감추어진 보배보다 더 값진 보배를 찾도록 권면하신다(Keener 1998, 97).

❈ 후반부에 있는 세 개의 동사, 즉 '돌아가다', '팔다', '사다'가 모두 현재 시제다. 이는 기뻐하며 돌아가서 재산을 모두 팔아 보물을 사는 소작농의 환한 얼굴을 떠올리게 한다. 율법에 의하면, 일꾼이 누군가의 밭에서 우연히 숨겨진 보화를 찾았을 때 그 보화는 밭의 소유주에게 속하도록 되어 있었다. 그러기에 이 일꾼은 기쁘게 모든 소유를 팔아 그 밭을 산다(Barton 2002, 39). 이러한 태도는 말씀의 씨앗이 가시덤불들 사이에 뿌려진 사람의 경우(13:22)와 정반대다.

값진 진주 비유

【45절】 ‖또한‖ 하늘나라는 [마치] [{멋진} 진주들을 애써 찾는 한 상인과] 같은데,

【46절】 〈{아주} {값진} 진주 {하나를} 발견하고〉, 가서 즉시 그가 가진 모든 것들을 팔아 그것을 샀다.

❈ '또한'(again)이란 부사는 47절에도 등장한다. 이것은 44절, 45절, 47절을 하나로 단단히 엮는 고리 역할을 한다(Gundry, 278). 이 단어가 45절과 47절에서 제일 강조된다는 점이 이를 입증한다. (개역개정을 비롯한 기존의 우리말 성경으로는 이런 특징을 알 수가 없다.) '진주'는 천국을 상징하는데, 고대 사회에서 진주가 금보다 더 높은 평

가를 받았다는 사실에 주목해야 한다(Hagner, 646).

❀ 숨겨진 보물을 찾은 사람과 값진 진주를 발견한 사람을 비교하면 한 가지 중요한 차이점이 있다. '보물'을 발견한 사람은 굉장히 기뻐하였고 44절에서도 이 부분이 강조되었다. 그러나 '진주'를 발견한 상인의 경우에는 기뻐했다는 설명이 없다. 물론 그렇다고 해서 이 상인이 기뻐하지 않았다는 뜻은 아닐 것이다.
저자가 이렇게 서술한 이유는 보화를 발견한 '기쁨'이 두 비유의 핵심이 아니기 때문이다. '씨 뿌리는 자 비유'에서도 알 수 있듯이, '기쁨으로 말씀을 받는 것'(13:20)이 좋은 땅이라는 결정적 증거가 될 수 없다. 이 두 비유가 공통으로 강조하는 바는 보화를 소유하기 위해 자신의 전 재산을 다 팔았다는 사실이다. 하나님 나라를 발견한 사람은 가치관의 변화를 경험한다. 그래서 결정적 행동을 한다. 자신의 소유를 다 팔았다는 말은, 천국을 소유하기 위해 전력을 다하는 그리스도인의 모습을 보여준다. '숨겨진 보물 비유'와 '진주 비유'의 핵심은, 하나님 나라가 지닌 절대적 가치와 그것이 사람들로부터 이끌어 내는 뜨거운 반응에 있다(Harrington, 207).

그물 비유

【47절】 ‖또한‖ 하늘나라는 마치 [바다에 던져져서 모든 종류의 물고기를 모으는 커다란 저인망 그물과] 같다.

❀ 문맥을 살펴보면, 하나님 나라에 대해 적극적 반응을 보이는 '숨겨진 보물 비유'와 '진주 비유'가, 최후의 심판을 암시하는 '독보리 비유'와 '그물 비유'로 둘러싸여 있다. 이러한 서술 전략은 복음을 받아들이지 않을 때 심각한 형벌을 받는다는 진리를 예고한다(Snodgrass, 485). 모든 종류의 물고기를 모으는 그물 이미지는 천국 복음을 받아들이라는 초청의 보편성을 반영한다(Hagner, 648).

【48절】 [그물이 가득 찼을 때], 그들은 그것을 해변으로 끌어올리고 앉아서 좋은 것들은 여러 용기에 담고, [가치 없는 것들은] 그들이 던져 버렸다.

❀ 그물에 물고기가 가득 찼을 때 어부는 해변으로 끌어올려 좋은 물고기와 가치 없는 물고기를 분류한다. '가치 없는'으로 번역된 헬라어 '사프로스'는 '썩은', '부패한', '질이 낮은'이란 뜻인데, 지금 막 잡은 물고기를 묘사하는 단어로 어울리지 않는다. 왜 저자가 이 단어를 선택했을까? 이 단어는 복음서에서 일곱 번 사용되는데, 마태복음에 다섯 번, 누가복음에 두 번 등장한다(마 7:17, 18; 12:33; 13:48; 눅 6:43). 이 형용사의 사용 빈도를 보면 마태가 이 의미를 얼마나 중시하는지 알 수 있다.
복음서에서 본 절을 제외하면 나머지는 '못된'(썩은) 나무가 '나쁜'(썩은) 열매를 맺는다고 경고하는 대목에서 쓰인다. 하나님 나라에 들어가는 사람과 들어가지 못하는 사람을 나누는 결정적 기준은 열매다. 즉 좋은 물고기와 썩은 물고기를 구분하는 기준이 삶에서 맺히는 '선한 열매'라는 뜻이다. 마태는 자신이 속한 교회 공동체를 염두에 두고 이 형용사('사프로스')를 선택했으리라.

【49절】 이 시대가 끝날 때에도 [이렇게] 될 것이다. 그 천사들이 나와서

의인들 가운데서 악한 자들을 분리시켜

【50절】 그들을 그 불가마에 던져 넣을 것이고, [거기에는] 슬피 우는 것과 이를 가는 것이 있게 될 것이다.

❀ '그물 비유'는 의인과 악인을 나누는 과정에 초점을 두고, 가시적 교회 공동체 구성원에게 신앙의 결단을 촉구한다. 아울러 성공한 것처럼 보이는 선교사역으로 자만에 빠지지 않도록 경고한다. 물고기가 그물에 가득 찬 것이 천국과 동일시될 수는 없기 때문이다(김창선, 176). 이 비유는 교회 안에 의인과 악인이 섞여 있고 최후의 심판 때 이들이 나뉜다는 사실을 알려 준다(강대훈, 873). 저자는 '숨겨진 보물 비유', '진주 비유', '그물 비유', 이 세 개를 하나로 엮음으로써, 하나님 나라를 위해 모든 것을 포기하지 못하는 태도가 거짓 제자의 특징임을 일깨워 준다(Gundry, 279).

【51절】 "너희가 이 모든 것을 깨달았느냐?" 그들이 그에게 "예!"라고 말한다.

❀ 예수님의 이 질문은 깨닫는 것이 얼마나 중요한지 절감하게 한다. 마태에게 '진정한 들음'은 깨달아 알게 되어 정체성이 변화되는 것이며, 이는 결국 순종으로 드러난다(Snodgrass, 173). 마가복음의 제자들이 말씀을 제대로 이해하지 못하는 자로 언급된다면(4:13), 마태복음에서는 비록 부족하나마 깨달아 가는 과정 중에 있는 존재로 묘사된다(김춘기, 97).

【52절】 그러자 [그가] 그들에게 말씀하셨다. "‖그러므로‖ [하늘나라를 위해 제자가 된 {모든} 서기관들은] 마치 자신의 보물 창고에서 새것과 옛것을 내놓는 집주인과 같다."

❀ '제자가 되다'에 해당하는 헬라어 '마테튜오'는 '제자가 되다', '가르침을 받다', '가르치다'의 뜻이며, '제자'의 동사형이다. 이 단어는 복음서에서 오직 마태복음에만 세 번 등장한다(27:57; 28:19). 이 단어의 발음이 '마태'와 유사하다는 점은 저자가 의도한 것이든 그렇지 않든 간에 상당히 흥미롭다(Harrington, 208). 52절은 '그러므로'를 제일 강조하여 말씀을 깨닫는 것이 제자가 되는 데 얼마나 중요한가를 시각화한다.

'보물 창고'로 번역된 헬라어 '데사로스'는 '보물 상자', '보물 창고', '저장소', '보물'이란 뜻인데, 귀중하고 가치 있는 물건을 보관하는 장소를 가리킨다. 이 단어가 마태복음에 아홉 번 나오는데 하나같이 '보물', '보배'와 관련되어 쓰인다. 개역개정은 이를 "곳간"으로 번역하는데, '보물 창고'로 번역해야 좋다. 이 헬라어가 숨겨진 '보물'('데사로스') 비유(44절)에 등장하기 때문이다. 저자는 의도적으로 이 단어를 사용하여 '숨겨진 보물 비유'와 '집주인 비유'를 하나로 엮는다. 이 단어가 연결 고리인데, 이것을 '곳간'으로 번역하면 저자의 의도는 무시된다.

❀ '새로운'과 '낡은'에 해당하는 헬라어 '카이노스'와 '팔라이오스'는, 복음서에서 예수님의 새로운 가르침과 율법을 대조하며 설명하는 대목에서 동시에 등장한다(마 9:17; 막 2:21, 22; 눅 5:36). '새것'은 주님의 가르침이고 '옛것'은 구약 율법의 가르침을 뜻하는데, '새것'이 앞에 있다는 점이 독자의 예상을 뒤엎는다. 이는 옛것이 새것의 관점에서 조명되고 해석되어야 한다는 것을 암시한다(Bengel). 이러한 저자의 관점은 5:17-48과 일치한다.

❀ '집주인 비유'는 13장의 내용을 요약하는데 마태복음에만 등장한다. 일부 학자들은 이 비유가 천국의 비밀과 관련이 없고, 앞에

있는 비유(13:44-50)와 성격이 다르다고 주장한다. 하지만 그렇지 않다. '보물 창고'(52절)란 표현을 통해 44-45절과 밀접하게 연결된다. 문맥에 의하면 제자는 누구나 예외 없이 보물을 발견하여 소유한 사람이다. 따라서 서기관과 같은 말씀 전문가로서 다른 사람을 가르칠 수 있어야 한다. 52절은 '모든 서기관'을 이중으로 강조한다. 이는 마치 서기관이 상황에 따라 적절한 토라의 말씀을 꺼내오듯이, 제자도 필요에 따라 적절한 말씀을 가르치고 실천해야 한다는 뜻이다.

주님은 12:35에서 바리새인을 악한 '보물 창고'('데사로스')에서 악한 것들을 '내놓는'('에크발로') 자들이라고 단언하셨다. 12:35에 사용된 '보물 창고'와 '내놓다'에 해당하는 헬라어가 본 절에 그대로 등장한다. 이제 예수님은 자신의 제자들을 바리새인을 대체하는 진정한 교사로 서서히 준비시키신다(Garland, 152).

나사렛에서 배척당하신 예수

【53절】 〈예수께서 이 비유들을 마친 후에〉 그가 거기를 떠나

❁ 마태는 예수님께서 여덟 개의 비유를 다 마친 후에 고향으로 가셨다는 사실을 강조한다. 이 부분이 강조된 이유는 뒤에 이어지는 나사렛 사람들의 배척 기사와 13장의 비유가 직결되기 때문이다. 오직 마태만이 이런 서술 기법으로 비유에 대한 적절한 예를 제공하며, 13:1-52을 예수님의 가족 이야기(12:46-50; 13:53-58)로 묶는다. 병행 단락인 마가복음 6:1-6, 누가복음 4:16-30은 다른 문맥

속에 위치해 있다.

【54절】 〈자신의 고향으로 가서〉 그들의 회당에서 그들을 가르치기 시작하셨다. 그러자 그들은 크게 놀라며 충격을 받고 계속 이렇게 말했다. "[이 사람이] 이런 지혜와 기적 행하는 능력들을 ‖어디서‖ 얻었을까?"

❀ 누가복음에는 이 기사가 앞부분에 배치되어 있다(4:16-30). 마가복음은 예수님이 '그 회당'에서 가르쳤다고 서술하나, 마태는 '그들의 회당'에서 가르치셨다고 설명한다. 이는 마태 공동체와 적대관계에 있는 유대인 공동체가 회당을 운영하고 있었음을 암시한다. 동시에 주님을 배척한 나사렛 사람들도 이들과 한 부류라는 사실을 시사한다(Harrington, 213).
'크게 놀라며 충격을 받다'에 해당하는 헬라어 '에크플렉소'는 '많은 사람을 때리거나 덮쳐 공포에 빠뜨리다', '충격을 주어 놀라게 하다'의 뜻이다. 이 단어는 7:28에서도 사용되었다. 예수님의 가르침을 듣고 나사렛 사람들이 보인 첫 반응은 어쨌든 놀라움과 충격이었다. 이들의 반응은 중립적이거나 긍정적 차원일 수 있다. 하지만 이 놀라움은 곧 부정적 태도로 바뀐다(Harrington, 211).

【55절】 [이 사람은] 그 목수의 ‖아들이‖ 아닌가? [그의 어머니는] 마리아라 불리고, 그의 형제들은 야고보와 요셉, 그리고 시몬과 유다가 아닌가?

❀ 55절은 그 목수의 '아들'을 제일 강조한다. 오직 마태만이 이렇게 묘사한다. 나사렛 사람들이 주님을 배척한 이유는 그분이 고향 사람이었기 때문이 아니다. 오히려 '목수의 아들'인데도 원래 자신

이 해야 할 목수의 일이 아니라, 율법사의 일을 한다고 생각했기 때문이다. 고대에는 아들이 아버지의 일을 이어받아 가족의 생계를 책임졌다. 그래서 자신의 영역을 넘어서서 다른 일을 하는 것은, 다른 사람의 일에 욕심을 내는 것으로 인식되어 수치스런 행위로 간주되었다(장재일, 487). 병행구와 비교하면, 마가는 예수님을 "마리아의 아들 목수"(6:3)로, 누가는 "요셉의 아들"(4:22)로 소개한다.

【56절】 그리고 ‖그의 자매들‖, 그들도 모두 우리와 함께 있지 않은가? 그렇다면 [이 사람은] 이 모든 것들을 ‖어디서‖ 얻었을까?

❀ 마태는 13장에 나오는 비유를 예수님의 가족 이야기로 감싸기 위해 마가복음 6:3을 약간 변경한다. 그리하여 12:50에 등장하는 어휘와 같게 만든다("나의 어머니/그의 어머니, 나의 형제/그의 형제, 나의 자매/그의 자매"). 마가복음 6:3에는 '그의 어머니'와 '그의 형제'란 표현이 없다.

【57절】 그러면서 그들은 그로 인해 계속 걸려 넘어졌다. 하지만 [예수께서는] 그들에게 말씀하셨다. "선지자가 자기 고향과 자기 집 밖에서는 존경받지 못하는 법이 없다."

❀ 예수님의 고향 사람들은 그분으로 인해 걸려 넘어져 주님을 배척하였다. '걸려 넘어지다'로 번역된 헬라어 '스칸달리조'는 걸림돌을 놓아 상대방이 걸려 넘어지게 하는 것을 의미한다. 이 단어가 미완료 시제인데, 이는 나사렛 사람들이 계속 걸려 넘어지는 상황을 보여준다. 개역개정은 이 동사를 '배척하였다'로 번역한다. 물론 의미는 통한다. 그렇지만 저자의 의도는 무시된다. 이 헬라

어 단어('스칸달리조')가 '씨 뿌리는 자 비유'에 등장하기 때문이다(13:21).

바위투성이 토양에 뿌려진 씨앗은 즉시 '기쁨으로' 말씀을 받으나, 걸려 넘어질 만한 요인이 발견되면 곧바로 넘어진다. 나사렛 사람들도 이와 똑같다. 그들은 주님의 말씀을 듣고 '놀라움'에 사로잡혔다. 그러나 다음 순간 그분에 대한 자신들의 편견으로 인해 걸려 넘어졌다. 마태는 '씨 뿌리는 자 비유'와 관련하여 바위투성이 위에 뿌려진 사람의 실례를 여기서 제공한다.

❁ 57절은 하나님 나라에 들어가는 것이 인간의 혈육과는 아무 상관이 없음을 보여준다. 후반부의 인용문은 유대나 로마, 헬라 문헌에 나오는 속담이다(고영민, 133). 저자는 예수님이 고향에서 배척당하신 사건을 천국 비유 바로 뒤에 배치하여, 하나님 말씀에 대한 '배척'과 '수용'이란 주제를 부각한다. 즉 구체적인 예를 제시함으로써 그 의미를 절실히 깨닫게 한다(Harrington, 212).

'선지자가 자기 고향과 자기 집 밖에서는 존경받지 못하는 법이 없다'는 말은, 자기 고향 밖에서는 인정을 받는다는 뜻이다. 이 문장은 결국 복음이 이방인에게 확산되어 전 세계로 퍼지게 될 것을 예고한다. 마태는 자신의 이야기 제1부를 마무리하는 이 시점에서, 제2부의 끝(28:19-20)에 등장할 이방인 선교 명령의 전조를 보여준다(Green 2005, 231).

【58절】 그들이 믿지 않았기 때문에, 그는 거기서 많은 기적들을 행하지 않으셨다.

❁ 마가는 "(예수님이) 거기서는 아무 권능도 행하실 수" 없었다고 설명하는데(6:5), 마태는 주님의 기적이 인간의 믿음에 전적으로 의

존한다는 인상을 주지 않기 위해 마가의 표현을 부드럽게 변경한다(Harrington, 211). 예수님이 고향에서 배척당하신 사건은 아주 중요하다. 이 사건 이후로 주님은 더 이상 유대인의 회당에서 가르치지 않고, 전통적인 유대교 밖에서 선교 활동을 하신다(France, 549). 이제 하나님 나라가 유대인들로부터 이방인에게로 서서히 넘어간다.

제14장

세례 요한이 참수되다

【1절】 [{그}때에] 분봉왕 헤롯이 예수의 명성을 듣고

❄ '그때에'란 표현은 본 단락과 앞 단락을 연결한다(Nolland, 579). 저자는 '그'때를 이중으로 강조하여 예수님이 나사렛에서 배척을 당한 사건과 세례 요한의 죽음을 직결시킨다. 마가와 누가의 병행구에는 이 표현이 없다(막 6:14; 눅 9:7). 마가복음과 누가복음의 병행 단락은 세례 요한의 죽음 이야기 전후에 열두 제자 파송과 제자들의 선교 보고가 등장한다.

'분봉왕'은 원래 한 지역의 4분의 1을 다스리는 지도자인데, 본문에 등장하는 헤롯은 헤롯 안티파스다. 그는 예수님이 태어나셨을 때 죽이려고 했던 헤롯 대왕의 아들이고, 주전 4년부터 주후 39년까지 갈릴리와 베레아 지역을 통치하였다. 마가는 헤롯을 묘사하며 약간 조롱 섞인 느낌을 주는 '헤롯 왕'이란 칭호를 사용한다(6:14). 그렇지만 마태는 공식 직함인 '분봉왕'이란 칭호를 사용한다(Keener 1998, 97-98).

❄ 내레이터는 헤롯이 예수님의 명성을 들었다고 말한다. '명성'에 해당하는 헬라어 '아코에'는 '명성', '소문'을 의미한다. 그런데 이 단어가 여기에 사용된 것이 굉장히 어색하다. 이 단어는 마태복음에

네 번 나오는데, 지금까지 '소문'이나 '명성'의 의미로 쓰인 경우는 4:24이 유일하다. 이렇게 보면 1절은 4:25 뒤에 배치되어야 마땅하다. 4:24-25에서 예수님의 소문이 온 수리아에 퍼지고 갈릴리와 데가볼리, 요단강 건너편에서 수많은 무리가 주님을 따랐다고 서술하기 때문이다. 더욱이 본 단락 바로 앞에는 예수님이 나사렛에서 배척당한 이야기와, 거기서 많은 능력을 행하지 않으셨다는 설명이 있다(Keck, 319). 마태가 이처럼 어색한 상황에도 불구하고 세례 요한의 죽음 기사를 이곳에 배치한 이유는, 주님께서 유대인들로부터 배척당하신 결과가 어떻게 될지 암시하기 위함이다.

【2절】 자신의 신하들에게 말했다. "[이 사람은] 세례자 요한이다. [그가] 죽은 자들 가운데서 살아났고, [이런 이유로] 지금 그의 안에서 이러한 능력들이 강력하게 나타나고 있다."

❀ 예수님을 배척한 나사렛 사람들과 마찬가지로, 헤롯 역시 그분의 능력이 어디서 왔는지 나름대로 추측한다(VOICE). 헤롯이 예수님의 소문을 듣고 세례 요한을 떠올린 것을 보면, 아마 그가 요한을 죽인 후 죄책감을 느꼈을 것으로 생각할 수 있다. 마태는 마가보다 헤롯의 무지를 이중으로 강조한다. 마가복음에서는 헤롯이 "내가 목 벤 요한 그가 살아났다"(6:16)라고 말한다. 그러나 마태는 이를 둘로 나누어 '이 사람은 세례자 요한이다', '그가 죽은 자들 가운데서 살아났다'고 기술한다(Gundry, 285).

헤롯은 죽은 요한이 살아났다고 생각하는데, 이는 그가 부활 신앙을 가지고 있었다는 의미가 아니다. 단지 당시 사람들이 가지고 있던 미신적 통념을 표출한 것에 불과하다(France, 553). 하지만 비록 그가 착각하여 한 말이지만, 어쨌든 저자는 헤롯의 입을 통해 앞으로 예수님이 죽고 부활하실 것을 시사한다(Wright, 265).

1-2절을 병행 단락과 비교하면, 마가와 누가는 주님의 정체에 대해 주변 사람들의 다양한 추측을 늘어놓는다(막 6:15; 눅 9:8). 그러나 마태는 헤롯의 견해만을 서술한다. '강력한 능력'에 해당하는 헬라어는 '뒤나미스'인데, 이 명사가 13장 54절과 58절에도 등장한다. 이런 기교는 주님이 고향에서 배척당하신 사건과 세례 요한이 죽임을 당한 본 단락을 연결한다.

【3절】 [헤롯은] 전에 자기 형제인 빌립의 아내 헤로디아 때문에 요한을 붙잡아 그를 결박하여 그를 [감옥에] 가둔 적이 있었다.

❁ 3-12절은 세례 요한의 체포와 죽음에 대한 회상이다. 빌립은 헤롯 대왕과 제사장 시몬의 딸 마리암네 1세 사이에서 태어났으며, 헤롯 대왕의 손녀이자 조카인 헤로디아와 결혼하였다. 갈릴리 동쪽 지역을 다스렸던 빌립 2세와 구별하기 위해 그를 빌립 1세라 부른다(고영민, 134). 헤롯 대왕에게는 10명의 아내가 있었기에 헤롯 가문의 친척 관계를 명확히 밝히는 작업은 결코 쉽지 않다(Keck, 319).

저자는 여기서 헤롯 가문에서 발생한 여러 가지 이상한 점을 고발한다. 헤롯이 자신의 형제인 빌립의 아내를 가로챈 불륜 사건, 헤롯 가문 여성들의 성적 문란, 가문의 저속한 도덕 수준을 그대로 드러낸다. 헤롯 가족의 이런 상황은 13:54-57에 언급된 예수님의 가족 이미지, 또 그것이 암시하는 하나님의 가족 공동체와 좋은 대조를 보인다(Keck, 322). 오직 마태만이 이 두 가문을 나란히 배치하여 독자들로 하여금 무엇이 진정한 공동체인지 판단하게 한다.

【4절】 이는 요한이 그에게 "당신이 그녀를 빼앗은 것은 옳지 않습니다"라고 계속 말했기 때문이었다.

❃ 헤롯 안티파스는 로마에 살던 이복형제인 헤롯 빌립의 집에 머물다가 빌립의 아내 헤로디아와 불륜 관계를 맺고, 그녀의 딸 살로메와 함께 유대로 왔다. 살아 있는 형제의 아내와 결혼하는 것은 모세의 법을 어기는 일이었다. 게다가 헤로디아와 결혼하기 위해 헤롯 안티파스가 아무 이유 없이 자신의 부인을 내보낸 것은 분명히 간음죄뿐 아니라 근친상간에 해당하였다(고영민, 134). 그러기에 요한은 헤롯이 헤로디아를 취한 행태를 공공연히 비난하였다. 병행구와 비교하면 마가는 헤롯이 빌립의 아내와 결혼하였다는 점을 강조한다(6:17). 하지만 마태는 형제의 아내를 뺏었다고 말함으로써 헤롯의 죄악을 가중시킨다(Gundry, 286). '말하다'에 해당하는 헬라어가 미완료 시제인데, 이는 세례 요한이 계속 헤롯의 잘못을 책망했음을 보여준다.

【5절】 그래서 그는 지속적으로 요한을 [죽이려고] 했지만 군중을 두려워하였다. 왜냐하면 그들은 그를 [선지자로] 여기고 있었기 때문이었다.

❃ 마태복음은 마가복음보다 헤롯을 더 부정적으로 묘사한다. 마가복음은 헤롯이 요한을 "의롭고 거룩한 사람으로" 여겨 두려워하였고, 오히려 헤로디아가 요한을 죽이려 했다고 설명한다(6:19-20). 그러나 마태는 헤롯이 요한을 '죽이려고' 했다는 점을 강조한다. 마태의 이러한 시각은 하나님의 왕국이 도래하여 어쩔 수 없이 야기되는 왕국 간의 대립을 반영한다(Keck, 321). 병행 단락과 비교하면, 오직 마태만이 군중이 세례 요한을 '선지자'로 여겼다는 사실을 지적하며 이를 강조한다. 마태는 세례 요한과 예수님을 연결하며, 선지자가 자기 고향에서는 존경받지 못한다는 주님의 선언(13:57)이 요한을 통해 어떻게 성취되는지 보여준다(Hagner, 676).

【6절】 그러나 〈헤롯의 생일잔치가 열렸을 때〉, 헤로디아의 딸이 손님들 가운데서 춤을 추어 헤롯을 기쁘게 하였다.

❃ 6절은 헤롯의 '생일잔치'가 열렸던 때를 강조하며 헤롯과 헤로디아의 행위에 초점을 맞춘다. '생일잔치'는 오병이어 기사에 묘사된 예수님이 베푼 '연회'(14:19)와 극명한 대비를 이룬다. 마가의 병행구는 헤롯이 베푼 연회에 여러 대신(大臣)과 갈릴리의 귀인들이 초청되었다고 기술하여 화려한 분위기를 고조시킨다(6:21). 그러나 마태는 불필요한 세부사항을 모두 생략하고 아주 절제된 표현으로 주님의 죽음을 예고한다.

요세푸스에 의하면 헤로디아의 딸은 살로메다. 그녀의 나이는 아마 12-14세 정도였고, 퇴폐적인 연회장에서 육감적이고 음탕한 춤을 추었을 것으로 상상할 수 있다(Wilkins, 577). '기쁘게 하다'에 해당하는 헬라어 '아레스코'는 사람을 흥분시키는 동작으로 타인을 기쁘게 하는 상황을 함축한다. 헤롯의 요새 마케루스에서는 남녀가 따로 다른 연회장에서 만찬을 열었으므로, 헤롯과 딸 사이에 일어난 일을 헤로디아가 직접 목격하지는 못했을 것이다(Keener 1998, 98).

【7절】 그러자 그는 그녀에게 그녀가 요청하는 것은 무엇이든 다 주겠다고 [맹세하며] 약속하였다.

【8절】 [그녀는] 자기 어머니의 꾐에 빠져 "세례자 요한의 머리를 큰 접시에 담아 여기로 가져다주세요" 하고 말한다.

❃ 마태복음은 마가복음과는 다르게 헤롯이 헤로디아의 딸에게 맹세했다는 점을 강조한다. 아마도 마태는 "도무지 맹세하지 말지니"(5:34)라고 하신 주님의 말씀을 헤롯이 어기고 있음을 지적하고

싶었으리라. (5:33-37의 맹세에 관한 내용은 다른 복음서에는 없다.) 헤로디아의 딸은 어머니의 꾐에 빠져 세례 요한의 목을 달라고 간청한다. 연회에서 이런 요구를 하고 그것이 허락될 수 있었다는 사실은 왕궁의 타락을 암시한다(Hagner, 679).

8절은 현재 시제를 사용하여 그녀의 목소리를 고스란히 들려준다. '꾀다'에 해당하는 헬라어 '프로비바조'는 '강압적으로 권유하다', '강제로 선동하다'의 뜻이다. 마가의 병행구에서는 이 동사가 사용되지 않고, 헤로디아의 딸이 직접 방을 나가 어머니에게 가서 무엇을 요구할지 묻는다(6:24). 그러나 마태는 이러한 장면을 이 단어 하나로 대체한다. 마태는 이 단어를 통해 세례 요한과 예수님의 죽음을 하나로 엮는다. 예수님의 경우에도 대제사장과 장로들이 무리를 선동하여 그분을 처형하라고 요구했기 때문이다(27:20). 유대인은 자신이 하나님의 백성임을 나타내기 위해 자신의 몸을 손상하지 않았다. 헤로디아는 요한을 단순히 죽여 없애기보다, 그의 시체를 훼손함으로써 그를 심하게 모욕하려는 의도를 갖고 있었을 것이다(장재일, 40-41).

【9절】 그 왕은 [괴로웠지만] 〈자기가 한 맹세들과 그 손님들 때문에〉 그렇게 하라고 명령하고,

【10절】 그가 보내어 감옥에서 요한의 목을 베었다.

❄ 마태는 오직 이 대목에서 헤롯을 '그 왕'이라 칭하는데, 상당히 어색하다. 이미 1절에서 헤롯은 기껏해야 '분봉왕'에 불과하다고 말했기 때문이다. '왕'이란 칭호는 아주 역설적이다. 여기서 그는 전혀 왕답지 못한 결정을 내리고 있다(Blomberg, 230). '왕'이란 칭호는 사탄의 왕국과 하나님의 왕국 간에 벌어지는 갈등의 현장을 보여준다.

헤롯이 괴로워한 이유는 무엇일까? 분명히 그는 자신의 잔인성과 만행이 이처럼 비열한 행동을 통해 공적으로 드러나는 것을 원치 않았으리라(Robertson). 개역개정은 "자기가 맹세한 것과"(9절)라고 처리하는데, 헬라어 원문에 의하면 '맹세'가 복수형이다. 이는 헤롯이 수차례에 걸쳐 맹세했고, 그가 그렇게 하지 않으면 안 될 만큼 그의 말을 신뢰할 수 없었던 것으로 보인다(Barton 2002, 54).

❁ 10절이 뭔가 이상하지 않은가? 실제로 그렇다. 헬라어 원문에 의하면 '보내다'란 동사의 목적어가 없다. 저자가 의도적으로 생략했기 때문이다. 개역개정은 문장을 매끄럽게 하기 위해 "(그가) 사람을 보내어"라고 하였으나, 헬라어 원문에는 '사람을' 보냈다는 말이 없다. 원문은 마치 헤롯이 직접 요한의 목을 벤 듯한 인상을 준다(Gundry, 287). 마가복음은 헤롯이 "시위병 하나를 보내어" 참수형을 집행한 것으로 보고한다(6:27).

마태의 이러한 기교는 헤롯이 세례 요한과 예수님에 대해 철저히 무지했고, 결국 이로 인해 악독한 범죄를 저질렀음을 강조한다. 요한이 죽임을 당한 참수형은 중대 범죄자에 대한 로마식 처형 방법이었는데, 이는 무죄한 예수님의 불명예스런 처형, 즉 십자가형을 예견하게 한다(양용의, 302).

【11절】 그의 머리가 큰 접시에 담겨 그 소녀에게 주어지자, 그녀는 그것을 자기 어머니에게 가져갔다.

【12절】 그러자 그의 제자들이 [와서] 그 시신을 가져다가 그를 장사하고, 가서 예수께 알려드렸다.

❁ 12절은 요한의 제자들이 '와서' 그의 시신을 가져갔다는 점을 강조한다. 이 부분을 병행구와 비교하면 한 가지 이상한 점을 발견

할 수 있다. 마가복음은 요한의 제자들이 "(요한의 죽음 소식을) 듣고" 왔다고 말하며 들었다는 사실을 제일 강조한다(6:29). 그런데 마태는 소식을 들었다는 내용은 생략한 채 제자들이 '왔다'는 점을 드러낸다. 도대체 소식을 듣지도 못했는데 어떻게 왔을까? 본문은 세례 요한의 죽음에 신비감을 더한다(Gundry, 286). 마치 성령님의 이끄심에 의해 자연스럽게 온 것처럼 말이다. 주님의 죽으심과 부활 역시 신비스럽지 않은가?

❋ 마태만이 유일하게 요한의 제자들이 주님께 와서 세례 요한이 죽었다는 사실을 보고했다고 설명한다. 이는 요한의 제자들이 예수님의 제자가 되었음을 암시한다(Gundry, 289). 저자는 세례 요한과 예수님을 연결하여 독자로 하여금 이들이 공동 운명체란 사실을 깨닫게 한다.

요한과 예수님의 죽음에서 발견되는 공통점은 다음과 같다(Garland, 154-55). 첫째, 이들은 모두 선지자로 묘사되며 자신의 동족에 의해 배척을 당한다(13:57; 14:5). 둘째, 이들의 죽음에는 각기 여인이 적극적으로 개입한다(14:8; 27:19). 셋째, 이들은 자신의 제자에 의해 매장된다(14:12; 27:57). 예수님이 오로지 자신의 '제자'에 의해 매장되었다고 서술한 책은 복음서에서 마태복음이 유일하다. 요한복음은 니고데모에 대해 '제자'란 용어를 사용하지 않는다(19:39).

●

5,000명을 먹이시다

【13절】 예수께서 [그 소식을 듣고] 거기에서 배를 타고 [따로] 황량한 곳

으로 물러가셨다. 그러자 그 무리들은 [이 소문을 듣고] 그 도시들에서 나와 걸어서 그를 따라왔다.

❋ 오병이어 사건은 사복음서에 모두 기록된 유일한 기적이다. 예수님께서 '들으신' 내용이 무엇인지에 관해 학자들 사이에 약간의 논란이 있다. 일부 학자는 헤롯이 예수님의 소문을 듣고 요한이 살아났다고 자신의 신하들에게 말한 것(2절)과 연결하여 해석한다. 반면에 요한의 제자들이 주님께 와서 요한의 죽음에 대해 보고한 것(12절)과 관련하여 해석하는 학자들도 있다(Osborne, 629). 하지만 여기서는 후자로 보아야 한다. 마태는 시간적으로 차이가 있는 두 사건, 즉 세례 요한의 처형과 오병이어 이적을 "들으시고"라는 표현으로 결합한다. 동시에 예수님도 요한처럼 죽게 될 것을 예고한다(France, 552).

마태복음에서 요한의 죽음 이야기는 단순한 플래시백이 아니라 오병이어 이적의 중요한 심리적 배경이 된다. 이런 이유 때문에 마태복음의 오병이어 이야기는 다른 복음서의 병행 단락과 약간 다른 문맥을 보여준다. 주님은 요한의 죽음 소식을 듣고 헤롯 안티파스의 손길이 미치지 못하는 곳으로 배를 타고 '따로' 이동하신다. 세례 요한의 죽음을 애도하기 위함이었으리라(Swindoll, 301).

【14절】 그는 [나와] 큰 무리를 보고, 그들을 불쌍히 여겨 그들의 병을 고쳐 주셨다.

❋ 마가의 병행구는 예수님이 무리를 보고 불쌍히 여기신 이유를 분명히 밝힌다. 그들이 "목자 없는 양 같음으로 인하여"(6:34) 불쌍히 여기셨다고 설명한다. 그러나 마태는 이유를 밝히지 않고, 오히려 9:36에서 마가복음의 이 구절을 이용한다. 그 이유가 무엇일까? '목

자 없는 양'이란 표현이 신약성경에 두 번(마 9:36; 막 6:34) 등장하는데, 이 표현은 이스라엘 백성의 출애굽 사건을 상기시킨다. 모세가 광야에서 방황하는 이스라엘 민족을 묘사하며 사용했던 문구이기 때문이다(민 27:17). 이런 관점에서 보면 마태는 오병이어 기적과 출애굽 당시에 있었던 만나 사건의 관련성을 강조하지 않는다(Keck, 324).

❋ 14절은 예수님의 사역을 요약하는데, 병행구와 비교하면 약간의 차이점이 발견된다. 마가는 주님께서 '가르치셨다'고 소개하고(6:34), 누가는 하나님 나라의 일을 '이야기하며' 병을 '고쳐 주셨다'고 기술한다(9:11). 그런데 마태는 병자를 '고쳐 주셨다'고 설명한다.

여기서 두 가지 중요한 점을 발견할 수 있다. 첫째, 주님께서 병자들을 치료하셨다는 내용이 35-36절에도 있다. 마태는 '오병이어' 기적과 '바다 위를 걸으신 예수님' 이야기를 치유 사건(14절, 35-36절)으로 감싼다(Garland, 154). 사복음서에서 오직 마태복음만이 인클루지오 구조를 활용한다. 둘째, 치유에 대한 마태의 언급은 8:16-17에 나오는 치유를 상기시킨다(유상섭 2007, 21). 마태는 이미 8:17에서 이사야 53:4을 인용하여 예수님의 모든 치유를 그분의 대속적 죽음의 결과로 예고하였다. 이러한 문맥에 비추어 볼 때 14장 14절과 36절에 언급된 예수님의 치유는 주님의 죽음을 암시한다. 14장에 있는 '오병이어' 사건과 '바다 위를 걸으신 기적' 이야기를 주님의 '치유'와 '죽음'을 배경으로 해석해야 하는 이유가 바로 여기에 있다.

【15절】 그리고 [저녁이] 되자 그 제자들이 그에게 와서 말하였다. "이곳은 [광야이고] [그 시간이] 이미 지났습니다. 그러니 무리들을 해산하고 그들이 근처 여러 마을로 가게 하여 그들 스스로 음식을 사도록 하십시오."

❀ 15절은 '저녁이 되었다'는 사실을 강조한다. 그런데 이 문구가 상당히 이상하게 보인다. 23절도 '저녁이 되었을 때'라고 표현하며, 이 부분을 강조한다. 헬라어 성경에서는 이 두 문구가 똑같다. 분명히 15절과 23절 사이에 시간의 경과가 있었을 텐데, 어떻게 이런 일이 가능할까? (마가의 병행구는 이 둘을 서로 다르게 표현한다.)

이것을 이해하려면 유대인의 문화를 알아야 한다. 유대인들은 '저녁'을 이른 저녁과 늦은 저녁으로 나누었다. '저녁'에 해당하는 헬라어가 '옵시아스'인데, 이는 이른 저녁(오후 3시-6시)과 늦은 저녁(오후 6시부터 밤이 될 때까지) 모두를 가리킨다. 따라서 15절의 저녁은 이른 저녁, 23절의 저녁은 늦은 저녁을 가리키는 것으로 이해해야 한다(Pulpit). 여기서 한 가지 더 고려해야 할 사항은, '저녁이 되었다'는 표현이 성만찬 기사(26:20)에도 등장하며, 거기서도 '저녁'이 강조된다는 점이다(Gundry, 291). '그 시간'은 식사 시간을 염두에 둔 듯하다(Nolland, 590).

【16절】 그러나 [예수께서는] 제자들에게 "그들이 갈 [필요가 없다]. [너희가] 그들에게 먹을 것을 주어라" 하고 말씀하셨다.

❀ '그들이 갈 필요가 없다'는 예수님의 말씀은 다른 복음서에 없는 내용으로 저자가 첨가한 것이다. 대체로 간략한 기술을 선호하는 저자가 여기서 이렇게 한 것은 매우 이례적이다. 이러한 기교는 예수님이 제자들의 제안을 수용하지 않고, 오히려 '정반대'의 행동을 취하신다는 사실을 강조한다(유상섭 2007, 20). 더욱이 본문은 '예수님'이란 고유명사를 삽입하여 주님의 신적 권위를 부각한다. 마가와 누가의 병행구는 이와 다르다(막 6:37; 눅 9:13). (개역개정 누가복음 9:13은 '예수님께서' 말씀하신 것으로 번역하나, 헬라어 원문에는 '예수님'이란 단어가 없다.)

마태복음의 이 기사는 다른 복음서보다 예수님의 주도적인 역할을 더욱 강조한다(Nolland, 590). "너희가 먹을 것을 주라"는 주님의 명령은 음식 제공을 통해 제자들에게 무언가 분명한 교훈을 주시려는 의도가 있음을 암시한다(양용의, 306).

❀ '주어라'에 해당하는 헬라어('디도미')가 부정과거 명령형인데, 이는 '즉각적으로' '긴급하게' 해야 한다는 점을 암시한다. 분명히 제자들은 주님의 명령을 듣고 큰 충격을 받았을 것이다(Robertson). 예수님의 의도가 무엇일까? 주님은 바로 앞 장에서 제자를 천국의 서기관에 비유하며, 각자의 보물창고에서 새것과 옛것을 꺼내 오는 집주인과 같다고 선언하셨다(13:52).
따라서 "너희가 먹을 것을 주라"는 말씀은 제자들이 앞으로 감당해야 할 책임을 알려 주는 의미심장한 명령이며, 이제 배운 것을 실습해 보라고 촉구하시는 제안이다(Carter, 307). 13:52의 비유가 마태복음에만 있기에, 16절에 있는 주님의 이 선언은 특별한 의미를 지닌다.

【17절】 그러나 [그들은] 그에게 "지금 여기 우리에게는 빵 {다섯} 개와 생선 {두} 마리를 제외하면 아무것도 없습니다"라고 말한다.

❀ 개역개정은 문화적 차이를 고려하여 "떡"으로 번역하였지만, 헬라어 원문에는 '빵'으로 되어 있다. '빵'에 해당하는 헬라어 '아르토스'는 유대인이 주식으로 먹는 보리 빵인데, 엄지손가락 굵기의 둥근 형태로 찢어 먹게 되어 있다. 내레이터는 19절에서 '풀밭'을 언급하며, 이때가 비축한 곡식이 많지 않은 봄이었다는 사실을 알려 준다. 이 시기는 이미 보리 수확이 끝난 상태여서 보리 빵을 먹을 수 있었다(장재일, 58). 보리 빵과 절인 생선은 당시 가난한 갈

릴리 사람들의 기본 음식이었고, 짧은 산행을 할 때 갖고 가기에 적합했다(Wilkins, 580).

❁ 마태복음의 제자들은 주님의 명령을 듣고 자신들에게 있는 음식이 어느 정도인지 비교적 객관적 입장에서 간략히 보고한다(Nolland, 591). 다른 복음서에서는 부정적 관점에서 돈이 얼마나 필요하며, 그렇게 하는 것이 얼마나 힘든지 불평하듯 토로한다(막 6:37; 눅 9:13; 요 6:7). 게다가 마태복음은 "너희에게 빵이 몇 개나 있는지 가서 보라"(막 6:38)는 주님의 명령조차 생략한다. 마태는 제자들을 최대한 긍정적으로 묘사하며, 예수님의 전지성과 절대자로서의 권위를 유감없이 보여준다(Gundry, 292).

【18절】 그러나 [그는] "[그것들을] 여기 내게로 가져오라" 하고 말씀하셨다.

❁ 18절에 있는 예수님의 명령은 사복음서에서 오직 마태복음에만 등장한다. 마태복음에 기록된 이 이야기는 마가복음과 비교하면 굉장히 짧다. 약 3분의 1 정도가 축약되었다(Keck, 324). 그럼에도 불구하고 마태는 이 문장을 첨가하여 주도적으로 상황을 통제하시는 예수님의 이미지를 강조한다(Hagner, 682). 주님은 제자들이 문제 해결에 도움이 안 된다고 생각하는 '그것들을' '여기로' 가져오라고 명하신다. 이 부분은 의심하는 제자들과 확신에 찬 예수님을 뚜렷하게 대비시킨다. 주님은 이 말씀을 통해 제자들의 생각을 교정하신다. 즉 그분께서 원하면 지금 이곳에서 불가능이 가능으로 바뀐다는 것을 알려 주신다(Nolland, 591). 개역개정은 '여기로'('호데')라는 부사를 번역하지 않았는데, 참으로 아쉽다. 이 단어('호데')는 세례 요한의 죽음 이야기(8절)와 오병이어 기사에 모

두 등장하며 이 두 사건을 하나로 만든다.

❋ '가져오다'에 해당하는 헬라어 '페로'는 아주 신속하면서도 힘차게 운반하는 상황을 함축한다. 이 동사가 본 절을 제외하면 마태복음에서 세 번 사용되는데 14:11에 두 번, 17:17에 한 번 나타난다. 저자는 살로메의 요청에 의해 세례 요한의 머리가 그녀에게 '전달되고', 그것이 헤로디아에게 '전달되는' 장면에서 이 단어를 연달아 사용한다(14:11). 이 단어는 헤롯의 생일잔치와 주님이 베푸시는 연회를 대조한다. 헤로디아는 세례 요한의 머리를 '가져오라고' 재촉하고, 예수님은 보리 빵 다섯 개와 생선 두 마리를 '가져오라고' 촉구하신다. (오직 마태복음만이 이렇게 묘사한다.) 이러한 주님의 요청은 결정적 순간에 내리는 '왕'의 명령을 떠올리게 한다(Expositor).

❋ 내러티브 관점에서 보면 오병이어 이야기는 기적 자체보다 예수님과 제자들이 나눈 대화(15-18절)가 핵심이다(Keck, 323). 이 부분만이 대화체로 느리게 진행되고, 나머지는 요약 형식으로 빠르게 진행된다. 주님은 제자들과의 대화를 통해 그들의 시각을 두 단계로 나누어 치료하신다. 첫째, 제자들은 무리를 보내어 음식을 사 먹게 하는 것이 해결책이라고 제안했으나, 주님은 그럴 필요가 없다고 단언하신다. 둘째, 제자들은 오병이어 외에는 아무것도 없다고 대답했지만, 주님은 그것을 가져오면 문제가 해결된다고 선언하신다. 치료 과정을 보여주듯, 마태는 제자들의 대답(15, 17절)과 예수님의 요청(16, 18절)을 번갈아 기록한다. 그것도 마가복음, 누가복음, 요한복음에 나오는 불필요한 내용을 과감하게 생략하고 요점만을 제일 간단히 서술한다. 16-18절에서 세 번이나 연달아 사용된 역접 관계 접속사('데')와 강조된 주어는, 치유 장면을 선명하게 보

여준다. 16절('그러나 예수께서는'), 17절('그러나 그들은'), 18절('그러나 그는'). 오직 마태복음만이 이러한 형식을 취한다.

【19절】 〈그는 그 무리들이 풀밭 위에 비스듬히 기대어 눕도록 명하고, 그 빵 {다섯} 개와 생선 {두} 마리를 들고 하늘을 우러러보며〉 축복 기도를 드리셨다. 그리고 그 빵들을 떼어 [그 제자들에게] 주셨고, 그 제자들은 그 군중에게 나누어 주었다.

❁ '비스듬히 기대어 눕다'에 해당하는 헬라어 '아나클리노'는 연회에서 몸을 비스듬히 눕힌 자세로 식사하는 유대인의 식사법을 반영한다. 이 단어는 장차 메시아가 베풀게 될 연회를 암시한다(France, 562). 예수님은 직접 무리에게 명하여 앉게 하신다. 다른 복음서의 병행구는 주님께서 제자들을 통해 무리를 앉히시는 것으로 서술한다(막 6:39; 눅 9:14; 요 6:10). 마태복음에 묘사된 예수님은 모든 사람의 주님으로서 친히 연회를 주관하신다. '명하다'에 해당하는 헬라어 '켈루오'는 힘과 권위를 가지고 타인에게 해야 할 일을 명령하는 경우에 쓰인다(Osborne, 631). 그런데 이 단어가 14장에 세 번이나 등장한다. 헤롯이 요한의 목을 베라고 명령하는 대목(9절), 본 사건에서 주님이 무리를 앉히시는 장면(19절), 주님께서 베드로에게 물 위를 걸으라고 명하시는 장면이다(28절). 마가의 병행구는 '명령하다'의 의미로 다른 동사를 사용한다(6:39).

❁ 19절 첫 부분을 병행구와 비교하면, 마가는 예수님께서 제자들에게 명하여 무리를 100명씩, 또는 50명씩 떼를 지어 앉히셨다고 기술한다(6:39-40). 그러나 마태는 이 부분을 생략한다. 50명, 100명에 대한 언급은 이스라엘 백성이 광야에서 생활할 때 보여준 진영 질서(출 18:25)와 관련된다(김창선, 203). 마태가 이 내용을 언급하지 않

은 것은 구약 만나 사건과의 관련성을 강조하지 않으려는 의도라 해석할 수 있다(Nolland, 593). 오히려 본문은 5,000명을 하나의 거대한 교회 공동체로 간주하여 빵을 먹이셨음을 암시하며, 성만찬 사건과의 연관성을 보여주려 한다(Keck, 324; Gundry, 294). 무리를 하나의 공동체로 보려는 저자의 관점은 21절에도 암시되어 있다.

❋ '(빵을) 떼다'에 해당하는 헬라어 '클라오'는 마태복음에서 본 절을 제외하면 두 번밖에 사용되지 않는다. 사천 명을 먹이신 기적과(15:36) 최후의 만찬 사건(26:26)이다. 마태는 오병이어 기적과 최후의 만찬을 연결하며, 주님의 죽음을 배경으로 오병이어 이적을 해석하도록 유도한다. 여기서 또 하나의 특이한 점은, 저자가 '빵'에 대해서만 떼어 주었다고 말할 뿐, 생선에 대해서는 나누어 주거나 남은 것을 거두었다는 설명을 아예 생략한다는 사실이다. 마가는 주님께서 생선도 나누어 주셨고, 남은 생선을 빵과 함께 거두었다고 기술한다(6:41-43).
마태가 생선에 대해 언급하지 않은 이유는, 이 사건을 성만찬과 연결하려는 의도를 갖고 있기 때문이다(Hagner, 683). 19절에 있는 두 개의 동사와 두 개의 분사('들다', '축복 기도를 드리다', '떼다', '주다') 배열 순서는 성만찬(26:26)의 경우와 동일하다. 이는 이 두 에피소드가 필연적으로 연결되어 있음을 분명히 한다(Nolland, 592).

❋ 본문은 다른 복음서보다 더 구체적으로 주님께서 빵을 떼어 '열두 제자'에게 주셨고, 그 '제자들이' 그것을 군중에게 나눠 주었다고 서술한다. 사복음서에서 오직 마태만이 예수님께서 먼저 '제자들'에게 주셨음을 강조한다. 제자의 역할에 대한 강조는 16절 말씀("너희가 먹을 것을 주라")과 일맥상통한다(Nolland, 594). 아울러 제자의 책임을 언급한 13:52("천국의 제자 된 서기관")과도 연결된다.

【20절】 그들 모두 먹고 배가 불렀다. 그들이 남은 조각을 모으니 {열두} 바구니에 [가득 찼다].

❄ '배부르게 하다'에 해당하는 헬라어 '코르타조'는 양이나 가축이 목초지에서 풀을 충분히 뜯게 하여 만족한 상태에 이르게 하는 것을 의미한다. 여기서 한 가지 재미있는 사실은 이 단어가 19절의 '풀밭'('코르토스')이란 단어에서 파생하였다는 점이다. '배부르게 하다'라는 동사는 많은 무리를 양떼로, 예수님을 목자로 상징화한다.

❄ '남은 조각'은 사람들이 먹다 남긴 부스러기가 아니라, 주님께서 나눠 주시기 위해 떼어놓았던 조각을 의미한다(Robertson). '바구니'에 해당하는 헬라어 '코피노스'는 유대인이 음식물이나 일용품을 넣고 다니던 버드나무 가지로 만든 바구니를 뜻한다. 유대인들은 여행할 때 바구니에 식량을 넣고 다님으로써 이방인이 먹는 음식을 먹어 부정하게 되는 것을 근본적으로 차단했다. 또한 바구니에 건초를 넣어 두었다가 밤에 잘 때 그것을 깔고 자기도 했다. 이런 방식으로 그들은 이방인의 음식과 집으로부터 자신을 경건하게 지켰다(Freeman, 57). 본문은 '열둘'을 강조하는데, 이는 이스라엘 열두 지파를 회복시키시려는 예수님의 의도를 반영한다(Hagner, 687).

【21절】 [먹은 사람들은] 여자들과 아이들 외에 [남자들만] 약 5,000명이었다.

❄ 먹은 사람이 '여자들과 아이들 외에' 남자만 5,000명쯤 되었다는 설명은 마태복음에만 있는데, 여자와 아이까지 합치면 약 2만 명은 되었으리라(France, 564). 유대인은 숫자를 셀 때 통상 여자와 아

이를 제외하였다(Gill). 그렇다면 유대인을 주대상으로 하는 마태복음이 굳이 이 대목에서 '여자와 아이들'이란 표현을 삽입한 의도가 무엇일까? 단지 사람이 많았다는 것을 보여주기 위함일까? 이와 관련하여 신학자 로버트 건드리는 아주 의미 있는 제안을 한다. '남자'에 해당하는 헬라어 '아네아'가 '남편'(1:16)을, '여자'로 번역된 '귀네'가 '아내'(1:20)를, '어린이'에 해당하는 '파이디온'이 '자녀'(18:3)를 암시한다는 주장이다. 실제로 본문에 사용된 '남자', '여자', '아이'에 해당하는 헬라어가 모두 이러한 의미를 함축한다. 이런 관점에서 보면 오병이어 이적을 체험한 무리는 거룩한 그리스도인의 가족 공동체, 곧 교회 공동체와 동일시될 수 있다(Gundry, 295).

❁ 이 이야기에서 한 가지 놀라운 사실은, 이적을 목격한 사람들의 반응이나 복음서 저자가 내리는 기독론적 결론이 없다는 점이다(Hagner, 683). 마태복음에 기록된 이 사건은 예수님의 죽음을 배경으로 하며, 그분의 죽으심과 부활을 통해 인간에게 베풀어질 하나님의 은혜를 보여준다. 다시 말하면 치료와 회복(8:17), 그리고 구원을 제시한다(유상섭 2007, 13).

대체로 상당수의 설교자들이 본문을 이스라엘 백성의 만나 사건과 연결하여 해석한다. 그러나 본문의 흐름은 만나 사건과의 관련성을 강조하지 않는다(Adams, 143). 빵과 물고기를 제공한 사람이 있었기에 기적이 일어났다는 점을 강조하는 해석 역시 저자가 의도한 바가 아니다(강대훈, 44). 본문은 "너희에게 빵 몇 개나 있는지 가서 보라"(막 6:38)는 예수님의 명령을 생략하고, '누가 음식을 제공했는지'(요 6:9)에 관해서도 침묵한다. 더욱이 생선을 나눠주었다는 말과 먹고 남은 생선을 거두었다는 설명은 아예 없다.

예수께서 바다 위를 걸으시다

【22절】 그는 즉시 그 제자들에게 강요하여 자신보다 먼저 배를 타고 건너편으로 가게 하고, 그동안 그는 무리들을 흩어 보내셨다.

❀ '강요하다'에 해당하는 헬라어 '아낭카조'는 '강요하다', '위협하다', '간청하다'의 뜻이다. 왜 예수님은 제자들을 강권하여 먼저 보내고 무리들을 흩어지게 하셨을까? 마태는 그 이유를 밝히지 않는다. 하지만 문맥을 보면 주님은 외적 압력이 아니라 강한 내적 필요를 느껴 그렇게 하신다(Meyer). 즉 다음에 벌어질 중요한 사건을 준비시키기 위해 제자들을 재촉하신다.
이렇게 추측하는 이유는 다음 두 가지다. 첫째, 예수님이 제자들을 보내고 기도하러 산으로 가셨다는 설명이 23절에 등장한다. 마태복음에서 주님이 기도하셨다는 내용은 23절과 26장(겟세마네 동산의 기도)에만 있다. 이는 그만큼 다음에 전개될 사건이 중요하다는 뜻이다. 둘째, 바로 다음 단락에서 제자들이 예수님을 '하나님의 아들'(33절)로 고백하는 의미심장한 사건이 연출된다. 제자들의 이 고백은 마태복음에만 있다.

❀ 아마도 오병이어 기적이 당시의 무리들에게 모세의 만나 사건을 상기시키며 메시아를 고대하던 그들의 열망을 자극했을 가능성이 있다. 많은 유대인이 메시아가 유월절의 계절인 봄에 오기를 고대하였기 때문이다(Wilkins, 580). 요한복음 병행 단락은 무리가 주님을 "억지로 붙들어 임금으로" 삼으려 했다고 말하며, 그들이 보여준 정치적 열망에 대해 설명한다(6:15). 그렇지만 이것은 요한

의 관점이다.

마태는 무리의 반응에 대해 일체 언급하지 않고 모든 상황을 주권적으로 통제하시는 주님의 모습을 부각하며, 서둘러 다음 장면으로 이동한다. 만약 저자가 만나 사건과의 관련성을 강조하려 했다면, 분명히 요한복음처럼 군중이 보여준 뜨거운 반응을 기록했으리라.

【23절】 그 무리들을 보낸 후에 그는 홀로 기도하러 그 산으로 올라갔고, [저녁이] 되었을 때 그는 [거기에] [혼자] 계셨다.

❁ 23절은 '홀로'와 '혼자'라는 유사한 표현을 연달아 사용하여 예수님이 제자들과 떨어져 계심을 강조한다(Keck, 327). 마가와 요한의 병행구는 이와 다르다(막 6:46-47; 요 6:17). 여기서 특이한 사항은 주님께서 기도하셨다는 내용이 마태복음에서 처음으로 등장한다는 점이다. 주님은 자신에게 닥칠 고난을 위해, 또 바다 한가운데서 역풍을 만나 고생하는 제자들을 생각하며 그들의 믿음이 성장하도록 기도하셨으리라(Benson). 마태는 비록 주님이 육체적으로는 떨어져 있으나 기도를 통해 항상 '그들과 함께하신다'(임마누엘)는 진리를 보여주고 싶었을 것이다(Nolland, 593).

【24절】 한편 ‖그 배는‖ [이미 육지에서 수 리나 떨어져] 계속 지체하며 그 파도에 시달리고 있었다. 왜냐하면 [바람이] [거슬러서] 불었기 때문이었다.

❁ '리'로 번역된 헬라어 '스타디온'은 고대 로마 사회에서 거리를 재는 데 사용된 단위로, 1스타디온은 약 185m에 해당한다. 따라서 본문의 표현으로는 정확한 거리를 알 수 없다. 제자들이 탄 배는 육

지에서 3-4킬로미터 정도 떨어져 있었던 것으로 보인다. 아마 제자들은 해가 지기 전부터 사경까지 약 아홉 시간 이상 풍랑과 씨름했으리라(Wilkins, 582). 그들은 역풍으로 심히 괴로워하고 있었다. '시달리다'에 해당하는 헬라어 '바사니조'는 거센 풍랑 속에서 힘겹게 노를 젓는 제자들의 모습을 보여준다. 그런데 이 단어가 귀금속의 순도를 알아보기 위해 시금석으로 금속을 테스트하거나, 출산의 고통을 느끼는 경우에도 사용된다는 점을 기억해야 한다.
본문의 상황은 단순히 바다에서 고생하는 모습을 보여주는 데 그치지 않는다. 오히려 그들의 믿음을 한 차원 높이고, 예수님의 정체를 제대로 알게 하기 위한 진통 과정이라 할 수 있다. 예수님을 '하나님의 아들'로 인정하는 제자들의 고백(33절)이 이를 입증한다. 24절은 '그 배'를 제일 강조한다. 여기서의 '배'는 마태가 속한 교회 공동체를 상징한다(Benson). 바다 한가운데서 고통당하는 이들의 모습은 파송을 받은 제자들이 앞으로 선교현장에서 겪게 될 어려움을 상징적으로 보여준다(Keck, 327).

【25절】 [그날 밤 {사경}에] 그가 그 바다 위를 걸어서 그들에게로 오셨다.

❀ '밤 사경'은 새벽 3-6시를 말한다. 유대인들은 원래 밤 시간을 셋으로 나눴으나, 로마의 지배를 받으며 로마식을 따라 일몰에서 일출까지의 시간을 넷으로 나눠 계산하였다(Freeman, 148). 구약성경에서 새벽은 하나님께서 자신의 백성을 돕기 위해 개입하시는 때로 언급된다(출 14:24; 시 46:5). 마가의 병행구는 예수님께서 "바다 위로 걸어서 그들에게 오사 지나가려" 하셨다고 서술한다(6:48). 그러나 마태는 임마누엘의 하나님을 강조하기에 '지나가려' 했다는 내용을 생략한다(Gundry, 298).

【26절】 그러자 [그 제자들은] 그가 ‖바다 위로 걸어오시는 것을‖ 보고 소동하며 “저것은 [유령이다]” 하고 말했다. 그리고 [그들의 두려움으로 인해] 그들은 소리를 질렀다.

【27절】 [즉시] 예수께서는 그들에게 “용기를 내라! [나다]. 그러니 두려워하지 말라” 하고 말씀하셨다.

❄ 오병이어 기적으로 굶주린 자들을 먹인 주님은, 이제 고통 중에 있는 제자들을 구원하기 위해 오직 하나님만이 하실 수 있는 이적을 보여주신다. “바다 물결을 밟으시며”(욥 9:8) 제자들에게 다가오신다. 이를 입증하듯 26절은 ‘바다 위로 걸어오시는’ 예수님을 제일 강조한다. 그러나 제자들은 유령으로 착각하여 극도의 두려움을 느낀다. 고대인들은 죽은 사람의 혼령이 살아 있는 사람에게 종종 나타난다고 믿었다(Barnes). 그렇다면 제자들에게 가장 큰 문제는 무엇인가? 그것은 주님께서 바다 위를 걸어서 오시리라고는 상상하지 못한 것이다. 지금까지 그런 경험을 하지 못했을 뿐만 아니라 인간의 상상을 초월하는 행동이기 때문이다. 예수님은 이 사건을 통해 제자들의 고정관념을 깨뜨리며 자신의 정체성에 대한 그들의 생각을 교정하신다.

【28절】 베드로가 그에게 [대답하여] 말했다. “주님! 만약 ‖당신‖이라면, 제게 물 위를 걸어 당신께로 오라고 명령해 주세요.”

【29절】 그러자 [그가] “오라!” 하고 말씀하셨고, 베드로는 그 배에서 내려 물 위를 걸어서 예수께로 갔다.

❄ 28-33절에 소개된 베드로 관련 기사는 마태복음에만 있다. 이 사건 후부터 베드로는 제자들을 대표하여 예수님께 대답하는 인물로 나타나며 자연스럽게 무대 중심으로 이동한다. 마태는 뒤에

이어지는 다섯 장에서 베드로가 특별히 부각되는 다섯 개의 사건을 열거한다(15:15; 16:16-19; 17:24-27; 18:21; 19:27). 마태는 이 사건들을 통해 베드로의 중요성을 강조하면서도, 그가 성장 과정에서 얼마나 불완전한 제자였는지 보여준다(Wilkins, 589).

❋ 28절은 '당신'을 제일 강조한다. 이것을 보면 27절의 '나다'('에고 에이미')라는 표현은 출애굽기 3:14에 나오는 '하나님의 자기 계시'라고 보기 어렵다. 오히려 예수님이 (유령이 아닌) '자신'이란 사실을 제자들에게 알려 주기 위해 사용하신 것임을 확신할 수 있다(Gibbs, 756). 베드로는 오병이어 이적을 통해 주님이 도와주시면 자신도 놀라운 일을 할 수 있다는 사실을 배운 것 같다(Bock 2012, 393). 비록 짧은 거리였지만 베드로가 물 위를 걸은 것은 믿음의 행위였다(Swindoll, 315).

【30절】 하지만 그는 [바람을 보고] 두려워하였고, [물에 빠지기 시작하자] "주님! 저를 구해 주세요!"라고 소리를 질렀다.

【31절】 그러자 [즉시] 예수께서 그의 손을 내밀어 그를 붙잡으며 "오, 믿음이 작은 자여! 너는 왜 의심했느냐?" 하고 말씀하신다.

❋ 31절은 '즉시'를 강조하여 주님은 결코 곧바로 우리를 구하지 못할 정도로 멀리 떨어져 계시는 분이 아님을 역설한다. 예수님은 베드로가 물 위를 걷게 해달라고 요구한 것에 대해서가 아니라, 의심한 것에 대해 책망하셨다(31절). 이는 베드로가 처음에는 믿음이 있었지만, 그 믿음을 지속해서 유지하지 못했다는 뜻이다(Bengel). 여기서의 '의심'은 완전한 불신이 아니라 주저하는 믿음을 의미한다(Swindoll, 316). 오직 마태만이 베드로가 겪은 이 사건을 기록한다. 저자의 의도가 무엇일까? 의심하지 않고 믿기만 하면 바다 위를

걸을 수 있다는 것을 알려 주기 위해서일까? 절대로 그렇지 않다. 상당수의 목회자들이 본문을 텍스트로 하여 설교할 때 어쨌든 베드로가 물 위를 걸었다는 점을 강조한다. 동시에 오로지 주님만 바라보고 걸으면 다른 사람이 경험하지 못한 놀라운 기적을 체험한다고 힘주어 말한다. 하지만 이러한 해석은 본문의 문맥을 무시한 처사다(Keck, 329).

❄ 예수님이 베드로의 요구를 수용하여 물 위로 걸으라고 명하신 것은 사실이다. 그러나 주님께서 그렇게 하신 것은 그의 의심을 치료하기 위해서였다. 당시 베드로의 마음이 오병이어 기적 때문에 상당히 흥분되어 있었고, 의심("만일 주님이시거든")과 기대("나를 명하사 물 위로 오라 하소서")가 혼합된 상태였기 때문이다. 따라서 주님은 그의 의심이 방치된 채 있는 것을 원치 않았기에, 그가 물에 빠지는 경험을 하게 하며 치유해 주셨다(Edersheim3, 120-21).

마태는 자신의 공동체에 이처럼 의심하는 자들이 있다는 것을 잘 알기에 본문을 통해 교훈을 준다. 그 결정적인 증거가 28:17에 있다. 마태는 부활하신 예수님을 뵙고 따르던 열한 제자가 주님을 "경배하나" 그들 중에는 "아직도 의심하는 사람들이" 있었다고 토로한다. '경배하다'와 '의심하다'에 해당하는 헬라어가 한꺼번에 등장하는 장면은 사복음서에서 이곳(14:31, 33)과 마태복음 28:17뿐이다. 본문에 대한 이러한 해석은 '치유'에 대한 언급(14:14, 36)이 '오병이어' 기사와 '물 위를 걸으신 예수님' 이야기를 감싸고 있는 마태복음의 문맥과도 일치한다.

【32절】 그리고 그들이 그 배에 오르자 [바람이 그쳤다].

【33절】 그러자 [그 배 안에 있던 사람들이] 그에게 경배하며 "‖참으로‖ 당신은 [{하나님의} 아들]이십니다!"라고 말하였다.

❀ 예수님께서 물 위를 걸은 사건이 기적이라면, 배에 오르시자 바람이 그친 것은 또 하나의 기적이다(Hagner, 695). 더구나 주님께서 바람을 향해 '잔잔하라'는 명령을 내리시지 않았는데도 이렇게 된 것은 그분의 강력한 신적 능력을 잘 보여준다. '그치다'에 해당하는 헬라어 '코파조'는 '힘든 노동으로 인해 지치다', '폭력을 사용하지 않다'의 뜻이다. 이 단어는 '수고'와 '노동'을 의미하는 '코포스'에서 파생되었는데, 밤새도록 제자들이 탄 배를 때린 후에 녹초가 된 바람의 상태를 잘 보여준다. 제자들의 육체적 상태도 이렇지 않았을까?

❀ 33절 전반부는 '그 배 안에 있던 사람들'을 강조한다. 마가나 요한의 병행 단락에는 이 문구가 없다(막 6:51; 요 6:21). 여기서 우리는 약간 이상한 점을 발견한다. 분명히 '배 안에 있던 사람들'은 제자들을 가리킨다. 그렇다면 저자가 왜 여기서 '제자들'이라고 표현하지 않았을까? 22절과 26절에서는 '제자들'이란 표현을 사용했는데도 말이다. 굳이 베드로와 배에 있던 나머지 사람들을 구분하고 싶었을까? 하지만 그럴 가능성은 거의 없다. 8:27에서도 이러한 기교가 사용되었기 때문이다.
마태는 '그 사람들'과 '하나님의 아들'을 의도적으로 강조하여 이들을 대비한다. 바꿔 말하면 연약한 '인간'으로서의 제자들과, '하나님'으로서의 예수님의 권위를 비교하며 그 차이를 부각한다. 더욱이 저자는 '하나님'을 이중으로 강조한다. 기존의 우리말 성경으로 어떻게 이런 차이를 느낄 수 있겠는가!

❀ 제자들은 주님께 절하며 신앙의 대상으로 경배한다. '경배하다'로 번역된 헬라어 '프로스퀴네오'는 신이나 국왕을 경배할 때 사용된다. 마가와 요한의 병행 단락에는 이 단어가 없다. 오히려 마가

는 제자들이 '깨닫지 못하고 도리어 마음이 둔해졌다'(6:52)는 부정적 평가를 내린다. 33절은 '참으로'를 제일 강조한다. 이는 예수님이 '하나님의 아들'이라는 진리를 제자들이 처음으로 생각해 낸 것이 아님을 알려 준다(Pulpit). 주님께서 세례를 받으실 때 들렸던 하나님의 음성(3:17), 가다라 지역에 살던 귀신 들린 자들의 고백(8:29), 예수님의 선언(11:25-27)을 통해 제자들은 이미 이 진리를 여러 차례 들었다. 그런데 본 사건을 겪은 후에 비로소 자신들의 입으로 신앙을 고백한다(France, 571-72).

❀ 33절에 있는 제자들의 고백 역시 마가와 요한의 병행 단락에는 없다. 물론 예수님에 대한 이들의 이해는 아주 불완전하다. 그렇지만 지금 그들이 보여준 반응은 8:27에서 보여준 반응과는 상당히 다르다. 8:27에서는 단지 놀라며 주님의 정체에 대해 의아해하는 수준에 불과했으나, 이 경우에는 더욱 진척된 단계를 보여준다(Wilkins, 584). 이제 주님에 대한 제자들의 이해는 점차 상승하여 16:16에 기록된 베드로의 고백을 향해 나아간다.

저자는 오병이어 이적을 기록하며 기적을 체험한 무리의 반응에 대해 침묵하고, 즉시 제자들을 재촉하여 바다로 내몰았다. 그리고 베드로가 물 위를 걷는 사건을 첨가한 후에, 마침내 제자들로 하여금 예수님이 '하나님의 아들'이심을 고백하게 한다. 이러한 흐름에서 보면 저자가 진정으로 독자에게 들려주고자 한 것은 바로 이 신앙고백이다. 4:17-16:20까지의 내용은 베드로의 고백(16:16)에서 절정에 달한다(Asbury). 예수님을 '하나님의 아들'로 인정하는 고백이야말로 기적 중의 기적이다.

많은 사람이 그를 만지고 치료를 받다

【34절】 그들은 건너가서 그 땅, 게네사렛에 도착했다.

【35절】 그러자 [그곳 사람들이] ‖그를 알아보고‖, 그 주변 {모든} 지역에 알려서 아픈 사람들을 {모두} 그에게 데려왔다.

❀ 예수님께서 게네사렛에 도착하셨을 때 그 지역 사람들은 주님을 알아보았다. 저자는 여기서 '알아보았다'는 사실을 제일 강조한다. 마가의 병행구도 동일한 단어를 사용하지만 강조하지는 않는다(6:54). '알아보다'에 해당하는 헬라어 '에피기노스코'는 단순히 알고 이해하는 수준이 아니라, 철저히 아는 것을 의미한다. 35절에 등장하는 사람들은 예수님이 누구인지 제대로 알았다. 게네사렛 사람들의 호의적인 반응은 헤롯 왕의 반응(14:2-12), 그리고 바리새인과 서기관의 적대적인 반응(15:1-2)과 좋은 대조를 이룬다. 저자는 여기서 예수 그리스도에 대한 '배척'과 '수용'이란 주제를 한 번 더 제시한다.

【36절】 그들은 그에게 [오직] 그의 겉옷 그 가장자리를 만지게 해달라고 계속 간청하였고, [만진 사람들은 모두] 완전히 나았다.

❀ 예수님께 나아온 사람들은 오로지 그분의 겉옷 '그 가장자리'를 만지게 해달라고 간청하였다. (개역개정은 이것을 "옷자락"으로 번역한다.) '겉옷 그 가장자리'에 해당하는 헬라어 '크라스페돈'은 이스라엘 백성이 겉옷의 네 귀퉁이에 달았던 옷 술을 가리킨다. 9:20에서도 언급했듯이, 유대인의 옷 술은 그 옷 술을 소유한 사람의 자

녀만 만질 수 있었다. 권위의 상징이기 때문이다. 이런 이유로 게네사렛 사람들은 주님의 허락을 받고 옷 술을 만지려고 간청하였다. 마태복음에서 이 단어가 치료와 관련하여 쓰인 경우는 단 두 번밖에 없다. 혈루증을 앓던 여인이 예수님의 겉옷을 만져 치료를 받은 사건(9:20)과 본 절이다. 사복음서에서 오직 마태만이 이 단어('크라스페돈')를 통해 혈루증 여인과 게네사렛 사람들을 연결하여 이들의 행동을 믿음의 행위로 제시한다.

❀ '간청하다'에 해당하는 헬라어 '파라칼레오'가 미완료 시제인데, 이는 계속 간청하였음을 암시한다. '완전히 낫다'로 번역된 헬라어 '디아소조'는 완전히 회복되는 것을 의미한다. 마가의 병행구는 '소조'(치료하다)란 동사를 사용한다(6:56). 예수님은 배척하는 사람들의 거절과 핍박에도 불구하고 끊임없이 사람들을 초대하고 치료하며 '자비'(14:14)를 베풀어 주신다. 마태복음 14장이 전체적으로 제시하는 메시지가 이것이다(Wilkins, 586).

제15장

진정으로 사람을 더럽게 하는 것

【1절】 [그때] 예루살렘에서 온 바리새인들과 서기관들이 예수께 와서 말했다.

❋ 1절은 '그때'라는 시점을 강조하여 14장 마지막 단락과 본 단락을 연결한다(Gundry, 302). 바리새인과 서기관이 예루살렘에서 왔다는 말은, 이들이 공식적으로 파견된 사람들이라는 뜻이며, 본격적인 논쟁이 시작되었음을 암시한다(Harrington, 229).
예수님께서 예루살렘에서 온 적대자들을 만나시는 이 장면은 마태복음에서 처음으로 등장한다. 이들은 율법과 구전에 대한 지식과 그것의 준수 여부를 시험하기 위해 파견되었을 것이다. 이들의 등장은 앞으로 있을 주님의 고난을 암시한다. 이처럼 고귀한 집단이 갈릴리 벽지를 방문하는 것은 아주 드물었다(Osborne, 653).
마가의 병행구(7:1)는 '예수님'의 이름을 사용하지 않지만, 마태는 사용하여 주님의 권위를 드러낸다(Gundry, 302). (개역개정 마가복음 7:1에는 '예수님'의 이름이 있다.)

【2절】 왜 당신의 제자들은 장로들의 전통을 어깁니까? 왜냐하면 [그들이 빵을 먹을 때] 자신들의 손을 씻지 않기 때문입니다!

❀ '장로들의 전통'은 바리새인의 구전 율법을 가리키는데, 구약성경에 의하면 제사장은 특별한 의식을 집행하기 전에 반드시 손을 씻었다(출 30:17-21). 그런데 바리새인들은 제사장에게 적용되는 이 규정을 자신들이 일반 음식을 먹는 상황에도 적용하였고, 그것을 구전 율법으로 만들어 모세 오경과 동등하게 취급하였다. 바리새인과 서기관의 입장에서 보면, 손을 씻지 않고 음식을 먹은 제자들의 행동은 율법 자체를 어긴 것과 동일하였다(양용의, 314). 마가의 병행 단락은 이방인 독자를 위해 유대인의 정결의식에 대해 상세히 설명한다(7:3-4). 그러나 마태는 유대인 독자에게 이런 설명이 필요치 않다고 생각하기에 기록하지 않는다(Hagner, 702).

【3절】 하지만 [그는] 그들에게 대답하여 말씀하셨다. "왜 [너희 역시] 너희 전통 때문에 하나님의 계명을 어기느냐?"

❀ 고발하는 듯한 바리새인들의 질문을 듣고 예수님은 일반적으로 랍비들이 사용하는 방식에 따라 그들에게 역으로 질문하신다(Blomberg, 238). 하나님의 계명과 '장로들의 전통'의 근본적 차이를 지적하시며 그들의 잘못을 꼬집는다(France, 579). 마태복음이나 마가복음에 기록된 주님의 대답은 내용상 거의 유사하다. 하지만 서로 다른 순서로 전개된다. 마태복음은 종교 지도자들을 책망하시는 예수님의 질문으로 시작하지만, 마가복음은 이사야 29:13을 인용하며 논지를 펴 나간다.

【4절】 왜냐하면 [하나님께서는] "네 아버지와 네 어머니를 공경하라" 하였고, 또 "〈아버지나 어머니를 비방하는 자는〉 [반드시 죽임을 당해야] 한다!"라고 말씀하셨기 때문이다.

❀ 4-6절에서 예수님은 율법주의자들이 하나님의 계명을 장로들의 유전으로 대체시킨 대표적인 사례를 지적하며 그들을 책망하신다. 주님이 십계명 제5계명을 거론하신 이유는, 부모를 공경하라는 명령이 모든 이에게 호소력을 가지고 있고, 그것을 위반한 자에게 사형이란 중벌이 따르기 때문이다(제자원 1992, 420). 마가복음은 제5계명을 모세가 이야기한 것처럼 소개한다(7:10). 하지만 마태는 하나님께서 직접 이야기하신 것으로 처리하여 하나님과 바리새인의 대결 구도를 강화한다. 그 결과 바리새인들의 잘못은 더 심각해진다(Keck, 332).

【5절】 그러나 [너희는] "〈누구든지 자신의 아버지나 어머니에게 '당신들이 제게서 유익을 얻어야 할 것이 하나님께 드려졌습니다!'라고 말하기만 하면〉,

【6절】 [결코] 자신의 아버지나 자신의 어머니를 공경할 필요가 [없다]"라고 말한다. 너희는 이렇게 ‖너희의 전통을‖ 빌미로 [하나님의 말씀을] 이미 무효화하였다.

❀ 예수님은 바리새인들이 부모를 공경하라는 하나님의 율법을 지키지 않기 위해 어떤 행동을 하는지 신랄하게 지적하신다. 여기서 말하는 것을 소위 '고르반' 전통이라 하는데, 이는 '하나님께 바쳐진 제물'이란 뜻으로 원래는 좋은 의도로 시작되었다. 하지만 점차 부모 봉양의 책임을 회피하는 데 악용되었다(Swindoll, 323). 바리새인의 전통에 따르면, 부모를 위해 써야 할 재물을 성전에 바친다고 서약하면, 부모를 봉양하는 데 그것을 더 이상 사용하지 않아도 되었다. 그래서 일부 유대인은 부모에게 드려야 할 재물을 하나님께 바쳤다고 말하며, 개인적 필요를 위해 마음껏 사용하였다. 게다가 자신이 매우 경건한 사람이란 인상을 타인에게

줄 수 있었다. 그런데 이런 행위는 율법의 정신을 심각하게 훼손하였다(Wright, 279).

6절은 '너희의 전통'과 '하나님의 말씀'을 대조하여 율법보다 인간의 전통을 더 중시하는 바리새인들의 잘못을 고발한다. (여기서 '너희의 전통'이 '하나님의 말씀'보다 더 강조되었다.) 마가는 이 대목에서 '고르반'이란 용어를 사용하지만(7:11), 마태는 유대인 독자에게 그런 설명이 필요치 않다고 여겨 쓰지 않는다(Harrington, 229).

【7절】 위선자들아! 이사야가 너희에 관하여 잘 예언하여 말하였다.

【8절】 "‖이 백성이‖ [그들의 입술로는] 나를 [공경하지만], ‖그들의 마음은‖ 내게서 [멀리 떠나] 있다.

【9절】 그들은 ‖사람들의 계명들을‖ 교훈 삼아 가르치면서 나를 [헛되이] 예배한다."

❀ 예수님은 바리새인을 '위선자'라고 책망하며 이사야의 예언을 인용하신다. '위선자'에 해당하는 헬라어 '휘포크리테스'는 가면을 쓰고 연기하는 배우를 의미한다. 당시 나사렛 근처 세포리스에 가면을 쓴 배우들이 연기하는 큰 극장이 있었기에, 이 단어가 유행했을 것이다(Harrington, 230). 8-9절은 이사야 29:13을 70인역에서 인용하며 '이 백성', '그들의 마음', '사람들의 계명'을 제일 강조한다. 마태는 마가와는 다르게 이사야의 예언을 앞에 두지 않고 뒷부분에 배치하여, 이사야의 예언이 클라이맥스가 되게 한다(Gundry, 305). 본문은 이사야 선지자가 활동했던 시대의 사람들과 1세기의 유대인들이 동일하게 종교적 형식주의에 빠져 하나님을 기계적으로 섬긴다고 질책한다.

【10절】 그리고 그가 그 무리를 가까이 불러 그들에게 말씀하셨다. "듣고

깨달아라!

【11절】 [입으로 들어가는 것이] 사람을 더럽게 [하지 않고], 오히려 ‖입에서 나오는 것‖, [그것이] 사람을 더럽게 한다."

❋ 예수님은 무리가 종교 지도자들의 말에 더 이상 현혹되지 않도록, 외적 정결에서 내적 정결 문제로 화제를 바꾸어 가르치신다. '듣다'와 '깨닫다'에 해당하는 헬라어가 모두 현재 시제 명령형인데, 이는 계속 노력해야 한다는 점을 시사한다. 11절을 병행구와 비교하면 저자의 메시지가 확연히 드러난다. 마가복음 7:15-16은 이렇게 되어 있다. "무엇이든지 사람 밖에서 안으로 들어가는 것이 그를 더럽게 할 수 없다. 다만 사람 안에서 나오는 것들이 사람을 더럽힌다"(YLT). 마태는 마가의 내용에 두 가지 변화를 준다. 하나는 '사람'을 '입'으로 대체하며 '입에서 나오는 것'을 강조한다. 다른 하나는 '무엇이든지'를 생략한다. 마태는 음식법을 계속 엄수했던 유대인 그리스도인들이 쉽게 받아들일 수 있도록 '무엇이든지'란 표현을 생략하고, '말'의 중요성을 부각한다(Hagner, 702).

【12절】 그때 그의 제자들이 그에게 와서 "바리새인들이 [이 말씀을 듣고] ‖걸려 넘어진 것을‖ 아십니까?"라고 말한다.

❋ 입으로 들어가는 것이 사람을 더럽히지 않는다는 예수님의 선언은 유대인에게는 가히 혁명적이었다. 유대교의 상세한 정결규례뿐 아니라 구약의 음식법 전체를 뿌리째 뒤흔드는 새로운 원리를 제시하기 때문이다(양용의, 316). 주님의 과격한 설명을 듣고 바리새인들은 상처를 받았다. '걸려 넘어지다'에 해당하는 헬라어 '스칸달리조'는 '죄를 짓게 하다', '분노하게 하다'의 뜻이다. 12절은 이 단어를 제일 강조하여, 백성들로부터 존경받는 바리새인이 분노

한 것을 보고 당황해하는 제자들의 표정을 시각화한다. 바리새인은 율법과 전통의 준수를 옹호하는 사람들이었고, 예루살렘 공의회에 참여했으며, 사회에 큰 영향력을 행사하였다. 그러므로 이들을 공격하는 행위는 결코 현명한 처사가 아니었다(Keener 1998, 100). 마가의 병행 단락에는 12-14절이 없다.

【13절】 그러자 [그가] 대답하여 말씀하셨다. "〈내 하늘 아버지께서 심지 않으신 {모든} 식물은〉 뽑힐 것이다.

【14절】 그들을 내버려 두라! 그들은 [{맹인} 인도자들]이다. 〈만일 [맹인이 맹인을] 인도하면〉 둘 다 [구덩이에] 빠질 것이다."

❀ 예수님은 바리새인과 서기관을 하나님께서 심지 않으신 식물에 비유하신다. '하나님께서 심지 않으신 식물'이란 하나님의 택한 백성이 아니라는 뜻이다. 13절 후반부는 '밀과 독보리 비유'(13:24-30)를 떠올리게 한다(Nolland, 623). '뽑다'에 해당하는 헬라어 '에크리조'가 본 절과 독보리(가라지) 비유에 등장한다(13:29). '뽑힌다'는 표현이 신적 수동태인데, 이는 마지막 심판 때 그들에게 닥칠 무서운 결과를 시사한다. 13절에서 '모든'이란 단어가 이중으로 강조되었는데, 이 내용은 핍박을 당하던 마태 공동체에 굉장한 위로를 주었을 것이다(Gundry, 307). 독보리 비유에서 주인이 하인에게 독보리를 "추수 때까지 함께 자라게 두라"고 명령하듯이, 예수님도 바리새인을 내버려 두라고 명하신다. 이 구절은 바리새인들이 악한 자의 자식임을 분명히 한다(Garland, 161).

❀ '맹인 인도자'(14절)란 표현은 율법의 진정한 의미에 대해 무관심한 채 자신들의 노력에 만족하는 종교 지도자들의 영적 실상을 보여준다. 마태는 유대인의 존경받는 지도자인 바리새인들을 '맹인 인

도자'에 비유하고, 다음 단락에 등장하는 멸시받는 가나안 여인을 '믿음의 모델'로 제시한다. 아울러 누가 진정한 인도자인지 독자로 하여금 판단하게 한다. 14절이 '맹인'이란 표현을 연속해서 이중으로 강조하는 이유가 여기에 있다.

【15절】 베드로가 그에게 [대답하여] 말했다. "이 비유를 저희에게 설명해 주십시오."

【16절】 그러자 [그가] 말씀하셨다. "[너희 역시] ‖아직까지‖ 깨닫지 못했느냐?"

❀ 베드로가 설명해 달라고 요청한 비유는 11절을 염두에 둔 것이다. 제자들은 이미 하나님 나라의 지식을 아는 것을 허락받았고(13:11) 모든 것을 깨달았다고 답했다(13:51). 그러나 그럼에도 불구하고 완전히 이해할 수는 없었다. 당시 상황에서 보면 너무 충격적인 말씀이었기 때문이다. 병행구와 비교하면 마태는 마가의 내러티브에 변화를 준다. '아직까지'라는 부사를 삽입하여 제자들이 이해하지 못한 것이 일시적임을 알려 주며(Keck, 334), 이 단어를 제일 강조한다.

【17절】 ‖입으로 들어가는 {모든} 것은‖ [배 속으로] 들어갔다가 [변기로] 나가는 줄을 너희는 알지 못하느냐?

【18절】 그러나 [입에서 나오는 것들은] ‖마음에서‖ 나온다. 그리고 ‖그것들이‖ 사람을 더럽힌다.

【19절】 이는 ‖마음에서‖ 나오는 악한 생각들이 바로 살인들, 간음들, 음행들, 도둑질들, 거짓 증언들, 불경스런 말들이기 때문이다.

【20절】 [이런 것들이] 사람을 더럽힌다. 그러나 [{씻지 않은} 손으로 음식을 먹는 것은] 사람을 더럽히지 않는다.

❋ 예수님은 제대로 깨닫지 못한 제자들을 위해 구체적으로 예를 들어 설명하신다. 18-19절에서 '마음'이 제일 강조되었는데, 이는 종교 지도자들이 하나님의 계명을 잘 지킨다고 말하면서도 마음은 여전히 딴 곳에 있기 때문이다. 19절은 인간의 마음에서 나오는 악한 생각 여섯 가지를 나열한다. 개역개정은 일곱 개를 제시하지만, 실제로는 여섯 개로 보아야 한다. 제일 앞에 있는 '악한 생각'은 뒤에 이어지는 죄악들을 포함하는 하나의 범주이다(Osborne, 659). NIV, VOICE, GNT 역본이 이처럼 번역한다.

❋ 마가의 병행 단락과 비교하면 몇 가지 차이를 엿볼 수 있다. 첫째, 마태는 17절 다음에, 마가복음 7:19 후반부에 있는 '모든 음식물은 깨끗하다'는 충격적인 선언을 생략한다. 이 선언이 유대인 그리스도인에게 너무 과격하다고 생각했고, 초기 기독교 공동체에 굉장한 논쟁을 불러일으켰기 때문이다(Harrington, 230). 둘째, 마태는 마가복음에 나열된 죄악을 12개에서 6개로 축소하며, 마가복음에는 없는 '거짓 증언'을 첨가한다. 아마 마음에서 나와 입으로 표출되는 악 중에서 '거짓 증언'이 가장 적절하다고 판단했으리라(Hagner, 714). 더욱이 여섯 개의 죄악을 모두 '복수'로 처리하여 악의 총체적 성격을 부각한다(Gundry, 309). (마가복음에는 복수와 단수가 각각 여섯 개씩 있다.) 셋째, 마태는 여섯 개의 죄악을 십계명의 둘째 돌판에 적힌 순서대로 배치한다(Osborne, 659). 살인(6계명), 간음(음행, 7계명), 도둑질(8계명), 거짓 증언(9계명). 악한 생각의 목록이 "네 부모를 공경하라"(4절)는 제5계명 뒤에 이어진다는 점이 매우 흥미롭다.

한 이방인이 그녀의 믿음을 보여주다

【21절】 그리고 예수께서 거기를 떠나 두로와 시돈 여러 지역으로 물러가셨다.

❀ 21절은 예수님이 두로와 시돈 지방으로 갔다고 말하는데, 이방인 지역으로 가신 이유를 밝히지 않는다. 아마도 예루살렘에서 온 바리새인들이 분노한 것을 느꼈고, 예루살렘으로 올라갈 때가 될 때까지 격한 대결을 자초할 필요가 없다고 느끼셨는지 모른다. 하지만 마태복음의 전체적인 흐름을 보면 예수님이 물러나신 것은 예언의 성취다. 마태가 이사야의 예언을 길게 인용하며(12:18-21) 그분 사역의 특징이 이와 같다는 것을 보여주었기 때문이다(France, 470). '거기를 떠나'라는 문구는 앞 단락과 본 단락을 연결하는데, 저자는 '예수님'의 이름을 삽입하여 그분의 권위와 주도적 행위를 돋보이게 한다. (개역개정과는 다르게 마가의 병행구에는 '예수님'의 이름이 없다.)

정결 문제에 대한 논쟁 후에 주님이 이방인 지역으로 가신 것을 보면, 앞 단락은 이방인 선교에 대한 신학적 당위성을 제공한다(양용의, 313). 두로와 시돈은 이스라엘에서 북쪽으로 약 50-80km 떨어진 지중해에 인접한 항구 도시이며, 성경에서 종종 우상숭배의 도시로 묘사된다. (본 단락에 대한 필자의 해설이 장인식, 『복음서 그 차이를 읽다』, 133-93에 있다. 아래 설명은 이를 많이 활용하였다.)

【22절】 그런데 보라! [그 지역 출신] ‖어떤 가나안 여인이‖ 나아와 울부짖으며 말하기 시작하였다. "주님, 다윗의 자손이여! 제게 자비

를 베풀어 주십시오. [제 딸이] 귀신 들려 비참한 상태입니다."

❀ 주님이 두로와 시돈으로 가셨을 때 한 여인이 예수님을 향해 소리를 지르며 나온다. 개역개정에는 나타나 있지 않지만, 헬라어 원문은 22절이 '그런데 보라'라는 표현으로 시작된다. (마가복음에는 이 문구가 없다.) 마태복음은 종종 이 표현을 사용하는데, 저자는 이방 여인이 예수님께 다가온 흔치 않은 이 사건에 독자의 관심을 집중시킨다. JMNT 역본은 22절 앞부분을 이렇게 번역한다. "그런데 보고 깊이 생각해 보라! 한 가나안 여인이 그 지역에서 울며 예수님께 나아오고 있지 않은가!"

❀ 22절은 이 여인을 가나안 사람으로 소개하는데, '그 지역'(이방인 지역) 출신이며 '가나안 여인'이란 사실을 강조한다. 특히 '가나안' 종족이란 점을 제일 부각한다. '가나안'이란 명칭은 신약성경에서 유일하게 본 절에서 한 번 사용된다. 마가의 병행구는 이 여인을 "헬라인이요 수로보니게 족속"이라고 소개한다(7:26).

가나안 민족은 팔레스타인 원주민인데, 이스라엘 백성이 약속의 땅을 차지할 때 대적했고, 그들로 하여금 우상을 섬기도록 자극한 적이었다(France, 592). 이들은 이스라엘의 조상 때부터 철천지 원수였다. 그러기에 인종주의적 태도를 견지한 유대인이라면, 내레이터가 이 여인을 '가나안 여인'이라 부른 것만으로도 신경을 곤두세웠으리라(Keener 1998, 101). 이 여성은 유대인인 예수님으로부터 자비를 받을 가능성과, 주님이 누구인지 알아볼 가능성이 제일 낮은 인물이다.

❀ 가나안 여인은 울부짖으며 간청한다. '울부짖다'에 해당하는 헬라어 '크라조'는 큰 소리로 긴급하게 비명을 지르는 행위를 의미

하는데, 본문에서 미완료 시제로 사용되었다. 이는 그녀가 끊임없이 도와달라고 애원하는 장면을 시청각적으로 보여준다. 여인은 예수님을 "주 다윗의 자손이여"라고 부른다. 이 표현에 주목할 필요가 있다. 마가복음에는 없기 때문이다. '주님'이란 호칭은 예수님이 제자들에게 나타나셨을 때 베드로가 사용했던 용어이며(14:28), 그분의 신성과 절대적 주권을 암시한다. '다윗의 자손'이란 칭호는 유대인이 메시아를 부를 때 쓰는 용어인데, 마태복음 저자가 가장 선호하는 표현이다. 이 여인이 예수님을 '다윗의 자손'이라 부른 것은 유대인에게 굉장히 충격적이며 강한 인상을 주었으리라(Blomberg, 243).

❀ 그녀는 '귀신 들려 비참한 상태'에 있는 자신의 딸을 고쳐 달라고 간구한다. (귀신 들린 딸을 묘사하는 마태와 마가의 표현이 다르다.) '비참하게'에 해당하는 헬라어 '카코스'는 '악하게', '비참하게'를 의미한다. 우리는 여기서 한 가지 중요한 사실을 발견한다. 마가의 병행단락은 여인의 요청을 직접화법으로 제시하지 않는다. 중간까지는 내레이터의 요약으로 진행되다가(7:25-26), 마지막 부분(7:28)에 가서야 딱 한 번 여인의 목소리를 들려준다. 하지만 마태복음은 다르다. 처음부터 직접화법으로 시작되어 마지막까지 지속된다. 그 이유가 무엇일까?

저자는 앞 단락에서 사람의 "입에서 나오는" 말이 중요하다고 역설하였다(15:18). 그래서 가나안 여인의 '입'에서 나온 '말'에 초점을 두고 그녀의 목소리를 생생하게 들려준다. 그녀의 신앙고백("주 다윗의 자손")을 먼저 소개하고, 그녀로 하여금 직접 주님께 도움을 청하게 한다. '가나안 여인의 이야기'는 정결규례의 결론(11절)에 대한 좋은 예가 된다. 얼마나 치밀한 서사 전략인가!

[23절] 그러나 [그는] 그녀에게 한 마디도 대답하지 않으셨다. 그러자 그의 제자들이 다가와 요청하며 말하기 시작하였다. "그녀를 돌려보내시지요. 왜냐하면 그녀가 우리 뒤에서 계속 울부짖기 때문입니다."

❋ 첫 문장은 예수님의 반응인데, 우리가 이해할 수 없는 태도를 보여준다(Garland, 163). 연약한 자들에 대해 그렇게 인자하고 자비롭던 주님이 끈질긴 여인의 요청을 듣고도 침묵으로 일관하신다. 그런데 어떻게 보면 주님의 반응은 지극히 당연하다. 그녀가 '다윗의 자손'이란 호칭을 사용했기 때문이다. 이 표현은 유대인의 메시아를 의미하기에, 주님의 사역을 이스라엘로 한정하는 결과를 낳는다(Gundry, 311). 따라서 가나안 여인과 '다윗의 자손'은 아무 관련이 없다. 예수님이 "이스라엘 집의 잃어버린 양"(24절)을 언급하신 까닭이 여기에 있다.

❋ 마침내 참지 못한 제자들이 '그녀를 돌려보내자고' 간청한다. 제자들은 무슨 의도로 이 말을 하였을까? 그녀의 요청을 들어주어 보내자는 뜻일까, 아니면 그냥 돌려보내자는 뜻일까? MSG 역본은 23절을 이렇게 처리한다. "예수님은 여자의 말을 무시하였다. 그러자 제자들이 다가와 불평하였다. '여자가 우리를 괴롭게 합니다. 어떻게 좀 해주시면 안 될까요? 성가셔 죽겠습니다.'" 제자들은 주님께 여인의 요청을 들어주자고 부탁하였다.
만일 요구를 들어주지 않고 그냥 돌려보내자는 뜻으로 말했다면, 이는 24절과 어울리지 않는다(Blomberg, 243). 개역개정에는 누락되었으나, 헬라어 원문에는 24절 맨 앞에 역접 관계 접속사('그러나')가 있어서 제자들이 고쳐 달라고 요청했음을 시사한다. 본문은 여인의 요청을 들어주기 어려운 상황을 강조한다. 자비를 베풀어 달라는 그녀의 요청이 거절당하고, 그녀의 요구를 들어주자는 제자들의 간청도 결국 거절당한다. 23절에 있는 제자들의 요청은 마가복음에는 없다.

【24절】 그러나 [그는] 대답하여 말씀하셨다. "나는 이스라엘 집의 잃어버린 양들 외에는 보냄을 받지 아니하였다."

❈ 주님은 제자들의 요구에도 아랑곳하지 않고 '이스라엘의 잃어버린 양 외에는 다른 데로 보냄을 받지 아니하였다'고 단호히 말씀하신다. (24절도 마가복음에는 없다.) '잃어버리다'에 해당하는 헬라어 '아폴뤼미'는 굉장히 강한 의미를 지니는데, '죽이다', '파괴하다', '잃어버리다'의 뜻이다. 24절은 주님이 이 세상에 오신 목적을 분명히 보여준다. 그것은 영적으로 죽은 이스라엘을 살리시기 위함이다. 이것이 일차적인 목적이다. 그래서 열두 제자를 파송할 때에도 이방인에게 가지 말고 오직 이스라엘 백성에게 가라고 당부하셨다(10:5-6).

여기서 우리는 아이로니컬한 상황을 본다. 주님은 '잃어버린'('아폴뤼미') 이스라엘 백성을 살리기 위해 자신의 목숨을 바치려 하신다. 그런데 정작 이스라엘의 지도자들은 예수님을 '죽이려고'(27:20, '아폴뤼미') 한다. 바리새인의 적대적인 태도에도 불구하고 주님은 유대인을 "이스라엘 집의 잃어버린 양"이라 부르신다(Robertson).

【25절】 그러자 [그녀가] 와서 그에게 절하기 시작하며 "주님! 저를 도와주세요"라고 말하였다.

❈ 예수님의 거절을 경험한 후 여인의 태도가 돌변한다. 그녀는 '다

윗의 자손'이란 칭호를 더 이상 쓰지 않고, 주님께 와서 절하며 도와달라고 간청한다. (마가복음에는 이런 변화가 없다.) 그런데 '절하다'에 해당하는 '프로스퀴네오'의 어원을 살펴보면 놀라운 점을 발견할 수 있다. '프로스퀴네오'는 전치사 '프로스'(~를 향하여)와 동사 '퀴네오'(입을 맞추다)가 합쳐진 단어다. 이는 마치 '개'가 주인의 손에 입을 맞추듯이, 신하가 왕 앞에 엎드려 왕의 손에 입을 맞추는 행위를 함축한다. 가나안 여인은 예수님이 자신을 '강아지'라고 부르기도 전에 자신을 개로, 주님을 주인으로 간주하여 경배한다. 유대인이 이방인을 개로 여긴다는 사실을 의식했기 때문이었을까? 어쨌든 주님이 '강아지'(26절)란 단어를 사용하신 것은 결코 우연이 아니다. 마가의 병행구는 다른 동사('프로스핍토')를 사용한다(7:25).

【26절】 그러나 [그는] 대답하여 말씀하셨다. "[그 자녀들의] 빵을 취하여 ‖그 강아지들에게‖ 던져주는 것이 [좋지 않다]."

❋ 주님의 대답은 겉보기에 굉장히 무례하고 모욕적인 말처럼 들린다. 실은 26절이 이 이야기를 이해하는 열쇠인데 다분히 오해의 소지를 안고 있다. 이 비유에서 '자녀'와 '강아지'가 좋은 대조를 보인다. '자녀'는 이스라엘 백성, '강아지'는 이방인, 그리고 '빵'은 하나님의 은혜와 축복을 상징한다. 예수님이 이 여인을 개로 취급하였기 때문에 경멸하고 있는 것일까? 그러나 여기서는 경멸의 의미가 아니다. 본문의 '개'는 '강아지'를 의미하며, 귀엽고 사랑스런 느낌을 내포한다(MacArthur, 1153). '강아지'에 해당하는 헬라어 '퀴나리온'은 집에서 기르는 작은 개를 뜻한다. 이 단어는 신약성경에 네 번 나오는데, 마태복음과 마가복음에 기록된 이 이야기에 각각 두 번씩 사용된다.

❈ 신약성경에 '개'를 나타내는 헬라어 단어가 두 개 있는데, 하나는 본문에 사용된 '강아지'('퀴나리온')이고, 다른 하나는 길거리를 배회하며 쓰레기를 먹는 더러운 동물로서의 '개'('쿠온')다. 이 '쿠온'은 신약성경에 총 다섯 번 나오는데 모두 부정적 의미로 쓰인다(마 7:6; 눅 16:21; 빌 3:2; 벧후 2:22; 계 22:15). 그 대표적인 예로 거지 나사로의 헌데를 핥던 더러운 개를 들 수 있다(눅 16:21). 당시의 유대인들은 애완견을 기르지 않았기에 이방인이나 적을 묘사할 때 '개'('쿠온')란 단어를 즐겨 사용하였다(Blomberg, 244). 만약 주님이 유대인의 통념에 따라 철천지원수이며 이방인인 그녀를 정말로 멸시했다면, 분명 '쿠온'이란 단어를 쓰셨으리라.

❈ 본 절에서 '그 강아지'(애완견)란 단어가 제일 강조된 점에 유의해야 한다. 상당수의 설교자들이 본문을 텍스트로 하여 설교할 때, 가나안 여인이 개 취급을 당하는 심한 멸시를 받았음에도 불구하고 참으며 믿음을 보여주었다고 역설한다. 물론 일부는 맞는 말이다. 그러나 중요한 점을 간과하고 있다.
26절을 마가의 병행구와 비교하면 두 가지 차이를 발견할 수 있다. 첫째, "자녀로 먼저 배불리 먹게 할지니"(막 7:27)라는 구절이 마태복음에는 없다. 둘째, 강조점이 다르다. 마가는 '자녀'를, 마태는 '강아지'를 제일 강조한다. 마태는 "자녀로 먼저 배불리 먹게 할지니"라는 구절이 여인에게 희망을 주기는 하지만, 여인의 믿음을 약화한다고 생각하기에 생략한다(Hagner, 718). 하지만 '강아지'란 표현을 마가보다 더 부각하여 이 단어가 열쇠임을 시사한다. 이를테면 예수님이 여인에게 힌트를 주신 셈이다(Swindoll, 332). 신약시대의 이방인들은 애완견을 길렀기에, 이 여인은 '강아지'란 단어를 들었을 때 비유의 의미를 쉽게 알아챌 수 있었으리라(Keck, 336). 여인에 대한 주님의 태도는 결코 무정하거나 냉혹하지 않다. 오히려 그녀의 믿음이 향상되도록 부드럽게 돕는다(MacArthur, 1153).

【27절】 그러자 [그녀는] 말했다. "맞습니다. 주님! 그렇지만 [그 강아지들도] ‖그들의 주인들의‖ 상에서 떨어지는 부스러기를 먹습니다."

❋ 여인은 자신이 유대인들로부터 심한 멸시를 받는 가나안 족속이란 사실을 기억하고, 자녀와 강아지의 차이를 그대로 인정한다. 그녀는 분명히 자신을 유기견이 아닌 애완견으로 취급해 주신 주님께 고마운 마음을 가지고 있었으리라. 그래서 '주인'의 식탁 이미지를 끌어내며, 주인의 상 밑에서 부스러기를 주워 먹는 애완견의 모습을 상상한다. ('주인'과 '주님'은 동일한 헬라어다.) 본문은 '강아지'보다 '그들의 주인'을 더욱 강조한다. 당연히 '주인'은 예수님을 암시한다. 이 여인은 자신의 신분이 무엇인가 하는 것보다, 자신이 주님의 지배를 받고 있음을 더 드러내며 거기에 소망을 둔다. 다시 말하면 애완견이 자녀와 동등하지는 않지만, 어쨌든 주인의 보호를 받는다는 점을 상기시킨다(Swindoll, 333).

❋ 마침내 가정의 주인이신 주님은 그녀를 도와줄 수밖에 없는 처지에 놓인다. 마태복음에는 '자녀'(유대인)와 '강아지'(이방인)의 차이가 그대로 존재한다. 마가복음과는 다르게, 예수님이 정결규례 논쟁(15:1-20)에서 "모든 음식물이 깨끗하다"(막 7:19)는 선언을 하시지 않기 때문이다. (마가복음에서는 자녀의 특권이 사라지고 '주인의 상'이란 표현도 등장하지 않는다.) 마태복음 독자들에게 유대인과 이방인의 관계는 아주 민감한 주제였다. 따라서 마태는 기독교의 뿌리가 유대인에게 있고, 이방인은 이스라엘을 통해 '이스라엘의 하나님께' 다가가며, 이방인 선교가 필요하다는 점을 역설한다(Harrington, 236-37).

[28절] [그때] 예수께서 그녀에게 대답하여 말씀하셨다. "오, 여인이여! [네 믿음이] [크다]! [네가 원하는 대로] 네게 [이루어져라]." 그러자 그 시각부터 그녀의 딸이 나았다.

❀ 28절은 '그때'를 강조한다. (마가복음에는 이 단어가 없다.) 이는 예수님께서 22절부터 시작된 일련의 대화를 통해 계속 참으며, 여인의 고백(27절)이 있을 때까지 애타게 기다리셨다는 뜻이다. 그리고 마침내 그 단계에 도달하자 감격하며 여인의 믿음을 칭찬하신다. 이 이야기는 처음부터 대화체로 시작되어 거의 끝까지 이렇게 진행된다. 오직 첫 문장과 마지막 문장만 설명으로 요약되어 있다. 그러기에 내러티브의 진행 속도를 보면 예수님과 여인이 대화하는 장면에서는 천천히 진행되다가, 마지막 문장에 가서야 급속도로 빨라진다. 이 말은 이야기의 핵심이 귀신 들린 딸의 치료가 아니라, 주님과 가나안 여인이 나눈 대화에 있다는 뜻이다.

❀ 23-28절에 있는 각 절의 주어를 살펴보면 28절에서 반전이 일어난다. 마태는 의도적으로 23, 24, 26절에서 '예수님'의 이름을 사용하지 않고 이야기를 진행한다. 28절이 되어서야 '예수님'의 이름을 삽입한다. 즉 주님이 여인의 요구에 대해 침묵하거나, 두 번의 이상한 대답을 하시는 부분에서 그분의 이름을 사용하지 않는다. 이는 마치 28절만 예수님이 직접 그녀에게 말씀하신 듯한 인상을 준다. 이러한 기교는 28절을 제외한 나머지 문장이 예수님의 본심이 아님을 증언한다(Bruner, 103).
주님은 처음부터 이 여인의 요청을 무시할 생각이 없으셨다. 단지 유대인과 메시아의 관계(24절), 유대인과 이방인의 관계(26절), 이방인과 메시아의 관계(27절)에 대해 알려 주어야 할 필요성을 느끼셨다. 그래서 그녀가 이해할 수 있는 방식으로 가르쳐 주었고, 그 후에 요청을 들어주셨다(Edersheim3, 184). 개역개정은 헬라어 원문과 다르게 23, 24, 25절에서 '예수님'의 이름을 사용한다.

❋ 주님은 여인의 대답을 듣고 결정적 선언을 하신다. "오, 여인이여! 네 믿음이 크다." 개역개정에는 없지만, 헬라어 원문은 예수님의 칭찬이 '오'(oh)라는 감탄사로 시작한다. 가나안 여인의 고백을 들은 예수님은 그녀의 믿음을 보고 감탄하신다. 마태복음에서 '큰 믿음'을 소유하였다고 칭찬을 받은 인물은 이 여인이 유일하다(France, 595). 더구나 이방 여인이 이런 찬사를 들었다는 것은 상상할 수조차 없다. (마가의 병행구는 여인의 믿음에 대해 전혀 언급하지 않는다.) 주님은 이 여인을 "여자여"라고 부르는데, 상당히 의미 있는 애정 어린 표현이다. 요한복음에서 주님은 자신의 어머니를 '여자여'라고 부르는데(2:4), 원문에 의하면 동일한 단어다.

❋ 주님께서 "네 소원대로 되리라" 하고 말씀하시자 그녀의 딸은 즉시 고침을 받았다. 내레이터는 그녀의 딸이 고침을 받은 현장을 보여주지 않고 그 시각부터 나았다는 말로 간결하게 마무리한다. 우리는 여기서 한 가지 중요한 진리를 발견한다. 과연 어느 것이 더 큰 기적일까? 가나안 여인이 주님과의 대화를 통해 큰 믿음을 소유하게 된 것일까, 아니면 그녀의 딸이 치료를 받은 것일까? 저자의 주장에 의하면 전자가 진정한 기적이다(Nolland, 636).
유대교 지도자인 바리새인과 서기관을 '맹인 인도자'(15:14)라고 혹평한 예수님은, 이제 유대인이 가장 멸시하는 가나안 여인을 믿음의 모델로 제시하신다(Harrington, 236). 이와 함께 무엇이 우리를 더럽게 하는지 알려 주신다. 15장의 문맥이 이 점을 강조한다.

예수께서 큰 무리들을 치료하시다

[29절] 예수께서 거기를 떠나 갈릴리 바다 근처로 가서 그 산에 올라가 거기에 앉아 계셨다.

❁ 예수님은 가나안 여인의 딸을 치료한 후에 두로와 시돈을 떠나 갈릴리 바다로 오신다. 마가의 병행구와 비교하면 두 가지가 다르다. 첫째, 마태는 예수님의 행로를 상당히 축소한다. 마가복음에 의하면, 주님은 두로와 시돈을 거쳐 데가볼리 지역을 통과한 후 갈릴리 호수에 이르신다(7:31). 마가는 예수님이 4,000명을 먹이는 순간에도 이방인 지역에 계셨다는 것을 분명히 한다. 반면에 마태는 주님의 행로를 축소하며 이방인 지역에 계시지 않음을 강조하는 것처럼 보인다(Harrington, 239). 그러나 사실은 그렇지 않다. 내레이터는 39절에서 주님이 4,000명을 먹인 후에 배를 타고 마가단 지역으로 오셨다고 밝힌다(강대훈, 81). 이때 비로소 주님은 유대인 지역으로 오셔서 바리새인들을 만나신다(16:1). 그러므로 29-38절은 이방인 지역에서 일어난 사건으로 보아야 한다(France, 597; Wilkins, 611).

둘째, 마태는 예수님이 산에 올라가 앉으셨다고 기술하는데, 이러한 묘사는 모세를 상기시키며 랍비로서의 이미지를 강조한다. 주님은 모세보다 더 위대한 교사로서 이방인 무리를 가르치며 치료하신다(Gundry, 318). 마가의 병행구는 산에 대한 언급이나 가르치셨다는 암시를 전혀 주지 않는다.

[30절] 그러자 큰 무리들이 그에게 나아와 다리를 저는 사람들, 불구자

들, 맹인들, 말을 못하는 자들, 다른 많은 사람들을 그의 발 근처에 내려놓았고, 그가 그들을 고쳐 주셨다.

❁ 29-31절은 예수님의 치유사역을 요약하는데, 마가복음과 비교하면 큰 차이를 보인다. 마가는 '귀 먹고 말 더듬는 자'를 고쳐 주신 사례를 다섯 절에 걸쳐 상세히 서술한다(7:32-36). 하지만 마태는 이것을 일반적인 치유 기사로 바꾸어, 각종 질병에 걸린 자를 치료하시는 장면을 소개한다. 게다가 마태 자신에게 거부감을 주는 치료 방법, 즉 마술 치료를 연상시키는 동작(침을 뱉고 혀에 손을 대며 탄식하는 내용)을 과감히 생략한다(Keck, 339). 30절에서 '내려놓다'라는 동사에 주목할 필요가 있다. 여기에 해당하는 헬라어 '립토'는 매우 강한 의미인데, '던지다', '내던지다', '서둘러 내려놓다'를 뜻한다. 이는 큰 무리가 무수히 많은 병자를 데려와 발 디딜 틈이 없는 혼잡한 분위기를 암시한다. 병자들을 주님의 '발 근처에 내려놓았다'는 문구는 그분의 신적 권위를 보여준다(Gundry, 318).

【31절】 그 무리는 말 못하는 사람들이 말하고, 다리는 저는 사람들이 걷고, 맹인들이 보는 것을 보고 놀랐다. 그리고 그들은 이스라엘의 하나님께 영광을 돌렸다.

❁ 31절에 언급된 치유 목록은 마태의 독자에게 이사야 35:5-6을 떠올리게 했을 것이다. 마태는 유대인 독자들에게 그들이 받는 메시아의 복을 이방인도 함께 누리게 될 것을 알려 준다(Barton 2002, 95). 11:5에 있는 이사야의 예언이 유대인을 통해 성취된 것을 보여준다면, 30-31절은 이방인을 통해 성취되는 장면을 보여준다(강대훈, 83). 저자가 마가복음과는 다르게, 29-31절의 배경과 사천 명을 먹이신 기적이 일어난 장소를 산으로 설정한 것은 의미

심장하다. 여기서의 '산'은 구속받은 자들이 모이게 될 시온산을(Hagner, 726), 사천 명을 먹이신 사건은 구원받은 자들이 미래에 참여하게 될 메시아적 연회를 암시한다(Case-Winters, 204).

❋ "이스라엘의 하나님께" 영광을 돌린 무리가 유대인인가, 아니면 이방인인가? 이 문제에 대해 학자들 간에 의견이 엇갈린다. 하지만 앞에서도 지적했듯이, 본문의 배경이 이방 지역이기에 이방인으로 보는 것이 타당하다. 만약 여기에 등장하는 무리가 유대인이었다면 그들은 '이스라엘의 하나님'이 아닌 '하나님'을 찬양하였으리라(Blomberg, 245; Harrington, 239). 실제로 복음서에 등장하는 유대인들은 놀라운 광경을 목격하고 종종 '하나님'을 찬양한다(마 9:8; 막 2:12; 눅 5:25-26). 글의 흐름을 볼 때도 이방인으로 이해해야 앞 단락과 연결된다. 마태는 기독교 신앙의 뿌리가 유대인에게 있고, 이방인은 유대인인 예수님을 통해 '이스라엘의 하나님께' 나아갈 수 있음을 주장한다(Harrington, 237).

4,000명을 먹이시다

【32절】 그러나 [예수께서는 그의 제자들을 가까이 불러] 말씀하셨다. "내가 이 무리를 불쌍히 여긴다. 왜냐하면 그들이 벌써 [사흘이나] 나와 함께 있었는데 그들에게 먹을 것이 없기 때문이다. 나는 [그들을 굶주린 채로 돌려보내는 것을] 원하지 않는다. 이는 그들이 돌아가는 길에 쓰러지지 않도록 하기 위함이다."

❁ 마가는 앞 단락과 본 단락을 별개의 사건으로 서술하는데(8:1), 마태는 계속 연결한다(Keck, 339). 한마디로 마태는 31절과 동일한 장소에서 예수님이 이방인 사천 명을 먹이셨다고 설명한다. 오병이어 기적에서는 제자들이 먼저 예수님께 무리를 돌려보내자고 요청했지만, 본문에서는 주님이 먼저 제자들을 불러 무리를 먹이겠다는 의도를 전달하신다. 왜 바로 먹이지 않고 제자를 부르셨을까? 이는 주님께서 제자들, 즉 예수님의 공동체가 사람들을 먹이도록 훈련시키시기 위해서였다(Bruner, 108).

저자는 무리가 외딴 곳에서 '사흘이나' 예수님과 함께 있었음을 강조한다. 이는 주님의 강력한 권위와 능력, 그리고 그들의 굶주림을 부각한다(France, 602). 신약시대에는 큰 축제 때나 여행 중에 지쳐 길에서 죽는 사람이 종종 있었다고 한다(고영민, 147).

【33절】 그러자 그의 제자들이 그에게 말한다. "[우리가 이 광야에서] [이처럼 엄청난] 무리를 배부르게 먹일 빵들을 어디서 구할 수 있겠습니까?"

❁ 얼핏 보면 33절은 제자들의 우둔함을 강조하며 그들이 오병이어 기적에서 얻은 경험을 전혀 반영하지 못하는 것처럼 보인다. 어떻게 이런 일이 가능할까? 하지만 마가의 병행구(8:4)와 비교하면 새로운 사실을 발견할 수 있다. (누가복음과 요한복음에는 이 에피소드가 없다.) 마가복음에서는 제자들이 예수님께 이렇게 대답한다(YLT). "누가 이 광야에서 어떻게 빵을 구해서 이 사람들을 배부르게 할 수 있겠습니까?" 마태는 마가의 이야기에 두 가지 변화를 준다. 첫째, '누가' 대신 '우리'를 사용하며 '우리'를 강조한다. 아마 제자들은 32절을, 주님께서 그들에게 기적을 일으켜 무리에게 먹을 것을 공급하라고 말씀하신 것으로 받아들였을 것이다. 따라

서 "너희가 먹을 것을 주라"(14:16)고 하셨던 주님의 명령에 응답이라도 하듯 33절과 같이 대답한다. 이는 제자들이 오병이어 사건을 떠올렸다는 뜻이다(Blomberg, 246).

둘째, 마태는 제자들의 무력함을 강조하는 데 초점을 둔다. 제자들은 '광야에서' '이처럼 엄청난' 무리를 먹일 능력이 '자신들에게' 없다는 사실을 주님께 고백한다. 반면에 마가의 병행구는 '예수님을 포함한 그 누구도' 무리를 먹일 수 없다는 점을 암시한다(Boring, 220). (마가의 이러한 관점은 8:5에서도 분명히 드러난다. 하지만 개역개정으로는 이 차이를 느낄 수 없다.) 33절에 있는 제자들의 질문은 그들 자신의 무력함을 나타낸 것일 뿐, 주님의 능력에 대해 의심을 표출한 것이 아니다(Edersheim3, 229; Gundry, 320). 마태는 마가보다 제자들을 훨씬 긍정적으로 묘사한다.

【34절】 예수께서 그들에게 말씀하신다. "너희가 [얼마나 많은] 빵을 가지고 있느냐?" 그러자 [그들은] 말하였다. "일곱 개입니다. 그리고 작은 생선 몇 마리가 있습니다."

❀ 33절에 있는 제자들의 대답이 역사적 현재 시제인데, 이에 호응하듯 예수님의 대답(34절)도 현재 시제로 되어 있다(Gundry, 320). 마치 제자들이 인간의 한계를 겸손히 인정하고, 주님께서도 이를 수용하여 빵이 얼마나 있는지 물어보시는 듯하다. 오병이어 기적에서는 제자들의 대답만 현재 시제로 되어 있다. (33절의 마가복음 병행구는 제자들의 대답이 부정과거 시제, 이에 대한 주님의 질문이 '미완료 시제'로 되어 있다. 마가복음의 예수님은 제자들에게 빵이 몇 개나 있는지 '계속해서 여러 차례' 물으신다. 이는 제자들이 부정적인 생각을 갖고 있기 때문이다. 마태복음과 확연히 다르지 않은가!)

'작은 생선'에 해당하는 헬라어 '익뒤디온'은 보통의 물고기를 의미하는 '익뒤스'(오병이어에 사용된 물고기)보다 크기가 작다. 제자들은 '작은 생선'을 언급함으로써 자신들의 부족함을 강조한다. 그런데 예수님의 손에 올려진 '생선'(36절)은 일반적인 물고기를 뜻하는 '익뒤스'다. 마가의 병행 단락에는 이런 변화가 없다.

【35절】 그러자 그는 〈그 무리에게 땅에 비스듬히 기대어 눕도록 명령하고〉,

【36절】 그 빵 {일곱} 개와 그 생선들을 들고 [감사 기도를 드린 후], 떼어 그의 제자들에게 주기 시작하셨고, [그 제자들은] 그 무리들에게 주기 시작하였다.

❋ 유월절 직전에 있었던 오병이어 사건에서는 예수님께서 무리들을 '풀밭'에 앉히는데, 여기서는 '땅'에 앉히신다. 이는 본 사건이 오병이어 이적이 있은 후로부터 수 주일이 지난 때여서 갈릴리 호수 동쪽 지역에 있는 풀이 말라 버렸음을 암시한다(Edersheim3, 228). 35절은 땅에 비스듬히 기대어 눕도록 명령하시는 예수님을 강조한다. '기대어 눕는' 동작은 잔치 분위기를 함축한다.
'기대어 눕다'에 해당하는 헬라어 '아나핍토'는 마태복음에서 오직 한 번 본문에 사용된다. 마가는 두 번의 급식 사건에서 공히 이 단어('아나핍토')를 사용한다(6:40; 8:6). 그러나 마태는 오천 명을 먹이신 이적에서는 유대인이 비스듬히 앉는 동작을 묘사하는 '아나클리노'란 동사를 사용한다(14:19). 물론 이 두 동사의 뜻이 비슷하지만, 마태는 오병이어 기적과 본 사건을 구별하는 듯한 인상을 준다. 즉 여기에 나오는 무리가 이방인임을 시사한다(강대훈, 87).

❋ 예수님은 빵 일곱 개와 생선 두어 마리를 들고 감사 기도를 드리신다. '감사 기도를 하다'에 해당하는 헬라어는 '유카리스테오'인

데, 마태는 사천 명을 먹이신 기적과 성만찬 기사에서 이 동사를 사용한다(26:27). 한편 오천 명을 먹였을 때는 '축복 기도'를 드리신 것으로 되어 있는데(14:19), 거기서는 '율로게오'란 단어가 사용되었다. (개역개정은 이 두 동사를 모두 "축사하시고"로 번역한다.)

그런데 중요한 점은 이 두 헬라어 동사('축복 기도를 드리다', '감사 기도를 드리다')가 최후의 만찬 이야기에 각각 한 번씩 등장한다는 사실이다(26:26-27). 마태는 주님께서 빵을 들고 '축복 기도'('율로게오')를, 포도주를 들고 '감사 기도'('유카리스테오')를 드리신 것으로 서술한다. 마태의 이런 기교는 두 번의 급식 기사가 최후의 만찬과 긴밀하게 연관되었음을 보여준다(양용의, 327). 마태복음에서 유대인 오천 명을 먹인 이적과, 이방인 사천 명을 먹이신 기적은 성만찬 사건에서 하나가 된다. 복음서에서 오직 마태복음만이 이런 구조를 취한다.

【37절】 그들 모두가 먹고 배불렀다. 그들이 [남은 조각들을] 모으니 {일곱} 광주리에 [가득 찼다].

【38절】 [먹은 사람들은] 여자들과 아이들 외에 남자들만 4,000명이었다.

❀ 37절은 남은 조각이 일곱 광주리에 가득 찼다는 점을 강조한다. '광주리'에 해당하는 헬라어는 '스퓌리스'인데, 이는 갈대로 만든 큰 광주리로 주로 이방인들이 곡식이나 음식을 담는 데 사용되었다. 사도행전 9:25은 사울의 제자들이 다메섹에서 사울을 피신시키기 위해 '광주리'('스퓌리스')에 담아 달아 내렸다고 기록한다. 반면에 오병이어 기적에서는 '코피노스'(바구니)란 명사가 사용되었다(14:20). 저자가 '바구니'와 '광주리'를 구별한 이유는, 이 두 급식 사건이 서로 다른 문화적 배경에서 일어났음을 알려 주기 위함이다(Phillips, 315). 예수님도 이 두 이적을 설명하며 바구니와 광주리를

구별하신 것을 보면(16:9-10), 이는 단지 스타일에 변화를 주기 위함이 아니다. 오천 명을 먹이신 이적은 유대인, 사천 명을 먹이신 기적은 이방인을 대상으로 한 사건이다(France, 603).

❀ 오천 명을 먹이며 갈릴리 사역을 끝낸 예수님은, 사천 명에게 음식을 제공하며 이방인 지역에서의 사역을 마무리하신다. 이 두 이적은 앞으로 있을 최후의 만찬을 암시한다. 이제 주님은 제자들과 함께하는 다락방 식사(26:20)를 마지막으로 예루살렘 사역을 끝내실 것이다(MacArthur, 1153). 마태는 두 급식 사건을 14-15장에 기록함으로써, 유대 지도층의 지속적인 반대에도 불구하고 자비를 베푸시는 주님의 사역은 계속된다는 것을 보여준다(Bock 2012, 405).

【39절】 그리고 그는 그 무리들을 보낸 후에 배를 타고 마가단 지역으로 가셨다.

❀ 예수님은 무리를 보낸 후 다시 배를 타고 갈릴리 바다를 횡단하여 마가단 지역으로 가신다. 마가의 병행구는 예수님이 달마누다 지방으로 가셨다고 기록한다(8:10). 마가단의 정확한 위치는 알 수 없다. 그러나 분명한 점은 주님이 마가단 지역에 도착하여 바리새인과 사두개인을 만나신다는 사실이다(16:1). 이는 그곳이 유대인 지역이거나 아니면 유대인 지역에 인접한 곳이라는 것과(Edersheim3, 230), 29-38절의 배경이 이방인 지역임을 입증한다(France, 598). 대부분의 학자들은 마가단이 갈릴리 바다 서쪽 해안에 있는 막달라일 것이라고 추측한다(Osborne, 678).

제16장

바리새인과 사두개인이 표적을 구하다

【1절】 그런데 [그 바리새인들과 사두개인들이 다가와] ‖그를 시험하며‖ [하늘로부터 오는 표적을] 그들에게 보여 달라고 그에게 요청하였다.

❀ 16장은 마태복음에서 아주 중요하다. 예수님은 종교 지도자들의 반대가 거세지고 지역 지도층의 위협이 커지자, 자신의 정체와 사명을 제자들이 분명히 이해할 수 있도록 돕는 쪽으로 방향을 돌리신다. 본 장에서 제자들은 하나님의 계시를 받아 예수님의 신분을 알게 되고, 주님의 소명에 대해 직접 그분으로부터 듣는다(Wilkins, 624). 예수님이 갈릴리에서 적대 세력인 바리새인과 사두개인을 대면하는 장면은 본 단락이 마지막이다. 이제 배를 타고 갈릴리 바다 건너편으로 가셔서(5절) 예루살렘으로 향하게 되기 때문이다.

❀ 내레이터는 바리새인과 사두개인이 함께 왔다는 매우 충격적인 사실을 보고한다. 보통은 바리새인과 서기관이 짝을 이루는데(12:38), 여기서는 느닷없이 사두개인이 등장한다. 신약성경에서 오직 마태복음 3:7과 본 절만이 이렇게 묘사한다(France, 605). 저자는 하나의 정관사로 바리새인과 사두개인을 결합한다. 이는

이 두 그룹이 주님을 대적하는 일에 하나가 되었음을 시사한다(Osborne, 682).

역사적으로 보면 이 두 그룹은 신학적 배경과 정치적 이념이 정반대여서 서로 적대적이다. 일반 유대인이 중심이 된 바리새인은 토라 외에 전통으로 내려오는 구전까지 인정하였다. 귀족 계급이며 제사장 무리인 사두개인은 성문화된 토라만을 받아들였다. 본문은 예루살렘의 고위 당국자들이 주님을 대적하는 일에 개입하기 시작했음을 알려 준다(France, 605). 마가의 병행구는 바리새인만 언급한다(8:11).

❁ 1절은 종교 지도자들이 예수님을 '시험하였다'는 사실을 제일 강조하여, 이들의 악한 계략을 부각한다(Gundry, 322). (마가복음은 이 부분을 강조하지 않는다.) '시험하다'에 해당하는 헬라어 '페이라조'가 마태복음에 총 여섯 번 사용되는데, 4:1-11(예수님의 시험 이야기) 이후 본 절에서 처음으로 등장한다. 저자는 예수님에 대한 사탄의 반대와 유대 지도층의 적대 행위가 연속성이 있음을 보여준다. 즉 마태복음의 주요한 주제 중 하나인 왕국 간의 대결을 시각화한다(Keck, 341). 바리새인들은 이전에 표적을 보여 달라고 요구한 적이 있다(12:38). 그런데 이번에는 '하늘로부터 오는' 표적을 요청한다. 여기서의 '하늘'은 유대인이 하나님을 가리킬 때 사용하는 표현이다(Keener 1998, 102). 이들은 모세 때 있었던 만나(출 16:4), 여호수아가 기도하여 멈추게 했던 해와 달(수 10:12-14), 사무엘 시대에 있었던 우레(삼상 7:10)를 염두에 두었을지 모른다(고영민, 148).

【2절】 하지만 [그는] 그들에게 대답하여 말씀하셨다. "너희는 저녁이 되면 '하늘이 붉으니 날씨가 좋겠구나!'라고 말한다.

【3절】 그리고 아침에는 '하늘이 붉으며 어두우니 [오늘은] 폭풍이 있겠

구나!'라고 말한다. 너희가 ‖진정으로 하늘의 현상은‖ 분별하는 법을 배웠다. 그러나 [이 시대의 표적들은] 너희가 분별할 능력이 없다."

❀ 예수님은 당시의 격언을 이용하여 종교 지도자들이 자연현상을 보며 날씨를 예측했던 것과, 이 시대의 표적을 분별하는 것을 대조하신다. 주님은 '하늘의 현상'을 제일 강조하며, 하늘의 현상은 읽을 줄 알면서 하늘에서 오는 표적은 분별하지 못하는 이들의 영적 무지를 꾸짖으신다. '하늘'로부터 오는 표적을 요구한 지도자들에게 '하늘'의 현상을 예로 들어 설명하시는 주님의 지혜가 얼마나 놀라운가! 1절의 '하늘'(heaven)과, 2-3절의 '하늘'(sky)은 동일한 헬라어('우라노스')다. 하지만 의미는 다르다. 예수님은 '언어 유희'를 통해 그들을 깨우치신다. (개역개정은 3절에서 '하늘의 현상'을 "날씨"로 번역하는데, 이렇게 하면 언어유희가 성립되지 않는다.)

1세기 유대인들은 하늘의 변화에 상당한 관심을 가지고 있었다. 당시 랍비 학교에서는 기상 변화에 따른 각종 생활의 지혜를 가르쳤으며, 그 해의 강우량을 예측하기도 했다(Pulpit). '이 시대의 표적들'(3절)은 주님이 베푸신 다양한 이적을 가리키는데, 종교 지도자들은 이것을 보면서도 메시아의 시대가 왔음을 깨닫지 못했다(Hagner, 741). 개역개정은 '표적'을 단수로 처리하나, 헬라어 원문에는 복수로 되어 있다.

❀ 병행 단락과 비교하면 마가복음에는 2-3절의 내용이 없고, 예수님이 대답하기 전에 깊이 탄식하시는 장면이 나타난다(8:12). 그러나 마태는 주님의 감정 표현을 최대한 억제한다(Gundry, 323). 인간적인 면보다 하나님의 아들로서의 측면을 더 강조하기 때문이다. 누가는 예수님이 이 말씀을 '무리에게' 하시는 것으로 서술하며,

"너희가 어찌 이 시대는 분간하지 못하느냐?" 하는 질문으로 마무리한다(12:56). 그렇지만 마태는 3절 마지막 문장을 선언문으로 처리하여 바리새인과 사두개인의 무능과 죄악을 더욱 강조한다(Gundry, 324).

또 하나의 차이점은, 누가의 병행구에서는 예수님이 '천지의 기상'을 언급하신다(12:56). 누가의 병행 단락에는 바로 앞에 '하늘의 표적'을 요청하는 내용이 없다. 마태복음에 사용된 '하늘' 관련 언어유희에는 저자의 의도가 짙게 깔려 있다.

【4절】 "[사악하고 음란한 세대가] 열심히 ‖표적을‖ 찾지만, ‖요나의 표적 외에는‖ 이 세대에 [표적이] 주어지지 않을 것이다." 그러고 나서 그는 그들을 두고 떠나가셨다.

❀ 예수님은 자신이 보여주는 여러 표적을 보면서도 다른 종류의 표적을 추구하는 이 세대를 '사악하고 음란한 세대'로 평가하신다. '사악하고 음란한 세대'란 표현은 사복음서에서 마태복음에만 두 번 등장한다(12:39). 이는 출애굽 사건 이후 광야에서 하나님을 시험한 광야 세대(신 1:35; 32:5)를 상기시킨다(Osborne, 684). 마가의 병행구(8:12)에는 이 문구가 없다. 4절은 '요나의 표적'을 제일 강조한다. 요나의 표적은 부활의 표적인데, 주님은 자신이 요나처럼 죽었다가 사흘 만에 살아나면 그것이 메시아임을 증명하는 표적이 될 것이라고 말씀하신다. 부활이야말로 이 세대에 주어질 가장 장엄하고 압도적인 표적이다(Hagner, 741).

우리는 여기서 기막힌 아이러니를 본다. 유대인의 지도자들은 예수님이 강하다는 것을 보여주는 강력한 표적을 요구한다. 하지만 주님은 자신의 약한 상태인 죽음이 바로 표적이라고 말씀하신다(강대훈, 93). 주님은 그들에게 더 이상의 표적을 보여주지 않고 그

대로 떠나가신다. 이는 종교 지도자들과의 관계 단절을 의미한다 (Keck, 341).

바리새인과 사두개인의 누룩

【5절】 그리고 그 제자들은 건너편으로 가면서 빵들을 가져가는 것을 잊었다.

❀ 마태의 내러티브에 의하면 제자들은 이미 호수 건너편으로 가신 예수님과 합류한다(Hagner, 745). 아마 이들이 도착한 곳은 갈릴리 호수 동쪽이었을 것이고, 이제 빌립보 가이사랴 지역을 향해 북쪽으로 올라갈 예정이었을 것이다. 호수 동편은 사람이 많이 살지 않는 이방 땅이었기에, 유대인이 먹을 수 있는 정결한 빵을 얻기가 쉽지 않았을 것이다(고영민, 149). 내레이터는 제자들이 빵을 가져가는 것을 잊었다고 말함으로써 이들이 주님의 말씀을 오해하게 될 것을 암시한다.

【6절】 그런데 [예수께서] 그들에게 "명심해라! 그 바리새인들과 사두개인들의 누룩을 조심하라" 하고 말씀하셨다.

❀ 예수님은 바리새인과 사두개인의 등장을 계기로 그들의 잘못된 가르침이 얼마나 심각한 문제를 일으키는지 경고하신다. 마가의 병행구는 이 대목에서 예수님의 이름을 사용하지 않지만, 마태는 이름을 삽입하여 신적 권위를 강조한다. 사두개인과 바리새인의 잘못된 가르침에 대한 경고(6절, 11절)가 이 단락을 감싸고 있는데,

이는 문제의 심각성을 시각화한다(Garland, 167). 유대인의 전통에서 누룩은 악의 상징이었다.

일반적으로 바리새인의 누룩은 경건의 모양만을 추구하는 형식주의, 사두개인의 누룩은 세속적 쾌락만을 추구하는 현실주의를 뜻한다(제자원 1992, 439). 그렇지만 본문은 이들 각각의 누룩을 언급하지 않는다. (저자는 여기서 1절과 동일하게 하나의 정관사로 바리새인과 사두개인을 결합한다.) 여기서의 '누룩'은 이 두 그룹이 인본주의적 태도를 가지고 주님이 메시아라는 진리를 거절하며 대적하는 일에 하나가 된 것을 의미한다(Wilkins, 628). 마가의 병행구는 바리새인의 누룩과 헤롯의 누룩을 분리하여 이야기한다(8:15).

【7절】 그러자 [그들은] 의논하기 시작하며 "이는 우리가 [빵들을] 가져오지 않았기 때문이다"라고 말하였다.

❀ 제자들은 예수님이 누룩에 관해 이야기하자 배가 고파 그런 것으로, 아니면 빵을 가져오지 않았다고 책망하시는 것으로 착각했다. 빵이 없는 상황에 정신이 팔려 주님의 말씀을 오해한 것이다. 이전에 주님이 천국 비유(13:33)에서 누룩을 언급한 적이 있었기에, 제자들은 비유적으로 말씀하신다는 사실을 이해했어야 했다. 하지만 물질적 필요에만 몰두해 있어서 영적 가르침을 깨닫지 못했다(Wilkins, 627).

【8절】 예수께서 [그것을 알아채고] 말씀하셨다. "너희 믿음이 작은 자들아! 왜 너희는 너희에게 [빵들이] 없는 것 때문에 계속 의논하느냐?"

❀ 8절은 주님께서 제자들의 생각을 알아챘다는 점을 강조하는데,

이는 내면의 생각을 간파하시는 그분의 신적 통찰력을 부각한다(Keck, 342). 마가복음과는 다르게(8:17), 예수님은 제자들이 당황해하는 상태를 '작은 믿음'으로 해석하신다. '작은 믿음'이란, 그들의 믿음이 개인적 관심과 욕구의 우선순위로 인해 흐려진 상황을 의미한다(Osborne, 691).

만약 두 번의 급식 사건을 체험한 제자들이 충분한 믿음을 가지고 있었다면, 빵이 없다고 걱정할 필요가 없었으리라. 마가복음의 예수님은 8:17-20에서 연달아 일곱 개의 질문을 던지며 제자들의 우둔함을 책망하신다. 하지만 마태는 이 질문을 다섯 개로 축소하며 주님의 책망을 훨씬 부드럽게 조정한다(Harrington, 244).

【9절】 너희는 [아직까지] 깨닫지도 기억하지도 [못하느냐]? 빵 {다섯} 개로 오천 명이 먹고 너희가 몇 바구니를 거두었느냐?

【10절】 또 빵 {일곱} 개로 사천 명이 먹고 너희가 몇 광주리를 거두었는지 깨닫지도 기억하지도 못하느냐?

❆ 예수님은 두 번의 급식 사건을 언급하며 하나님께서 공급해 주신다는 사실을 상기시키신다. 9-10절은 다섯 개의 빵과 오천 명, 일곱 개의 빵과 사천 명을 이야기하며 하나님의 풍성한 공급을 강조한다. 마가의 병행 단락은 두 급식 사건에서 사용된 빵의 개수와 거두어들인 양을 동시에 언급한다. 게다가 제자들의 마음이 둔하여 보지 못하고 듣지도 못한다는 엄한 책망을 담고 있다.

그러나 마태는 마가복음의 내용을 축소하며 얼마 되지 않는 빵을 가지고 그렇게 많은 사람을 먹였음을 강조한다(Gundry, 327). 한마디로 인간적 관점에서 보면 불가능한 일을 성취하시는 하나님의 초월적 능력을 드러낸다(France, 610).

【11절】 내가 너희에게 [빵에 관해] 말하지 [않았다는] 것을 너희는 어찌 하여 깨닫지 못하느냐? 오직 ‖그 바리새인들과 사두개인들의‖ 누룩을 조심하여라.

【12절】 [그제서야] 그들은 빵의 누룩이 아니라 바리새인들과 사두개인들의 [가르침을] 조심하라고 그가 그들에게 명령하셨다는 것을 깨달았다.

❀ 마태는 마가복음에는 없는 11-12절을 첨가하여 6절의 의미를 분명히 한다. 마태는 마가복음의 내용을 변경하여 제자들이 주님의 말씀을 이해했다는 긍정적 선언과 함께, 바리새인과 사두개인에 대한 경고의 말로 결론을 내린다. 마가복음에서는 제자들이 전적으로 깨닫지 못하는 상태가 시종일관 강조된다(김창선, 220).

베드로가 예수를 그리스도로 고백하다

【13절】 그리고 〈예수께서 빌립보 가이사랴 지역에 이르렀을 때〉 자신의 제자들에게 "사람들이 [인자를] 누구라고 하느냐?" 하고 묻기 시작하셨다.

❀ 예수님은 십자가 수난에 대비하여 제자들을 훈련시키신다. 13절은 '빌립보 가이사랴 지역'을 강조한다. (마가복음 병행구는 이 지명을 강조하지 않는다.) 이스라엘의 최북단 헬몬산 기슭에 위치한 빌립보 가이사랴는 헤롯 대왕이 로마 황제 아우구스투스로부터 선물 받

은 도시다. 헤롯 대왕이 죽은 후 그의 아들 헤롯 빌립에 의해 확장되었다. 도시의 원래 이름은 파네아스인데, 헤롯 빌립은 이곳을 수도로 정하고 로마 황제의 이름과 자신의 이름을 결합하여 '빌립보 가이사랴'라고 칭하였다.

이방인이 대부분인 이곳 주민은 우상숭배자들이었고, 바알과 목양의 신 '판'(Pan), 그리고 로마 황제를 숭배하였다. 분명히 주님은 황제에게 바친 거대한 대리석 신전과 많은 이방 신전을 바라보며 이 질문을 하셨을 것이다(Green 2005, 255). 저자는 민족적 종교적 색채가 강한 이곳에서 예수님의 정체에 관한 의미 있는 고백이 있었음을 강조한다(Keck, 343).

❋ 병행 단락과 비교하면, 마가는 베드로의 고백이 있기 전에 주님이 벳새다에서 맹인을 고치신 사건을 기술한다(8:22-26). 그러나 마태는 이 이야기를 생략한다. 아마 눈에 침을 뱉고, 두 단계에 걸쳐 치료하는 방식이 자신이 전개하는 기독론, 즉 한마디 말씀에 의한 즉각적인 치유와 어울리지 않는다고 여겼으리라. 아울러 의미심장한 베드로의 신앙고백 바로 앞에 나오는 내용으로 부적절하다고 간주했을 것이다(Hagner, 751). 누가복음에는 빌립보 가이사랴에 대한 언급이 없이, 오병이어 기적 직후 예수님이 기도하며 제자들에게 이 질문을 하신 것으로 되어 있다(9:18).

【14절】 그러자 [그들이] 대답하였다. "[어떤 사람들은] 진짜 세례자 요한이라고 하고, 또 [어떤 사람들은] ‖엘리야‖라고 하고, 또 [다른 사람들은] ‖예레미야나 선지자들 중의 하나‖라고 합니다."

❋ 예수님의 질문에 대해 제자들은 다양한 대답을 내놓는다. 14절은 '엘리야', '예레미야', '선지자들 중의 하나'를 제일 강조한다. 엘리야

는 죽지 않고 승천한 선지자인데, 유대인들은 그가 메시아의 선구자로 와서 그분의 길을 예비한다고 믿었다. 예레미야는 예루살렘을 위해 눈물을 많이 흘렸던 선지자로, 남유다의 멸망과 성전의 파괴를 예언함으로써 동족으로부터 극심한 박해를 받았다.

여기서 예레미야가 들어간 점이 특이하다. 마가나 누가의 병행구에는 없기 때문이다(막 8:28; 눅 9:19). 저자는 예수님과 비운의 선지자 예레미야의 생애가 유사하게 될 것을 예고하기 위해, 자신이 자주 언급했던 이사야가 아닌 예레미야를 선택했으리라(France, 616).

【15절】 그가 그들에게 말씀하신다. "그러면 ‖너희는‖ 나를 누구라고 하느냐?"

❀ 이제 예수님은 제자들의 의견을 물으신다. 주님의 질문에서 '너희'가 제일 강조되어 있다. 15절에서 앞 문장의 시제가 현재라는 점에 주목해야 한다. 마태는 현재 시제를 사용하여 이 질문이 시공간을 초월하여 모든 성도에게 적용된다는 사실을 시사한다. 아울러 이 질문에 극적 효과를 부여한다(Gundry, 330). 마가와 누가의 병행구는 각각 미완료 시제와 부정과거 시제를 사용한다(막 8:29; 눅 9:20).

【16절】 [시몬 베드로가 대답하여] 말했다. "[당신은] 그리스도, ‖살아 계신 하나님의 아들‖이십니다."

❀ 베드로가 가장 먼저 신앙을 고백한다. 그가 먼저 대답한 것은 충동적인 성격 탓도 무시할 수는 없겠지만, 예수님께서 지적하신 것처럼 하나님의 계시와 은혜로 인한 확신 때문이라 할 수 있다(제자원 1992, 441). 본문은 '시몬 베드로가 대답하여'를 강조하는데, 이는 하나님의 은혜로 그 순간 그에게 통찰력과 확신

이 주어진 것을 암시한다. 마가와 누가의 병행구는 '대답하여'와 '베드로'라는 단어를 각각 하나씩만 강조한다. JMNT 역본은 16절 앞부분을 이렇게 번역한다. "이제 시몬 베드로가 통찰력을 가지고 결정적인 대답을 하였다."

❋ 오직 마태만이 베드로를 '시몬 베드로'라고 소개하며 그의 완전한 이름을 제시한다. 마가와 누가의 병행구는 '베드로'라고 서술한다. 마태복음에서 '시몬 베드로'란 이름이 나오는 것은 이곳이 유일하다. 베드로는 가끔 '베드로라 하는 시몬'(4:18; 10:2), '시몬'(16:17; 17:25)이라 불렸고, 나머지 경우에는 항상 '베드로'란 이름으로 불렸다. 저자는 의미심장한 고백을 하는 사람에게 어울리게 정중한 분위기를 자아내며, 그의 완전한 이름을 제시한다(France, 617).

❋ 베드로의 신앙고백을 헬라어 원문으로 보면 '그리스도', '아들', '살아 계신 하나님' 앞에 각각 정관사가 붙어 있다. 따라서 정확하게 직역하면 "당신은 그 그리스도(메시아), 유일하게 살아 계신 하나님의 유일하신 아들이십니다"(YLT)가 된다. 이 신앙고백은 기독교 신조의 핵심인데, 여기에 주님의 인성과 신성이 함축되어 있다. 마태복음에 나오는 베드로의 고백은 제자들에게서 나온 첫 번째 고백이 아니다. 14:33에 있는 제자들의 고백("진실로 하나님의 아들이로소이다")이 좀 더 확대된 것이라 할 수 있다(Nolland, 665).
'살아 계신 하나님의 아들'이란 호칭은 마태복음에만 있는데, 이 호칭은 구약성경의 하나님을 상기시킨다(신 5:26; 시 42:2; 84:2). 동시에 빌립보 가이사랴 지역에 있는, 생명이 없는 이 세상의 신과 대조되는 하나님의 속성을 강조한다(Hagner, 758). 저자가 '살아 계신 하나님'을 제일 강조한 이유가 여기에 있다. 고대의 바알 신, 판 신, 로마 황제 우상이 가득한 이 지역에서 울려 퍼진 베드로의 고백은 아주 특별한 의미를 지닌다(France, 619).

【17절】 그러자 예수께서 그에게 [대답하여] 말씀하셨다. "요나의 아들 시몬아, 네가 ‖복이 있다‖. 왜냐하면 그것을 네게 계시하신 분은 [혈육이] 아니라 하늘에 계신 내 아버지이기 때문이다."

❋ 17-19절에 있는 예수님의 칭찬과 교회 공동체 설립에 관한 이야기는 마태복음에만 있다. 아마도 마태는 사도적 전통에 선 교회의 중요성을 강조하기 위해 이 내용을 기록하였을 것이다(김창선, 224). 주님은 베드로를 '요나의 아들 시몬'("바요나 시몬")이라 부르신다. 마태복음에서 누군가를 소개할 때 육신의 아버지 이름을 대며 소개하는 것은 매우 특이하다(Gundry, 332). 여기서 예언자 '요나'의 이름이 언급된 것은 베드로의 고백이 예언자적 성격을 띠기 때문이다(김창선, 223). '시몬'은 베드로의 히브리식 이름이며 본명인데(4:18), 뒤에 이어지는 주님의 말씀과 연관시켜 볼 때 굉장히 의미심장하다. '시몬'이란 이름은 '듣는 사람'이란 뜻이고, 그는 하나님의 계시의 말씀을 '듣고' 신앙을 고백한다(TPT). 여기서 우리는 놀라운 진리를 발견한다. 지혜롭다고 자랑하던 바리새인과 사두개인은 "하늘(하나님)로부터 오는 표적"을 애타게 찾았으나 아무것도 받지 못했다(16:1). 그러나 어린아이와 같은 베드로는 아무것도 요구하지 않았지만 하나님께서 주시는 계시를 받았다(Garland, 168-69).

❋ 17절은 '복이 있다'는 점을 제일 강조한다. 베드로가 하나님의 은혜로 계시를 받았기 때문이다. 개역개정에는 누락되었지만 헬라어 원문에는 '복이 있다'는 표현 뒤에 '왜냐하면'이란 접속사가 있어서 그 이유를 분명히 밝힌다. '복이 있다'에 해당하는 헬라어 '마카리오스'는 외적 환경에 관계없이 느끼는 기쁨과 만족을 뜻한다. '혈육'은 '인간'을 지칭하는 유대인식 표현이다(Keener 1998, 103). '계시'는 어떤 개인적인 특별한 영적 체험이라기보다, 그리스도의

정체를 깨닫게 하시는 하나님의 은혜로 보는 편이 좋다. 하늘로부터 오는 계시를 받고 신앙을 고백하는 베드로는 모든 그리스도인의 대표자가 된다(Garland, 168).

【18절】 ‖나 역시‖ 네게 말한다. [너는] 베드로다. 그리고 [{이} 바위 위에] 내가 나의 공동체를 세울 것인데, [음부의 문들이] 그것에 대항하여 이기지 못할 것이다.

❋ 18절은 지금까지 수세기 동안 끊임없는 논쟁을 불러일으켜 온 구절이다. 게다가 로마 가톨릭 교회에서는 이 말씀을 근거로 교황의 권위를 주장하기에 매우 민감하면서도 중요하다. 하지만 문맥과 문학적 기교를 잘 살펴보면 의외로 쉽게 이해할 수 있다. 우리는 베드로의 고백과 예수님의 선언이 주로 이방인이 거주하던 지역에서 있었다는 점을 놓치지 말아야 한다. 이는 한때 하나님의 택하심을 받았던 자들에게 심판이 다가왔고, 이방인들이 하나님 나라에 들어오게 될 것을 예고한다(Edersheim3, 245-46).

❋ 본 절은 '나 역시'를 제일 강조한다. (개역개정은 이 부분을 "또 내가"라고 번역하는데, 이는 저자의 의도를 제대로 전달하지 못한다.) 이 문구는 두 가지 가능성을 생각하게 한다(Gill). 첫째, 성부 하나님께서 베드로에게 계시를 주셨듯이(17절) 성자 예수님도 베드로에게 계시를 주시는 것으로 볼 수 있다. 둘째, 베드로가 예수님이 어떤 분인지 밝혔듯이(16절) 예수님도 베드로에게 그가 누구인지 알려 주시는 것으로 이해할 수 있다.
물론 둘 다 가능하지만 문맥을 보면 전자를 취하는 편이 더 좋다. 17절에서 '하나님의 계시'가 언급되었고, 18절에서 '나 역시'가 제일 강조되었기 때문이다(Robertson). 18절은 성자 예수님께서 베드로에게 주시는 계시다.

❋ '베드로'에 해당하는 헬라어 '페트로스'는 남성 명사로 '돌', '돌멩이'를 의미한다. '바위'(반석)는 헬라어로 '페트라'인데 여성 명사로 '거대한 바위'를 뜻한다. 그렇다면 '베드로'가 의미하는 '돌멩이'와 18절의 '이 바위'는 같은 것인가? 이 문제를 해결하려면 다음 두 가지 사실을 고려해야 한다.

첫째, '이 바위 위에'라는 표현에서 '이'(this)라는 지시대명사가 '바위'보다 더욱 강조되었다는 점이다. (이중으로 강조되었다.) 따라서 '이 바위'는 베드로와 구별되는 것으로 보아야 한다. 만약 예수님이 베드로 위에 교회를 세운다는 뜻으로 이야기했다면, 분명히 '네 위에'라고 말씀하셨으리라(Gundry, 334; 고영민, 151).

둘째, 주님께서 이 대목에서 '언어유희'를 사용하신다는 점이다(Swindoll, 27). (예수님은 16장에서 세 번이나 언어유희를 사용하신다. 이 점이 본 절을 이해하는 데 굉장히 중요하다.) 만약 '이 바위(반석)'가 '베드로'라면 결코 언어유희가 성립되지 않는다. 언어유희가 성립되려면 '이 반석'이 '베드로의 신앙고백'(16절)이 되어야 한다(Nolland, 669).

교회의 기초가 된 '이 반석'은 결코 자연인 베드로가 아니다. 왜냐하면 그의 신앙고백이 하나님으로부터 온 것이어서 교회를 세울 수 있는 '든든한' 기초가 되기 때문이다(Swindoll, 27). 저자는 23절에서 베드로가 '걸림돌'이 되는 모습을 제시함으로써 그가 '반석'이 아님을 분명히 한다. (다른 복음서의 병행 단락에는 이 내용이 없다.) 본문은 베드로가 교회의 수장이고, 그가 죽고 나면 다른 사람이 그 역할을 계승한다는 논리를 지지하지 않는다(강대훈, 104-5).

❋ 주님은 베드로가 고백한 계시된 진리, 그 반석 위에 교회 공동체를 세우신다(고영민, 152). '공동체'(교회)에 해당하는 헬라어 '에클레

시아'는 사복음서에서 본 절과 18:17에만 나온다. '나의 공동체'란 표현은 '그들의 회당'(4:23; 9:35)과 대립되는 개념으로, 오직 주님만이 교회의 주인임을 함축한다(MacArthur, 1155). 예수님은 반항하는 이스라엘 백성을 앞에 둔 채, 자신의 정체성을 깨닫고 고백하는 새로운 이스라엘 공동체를 세우신다(Osborne, 699). '음부의 문'은 '죽음의 권세'를 뜻한다. 본문은 사도들과 예수님의 죽음, 그리고 악한 자의 공격에도 불구하고 교회가 절대로 멸망하지 않을 것을 시사한다(Hagner, 763).

【19절】 내가 하늘나라의 열쇠들을 네게 줄 것이니, [네가 무엇이든지 이 땅에서 매면] ‖하늘에서 매어져 있을 것이고‖, [네가 무엇이든지 이 땅에서 풀면] ‖하늘에서 풀려져 있을 것이다‖.

❁ 예수님은 베드로에게 천국의 열쇠를 주신다. 누군가에게 열쇠를 준다는 말은 권위를 부여한다는 뜻이다. 무엇인가를 매고 푸는 것은, 유대교에서 다양한 활동을 금지하거나 승인하는 판결의 발표를 의미하는 관용적 표현이었다(Kaiser, 399). 예수님이 베드로에게 매고 푸는 권위를 주었다는 말은, 그에게 말씀을 가르치고 해석할 수 있는 권위를 주셨다는 뜻이다. 아니면 주님의 율법 해석에 근거하여 그가 허용된 행동과 금지된 행동을 결정하게 될 것이라는 의미다(Hagner, 764-65).

이와 상반된 이미지가 23:13에 등장하는데, 예수님은 거기서 바리새인과 서기관이 이런 권위를 남용하여 천국 문을 막고 있다고 책망하신다. 종교 지도자들의 가르침을 조심하라고 경고한 주님은(6절, 12절), 이제 가르치는 권한을 그들로부터 빼앗아 베드로를 비롯한 교회 공동체에 주신다(Garland, 172-73). 이 권위는 단지 베드로나 그의 계승자인 개인에게 주신 것이 아니다(Swindoll, 29).

❁ 후반부 역시 상당한 논쟁을 불러일으켰다. 본문에 사용된 미래 시제와 완료분사 구문이 매우 보기 드문 구조이고, 그 의미가 명확하지 않기 때문이다(Hagner, 766). '하늘'이란 표현은 하나님의 행동을 암시한다(Gundry, 335). 여기서 쟁점은 교회의 매고 푸는 행위가 먼저인가, 아니면 하늘의 결정이 먼저인가 하는 문제다. 만약 미래 시제를 강조하면, 교회의 권위가 강조되고 교회의 결정을 하나님이 지지하시는 것으로 해석할 수 있다. 하지만 완료의 의미를 강조하면, 하나님의 뜻이 강조되고 하늘에서 이미 이루어진 뜻을 교회가 전달받아 그 뜻을 실행하는 것으로 볼 수 있다.
헬라어 원문을 직역하면, "하늘에서 '이미' 매어져 있을 것이고, 풀려져 있을 것이다"라는 의미인데, 이는 교회의 결정보다 하나님의 뜻을 더 강조한다(France, 626-27; MacArthur, 1155). 교회는 하나님의 인도하심으로 예수님의 가르침을 받아들이고, 그것을 세상 속에서 실천하며 회심한 자에게 천국의 문을 열어 준다(양용의, 340; Osborne, 702).

【20절】 [그때] 그는 그 제자들에게 [자신이] ‖그리스도‖라는 사실을 [아무에게도] 말하지 말라고 엄하게 명령하셨다.

❁ 예수님은 베드로의 신앙고백이 있은 직후 자신이 메시아임을 아무에게도 알리지 말라고 경고하신다. 그 이유는 첫째, 당시 유대인이 이 용어를 정치적 의미로 받아들일 것이 너무 뻔했기 때문이다(Robertson). 1세기 유대인에게 그리스도(메시아)라는 용어는 희망과 승리의 상징이었고, 하나님의 보내심을 받아 자기 백성을 구할 구원자를 뜻했다. 십자가 처형이나 패배와는 도저히 연결될 수 없는 단어였다(France, 618). 둘째, 비록 제자들이 주님을 메시아로 고백했지만, 그들의 메시아관이 아직 불완전하여 좀 더 많은

가르침을 받아야 했기 때문이다.

병행구와 비교하면, 마가복음은 "자기의 일을" 아무에게도 말하지 말라고(8:30), 누가복음은 "이 말을 아무에게도 이르지 말라"고 경고하셨다고 서술한다(9:21). 하지만 마태는 "자기가 그리스도인 것을" 말하지 말라고 명하셨다고 기록하여, 베드로의 고백을 한 번 더 반복한다. 즉 그분이 메시아라는 진리를 다시금 강조한다(Hagner, 753).

예수께서 자신의 죽음과 부활을 예고하시다

【21절】 [그때부터] 예수 그리스도께서 자신의 제자들에게 그가 반드시 [예루살렘으로] 가서 그 장로들과 대제사장들과 서기관들로부터 [많은 것들을] 고난당하고, 죽임을 당한 후, [셋째] 날에 ‖일으키심을 받을‖ 필요가 있다는 것을 알려 주기 시작하셨다.

❁ '그때부터'라는 표현은 마태복음에만 있는데, 이 시점이 중대한 전환점임을 알려 준다. 이때는 예수님이 십자가를 지기 약 6개월 전인데(Robertson), 주님은 자신이 하나님의 아들이란 사실이 공개된 이 시점부터 제자들을 가르치는 데 집중하신다. 동시에 어떤 종류의 메시아인지 분명히 밝히신다. 여기서부터 18장 끝까지 귀신 들린 아이가 고침을 받은 사건(17:14-20)을 제외하면, 예수님이 기적을 일으키거나 무리를 가르치신 사례가 없다. 주님을 반대하는 사람도 등장하지 않는다(Keck, 348). 마태복음에서 주님의 수난 예고가 세 번 주어지는데, 본 단락은 그중 첫 번째에 해당한다.

❋ 저자는 예수님이 죽임을 당하고 부활하실 것을 소개하는데, 특이한 문장 구조를 사용하여 마치 동영상을 보여주듯 실감나게 묘사한다. 현재 시제 부정사('알려 주다') 뒤에 부정과거 시제 부정사 네 개가 차례로 열거되어 있다('예루살렘으로 가다', '고난당하다', '죽임을 당하다', '일으키심을 받다'). 이 네 개의 부정과거 시제는 주님이 예루살렘으로 가서, 고난당하고, 죽임을 당한 후, 부활하시는 네 장의 사진과 같다. 저자는 이것을 마치 동영상(현재 시제)처럼 독자의 눈앞에 펼쳐 보인다(Osborne, 707). 헬라어 원문은 이 네 개의 부정사 앞에 '반드시~해야 한다'란 의미를 지닌 단어('데이')를 사용하여, 이 모든 것이 필연적임을 분명히 한다. 곧 그 이면에 하나님의 뜻이 있음을 암시한다(Garland, 179). 개역개정은 이 필연성을 제대로 살리지 못한다.

❋ 마가의 병행구(8:31)와 비교하면 세 가지 차이점을 발견할 수 있다. 첫째, 마태복음은 예수님이 '예루살렘으로' 가야 한다는 점을 강조한다. (마가복음에는 이 문구가 없다.) 이는 예루살렘이 메시아에 대해 폭력을 휘두르는 죄악의 온상임을 상기시킨다(Gundry, 337). 둘째, 저자는 장로들, 대제사장들, 서기관들을 하나의 정관사로 묶는다. 이들은 유대인 공동체의 최고 기관이었던 산헤드린 공회를 구성하는 세 그룹이다(France, 632). 본문은 종교 지도자들이 하나가 되어 주님께 대항하는 모습을 시각화하며, 그들이 주님의 죽음에 책임이 있음을 부각한다(Keck, 349). 마가의 병행구는 장로, 대제사장, 서기관 앞에 각각의 정관사를 사용한다. 셋째, 마태는 예수님의 부활이 하나님에 의해 이루어진다는 점을 제일 강조한다. '일으키심을 받다'에 해당하는 헬라어 부정사가 수동태인데, 이는 그분의 부활이 하나님에 의해 이루어짐을 역설한다(Keck, 349). 아울러 하나님의 아들이란 사실을 돋보이게 한다. 개

역개정은 이 부분을 능동태("살아나야")로 번역한다. 마가의 병행구는 능동태("살아나야")를 사용한다.

【22절】 그러자 베드로가 [그를 한쪽 옆으로 데리고 가서] 심하게 책망하기 시작하며 "주님! 당신에게 하나님의 은혜가 있기를 빕니다. [결코] ‖이런 일이‖ 당신께 일어나지 [않을] 것입니다"라고 말했다.

❀ 예수님의 수난 예고가 끝나자 베드로가 강력히 만류한다. '주님, 당신에게 하나님의 은혜가 있기를 빕니다'라는 문장은 하나님이 긍휼을 베푸실 것이기에 그런 일이 절대로 일어나지 않을 것이라는 의미다. 이러한 표현은 70인역 역대상 11:19에 등장하는데, 불행한 사건이 일어나는 것을 원치 않는 경우에 쓰인다(Pulpit). 마지막 문장은 '이런 일'을 제일 강조하는데, 이는 마치 베드로가 주님의 고난과 죽으심을 미연에 방지할 수 있는 자인 듯한 인상을 준다.
그가 예수님을 심하게 책망한 이유가 무엇일까? 다음 두 가지 가능성을 생각할 수 있다. 첫째, 베드로는 1세기 유대인이 가지고 있던 메시아상에 사로잡혀 있었다(Wright, 23). 둘째, 그는 예수님의 예고 중에서 뒷부분(부활)보다 앞부분(고난과 죽음)에 너무 집중하였다(Ellicott). 헬라어 원문에 의하면 주님은 부활을 제일 강조하셨는데, 제자들은 이 점을 놓쳤다.

❀ 비록 베드로가 당시 유대인들이 가지고 있던 메시아관에서 벗어나지는 못했지만, 예수님을 그리스도로, 또 하나님의 아들로 인정한 것은 변함없는 진리다. 15절에 있는 예수님의 질문은 제자들의 고백을 이끌어 내어, 자신의 역할에 대한 오해를 바로잡기 위한 것으로 보인다. 신앙고백 바로 뒤에 그분이 죽어야 한다는 사실을 가르쳐 주신 것이 그 증거다(Gundry, 329). 마가의 병행구와

비교하면, 마태는 베드로의 몰이해를 경감시킨다. 마가는 예수님께서 죽었다가 살아날 것을 "드러내 놓고" 말씀하셨다고 기술하나(8:32), 마태는 이 문구를 생략한다(Gundry, 338). 22절의 인용문은 마가의 병행구에는 없다.

【23절】 하지만 [그는] 돌아서며 베드로에게 말했다. "내 뒤로 물러가라. 사탄아! 너는 나를 넘어지게 하는 [걸림돌]이다. 왜냐하면 너는 하나님의 일들을 생각하지 않고 사람의 일들을 생각하기 때문이다."

❋ 베드로의 책망을 들은 예수님은 그를 사탄이라 칭하신다. 이 말은 그가 사탄의 역할을 하고 있다는 뜻이며, 그의 관점이나 태도가 고의적이 아니더라도 사탄의 태도와 유사하다는 말이다(Blomberg, 259). 사탄은 고난 없는 영광을 제안하며 하나님의 계획을 좌절시키려 한다. '내 뒤로 물러가라'는 명령은 4:10을 상기시키며, 광야에서 있었던 사탄과의 전투가 지속된다는 점을 암시한다(Hagner, 774). 23절 마지막 문장은 아주 중요하다. 이는 베드로의 신앙고백이 그 자신의 생각이 아니라, 하나님의 계시에 의한 것임을 입증한다(Nolland, 689).

❋ 주님은 베드로를 '걸림돌'로 묘사하시는데, 이것은 아주 멋진 문학적 기교다. (이 표현이 마가의 병행구에는 없다.) '걸림돌'에 해당하는 '스칸달론'은 '함정', '걸림돌', '걸려 넘어지게 하는 자'를 뜻하는데, 여기서는 '걸림돌'로 번역해야 한다. 예수님이 16장에서 세 번째 언어유희를 사용하시기 때문이다. 개역개정은 이 단어를 "넘어지게 하는 자"로 번역하는데, 이렇게 하면 저자의 의도는 무시된다. 주님은 '돌멩이'란 뜻을 지닌 베드로가 완전히 다른 종류의 돌, 즉 제 위치에서 벗어난 '걸림돌'이 되었다고 지적하신다. 1세기 유

대인 랍비들은 종종 제자의 이름으로 언어유희를 즐겼다(Keener 1998, 104-5).

자신의 십자가를 지고 그를 따르라

【24절】 [그때] 예수께서 그의 제자들에게 말씀하셨다. "〈만일 누구든지 [나의 뒤를] 따라오려거든〉 자기를 부인하고 자기 십자가를 지고 계속 나를 따르라."

❀ 주님은 베드로의 만류를 활용하여 제자들의 오해를 바로잡아 주신다. 동시에 이 기회를 통해 하나님 나라의 원리와 진정한 제자도를 가르치신다(Edersheim3, 264). 24-28절은 마가와 누가의 병행 단락에도 있지만, 마가와 누가는 예수님께서 제자들과 무리에게 말씀하시는 것으로 소개한다. 하지만 마태는 오직 제자들에게만 초점을 둔다. 본문이 암시하는 '결단'은 예수님을 믿기로 결정하는 최초의 결정이 아니라, 순교를 각오하는 의지적 행동이다. 마태 공동체는 베드로가 로마에서 처형된 것을 비롯하여 순교 당한 많은 성도를 보아 왔기에, 이런 내용을 알고 있었으리라(Keck, 350).

❀ 본문에 사용된 세 개의 동사 시제가 서로 다른데, 앞의 두 개('부인하다', '십자가를 지다')는 부정과거 명령형이고, 뒤의 하나('따르다')는 현재 시제 명령형이다. 부정과거 시제는 자기를 부인하고 십자가를 지는 일이 일회적 사건, 즉 주님께 대한 결정적인 헌신임을 의미한다. 반면에 예수님을 따르는 일은 날마다 이루어져야 한다

(Bock 2012, 423). '자기 십자가를 지고'라는 표현은 당시의 문화를 담고 있다. 1세기 십자가 처형장에는 사형수가 달릴 수직 기둥이 이미 설치되어 있었으므로, 사형수는 군중의 조롱을 감내하며 가로대를 지고 처형장까지 가야 했다(Keener 1998, 105).

【25절】 왜냐하면 〈누구든지 [자기 목숨을] 구하려는 사람은〉 그것을 잃을 것이지만, 〈나를 위하여 자기 목숨을 잃는 사람은〉 그것을 찾을 것이기 때문이다.

【26절】 왜냐하면 만약 사람이 [온 세상을] 얻고도 [자기 목숨을] 박탈당한다면 무슨 유익을 얻겠느냐? 아니면 사람이 ‖자기 목숨을‖ 무엇과 ‖바꾸겠느냐‖?

❄ 개역개정으로는 알 수 없지만, 헬라어 원문은 25-27절이 모두 이유를 나타내는 접속사로 시작된다. 따라서 24-27절은 서로 연결하여 해석해야 한다(강대훈, 121). 25절은 제자도의 당위성을 설명한다. 제자가 십자가를 지고 따라야 하는 이유는, 자신의 생명을 의도적으로 포기해야 진정한 생명을 찾을 수 있기 때문이다. '자기 목숨을 찾는다'는 말은 구원을 받는다는 뜻이고, 이는 궁극적 행복을 경험하는 것을 말한다(Hagner, 779). 26절은 세상의 무가치성과 영적 생명의 절대성을 대조한다. '박탈당한다'는 표현은 사법적 재판을 암시하며, 하나님의 심판을 떠올리게 한다(France, 639).

【27절】 왜냐하면 인자가 그의 아버지의 영광에 싸여 그의 천사들과 함께 오기로 예정되어 있는데, [그때] 그가 [각 사람의 행위에 따라] 갚아 줄 것이기 때문이다.

❄ 27절은 제자도에 헌신해야 할 셋째 이유인데, 다가올 재림과 심

판, 그리고 상급에 대해 이야기한다. 예수님은 다니엘 7:13-14을 암시하며, 하나님을 재판관으로 소개하는 구약의 구절을 자신에게 적용시키신다(Keener 1998, 105). 후반부는 마가와 누가의 병행구에는 없는데(막 8:38; 눅 9:26), 마태는 각 사람의 행위에 따라 주님께서 갚아 주신다는 내용을 덧붙인다. 이는 행함을 강조하는 저자의 관점과 일맥상통한다(김창선, 234).

【28절】 [진정으로] 내가 너희에게 말한다. [여기 서 있는] 사람들 중 몇 사람은 정말로 인자가 [그의 나라 가운데 오는 것을] 볼 때까지 결코 죽음을 맛보지 않을 것이다.

❆ 28절은 해석하기가 어려운 구절이다. 여기서 문제가 되는 것은 제자들 중 몇 사람이 예수님이 '자기 나라 가운데' 오는 것을 보게 될 날이 있을 것이라는 선언이다. 이 점에 대해 학자들의 다양한 견해가 있다. 하지만 공관복음이 본 단락 뒤에 변모 사건을 배치한 것을 보면, 복음서 저자들이 변화산 사건을 다가올 그 사건의 전조로 여기고 있는 것만큼은 분명하다(Bock 2012, 425; France, 641). 문맥을 볼 때 아마 주님은 변모 사건을 염두에 두고 이 말씀을 하셨을 가능성이 크다(Swindoll, 42). 마태는 예수님이 '그의 나라 가운데 오는 것'을 강조한다. 이 문구를 GNT와 NLV 역본은 "인자가 왕으로 오는 것", 개역개정은 '인자가 그 왕권을 가지고 오는 것'으로 번역한다. 병행 단락과 비교하면, 마가복음은 "하나님의 나라가 권능으로 임하는 것"(9:1), 누가복음은 "하나님의 나라를" 보게 될 것(9:27)이라고 설명한다. 마태복음은 다른 복음서보다 예수님의 '왕권'을 특히 강조하며 주님의 재림을 분명히 시사한다(Adams, 158).

제17장

예수께서 산 위에서 변모되시다

【1절】 그리고 [엿새 후에] 예수께서 베드로와 야고보와 그의 형제 요한을 데리고 [따로] 높은 산으로 그들을 이끌어 가신다.

❁ 예수님은 수난 예고로 혼란에 빠진 제자들에게 신적 영광과 왕으로서의 권위를 보여주신다. 반드시 부활이 있으리란 확신을 주시기 위함이었을 것이다(최갑종, 168). 1절은 '엿새 후에'를 강조하여 본 단락이 앞 단락과 연결되어 있음을 부각한다. 마태복음에서 이처럼 시간의 경과를 분명히 밝히는 경우는 매우 드물다.
저자는 16:28에 기록된 주님의 약속이 변화산 사건에서 부분적으로 성취되었고, 수난 예고가 진리임을 확증한다(MacArthur, 1156). 또한 모세와의 관련성을 보여준다(Blomberg, 262). 모세가 시내산에 올라가 엿새 동안 준비한 후에 하나님의 음성을 들었듯이(출 24:16), 예수님도 엿새 후에 변모되신다(France, 644). 누가복음은 수난 예고가 있은 후 팔 일쯤 되어 이 사건이 있었다고 서술하고(9:28), 요한복음에는 변모 사건에 대한 설명이 없다.

❁ 저자는 1절에서 두 번이나('데리고', '이끌어 가신다') 현재 시제를 사용하여 독자들을 이야기 세계로 끌어들인다. 마태복음에서 핵심 제자라 할 수 있는 이 세 사람이 언급된 것은 본 절이 처음이

다(Keck, 363). 세 제자와 함께 높은 산에 오르신 예수님은, 아론과 나답과 아비후를 데리고 시내산에 올라갔던 모세(출 24:1)를 연상시킨다(Osborne, 719).

세 제자의 목록을 살펴보면 두 가지 특이한 점을 발견할 수 있다. 첫째, 마태는 베드로의 이름 앞에 정관사를 사용하여 이 세 사람을 하나로 묶는다. 이러한 기교는 제자들이 하나의 공동체임을 시사한다. 저자는 16:1에서 이런 기교를 사용하여 바리새인과 사두개인이 주님을 대적하는 일에 하나가 되었음을 드러낸 적이 있다(Gundry, 342). 마가는 베드로와 야고보 그리고 요한의 이름 앞에 각각의 정관사를 사용한다(9:2). 둘째, 마태는 마가와 누가와는 다르게, '그의 형제'라는 표현을 덧붙인다. 이는 야고보와 요한이 혈연관계라는 사실을 알려 줄 뿐 아니라, 제자 공동체가 한 가족임을 함축한다(Keck, 363).

【2절】 그리고 그들 앞에서 변모되셔서 그의 얼굴이 해처럼 빛났고 [그의 옷들은] 빛처럼 희게 되었다.

❋ '변모하다'에 해당하는 헬라어 '메타모르포오'는 외적 변화뿐 아니라 내적 변화까지를 포함한다(참고. 롬 12:2; 고후 3:18). 이 단어는 예수님의 변모가 내면으로부터 진행되어 겉으로 드러나게 되었음을 암시한다. 주님은 이 세상에 오기 전에 지녔고, 그분의 나라를 세우기 위해 다시 올 때 지닐 영광스런 모습으로 변화되셨다(Barton 2002, 135). '변모하다'란 동사가 수동태인데, 이는 변화의 배후에 하나님이 계심을 알려 주며 왕의 임재를 시사한다(Wilkins, 665).

❋ 마태복음에만 있는 '얼굴이 해처럼 빛났다'는 묘사는 모세를 떠올리게 한다(Keck, 363). 모세가 시내산에서 십계명 두 돌판을 받고

내려왔을 때 얼굴에서 광채가 나서 사람들이 가까이하기를 두려워하였다(출 34:29-30). '해처럼 빛난다'는 표현은 앞에서 사용된 적이 있는데(13:43), 이는 완성된 하나님 나라를 상징적으로 보여준다. 유대인들은 제사장 계통의 메시아가 나타나면 태양 빛처럼 빛날 것이라고 믿고 있었다(Osborne, 730). 병행구와 비교하면, 마가는 얼굴에 대한 설명이 없이 광채 나는 옷에 대해서만 기술하며, 누가는 용모가 변한 것과 옷에 대해 언급한다(막 9:3; 눅 9:29).

【3절】 그리고 보라! 모세와 엘리야가 그들에게 나타나 그와 계속 이야기하고 있었다.

❁ 내레이터는 '보라'라는 감탄사를 사용하여 모세와 엘리야가 나타난 황홀한 순간을 독자에게 제시한다. 모세와 엘리야가 등장한 것과 관련하여 상당수의 학자들은 이들이 각각 구약의 '율법'과 '선지자'를 대표한다고 주장한다(Harrington, 254). 그러나 엘리야가 선지자를 대표한다고 보는 견해는 무리다. 특히 마태에게 엘리야는 선지자의 대표자가 될 수 없다. 그가 기록한 구약성경이 하나도 없기 때문이다(Keck, 363).

이들은 모두 종말론적 인물이다. 모세는 이스라엘의 첫 구원자였고, 백성들은 마지막 날에 모세와 같은 선지자가 나타나 이스라엘을 구원해 줄 것으로 기대했다(신 18:15). 엘리야는 마지막 때, 즉 하나님께서 이스라엘을 궁극적으로 구속하기 전에 보내실 선지자로 여겨졌다(말 4:5). 모세와 엘리야의 등장은, 그들이 담당했던 종말론적 역할의 절정인 메시아가 드디어 왔다는 것과(France, 648), 주님이 이 둘을 초월하는 분이심을 입증한다(Wilkins, 666).

❁ 3절은 '모세'를 먼저 언급하여 예수님과의 관련성을 돋보이게 한

다(Adams, 159). 물론 연대순으로 볼 때도 당연히 이렇게 되어야 한다. 마가의 병행구는 "엘리야가 모세와 함께"(9:4) 나타났다고 서술함으로써, 엘리야가 주인공이 되고 모세는 단순한 동반자 역할을 하게 한다(Gundry, 343). 누가는 이들이 나눈 대화 내용을 가장 상세히 들려준다(9:31). 마가도 이들의 대화에 상당한 비중을 둔다. '예수님'의 이름을 사용하고, 그들이 주님과 이야기하고 있었다는 것을 별도의 문장으로 처리한다(막 9:4).
그러나 마태는 대화 내용에 전혀 관심을 보이지 않는다. 이들이 대화를 나누었다는 사실을 문장이 아닌 분사로 처리하고, 예수님의 이름을 사용하지 않는다. (개역개정은 원문과는 다르게 3절에서 '예수님'의 이름을 사용한다.) 마태는 독자들로 하여금 오직 예수님께 초점을 맞추고 그분의 목소리만을 듣게 한다(Gundry, 343). 그분이 바로 '왕'이시기 때문이다(16:28).

【4절】 그러자 베드로가 예수께 [대답하여] 말했다. "주님! 우리가 [여기 있는 것이] [좋습니다]. [만약 당신께서 원하시면] 제가 여기에 장막 {세 개를} 짓겠습니다. 하나는 [당신을 위하여], 하나는 [모세를 위하여], 하나는 [엘리야를 위하여] 말입니다."

❋ 구약의 위대한 두 인물이 예수님과 대화하고 있을 때 베드로가 성급하게 끼어들어 초막을 짓겠다고 제안한다. 분명히 베드로는 주님의 변모와 위대한 인물들의 출현을 보고, 그들을 기념할 수 있는 어떤 것을 만들어 이 순간을 오래 간직하고 싶었을 것이다(Blomberg, 264). 병행구와 비교하면, 마태복음에 기록된 베드로의 말이 제일 정중하면서도 진지하다. 첫째, 마태복음의 베드로는 예수님을 '주님'('퀴리오스')이라 부르는데, 이 호칭은 왕으로서의 예수님과 가장 잘 어울린다. 마가복음과 누가복음에서는 '랍비'(막

9:5), '감독자'(눅 9:33)로 일컫는다. 개역개정은 누가의 병행구에서 '주님'이란 호칭을 사용하지만, 마태복음과 단어 자체가 다르다. 둘째, '만약 당신께서 원하시면'이란 문구가 마태복음에만 있는데, 여기에는 예수님을 존경하는 마음이 배어 있다. 셋째, 마태복음의 베드로는 온전한 정신으로 자신의 의사를 밝힌다. 마가와 누가의 병행 단락에서는 그 자신이 무슨 말을 하는지 모르는 상태에서 횡설수설한다.

【5절】 〈그가 아직 말하고 있을 때〉, 보라! [찬란하게 빛나는 구름이] 그들을 덮었다. 그리고 보라! 그 구름 속에서 "[이는] ‖나의 아들, 내가 사랑하는 자이고 내가 그를 기뻐한다‖. 너희는 그의 말에 계속 귀를 기울여라" 하는 [소리가] 들렸다.

❆ 5절은 '그가 아직 말하고 있을 때'를 강조하여, 베드로의 말이 아직 끝나지 않은 상황에서 하나님께서 그의 말을 중단시키셨음을 돋보이게 한다(Nolland, 703). 저자는 이러한 기교를 통해 베드로의 실수를 꼬집으며 예수님의 정체를 재정립한다(France, 649).

베드로의 말은 두 가지 점에서 잘못되었다. 첫째, 그는 예수님의 사명을 제대로 이해하지 못했다. 그는 주님과 함께 산 위에서 계속 머물기를 원했다(JMNT). 주님의 사명은 예루살렘으로 가서 십자가를 지시는 것인데도 말이다. 둘째, 그는 주님을 다른 선지자와 동일시하며 상대화했다(MacArthur, 1156). 초막 셋을 언급한 그의 말에서 세 인물이 모두 강조되어 있다(4절). 하지만 예수님은 살아 계신 하나님의 아들이란 점에서, 구약성경에 나오는 하나님의 종 모세나 엘리야와는 차원이 다르다. 따라서 비교의 대상이 될 수 없다.

❋ 본문은 '보라'라는 감탄사를 두 번이나 사용하여 제자들이 느낀 놀라움을 증폭시킨다. '찬란하게 빛나는'이란 수식어는 마태복음에만 있고, 오직 마태만이 이 부분을 강조한다. (마가와 누가는 '구름'을 강조하지 않는다.) '찬란하게 빛나는 구름'은 하나님의 임재를 상징하며(Hagner, 792), 모세와의 관련성을 부각한다. 모세가 하나님을 만나기 위해 시내산에 올라갔을 때 영광의 구름이 산을 가렸고(출 24:15-16), 성막 위에도 영광의 구름이 머물렀다(출 40:35). 마지막 문장은 주님의 말에 귀를 기울이라고 촉구하며 신명기 18:15을 인용한다. 이 말씀은 예수님이 모세를 통해 예언된 바로 그 선지자이며 하나님의 독생자임을 분명히 한다.

그렇다면 귀를 기울여야 할 주님의 말씀은 무엇인가? 그것은 일차적으로 수난과 부활에 대한 예고다(Gundry, 345). 마태는 하늘에서 들린 음성을 주님이 세례를 받으실 때 들렸던 음성(3:17)과 일치시킨다. 여기서 특히 앞부분이 제일 강조되었는데, 마가복음과 누가복음에는 '내가 그를 기뻐한다'는 구절이 없다. 왜 저자는 메시아가 고난당해야 한다는 사실을 이렇게 확증해야 할 필요를 느꼈을까? 그것은 '고난받는 메시아' 개념이 저자가 염두에 두고 있는 독자들에게 모순되는 말처럼 들렸기 때문이다(Blomberg, 264).

【6절】 그 제자들은 [그 소리를 듣고] 그들의 얼굴을 땅에 대고 엎드렸으며 굉장히 두려워하였다.

❋ 6-7절은 오직 마태복음에만 있다. 문학적 측면에서 보면 마태는 6-7절을 첨가하여 플롯을 더 짜임새 있게 만든다. 하늘에서 들린 음성 뒤에 제자들의 반응을 기록하여 이야기의 흐름을 더욱 자연스럽게 한다(Harrington, 255). 6절은 제자들이 하나님의 음성을 '듣는 순간 즉시' 엎드렸고 심히 두려워하였음을 강조한다(JMNT). 제

자들이 느낀 두려움은 구약성경과 후기 유대 전통에서 하나님의 계시를 경험한 사람이 보여주는 반응과 일치한다(Keener 1998, 105).

❀ 병행 단락과 비교하면 제자들이 두려움을 느낀 시점이 서로 다르다. 마가는 엘리야가 모세와 함께 등장하여 주님과 대화를 나누는 순간 두려워하였다고 기술한다(9:6). 누가는 모세와 엘리야가 떠나갈 즈음 구름이 와서 그들을 덮을 때 무서워하였다고 서술한다(9:34). 한편 마태는 하나님의 음성을 듣는 순간 두려워하며 '얼굴을 땅에 대고 엎드렸다'고 설명한다. '엎드렸다'는 표현은 다른 복음서에는 없다.

본문은 다음과 같은 두 가지 사실을 보여준다. 첫째, 제자들이 엎드린 행위는 에스겔과 다니엘이 하나님 앞에 엎드려 그분의 음성을 듣는 장면(겔 1:28; 단 8:17)을 상기시킨다(Gundry, 345). 둘째, 하나님의 음성을 듣고 두려워하는 제자들의 반응은 모세를 떠올리게 한다(France, 650). 이스라엘 백성이 시내산에서 하나님의 음성을 듣고 두려워하며 떨었기 때문이다(출 20:18-20). 이러한 내용은 오직 예수님만이 최고의 권위를 지닌 분이라는 것과, 그분이 이스라엘을 구원하실 새로운 모세임을 시사한다(Garland, 183; Gundry, 345).

【7절】 그러자 예수께서 다가와 그들을 만지며 "일어나라! 두려워하지 말라" 하고 말씀하셨다.

❀ '다가오다'란 동사는 이 사건과 주님의 부활을 연결한다(Keck, 364). 여기에 해당하는 헬라어 '프로세코마이'가 마태복음에서 50번 사용되는데, 예수님이 다가오신 경우는 본 절과 28:18, 두 번밖에 없다. 이런 점에서 이 사건은 주님의 부활을 예고한다(Adams, 160).

예수님이 제자들을 만져 주셨다는 설명은 다음 세 가지 정보를 제공한다. 첫째, 변화산 사건이 환상이 아니라 실제 현실에서 일어났음을 알려 준다(Hagner, 794). 둘째, 주님이 제자들의 두려움을 치료하신다는 사실을 암시한다. '만지다'에 해당하는 헬라어 '합토마이'가 마태복음에 아홉 번 사용되는데 한결같이 치료와 관련된다. 셋째, 예수님의 변모 사건이 다니엘의 경험과 유사하다는 점을 알려 준다(Nolland, 705). 다니엘이 하나님의 보좌 앞에서 신적 위엄에 압도되어 엎드렸을 때, 가브리엘 천사가 그를 '어루만지며' 일으켜 세웠기 때문이다(단 8:18).

❀ 예수님은 제자들에게 "일어나라! 두려워하지 말라" 하고 말씀하신다. 여기에 사용된 두 개의 동사, 즉 '일어나다'와 '두려워하다'에 해당하는 헬라어가 모두 수동태다. 이는 제자들이 주님의 능력에 의해 두려움을 극복하고 일어날 수 있었음을 보여준다(제자원 2006, 532). JMNT 역본은 7절을 이렇게 처리한다. "그러자 예수님께서 다가와, 마치 불을 붙이듯이 그들을 만지며 '일으킴을 받아라. 그리고 두렵게 되는 것을 멈추어라' 하고 말씀하셨다." 저자는 6-7절을 통해 에스겔과 다니엘 그리고 모세를 상기시키며, 주님의 신성과 왕으로서의 이미지를 부각한다(Gundry, 345). 변모 사건은 '왕권'(16:28)에 대해 언급한 앞 단락과 자연스럽게 연결된다.

【8절】 그리고 그들은 자신들의 눈을 들었을 때 ‖오직‖ 예수님 [자신] 외에는 [아무도] 보지 [못했다].

❀ 8절은 예수님만이 홀로 있다는 점을 특히 강조한다. '오직'이란 단어를 제일 강조한 것은 공관복음에서 마태복음뿐이다. 마가복음과 누가복음에도 '오직'이란 부사가 등장한다. 그렇지만 마태는

여기에 '그분 자신'(himself)을 첨가하여 예수님만이 유일한 왕이심을 드러낸다. 모세와 엘리야는 메시아가 오실 것을 알리는 선구자로서의 역할을 수행했고, 이제 그분의 등장으로 이 엄청난 약속이 실현되었다. 그러기에 사명을 다한 두 선지자는 무대 뒤로 사라지고, 주님만이 남아 구원사역을 완성하신다(Green 2005, 268). 두 선지자가 사라진 것은, 예수님 자신이 초막(장막, 4절)이며 임마누엘이심을 보여준다(Keck, 364).

【9절】 그리고 〈그들이 그 산에서 내려오고 있을 때〉 예수께서 그들에게 명령하며 말씀하셨다. "너희는 인자가 [{죽은} 자들 가운데서 일으킴을 받을] 때까지 그 기이한 광경을 [아무에게도] 말하지 [말라]."

❁ 예수님은 제자들에게 함구령을 내리신다. 이것은 주님께서 한정된 기간 동안 침묵하라고 하신 유일한 명령이다(Barton 2002, 139). 그 이유는 부활하실 때까지 제자들이 그 의미를 완전히 이해하지 못하고, 무리들이 이 사건을 정치적 측면에서 해석할 여지가 있기 때문이다(Wilkins, 668). '명령하다'에 해당하는 헬라어 '엔텔로'가 마태복음에 다섯 번 등장하는데, 하나님이나 모세의 명령과 관련하여 사용된다(4:6; 15:4; 19:7; 28:20). 이 동사는 예수님이 새로운 모세, 즉 모세보다 위대하신 하나님이라는 사실을 함축한다(Gundry, 346). 마가의 병행구는 다른 동사('디아스텔로')를 사용한다.

❁ 본문은 예수님의 변모 장면을 '그 기이한 광경'이라 표현한다. 여기에 해당하는 헬라어 '호라마'는 '인상적인 광경', '기이한 광경', '환상'이란 뜻이다. 개역개정은 이것을 "본 것"으로 번역하는데, 이렇게 하면 저자의 의도가 무시된다. (출애굽기 3:3에 있는 모세의 사건

을 상기시킬 수 있어야 한다.) 헬라어 원문에 의하면 마가와 누가의 병행구는 '그들이 본 것'으로 처리한다(막 9:9; 눅 9:36). 그렇지만 마태는 '호라마'라는 명사를 사용한다. 이 단어는 사복음서에서 마태복음 본 절에 오직 한 번 사용되고, 사도행전에 무려 11번이나 쓰인다. 사도행전의 용례를 보면 모세가 시내산에서 하나님을 뵙는 장면에서 등장하고(7:31), 나머지는 모두 '환상'의 의미로 쓰인다(9:10; 10:3, 17, 19). 70인역은 하나님이 모세를 부르시는 대목에서 이 단어를 사용한다(출 3:3).

마태는 이 단어를 통해 변화산 사건과 모세의 경험, 또 에스겔과 다니엘이 본 종말론적 환상을 연결한다(Nolland, 705). '호라마'는 한마디로 서술적 접착제다. 모세-에스겔-다니엘-예수님을 하나로 엮으며, 예수님이 진정한 '왕'이요 '하나님'이시라는 진리를 분명히 한다. 얼마나 멋진 문학적 장치인가!

[10절] 그러자 그 제자들은 그에게 "그러면 왜 [서기관들은] [엘리야가] ‖먼저‖ 와야만 한다고 말합니까?"라고 물었다.

❀ 10절은 9절과 연결되어 있다. 여기에 사용된 접속사('그러면')가 이 질문이 9절과 관련이 있음을 보여준다(Gundry, 347). 변화산 사건을 경험한 세 제자들은 엘리야와 메시아의 출현 순서 때문에 상당한 정신적 혼란을 겪었으리라(Swindoll, 50). 당시 서기관들은 말라기 4:5-6에 근거하여 엘리야가 메시아보다 먼저 와서 세상의 질서를 바로잡을 것이라고 가르쳤다. 그런데 제자들이 볼 때 예수님이 엘리야보다 먼저 왔고, 그것도 죽임을 당할 것이라는 사실을 반복해서 말씀하셨다(Robertson).

마가복음의 제자들은 주님의 죽으심과 부활 예고를 듣고, 그 의미를 이해하지 못해 고개를 갸우뚱거리다가 이 질문을 한다(9:10-11).

그러나 마태복음에서는 예수님의 함구령을 듣고 곧바로 질문한다. 이는 제자들이 주님의 고난과 부활에 관한 말씀을 어느 정도 이해했다는 뜻이다(Gundry, 347).

【11절】 [그가] 대답하여 말씀하셨다. "정말로 [엘리야가] 와서 모든 것들을 회복시킬 것이다.

【12절】 그러나 내가 너희에게 말하는데 ‖엘리야가‖ 이미 [왔다]. 그런데 그들이 그를 알아보지 못하고 [자신들이 하고 싶은 대로] 그에게 행하였다. ‖이처럼‖ [인자도] 그들에 의해 고난을 받게 될 것이다."

❀ 주님은 세례 요한을 말라기서에 예언된 엘리야와 동일시하며, 그가 왔을 때 사람들이 그를 알아보지 못했고, 결국 죽였다고 말씀하신다. 동시에 세례 요한의 죽음과 자신의 죽음을 직결하신다. 12절에서 '엘리야'와 '이처럼'이 제일 강조되었는데, 이는 세례 요한과 예수님이 운명 공동체임을 시각화한다.

❀ 마가의 병행구와 비교하면 두 가지가 다르다. 첫째, 마태복음은 '엘리야'가 이미 '왔다'는 것을 마가보다 더 강하게 부각한다. 엘리야가 이미 왔다는 선언은 마태에게 굉장히 중요하다. 엘리야가 장차 올 것이라고 믿는 그릇된 사상이 유대인으로 하여금 십자가에 달리신 예수님을 메시아로 받아들이지 못하게 했기 때문이다(Keck, 365). 둘째, 마태는 유대인들이 엘리야를 알아보지 못했다는 점과, 엘리야(세례 요한)처럼 주님도 고난받을 것이라는 내용을 첨가한다. (마가복음에는 이런 내용이 없다.) '알아보지 못하다'에 해당하는 헬라어가 부정과거 시제다. 이는 유대인이 전적으로 알아보지 못했고, 단순한 수동적 무지 때문이 아니라 능동적으로 거부한 행태를 보여준다(Osborne, 724). NLT 역본은 이 부분을 "엘리

야가 이미 왔지만 그들은 엘리야를 인정하지 않았고, 오히려 그를 학대하기로 결정하였다"라고 번역한다.

【13절】 [그제서야] 그 제자들은 그가 자기들에게 [세례자 요한에 관하여] 말씀하셨다는 것을 깨달았다.

❀ 13절은 마태복음에만 있는데, 마태는 마가와는 다르게 제자들이 점진적으로 깨닫는 상황을 강조한다(Nolland, 709). 유대인은 요한이 영적 엘리야라는 것을 알지 못했기에, 자신들이 고대하던 엘리야가 이미 왔고 죽임을 당했다는 사실을 상상할 수 없었다. 그렇지만 제자들은 세례 요한이 엘리야이고, 예수님도 고난을 받게 될 것을 이해하기 시작한다. 정치적 메시아가 아님을 조금씩 깨닫는다.

한 소년이 치료받다

【14절】 그리고 〈그들이 그 무리에게 왔을 때〉 한 사람이 그에게 와서 그에게 무릎을 꿇고

❀ 간질병에 걸린 아이가 고침을 받은 이야기는 공관복음에 모두 있는데, 분량이나 저자의 관점 측면에서 확연한 차이를 보인다. 우선 분량을 살펴보면 마가복음이 제일 길고, 마태복음이 가장 짧다. 헬라어 원문으로 보면 마태복음은 10.3행, 마가복음은 28.3행, 누가복음은 15.5행이다(Hagner, 804). 마가의 묘사가 가장 상세하면서도 극적으로 진행된다. 마태는 귀신 들린 소년의 증세

에 대한 상세한 언급과 귀신 축출 장면에 관한 설명을 과감히 축소한다. 그 결과 마가복음에 기록된 귀신 축출에 관한 '기적 이야기'가 믿음의 능력에 관한 예수님의 '선언 이야기'로 전환된다(France, 658).

본 단락은 변화산 사건과 뚜렷한 대비를 이루며 밀접하게 연결된다. 변모 사건이 왕권을 지닌 예수님의 이미지를 제시한다면, 본문은 주님께서 사역하셔야 할, 산 아래의 비참한 인간 상황을 보여준다(Keck, 367). 이와 함께 변모 사건에서 드러난 왕으로서의 모습이 질병에 걸린 아이를 고치는 과정에서 어떻게 나타나는지 시사해 준다. 이것이 마태복음의 문맥이다. 한 사람이 주님께 '다가와' '무릎을 꿇었다'는 내용은 마태복음에만 있다. '다가오다'에 해당하는 헬라어 '프로세코마이'는 마태복음에서 종종 신적 존재를 향해 존경하는 태도로 다가오는 것을 함축한다(Keck, 368). '무릎을 꿇다'에 해당하는 헬라어 '고뉘페테오'는 존경과 경의를 표하며 도움을 요청하는 행위를 상징한다.

【15절】 말했다. "주님! 제 아들에게 자비를 베풀어 주십시오. 왜냐하면 그가 간질병에 걸려 몹시 고통을 당하기 때문입니다. 또 그가 [자주] 불 속으로 넘어지기도 하고 [자주] 물 속에 빠지기도 하기 때문입니다."

❁ 소년의 아버지는 예수님을 '주님'이라 칭하며 자비를 베풀어 달라고 간청한다. '주님'('퀴리오스')이란 호칭과 '자비를 베풀어' 달라는 요청은 마태복음에만 있는데, 이들은 모두 주님의 신성을 강조한다(Gundry, 349). 마태복음에서 자비를 베풀어 달라는 요청은 종종 '주님'이란 용어와 결합되어 등장한다(15:22; 20:30). 마가복음과 누가복음에서는 예수님을 '선생님'이라 칭하고(막 9:17; 눅 9:38), 누가

복음에서는 아이를 돌보아 달라고 간청한다(9:38). 마태는 '주님'과 '자비'란 용어를 사용하여 왕으로서의 예수님의 위상을 드높인다.

❀ 15절은 간질병에 걸린 아이의 심각한 상태를 아주 간단히 묘사한다. 병행구와 비교하면 저자의 시각이 얼마나 다른지 알 수 있다. 마가와 누가는 '간질병'이란 병명을 사용하지 않고, 이 아이가 '귀신'에 사로잡혀 거품을 흘리며 경련을 일으킨다고 설명한다(막 9:18; 눅 9:39). 한마디로 마태는 질병의 영향을, 마가와 누가는 귀신의 영향을 강조한다(Gundry, 349).

왜 이런 차이가 나타날까? 앞 단락에서 마가는 "하나님의 나라가 권능으로 임하는 것"(9:1), 누가는 "하나님의 나라를" 보는 것에 대해 서술했다(9:27). 그러기에 마가와 누가는 이 이야기를 통해 하나님 나라가 사탄의 세력을 어떻게 물리치는지 상세히 보여준다. 하지만 마태는 왕권을 지니신 예수님(16:28)을 강조하기에, 왕으로서의 위엄을 보여주는 데 초점을 둔다.

【16절】 그래서 제가 그를 당신의 제자들에게 데려왔으나, 그들은 [그를] 고칠 수 없었습니다.

❀ 마태는 소년의 아버지의 믿음과 제자들의 실패를 대비한다. 제10장에서 제자들의 선교 활동 상황을 기록하지 않은 저자가, 제자들의 실패를 강조하는 이 이야기를 여기에 배치한 이유가 무엇일까? 저자는 마가의 병행 단락을 절반 이상이나 줄이면서도, 오히려 제자들이 실패했다는 16절 후반부는 마가복음보다 더 길게 서술한다(Nolland, 712). (개역개정에는 마가복음이 더 길게 되어 있으나, 헬라어 원문에는 마태복음이 다섯 단어, 마가복음이 세 단어로 되어 있다.) 그것은 제자들이 실패한 원인이 무엇인지 알려 주며 믿음에 대한

교훈을 주는 것이 이 이야기의 핵심이기 때문이다. '데려오다'에 해당하는 헬라어 '프로스페로'는 치료할 능력이 있는 사람에게 데려오는 행위를 암시한다. 이는 마치 소년의 아버지가 이 아이를 예수님께 바친 듯한 인상을 준다(Gundry, 350). 마가와 누가의 병행구는 다른 동사를 사용한다.

【17절】 그러자 예수께서 [대답하여] 말씀하셨다. "오, 믿음이 없고 삐뚤어진 세대여! 내가 얼마나 오래 너희와 함께 있어야 하겠느냐? 내가 얼마나 오래 너희를 참아야 하겠느냐? 그를 [여기] 내게로 데려오라."

❁ 예수님은 이미 제자들에게 귀신을 쫓아내며 모든 병을 고치는 권능을 주셨고(10:1), 심지어 죽은 자를 살리는 능력까지 주셨다(10:8). (죽은 자를 살리는 능력을 주셨다는 말은 마태복음에만 있다.) 그러기에 제자들은 이 경우에도 확신을 가지고 소년을 고쳐 주었어야 했다. 그러나 산 밑에 있던 아홉 제자들은 그렇게 하지 못했다. 아마 자신들이 노력하면 쉽게 할 수 있을 것이라고 생각했거나, 치료하시는 하나님의 능력이 자동으로 나타날 것이라고 여겼던 것 같다(Blomberg, 267).

❁ 주님은 '믿음이 없고 삐뚤어진 세대'를 심하게 책망하며 비통한 심정을 그대로 드러내신다. 이러한 상황은 모세의 경우와 유사하다. 첫째, 모세가 시내산에서 내려왔을 때 이스라엘 백성이 우상을 섬기는 것을 보고 분노했듯이, 예수님도 산에서 내려와 삐뚤어진 세대를 보고 질책하신다(양용의, 354). 둘째, '삐뚤어진 세대'라는 표현이 광야 생활을 하던 이스라엘 백성을 떠올리게 한다(Nolland, 712). 모세는 자신의 삶을 마감하며 이스라엘 백성을 한

마디로 '삐뚤어진 세대'라고 평가했다(신 32:5). 마가의 병행구에는 이 표현이 없다. 셋째, 두 번이나 반복된 '얼마나 오래'라는 문구가 모세와의 관련성을 시사한다(Harrington, 258). 하나님은 패역한 이스라엘을 보고 모세를 향해 "내가 어느 때까지 참으랴" 하고 말씀하셨다(민 14:27). '얼마나 오래'에 해당하는 헬라어 '헤오스'가 70인역 민수기 14:27에 나온다.

❀ 주님은 그 소년을 "여기 내게로 데려오라"고 명하신다. 이 명령을 병행구와 비교하면 약간의 차이점을 발견할 수 있다. 마가는 "그를 '내게로' 데려오라"(9:19), 누가는 "네 아들을 '이리로' 데리고 오라"(9:41)로 서술한다. 이 셋을 비교하여 보면, 마태가 마가와 누가의 표현을 종합한다. '내게로'(마가복음)와 '이리로'(누가복음)가 동시에 나타나 있다. (개역개정 마태복음에는 '내게로'가 누락되었다.) 마태는 치유자로서의 예수님의 독보적 권위를 다른 복음서보다 더 강하게 표출한다(Gundry, 351). 그분이 왕권을 지니신 분이기 때문이다.

【18절】 그리고 예수께서 그것을 꾸짖으셨다. 그러자 그 귀신이 그에게서 나왔고, 그때부터 그 아이가 나았다.

❀ 마태복음의 독자들은 18절이 되어서야 비로소 이 소년이 귀신에 사로잡혔다는 정보를 듣는다. (마가는 처음부터 귀신 들렸다는 사실을 알려 준다.) 18절을 마가의 병행 단락과 비교하면 너무 큰 차이를 발견할 수 있다. 마가복음에서는 그 아이를 데려오자 귀신이 그 아이에게 심한 경련을 일으키고, 예수님이 그 아이의 아버지와 길게 대화를 나누신다. 그리고 주님께서 귀신에게 나오라는 명령을 내리시자, 귀신이 그 아이를 죽은 듯한 상태로 만들고 떠나간다(9:20-26). 하지만 마태는 이처럼 긴 내용을 단 한 절로 축소한다.

마가는 "하나님의 나라가 권능으로 임하는 것을" 보여주기에(9:1), 그 나라가 권능을 떨치는 곳에서 귀신들이 쫓겨난다는 점을 역설한다(김창선, 229). 그러나 마태는 예수님의 "왕권"을 보여주기에(16:28), 아주 간단히 귀신을 물리치는 장면을 제시한다. 귀신을 책망하시는 주님의 말씀을 인용하지도 않을뿐더러, 책망을 들은 귀신이 저항 한 번 하지 못하고 도망치는 현장을 보여준다. 더욱이 치료의 결과가 즉시 나타난다. '아이가 그때부터 나았다'는 설명은 마태복음에만 있다.

【19절】 [그때] 그 제자들이 예수께 [조용히 다가와] 말했다. "왜 ‖우리는‖ 그것을 쫓아낼 수 없었습니까?"

❀ 제자들은 공개적인 무안을 당한 후 예수님께 다가온다. 병행구와 비교하면, 마태복음과 마가복음에서는 제자들이 이 사건을 되돌아보며 자신들이 실패한 원인을 알고 싶어 질문한다. 누가는 예수님이 아이를 치료하시자 무리가 다 놀랐다는 설명으로 이야기를 끝낸다. 19절은 '그때'라는 부사를 활용하여 이야기의 짜임새를 더욱 돋보이게 하고 긴장감을 불러일으킨다. 또한 뒤에 이어지는 주님의 말씀에 관심을 갖게 한다. 기적을 목격한 직후에 제자들이 질문하기 때문이다. (마가복음에서는 주님이 집에 들어가신 후에 제자들이 질문한다.)

본문의 제자들은 주님께 조용히 '다가와' 묻고, 저자는 이 부분을 강조한다. '다가오다'로 번역된 헬라어 '프로세코마이'는 마태복음에서 신적 위엄을 지닌 존재에게 다가가는 것을 함축한다(Gundry, 352). (마가복음에는 이 동사가 없다.) 제자들의 질문은 '우리'를 제일 강조한다. 이들은 예수님보다 그들 자신에게 무게를 둔다. 분명히 제자들은 하나님을 의지하기보다 그들의 능력으로 해보려고 하였거나(Swindoll, 58), 자신들이 칭송을 받기 위해 무언가를 보여주려고 했으리라(Wilkins, 672).

[20절] 그러자 [그가] 그들에게 말씀하신다. "너희의 믿음이 작기 때문이다. 내가 [진정으로] 너희에게 말한다. 〈만약 너희가 겨자씨 한 알만 한 믿음을 가지고〉 이 산을 향하여 '여기서 저기로 옮겨가라' 하고 말하면, 그것이 움직일 것이다. 그리고 너희에게 불가능한 일이 [없을] 것이다."

❀ 이 이야기에서 귀신 축출 사건은 믿음의 능력을 설명하는 배경이 된다(Keck, 368). 마가의 병행구와 비교하면 몇 가지가 다르다. 첫째, 마태는 예수님의 말씀을 현재 시제로 표현하여, 이 말씀이 모든 교회 공동체에 적용된다는 점을 분명히 한다(Gundry, 352). 마가는 부정과거 시제를 사용한다. 둘째, 주님은 기도가 아닌 '믿음'에 대해 언급하신다. 마가는 기도만이 귀신을 물리치는 유일한 방법임을 강조한다. 물론 마가복음도 중간 부분에서 믿음에 대해 이야기한다(9:23). 하지만 마태는 이야기의 초점을 소년의 아버지의 믿음에서 제자들의 믿음으로 이동시킨다(Harrington, 259). 셋째, 마태는 20절을 마가의 병행구보다 훨씬 길게 만들며 이 이야기의 결론으로 삼는다(Keck, 368). 주님은 여기서 "진실로 너희에게 이르노니"(개역개정)라는 공식적인 문구를 첨가하여 말씀의 권위를 강화하신다(Hagner, 809). (마가의 병행구에는 이 문구가 없다.) 믿음에 관한 주님의 이 선언은 매우 중요하다. 21:21에서 다시 등장하기 때문이다. 마가가 하나님 나라와 사탄의 세력 간의 영적 전쟁에 초점을 둔다면, 마태는 치유보다 제자도에 집중한다.

❀ '산을 옮긴다'는 표현은 유대인의 관용구로 불가능한 일을 수행하

는 것을 의미한다(고영민, 159). 예수님이 말씀하신 '작은 믿음'은 믿음의 작은 양을 지칭한다기보다, 제자들의 믿음이 믿음 없는 모습과 별반 다름이 없다는 뜻으로 이해할 수 있다. 믿음이 아무리 작더라도 실제 믿음이 있다면 큰 능력을 행사할 수 있다는 말씀이 뒤에 이어지기 때문이다(양용의, 355).

【21절】 (없음)

❋ 이처럼 성경에 없는 구절이 몇 군데 등장한다. 18:11, 23:14 등이 그렇다. 이 부분은 대다수의 고대 사본에도 없는 본문이다. 3세기 전후의 파피루스 사본이나 4-5세기의 대문자 사본에는 없고, 거의 대부분 11세기 전후의 소문자 사본에만 나오는 본문이다. 지금 우리가 사용하는 장절 구분은 스테파누스가 1551년에 만든 작품이다. 그는 후대의 소문자 사본들을 근거로 만든 신약성경 본문에 장과 절을 구분하였다. 그런데 그 신약성경의 일부 구절이 후대에 첨가된 것이라는 사실이 밝혀졌고, 이에 따라 그 절들이 신약성경에서 탈락되었다. 그렇지만 고유의 절 번호는 그대로 두었기에 이런 구절이 등장하게 되었다(민영진 2006, 244).

예수께서 죽음과 부활을 예고하시다

【22절】 그런데 〈그들이 갈릴리에 함께 모이게 되었을 때〉 예수께서 그들에게 말씀하셨다. "인자가 곧 사람들의 손에 넘겨질 것이다."

❋ 본문은 세 번 있었던 예수님의 수난 예고 중에서 두 번째에 해당한다. 빌립보 가이사랴에서 있었던 첫 번째 예고(16:21)가 고난에 초점을 둔다면, 본 절은 '넘겨지는' 것에 초점을 둔다(Swindoll, 62). '넘기다'란 동사가 첫 번째 예고에는 없다. 예수님은 여기서 언어유희를 사용하신다. '인자'(사람의 아들)가 '사람들'의 손에 넘겨진다(Nolland, 720). 22절은 제자들이 '갈릴리에 함께 모이게 되었을 때'를 강조하는데, '모으다'란 동사가 여기에 사용된 것이 독자의 예상을 벗어난다(France, 663). 예수님 일행이 이미 예루살렘을 향해 이동하고 있었기 때문이다. (마가의 병행구에는 이 단어가 없다.) '모으다'에 해당하는 헬라어 '쉬스트레포'는 사복음서에서 오직 한 번 여기에 등장한다. 이 동사는 '함께 엮어 짜다', '하나의 묶음으로 만들다', '분명한 목적을 가지고 모이다'의 뜻인데, 교회 공동체 구성원이 하나가 되는 상황을 시각화한다. (사본에 따라 '머물다', '행하다'의 뜻을 지닌 '아나스트레포'를 사용하기도 한다.)

마태가 복음서에서 '교회'란 용어를 사용한 유일한 저자라는 점을 고려하면, 이 단어는 굉장히 의미 있게 다가온다. 주님은 갈릴리 사역을 마무리하며 믿음이 없고 패역한 세대에 대항하여 새로운 교회 공동체를 세우신다. 이 공동체가 진정한 믿음의 공동체로 설 것인가, 아니면 패역한 세대에 합류할 것인가 하는 문제가 이 단락에 나타난 갈등이다(Keck, 368).

[23절] 그리고 그들은 그를 죽일 것이며, 그는 [{셋째} 날에] ‖일으키심을 받을‖ 것이다. 그러자 그들은 매우 슬퍼하였다.

❋ 새로운 공동체를 향한 주님의 가르침은 메시아로서의 정체성에 초점을 둔다. 수난 예언이 반복되는 것은 주님의 고난과 부활이 당시 교회 공동체를 하나 되게 하는 중요한 특징이었기 때문이다

(Keck, 370). 병행구와 비교하면, 마가는 제자들이 이 말씀을 깨닫지도 못하고 묻기도 두려워하였다고 서술하며(9:32), 누가는 그 뜻이 그들에게 숨겨져 있었다고 전해준다(9:45). 하지만 마태는 그들이 굉장히 슬퍼했다고 기록하는데, 이것은 제자들이 그 말씀을 어느 정도 이해했음을 암시한다(Nolland, 720).

❋ 첫 번째 수난 예고를 듣고 거부 반응을 보였던 제자들은(16:22) 두 번째 예고를 듣고 슬퍼한다. 그런데 이들이 슬퍼한 것은 죽음과 부활에 관한 말씀을 절반밖에 이해하지 못했음을 입증한다(Swindoll, 62). 23절에서 '일으키심을 받을' 것이라는 부분이 죽임을 당할 것이라는 내용보다 훨씬 강조되었다. 제자들은 죽임을 당하실 것이라는 예고에 너무 마음을 빼앗긴 나머지 승리의 약속을 놓쳤을지 모른다. 아니면 주님이 말씀하신 부활을 마지막 때에 있을 일반적인 부활로 오해했을 가능성도 있다(Keener 1998, 106).

베드로와 그의 스승이 성전세를 납부하다

【24절】 〈그들이 가버나움에 이르렀을 때〉 [반 세겔을] 받고 있던 자들이 베드로에게 와서 말했다. "‖당신들의 선생은‖ 반 세겔을 내지 않습니까?"

❋ 본 단락은 18장에 있는 네 번째 강화의 배경이 된다. '왕족'에 속한 사람들의 신분과 행동에 대해 서술한다(Nolland, 722). 성전세와 관련된 이 단락은 사복음서에서 마태복음에만 등장한다. 마

태가 이 이야기를 포함시킨 것은 세리였던 자신이 이 대화에 특별한 관심을 가진 까닭이었으리라(Blomberg, 269). 동시에 유대인 그리스도인이 중심이 된 자신의 공동체를 염두에 두었기 때문이었을 것이다(Hagner, 816).

언뜻 보면 본문은 문맥과 상관이 없는 것처럼 보인다. 그러나 예수님의 신분과 제자의 정체성에 대한 중요한 정보를 제공하며, 앞 단락과 교회에 관한 담론(18장)을 연결하는 고리 역할을 한다(Gundry, 355). 가버나움은 예수님과 베드로의 고향이었고, 당시 가버나움에 세관이 있었다. 아마도 마을의 세관에서 근무하던 세리들이 세관 앞을 지나가는 예수님 일행을 보고 이 질문을 던졌을 가능성이 있다(Blomberg, 269).

❁ 성전세는 출애굽기 30:13, 38:25-26에 근거를 두고 있다. 반 세겔은 유대 화폐이고 헬라 화폐로는 두 드라크마인데, 이는 장년 남자의 이틀치 품삯에 해당하는 돈이었다. 20세 이상의 유대인 남자는 예루살렘 성전 유지에 필요한 경비 명목으로 매년 유월절 직전에 반 세겔을 바쳐야 했다(고영민, 160).

본문은 주후 70년 예루살렘 성전이 파괴되기 이전에 성전세 납부 문제가 아주 민감한 사안이었음을 염두에 둘 때 그 의미를 잘 이해할 수 있다. 바리새인은 모든 유대인이 매년 의무적으로 이 세금을 내야 한다고 주장했다. 한편 사두개인은 자발적으로 내야 한다고 역설하였다. 쿰란 공동체 구성원은 관례에 따라 평생 오직 한 번만 냈다(Keck, 371). 제사장과 정식으로 임명을 받은 랍비는 세금을 면제받았다. 하지만 예수님은 정식 랍비가 아니었다. 이런 상황에서 과연 예수님은 랍비로서의 특권을 요구할 것인가? 세금 징수원들은 그분이 어떤 입장을 가지고 있을지 굉장히 궁금했으리라(France, 665-66). 24절이 '당신들의 선생'을 제일 강조하는 까닭이 여기에 있다. 세리들은 긍정적 답변을 기대하며 질문을 던진다(Hagner, 818).

【25절】 그가 "내십니다"라고 말한다. 그리고 〈그 집에 들어갔을 때〉, 예수께서 먼저 그에게 물으셨다. "시몬아, [너는] 어떻게 생각하느냐? ‖이 세상의 왕들이‖ 관세나 인두세를 누구에게서 받느냐? 자기의 아들들로부터냐 아니면 타인들로부터냐?"

❀ 25절은 베드로의 답변을 현재 시제로 처리하는데, 이는 예수님이 지금까지 성전세를 정기적으로 냈고 앞으로도 그렇게 하실 것임을 시사한다(고영민, 160). 주님은 신적 능력을 통해 집 밖에서 있었던 베드로와 세리 간의 대화를 아시고 먼저 베드로에게 질문을 던지신다(Gundry, 355). 이 질문에서 '왕'은 하나님, '아들'은 예수님과 그분을 따르는 제자들, '타인'은 믿지 않는 유대인을 가리킨다(Hagner, 819).

본문에서 '이 세상의 왕들'이 제일 강조되었는데, '왕'이란 호칭은 16-17장을 연결하는 중요한 모티프다. 예수님은 16:28에서 자신이 '왕권'을 가지고 오는 것을 볼 자들이 있다고 선언하셨다. 그리고 변모 사건을 통해 자신의 정체를 드러냈고, 귀신 들린 아이를 고치는 기적을 통해 타락한 이 세대의 정체를 밝히셨다. 이제 주님은 성전세 납부 문제를 통해 그리스도인의 정체를 드러내신다. 한마디로 제자들 모두가 '왕의 아들'이란 진리를 선포하신다. 얼마나 멋진 서술 전략인가!

【26절】 〈그가 "타인들로부터입니다"라고 대답하자〉, 예수께서 그에게 말씀하셨다. "그렇다면, [그 아들들은 자유롭다]!"

❄ 본문은 '아들'과 '타인'을 대조하며, 왕이 누구에게서 세금을 거두는지 그 대상을 분명히 한다. 왕은 자기 가족에게서 세금을 걷지 않는다. 예루살렘 성전은 하나님의 집이기에, 하나님의 아들과 그분의 자녀인 교회 공동체는 하늘 아버지의 집을 유지하는 데 드는 세금을 낼 필요가 없다. 이 이야기는 예수님이 하나님의 아들이라는 기독론과, '아들'의 특권이 그분의 제자들에게까지 확장된다는 사실을 드러낸다(Harrington, 262).

❄ 예수님은 마지막 문장에서 그리스도인이 '자유로운' 존재라는 점에 진한 감동을 표출하신다. 개역개정은 이 부분을 "아들들은 세를 면하리라"로 번역한다. 하지만 '자유롭다'로 번역해야 저자의 의도가 살아난다. 이 단어가 지닌 상징적 의미 때문이다. (저자는 여기서 단순히 세금 납부 문제만을 이야기하지 않는다.)

영어성경의 경우에 NIV, NASB를 비롯한 20여 종의 역본이 '세금을 면제 받는다'로, NLT, NKJV를 비롯한 40여 종의 역본이 '자유롭다'로 처리한다. '자유롭다'에 해당하는 헬라어 '엘류데로스'는 '종이 아닌', '의무에 얽매이지 않는', '자유로운'이란 뜻이다. 이 단어가 마태복음에서 단 한 번 여기에 나타나고, 요한복음에서는 주님의 십자가가 우리를 죄로부터 '자유롭게' 한다고 설명하는 대목에서 등장한다(8:36).

❄ '그 아들들은 자유롭다'는 선언은 십자가의 구속(救贖)으로 그리스도인에게 주어질 엄청난 결과를 암시한다. 성전 의식과 희생 제도가 주님의 희생으로 완성되고, 그의 제자들은 죄의 속박에서 벗어난다(Wilkins, 685). 이런 점에서 본 단락은 16:21, 17:9-12에 기록된 예수님의 수난 예고와 연결된다. 아울러 교회 공동체 구성원이 '이 자유를 어떻게 사용해야 하느냐' 하는 문제를 생각하게

한다(Osborne, 735). 그리스도인의 자유에 관한 문제는 공동체 안에서의 관계를 다루는 18장과 관련이 있다. 한마디로 26절은 16-18장을 이어주는 중요한 연결 고리다. 우리는 여기서 '성전보다 더 위대한 것'(12:6), 즉 하나님과 메시아의 특별한 관계를 어떤 점에서 공유하는 '메시아적 공동체'의 개념을 발견할 수 있다(France, 669-70).

【27절】 하지만 〈우리가 그들로 하여금 걸려 넘어지지 않게 하기 위해〉, 바다로 가서 낚시를 던져 [제일 먼저 올라오는 물고기를] 잡아라. 네가 그 입을 벌리면 한 세겔을 발견하게 될 텐데, [그것을] 가져다가 나와 너를 위하여 그들에게 주어라.

❄ 성전세를 낼 필요가 없으신 예수님은 다른 사람을 실족시키지 않기 위해 납세 의무를 성실히 이행하신다. 세금을 내지 않는 행위가 성전과 예배 자체를 부정하는 것으로 간주될 수 있기 때문이다(Nolland, 727). 다른 사람의 감정과 필요를 배려하시는 주님의 태도는 바로 뒤에 이어지는 담화의 배경이 된다. 새롭게 형성되는 교회 공동체에서 구성원들이 어떻게 조화를 이루며 살아야 하는가를 알려 주는 것이 18장의 주제다(Keck, 371).
마태의 입장에서 볼 때, 주님이 율법이나 성전과 같은 유대인의 현실에 대해 우호적이었음을 보여주는 것이 상당히 중요했으리라. 유대인 기독교인이 중심이 된 마태복음의 일차 독자들은 회당의 반대 주장에 맞서서 자신들의 기독교적 관점을 피력해야 할 필요를 느꼈을 것이다(Hagner, 817).

❄ 세금을 내기 위해 예수님은 베드로에게 아주 독특한 방법을 지시하신다. 27절은 아마도 마태복음에서 가장 이상한 구절일 것이

다. 비교적 사소한 문제와 관련하여, 그것도 자신들의 편의를 위해 기적을 행하는 것처럼 보이기 때문이다(Blomberg, 271). 우리는 여기서 예수님의 전지성과 전능성(Garland, 187), 그리고 자신의 자녀의 필요를 채워 주시는 '왕'이신 하나님의 관심을 엿볼 수 있다(Osborne, 739). 주님은 동전 한 닢이 물고기 입속에 있는 것을 미리 아셨고, 물고기를 그 시간 그곳에 준비시켜 두셨다. 본문은 실제로 기적이 일어났는지에 대해 침묵하며 예수님의 명령으로 이 단락을 끝낸다. 기적 자체보다 그리스도인의 정체성과 행동 양식을 보여주는 것이 이 이야기의 핵심이다(Gundry, 357).

제18장

누가 가장 큰가?

【1절】 [{그}때에] 그 제자들이 예수께 와서 말했다. "그렇다면 하늘나라에서 누가 [가장 큽니까]?"

❀ 18장은 다섯 강화 중에서 네 번째에 해당하는데, 하나님의 가족으로서 함께 어울려 살아가는 문제를 다룬다. 1절은 '그때'를 이중으로 강조하여 본 단락과 앞 단락을 긴밀하게 연결한다. 앞 단락에서 예수님이 제자들을 '왕의 아들'이라고 선언하시자, 제자들은 당연히 그 왕국에서 자신들이 차지할 지위에 대해 관심을 갖고 질문하였을 것이다(Nolland, 731). 후반부에 있는 '그렇다면' 역시 앞 단락과의 연결을 강화한다(Gundry, 359). '제자들이 예수님께 왔다'는 설명은 마태복음에만 있는데, '제자들'이란 표현은 본 단락이 제자도와 관련이 있음을 분명히 한다(Gundry, 358). 마가는 '제자'란 용어를 사용하지 않는다(9:33-34).

❀ 병행 단락과 비교하면 두 가지 차이점을 발견할 수 있다. 첫째, 배경이 다르다. 마가는 제자들이 길에서 "누가 크냐"는 논쟁을 벌였고, 집에 있을 때 예수님이 제자들에게 무슨 일이 있었는지 물으셨다고 기록한다. 누가는 제자들 가운데 "누가 크냐"는 변론이 있었다고 소개한다(9:46). 반면에 마태는 제자들의 논쟁 장면을 생

략하고 이들이 주님께 직접 질문하는 형식을 취한다. 마태는 마가와 누가보다 제자들을 한결 긍정적으로 묘사한다. 둘째, 마태는 '하늘나라'란 용어를 삽입하여 제자들 사이의 우월함에 대한 논쟁을 영적 차원으로 승화시킨다(Harrington, 264). 마가와 누가의 병행구에는 이 용어가 없다.

【2절】 그러자 그가 어린아이 하나를 [가까이 오게 하여] 그들 가운데 세우시고

【3절】 말씀하셨다. "‖진정으로‖ 내가 너희에게 말한다. 〈너희가 돌이켜 어린아이들처럼 되지 않으면〉, 너희가 [결코] 하늘나라에 들어가지 [못할 것이다]."

❋ '어린아이'로 번역된 헬라어 '파이디온'은 대체로 7세 전후의 아이를 말하며, 갓난아이와 유아를 포함한다. 3절에서 예수님이 강조하시는 어린아이의 특성은 오늘날 현대인이 흔히 떠올리는 '천진난만함', '순진함', '단순함'이 아니다. 전적인 '의존성'이다(Swindoll, 71).
고대 사회에서 아이는 가장 무력한 존재였다. 어른의 사랑에 근거한 지위 외에는 어떤 지위도 없었고, 부모에게 전적으로 의존하여 받은 것 외에는 아무런 특권을 누릴 수 없었다(Keener 1998, 106). 심지어 아이를 가족의 일원으로 받아들이는 문제나 생명까지도 전적으로 아버지에게 달려 있었다. 어린아이처럼 된다는 말은, 스스로 자신을 구원할 수 없다는 사실을 깨닫고 전적으로 하나님만을 의지하는 태도를 뜻한다(Garland, 188).

❋ 3-4절은 마태복음에만 있다. 예수님은 '진정으로'를 제일 강조하여 뒤에 이어지는 내용이 얼마나 중요한지 암시하신다. '돌이키다'에 해당하는 헬라어 '스트레포'는 방향 전환을 의미한다. 이 동사

가 제2부정과거형인데, 이는 돌이키는 행동이 단번에 순간적이며 결정적으로 일어나는 것을 암시한다(고영민, 161). 3절에 있는 주님의 선언은 제자들에게 분명히 큰 충격을 주었으리라(Hagner, 827). 제자들은 이미 자신이 하나님 나라에 들어와 있다고 가정하고 그들이 차지하는 상대적 지위에 대해 질문하였다. 그러나 주님은 과격하면서도 예언적인 대답을 통해 과감한 방향 전환을 요구하신다(Keck, 374).

【4절】 〈그러므로 누구든지 자신을 이 어린아이처럼 낮추는 사람〉, [그가] 하늘나라에서 가장 크다.

❀ 4절은 어린아이처럼 되는 것이 무엇인지를 정의한다. 이는 어린아이가 스스로 겸손하게 자신을 낮춘다는 의미가 아니다. 어린아이의 보잘것없는 지위나 전적으로 부모를 의지하는 태도가 겸손을 상징한다는 뜻이다(Gundry, 360). '낮추다'에 해당하는 헬라어 '타페이노오'는 '평지로 만든다'는 뜻이다. 바울은 주님이 자신을 '낮추셔서' 인간으로 태어나, 죽기까지 복종하셨다고 설명하는 대목에서 이 단어를 사용한다(빌 2:8).

마태가 낮춤의 원리를 이토록 강조하는 이유가 무엇일까? 마태 공동체는 마가 공동체와 비교해 볼 때 상대적으로 부유했고, 부유한 자와 가난한 자가 혼합되어 있었다(서중석 2007, 112). 본문은 부유층 교인으로 하여금 자신을 낮추어 가난한 자들을 돕게 하고, 공존의 정신을 배양하기 위해 기록된 것으로 볼 수 있다(서중석 1991, 160-61).

【5절】 그리고 〈누구든지 [내 이름으로] 이런 어린아이 하나를 영접하는 사람은〉 [나를] 영접하는 자이다.

❋ 본문은 특히 지도자들이 평범한 그리스도인이나 소외된 그리스도인, 또 나이가 어린 사람들을 따뜻하게 대해야 한다고 권면한다(Gundry, 361). 주님은 어린아이와 자신을 동일시하며 아이와 같은 사람을 최고의 가치를 지닌 존재로 평가하신다. 신약시대에 예수님이 많은 사람의 반대에 직면하고 있었다는 점을 고려하면, 주님을 영접한다는 것은 매우 의미심장하다. '내 이름으로'라는 말은 '그가 내게 속해 있기에'(AUV), '그가 내 제자이기 때문에'(EXB)라는 의미다. 마가와 누가의 병행구는 마태복음과 비교하면 상대적으로 길다. 주님을 영접하는 사람이 '예수님을 보내신 분'을 영접하는 사람이란 설명이 첨가되어 있다(막 9:37; 눅 9:48). 마가복음이나 누가복음에 소개된 예수님은 자신과 하나님을 구별하신다(Bock 2012, 438). 그러나 마태는 하나님에 대해 언급하지 않는다. 그분 자신이 우리와 함께하시는 하나님이시기 때문이다(1:23).

예수께서 범죄에 대해 경고하시다

【6절】 그리고 〈누구든지 나를 믿는 이 작은 자들 중 하나를 걸려 넘어지게 하는 사람은〉, 자신의 목에 커다란 연자 맷돌이 매달린 채, 자신이 깊은 바다에 수장되는 편이 [자신에게 유익하다].

❋ 6-7절은 공동체에서 다른 사람을 실족하게 하는 사람에 대해 경고한다. '누구든지'라는 표현은 누구라도 다른 사람을 넘어지게 할 가능성이 있음을 시사한다. 마태가 거짓 선지자를 염두에 두고 있을 수도 있지만, 공동체 모든 구성원이 이렇게 될 잠재적 가

능성을 안고 있다(Osborne, 751). '작은 자'는 단순한 아이가 아니라 그리스도의 제자를 가리킨다. 다른 사람들로부터 존중받지 못하는 사람, 세상의 관점에서 볼 때 쉽게 무시당하는 사람, 공동체의 가장자리에 있는 사람이 바로 이들이다(Garland, 189). '연자 맷돌'은 손으로 돌리는 작은 맷돌이 아니라, 당나귀를 이용하여 돌리는 큰 맷돌의 상판을 의미한다. 연자 맷돌을 목에 매단 채 바다에 빠뜨린다는 표현은, 확실하게 물속으로 가라앉는다는 것을 상징적으로 보여준다(Keck, 375).

본문은 다른 사람을 실족하게 하여 하나님의 형벌을 받느니, 차라리 자신이 참혹하게 죽는 편이 오히려 그에게 더 유익하다고 경고한다(Hagner, 833). 마가와 누가의 병행구와 비교하면, 마태는 '깊은'('깊은 바다')이란 수식어를 첨가하여 다른 사람을 그릇된 길로 인도하는 자에게 닥칠 끔찍한 결과를 강조한다.

【7절】 아아, 슬프다, 이 세상이여! 이는 걸려 넘어지게 하는 요인들이 있기 때문이다. 왜냐하면 걸려 넘어지게 하는 요인들이 [없을 수는 없지만], [그럼에도 불구하고] 걸려 넘어지게 하는 그 사람은 참으로 애처롭도다!

❀ 7절은 사람들로 하여금 죄를 짓게 하는 이 세상과, 다른 사람을 실족하게 하는 사람에게 닥칠 재앙을 경고하며 슬픔을 토로한다. 주님은 먼저 남을 실족하게 하는 일이 없을 수는 없다고 말씀하신다. 그 이유는 타락한 세상의 특성 때문이기도 하고, 제자에 대한 연단 때문이기도 하다. 그렇지만 이것으로 인해 믿음이 연약한 성도를 잘못된 길로 인도하는 지도자나 거짓 선지자의 죄가 결코 면제되지는 않는다(Hagner, 833).

【8절】 〈만일 [네 손이나 네 발이] 너로 하여금 걸려 넘어지게 하거든〉 그것을 잘라서 네게서 던져 버려라. 네가 불구자나 다리를 저는 자로 생명에 들어가는 것이, [{두} 손이나 {두} 발을 가지고] 그 영원한 불에 던져지는 것보다 [네게 더 좋다].

【9절】 그리고 〈만일 [네 눈이] 너로 하여금 걸려 넘어지게 하거든〉 그것을 뽑아내어 네게서 던져 버려라. 네가 ‖한 눈을 가지고‖ [생명에] 들어가는 것이 [{두} 눈을 가지고] 그 불타는 지옥에 던져지는 것보다 네게 [더 좋다].

❋ 8-9절은 산상수훈 5:29-30과 중복되기도 하지만 차이점도 있다. 산상수훈의 경우에는 오른 눈과 오른손을 대상으로 개인의 성적 욕망과 관련된 상황을 제시한다. 하지만 본문은 교회 공동체에서 나타날 수 있는 포괄적 상황을 제시하며 '발'에 관한 항목을 추가한다. 물론 실족하게 하는 요소를 철저히 제거해야 한다는 요지는 동일하다(Blomberg, 275).

죄를 짓게 하는 신체의 일부를 없애 버리라는 주님의 경고는 굉장히 중대한 의미를 지닌다. 이스라엘에서 이런 행위가 금지되었기 때문이다(신 14:1). 본문은 수사적 효과를 노린 과장법으로, 몸의 지체가 죄를 짓는 도구로 사용되는 것을 막기 위해 온갖 노력을 기울여야 한다는 의미다(Bock 2012, 441). 여기서 제거해야 할 신체의 일부는 일차적으로 공동체에서 타인을 실족하게 하는 지체이지만, 이 원리는 개인에게도 그대로 적용된다(Green 2005, 279). 신체의 일부를 잘라내는 행위는 회개하지 않는 구성원을 공동체에서 추방하는 것과 동일하다(Osborne, 752).

❋ 마태복음은 마가복음보다 더 철저하고 단호한 행동을 요구한다. 마가는 손발이 죄를 범하게 할 경우에 그것을 '잘라내고'(9:43), 눈

이 죄를 범하게 할 경우에 그것을 '빼내라'(9:47)고 충고한다. 그렇지만 마태는 죄를 짓게 하는 손발을 '잘라내어' '던져 버리고', 죄를 짓게 하는 눈을 '뽑아내어' '던져 버리라고' 강하게 촉구한다. 마가는 버리는 작업을 한 단계로 묘사하지만, 마태는 두 단계로 나누어 철저히 버리라고 촉구한다. 더욱이 두 개의 동사를 모두 부정과거 명령형으로 하여 즉시 단번에 실행하라고 명령한다(제자원 2006, 588). 이러한 마태의 묘사는 그가 속한 공동체의 절박한 상황을 반영한다.

잃은 양의 비유

【10절】 주의하라! 이 작은 자들 중 하나라도 업신여기지 않도록 하라. 왜냐하면 내가 너희에게 말하는데, [하늘에 있는 그들의 천사들이] 하늘에 계시는 내 아버지의 얼굴을 [끊임없이] 뵙기 때문이다.

❀ 10절은 마태복음에만 있다. 본문은 아주 강력한 명령으로 독자의 관심을 사로잡으며 문장을 시작한다. 개역개정의 "삼가"에 해당하는 헬라어 '호라테'는 '주의 깊게 보다', '분명하게 식별하다', '유의하다'의 뜻이다. 이 단어가 현재 시제 명령형인데, 이는 지속적인 관심을 기울이며 주의하라는 강력한 요청을 전달한다(JMNT). '작은 자'는 세상 사람들로부터 멸시받는 모든 제자와 교회 공동체에서 지위가 낮은 사람을 동시에 의미한다. 이 표현은 경제적, 인종적 편견으로 교회의 지도자들이 아랫사람을 낮게 보는 경향이 있음을 암시한다(Osborne, 757). 첫 문장은 마태 공동체에서 부자가 가

난한 자를 업신여기는 상황을 간접적으로 고발한다. '업신여기다'로 번역된 헬라어('카타프로네오')가 복음서에서 세 번 사용되는데, 본 절을 제외하면 모두 재물과 관련된 구절이다(마 6:24; 눅 16:13). 마태는 하나님과 재물을 함께 섬기는 자들이 둘 중 하나를 '업신여긴다'고 경고하는 대목에서 이 단어를 사용한다.

❁ 예수님은 작은 자를 업신여기지 말아야 하는 이유를 제시하는데, "너희에게 말하노니"(개역개정)라는 문구를 사용하여 말씀의 권위를 강조하신다(Gundry, 364). 후반부는 하나님의 보좌 앞에서 열리는 천상 회의 장면을 보여준다. '그들의 천사들'이란 표현은 수호천사 개념을 떠올리게 한다. 1세기 유대인은 하나님께서 각 사람을 위한 수호천사를 임명하셨다고 믿고 있었다(Keener 1998, 108). 본문은 '하늘에 있는 그들의 천사들'과 '끊임없이'를 강조한다. 여기서 과연 '신자 각 개인을 돌보는 수호천사가 있느냐?' 하는 문제는 중요하지 않다. 하늘에 있는 천사들이 작은 자에게 관심을 가지고 하나님께 보고하기에, 서로에게 관심을 가져야 한다는 것이 본문의 요지다(Hagner, 839).

【11절】 (없음)

【12절】 [너희는] 어떻게 생각하느냐? 〈만일 어떤 사람이 양 {백} 마리를 소유하게 되었는데 그중 한 마리가 길을 잃었다면〉, 그가 아흔아홉 마리를 산에 두고 가서 그 길 잃은 양을 찾지 않겠느냐?

【13절】 그리고 〈만일 그가 그것을 찾게 되면〉, [진정으로] 내가 너희에게 말하는데, 길을 잃지 않은 아흔아홉 마리 양으로 인해 기뻐하는 것보다 그 양으로 인해 그가 더 기뻐하리라.

❁ 예수님은 '너희는 어떻게 생각하느냐?' 하는 질문으로 비유를 시

작하신다. (누가복음에는 이 질문이 없다.) 이는 비유의 의미를 신중하게 생각하라는 촉구이며, 뒤에 이어지는 질문에 긍정적 대답을 가정하고 이를 강조하는 수사학적 기교다(Hagner, 840). 이 비유의 초점은 영원한 심판에 처해 있는 실족한 제자의 회복에 있다(Wilkins, 695).

본문에서 놓치지 말아야 할 점은, 1세기 유대인 사회에서 목자가 차지했던 사회적 위상이다. 당시 팔레스타인에 살던 유대인은 더 이상 유목 생활을 하지 않았다. 따라서 목자는 멸시를 받았고, 세리와 마찬가지로 주변부에 속했다. 우리는 여기서 이중적 역설을 본다. 저자는 길을 잃은 양을 소중한 존재로 소개한다. 아울러 양을 찾는 목자를 당시의 문화에서 업신여김을 당하는 존재로 묘사한다. 주님은 작은 자에 대해 관심을 갖는 자가 사회에서 존경받지 못할 것이고, 자신을 따르는 자들 역시 그렇게 될 것을 시사하신다(Keck, 377).

❋ 이 비유는 얼핏 보면 누가복음 15:3-7의 비유와 같은 것처럼 보이지만, 전혀 다른 의미를 제공한다. 첫째, 문맥이 완전히 다르다. 누가복음에서는 예수님이 죄인들과 함께 식사하는 것을 보고 종교 지도자들이 불만을 토로하자, 주님께서 그들에게 이 비유를 들려주신다. 반면에 마태복음에서는 제자들에게 주어진다. 둘째, 누가복음이 아직 주님을 믿지 않는 자를 찾는 문제를 언급한다면, 마태는 길을 잃은 제자를 회복시키는 문제를 다룬다(Green 2005, 280). 셋째, 누가는 양을 잃은 목자의 책임을 부각하는데, 마태는 길을 잃은 양의 책임을 더 강조한다(Hagner, 838). 넷째, 마태는 누가와는 다르게, 길을 잃은 양을 찾는 작업이 항상 성공적이지 않다는 것을 미묘하게 암시한다. 누가는 "찾아낸즉"(15:5)으로 서술하는데, 마태는 "만일 찾으면"으로 기술한다. 마태는 길을 잃은

신자가 교회의 권고를 받아들이지 않을 수도 있음을 암시한다(Garland, 190).

【14절】 [그러므로] [이 작은 자들 중 하나라도] 잃는 것은 하늘에 계신 너희 아버지의 면전에서 그 뜻이 아니다.

❀ 주님은 비유의 결론으로 하나님의 뜻에 관해 이야기하신다. 누가복음과 마태복음의 비유에서 가장 두드러진 차이는 바로 이 마지막 절이다(Hagner, 838). 누가의 병행구는 죄인이 회개하고 돌아올 때 기뻐하는 목자와 하나님의 모습을 돋보이게 한다. 헬라어 원문을 보면 '하늘에서의 기쁨'이 제일 강조되어 있다. 하지만 마태는 '기쁨'을 강조하지 않으며, '하늘에서의 기쁨'을 '하나님의 뜻'으로 대체한다. 12-14절의 문맥은 마태 공동체의 상황을 은연중에 드러낸다. 아마 공동체에서 연약한 신자가 잘못된 길로 들어섰을 때 어느 누구도 관심을 갖거나 그들을 찾아 나서지 않았으리라. 그래서 마태는 그들이 처한 위급한 상황과 하나님의 뜻을 상기시키며, 주님이 원하시는 공동체를 만들려고 노력한다(Garland, 190).

❀ 개역개정은 후반부를 "하늘에 계신 너희 아버지의 뜻이 아니니라"라고 번역한다. 물론 의미는 충분히 전달된다. 그렇지만 저자가 의도한 문학적 기교는 살리지 못한다. "아버지의 뜻"(개역개정)에서 '의'에 해당하는 헬라어가 '엠프로스텐'인데, 이는 '~앞에', '~의 얼굴 앞에서', '면전에서'라는 의미다(YLT). 이 단어는 마태복음에 총 18번 나오는데, 한결같이 '앞에', '면전에'의 뜻으로 쓰인다. 대표적으로 10:32-33에서 연거푸 네 번이나 등장한다.
마태는 10절과 14절에서 '하늘 회의'(법정) 장면을 살짝 보여주며, '잃은 양의 비유'(12-13절)를 하늘 법정 장면으로 감싸 인클루지오 구조가 되게 한다. 이러한 문학적 기교는 길을 잃은 양을 찾아야 하는 동기와 이유를 제시한다(강대훈, 161). 잃은 양을 찾기 위해 노력하는 것은 지상에 있는 우리만 하는 일이 아니다. 하늘에서 이미 그 일이 승인되었고, 하나님께서 함께하신다. 저자는 우리가 하는 행동 이면에 하늘의 영역이 있음을 알려 준다(Wright, 64).

죄를 지은 형제를 다루는 법

【15절】 〈만약 네 형제가 죄를 지었거든〉 가서 너와 그 [단둘이] 만나 그의 잘못을 깨우쳐 주어라. 〈만일 그가 네 말을 들으면〉 너는 네 형제를 얻은 것이다.

❀ 15-20절은 마태복음에만 등장하는데, 누가복음은 다른 문맥에서 형제를 용서하는 문제에 대해 짧게 언급한다(17:3). 마태는 길을 잃은 제자를 찾아야 한다는 권고(12-14절) 뒤에, 어떤 단계를 거쳐 그 형제를 회복시켜야 하는지 상세히 설명한다. 첫 단계는, 그에게 가서 '단둘이' 만나 잘못을 깨우쳐 주는 것이다. 여기서 기억해야 할 점은 그 죄인을 여전히 '형제'라고 부른다는 점이다. 이는 문제가 된 구성원을 여전히 형제로 대하며 솔직하게 대화해야 한다는 것을 강조한다(김창선, 238).

【16절】 그러나 〈만약 그가 듣지 않으면〉, 한두 사람을 데리고 가서 [모든 진술이] 〈{두세} 증인의 입으로〉 입증될 수 있게 하라.

❀ 다음 단계는 만약 가해자가 은밀한 지적을 수용하지 않을 경우에 한두 증인을 데리고 가서 처음 단계를 반복하는 것이다. 이 과정은 신명기 19:15의 명령을 충족시키기 위함이다. (16절은 '두세' 증인을 이중으로 강조한다.) 하지만 약간의 차이가 있다. 신명기에 나오는 증인은 가해자의 범죄 행위 자체에 대한 증인이지만, 본문은 죄를 지은 형제가 거부하고 있다는 것을 목격하게 하기 위한 증인이다(Wilkins, 696).

【17절】 〈만일 그가 그들의 말도 듣지 않으면〉 그것을 교회에 말하고, 〈그가 [심지어 교회의 말도] 듣지 않으면〉 네가 그를 이방인과 세리처럼 여겨라.

❀ 17절은 마지막 단계에 대해 이야기한다. 가해자가 증인의 말도 듣지 않을 때 그것을 교회에 말하고, 그것도 실패로 끝났을 경우에 공동체에서 추방하라고 말한다. 여기서의 '교회'는 유대인의 회당이라기보다 지금 태동하고 있는 그리스도인 지역 공동체를 의미한다(Meyer). '이방인과 세리처럼' 여기라는 명령은, 저자가 유대인 그리스도인을 대상으로 글을 쓰고 있음을 보여준다. 본문에서 특이한 사항은 회개하지 않는 형제를 공동체에서 추방하라는 명령이 2인칭 단수(네가)에게 주어진다는 점이다. 이는 교회 공동체가 하나가 되어 이 일에 참여해야 한다는 것을 암시한다(Gundry, 368).

【18절】 [진정으로] 내가 너희에게 말하는데, 〈너희가 무엇이든지 이 땅에서 매면〉 하늘에서도 매어져 있을 것이고, 〈너희가 무엇이든지 이 땅에서 풀면〉 하늘에서도 풀려져 있을 것이다.

❀ 예수님은 18-19절에서 '진정으로'라는 단어를 연속해서 사용하여

뒤에 이어지는 말씀에 신적 권위를 부여하신다(Keck, 379). 이는 마치 인감도장을 찍는 것과 같다(목회와신학, 318). 18절은 16:19의 내용과 거의 동일하다. 그러나 차이점이 있다. 첫째, 권세의 범위가 다르다. 16:19은 매고 푸는 행위가 교회의 일반적인 문제와 관련이 있다. 그렇지만 본 절은 교회의 징계와 관련이 있다(Hagner, 847). 여기서 '매는 것'은 회개를 거부하는 사람에게 징계를, '푸는 것'은 회개하는 사람에게 용서를 선포하는 것을 의미한다(Bock 2005, 110). 둘째, 강조점이 다르다. 16:19이 이 땅의 행위보다 하늘의 행위를 더 강조한다면, 본 절은 이 땅의 행위만을 강조한다. 그러나 시제를 보면 16:19과 마찬가지로 하늘에서의 결정이 먼저 이루어진다(Keener 1998, 108). 본문은 이 땅의 행위만을 강조함으로써, 죄를 지은 형제에 대해 교회 공동체가 어떤 결정을 내릴 때 하나님께서 확실히 인도하신다는 사실을 역설한다(Gundry, 369).

【19절】 내가 [다시] 진정으로 너희에게 말한다. 〈만약 너희 중 두 사람이 이 땅에서 어떤 문제에 관해 합의하고 그들이 {무엇이든지} 요청하면〉, 하늘에 계신 내 아버지께서 그들에게 이루어 주실 것이다.

【20절】 왜냐하면 〈두세 사람이 내 이름으로 모인 곳〉, [그곳에] 나도 ‖그들 중에‖ 있기 때문이다.

❀ 19-20절은 교회 징계의 모든 과정에서 기도가 있어야 한다는 점을 강조한다(Osborne, 768). 문맥을 살펴보면 19-20절은 15-18절과 긴밀하게 연결된다. 19절은 '다시'라는 부사를 통해 18절과 연결된다. 게다가 '이 땅'과 '하늘'이란 모티프를 통해 18절과 한 번 더 연결된다(France, 696). 이처럼 18-19절은 이중으로 엮여 있고, 20절은 '왜냐하면'이란 접속사로 19절과 단단히 묶여 있다. 이 접속사는 20절이 19절을 뒷받침하는 신학적 근거가 된다는 것을 확실히 하

기에(Osborne, 766), 반드시 번역해 주어야 한다. 하지만 아쉽게도 개역개정에는 이 단어가 누락되었다.

❃ 19-20절은 '합심 기도'의 능력과 관련하여 자주 인용되는데, 자칫하면 문맥과 아무 상관이 없는 문장이 된다(Blomberg, 280; Swindoll, 83-84). 본문에 언급된 '두 사람'(19절), '두세 사람'(20절)은 16절에서 말한 '두세 증인'을 가리킨다. 그리고 이들이 드리는 기도(19절)는 일반적인 기도가 아니라, 징계와 관련된 결정을 내리며 성령님의 인도를 간구하는 기도다(Osborne, 766). 19절의 '어떤 문제'에서 '문제'에 해당하는 헬라어가 '프라그마'인데, 신약성경에서 이 단어는 법률상의 문제 또는 재판과 관련되어 사용된다(Harrington, 269). 저자가 '무엇이든지'를 이중으로 강조하는 이유는, 교회의 화합을 위해 드리는 기도는 하나님께서 반드시 들어주시기 때문에 꼭 그렇게 하라고 촉구하기 위함이다.
20절 마지막 부분은 '그들 중에'를 제일 강조한다. 유대인의 고전인 미쉬나에는 "두 사람이 앉아 율법을 공부하면 하나님의 영광이 그 가운데 계신다"라는 말이 있다(고영민, 165). 예수님은 20절 문장을 통해 자신의 임재와 하나님의 임재를 동일시하신다(Gundry, 370).

용서할 줄 모르는 종의 비유

【21절】 그때 베드로가 그에게 [다가와] 말했다. "주님! 제 형제가 제게 죄를 지을 때 [몇 번이나] [제가 그를 용서해 주어야 합니까]? ‖일곱‖

번까지 해야 합니까?"

❋ 21-35절은 용서에 대한 교훈을 담고 있다. '그때'라는 부사는 본 단락이 앞 단락과 연결되어 있음을 보여준다. 베드로는 화해를 강조하시는 주님의 말씀을 듣고, 혹시 문제를 일으킨 제자가 이 말씀을 악용하여 계속 피해를 주지 않을까 염려하며 질문을 던진다(Benson). 당시의 랍비들은 잘못한 자를 세 번까지 용서해 주는 것을 관용으로 평가하였고, 그 이후에는 용서하지 말라고 가르쳤다. 이 내용을 알고 있던 베드로는 일곱 번이면 충분하다는 생각으로 물어보았으리라(Swindoll, 87). 아마도 일곱이 완전함을 상징하기에 완전히 용서해야 하는지 물었을 가능성도 있고, 가인에 대한 일곱 배의 보복(창 4:24)을 염두에 두었을 수도 있다(Blomberg, 281; Osborne, 773). 마지막 문장에서 '일곱'이란 숫자가 제일 강조되어 있다. 여기에는 베드로 자신의 마음이 굉장히 너그럽기에 자신은 천국에 들어갈 자격이 있음을 보여주는 듯한 태도가 깔려 있다(Cambridge).

【22절】 예수께서 그에게 말씀하신다. "내가 네게 [일곱] 번까지가 아니라, ‖일곱 번씩 일흔 번까지라고‖ 말한다."

❋ 22절은 '예수님'의 이름과 역사적 현재 시제를 사용한다. 이는 뒤에 이어지는 말씀이 신적 권위를 지녔다는 것과, 이 교훈이 모든 교회 공동체에 적용되어야 할 진리임을 함축한다. '일곱 번씩 일흔 번'에 해당하는 헬라어의 의미가 약간 애매하다. 이를 '일흔일곱 번'으로 해석할 수도 있고, '일곱 번씩 일흔 번'으로 해석할 수도 있다(Wilkins, 701; Bock 2012, 447). 그러나 어느 쪽이든 문제가 되지 않는다. 여기서 말하는 요점이 끝없이 용서하라는 것이기 때

문이다(EXB). 만약 용서해 준 횟수를 센다면, 그것은 용서가 아니라 복수를 미루는 것에 불과하다.

❋ 신학자들은 주님의 이 말씀 속에 70인역 창세기 4:23-24에 등장하는 라멕의 전투 노래가 암시되어 있다고 본다. 예수님이 사용하신 헬라어 단어가 창세기 4장에 그대로 등장한다. 가인의 후손인 라멕은 만약 누군가가 자신에게 해를 끼친다면 무사할 사람이 하나도 없을 것이라며, 77배 (또는 490배) 복수하겠다고 선언한다. 하지만 본문은 일곱 번씩 일흔 번 복수하는 것에 맞서, 일곱 번씩 일흔 번 용서하라고 가르친다(Kaiser, 400).
창세기에 등장하는 한 원시인의 제한 없는 복수는 그리스도인이 베푸는 무제한의 용서에 결국 자리를 내주고 말았다(Robertson).
누가의 병행구는 잘못한 사람이 하루에 일곱 번이라도 와서 "내가 회개하노라 하거든" 용서하라고 권면한다(17:4). 그러나 마태는 회개를 전제로 하지 않으며 제한이 없는 용서를 강조한다.

【23절】 [이런 이유 때문에] 하늘나라는 마치 자기 종들과 결산하기를 원했던 어떤 왕과 같다.

【24절】 〈그가 결산하기를 [시작했을] 때〉 [만 달란트] 빚진 [어떤] 사람이 그에게 끌려왔다.

❋ 용서할 줄 모르는 냉혹한 종의 비유(23-35절)는 마태복음에만 등장한다. 23절은 '이런 이유 때문에'를 강조하는데, 이는 21-22절과 본 비유를 연결하며 왜 그리스도인이 끝없이 용서해야 하는지 설명한다.
본문의 '종'은 가정 일을 맡은 종이 아니다. 왕에게 빚진 돈의 액수가 지나치게 많다. 분명히 그는 왕 밑에서 일하는 관리였든지,

아니면 각 지역에서 군주의 세금 징수원 노릇을 하던 지방 총독이었을 것이다(Wilkins, 702; Keener 1998, 109). 여기서의 '빚'은 그가 왕의 재산을 제대로 관리하지 못해 생긴 것이거나, 지배를 받는 나라와의 세금 인상 계약을 잘 체결하지 못해 발생한 것으로 보인다(Keck, 382).

❀ 고대 사회에서 달란트는 화폐 가운데 가장 큰 가치를 지닌 화폐였고, 헬라어에서 한 단어로 표현하는 숫자 가운데 가장 큰 수는 만이었다. 만 달란트는 한 사람이 약 275,000년 동안 일해야 모을 수 있는 엄청난 돈이었다(Bock 2012, 448). 요세푸스의 기록에 의하면, 호황을 누렸던 헤롯조차 갈릴리와 베레아 지역에서 연간 조공액으로 200달란트를 거두어들였다(Robertson). 따라서 관원 한 사람이 일만 달란트의 빚을 진다는 것은 상상할 수 없는 일이었다. 고대 유대교에서는 '하나님께 빚지는 것'과 '죄'를 동일시하였다(Keener 1998, 109-10). 비유에 사용된 화폐 단위와 종들이 간청하는 내용(26, 29절)을 보면, 저자의 과거 직업이 세리였음을 짐작할 수 있다(Gundry, 372; 김경진 2012, 112).

【25절】 그런데 〈그는 갚을 것이 [없었기] 때문에〉, 그 주인은 그에게 그 자신과 아내와 자녀들과 그가 가진 모든 것을 팔아 갚으라고 명령하였다.

❀ 빚을 갚을 수 없을 때 아내와 자녀를 종으로 파는 행위는 고대 사회에서 흔했다. 아내와 자녀는 재산으로 간주되었기 때문이었다(Robertson). 구약의 몇몇 구절은 부모가 빚을 갚지 못할 경우에 아이를 종으로 파는 문제에 대해 언급하나(왕하 4:1; 사 50:1), 예수님 당시에는 이런 사례가 없었다(Harrington, 270). 25절의 내용은 산술

상 맞지 않는다. 종 한 사람의 평균 가격이 500-2,000드라크마였음을 감안할 때, 채권자가 채무자의 전 가족을 팔아봐야 부채액의 1,000분의 1도 건질 수 없는 상황이다(Keener 1998, 110). 예수님 말씀의 핵심은, 만약 각 개인이 지은 죗값을 정확히 계산하면 누구도 하나님께 도저히 갚을 수 없다는 사실이다(Bock 2012, 448).

[26절] 그러자 그 종은 [엎드려] 그에게 경의를 표하기 시작하며 말했다. "제게 참아주십시오. 그러면 당신께 [모든 것을] 갚겠습니다."

[27절] 그 종의 주인은 [불쌍히 여겨] 그를 풀어주고 [그 빚을 없애] 주었다.

❁ 주인의 명령을 들은 종은 엎드려 절하며 간청한다. '엎드리다'와 '경의를 표하다'에 해당하는 헬라어는 각각 '핍토'와 '프로스퀴네오'이다. 이 두 단어는 왕이나 신에게 경의를 표하는 행위를 암시한다(Gundry, 373). 이렇게 보면 본문에 등장하는 왕은 하나님으로서의 예수님을 상징한다. '모든 것을 갚겠다'는 호소는 신약시대 상거래 문서에 나오는 일반적인 약속이다. 그렇지만 문맥을 고려할 때 이 약속은 절대로 지킬 수 없었다(Keener 1998, 110). '경의를 표하다'에 해당하는 헬라어가 미완료 시제인데, 이는 엎드려 빌면서 끈질기게 자비를 호소하는 종의 모습을 시각화한다.

❁ 왕은 종을 불쌍히 여겨 빚을 탕감해 주었다. '불쌍히 여기다'로 번역된 헬라어 '스플랑크니조마이'는 '창자가 움직이다'의 뜻이다. 마태복음에서 이 동사는 주님이 무리를 보시고 불쌍히 여겨 기적을 베풀어 주실 때 사용된다. 본 절은 죄인을 불쌍히 여겨 기적적으로 죄를 용서해 주시는 예수님의 이미지를 상징적으로 보여준다.

고대 근동 군주의 난폭성과 채무 규모를 고려할 때, 이 군주가 채무자를 용서해 주었다는 것은 현실적으로 그 빚의 액수만큼이나 믿기 어렵다(Keener 1998, 110). 만약 종의 간청이 주인의 마음을 움직여 탕감을 받았다면, 이 비유의 주제는 당연히 '종의 공적'이 된다. 그러나 저자는 주인의 '불쌍히 여김'을 부각하여, 오직 주인의 자비만이 이 종을 살릴 수 있음을 강조한다.

【28절】 그러나 그 종은 [나가다가] 자기 동료 종들 중에서 자신에게 [100데나리온] 빚진 종을 발견하고 그를 붙들어 멱살을 잡으며 말했다. "네가 빚진 것을 모두 갚아라!"

【29절】 그러자 그의 동료 종은 [엎드려] 그에게 간청하기 시작하며 말했다. "내게 참아주게! 그러면 내가 자네에게 갚겠네."

❋ 일만 달란트의 빚을 탕감 받은 종은 자신에게 백 데나리온 빚진 자에게 갚으라고 요구한다. 28절은 이 종이 '나가다가' 자신의 동료를 만났다는 점을 강조한다. 이는 그가 왕으로부터 받은 엄청난 은혜의 감격이 채 사라지기도 전에 이런 일이 발생했음을 지적한다. 100데나리온은 약 3개월치 품삯인데, 일만 달란트의 60만분의 1에 해당한다(Hagner, 857). 그 종은 동료 종이 빌린 돈의 60만배나 되는 돈을 탕감 받았으면서도 자신의 동료를 용서하지 못한다. 일만 달란트는 인간이 하나님께 지은 죄의 총량을, 일백 데나리온은 인간이 동료 인간에게 범한 죄의 총량을 상징한다.

❋ 동료 종은 그에게 엎드려 간청하며 갚겠다고 약속한다. 그런데 둘째 종의 태도는 첫째 종이 왕에게 보여준 태도와 거의 일치한다(France, 707). 헬라어 원문으로 보면 두 가지만 다르고 나머지는 어순까지 똑같다. 심지어 강조된 부분('엎드려')도 일치한다. 그 차

이는 첫째, '경의를 표하다'('프로스퀴네오')라는 단어 대신에 '간청하다'('파라칼레오')란 동사를 쓴다는 점이다. 이렇게 할 수밖에 없는 이유는 '프로스퀴네오'가 왕이나 신적 존재를 전제로 하기 때문이다. 둘째, 모든 것을 다 갚겠다고 약속하지 않는다는 점이다. 둘째 종이 진 빚은 상대적으로 적은 액수여서 다 갚을 수 있는 상황이었다. 첫째 종이 왕에게 한 약속은 허위였지만, 둘째 종의 약속은 충분히 지킬 수 있는 것이었다(Osborne, 775).

【30절】 하지만 [그는] 들어주려 하지 않고, 오히려 끌고 가서 그를 감옥에 집어넣었다. 그가 빚진 것을 갚을 때까지 말이다.

【31절】 그러자 그의 동료 종들이 일어난 일들을 [보고] 굉장히 슬퍼하며, 그들의 주인에게 가서 일어난 {모든} 일들을 낱낱이 보고하였다.

❋ 엄청난 빚을 용서받은 첫째 종은 자신의 동료를 용서하는 데 굉장히 인색했다. '들어주려 하지 않다'에 해당하는 헬라어가 미완료 시제인데, 이는 완강한 거절을 암시한다(Robertson). 첫째 종이 왕에게 보인 반응과 둘째 종이 자신의 동료에게 보인 반응 간에 유사성이 있음을 알아차린 독자들은, 첫째 종의 행태를 보며 충격을 받았으리라. 그가 보여준 반응은 왕의 반응과 완전히 달랐다.

【32절】 [그때] 그의 주인은 [그를 불러] 그에게 말한다. "오, 악한 종이여! 네가 내게 간청하기에 나는 [네 모든 빚을] 없애 주었다.

【33절】 ‖내가‖ [네게] 자비를 베푼 것처럼, [너도] 네 동료 종에게 자비를 베풀었어야 마땅하지 않느냐?"

【34절】 그리고 그의 주인은 [분노하여] 그를 그 고문하는 자들에게 넘겼다. 그가 빚진 것을 다 갚을 때까지 말이다.

❋ 왕은 종들의 보고를 듣고 노발대발한다. 용서받은 종이 자신의 동료 종을 감옥에 넣음으로써 노동력의 손실과 함께 왕의 세수를 감소시켰기 때문이다(Keener 1998, 110). 악한 종의 태도는 하나님의 은혜를 구하면서도 형제에게 자비 베풀기를 싫어하는 완악한 죄인의 전형적인 모습을 보여준다(제자원 1992, 483). 32절은 주인의 책망을 현재 시제로 하여, 하나님의 은총을 입은 성도가 그 은혜를 이웃에게 전달해야 할 책임이 있음을 강하게 전달한다. 33절은 '내가'를 제일 강조하여 우리에게 주어진 하나님의 은혜가 얼마나 큰지 절실히 깨닫게 한다. 개역개정에 "옥졸"로 번역된 헬라어 '바사니스테스'는 '고문하는 자'를 의미한다.

【35절】 만약 너희 각자가 자기 형제를 [너희 마음들로부터] 용서하지 않으면, [하늘에 계신 내 아버지께서도] 너희에게 ‖이렇게‖ 하실 것이다.

❋ 마태는 독자들이 비유의 의미를 놓치지 않도록 35절을 추가하여 요점을 분명히 한다. 진심으로 형제자매를 용서하지 않는 사람에게 하나님의 엄중한 심판이 있음을 경고한다(Bock 2012, 449). '형제'에 대한 언급은 본 절과 베드로의 질문(21절)을 연결한다(Blomberg, 284). 마태는 값싼 은혜를 반대한다. 하나님으로부터 죄를 용서받았다고 말하며 자신의 삶이 바뀌지 않으면, 그 주장은 효력이 없다고 역설한다(Green 2005, 289). 본문은 교회 공동체를 완벽한 형태로 제시하지 않는다. 즉 인간의 죄와 교만, 고집, 잔인함이 전혀 없는 이상적인 단체로 묘사하지 않는다. 이러한 까닭에 서로 돌보고 사랑하며 용서해야 할 필요가 있다(Garland, 196). 끝없는 용서를 강조하는 본 단락은 교인끼리의 용서가 절박했던 마태 공동체의 상황을 반영한다(서중석 1991, 159).

제19장

결혼과 이혼

【1절】 예수께서 〈이 말씀들을 마치고〉 갈릴리를 떠나 요단강 건너편 유대 지역으로 가셨다.

❀ 네 번째 강화를 마치신 예수님은 19-20장에 걸쳐 예루살렘을 향해 나아가며 제자들의 오해를 바로잡아 주신다. 특히 19장은 가족 공동체에 대한 새로운 이해를 촉구하며 이혼과 재혼, 독신 생활, 어린아이와 청년의 문제를 다룬다. 여기서 저자는 세상의 가치관과 완전히 다른 제자의 가치관이 무엇인지 제시한다(Keck, 384). '요단강 건너편'은 요단강 동쪽으로, 헤롯 안티파스가 통치하던 베레아 지역을 말한다(Wilkins, 722). 예수님이 그곳으로 가신 이유는 거기에 거주하는 유대인의 수가 많았기 때문이었을 것이다(고영민, 167).

【2절】 그러자 큰 무리들이 그를 따랐고, 그가 거기서 그들을 고쳐 주셨다.

❀ 예수님은 약 일 년 반 동안 지속된 갈릴리 사역을 끝내고 십자가라는 또 다른 목적을 향해 가면서도, 무리를 외면하지 않고 병자들을 고쳐 주신다. 우리는 여기서 끝까지 자기 백성을 치료하시

는 이스라엘의 메시아를 본다(Hagner, 863).

2절은 '큰 무리가 예수님을 따랐다'고 말하는데, 마태복음에서 '따랐다'는 표현은 주님의 제자가 되었음을 의미한다(Harrington, 273). 병행구와 비교하면, 마가는 무리들이 모여들었고 '예수님이 다시 전례대로 가르치셨다'고 서술한다(10:1). 하지만 마태는 주님의 사역이 성공적임을 암시하며 그들의 병을 고쳐 주셨다고 설명한다. 대체로 마가는 예수님의 기적을, 마태는 가르침을 선호한다. 그러나 여기서는 정반대로 되어 있다. 마태는 주님의 가르침과 치유사역이 번갈아 이루어졌음을 보여준다(Hagner, 863).

【3절】 그런데 바리새인들이 그에게 다가와 그를 시험하며 말했다. "{어떤} 이유든지 있기만 하면 한 남자가 자신의 아내와 이혼하는 것이 허용됩니까?"

❋ 세상의 가치관과 제자의 가치관이 어떻게 다른지 보여주는 첫 일화는 이혼 문제에 관한 논쟁이다. 예수님이 유대 지역에 오시자 바리새인들이 다가와 본격적으로 시험한다. '시험하다'에 해당하는 헬라어 '페이라조'는 사탄이 광야에서 예수님을 시험할 때 사용되었던 단어다(4:1). 본문의 시험은 하나님의 왕국과 사탄의 왕국 간의 끊임없는 갈등을 상징한다(Keck, 385).

바리새인들은 '어떤 이유든지 있기만 하면' 이혼하는 것이 허용되는지 묻는다. '허용하다'에 해당하는 헬라어 '엑세스티'의 용례를 보면, 본 절 바로 앞에 사용된 경우가 14:4이다. 14:4은 세례 요한이 헤롯의 잘못을 지적하며 형제의 아내를 취한 것이 '합법적이지'('엑세스티') 않다고 책망하는 대목이다. 특히 베레아가 헤롯 안티파스의 영토였다는 점을 감안하면 이 질문은 매우 정치적이다(Swindoll, 99). 바리새인의 질문은 세례 요한과 예수님의 운명이 동일하게 될 것을 짐작하게 한다(Keck, 386).

❋ 마가의 병행구에서는 바리새인들이 예수님께 아내와 이혼하는 것이 가능한지 묻는다(10:2). 그러나 마태는 '어떤 이유든지 있기만 하면'이란 문구를 삽입하여, 이혼의 적법성을 묻는 질문을 이혼의 근거에 대한 질문으로 바꾼다. 이혼의 근거에 관한 문제는 신약시대 바리새인 사이에서 아주 민감한 논쟁거리였다. 이들은 주님을 1세기 유대인 사회의 예민한 논쟁 한복판으로 끌어들인다(Harrington, 274). 종교 지도자들의 질문을 랍비의 논쟁 형식으로 소개하는 기법은, 주님을 위대한 교사로 묘사하는 마태의 관점과 부합된다(Gundry, 377).

❋ 1세기 바리새인들은 이혼법 해석 문제(신 24:1-2)와 관련하여 크게 두 가지의 견해로 나뉘어 있었다(Swindoll, 99). 논쟁의 핵심은 '수치스런 일'을 어떻게 해석하느냐 하는 것이었다. 보수적인 샴마이 학파는 이것을 간음으로 해석하여 간음한 이유 외에는 이혼할 수 없다고 주장하였다. 한편 진보적인 힐렐 학파는 넓은 의미로 해석하여 아내가 남편이 기뻐하지 않는 일을 하면 이혼할 수 있다고 역설하였다. 심지어 음식을 태우는 것과 같은 사소한 일이라도 말이다. 3절에 있는 바리새인의 질문은 힐렐 학파의 입장을 대변한다.
이런 상황에서 만약 예수님이 힐렐 학파를 두둔하면 자유분방한 자라고 비방할 것이고, 샴마이 학파의 입장을 고수하면 헤롯의 심기를 건드릴 판이었다(고영민, 168). 특히 예수님이 그 당시 베레아 지역에 있었고 세례 요한이 거기서 사역하다가 헤롯에 의해 처형당했기에, 주님의 대답은 비상한 관심을 끌 수밖에 없었다(France, 716).

【4절】 [그가] 대답하여 말씀하셨다. "너희는 읽은 적이 없느냐? ‖태초에 창조하신 분이‖ 그들을 [남자와 여자로] 짓고

❀ 예수님은 "너희는 읽은 적이 없느냐?"라고 물으심으로써 그들이 말씀을 이해하며 성경을 읽은 것이 아니었다고 책망하신다. 유대인들은 신명기 24:1을 이혼의 근거로 생각하였다. 그러나 주님은 창조의 원리(창 1:27)를 상기시키며, 이혼 문제를 창조, 타락, 구속(재창조)이라는 구속사적 관점에서 해석하신다(목회와신학, 329). 즉 청중을 에덴동산으로 이끌어 가며 천국의 도래가 타락한 인간의 상태를 회복시킨다는 점을 부각하신다(Green 2005, 298).

4절은 '태초에 창조하신 분'을 제일 강조한다. 유대인의 해석학은 토라에서 뒤로 더 많이 들어갈수록 더 큰 권위를 부여하였다. 창조의 원리를 끌어들이시는 예수님의 논증 방식은 바리새인의 신명기 인용을 능가하는 패였다(Osborne, 784). 주님은 하나님께서 인간을 '남자와 여자'로 창조하셨음을 강조하신다. 이는 결혼 생활이 인간의 본래 모습이며, 모든 인간은 평등하고 하나님께서 주신 존엄성을 가지고 있다는 뜻이다(고영민, 168). 아울러 남녀 두 성 사이에 차이와 상호 보완성이 존재한다는 점을 깨닫게 한다(Green 2005, 295).

❀ 마태와 마가는 서로 다른 순서로 내용을 전개한다. 마가는 모세가 명한 것이 무엇인지 예수님이 바리새인에게 물으시는 것으로 시작하며, 나중에 창조 원리를 언급한다(10:3-4). 하지만 마태는 창조의 원리로 시작해서 후에 모세의 이혼 증서를 논한다. 마태복음의 예수님은 상위의 원칙을 먼저 말씀하신다(France, 716). 한쪽에서 제시한 증거 본문을 다른 본문으로 반박하는 것이 당시의 전형적인 해석 방법이었다(Keener 1998, 111). 주님은 더 중요한 본

문에서 논증을 이끌어내는 랍비들의 기법을 활용하여 바리새인들의 주장을 무력화하신다.

【5절】 말씀하시기를 '[이런 이유 때문에] 한 남자가 자기 아버지와 자기 어머니를 떠나 자기 아내와 연합하여, [그 둘이] [한 몸이] 될 것이다'라는 말씀을 말이다."

❋ 예수님은 이혼하지 말아야 할 또 다른 근거로 창세기 2:24을 인용하신다. 5절에 인용된 말씀은 70인역 창세기 2:24과 거의 정확하게 일치하는데, 하나님의 의도가 무엇인지 설명한다(Hagner, 868). 본문은 '이런 이유 때문에'를 강조한다. 이는 "하나님께서 한 남자와 한 여자가 결혼하여 살도록 하셨기 때문에"(AUV)라는 뜻이다. 부모를 떠나 자기 아내와 연합한다는 말은, 결혼으로 새로운 가족 단위가 생겨나는 것을 의미한다(Green 2005, 296).

여기서 '떠난다'는 말을 문자적으로 해석하면 안 된다. 1세기 유대인의 문화에서 결혼한 부부가 남편 부모의 집이나 집 근처에서 사는 것이 다반사였다. 그러므로 실제로 멀리 떠나는 것이 아니기에 이 단어의 의미가 더욱 의미심장하다(Nolland, 772). '연합하다'에 해당하는 헬라어 '콜라오'는 '아교풀로 붙이다', '집착하다'의 의미로, 완전히 달라붙어 뗄 수 없는 상태를 시각화한다. '둘이 한 몸이 된다'는 표현은 일차적으로 성적 결합에 근거한 것이지만, 삶의 모든 영역에서 온전히 하나가 되는 상태를 가리킨다(Osborne, 784).

【6절】 따라서 그들은 이제 [더 이상 둘이 아니라 한 몸]이다. 〈그러므로 [하나님께서] 함께 멍에를 메도록 하신 것을〉 [사람이] ‖갈라놓지‖ 못하게 해야 한다.

❀ 이혼하지 말아야 할 마지막 이유는 하나님께서 함께 멍에를 메도록 하셨기 때문이다. 예수님이 부부가 '한 몸'이라고 선포하신 것은, 이혼을 '사지 절단 수술'로 정의하신 것과 동일하다(Nolland, 773). '함께 멍에를 메다'에 해당하는 헬라어 '쉬쥬그뉘미'는 '함께 멍에를 메다', '결합하다'의 뜻인데, 신약성경에서 본 절과 마가복음 병행구에 한 번씩 사용된다. 이는 부부가 동일한 목적을 위해 공동의 보조를 취해야 한다는 사실과, 하나님과 상대방에게 바쳐진 헌물이란 점을 함축한다(고영민, 168). 이 단어는 개역개정의 "짝지어 주신 것"이란 표현보다 더 심오한 의미를 지닌다. 후반부에 나오는 '사람'은 재판관과 같은 제3자가 아닌 남편을 의미한다(Harrington, 273).

❀ 신약시대에는 어린 나이에 결혼을 했다. 특히 여자는 사춘기가 지나면 바로 결혼하는 사례가 많았다. 수명이 짧았던 관계로 가임 시기를 최대한 활용하는 것이 중요했기 때문이다(Wright, 77). 더욱이 대부분의 결혼이 부모에 의해 계획되고 실행되었다. 남자의 아버지와 여자의 아버지가 만나 약혼과 결혼 날짜를 잡고 당사자에게 통보하면 그것으로 끝이었다. 이렇게 성사된 결혼은 많은 문제를 낳았다(장재일, 250). 그럼에도 불구하고 주님은 결혼으로 맺어진 신성한 관계를 누구도 나누지 못한다고 단언하신다.
헬라어 원문으로 5-6절을 살펴보면, 결혼은 하나님께서 세심한 작업을 거쳐 만드신 신성한 예술 작품이다(MSG). 정성을 들여 아교풀로 붙이고, 함께 멍에를 메도록 한 후, 거룩한 목표를 향해 나아가도록 설계하셨다. VOICE 역본은 6절을 이렇게 번역한다. "만약 남편과 아내가 한 몸이라면, 어떻게 그들이 이혼할 수 있겠느냐? 이런 상태에서 이혼한다면, 그것은 피를 흘리는 절단 수술을 시행하는 것이 아니겠느냐? 하나님께서 결합하신 것을 누구도 떼어놓을 수 없다."

【7절】 그들이 그에게 말한다. "그렇다면 왜 [모세는] 이혼장을 주고 이혼하라고 명령했습니까?"

【8절】 그가 그들에게 말씀하신다. "‖모세는‖ [너희 마음이 완악하기 때문에] 너희가 너희 아내와 이혼하는 것을 허용하였다. 그러나 [처음부터] ‖그렇게‖ 된 것은 아니었다."

❀ 마태는 7-10절에서 현재 시제를 사용하여 예수님과 바리새인의 대화, 그리고 제자들의 대답을 고스란히 들려준다. 주님께서 이혼을 금지하시는 말을 했을 때 바리새인들은 자신들이 그분을 함정에 빠뜨렸다고 생각했다(Hagner, 869). 신명기 24:1-4에 따르면 모세가 사실상 이혼을 허락한 것이 명확하다고 보았기 때문이다. 그들은 모세가 이혼을 '명령하였다'고 말함으로써 그것이 하나님의 의도라고 주장한다. 그러나 예수님은 '명령'이 아닌 '허용'이라고 해석하신다(Swindoll, 104). 하지만 마가복음에는 이와 반대로 되어 있다. 주님께서 "모세가 어떻게 너희에게 명하였느냐"라고 물으시고(10:3), 바리새인들은 "이혼 증서를 써 주어 버리기를 허락하였나이다"라고 대답한다(10:4). 마태의 설명은 바리새인의 잘못을 더 분명히 드러낸다(France, 719).

❀ 모세 당시 여자는 노예나 가축과 같은 소유물이었고, 남성에게 이혼은 소유권을 포기하는 것과 마찬가지였다. 따라서 경제적 능력이 없는 여성에게 이혼은 치명적이었다. 이런 상황에서 이혼장을 써 주는 것은 남편에게 이혼 문제를 재고할 수 있도록 하였다. 동시에 아내에게 다른 남자와 결혼할 수 있는 법적 근거를 마련해 주었다. 모세가 이혼을 허용한 것은 전염병처럼 흔했던 이혼

을 방지하기 위한 것이었다(고영민, 169). 예수님은 모세의 허용이 인간의 완악함 때문이라고 규정하고, '처음부터 그렇게' 된 것은 아니었다고 역설하신다. 8절 마지막 문장이 마가의 병행 단락에는 없다. 여기에는 인류의 근본 문제인 마음의 완악함이 복음으로 해결될 것이라는 전망과, 제자는 하나님의 원래 의도를 따라야 한다는 경고가 배어 있다(Wright, 73; Blomberg, 291).

【9절】 내가 너희에게 말한다. 〈누구든지 음행한 이유를 제외하고 자기 아내와 이혼하고 다른 여자와 결혼하는 자는〉 간음하는 자다.

❋ 예수님 당시는 진보파인 힐렐 학파의 주장대로 이혼이 남편의 일방적인 요구에 의해 남발되고 있었다(고영민, 169). 주님은 일반인이 당연시하는 규범에 도전을 가하신다. 인간의 편리함이 아닌 하나님의 창조 목적을 상기시키며 새로운 사고를 요구하신다(France, 721). 예수님의 주장은 보수적인 샴마이 학파보다 더 엄격하였다. 샴마이 학파라 할지라도 이혼 후에 재혼하는 것을 간음이라고 여기지는 않았다(Keener 1998, 111).

마가의 병행구와 비교하면 두 가지 차이점을 발견할 수 있다. 첫째, 마가는 이혼의 절대적 금지를 선언하는 데 반해, 마태는 '음행한 이유를 제외하고'라는 문구를 첨가하여 예외 조항을 신설한다. 우리는 여기서 주님의 가르침을 따르면서도 명백히 곤란한 상황, 즉 결혼 후의 간통과 관련된 예외 규정을 만들려는 마태 공동체의 시도를 엿볼 수 있다(Green 2005, 299). 둘째, 마태는 마가복음 10:12을 생략한다. 아내가 이혼을 주도하는 것으로 되어 있는 내용이 유대인 사회에서 허용되지 않았기 때문이다(Harrington, 274).

【10절】 그 제자들이 그에게 말한다. "〈만약 아내를 가진 남편의 경우가

[그렇다면]〉 결혼하는 것이 유익하지 않겠네요."

❋ 10-12절은 마태복음에만 있다. 여성을 남성의 소유물이나 재산의 일부로 여기던 신약시대의 문화를 고려할 때, 예수님의 가르침은 너무 편협해 보였다. 제자들은 어떤 조건이라도 생기면 이혼할 수 있다는 힐렐 학파의 견해를 주님이 배척하시는 것을 보고 충격을 받았을 것이다(JMNT). 10절에 나타난 제자들의 반응은 마태 공동체의 상황을 반영한다. 아마 공동체에 새로 들어온 이방인들이 너무 엄격하게 보이는 결혼관에 대해 이의를 제기했을 것이고, 마태는 답변을 제시할 필요를 느꼈으리라(Keck, 386). ERV 역본은 10절을 이렇게 번역한다. "만약 음행한 이유가 남편이 자신의 아내와 이혼할 수 있는 유일한 조건이라면, 차라리 결혼하지 않는 편이 좋겠네요."

예수께서 독신 문제에 대해 가르치시다

【11절】 하지만 [그는] 그들에게 말씀하셨다. "[모든 사람이] 이 말을 받아들일 수 있는 것은 [아니다]. 오직 그것이 주어진 자들만이 그렇게 할 수 있다."

❋ 19장의 문맥을 보면 '결혼과 이혼' 논쟁 후에 '독신 생활'에 대한 설명이 이어지고, '어린아이'와 '청년' 이야기가 그 뒤를 따른다. 오직 마태복음만이 이런 구조를 취한다. 저자는 이러한 서술 기법을 통해 그리스도인 가족 공동체의 다양한 문제에 대한 주님의

교훈을 제시한다. 11절의 '이 말'은 10절에 있는 제자들의 제안을 가리킨다(Hagner, 871).

주님은 제자들이 독신주의에 대해 좋게 평가하자 모든 사람이 다 그렇게 살 수 있는 것은 아니라고 단언하신다. 마지막 문장이 수동태인데, 이는 독신으로 살아갈 수 있는 역량을 주시는 분이 하나님임을 암시한다(Bock 2005, 113). 개역개정은 이 부분을 "오직 타고난 자라야 할지니라"라고 번역한다.

【12절】 왜냐하면 [어머니의 태에서부터] 고자가 되어 그렇게 태어난 사람도 [있고], [사람들에 의해] 고자가 된 사람들도 [있고], [하늘나라를 위해] [스스로] 고자가 된 사람들도 있다. [이 말을 받아들일 수 있는 사람은] 받아들여라.

❀ 12절은 세 종류의 고자(鼓子)에 대해 이야기한다. 첫째는 성적(性的) 기관이 없거나 허약하게 태어난 자들, 둘째는 거세되거나 사고로 고자가 된 자들, 셋째는 하나님 나라의 일을 위해 결혼을 포기한 자들이다(Hagner, 872). 앞의 두 종류는 신체적 조건에 의한 실제 고자들이고, 마지막은 신앙적 이유 때문에 결혼하지 않기로 선택한 자들이다(France, 724). 고자는 1세기 유대인 사회에서 멸시를 받았고, 여호와의 총회에 들어오는 것도 허용되지 않았다(Osborne, 788).

예수님은 독신 생활을 하나님의 특별한 은사의 영역으로 돌림으로써, 이것이 결혼 생활보다 더 우위에 있다고 평가하지 않으신다. 아울러 하나님 나라에 들어가는 더 좋은 조건이 된다고 말씀하지도 않으신다(목회와신학, 330).

예수께서 어린아이들을 축복하시다

【13절】 [그때] 어린아이들이 이끌려 그에게 왔다. 그가 그들 위에 손을 얹고 기도해 주시기를 원해서였다. 그러자 [그 제자들이] 그들을 꾸짖었다.

❀ 세상과 제자의 가치관이 다르다는 것을 보여주는 또 하나의 일화는 어린아이의 위상에 관한 문제다. 앞부분은 '그때'라는 시점을 강조하여 앞 단락과 본 단락을 연결한다. 마가와 누가의 병행구에는 이 단어가 없다(막 10:13; 눅 18:15). 결혼에 관한 교훈이 끝날 무렵에 결혼 생활의 열매라 할 수 있는 어린아이들이 주님께 나아온다. 이는 마치 이 상황이 처음부터 계획된 듯한 인상을 주기에 충분하다(제자원 1992, 500). 예수님이 결혼을 비호의적인 것으로 여기지 않으셨다는 사실은, 어린아이에 대한 그분의 긍정적 태도에서 분명히 드러난다(Hagner, 974).

❀ 개역개정은 첫 문장을 '사람들이 어린아이들을 데리고 왔다'(능동태)는 취지로 번역한다. 그러나 헬라어 원문은 수동태이고, 어린아이가 주어로 되어 있다. 그 결과 제자들이 꾸짖는 대상은 '아이들'이 된다(Gundry, 384). 실제로 제자들이 꾸짖는 대상인 '그들'이 중성 3인칭 복수(어린아이들)다. 마가와 누가의 병행구는 '사람들이 어린아이들을 데리고 왔다'(능동태)고 기술하여, 제자들이 꾸짖은 대상이 '아이들을 데려온 사람들'이 되게 한다(막 10:13; 눅 18:15). 어린아이를 주어로 삼은 마태의 이러한 서술 기법은 당시의 문화에서 볼 때 충격적이다. 재산의 일부로 여겨지던 아이를 주님께서

소중한 인격체로 받아주시기 때문이다. 아이를 대하는 태도 역시 병행구와 약간 다르다. 마가복음은 "사람들이 예수님께서 만져 주심을 바라고" 데려왔다고 서술한다(10:13). 그런데 마태는 "안수하고 기도해 주심을" 원했다고 기술한다. 마태의 묘사가 훨씬 구체적이다. 어린아이를 대하는 주님의 태도는 그분이 아이들을 교회 공동체의 구성원으로 받아주셨음을 상징적으로 보여준다 (Gundry, 383).

【14절】 그러나 [예수께서] 말씀하셨다. "그들을 막지 말라. 그 아이들이 내게 오는 것을 허용하라. 왜냐하면 하늘나라가 [이런 자들의 것]이기 때문이다."

❀ 예수님은 천국에 들어갈 수 있는 자가 누구인지 선언하신다. 본문은 '예수님'을 강조하여 뒤에 이어지는 말씀에 신적 권위를 부여한다. 헬라어 원문으로 보면 1-15절에서 '예수님'이란 호칭이 1절과 14절에만 등장한다. (개역개정은 1-15절에서 '예수님'이란 호칭을 무려 8번이나 사용한다.) 어린아이를 모델로 삼으라는 주님의 권면은 이미 앞에서 있었다(18:3-4). 18:3-4의 교훈이 제자에게 사적으로 주어진 것이라면, 여기서는 보다 많은 청중에게 주어진다. '하늘나라'에 대한 언급은 본 단락과 앞 단락(12절)을 연결한다(Blomberg, 295). 본문은 '이런 자들의 것'을 강조하여, 나이에 상관없이 어린아이처럼 하나님 아버지를 전적으로 의지하는 자가 구원을 받는다는 진리를 알려 준다(Blomberg, 295).

【15절】 그리고 그의 손들을 그들 위에 얹은 후에, 그가 거기를 떠나셨다.

❀ 1세기 유대인 사회에서는 어린아이를 회당에 데리고 와서 랍비에

게 축복을 받게 하는 관습이 있었다(고영민, 170). 예수님은 존경을 받는 랍비가 아이를 축복해 주는 전형적인 자세를 취하고 안수하신다(Keck, 387). 공관복음에서 오직 마태만이 '손을 얹는다'는 표현을 13절과 15절에 사용함으로써 인클루지오 구조를 조성한다. 즉 13-15절을 하나로 엮으며 신성한 결혼 제도를 통해 탄생한 아이들이 제자 역할을 한다는 사실을 암시한다(Gundry, 383). 병행구와 비교하면, 마가는 예수님이 "어린아이를 안고" 축복하신 것으로 묘사한다(10:16). 그렇지만 마태는 이 표현을 생략하여 이들이 제자가 될 만큼 충분히 성장하였음을 돋보이게 한다(Gundry, 384).

예수께서 한 부자 청년에게 조언하시다

【16절】 그리고 보라! 한 사람이 그에게 와서 말하였다. "선생님! 제가 무슨 선한 일을 해야 제가 영원한 생명을 얻을 수 있습니까?"

❄ 부자 청년에 관한 이야기 역시 세상과 제자의 가치관이 다르다는 것을 분명히 보여준다. 19:16-20:16이 하나의 단위를 이룬다(Keck, 389). 저자는 부자 청년과 하나님 나라에 관해 이야기하며, 포도원 일꾼 비유를 통해 천국의 원리를 구체적으로 보여준다. 개역개정에는 나타나 있지 않지만, 16절은 '그리고 보라'라는 문구로 시작한다. (마가와 누가의 병행구에는 이 문구가 없다.)

이는 본 단락과 앞 단락을 연결하며, 주님이 어린아이들을 축복하신 일 뒤에 벌어진 이 사건에 독자의 관심을 집중시킨다. 어린아이처럼 하나님을 의지하는 자가 아닌, 인간의 공적을 통해 구원을 얻으려는 자에게 주목하게 한다. 앞 단락(19:13-15)과 본 단락은 극명한 대조를 이룬다. 여기서 어린아이는 하나님 나라에 근접한 사람으로, 부자 청년은 천국과 동떨어진 사람으로 판명된다(Blomberg, 296).

❋ 이 이야기는 '한 사람'이 예수님께 나아와 질문하는 것으로 시작된다. 그런데 마태는 왜 처음부터 '한 청년'이 나아왔다고 소개하지 않을까? 분명히 이 사람이 '청년'(20절)이란 사실을 밝힐 의도가 있으면서도 말이다. 누가는 처음부터 어떤 관리가 나아왔다고 밝힌다(18:18). 마태는 예수님께 나아온 '한 사람'(16절)과, 유일하게 선하신 '한 분'(17절)을 병렬 구조로 만들어 이 둘을 대조한다. 이러한 기교는 주님의 신성을 부각하며(Gundry, 385), 이 청년에게 필요한 분이 바로 예수님이란 사실을 암시한다. 개역개정은 첫 부분을 "어떤 사람이 주께 와서"라고 번역하는데, 이렇게 하면 '어떤 사람'(16절)과 '한 분'(17절)이 제대로 짝을 이루지 못한다. 헬라어 원문으로 보면 16-17절에 '한 사람', 또는 '한 분'이란 뜻을 지닌 단어('헤이스')가 동일하게 등장한다.

❋ 마가의 병행 단락과 비교하면 차이가 있다. 마태는 이 청년의 질문 내용을 변경한다. 마가는 "선한 선생님이여"라고 서술하나(10:17), 마태는 '선한'이란 표현을 뒤로 돌려 "내가 무슨 선한 일을 하여야"라고 처리한다.

'선한' 일을 해야 영생을 얻을 수 있다는 생각은 신약시대 유대교의 공로(功勞) 개념을 반영한다(제자원 1992, 501). 이 젊은이는 당시 율법주의자처럼 영생을 얻으려면 선한 일을 해야 한다는 편견을 가지고 있었다(고영민, 171). 이런 생각은 사실 잘못된 것이었다. 인간의 노력으로 천국에 들어갈 수 없기 때문이다. '선생님'이란 호칭은 그가 주님의 제자가 아님을 입증한다(Blomberg, 296). 마태복음에서 제자 중 어느 누구도 예수님을 이렇게 부르지 않는다.

【17절】 그러자 [그가] 그에게 말씀하셨다. "너는 왜 내게 선한 것에 관해 묻느냐? 선한 분은 [오직 한 분]이시다! 그러나 만일 〈네가 [생명에] 들어가기를 갈망한다면〉, 그 계명들을 계속해서 지켜라."

❀ 예수님은 청년에게 "어찌하여 선한 일을 내게 묻느냐?"라고 반문하며, 선한 분은 오직 '한 분'임을 상기시키신다. 이 대답은 예수님 자신이 선하지 않다는 뜻이 아니다. 그가 영생을 얻는 방법을 잘못 알고 있기에 하나님에 대해 관심을 갖도록 유도하신 것이다(Blomberg, 297). 주님은 "선한 이는 오직 한 분"이라는 대답을 통해 영생을 얻는 진정한 비결을 알려 주신다. 아마도 예수님은 이런 의도로 대답하셨을 것이다. "선한 것이 무엇인지 묻고 그 대답을 얻는다고 해서 영생을 얻는 것이 아니다. 오직 선하신 하나님만이 영생을 주실 수 있다"(강대훈, 209).
마가와 누가는 '하나님 한 분 외에는 선한 이가 없다'고 기록한다(막 10:18; 눅 18:19). 그러나 마태는 이를 바꾸어 '하나님'이란 호칭이 자연스럽게 사라지게 한다. 이러한 기교는 예수님이 곧 '선한' 분이며 하나님이심을 암시한다. 주님은 이 삽화 바로 뒤에 있는 비유에서 자신이 '선한'(20:15) 분임을 시사하신다(Gundry, 385). '선한'(17절)에 해당하는 헬라어 '아가도스'가 17절과 20:15에 등장하는데, 오직 마태복음만이 이런 구조를 취한다. 이 단어는 본 단락과 포도원 일꾼 비유(20:1-16)를 결합하는 서술적 접착제다.

❀ '선한 분은 한 분'이란 예수님의 대답은 청년의 질문을 해결해 주지 못한다. 그가 원하던 답이 아니었기 때문이다. 그래서 주님은

그에게 계명을 지키라고 촉구하신다(France, 733). 17절 후반부에 있는 예수님의 대답은 공관복음에서 마태복음에만 있다. 사실 계명을 지키라는 요구는 영생을 얻는 진정한 방법이 아니다. 전형적인 유대인식 답변일 뿐이다. 주님은 계명을 지켜서, 즉 인간의 행위로 구원을 얻을 수 있다는 뜻으로 말씀하지 않으셨다(Keck, 390). 분명히 속으로 이렇게 말씀하셨으리라. "만약 인간의 행위로 영생을 얻을 수 있다면, 너는 내게 가르쳐 달라고 요청할 필요가 없다. 이스라엘 사람 누구나 알고 있듯이 하나님의 위대한 도덕법에 있는 계명을 지키기만 하면 된다"(Ellicott).

❀ 여기서 번역상의 문제를 지적하지 않을 수 없다. 개역개정에는 '그러나'라는 접속사가 누락되었다. 헬라어 원문에 의하면, 예수님의 대답 둘째 문장과 셋째 문장 사이에 역접 관계를 나타내는 접속사('그러나')가 있다. 이는 영생을 얻는 진정한 방법이 무엇인지 알려 주는 단서이므로 반드시 번역해야 한다.
신학자 놀랜드는 주님의 대답이 다음과 같은 세 단계로 나뉘어 있다고 주장한다(789). 1) 왜 자신에게 선한 것이 무엇인지 묻느냐는 질문(첫째 문장), 2) 영생을 얻는 진정한 방법에 대한 설명(둘째 문장), 3) 청년이 듣고 싶어 하는 대답(셋째 문장). NLT 역본은 17절을 이렇게 번역한다. "예수님께서 대답하셨다. '너는 왜 내게 선한 것이 무엇인지 묻느냐? 선한 분은 오직 한 분이시다. 그러나 네 질문에 대답해 달라고 요청하면 나는 이렇게 말하고 싶다. 만약 네가 영생을 얻고 싶으면 그 계명들을 지켜라.'"

【18절】 그가 그에게 말한다. "어떤 계명입니까?" [예수께서] 말씀하셨다. "다음과 같은 계명들이다. 너는 살인하지 말라. 너는 간음하지 말라. 너는 도둑질하지 말라. 너는 거짓 증언하지 말라.

【19절】 네 아버지와 네 어머니를 공경하라. 그리고 너는 네 이웃을 [네 자신]처럼 사랑하라."

❀ 18절과 20절이 현재 시제인데, 이는 마치 랍비와 학생 간의 대화를 현장에서 듣는 듯한 효과를 준다(Gundry, 386). 예수님은 청년에게 십계명의 둘째 돌판에 있는 계명을 인용하며 말씀하신다. 저자는 구약의 계명을 인용하는 대목에서 '예수님'의 이름을 사용하고 강조함으로써 신적 권위를 느끼게 한다. 동시에 주님이 토라를 가르치시는 분임을 암시한다(Hagner, 879). (마가와 누가의 병행구는 이와 다르다.) 주님은 여섯째 계명에서 아홉째 계명까지 열거한 후, 다섯째 계명을 추가하고, 이웃을 사랑하라는 말씀을 덧붙이신다. 다섯째 계명을 나중에 언급한 이유는 네 이웃을 사랑하라는 계명과의 연결을 고려하여 그렇게 하셨으리라(Osborne, 800).

❀ "네 이웃을 네 자신과 같이 사랑하라"는 명령은 마가와 누가의 병행 단락에는 없다. 이 마지막 계명은 십계명이 아니지만, 유대인들은 이것이 다섯째 계명부터 열째 계명까지를 요약한 것이라고 믿었다(Barton 2002, 193). 예수님은 '네 자신'(19절)을 강조하여, 그가 지닌 근본적인 문제가 무엇인지 꼬집는다. 하나님과 관련된 처음 네 계명을 주님이 언급하지 않으신 이유는, 그 청년이 이미 재물을 하나님으로 섬겨 첫째 계명을 어겼기 때문이었을 것이다(고영민, 171). 마가의 병행 단락은 "속여 빼앗지 말라"는 명령을 첨가하는데(10:19), 마태는 이것이 십계명에 직접적으로 언급되지 않았기에 생략한다. 저자는 유대인 독자들에게 주님의 말씀이 구약성경에 충실하다는 것을 보여주려고 노력한다(Gundry, 386).

【20절】 그 청년이 그에게 말한다. "[이 모든 것들은] 제가 이미 지켰습니

다. 제가 [아직] 무엇이 부족합니까?"

❁ 내레이터는 이 대목에서 비로소 그가 청년이란 사실을 밝힌다. "제가 아직 무엇이 부족합니까?" 하는 질문이 마가와 누가의 병행구에는 없다. 마태는 '이 모든 것들'과 '아직'을 강조하여 그의 영적 교만과 자기 과신을 한껏 드러낸다(Blomberg, 298). 이러한 그의 태도는 앞 단락에서 언급한 어린아이의 모습과는 정반대다. 아마도 청년의 나이는 사춘기나 21~28세 정도였을 텐데, 그의 지나친 자신감이 그로 하여금 과장하여 말하게 한다(Nolland, 791; Osborne, 801). '청년'이란 단어는 그가 육체적으로는 성장했지만 성숙하지 못했음을 암시한다(강대훈, 211).

병행구와 비교하면 두 가지 차이점을 발견할 수 있다. 첫째, 마가와 누가는 그가 '어려서부터' 계명을 지켰다는 사실을 강조하는데, 마태는 이를 생략한다. '청년'이란 표현과 어울리지 않기 때문이다(Cambridge). 둘째, 마태가 이 사람을 '청년'으로 소개하는데, 누가는 '관리'(지도자)라고 설명하며 이를 강조한다(눅 18:18). 마태는 그의 연령에, 누가는 지위에 초점을 둔다.

【21절】 예수께서 그에게 말씀하셨다. "〈만일 네가 [완전하게] 되기를 갈망한다면〉, 가라! 그리고 네 재산을 팔아 극빈한 사람들에게 주어라. 그러면 네가 하늘에 있는 보화를 갖게 될 것이다. 그리고 오라! 그리고 계속 나를 따르라."

❁ 예수님의 관점에서 보면 이 청년은 계명을 제대로 지키지 못했다. 그럼에도 불구하고 주님은 흠잡지 않고 그의 질문에 응답하며 문제의 핵심을 지적하신다(Hagner, 883). 예수님이 청년에게 계명을 지키라고 하신 것은 복음이 아니라 율법이다. 따라서 인간

의 노력에 의해 구원을 얻는 것이 불가능함을 알려 주기 위해 하나님이 요구하시는 높은 기준을 제시하신다(MacArthur, 1160). 신약시대의 랍비들은 지나친 관용을 금지했고, 재산의 20퍼센트 이내에서 선행을 베풀도록 했다(Nolland, 792). 주님은 단순히 재물을 팔아 선행을 베풀라는 뜻으로 이 말씀을 하지 않으신다. 재물이 그에게 하나님인 것을 보고 그 우상을 제거하라고 말씀하신다(Harrington, 278).

'네가 완전하게 되기를 갈망한다면'이란 구절은 마가와 누가의 병행구에는 없다(막 10:21; 눅 18:22). 이는 도덕적으로 완전하거나 죄가 없는 수준이 아니라, 하나님이 요구하시는 의의 수준이나 목표에 이르는 것을 의미한다(고영민, 172). 21절에서 '완전한'이란 형용사가 이중으로 강조되었다. 여기에 해당하는 헬라어 '텔레이오스'는 '목표에 도달한', '완벽한', '성숙한'이란 뜻이다. 이 형용사는 사복음서에 세 번 등장하는데, 마태복음 5:48에서 두 번, 본 절에서 한 번 나타난다. 이 단어는 하나님이 우리를 '완전하게' 하고(5:48) '영생'을 주시는 분이심을 분명히 한다. '성숙한'이란 의미와 '청년'(20절)이란 단어는 좋은 대조를 보인다.

【22절】 그 청년은 이 말을 [듣고] 슬퍼하며 갔다. 왜냐하면 그는 많은 소유물을 가지고 있었기 때문이었다.

❋ 22절은 청년이 예수님의 말씀을 '듣고' 떠났다는 점을 강조한다. 오직 마태만이 이렇게 묘사하며 주님 말씀의 권위와 충격을 시각화한다. 마치 의인처럼 자기 재물 중 일부를 가난한 자들에게 베풀었던 이 청년은 재물 전부를 나누어 주라는 명령을 듣고 충격을 받았다. 이 명령이 랍비의 가르침과 달랐기 때문이었다(Hagner, 883). 그는 하나님과의 관계보다 재물을 더 소중히 여겼기

에 이 초청을 받아들일 수 없었다.

❀ 분명히 이 부자 청년은 마태 공동체 구성원이 끌어들이고 싶은 강한 매력을 느낀 인물이었으리라(Keck, 390). 그러기에 마태는 세상과 하나님의 가치관이 얼마나 다른지 보여주며, 영적 교만과 우상숭배의 위험성을 지적한다. 누가의 병행구와 비교하면 한 가지 차이를 발견할 수 있다. 누가복음의 부자 '관리'는 주님의 말씀을 "듣고 심히 근심"하면서도 떠나지 않는다(18:23-24). 왜 이런 차이가 나타날까? 누가는 부자 관리가 주님의 충격적인 설명을 듣고도 계속 남아 말씀을 듣게 하여 그가 변화될 수 있는 가능성을 열어 둔다. 그리고 바로 다음 장(19:1-10)에서 '세리장' 삭개오의 회심 사건을 기록한다(김경진 2013, 228).

●

하나님께는 모든 것이 가능하다

【23절】 그러자 [예수께서] 그의 제자들에게 말씀하셨다. "[진정으로] 내가 너희에게 말한다. ‖부자가‖ 하늘나라에 들어가는 것이 [어려울] 것이다."

❀ '진정으로'라는 표현은 마가와 누가의 병행구에는 없는데, 예수님의 말씀을 강조하기 위해 마태가 즐겨 사용하는 공식 문구다. 23절은 '부자'를 제일 강조한다. 부자는 단지 재산이 많은 사람만을 의미하지 않으며, 재산이나 사회적 지위에 집착하여 거기서 안도감을 얻으려는 사람을 가리킨다(AMP). 16절에서 부자 청년은

'영원한 생명'을 이야기했으나 예수님은 그것을 '하늘나라'로 표현하신다(Blomberg, 296). '하늘나라'는 죽은 후에 들어가는 영원한 천국이라기보다, 이 땅에서 이루어지는 교회 공동체와 거기서 영위되는 영적 삶을 뜻한다(Ellicott).

【24절】 내가 다시 너희에게 말한다. ‖낙타가‖ [바늘귀로] 들어가는 것이 부자가 하나님 나라에 들어가는 것보다 ‖더 쉽다‖.

❋ 예수님은 23절을 한 번 더 풀어 설명하신다. 하지만 두 가지 차이가 있다. 첫째, '하늘나라'(천국) 대신에 '하나님 나라'라는 용어를 사용하신다. 마태복음에서 '하늘나라'란 용어는 30회 이상 사용되는데, '하나님 나라'는 겨우 다섯 번 등장한다. 마태는 여기서 의도적으로 '하늘나라'보다 더 인격적인 느낌을 주는 '하나님 나라'라는 표현을 사용한다. 아마 서로 대적하는 '두 왕'(하나님과 재물)의 적대 관계를 강조하기 위해 이렇게 하였을 것이다(France, 737).
둘째, 23절은 부자가 천국에 들어가기가 어렵다고 설명하지만, 24절은 불가능하다고 이야기한다. '낙타가 바늘귀로 들어간다'는 표현은 신약시대 유대인이 잘 알고 있던 속담으로, 어떤 일이 불가능함을 말한다(Benson). 팔레스타인 지역에서 낙타는 제일 큰 동물이었고, 바늘귀는 가장 작은 구멍이었다(Hagner, 888). 24절은 '낙타'와 '더 쉽다'를 제일 강조하여 사실상 불가능하다는 점을 시각화한다. 마가와 누가의 병행구는 '낙타'를 강조하지 않는다.

【25절】 그 제자들은 [이 말을 듣고] 굉장히 놀라 충격을 받으며 "그렇다면 누가 구원을 받을 수 있습니까?"라고 말했다.

❋ 부자가 하나님 나라에 들어가는 것이 불가능하다는 설명을 '듣

고' 제자들은 충격을 받는다. 그런데 '듣고'라는 표현이 22절에도 있음을 기억해야 한다. 저자는 22절과 25절에서 '듣고'라는 표현을 강조하여, 부자 청년과 제자들의 반응을 병렬 구조로 만든다(Nolland, 795). 부자 청년은 주님의 명령을 '듣고' 슬퍼하며 떠났다. 반면에 제자들은 "그렇다면 누가 구원을 얻을 수 있으리이까?"라고 질문한다. 제자들의 이 질문은 시의적절하다. 구원은 오직 하나님의 은혜로 주어지기 때문이다(MacArthur, 1161). 만약 부자 청년도 주님의 명령을 들었을 때, 제자들처럼 인간의 힘으로 불가능하다는 사실을 아뢰었더라면 어떻게 되었을까? 본문의 병렬 구조는 이 점을 깊이 생각하게 한다.

❋ '놀라 충격을 받다'에 해당하는 헬라어 '에크플렛소'는 '일격을 가하여 제정신이 아닌 상태로 만들다', '공포나 충격을 주어 냉정함을 잃게 하다'의 뜻이다. 이 단어가 마태복음에 네 번 등장하는데, 시종일관 예수님의 가르침을 듣고 놀라는 경우에 쓰인다. 당시 유대인들은 현재 큰 복을 받은 것처럼 보이는 사람들, 즉 부자는 하나님이 특별히 사랑하셔서 그렇게 된 것으로 여겼다. 구약성경을 통해 하나님께서 주겠다고 약속하신 복을 받았다고 생각했기 때문이었다(Wright, 85). 그러기에 당시의 통념에 젖어 있던 제자들은 부자가 천국에 들어갈 수 없다는 말씀을 듣고 엄청난 충격을 받았다.

【26절】 예수께서 그들을 [빤히 보며] 말씀하셨다. "‖사람들에게는‖ 이것이 [불가능하나], [하나님께는] ‖모든 것들이 가능하다‖."

❋ 예수님은 구원이 인간의 공적이 아닌 하나님의 선물이란 점을 천명하신다(Harrington, 278). 하지만 그렇다고 해서 인간의 책임이 면

제되지는 않는다. 따르라는 명령이 주어졌을 때 순종해야 가능해진다(France, 739). 헬라어 원문을 보면 '사람'과 '하나님', '불가능'과 '가능'이 대조되어 있는데, '불가능'보다 '가능' 쪽에 무게가 쏠려 있다. 본문은 창세기 18:14을 암시한다(Gundry, 391). '이것'은 일차적으로는 '부자'가 하늘나라에 들어가는 것인데, 넓은 의미에서 보면 모든 인간이 다 해당된다(Hagner, 888).

'부자'(24절)에 해당하는 헬라어가 마태복음에 세 번 나온다. 19:23-24에서 각각 한 번씩, 나머지 한 번은 27:57에 등장한다. 마태는 아리마대 출신의 요셉이란 '부자'가 주님의 시신을 달라고 요청하기 위해 왔다고 말하며, "그도 예수님의 제자라"는 설명을 덧붙인다. 복음서에서 오직 마태만이 아리마대 요셉이 부자였다는 사실을 밝히며, 26절에 있는 주님의 말씀이 진리임을 입증한다.

【27절】 그때 베드로가 그에게 [대답하여] 말했다. "보십시오! [우리는] 모든 것을 포기하고 당신을 따랐습니다. 그러면 [우리를 위해] 무엇이 준비되어 있습니까?"

❋ 첫 문장은 '대답하여'를 강조하여 본 단락과 16-22절을 연결한다(Nolland, 797). 병행 단락과 비교하면 마가와 누가의 병행구에는 27절 마지막 문장이 없다. 마태복음의 베드로는 예수님이 청년에게 하신 말씀을 순서대로 따라가며, 자신들이 받을 상급이 무엇인지 묻는다. 그가 '우리'를 연속해서 두 번이나 강조한 것은 부자 청년과의 대조를 부각한다(France, 741). 베드로의 질문에는 자기만족적인 요소와 세속적 보상에 대한 기대감이 배어 있다(Hagner, 892). 본 단락 바로 뒤에 이어지는 '포도원 일꾼 비유'(20:1-16)는 세속적 보상을 기대하는 제자들의 태도에 대한 미묘한 꾸지람이며 경고다(Wilkins, 733).

【28절】 그러자 [예수께서] 그들에게 대답하셨다. "[진정으로] 내가 너희에게 말한다. 〈나를 따른 너희들은 새로운 세상에서〉 [인자가 그의 영광의 보좌에 앉을 때], [너희도] {열두} 보좌에 앉아 이스라엘 {열두} 지파들을 심판할 것이다."

❀ 주님은 베드로의 잘못된 태도를 책망하지 않고 자비롭게 대답하신다. 28절은 마태복음에만 있는데, 이런 내용은 전적으로 유대적 배경에서 나온 것이다(Blomberg, 300). 예수님이 약속하신 보상은 새로운 세상에서 주어진다. 그것은 인자가 영광의 보좌에 앉을 때 그 왕권에 동참하는 것이다. '새로운 세상'이란 종말론적 의미로, 하나님의 피조물이 전 세계적으로 회복된 상태를 가리킨다(Osborne, 804). '열두 제자가 열두 지파를 심판한다'는 말은, 열두 제자로 대표되는 교회가 새로운 이스라엘로서 선민 지위를 누리게 될 것을 시사한다(양용의, 392; Blomberg, 301). 그리고 그때 참 이스라엘을 대표하는 열두 제자는 불신하는 이스라엘 앞에서 정당성을 인정받는다(Hagner, 894).

【29절】 〈누구든지 내 이름을 위하여 집들이나 형제들이나 자매들이나 아버지나 어머니나 자녀들이나 밭들을 버린 사람은〉 [여러 배를] 받고, [영원한] 생명을 상속받게 될 것이다.

❀ 29절의 보상은 주님을 따르는 모든 제자에게 주어진다. (28절의 보상은 열두 제자에게 주어진 것이다.) 여기서 예수님은 '영원한 생명'을 강조하며 부자 청년의 질문(16절)에 대한 결론을 제시한다(Keck, 392). 주님은 청년에게 영생을 얻기 위해 모든 소유를 버리라고 하였는데, 실제로 버린 자에게 영생뿐만 아니라 여러 배의 보상이 주어진다고 확언하신다. 본문에서 말하는 보상은 물질적인 것이

라기보다 영적인 것을 의미한다(고영민, 173).

❋ 병행구와 비교하면 두 가지 차이를 발견할 수 있다. 첫째, 마태는 현재의 복과 미래의 복을 구분하지 않고 다소 애매하게 미래에 받는다고 서술한다(Gundry, 395). 일부 학자는 이것이 마지막 때에 받을 종말론적 상급이라고 주장하지만(Osborne, 805), 반드시 그렇게만 볼 필요는 없다. 마태가 마가복음이나 누가복음에 있는 '현세에'와 '내세에'라는 표현을 모두 생략하기 때문이다(Nolland, 802). 둘째, 마가는 현세에서 '박해를 겸하여' 받는다는 사실을 제일 강조하고, 누가는 '아내'를 버린 경우를 언급한다. 하지만 마태는 이런 내용을 다 생략한다.

【30절】 그러나 첫째가 꼴찌가 되고, 꼴찌가 첫째가 되는 일이 많을 것이다.

❋ 30절은 마지막 때에 대역전이 있을 것을 예고한다. 본 절은 두 가지 측면에서 해석이 가능하다. 좁은 의미에서 보면, 이 말씀은 제자를 겨냥한 것으로 볼 수 있다. 주님은 가장 많이 버리고 따랐다고 해서 하나님 나라의 높은 자리가 보장되지는 않는다고 경고하신다(Kaiser, 458). 30절 맨 앞에 있는 '그러나'가 29절과의 대조를 강조한다면, 이는 제자들 중에서도 반전이 있을 것을 함축한다(강대훈, 223). 넓은 의미에서 보면, 사회에서 인정받는 사람들, 곧 부자 청년이나 종교 지도자가 꼴찌가 되어 하나님 앞에서 쫓겨날 것을 시사한다. 반면에 힘이 없고 가난한 제자들은 존귀하게 될 것이다(Blomberg, 301). 마가의 병행구는 '많을 것'을 강조하고(10:31), 누가는 아예 30절을 생략한다(18:30).

제20장

포도원 일꾼 비유

【1절】 왜냐하면 하늘나라는 [마치] 자신의 포도원에서 일할 품꾼들을 고용하기 위해 아침에 나간 집주인과 [같기] 때문이다.

❋ 마태복음에만 나오는 이 비유는 19:30에 제시된 역전의 원리를 구체적으로 보여준다. 논쟁이나 대화에서 드러난 주제를 비유를 통해 설명하는 형식은 랍비들의 전형적인 교육 방식이었다(Blomberg, 302). 이 이야기는 오랫동안 '포도원 일꾼' 비유로 알려져 왔다. 이 제목은 비유의 초점이 일꾼이라는 점을 짐작하게 한다. 그런데 사실 비유의 초점은 피고용인보다는 고용주가 보여주는 놀라운 긍휼과 은혜다(Bailey, 551).

이 이야기는 유대인에게 매우 친숙하다. 아득한 옛날부터 지금까지 포도원은 이스라엘을 상징한다(Green 2005, 307). 개역개정에는 누락되었지만, 헬라어 성경에는 '왜냐하면'이란 접속사가 있어서 본문이 앞 단락과 연결되었음을 분명히 한다. 이스라엘에서 부유한 지주가 단기 노동자를 고용하는 풍습은 단기간에 많은 일손이 필요한 추수철에 흔했다. 일은 해가 떠오르는 오전 6시경부터 시작되었다(Keener 1998, 113).

【2절】 〈그는 그 일꾼들과 하루에 한 데나리온을 주기로 합의한 후〉, 그

들을 자신의 포도원으로 보냈다.

【3절】 그리고 〈그는 제{삼}시쯤에 나가서〉 하는 일 없이 그 장터에 서 있는 사람들을 보고

【4절】 [그들에게] 다음과 같이 말했다. "[당신들도] 그 포도원으로 가시오. 그러면 내가 당신들에게 [무엇이든 정당한 것을] 주겠소."

❀ 유대인은 해가 질 때부터 하루가 시작되는 것으로 간주하였으나, 시간을 측정할 때는 해가 뜰 무렵부터 계산하였다(Harrington, 282). 고대의 노동 시간은 보통 오전 6시부터 오후 6시까지 세 시간 단위로 나뉘었다(Wilkins, 747). 포도원 주인은 첫째 그룹의 일꾼과 특정 금액을 약속하였다. 고대 로마 제국에서 품꾼의 평균 일당은 한 데나리온이었다(MacArthur, 1161). 제삼시는 오늘날의 오전 9시인데, 주인은 둘째 그룹의 일꾼에게는 품삯이 얼마인지 밝히지 않고 '정당한' 값을 주겠다고 약속한다. 아마도 이들은 하루 품삯을 제대로 받으리라고 기대하지 않았으리라(Keener 1998, 113). 여기서 '정당한'('디카이오스')이란 단어가 강조되었다. 이 형용사는 '하나님께서 인정할 만한', '의로운', '정당한'이란 뜻인데, 놀라운 사실은 이 단어가 '하나님'과 '예수님'의 성품을 반영한다는 점이다(13:43; 27:19). 저자는 이 단어를 강조하여 하나님의 절대적 주권을 암시한다. (개역개정은 이를 "상당하게"로 번역한다.) 한 가지 흥미로운 점은 이 비유가 돈과 관련이 있는데, 이는 마태복음의 저자가 한때 세리였다는 점과 잘 어울린다(Gundry, 395).

【5절】 그러자 [그들은] 떠났다. 그리고 그는 〈[다시] 제{육}시와 제{구}시쯤에도 나가서〉 그와 같이 하였다.

❋ 제육시는 오늘날의 정오, 제구시는 오후 3시에 해당한다. 고대 시대의 가족들은 대체로 하루 벌어 하루 먹고 살았다. 그래서 품꾼들은 먹을 음식이 충분하지 않기에 자신을 고용해 줄 사람을 마냥 기다릴 수밖에 없었다. 나중에 포도원에 들어간 일꾼들은 하루 품삯에 훨씬 못 미치는 급료를 기대했을 것이다(Wilkins, 747).
이 비유에서 다섯 집단의 일꾼들을 포도원으로 들여보내는 내용이 대구법으로 구성되었다. 첫째, 둘째, 다섯째 그룹을 포도원으로 들여보내는 장면은 비교적 상세히 설명되어 있다. 하지만 셋째와 넷째 그룹에 대해서는 '그와 같이 하였다'는 문구를 사용하여 내용을 축소한다. 즉 앞뒤의 대구법과 단절되어 있다(Hagner, 899).
본문은 '다시'를 이중으로 강조하여 주인의 노력을 부각한다.

【6절】 그리고 그는 〈[제십일시쯤에] 나가서〉 서 있는 사람들을 발견하고, 그들에게 "왜 당신들은 하루 {종일} [하는 일 없이] [여기에] 서 있소?"라고 말한다.

❋ 제십일시는 오늘날의 오후 5시에 해당한다. 이 주인은 희한하게도 품꾼을 하루에 다섯 번이나 고용한다. 분명히 마지막에 들어간 일꾼들은 한 데나리온을 벌기 위해 일했던 사람의 1/12을 받게 될 것이라고 생각했으리라(Wilkins, 747).
우리는 6절에서 네 가지 특징을 발견한다. 첫째, 2-5절과는 다르게 현재 시제가 사용된다. 저자는 6-8절에서 의도적으로 이런 기교를 사용하는데, 이는 이 대목이 비유의 핵심임을 알려 준다. 시공간을 초월하여 이들의 목소리가 그대로 전달되기 때문이다. 둘째, '제십일시쯤에'라는 시점이 이중으로 강조되는데, '제삼시', '제육시', '제구시'보다 더욱 강조되어 있다. 셋째, 주인이 마지막 그룹의 일꾼들을 '찾아서' 고용한다. 2-5절에서는 주인이 나가서 그들을 '보고'(see, 3절) 고용한다. 그렇지만 마지막의 경우에는 주인이 그들을 '찾아서'(find) 고용한다. 여기에는 한 시간이라도 일할 기회를 주려고 애타게 찾는 주인의 마음이 담겨 있다(강대훈, 229). 개역개정은 한결같이 이 대목을 "나가 보니"라고 번역하는데, 이렇게 하면 앞의 일꾼들과 구별하려는 저자의 의도는 무시된다. 넷째, 주인이 마지막 그룹의 사람들에게 '왜' 거기에 서 있는지를 묻는다. 앞의 세 경우에는 주인이 서 있는 까닭을 물어본 적이 없다. 더욱이 6절은 '종일', '하는 일 없이', '여기에'를 연달아 강조한다.

【7절】 그들은 그에게 "‖아무도‖ [우리를] 고용하지 ‖않았기‖ 때문입니다" 하고 말한다. 그는 그들에게 "[당신들도] 그 포도원으로 가시오"라고 말한다.

❈ 마지막 그룹의 대답이 여기에 인용되며 강조된다는 사실은, 그들이 이 이야기에서 중요하다는 것을 시사한다(Nolland, 809). '아무도' 이들을 '원하지 않았다'는 내용이 이 비유에서 제일 강조되었다. 저자는 마지막에 고용된 품꾼들의 고백을 통해 이들이 다른 고용주에 의해 '무가치한' 자로 여겨졌음을 드러낸다. 다른 고용주가 불필요한 사람으로 여겨 멸시했던 일꾼을 이 포도원 주인은 고용한다. 이들은 주님에 의해 하나님 나라로 초청을 받은 세리나 창기와 유사하다(Hagner, 901).
마지막 그룹은 어떤 약속도 받지 못했다. 이들은 품삯을 받을 수 있을지 의심했을지도 모른다. 그들은 포도원 주인의 말이 아니라 주인이란 사람 자체를 믿었다(Bailey, 558). 주인은 일꾼을 고용한 후에도 다시 나가 일꾼을 고용하는 특이한 행동을 한다. 이는 그가 필요한 일꾼의 수를 예측하지 못해서가 아니다. 고용되지 못한 이들의 심적 고통을 덜어 주려는 '동정심'을 갖고 있기 때문이다(France, 749).

【8절】 그리고 [저녁이 되었을 때] 그 포도원 주인은 자기 관리인에게 말한다. "그 일꾼들을 불러 품삯을 지불하되, 마지막에 온 사람부터 시작하여 처음에 온 사람에 이르기까지 하여라."

❀ 고대 유대인은 하루 일이 끝나는 저녁 시간에 품삯을 지불하였는데, 이런 관습은 구약성경(레 19:13)에서 기인한 것이다(Gundry, 397). 주인은 오후 6시가 되었을 때 관리인을 시켜 품삯을 지불하게 한다.

여기서 우리는 세 가지 충격적인 사실을 발견한다. 첫째, 느닷없이 관리인이 무대에 등장한다. 주인에게 관리인이 있을 정도라면, 왜 주인이 한낮의 열기를 무릅쓰고 종일 장터를 드나들며 발품을 팔았을까? 독자들은 이 질문을 떠올리게 된다(Bailey, 558). 둘째, 통상적으로 예상되는 지불 질서를 뒤엎고 가장 마지막에 온 사람부터 품삯을 받는다. 만일 그가 첫 그룹에게 제일 먼저 한 데나리온씩을 지불했다면, 그 품꾼들은 종일치 품삯을 받았다는 것에 뿌듯해하며 그곳을 떠났으리라. 그렇다면 주인은 왜 쓸데없이 이런 분란을 일으켰을까? 주인은 하루 종일 일한 사람도 그가 다른 이들에게 은혜 베푸는 모습을 목격하기를 원했다(Bailey, 559). 셋째, 주인은 모든 일꾼에게 하루치의 품삯을 주라고 명령한다. 마감 한 시간 전에 고용된 사람이 있다는 점이 놀랍다면, 그들에게 동일한 임금이 지불되었다는 사실은 더욱 놀랍다(Nolland, 809).

【9절】 제{십일}시에 온 사람들이 [와서] 각기 한 데나리온씩을 받았다.

【10절】 그리고 〈처음에 온 사람들이 왔을 때〉 그들은 [더 많이] 받을 것이라고 생각했다. 그런데 ‖그들 역시‖ 각기 한 데나리온씩을 받았다.

【11절】 그들은 [그것을 받고] 집주인에게 불평하며 말하기 시작하였다.

❅ 한 시간 일한 사람이 하루 품삯인 한 데나리온을 받는 것을 보고, 하루 종일 일한 사람들은 그보다 많은 임금을 받으리라 기대했다. 더욱이 당시의 공로 교리 개념에 젖어 있던 유대인들과 제자들은 먼저 온 자들이 나중 온 자들보다 더 많이 받는 것을 당연히 여겼으리라(제자원 1992, 517).

그러나 예상했던 결과가 나타나지 않자 먼저 온 자들은 주인을 원망하였다. '불평하다'에 해당하는 헬라어 '공귀조'는 낮은 소리로 불만을 토로하는 행위를 말한다. 이 단어가 미완료 시제인데, 이는 그들이 계속 불평하는 모습을 시각화한다. 70인역 민수기 14:27은 이스라엘 백성이 하나님을 원망한 장면에서 이 단어를 사용한다(Blomberg, 303).

【12절】 "‖마지막에 온 이 사람들은‖ [{한} 시간만] 일했는데, 당신은 그들을 태우는 듯한 열기를 견디며 하루 종일 일한 [우리와 동일하게] 대우하시는군요."

❅ 제일 먼저 온 일꾼들은 주인에게 불평하며 존경하는 단어를 전혀 사용하지 않는다. 이들은 두 가지 점에서 정당하지 못하다고 불평한다. 하나는, 열두 시간 일한 것과 한 시간 일한 것의 차이를 무시한 것이다. 다른 하나는, 한낮의 태우는 듯한 열기와 저녁의 서늘함을 구별하지 못한 것이다(Gundry, 397). '태우는 듯한 열기'로 번역된 헬라어 '카우손'은 '태양의 타는 듯한 뜨거움', '모든 것들을 말리거나 태워 버리는 동풍'을 의미한다. 70인역은 욥기

27:21, 에스겔 17:10, 요나 4:8에서 이 단어를 사용한다. (개역개정은 이 단어를 "더위"로 번역하는데, 의미가 너무 약하다.)

불평하는 이들은 마치 탕자에게 은혜를 베푼 아버지에게 불만을 터뜨린 맏아들처럼 이렇게 소리친다. "당신은 이런 인간쓰레기와 우리를 똑같이 대우했소. 당신이 고용하지 않았으면 아무도 고용하지 않았을 이 인간들과 말이오"(Bailey, 560).

【13절】 그러자 [그는] [그들 중 하나에게] 대답하여 말했다. "친구여! 나는 자네에게 잘못하지 않았네. 자네는 [한 데나리온을] 받기로 나와 합의하지 않았는가?

【14절】 자네 것이나 가지고 가게. 나는 [마지막에 온 {이} 사람에게도] 자네와 똑같이 주고 싶네."

❁ 주인은 불평하는 이들에게 자신의 소신을 분명히 밝힌다. 이들의 불평이 오히려 주인의 관대함을 확인하는 계기를 제공하였다는 점에서 중요하다(Gundry, 399). 13절의 '친구'는 우리가 일반적으로 알고 있는 친구의 개념과 다르다. 마태복음에서 이 단어는 풍자적 의미로 이름을 모르는 사람을 지칭하거나(22:12), 윗사람이 잘못한 아랫사람에게 말할 때(26:50) 주로 쓰인다(Keck, 394).

【15절】 내 것을 가지고 [내 마음대로] 하는 것이 정당하지 않은가? 아니면 내가 선한 것이 ‖자네 눈에는‖ [악하게] 보이는가?

❁ 주인의 대답은 은혜의 원리가 지배하는 하나님 나라의 특성을 잘 보여준다(Swindoll, 126). 후반부를 직역하면 '내가 선하기 때문에 네 눈이 악하냐?'가 되는데, 여기서 '악한 눈'은 '인색한 눈'을 가리키는 신약시대의 관용구였다(Keener 1998, 114). 이 표현은 맨 처음

에 온 일꾼들이 자기중심적인 시기심으로 눈이 멀어 전혀 감사하지 않는 상황을 함축한다(Wilkins, 748). '선하다'란 단어는 본 단락과 앞 단락(19:17)을 이어준다(Bock 2005, 116). 이 비유는 포도원 주인의 말로 갑작스럽게 끝난다. 불평하던 일꾼들의 반응을 보여주지 않고 독자로 하여금 스스로 결론을 내리도록 유도한다.

대체로 농장주는 이른 아침 청지기에게 지시 사항을 알려 주고 날이 저물 때 보고하기를 요구한다. 그러나 비유에 등장하는 주인은 직접 농장에서 장터로 하루에 다섯 번이나 왕복하며 일꾼을 찾는다. 그는 긍휼히 여기는 마음으로 자신의 체통이 깎이면서까지 가난한 이들에게 깊은 관심을 보여준다. 예수님은 이 비유를 통해 자신의 사역을 암시하신다(Bailey, 564).

【16절】 [이와 같이] 꼴찌가 첫째가 되고, 첫째가 꼴찌가 될 것이다.

❋ 예수님은 마지막 결론을 강조하기 위해 인클루지오 기법을 활용하신다. 앞 단락의 결론인 19:30과 본 단락 마지막 절인 20:16이 이 비유를 감싼다(Harrington, 283). 그런데 19:30과 비교하면 순서가 바뀌었다. 여기서는 꼴찌가 먼저 언급된다. 이 비유는 제십일 시에 온 사람들, 곧 다른 사람에 의해 고용될 가치가 없다고 여겨진 이들에게 주어지는 하나님의 은혜에 초점을 둔다(Swindoll, 125). 16절의 원리는 19:27에서 제기된 제자들의 질문이 적절치 못함을 강조한다(Hagner, 903).

예수께서 세 번째로 자신의 죽음과 부활을 예고하시다

【17절】 그리고 〈예수께서 예루살렘을 향해 올라가며〉 열두 제자들을 [따로] 불러 놓고 [길에서] 그들에게 말씀하셨다.

❀ 예수님은 유대인의 3대 절기 중 하나인 유월절 행사에 참석하기 위해 예루살렘으로 올라가며 세 번째로 자신의 죽음을 예고하신다. 이 예고가 극적인 이유는 예루살렘으로 가는 도중에 주어졌기 때문이다(Hagner, 907). 마가의 병행구와 비교하면 두 가지 차이를 발견할 수 있다. 첫째, 마가는 제자들이 주님을 따라갈 때 놀라며 두려워하였다고 서술한다(10:32). 하지만 마태는 제자에 대해 부정적인 인상을 줄 수 있는 부분을 생략한다. 둘째, 마태는 예루살렘을 향해 올라가시는 예수님을 강조하며, '따로'와 '길에서'라는 표현을 첨가한다. (마가는 예루살렘을 향해 올라가신다는 내용을 강조하지 않는다.) 이러한 마태의 기교는 긴장감을 불러일으키고, 독자들이 이 장면을 마음속에 그리며 따라오도록 유도한다(France, 753). 아울러 제자들을 은밀히 교육시키시는 사역 현장을 부각한다(Blomberg, 306).

【18절】 보라! 우리가 지금 예루살렘을 향해 올라가고 있는데, [인자가] 그 대제사장들과 서기관들에게 넘겨질 것이고, 그들이 그에게 사형을 선고할 것이다.

【19절】 그리고 그를 이방인들에게 넘겨주어 조롱하고, 채찍질하고, 십자가에 못 박게 할 것이다. 그런데 그는 [셋째 날에] ‖살아날‖ 것이다.

❀ 예루살렘을 향해 올라가는 도중에 주어진 수난 예고는 앞선 두 번의 경우(16:21; 17:22-23)보다 더 구체적이며 끔찍하다(Green 2005, 313). 이방인의 손에 넘겨져 조롱과 채찍질을 당할 것과, 특히 십자가에 못 박히실 것에 대한 언급은 세 번째 예고에만 나온다. 주님은 '보라'라는 감탄사를 사용하여 이제 일어나려고 하는 극적 사건이 임박했음을 예고하신다(Hagner, 908). 17-18절에서 '예루살렘'이 연속해서 등장하는 것은 긴장감과 다가올 위험을 절실히 느끼게 한다(France, 753).

마가의 병행구와 비교하면 세 가지 차이를 발견할 수 있다. 첫째, 마태는 대제사장과 서기관을 하나의 정관사로 묶는다. 이런 기교는 이들이 예수님을 죽이는 일에 하나가 되었음을 시사한다(Gundry, 401). (마가는 대제사장과 서기관 앞에 각각의 정관사를 사용한다.) 둘째, 마태는 예수님 죽음의 책임을 유대 종교 지도자들에게 돌린다(Gundry, 401). 마가에 의하면 대제사장들과 서기관들이 주님을 이방인에게 넘기고, 그 '이방인들이' 예수님을 죽인다(10:33-34). 하지만 마태에 의하면 '대제사장과 서기관들이' 예수님을 이방인에게 넘겨주어 십자가에 못 박게 한다. 셋째, 마태복음은 예수님이 '살아나실' 것을 마가복음보다 더 강조한다. 죄인으로 로마인에게 넘겨져 십자가에 달린 후 부활하시는 그분의 생애는 '나중 된 자가 먼저 된다'(16절)는 말씀의 좋은 본보기를 제공한다(Keener 1998, 114).

섬기는 자가 위대하다

【20절】 그때 세베대의 아들들의 어머니가 그녀의 아들들을 데리고 와서 그에게 절하며 그에게 무엇인가를 요청하였다.

❀ '그때'라는 부사는 앞 단락과 본 단락을 결합한다. 세베대 아들들의 공공연한 야심을 묘사한 본 단락과 주님의 수난 예고는 뚜렷한 대조를 보인다(Hagner, 906). '오다'('프로세코마이')와 '절하다'('프로스퀴네오')에 해당하는 헬라어는 예수님의 신성을 암시한다(Gundry, 401). 마가의 병행구에는 이 두 단어가 없다. 세베대의 아들들의 어머니는 예루살렘이 가까워지자 주님이 왕권을 행사하실 때가 다가왔다고 생각했으리라. 세베대의 아들들은 야고보와 요한이고, 그들의 어머니는 예수님의 모친인 마리아의 여동생 살로메다(Wilkins, 750). 마가의 병행구는 야고보와 요한이 직접 주님께 요청한 것으로 설명한다(10:35). 그러나 마태는 두 제자의 이름을 밝히지 않을 뿐 아니라 어머니가 요청하게 함으로써, 제자들에 대한 부정적 이미지를 다소 완화한다.

【21절】 그러자 [그가] 그녀에게 "네가 무엇을 원하느냐?" 하고 말씀하셨다. 그녀가 그에게 말한다. "제 {이} {두} 아들이 당신의 나라에서 하나는 당신의 오른편에 하나는 당신의 왼편에 앉도록 명령해 주십시오."

❀ 야고보와 요한의 어머니는 이제 곧 세워질 것으로 상상하는 새 왕국에서 자신의 아들들이 최고의 직위를 차지하게 해달라고 요

구한다. 그녀는 '당신'이란 단어를 세 번이나 사용하여 친분 관계를 강조하며 집요하게 요청한다. 이들은 예수님이 예루살렘에 가면 다윗 왕국을 회복하실 것으로 생각하였다(MacArthur, 1162). 대체로 마태는 마가복음에 나오는 제자들의 오해나 부정적 이미지를 상당히 축소한다. 그럼에도 불구하고 다음 단락의 요점을 부각하기 위해 제자의 추한 모습을 여기서 드러낸다.

야고보와 요한의 오해는 모든 제자의 오해를 반영하며, 그들의 영적 시각 장애를 상징한다(Keck, 397-98). 그들의 요청은 18-19절에 언급된 수난 예고와, 포도원 일꾼 비유의 핵심(16절)을 전적으로 무시한 것처럼 보인다(France, 757). 그들은 하나님의 은혜를 신뢰하는 대신에, 오로지 자신만을 위해 메시아 왕국에서의 소중한 자리를 흥정하려고 애쓴다(Bock 2005, 117).

【22절】 그러나 예수께서 [대답하여] 말씀하셨다. "너희는 너희가 지금 무엇을 요청하고 있는지 알지 못한다. 너희는 [내가] 마시려는 이 잔을 마실 수 있느냐?" 그들이 그에게 "우리는 할 수 있습니다"라고 말한다.

【23절】 그가 그들에게 말씀하신다. "너희는 [정말로 나의 잔을] 마실 것이다. 하지만 〈내 오른편과 내 왼편에 앉는 것은〉 내가 주는 것이 아니다. 오직 내 아버지께서 미리 정해 놓으신 사람들에게 주어질 것이다."

❄ 예수님은 제자들의 영적 무지를 지적하신다. 22절에서 갑자기 2인칭 복수형(너희)이 등장하는데, 이는 주님의 말씀이 야고보와 요한에게 주신 것임을 알려 준다(Blomberg, 306). 여기서의 '잔'은 주님의 죽음을 가리킨다(Keener 1998, 114). 야고보와 요한은 주님의 잔을 마시는 행위가 자신들의 순교를 의미한다는 것을 이해하지

못한 듯이 보인다. 아마도 이들은 영광에 앞선 제한된 고난을 생각했을지 모른다(Hagner, 916). 23절은 이 두 제자가 고난의 잔을 마시게 될 것을 예고한다. 이 예언대로 야고보는 열두 제자 가운데서 제일 먼저 순교했고, 요한은 순교는 아닐지라도 박해와 유배를 당하는 고난을 겪었다(MacArthur, 1162). 23절에서 예수님은 성부 하나님의 뜻에 순종하시는데, 이처럼 자신을 낮추시는 주님의 모습은 20장 전체에 배어 있다.

【24절】 그러자 그 열 명의 제자가 이 말을 [듣고] 그 {두} 형제에 대해 분개했다.

❀ 다른 열 명의 제자들이 분개한 이유는, 야고보와 요한이 도리에 어긋난 것을 요청했다거나 그들이 너무 순수해서 그런 생각을 못 해서가 아니다. 오히려 이 두 제자가 자신들보다 한발 앞서서 이런 요청을 했기 때문이다(Wright, 95). 이 두 형제를 비롯한 다른 제자들의 가치관은 하나님 나라의 가치관이 아닌 이 세상의 가치관을 반영한다(Hagner, 916). 마가의 병행구는 나머지 열 제자들이 "야고보와 요한에 대하여" 화를 냈다고 서술한다(10:41). 그런데 마태는 "그 두 형제에 대하여" 분개했다고 기술함으로써, 교회 공동체가 형제애로 엮인 단체임을 드러낸다(Gundry, 403).

【25절】 그러나 [예수께서는] 그들을 가까이 불러 놓고 이렇게 말씀하셨다. "너희도 알듯이 [이방인들의 통치자들은] 그들 위에 군림하고 [그 고관들은] 그들에게 권력을 휘두른다."

❀ 야고보와 요한의 요청을 계기로 예수님은 인간 사회의 통치 원리와 하나님 나라의 통치 원리가 얼마나 다른지 설명하신다. 주님

이 제자들을 가까이 불러 말씀하신 것은, 모든 제자가 아직까지 세상의 권력욕에 사로잡혀 있기 때문이다(France, 759). 마가의 병행구와 비교하면 내용이 유사하다.
하지만 마태는 두 가지 문학적 기교를 사용하여 자신만의 메시지를 전달한다. 첫째, '예수님'의 이름을 강조하여 25-28절 말씀에 신적 권위를 부여한다(Gundry, 403). (마가의 병행구는 이와 다르다.) 둘째, 마태는 마가복음에 있는 '그들에게'(10:42)라는 표현을 생략하여 후에 등장할 교회 공동체와 독자를 이야기 속으로 끌어들인다(Keck, 398). 헬라어 원문에 의하면, 마가의 병행구는 "예수께서 그들을 가까이 불러서 '그들에게' 말씀하신다"로 되어 있다. (그러나 개역개정 마가의 병행구는 원문과 다르다.)

【26절】 [너희는] ‖그렇지 않다‖. 오히려 〈[너희 중에서] [크게] 되기를 열망하는 사람은〉 [너희를 섬기는 사람이] 되어야 하고,

【27절】 〈[너희 중에서] 첫째가 되기를 열망하는 사람은〉 [너희의 종이] 되어야 한다.

❈ 26-27절은 '너희'란 표현을 다섯 번 사용하며 계속 강조한다. 예수님은 하나님 나라에 속한 제자가 세상 사람과 달라야 한다는 것을 분명히 하신다. 헬라어 원문에는 26절 첫 문장 뒤에 역접 관계를 나타내는 접속사('알라')가 있어서 이 점을 확증한다. (개역개정에는 이 단어가 누락되었다.) 주님은 신약시대 '종'의 개념을 끌어들이며 위대해지기 위해서는 낮아져야 한다는 점을 실감나게 설명하신다(France, 760).

【28절】 이것은 ‖마치‖ [인자가] 섬김을 받으러 온 것이 아니라 섬기러 왔고, 자기 목숨을 많은 사람을 위한 대속물로 주기 위해 온 것과 ‖같다‖.

❄ 예수님은 제자들이 포도원 일꾼의 비유를 듣고도 깨닫지 못하자 자신을 본보기로 제시하며 더 강력한 교훈을 주신다(최갑종, 180). 주님은 마태복음에서 처음으로 자신에게 닥칠 일의 목적과 죽음의 의미를 설명하신다. 그것은 다른 사람을 자유롭게 하는 것이다(Bock 2005, 118).

헬라어 원문은 28절이 '호스페르'라는 부사로 시작하는데, 이는 '마치 ~과 똑같다'는 의미다. 이 단어는 '인자'로서의 예수님이 제자들의 모범이 되었음을 강하게 시사한다(Keck, 398). 본문에서 이 단어가 제일 강조되었는데, 개역개정에는 누락되었다. (마가의 병행구에는 이 부사가 없다.) '대속물'에 해당하는 헬라어는 노예를 풀어주기 위해 지불하는 돈을 의미한다(MacArthur, 1162). 예수님의 대속사역은 포도원 일꾼을 찾기 위해 농장과 장터를 여러 차례 오가던 포도원 주인의 행동과 직결된다(Bailey, 564).

두 맹인이 시력을 회복하다

【29절】 그리고 〈그들이 여리고에서 나가고 있을 때〉 큰 무리가 그를 따랐다.

❄ 마태는 여기서 처음으로 예수님이 여행 중 어디에 계신지 밝힌다. 분명히 그분이 예루살렘에 얼마나 가까이 계신지 보여주고 싶었으리라(Blomberg, 309). 29절은 주님 일행이 '여리고에서 나가고 있을 때' 본 사건이 발생했음을 강조한다. '여리고'라는 지리적 배경이 무엇을 암시할까? 여리고는 예루살렘에서 북동쪽으로

약 24km 떨어진 도시로, 온화한 날씨 때문에 종려나무가 많고 비옥하며 화려한 곳이었다. 그래서 중동 지역에서 방문하기에 가장 아름다운 도시 중 하나였고, 왕족을 위한 최적의 휴양지였다(Cambridge). 요세푸스는 그곳을 가장 풍요로운 지역으로 묘사하며 작은 낙원이라 부른다(Edersheim3, 695). 저자는 이런 지리적 배경 속에서 초라한 눈먼 거지의 이야기를 소개한다.

❋ 병행 단락과 비교하면 이 사건이 발생한 시점이 다르다. 마가는 예수님 일행이 "여리고에서 나가실 때"(10:46), 누가는 "여리고에 가까이 가셨을 때"(18:35) 이 사건이 발생한 것으로 기록한다. 그렇다면 누구의 말이 맞을까? 상당수의 신학자들은 당시 구 여리고와 신 여리고가 있었다고 추정하며 이 차이를 설명하려고 시도한다(MacArthur, 1162). 하지만 고대의 저자들은 오늘날 우리가 말하는 사실을 전달하는 데 초점을 두지 않았다. 오히려 그 사건이 자신의 공동체에 어떤 의미를 주는가에 관심을 두고 자료를 정리하였다(Fee, 157).

그러므로 복음서에 나오는 동일한 사건을 엄밀하게 조화시킬 필요가 없다. 마태는 예루살렘을 향한 마지막 여행을 위해 주님이 여리고를 떠날 때, 버림받은 사람에게 관심을 가져주셨다는 사실을 강조한다(Green 2005, 316). 본문의 두 맹인은 '제십일시에'(6절) 고용된 품꾼을 상기시킨다.

【30절】 그런데 보라! [{두} 맹인이 그 길가에 앉았다가] 〈예수께서 지나가신다는 말을 듣고〉, 큰 소리로 "주님! 우리에게 자비를 베푸소서! 다윗의 자손이여!" 하고 외쳤다.

❋ 저자는 '보라'라는 감탄사를 사용하여 두 맹인이 부르짖는 장면

에 관심을 갖게 한다. 섬기기 위해 오신 주님이(28절) 가장 비천한 자를 어떻게 대하시는지 보여준다(Swindoll, 135). 이 두 시각 장애인은 예수님을 '주님', '다윗의 자손'이라 칭하며 도움을 요청한다. '다윗의 자손'이란 호칭은 그들이 예수님을 메시아로 인정했다는 뜻이며, 그분이 예루살렘에 입성하실 때 들려올 외침(21:9)을 예고한다(Keener 1998, 115). 이 두 맹인은 세 번이나 예수님을 '주님'으로 부르는데, 이는 그들이 제자임을 암시한다(Keck, 399-400). 마태복음에는 두 맹인이 등장하는데, 마가와 누가는 오직 한 사람만을 언급한다.

【31절】 그러나 그 무리는 그들이 조용히 하도록 심하게 꾸짖었다. 하지만 ‖그들은‖ [더욱] 크게 "주님, 우리에게 자비를 베푸소서! 다윗의 자손이여!" 하고 외쳤다.

❀ 두 맹인을 꾸짖는 무리의 태도는 예수님께 나아온 어린아이들을 꾸짖은 제자들의 태도와 유사하다(19:13). 이 무리는 이번 여정이 하나님 나라 설립을 이끌게 되리라고 기대하며 거지들에 의해 지체되어서는 안 된다고 생각했을 것이다(Keener 1998, 115). 그러나 맹인들은 기가 꺾이지 않고 치유될 수 있는 유일한 기회를 붙잡았다. 헬라어 원문으로 보면 이들의 두 번째 외침이 첫 번째보다 더 크고 확실하다(Hagner, 924). 31절은 '그들'을 제일 강조하는데, 이는 무리와 맹인의 태도가 정반대임을 시각화한다.

【32절】 그러자 예수께서 [멈추고] 그들을 불러 말씀하셨다. "너희는 내가 너희를 위해 무엇을 해주기를 열망하느냐?"

❀ 32절은 예수님이 멈추셨다는 점을 강조한다. 주님은 목적지를 향

해 나아가는 일까지 연기하며 가장 미천한 개인의 요구에 응하기 위해 그들에게 다가가신다(Osborne, 835). 이는 하늘나라와 세상의 가치관이 얼마나 다른지 보여주며, 낮은 자를 섬기는 그분의 이미지를 돋보이게 한다(26-28절).

병행구와 비교하면 두 가지가 다르다. 첫째, 마태는 예수님이 직접 맹인을 부르시는 모습을 강조한다(Gundry, 406). 마가의 병행구에서는 주님께서 다른 사람을 시켜 맹인을 데려오게 하신다. 둘째, 마태는 오로지 예수님과 두 맹인이 나누는 '대화'에 초점을 두며 다른 내용은 과감히 생략한다. 다른 사람들이 맹인을 부르며 위로하는 말(막 10:49)과, 맹인이 보여주는 믿음의 행동(막 10:50)을 언급하지 않는다. 가장 비천한 인간과의 '대화'를 중히 여기시는 예수님은, '제십일시'에 장터에 서 있던 이들과의 '대화'를 소중히 여긴 포도원 주인을 상기시킨다(6절). 오직 마태복음만이 이런 문맥을 보여준다.

【33절】 그들이 그에게 말한다. "주님! [우리의 눈이] 열리기를 원합니다."

❀ 33절은 '눈'이 열리기를 갈망하는 두 시각 장애인의 애절한 고백을 담고 있다. 저자는 여기서 '현재 시제'를 사용하여 모든 그리스도인에게 이 음성을 들려준다. 마치 "전 세계의 그리스도인들이여, 너희도 주님께 이렇게 간구하라!" 하는 뜻으로 말이다. (기존의 우리말 성경으로 어떻게 이런 느낌을 알 수 있으랴!)

주님이 세베대의 아들의 어머니에게 "무엇을 원하느냐?"(21절) 하고 물으셨을 때, 그녀는 자신의 두 아들이 천국의 맨 윗자리에 앉게 해달라고 간청하였다. 하지만 동일한 질문에 두 맹인은 "우리의 눈 뜨기를 원하나이다"라고 대답한다. 우리는 여기서 미묘한 차이를 본다. 마태는 20-28절과 29-34절을 대조하여 독자로 하여금 무엇이 진정한 간구이고, 누가 진정한 시각 장애인인지 판단하게 한다(Blomberg, 310).

【34절】 예수께서 [불쌍히 여겨] 그들의 눈을 만지셨다. 그러자 [즉시] 그들은 시력을 회복하였고 그를 따랐다.

❁ 마태는 여기서 예수님의 동정심과 은혜, 그리고 섬김을 강조한다(Gundry, 404). 마태복음은 대체로 주님의 인간적 감정 표출을 최대한 억제한다. 하지만 본문은 두 맹인을 불쌍히 여기며 그들의 눈을 만지시는 주님의 겸손한 모습을 부각한다. 마가와 누가의 병행 단락에는 이 장면이 없다. '불쌍히 여기다'에 해당하는 헬라어 '스플랑크니조마이'가 마태복음에서 총 다섯 번 사용되는데, 본문과 같이 강조된 경우는 본 절과 18:27뿐이다. 동정심과 섬김을 강조하는 저자의 시각은 20장의 전체적인 흐름과 일치한다. 마가와 누가의 병행구에서는 예수님이 맹인의 '믿음'을 보고 치유하지만(막 10:52; 눅 18:42), 마태복음에서는 불쌍히 여겨 치료하신다(Keck, 400). 마태는 마가와 누가의 병행 단락에 있는 믿음에 관한 언급을 생략하며 '은혜'를 강조한다. 이 내용은 포도원 일꾼 비유의 핵심과 일치한다.

❁ 저자는 예수님의 제자들과 두 맹인을 연결하여 제자들의 영안(靈眼)에 관심을 갖게 한다. 33-34절에 '눈'이란 단어가 두 번 등장한다. 그런데 여기에 사용된 헬라어가 서로 다르다(France, 763). 33절의 '눈'에 해당하는 헬라어 '오프달모스'는 마태복음에서 20번이 넘게 사용된다. 그러나 34절에서 '눈'으로 번역된 헬라어 '옴마'는 신약성경에 오직 두 번, 즉 본 절과 마가복음 8:23에 등장한다. 마태는 이 두 맹인의 눈이 열리는 기적적인 장면을 보여주며, 제자

들의 영적 눈이 이처럼 치유될 필요가 있음을 은연중에 드러낸다(양용의, 405). 얼마나 멋진 기법인가! 마가와 누가의 병행 단락에는 '눈'이란 단어 자체가 없다.

❋ 마태복음은 고침을 받은 이 두 시각 장애인을 진정한 제자의 모델로 제시한다. 마태는 이들이 예수님을 "길에서"(막 10:52) 따랐다는 마가의 표현을 생략한다. 이러한 기교는 그들이 단순히 예루살렘까지 동행했다기보다 진정한 제자가 되었음을 암시한다(Gundry, 406). 이 이야기는 예수님에 의해 병 고침을 받은 사람이 직접 주님을 좇은 유일한 기록이며, 메시아의 시대가 열렸음을 선포한다(Hagner, 926). 아울러 세상 사람의 관점이 어떻게 역전되는지 보여준다(France, 764-65).

제21장

승리의 입성

【1절】 그리고 〈그들이 예루살렘에 가까이 와서 감람산 벳바게에 도착했을 때〉, [그때] 예수께서 {두} 제자를 보내며

❀ 본 단락은 고난 주간 첫날에 있었던 예수님의 예루살렘 입성에 대한 기록이다. 이 입성은 유월절과 무교병 절기를 준비하기 위해 순례자들이 도착하는 상황에서 발생한다. 예수님 일행은 예루살렘 동쪽에 있는 벳바게와 감람산에 이른다(Bock 2012, 561).

저자가 '감람산'이란 지명을 굳이 표시한 이유는 이 산이 메시아와 관련이 있기 때문이다(Blomberg, 311). 유대인에게 감람산은 죽은 생명을 살리는 하나님의 능력을 상징한다. 이러한 유대인의 사고는 스가랴 14장에 근거를 둔다. 본문 1절은 메시아가 오시면 "그의 발이 예루살렘 앞 곧 동쪽 감람산에" 서리라는 스가랴의 예언(14:4)이 이루어졌음을 알려 준다(류모세 2009b, 272). 마태는 1절의 주어를 '예수님'으로 처리하여 기독론을 강조하며, 이 모든 사건을 하나님이 조종하고 계신다는 생각을 하게 한다(Hagner, 933; Gundry, 407). 마가의 병행구에는 예수님의 이름이 없다(11:1).

❀ 마가와 누가는 예수님 일행이 "벳바게와 베다니에" 이르렀을 때 본 사건이 발생한 것으로 서술한다(막 11:1; 눅 19:29). 그런데 마태

는 '벳바게'만을 언급하며, '그때' 이 사건이 일어났음을 강조한다. (마가복음과 누가복음에는 '그때'라는 부사가 없다.) 마태의 의도가 무엇일까? 첫째, 스가랴 선지자의 예언이 완벽하게 성취되었음을 부각한다(Swindoll, 141). 스가랴 9:9에 의하면 메시아는 예루살렘에 입성하실 때 나귀를 타야 한다. 그렇지만 '예루살렘'이란 단어가 어느 지역을 지칭하느냐는 나와 있지 않다. 따라서 메시아로서의 표적을 완벽하게 보여주려면 예루살렘이 시작되는 지점인 '벳바게'에서부터 나귀를 타고 입성해야 했다(장재일, 331-32). 벳바게는 예루살렘 동쪽 성벽에서 약 1.6km 떨어진 작은 마을이다. 따라서 여리고에서 예루살렘으로 가는 순례자는 베다니를 지나고, 그 후에 벳바게를 통과해야 했다(Gundry, 406).

둘째, '벳바게'라는 지명이 뒤에 이어지는 무화과나무 저주 사건과 직결된다는 점을 암시한다. '벳바게'는 히브리어로 집을 뜻하는 '베이트'와 첫 무화과 열매인 '파게'가 합쳐진 단어다. 따라서 '덜 익은 무화과의 집'이란 의미다(Wilkins, 770). 이와 관련된 내용은 19절에서 다루기로 한다.

【2절】 그들에게 다음과 같이 말씀하셨다. "너희는 맞은편에 있는 마을로 가라. 그러면 [즉시] 묶여 있는 나귀 한 마리와 그 곁에 있는 나귀 새끼 한 마리를 발견하게 될 것이다. 그것들을 풀어서 내게로 끌고 오너라."

❁ 2절은 '즉시'를 강조하여 주님이 모든 일을 통제하고 계신다는 사실을 보여준다(Osborne, 841). 마가와 누가는 오직 나귀 새끼만을 언급하는데, 마태는 '나귀'와 '나귀 새끼'를 함께 이야기한다. 이런 마태의 설명은 이 사건이 메시아와 관련된 스가랴 9:9을 성취한다는 점을 확증한다(Bock 2012, 562). 스가랴 선지자가 '나귀'와 '나

귀 새끼'를 동시에 언급하기 때문이다. 이때가 유월절 기간이고 예수님은 수천 명의 갈릴리 순례자들과 함께 내내 걸어오셨다. 이제 불과 얼마 남지 않은 거리를 굳이 나귀를 타실 필요가 없었지만, 자신이 구약에서 예언된 메시아임을 공적으로 알리기 위해 그렇게 하신다(고영민, 179).

【3절】 〈만약 누군가가 [너희에게] 무슨 말을 하거든〉 "‖그들의 주님께서‖ [필요로] 하신다고 합니다" 하고 말하여라. 그러면 [즉시] 그가 그것들을 보낼 것이다.

❀ 나귀는 신약시대 유대인에게 굉장히 소중하였다. 나귀를 빌리는 행위는 요즘으로 하면 누군가에게 자동차를 빌리는 것과 유사하다(Barton 2002, 235). 예수님은 나귀가 있는 곳의 위치와 나귀 주인의 성향까지 알고 계시는데, 이것은 그분의 신적 능력을 시사한다(MacArthur, 1163). 3절은 '그들의 주님'을 제일 강조하여 나귀의 진정한 주인과 만물의 소유주가 누구인지 분명히 한다(Blomberg, 312). 마가와 누가의 병행 단락에는 제자들과 나귀 주인이 실랑이를 벌이는 장면이 있는데, 본문은 나귀 주인과의 대화를 생략한다. 마태는 본 구절이 예상하는 실제 상황에 초점을 두지 않고, 예상되는 질문에 따른 답변, 곧 예수님의 자기 계시('그들의 주님')에 초점을 둔다(제자원 1992, 538). (개역개정은 이 부분을 "주가 쓰시겠다 하라"로 번역한다.) 마태는 마지막 문장에서 마가복음에 나오는 '다시 여기로'(11:3)란 표현을 생략한다. 그 결과 나귀를 보내는 사람은 주님이 아닌 마을 사람이 된다(Hagner, 931).

【4절】 그런데 [이런 일이] 일어난 것은 그 선지자를 통해 하신 말씀이 성취되기 위함이었다.

【5절】 "너희는 시온의 딸에게 말하여라. 보라! [네 왕이] 지금 네게 오시는데, 온유하셔서 나귀를 타셨으니 어린 나귀, 곧 멍에 메는 나귀의 새끼다."

❋ 4-5절이 마가와 누가의 병행 단락에는 없다. 마태는 전체적으로 마가복음의 내용을 축소하는데, 오히려 여기서는 4-5절을 첨가하여 예언의 성취를 강조한다. 4절이 강조하는 '이런 일'은 2-3절에서 언급된 내용이다. 즉 예수님의 주권적 명령과 그 성취다. '시온의 딸'은 예루살렘 성에 사는 사람들을 의미한다(AUV). '멍에 메는 나귀'로 번역된 헬라어 '휘포쥐기온'은 십자가를 지실 예수님을 상징적으로 보여준다(고영민, 180).

❋ 5절은 일차 독자인 유대인을 염두에 두고 예언의 성취를 보여주는데, 첫 부분은 이사야 62:11, 나머지는 스가랴 9:9을 인용한다. 이사야의 문맥은 다가오는 구원을, 스가랴는 이스라엘의 대적에 대한 심판을 예고한다. 여기서 특이한 점은 저자가 스가랴 9:9을 인용하며 "크게 기뻐할지어다. 즐거이 부를지어다", "그는 공의로우시며 구원을 베푸시며"라는 구절을 생략한다는 사실이다. 이는 본문의 내용이 구원이 아닌, 이스라엘과 예루살렘에 대한 심판을 선언하며 주님의 온유함을 강조하기 때문이다(Blomberg, 312; Gundry, 408-9).

【6절】 그러자 그 제자들은 [가서] 예수께서 지시하신 대로 행하여

❋ 제자들은 예수님의 명령에 복종했다. 6절은 그들이 '갔다'는 사실을 강조한다. 마가의 병행구와 비교하면 저자의 시각 차이를 확인할 수 있다. 마가는 11:4-6에서 주님의 말씀에 따라 제자들이 행동하는 장면을 보여주며, 그분의 예지 능력이 얼마나 정확한지 입

증한다. 심지어 거기에 서 있는 사람들이 묻는 질문까지 인용하여 비교해 보도록 촉구한다.

그러나 마태는 이런 내용을 다 생략한 채, 주님의 명령을 그대로 따랐다는 사실만을 전달한다. 마태는 주님 말씀의 권위와 제자의 태도가 어떤 것인지 보여주는 데 초점을 둔다(Gundry, 409; Nolland, 836). '가다'와 '지시하다'에 해당하는 헬라어가 마가의 병행구에는 없다.

【7절】 그 나귀와 나귀 새끼를 끌고 와 그들의 겉옷들을 그것들 위에 얹었다. 그러자 그가 그것들 위에 앉으셨다.

❀ 나귀 위에 겉옷을 얹은 행위는 왕을 영접하거나 왕의 즉위를 축하할 때 보여주는 존경의 표시다(제자원 1992, 538). 예수님은 제자들이 끌고 온 나귀와 나귀 새끼 위에 앉으신다. 마가와 누가의 병행구는 예수님이 '그것'(남성 단수), 즉 나귀 새끼 위에 앉으셨다고 기술한다. 하지만 마태는 '그것들'(남성 복수), 곧 '두 동물들' 위에 앉으셨다고 서술한다(Nolland, 837). 주님이 '두 마리의 짐승' 위에 앉으셨다는 말을, 마태는 독자가 문자적으로 받아들이기를 바란 것 같지는 않다. 만약 실제로 그렇게 하셨다면 광대처럼 보였을 것이기 때문이다. 분명히 예수님은 나귀 새끼를 타셨으리라.

저자는 다소 어색하게 보이는 이러한 묘사를 통해 구약의 예언(슥 9:9)이 정확히 성취되었음을 강조한다. 동시에 독자로 하여금 분별 있게 세부 사항을 채워 넣게 한다(Kaiser, 508; Hagner, 934). (개역개정은 이 부분을 "예수께서 '그 위에' 타시니"라고 번역한다.) 당시 순례자들은 걸어서 예루살렘에 들어갔기에, 나귀를 타신 예수님은 순례자들의 관심을 끌기에 충분했다. 이 장면은 참으로 강력한 이미지다(France, 774).

【8절】 그리고 [수많은 사람들이] 그들 자신의 옷들을 그 길에 펼쳐 놓았고, [어떤 사람들은] 그 나무들의 어린 가지들을 꺾어서 그것들을 계속 그 길에 펼쳐 놓고 있었다.

❀ 예수님 주변에 모여든 무리는 아마도 겉옷이 하나뿐인 사람들이었을 것이다(Wright, 104). 유대인의 겉옷은 오늘날 우리가 생각하는 그 이상의 의미를 지닌다. 겉옷에 술이 달려 있어서 하나님과 그 사람의 관계, 또 그 사람의 정체성을 나타내는 중요한 도구가 된다. 자기 겉옷을 길에 펴는 행위는 '나의 모든 것이 당신 발아래 있습니다. 당신은 나의 메시아이십니다'라는 의미를 함축한다(장재일, 338). 어떤 사람들은 '그 나무'의 가지들을 길에 펼쳐 놓았는데, 저자는 종려나무를 염두에 두었을 것이다(Nolland, 838).

종려나무는 다 베고 남은 그루터기를 불에 태워도 그 그루터기에서 다시 싹이 돋는다. 이런 특성 때문에 종려나무는 유대인에게 승리와 부활을 상징한다. 수많은 순례자가 종려나무 가지를 흔들며 자신의 겉옷을 깐 행위는, 주님이 앞장서서 궐기한다면 기꺼이 따르겠다는 무언의 표현이었다(류모세 2008, 232).

【9절】 그리고 〈그를 앞서거나 뒤따르는 사람들〉, 그 무리들은 큰 소리로 외치고 있었다. "호산나! 다윗의 자손께, 주님의 이름으로 오시는 그가 [복되시다]. 가장 높은 곳에서 호산나."

❀ 수많은 사람이 주님을 메시아로 환영한다. '다윗의 자손'이란 호칭은 다른 복음서의 병행 단락에는 없다. 이 호칭에는 예수님의 계보에 대한 인정뿐만 아니라, 그분이 메시아이기를 바라는 무리의 기대가 담겨 있다. 이 호칭을 제외한 나머지 환호성은 시편 118:25-26에서 따온 것이다. 할렐 시편(시 113-118편)은 유월절 축제

때 정기적으로 낭송되었기에 사람들의 마음에 생생하게 남아 있었으리라(Keener 1998, 116). 마가는 '다윗의 자손' 대신에 "우리 조상 다윗의 나라여"라고 표현하는데(11:10), 마태는 유대인이 쉽게 이해할 수 있는 용어를 선택한다. 유대인이 생각해 오던 다윗 왕과 같은 메시아, 하나님 나라를 건설하시는 예수님께 초점을 맞추며 무리의 외침을 기독론적으로 해석한다(Hagner, 931).

【10절】 〈그가 예루살렘에 들어갔을 때〉 {온} 도시가 깜짝 놀라며 "이 사람이 누구냐?" 하고 말하였다.

❋ 10절은 예루살렘 사람들의 반응을 소개하는데, 갈릴리 사람들의 열광하는 태도와 뚜렷한 대조를 보인다. 마가와는 다르게, 마태는 10-11절을 첨가하여 공포에 사로잡힌 예루살렘 거민의 반응을 보여준다. '깜짝 놀라다'에 해당하는 헬라어 '세이오'는 '뒤흔들다', '두려워 떨게 하다'의 뜻인데, 지진이 일어났을 때 받는 충격을 암시한다. 예루살렘 사람들이 놀란 것은 남쪽 유대, 곧 예루살렘의 정치적 상황과 관련이 있다. 유대와 사마리아를 다스리던 헤롯 아켈라오가 주후 6년에 해임되고, 로마 황제 아우구스투스는 한 명의 총독을 세워 유대, 사마리아, 이두매를 다스리게 하였다. 로마의 직접적인 통치를 받는 유대에서 새로운 왕의 등장은 로마와의 충돌을 의미했다. 따라서 정치적 혼란을 예상할 수밖에 없었다(France, 781; 강대훈, 263-64). 마태는 예수님을 메시아로 환영하는 갈릴리에서 온 '큰 무리'와, 두려워하는 예루살렘 거민, 상반된 두 집단을 보여준다(양용의, 410).

【11절】 그러자 [그 무리들은] 계속 "[이분은] 그 선지자 예수이고, 갈릴리 나사렛에서 오셨다"라고 말하고 있었다.

❋ 예수님을 환영하는 무리는 주님이 모세가 예언한 바로 그 선지자(신 18:15-18), 즉 유대인이 기다리던 선지자라고 외친다(Harrington, 294; France, 781). 이들은 예수님을 '갈릴리 나사렛 출신'이라고 말한다. 이는 주님이 비록 나사렛에서 출생하지는 않으셨지만 그곳에서 유년 시절을 보냈기 때문이다. 마태는 이 내용을 기술하며 2:23의 예언이 성취되었다는 것과, 예루살렘 사람들이 비천한 지역 출신인 주님을 거절할 것임을 은근히 드러낸다(양용의, 410; 김창선, 311). 이스라엘 북쪽 갈릴리에서 온 선지자라는 말은 로마 당국과 유대 지역 대제사장들, 그리고 산헤드린 공회원에게 큰 위협이 되었으리라(France, 781-82).

예수께서 성전을 깨끗하게 하시다

【12절】 그리고 예수께서 그 성전에 들어가 성전에서 팔고 있는 사람들과 사고 있는 사람들을 모두 쫓아냈고, 그가 [환전상들의 상들과] 비둘기를 파는 자들의 의자들을 뒤엎으셨다.

❋ 12-17절은 성전 정화 사건에 대한 기록이다. 마가는 예수님이 예루살렘에 입성하여 성전을 둘러보신 후에 베다니로 가서 하룻밤을 묵으시고, 이튿날 성전을 정결케 하신 것으로 기술한다(11:11-15). 그러나 마태는 예루살렘 입성과 성전 정화 사건의 밀접한 관계를 보여주기 위해 두 사건이 같은 날에 일어난 것처럼 이야기를 압축한다(고영민, 181). 그분이 메시아라는 진리를 더 분명히 보여주기 위함이다(Gundry, 412).

❋ 모든 유대인 남성은 유월절에 예루살렘으로 올라가야 했다. 하나님은 원래 유대인들이 집에서 키우던 짐승 중에서 희생 제물을 골라 가져오도록 명하셨다(신 12:5-7). 물론 희생 제물을 집에서 가져오는 이들도 있었지만, 제사장이 부적합하다고 판정하면 다른 제물을 현장에서 구입할 수밖에 없었다. 대제사장들은 자신들의 주머니를 채우고 성전 재정을 충당할 목적으로 성전의 바깥뜰인 이방인의 뜰에 시장을 개설하였다. 이런 이유 때문에 이방인의 뜰은 대단히 소란하였다(Barton 2002, 242).

환전상은 이스라엘 성인 남자가 일 년에 한 번씩 내야 했던 성전세(반 세겔)를 위해 필요했다. 제사를 드리기 위해 각처에서 온 사람들은 수수료를 내고 로마에서 사용하던 데나리온이나 헬라인이 사용하던 드라크마를 유대 화폐로 바꾸어야 했다(고영민, 181). 환전상과 짐승을 파는 사람들은 환율을 올리든가 짐승의 값을 올려 폭리를 취하는 경우가 자주 있었다(Barton 2002, 242). 비둘기는 가난한 사람이 제사드릴 때 사용하였다.

❋ 예수님은 제물의 가격이나 환율의 공정성 문제가 아니라, 성전에서 상행위가 이루어진 것 자체를 책망하신다(Hagner, 942). 아울러 성전 안에서 장사하는 것을 허용한 종교 지도자들에 대해 분노를 표출하신다. 12절은 물건을 파는 사람과 사는 사람을 '모두' 쫓아내셨다고 말한다. 이는 주님이 화를 내신 이유가 단지 상인들이 폭리를 취했기 때문만은 아니라는 점을 입증한다(Keck, 406). (마가복음에는 '모두'란 단어가 없다.)

마태의 이러한 묘사는 예수님의 강력한 행동을 훨씬 포괄적으로 보이게 하며(Nolland, 843), 주님의 행위가 단순한 성전 정화 그 이상이라는 것을 함축한다. 본 사건은 스가랴 14:21에 대한 성취다(Blomberg, 314). "그날에 여호와의 성전에서 가나안 사람(물건을 사는 사람과 파는 사람)이 사라질 것이다"(EXB).

【13절】 그리고 그들에게 말씀하신다. "'‖내 집‖은 [기도하는 집]이라 불릴 것이다'라고 기록되어 있는데, [너희는] 지금 그곳을 강도들의 소굴로 만들고 있구나!"

❀ 예수님은 구약성경의 두 구절을 인용하신다. 첫째 인용구("내 집은 기도하는 집")는 이사야 56:7에서, 둘째 인용구("강도의 소굴")는 예레미야 7:11에서 따온 것이다(Keener 1998, 116). 여기서 저자는 현재 시제를 사용하여 성전의 본래 목적을 밝히며, 이 말씀이 전 세계의 모든 그리스도인에게 전달되기를 간절히 소망한다. 주님은 '기도하는 집'과 '강도들의 소굴'을 대비하며, 성전을 상행위 장소로 변질시킨 종교 지도자들의 잘못을 통박하신다. 13절은 '내 집'을 제일 강조하여 예수님이 성부 하나님과 동일하다는 점을 시사한다. 마가의 병행구는 '내 집'보다 '기도하는 집'을 더 강조한다(11:17).

❀ '강도들의 소굴'이란 표현은 물건을 파는 사람들이 폭리를 취하고 있었다는 것만을 암시하지 않는다. 예레미야 7:11에서 이 표현은 성전의 심판과 관련된다. 예레미야는 일상에서 온갖 범죄를 저지르면서도 성전에서 제사만 드리면 용서받는다고 생각한 유다 사람들을 책망하며 이 표현을 사용한다(Swindoll, 151). 예수님도 종교 지도자들이 성전의 근본 의미를 깨닫지 못한다고 힐책하신다(Hagner, 943). 12-13절은 '성전의 근본적인 개혁'을 예고하는 차원에서 이해해야 한다(Green 2005, 320-21).

본문은 하나님의 의도에서 벗어난 가시적인 성전과, 그 안에서 행해지는 제사 제도가 심판을 받아 파괴될 것을 예고한다. 또한 동물을 바치는 희생 제사가 아니라, 예수님 안에서 믿음과 기도로 하나님께 나아갈 수 있게 될 것을 암시한다(양용의, 414; Garland, 212).

【14절】 그리고 그 성전에서 맹인들과 다리를 저는 자들이 그에게 나아오자, 그가 그들을 고쳐 주셨다.

❁ 14-16절은 오직 마태복음에만 있다. 14절은 두 가지 점에서 아주 특이하다. 첫째는, 이 치유사역이 예수님이 성전에서 행하신 유일한 기적이다. 그것도 성전에 들어올 수 없는 장애인을 대상으로 한 것이다(Green 2005, 323). 둘째는, 저자가 의도적으로 '맹인들'과 '다리를 저는 자들'이 나아왔음을 보여준다. 이 치유는 갈릴리 지역에서 있었던 치유사역을 상기시킨다. 마태는 이전에 이런 내용을 서술하며 일반적 관점에서 '병든 자들'을 치유하셨다고 설명하거나(8:16), 각종 질병에 걸린 자들을 길게 나열하였다(15:30-31). 그런데 여기서는 오직 두 부류의 병자만 언급한다. '맹인'과 '다리를 저는 자'란 표현은 다윗의 사건(삼하 5:6-8)을 떠올리게 하며, 다윗과의 차별성을 강조한다(France, 788). 다윗은 맹인과 다리를 저는 자를 성전에서 배제시켰지만, 진정한 다윗의 후손인 예수님은 그들을 영접하고 치료하신다(Keck, 406).

❁ 맹인과 다리를 저는 자는 사무엘하 5:8 사건에서 유래한 법에 근거하여 성전 예배에 참여할 수 없었다(Wilkins, 778). 그러기에 이들이 성전에서 치료받았다는 것은 아주 중요한 의미를 지닌다. 첫째, 이는 메시아 시대가 왔다는 것과 거기에서 오는 기쁨을 함축한다(Harrington, 294). 메시아 시대가 오면 맹인이 보고 다리를 저는 자가 뛰게 될 것이라고 예언하였기 때문이다(사 35:5-6; 마 11:5). 둘째, 성전에서 드리던 희생 제사가 예수님에 의해 대체될 것을 분명히 한다. 본문은 미가 4:6-7의 성취이며, 예루살렘 성전이 적절치 못하

다는 것을 입증한다. 예루살렘 성전은 이들을 적절치 못한 인물로 여겨 쫓아냈지만 주님은 이들을 새롭게 해주신다(Garland, 213). 이 사건은 예수님이 죽으셨을 때 성전의 휘장이 찢어진 기적(27:51)과 동일한 의미를 지닌다(Barton 2002, 244). 주님은 환전상의 상을 뒤엎으신 것처럼 성전의 전통도 뒤엎으신다(Wright, 110).

【15절】 하지만 그 대제사장들과 그 서기관들은 〈그가 행한 놀라운 일들과, 성전에서 소년들이 "다윗의 자손께 호산나!" 하고 크게 외치고 있는 것을 [보고]〉 굉장히 불쾌하게 여겨

❀ 대제사장과 서기관은 예수님의 행동에 대해 굉장히 민감한 반응을 보였다. 자신들의 기득권이 침해당한다고 보았기 때문이다. '놀라운 일'로 번역된 헬라어 '다우마시오스'는 '놀라운 일', '기적'을 의미한다. 이 단어는 신약성경 본 절에서 딱 한 번 사용된다. 70인역에서는 하나님께서 행하신 일, 특히 출애굽 사건 때 있었던 '놀라운' 일을 언급할 때 등장한다(Nolland, 847). 원문에서 이 단어가 중성 복수다.

본문이 말하는 '놀라운 일들'은 예수님이 성전에서 행하신 놀라운 치유 기적과, 성전에서 매매하는 자들을 쫓아내신 사건이다. 개역개정은 이를 "이상한 일"(단수)로 번역하는데, '놀라운 일들'(복수)로 처리해야 한다. 이런 증거가 그분이 메시아라는 진리를 궁극적으로 드러내기 때문이다. 15절은 '보고'란 단어를 이중으로 강조하여 종교 지도자들의 무감각증을 고발한다. 32절에서도 이런 기교가 사용된다.

【16절】 그에게 "당신은 지금 이 아이들이 하는 말을 듣고 있소?"라고 말하였다. 그러자 [예수께서] 그들에게 말씀하신다. "그렇다. 너희는

'당신께서 [어린아이와 젖먹이들의 입에서 나오는] 찬양을 준비하셨다'라는 말씀을 읽어 본 적이 없느냐?"

❋ 대제사장과 서기관을 더욱 화나게 한 것은 주님이 성전에서 행하신 놀라운 일보다, '메시아'를 떠올리게 하는 아이들의 외침이었다(France, 788). 지도자들의 항의에 대해 주님은 시편 8:2을 인용하신다. 저자는 여기서 현재 시제를 사용하고 예수님의 이름을 강조하여 그분의 말씀에 신적 권위를 더한다. 21장에서 예수님의 이름이 강조된 곳은 본 절이 유일하다. 시편 8:2은 하나님께서 어린아이를 통해 대적을 부끄럽게 하신다는 내용이다. 시편 저자는 어린이들의 찬미를 하나님께 적용시키지만, 주님은 자신에게 적용하신다(Wilkins, 779).

'준비하다'에 해당하는 헬라어는 '불완전한 것을 수리하다', '완전케 하다', '쓸 수 있도록 준비시키다'의 뜻이다. 비록 아이들은 자신들이 부르는 찬송의 의미를 깨닫지 못했지만 진실을 말하고 있었다. JMNT 역본은 시편 인용문을 이렇게 번역한다. "어린아이들과 젖먹이의 입에서 나오는 찬양을 당신께서 철저히 조율하고 꿰어 맞추셔서, 완벽한 조화를 이룬 찬양이 되게 하십니다. 그래서 결국 당신 자신이 받으시나이다."

【17절】 그리고 그는 그들을 떠나 그 도시 밖에 있는 베다니로 가서, 그날 밤을 거기서 지내셨다.

❋ 본문에서 특이한 점은 예수님이 '성전'을 떠났다고 말하지 않고 '그들을' 떠나셨다고 기술한다는 사실이다. '떠나다'로 번역된 헬라어는 '떠나다', '방치하다', '포기하다'를 의미한다. 이 단어는 부패하고 타락한 유대 지도층과의 관계 단절을 암시한다. 마태는 마가

보다 더 강한 의미를 지닌 단어를 선택하여 이들과의 최종 결별을 예상하게 한다(Keck, 407). 유월절 기간에 예루살렘은 오십 만에 육박하는 방문객으로 차고 넘쳤고, 이들 중 상당수는 예루살렘 교외에서 숙소를 찾아야 했다(Keener 1998, 117). 베다니는 예루살렘에서 약 3km 떨어진 곳에 위치하고 있다(Barton 2002, 248).

말라 버린 무화과나무

【18절】 〈[이른 아침에] 그가 그 도시로 되돌아갈 때〉 시장하셨다.

❄ 18-22절은 예수님이 열매 없는 무화과나무를 저주하신 사건에 대해 기록한다. 마가는 샌드위치 기법을 활용하여 무화과나무를 저주하신 것이 성전 정화 사건 이전에 있었던 일로, 그 결과가 다음 날에 드러난 것으로 설명한다(11:12-25). 그러나 마태는 저주와 그 결과가 같은 날 연속해서 있었던 것으로 서술한다. 이러한 마태의 기교는 하나님께서 예루살렘의 종교 지도자들을 버리셨음을 보다 극적으로 보여준다(Gundry, 415).

【19절】 그래서 〈길가에 있던 한 그루의 무화과나무를 보고〉 그가 가까이 다가갔으나 거기서 오직 잎사귀들 외에는 [아무것도] 발견하지 [못하셨다]. 그러자 그가 그것에게 "‖이제부터‖ 영원히 [네게서] 열매가 맺히지 ‖않을 것이다‖"라고 말씀하신다. 그러자 그 무화과나무는 [즉시 말라 버렸다].

❀ 본 절을 이해하려면 이스라엘에서 자라는 무화과나무의 생태를 알아야 한다. 무화과나무는 유월절이 다가오면 조그만 잎사귀와 함께 첫 열매인 무화과를 맺고, 긴 여름(4-10월) 동안 다섯 차례 열매를 맺는다. 그런데 첫 무화과와 이후에 열리는 무화과를 가리키는 히브리어 단어가 다르다. 첫 무화과를 '파게'라 하고, 이후 본격적으로 열리는 무화과는 '테에나'라고 한다. 유월절 즈음에 맺히는 '파게'는 '테에나'에 비해 작고 당도가 떨어진다. 하지만 12월부터 4월까지 단 열매를 먹지 못한 가난한 소작농들은 이 '파게'를 간절히 기다린다. 무화과나무는 잎과 열매가 동시에 나온다. 따라서 유월절인데도 '파게'를 맺지 못하고 잎만 무성한 이 나무는 긴 여름 동안 아무런 열매를 맺지 못할 것이 뻔하다. (이는 주님이 멀쩡한 나무를 저주하신 것이 아니라는 뜻이다.)

과수원 주인의 입장에서 보면 '파게'는 상품성이 떨어지므로 일일이 따 줘야 한다. 그래야 '테에나'가 제대로 열린다. 그러나 주인은 자신이 파게를 따는 수고를 하는 대신에 지나가는 행인이 공짜로 따 먹게 한다. 본문에서 예수님이 찾으신 열매가 바로 이 '파게'다(류모세 2008, 16-21). 저자는 1절에서 '벳바게'('덜 익은 무화과의 집'이란 뜻)란 지명을 알려 주며 앞으로 벌어질 이 사건을 예고한다.

❀ 예수님은 전에 시장했던 때에도 기적을 행하는 능력을 사용하지 않으셨다(4:2-4). 따라서 현재의 기적도 그분의 시장하심이나 좌절과는 무관하다(Hagner, 949). 구약성경에서 열매가 없는 무화과나무는 이스라엘의 죄와 타락을 상징한다. 주님은 이 나무를 통해 열매를 맺지 못하는 이스라엘의 상황과 임박한 심판을 경고하신다(Swindoll, 153).

마가의 병행 단락과 비교하면 세 가지 차이를 발견할 수 있다. 첫째, 마태는 '오직'과 '즉시'를 첨가하여, 열매가 없었다는 점과 예수님 말씀의 능력이 얼마나 강력한지 보여준다(Hagner, 947; France, 791). 둘째, 마태는 마가복음에 나오는 "이는 무화과의 때가 아님이라"(11:13)는 구절을 생략하여, 이 나무를 저주하신 주님의 행동이 지극히 정당하다고 선언한다(Harrington, 296). 동시에 종교 지도자들에게 변명거리가 없게 한다(Gundry, 416). 셋째, 마태는 현재 시제를 사용하여 주님의 저주가 독자의 머릿속에서 계속 맴돌게 한다. 마가복음은 부정과거 시제를 사용한다(11:14).

말라 버린 무화과나무의 교훈

【20절】 그 제자들이 [그것을 보고] 놀라서 "[어떻게] 그 무화과나무가 [즉시] 말라 버렸습니까?" 하고 말하였다.

❀ 제자들은 주님이 행하신 기적의 상징적 의미가 아닌 방법에 관심이 있었다. 그래서 능력의 출처에 대해 질문한다. 그 결과 예언적 표징에 대한 직접적인 설명은 제시되지 않는다(Hagner, 948). 마가복음에서는 저주가 있은 다음 날 제자들이 무화과나무가 뿌리째 마른 것을 발견하는데(11:20), 마태는 즉시 말랐다는 사실을 강조한다. '놀라다'에 해당하는 '다우마조'는 '놀라다', '감탄하다', '경이감을 느끼다'의 뜻이다. 이 단어는 마태복음에서 주로 예수님이 병자를 고치거나 자연을 지배하시는 능력을 보고 무리가 놀라는 경우에 쓰인다(8:27; 9:33; 15:31). 개역개정은 이를 "이상히 여겨"로 번역하는데, 의미가 완전히 다르다. '놀라서' 또는 '놀라'로 처리해야 한다.

【21절】 그러자 예수께서 그들에게 [대답하여] 말씀하셨다. "[진정으로] 내가 너희에게 말한다. 〈만약 너희가 믿음을 가지고 있고 의심하지 않으면〉, 너희가 [이 무화과나무에게 일어난 일을] 행할 뿐 아니라, 〈심지어 너희가 [이 산을 향하여] '들려서 그 바다에 던져지라' 하고 말하여도〉 그대로 이루어질 것이다."

❀ 예수님은 제자들의 엉뚱한 질문을 계기로 믿음의 중요성에 관해 설명하신다. 무화과나무에 대한 언급은 20-21절을 하나로 엮는다(Harrington, 297). (마가의 병행구는 이와 다르다). 본문은 기도의 능력에 대해 일반적으로 하시는 말씀이 아니다. 물론 기도를 통해 온갖 일들이 성취될 수 있지만, 이 약속에는 더 분명한 초점이 있다.

여기서 '이 산'이 이중으로 강조되었다. (마가복음은 이처럼 강조하지 않는다.) 예수님 일행이 베다니에서 예루살렘을 향해 가고 있었기에 그들은 성전이 있는 시온산을 마주하고 있었을 것이다. 아마도 주님은 시온산과 예루살렘을 염두에 두고 이 말씀을 하셨으리라(Swindoll, 154). 후반부는 이스라엘의 희생 제사가 사라질 것을 예고하는 말씀으로 이해할 수 있다. 성전에서 드리던 희생 제사 대신에 '믿음'과 '기도'를 통해 하나님께 나아가게 될 것을 시사한다(Blomberg, 318-19; Bock 2012, 574).

【22절】 [너희가 기도할 때 무엇이든지 믿고 구하면], 너희가 받을 것이다.

❀ '기도'란 단어는 본 절을 13절과 연결하며, 요청에 대한 허락을 하나님의 뜻으로 제한한다. 본문은 문맥을 고려하지 않고 인용되어서는 안 되는 구절이다(Swindoll, 154). 믿고 구하기만 하면 무엇이든지 하나님께서 들어주신다는 의미가 아니다. 모든 일은 실현되는 과정에서 반드시 '하나님의 뜻'과 연관되어야 한다(Hagner, 951).

예수의 권위에 의문을 제기하다

【23절】 그리고 〈그가 그 성전에 [들어가서]〉 [가르치고 있을 때] 대제사장들과 백성의 장로들이 [그에게 다가와] 말했다. "당신은 ‖{무슨} 권위로‖ 지금 [이런 일들을] 행하고 있소? [누가] 당신에게 이런 권위를 [주었소]?"

❃ 23절은 예수님의 권위에 대한 논쟁이다. 마가와는 다르게 마태는 '가르치고 있을 때'를 첨가할 뿐 아니라 이를 강조함으로써, 가르치시는 예수님을 부각한다(Gundry, 419). (마가의 병행구는 주님이 "성전에서 거니실 때" 종교 지도자들이 질문한 것으로 서술한다.) 백성의 장로들은 당시 이스라엘의 최고 기관인 산헤드린 공회 구성원이었으며, 사두개인과 바리새인의 대표자였다(Wilkins, 781). 대제사장과 백성의 장로들은 적절한 때에 예수님을 공격할 근거를 확보하기 위해 질문한다(Hagner, 955).

"이런 일들"이 복수인데, 여기에는 성전에서 가르친 것, 상행위를 방해한 것, 병자를 치유한 사건이 포함된다(Wilkins, 782). 개역개정은 이 부분을 "이런 일"(단수)로 처리한다. (마가복음에서는 성전 청결 사건에 대한 권위를 묻는다.) 1세기에 랍비가 되려면 최소한 세 사람의 랍비 앞에서, 그것도 은사 랍비에게서 안수를 받아야만 했다(고영민, 183). 종교 지도자들은 예수님이 공인받은 랍비가 아닌데도 가르치자 문제를 제기했다.

【24절】 그러자 예수께서 그들에게 [대답하여] 말씀하셨다. "[나도 너희에게] 한 가지를 물어보겠다. 만약 너희가 내게 대답하면 ‖나도‖ [너

희에게] 내가 ‖무슨 권위로‖ [이러한 일들을] 하는지 말하겠다."

❀ 예수님은 당시 랍비들이 논쟁하는 전형적인 방식을 따르신다. 그들의 질문에 반박하는 질문을 던지며 그들 스스로 함정에 빠지게 만드신다(Wilkins, 782). 마태는 '나도'라는 표현을 사용하여 주님의 대답을 대구법 형식으로 만든다. 그 결과 마가복음이나 누가복음보다 훨씬 세련된 문장이 탄생한다(Gundry, 420). 개역개정은 마가의 병행구(11:29)에서 "나도"라는 표현을 연속해서 두 번 사용하는데, 헬라어 원문은 이와 다르다.

【25절】 ‖요한이 베푼 세례가‖ 어디서 왔느냐? 하늘로부터냐, 아니면 사람으로부터냐? 그러자 [그들은] 자기들끼리 의논하기 시작하며 말했다. "〈만약 우리가 '하늘로부터요'라고 말한다면〉, 그는 우리에게 '그렇다면 왜 너희는 그를 믿지 않았느냐' 하고 말할 것이다.

【26절】 〈만일 우리가 '사람으로부터요'라고 말한다면〉, 우리는 군중을 두려워해야 할 판이다. 왜냐하면 ‖모든 사람이‖ 요한을 [선지자로] 여기고 있기 때문이다."

【27절】 그래서 그들은 예수께 "우리는 모릅니다"라고 대답하여 말했다. 그러자 [그 역시] 그들에게 말씀하셨다. "[나도] 내가 ‖{무슨} 권위로‖ 지금 [이런 일들을] 하고 있는지 [너희에게] 말하지 않겠다."

❀ 주님은 누가 요한에게 세례를 베푸는 권한을 주었는지 물으신다. 그분 자신이 요한에게서 세례를 받을 때 메시아적 사역에 대한 하나님의 음성을 들었기 때문이다. 예수님의 권위에 대한 질문은 세례 요한의 권위에 대한 질문과 아주 밀접하게 연결된다(Gundry, 420). (마태는 '요한이 베푼 세례'란 문구를 마가보다 더 강조한다.)
25절의 '하늘'이란 표현은 유대인이 흔히 하나님 대신에 사용하던 용어다(EXB). 26절은 유대 지도층의 위선을 단적으로 드러낸다. 그들은 가장 두려워해야 할 하나님보다 오히려 인간의 눈을 더 의식한다. 그들은 이미 답을 알고 있으면서도 대답을 회피하여 딜레마에서 빠져나오려고 시도한다. 주님은 그들의 마음을 간파하고 정직하지 못한 태도를 간접적으로 책망하신다(Green 2005, 328).

두 아들의 비유

【28절】 그러나 [너희는] 어떻게 생각하느냐? [어떤 사람에게] 두 아들이 있었는데, 그가 〈첫째에게 가서〉 "아들아! [오늘] 포도원에 가서 계속 일하여라" 하고 말하였다.

❋ 28-32절의 비유는 마태복음에만 있다. 이제 예수님은 주도권을 쥐고 이어지는 세 비유(21:28-22:14)를 통해 종교 지도자들을 압박하신다. 이 비유의 텍스트는 사본에 따라 크게 두 가지 형태로 나타난다. 고대의 권위 있는 사본(시내, 에브라임, 베자)에서는 맏아들이 순종하고 둘째가 불순종한 것으로 되어 있다. 비교적 후대 사본(바티칸, 코리데티)에서는 맏아들이 불순종하고 둘째가 순종한 것으로 되어 있다.

여기서 중요한 점은 누가 맏아들이고 둘째 아들이냐가 아니라, 누가 불순종하고 누가 순종했느냐 하는 것이다(고영민, 185). 28절이 '오늘'을 강조한 것을 보면 본문의 두 아들은 매일 일하러 간 것 같지는 않다(Nolland, 861).

【29절】 그런데 [그는] "[제가] 가겠습니다!" 하고 말하고는 가지 않았다.

❀ 포도원에 가겠다고 이야기하고 가지 않은 맏아들은 겉으로는 율법을 엄격히 준수하지만 심중으로는 순종하지 않는 종교 지도자들을 대표한다(Swindoll, 160). 아버지의 부탁을 아들이 거절하는 상황은 유대인의 관점에서는 이해하기가 어려웠을 것이다. 그것은 공개적 불순종이었고, 아버지에게 불순종하는 아들은 처벌이 가능했다(Keener 1998, 118). 아들의 불순종을 알고도 참는 아버지의 모습이 오히려 이상할 정도다(Nolland, 861).

【30절】 그는 〈둘째 아들에게 가서〉 [똑같이] 말했다. 그러자 [그는] "저는 가지 않겠습니다"라고 말했지만, ‖후에‖ 뉘우치고 [그가 갔다].

❀ 처음에는 거부했지만 후에 순종한 둘째 아들은 세리와 창기를 가리킨다. 세례 요한이 하나님 나라가 가까이 왔다고 외치며 메시지를 선포했을 때, 이들은 하나님의 부르심에 순종하고 회개했다(Swindoll, 160). 이와 대조적으로 종교 지도자들은 외적으로는 율법에 순종했지만, 하나님이 보내신 요한의 메시지는 수용하지 않았다(Wilkins, 783).

【31절】 "[이 둘 중에 누가] 아버지의 뜻을 행했느냐?" 그들은 "둘째입니다"라고 말한다. 예수께서 그들에게 말씀하신다. "[진정으로] 내가 너희에게 말하는데, ‖그 세리들과 창녀들이‖ 너희보다 먼저 끊임없이 하나님 나라에 들어가고 있다."

❀ 저자는 31절을 현재 시제로 하여 종교 지도자들과 예수님의 대화를 고스란히 들려준다. 아울러 주님의 충격적인 선언이 모든 그리

스도인에게 들려지게 함으로써 도전을 준다. 본문은 '진정으로'를 강조하여 주님의 선언이 얼마나 엄중한 진리인가를 시각화한다(Osborne, 872). 여기서 '세리와 창녀'가 제일 강조되었는데, 이 둘이 짝을 이룬 것은 성경에서 이곳이 유일하다(Snodgrass, 269). 마태는 지금까지 세리와 죄인을 하나의 쌍으로 엮어 표현하였다(9:10-11; 11:19). '세리와 창녀'는 '세리와 죄인'보다 더 심한 표현으로 유대인의 지도자들과 극한 대조를 이룬다(Nolland, 863). 유대인은 세리와 창녀를 가장 증오하였다. 그 이유는 세리가 자신의 동족을 착취하여 점령군인 로마인에게 돈을 바쳤고, 창녀는 로마인과 자유롭게 교제했기 때문이다(Harrington, 299).

마지막 문장은 이들이 하나님 나라에 참여하여 기쁨을 누린다고 단언한다. 개역개정은 "너희보다 먼저 하나님의 나라에 들어가리라"로 번역하는데, 헬라어 원문은 현재 시제로 되어 있다. 따라서 '들어가고 있다'로 이해해야 한다. 저자는 종교 지도자들이 예수님을 통해 이루어지는 구원을 깨닫지 못했음을 강조하기 위해 '천국' 대신 '하나님 나라'라는 용어를 사용한다(Green 2005, 331).

【32절】 왜냐하면 요한이 의의 길로 너희에게 왔지만 너희는 그를 믿지 않았다. 그러나 [그 세리들과 창녀들은] 그를 믿었다. 그런데 ‖너희는‖ [그것을 보고] 심지어 뉘우치지도 않았고, [끝내] 그를 믿지도 않았다.

❀ 예수님은 요한과 자신의 선교를 연결하며, 하나님이 보내신 세례 요한을 받아들이지 않은 지도자들을 질책하신다(Bock 2012, 577). 그들이 세례 요한을 배척했고, 주님의 사역도 거절하여 죄를 가중시키고 있음을 지적하신다(Gundry, 424). '의의 길'은 세례 요한이나 주님의 권위가 하나님으로부터 왔음을 암시한다(Blomberg,

322). '끝내'에 해당하는 헬라어 '휘스테론'이 30절("후에")에도 등장한다. 저자는 각 절에서 이 단어를 강조하여 유대 지도층의 오만한 태도와 세리나 창기의 겸손한 태도를 현저하게 대비한다.

악한 포도원 농부들의 비유

【33절】 너희는 [{또 다른} 비유를] 들어 보라. 어떤 집주인이 있었다. 그는 포도원을 만들고 [그 주위에 울타리를] 치고, 땅을 파서 그 안에 포도즙을 짜는 틀을 만들고 망대를 세웠다. 그리고 그것을 농부들에게 세를 놓고 집을 떠났다.

❋ 33-44절은 종교 지도자들의 죄악을 지적하는 둘째 비유다. 33절은 '또 다른' 비유를 이중으로 강조하여 지도자들의 잘못을 연달아 고발한다. 28-32절이 그들의 소극적 불순종을 지적한다면, 본 단락은 선지자를 죽이고 독생자까지 죽이게 될 그들의 적극적 죄악을 폭로한다(제자원 2006, 99). 본문은 집주인이 포도원에 얼마나 많은 관심을 쏟았는지 잘 보여준다. (오직 마태만이 울타리를 쳤다는 부분을 강조한다.) 포도원을 세운 것에 대한 상세한 설명은 하나님이 이스라엘 백성에게 풍성한 양식을 공급하셨음을 상기시킨다(Bock 2012, 578). '울타리'는 도둑과 야생동물로부터 포도원을 보호하기 위한 것이고, '망대'는 감시용이다.

예수님은 자신들을 이스라엘의 지도자로 착각하는 이들에게 그들은 단지 하나님에 의해 임명된 관리인에 불과하다고 말씀하신다(Keener 1998, 118). 마가의 병행구와 비교하면, 마태는 '그 안에'

라는 표현을 첨가하여 한층 구약성경(사 5:2)에 충실하게 만든다(Gundry, 425).

【34절】 〈열매들을 거둘 때가 다가오자〉, 그는 자기 열매들을 받으려고 자기 종들을 그 농부들에게 보냈다.

❀ 마가의 병행 단락과 비교하면 세 가지 차이를 발견할 수 있다. 첫째, 마태는 열매를 강조한다. 마가복음은 "때가 이르매"(12:2)라고 서술하는데, 마태는 '열매를 거둘 때가' 되었다는 점을 부각한다. 마태는 다른 복음서보다 '열매'란 단어를 자주 사용하는데, 그는 자신의 복음서에서 무려 17번이나 '열매'를 선한 행위에 대한 은유로 사용한다(Keck, 408). 둘째, 마태는 소유주로서의 하나님을 강조한다. 34절은 주인이 '자기 열매를' 받으려고 종을 보냈다고 이야기하여, 모든 열매가 주인의 소유임을 상기시킨다(Gundry, 425-26). 마가는 "포도원 소출 얼마를" 받기 위해 종을 보냈다고 설명한다(12:2). 셋째, 마태복음에서는 주인이 '종들'(복수)을 농부들에게 보낸다. 마가의 병행구는 한 번에 '한 명씩' 여러 차례 보냈다고 설명한다.

【35절】 그런데 그 농부들은 [그의 종들을 붙잡아] 정말로 [하나는] 때리고, [다른 하나는] 폭력을 써서 죽이고, 또 [다른 하나는] 돌로 쳤다.

❀ 신약시대에 주인이 소작농을 착취하는 경우가 대부분이었으나, 여기서는 상황이 역전된다. 도저히 상상할 수 없는 일이 벌어진다. 종들이 당하는 수난은 구약성경에서 하나님의 선지자들이 당했던 수난(왕상 18:4; 렘 20:1-2)을 떠올리게 한다(Wilkins, 784). 마태복음의 농부들은 처음부터 종을 때리고 죽이며 돌로 친다. (마가복음에서는 점차로 악화되는 반응을 보이다가 마지막에 죽인다.) 농부들

은 예루살렘에 있는 유대 지도층을 가리킨다. 종을 돌로 치는 장면은 마태복음에만 있는데, 저자가 이를 특히 언급한 것은 역대하 24:21을 반영했을 가능성이 있다. 예레미야 선지자도 돌에 맞아 순교한 것으로 알려져 있다(France, 813).

【36절】 그가 [또다시] 처음보다 많은 {다른} 종들을 보냈지만 그 농부들은 그들에게도 [똑같이] 행하였다.

❀ 36절은 '또다시'를 강조하여 주인이 그들에게 또 한 번의 기회를 주었음을 알려 준다. 이처럼 반복된 행동은 하나님의 인내와 그분의 뜻에 대한 소작농의 적대감을 보여준다(Bock 2012, 579). 예수님은 이스라엘의 역사를 거절과 배반의 연속으로 요약하신다(목회와신학, 347). 하나님은 그의 종 선지자들을 부지런히 보내어 그들로 하여금 악한 길에서 돌아서게 하려고 하셨다(렘 35:15). 그러나 농부들은 전과 같이 사자들을 학대하고 죽였다.

【37절】 ‖그 후에‖ 그는 자기 아들을 그들에게 보내며 "그들이 내 아들은 존중할 것이다!"라고 말했다.

❀ 주인이 아들을 보낸 것은 성부 하나님께서 독생자를 세상에 보내신 사건을 암시한다. 37절은 '그 후에'를 제일 강조한다. 예수님은 종교 지도자들에게 자신이 하나님의 거룩한 아들이라는 사실을 공개적으로 선언하신다(Wilkins, 784-85). '존중하다'라는 동사는 사실상 미래 명령형이라 볼 수 있는데, 이는 반드시 그렇게 되어야 한다는 의미다(Osborne, 880).

【38절】 그러나 [그 농부들은] 이 아들을 보고 자기들끼리 수군거렸다.

"[이자가] [그 상속자다]. 자! 우리가 폭력을 써서 그를 죽이고 그의 유산을 취하자."

[39절] 그리고 그들은 그를 붙잡아 포도원 밖으로 던지고 죽여 버렸다.

❁ 마태는 마가와는 다르게 '아들을 보고'(38절)라는 문구를 삽입하여 이 비유와 '두 아들의 비유'를 연결한다. 동시에 유대 지도자들의 죄악을 가중시킨다(Gundry, 427). '자기들끼리'라는 표현 역시 25절의 장면("그들이 서로 의논하여")을 상기시키며, 이 비유를 유대 지도자들과 연결한다(Gundry, 427).

39절은 농부들이 아들을 죽이는 상황을 설명하는데, 마태와 마가의 묘사가 서로 다르다. 마가는 그들이 아들을 죽인 후에 포도원 밖으로 던졌다고 기술한다(12:8). 그러나 마태는 순서를 바꾸어 아들이 포도원 밖으로 끌려가 죽임을 당한 것으로 기록한다. 이러한 마태의 묘사는 예수님이 성문 밖에서 죽임을 당한 역사적 상황을 반영한다(김창선, 315).

[40절] 〈그렇다면 그 포도원 주인이 왔을 때〉 그가 그 농부들을 어떻게 하겠느냐?

[41절] 그들이 그에게 말한다. "지독한 사람들이군요! 그가 그들을 [처참히] 진멸하고 [그 포도원은] 제때에 열매들을 그에게 바칠 다른 농부들에게 세를 놓을 것입니다."

❁ 마태는 41절에서 현재 시제를 사용하여 아주 극적으로 종교 지도자들 스스로 자신을 정죄하게 한다(Gundry, 428). (마가의 병행구에서는 예수님이 결론을 맺는다.) 그들은 주인이 농부들을 처참히 진멸할 것이라고 흥분하며 대답한다. 본문은 '처참히'를 강조하는데, 마가의 병행구에는 이 단어가 없다. 지도자들의 이 대답은 그대로 적

중된다. 그 결과 예루살렘은 완전히 파괴되고, 그들에게 있던 특권은 다른 사람에게로 옮겨 간다(Ellicott). 41절 마지막 문장은 '열매 맺는 것'을 한 번 더 강조한다. 마가복음은 열매에 대한 언급 없이 단순히 "다른 사람들에게" 줄 것이라고 이야기한다(12:9). '열매'가 복수인데, 이는 교회 공동체가 지속적으로 열매를 맺어야 한다는 점을 시사한다(Gundry, 429). 본 절은 예루살렘이 멸망하고, 유대인과 이방인으로 구성된 교회 공동체가 성장하게 될 것을 예고한다(Keck, 414).

【42절】 예수께서 그들에게 말씀하신다. "너희는 성경에서 [한 번도] 읽어 본 적이 [없느냐]? '〈그 건축가들이 단호하게 버린 돌〉, [그 돌이] ‖그 모퉁이의 머릿돌이‖ 되었다. 이것은 [주님께서] 행하신 일이고, 우리 눈에는 놀라운 일이다'라는 말씀을 말이다."

❋ 본문에 사용된 현재 시제는 도전하시는 예수님을 강조한다(Osborne, 881). 예수님이 예루살렘에 입성하실 때 무리들은 마지막 할렐 시편인 시편 118:25-26의 일부인 "오 주여, 구원하소서!"를 노래했다. 이제 주님은 시편 118:22에 의거하여 자신에 대한 거부와 그것이 가져올 미래를 말씀하신다(Wilkins, 785). 아들의 운명은 '죽임을 당하는 것'(39절)으로 끝나지 않고 부활과 승천으로 영화롭게 될 것을 예상케 한다. 주님은 그 건축가들, 즉 유대인의 지도자들이 버린 돌이 모퉁잇돌이 되고, 그 위에 새로운 건물이 지어질 것을 예견하신다. 겉으로 드러난 모든 일 배후에서 하나님의 놀라운 역사가 진행된다는 사실을 암시하신다(목회와신학, 348).

❋ 어떻게 이야기의 주제가 갑자기 '아들'에서 '돌'로 전환되었을까? 현대인에게는 이상하게 보이지만, 유대인에게는 이러한 전환이 자

연스럽다. 히브리어에서 '아들'이 '벤'이고, '돌'이 '에벤'이다. 이처럼 '아들'과 '돌'은 아주 밀접하게 연결되어 있고, 유대인을 비롯한 셈족 사람들은 곧잘 언어유희를 즐겼다(Green 2005, 335).

'버리다'로 번역된 헬라어는 보석 감정사가 보석이 진품인지 면밀히 조사한 후에, 가치가 없다고 판단하여 단호하게 버리는 행동을 뜻한다. 건축 전문가들이 버린 돌을 하나님은 그 모퉁이의 머릿돌로 삼으신다. 42절은 '그 모퉁이의 머릿돌'을 제일 강조한다. 마가복음은 이 문구를 강조하지 않으며, 오히려 '건축가들이 버린 돌'을 제일 강조한다(12:10). 본문이 암시하는 '집'은 하나님의 집이며, 이는 새롭게 형성되는 교회 공동체를 가리킨다(Keener 1998, 119; France, 816).

【43절】 그러므로 내가 너희에게 말한다. "하나님의 나라를 [너희는 빼앗기고] 그 나라의 열매들을 맺는 백성이 받으리라."

❀ 43절은 마태복음에만 있다. 유대교 지도층을 겨냥한 세 비유 중에서 둘째 비유가 특별히 흥미로운 점은, 이 비유가 예수님의 죽음을 암시하기 때문만은 아니다. 이스라엘의 심판이란 주제와 하나님 나라가 새로운 백성에게로 옮겨간다는 개념을 함축하기 때문이다. 선민의 특권을 지녔던 이스라엘은 더 이상 설 자리를 찾지 못한다(Hagner, 965). 새로운 백성의 결정적 기준은 열매를 맺는 것이다. 마태는 '하늘나라' 대신에 '하나님 나라'라는 용어를 사용하여 본 절과 31절을 결합한다(Nolland, 879).

【44절】 그리고 [이 돌 위에 떨어지는 자는] 산산조각으로 부서질 것이고, [돌이 누구 위에 떨어지든] 그것이 그를 완전히 파멸시킬 것이다.

❀ 44절은 예수 그리스도를 배척한 자들에게 임할 하나님의 심판을 보여준다. 모퉁잇돌 위에 떨어지는 상황은 이사야 8:14-15을 반영한다. 돌이 범죄자 위에 떨어지는 장면은 다니엘 2:34, 44을 반영하는데, 거기에는 돌로 묘사된 하나님 나라가 지상의 도전자를 부수는 상황이 제시되어 있다(Keener 1998, 119). 예수님이 교회와 관련하여 말씀하신 예언(16:18)이 여기서도 그대로 반복된다. 빌립보 가이사랴에서는 '음부의 권세가 이기지 못한다'고 하였지만, 본문에서는 '이 돌이 대적하는 자를 완전히 파멸시킨다'고 선언하신다(목회와신학, 348).

【45절】 그 대제사장들과 바리새인들은 [그의 비유들을 듣고] 그가 [자신들에 관해] 말하고 있다는 것을 알아차렸다.

【46절】 그래서 그들은 그를 체포하려고 애썼지만 그 무리들을 두려워하였다. 왜냐하면 그들은 그를 [선지자로] 여기고 있었기 때문이었다.

❀ 23-44절까지 예수님의 대화 상대는 대제사장과 백성의 장로였으나, 45절에서 갑자기 대제사장들과 바리새인들로 바뀐다. 아마도 바리새인들이 예수님을 체포하려고 했기에 그들의 이름이 포함된 것으로 보인다(강대훈, 311). '그의 비유들을 듣고'(45절)라는 문구는 마태복음에만 있다. 이는 연속되는 두 비유를 듣고 분개한 종교 지도자들의 심적 상태를 엿보게 한다. 마태는 마가보다 더 심하게 유대 지도층을 책망한다(Gundry, 431). 46절 후반부는 이스라엘 백성에 대해 긍정적으로 서술하는데, 오직 마태만이 이 내용을 첨가한다. 만약 이스라엘 백성 전체가 하나님 나라에서 배제되는 것을 저자가 염두에 두었다면, 이 내용을 첨가하지 않았으리라(Snodgrass, 297).

제22장

혼인 잔치 비유

【1절】 그리고 예수께서 [다시] 그들에게 비유들을 사용하여 [대답하며] 말씀하셨다.

❄ 사복음서에서 오직 마태만이 세 비유를 연속해서 제시하며 종교 지도자들에 대해 심판을 예고한다. (마가복음에는 이 비유가 없다.) 이 마지막 비유는 이스라엘의 지도층뿐만 아니라 주님의 메시지에 전혀 반응을 보이지 않는 유대인에 대해서도 언급한다(Hagner, 977). 이와 유사한 비유가 누가복음 14:15-24에 있는데, 문맥과 청중, 그리고 세부사항이 상당히 다르다. 이 두 비유가 동일한 비유의 서로 다른 버전인지, 아니면 별개의 비유인지에 대해 학자들 간에 논란이 있다(Snodgrass, 299).

저자는 '다시'를 강조하여 앞 단락과 이 비유를 하나로 엮는다(Keck, 417). 원문에 의하면 '비유'에 해당하는 헬라어가 복수인데, 이는 (두 비유가 합쳐진 것이라기보다) 일반적 의미에서의 비유를 의미하는 것으로 이해할 수 있다(Blomberg, 326). '대답하다'로 번역된 헬라어는 제기된 질문이나 상황에 대응하는 것을 암시한다. 본 비유는 21:45-46에 나타난 유대인 지도자들의 적대감에 대한 도전이라 할 수 있다(France, 820).

【**2절**】 하늘나라는 마치 어떤 사람, 즉 자신의 아들을 위해 혼인 잔치를 베푼 어떤 왕과 같다.

❀ '하늘나라'가 어떤 왕과 같다는 말은 하늘나라가 '왕'과 동일하다는 의미가 아니라, 이 비유 전체의 상황과 같다는 뜻이다(Gundry, 433). 누가복음은 어떤 사람이 베푼 큰 잔치에 대해 언급하지만 (14:16), 본문은 왕이 베푼 혼인 잔치를 이야기한다. 고대 시대에 결혼 잔치는 대규모로 열리는 것이 상례여서 부유한 사람은 도시 전체를 초대할 수도 있었다. 연회에 참석하기 위해서는 손님 편에서도 상당한 시간적 희생이 있어야 했다. 유대인 청중은 잔치가 7일 동안 지속되고, 혼주가 왕이라면 연회 기간 내내 왕궁에 머물러야 한다고 생각했을 것이다. 이렇게 시간을 낸다는 것은 농민 입장에서는 어려운 일이었다. 그러나 왕의 초대를 받는 명예, 그리고 왕의 노여움을 살 경우를 생각한다면 연회에 참석하는 편이 훨씬 지혜로웠으리라(Keener 1998, 120).

【**3절**】 그는 자기 종들을 보내어 혼인 잔치에 초대된 사람들을 불렀으나 그들은 오려고 하지 않았다.

❀ 신약시대 유대인의 문화에서 연회를 배설하면 두 번 초대하는 것이 일반적이었다. 첫 번째 초대는 참석 의향을 타진하기 위한 것이었고, 두 번째 초대는 모든 준비가 완료되었음을 알리는 단계였다. 본문은 두 번째 초대를 이야기한다. 따라서 이번에 초대받은 자들은 이미 첫 번째 초청을 수락한 사람이기에 변명의 여지가 없었다(Barton 2002, 266-67).

그러나 그들은 오기를 싫어하였다. '오려고 하지 않았다'에 해당하는 헬라어가 미완료 시제인데, 이는 하나님의 반복적인 초청을 이스라엘이 계속 거절하는 상황을 함축한다(Hagner, 981). 누가복음에는 초청받은 자들이 참석하지 못하는 구체적인 이유가 제시된다(14:18-20). 하지만 마태는 어떤 이유도 제시하지 않는다. 보냄을 받은 종들은 이스라엘에 파송되었던 선지자들을 상징한다(Keck, 417).

【4절】 그는 [다시] {다른} 종들을 보내며 말했다. "초대된 사람들에게 말하여라. 보라! 내가 [나의 연회를] 이미 준비하였다. [나의 황소들과 나의 살진 송아지들이] 도축되었고, [모든 것들이 준비되었다]. 너희들은 혼인 잔치에 오라."

❀ 고대 사회에서 왕의 초대를 거절하는 것은 상상할 수 없었다. 하지만 왕은 은혜롭게 다른 종들을 보내 세 번째로 초청하고 잔치가 풍성하다는 사실을 호소하며 참석할 것을 촉구한다(Barton 2002, 268-69). 4절에서 강조된 '나의 연회', '나의 황소들', '나의 살진 송아지들'은 잔치를 준비하기 위해 최선을 다한 왕의 심정을 잘 대변한다. (누가의 병행 단락에는 이런 애절함이 배어 있지 않다.) 소와 살진 송아지 요리는 당시에 부유층이나 먹을 수 있었는데, 이런 묘사는 청자에게 메시아가 베푸는 연회를 상기시켰으리라(Osborne, 892).

개역개정은 단수로 번역하나, 원문에는 '황소'와 '살진 송아지'가 모두 복수형이어서 잔치의 풍성함을 시각화한다. 두 번째로 파견된 종들은 세례 요한, 예수님, 그리고 주님의 제자들을 상징한다(Hagner, 982). 본문 내용은 하나님 나라가 가까이 왔다고 외친 예수님의 메시지를 떠올리게 한다(Blomberg, 327).

【5절】 그런데 [그들은] 그것을 경멸하고 가버렸다. 정말로 [어떤 사람은] 자기 소유의 밭으로, 또 [다른 사람은] 자기 장사를 하러 갔다.

❀ 왕의 초대를 무시하는 행태는 무례하고 반역에 가까운 행동으로 여겨질 수 있었으며, 왕의 분노를 살 만한 충분한 이유가 되었다. 이 비유의 원래 청중은 등장인물들의 어리석은 행위에 혀를 찼으리라(Keener 1998, 120). '자기 소유의 밭', '자기 장사'라는 문구는 그들이 왕에 대한 책임보다 자신의 이기적인 목적을 더 중시하고 있음을 드러낸다(France, 824). 이들은 거절할 수밖에 없는 이유를 대거나 정중하게 부탁하지 않고 무례하게 거절한다. 마태의 이런 묘사는 유대인 지도자들의 죄를 가중시킨다(Gundry, 435). 누가복음의 경우는 나름대로 부득이한 상황을 설명하며 참석하지 못하는 것을 양해해 달라고 부탁한다(14:18-20).

【6절】 그리고 [그 나머지 사람들은] 그의 종들을 붙잡아 학대하고 그들을 죽였다.

❀ 종을 학대하고 죽이는 행위는 엄연한 불법이었다. 왕의 종은 평민보다 높은 신분이었고, 더욱이 왕의 전령은 왕의 대리자였다. 왕이 파견한 종을 학대하는 것은 대놓고 반란을 선포하는 것과 다름없다. 하지만 하나님의 종인 사자들과 선지자들은 유대인들로부터 바로 이런 대접을 받았다(Keener 1998, 120). (누가복음에서는 초청을 받은 사람들이 변명만 할 뿐 종을 학대하지는 않는다.) '붙잡다'에 해당하는 헬라어 '크라테오'는 세례 요한과 예수님이 체포되는 장면에도 등장한다(14:3; 26:50, 57).

【7절】 그러자 [그 왕은] 분노하여 그의 군대를 보내어 그 살인자들을 죽이고 [그들의 도시를] 불태워 버렸다.

【8절】 [그러고 나서] 그는 자기 종들에게 말한다. "[혼인 잔치는] 정말로 준비되었는데 [초청을 받은 사람들은] [자격이] 없구나."

❃ 고대의 왕은 종종 백성과 같은 지역에 살지 않았다. 도시를 불태우는 상황은 완전한 파괴의 마무리 단계에 해당한다(Keener 1998, 120). 군대를 보내어 반역자를 죽이고 도시를 불태우는 과정은 로마가 적을 처벌했던 방식을 묘사한다. 본문은 24:2과 같이 "돌 하나도 돌 위에 남지 않고" 파괴되는 예루살렘의 멸망을 예견한다(Swindoll, 166; Blomberg, 328).

잔치가 열리는 동안 왕이 군대를 동원하여 자신을 모욕한 자들을 죽이고, 도시를 불태우는 상황은 현실에서는 있을 수가 없다. 이러한 내용은 비유의 알레고리적 성격을 드러낸다(Keck, 417). 8절은 복음의 주도권이 유대인에게서 이방인에게로 넘어갈 것을 시사한다(제자원 1992, 560).

【9절】 그러므로 너희는 모든 길 네거리로 가서 [누구든지 만나는 대로] 혼인 잔치에 초대하여라.

❃ 왕의 잔치에 손님이 없다는 것은 왕자에게 불명예스런 일이 된다. 그래서 왕은 최후의 수단으로 사람을 보내어 일반인을 초대한다. 세 번째 종들을 보내는 행위는 예수님의 부활 직후부터 이루어진 열방을 향한 교회의 선교사역을 상징한다(Gundry, 437). '길 네거리'로 번역된 헬라어는 도시의 경계를 지나면서 도로가 끊기고 넓은 공지(시골)로 나아가는 지점을 말한다(Harrington, 306). 누가복음에서는 "시내의 거리와 골목으로 나가서" 사람을 데려오라고 명령한다(14:21). 그러나 본문에서는 이미 도시가 불탔기에, 시골로 통하는 길목으로 가서 누구든지 데려오라고 이야기한다(Gundry, 438).

【10절】 그래서 그 종들은 각 거리로 [가서] 악한 사람이든 선한 사람이든 그들이 발견하는 사람들을 불러 모았다. 그리하여 혼인 잔치

자리는 손님들로 가득 찼다.

❀ 최초로 초대받은 사람은 합당치 않은 자들로 여겨졌고, 그 결과 초청은 선한 자뿐 아니라 악한 자까지를 포함한 모두에게로 확대된다. 이것은 유대인뿐만 아니라 이방인까지 초청에 포함된 것을 의미한다(Hagner, 986). 이 혼합은 '천국'을 좋은 것과 못된 것으로 구별하기에 앞서 각종 물고기를 모으는 '그물'에 비유한 것과 일치한다(13:47-50). 실제로 본 절의 '악한'에 해당하는 형용사 '포네로스'가 13:49에도 등장한다. 본문은 선한 사람과 악한 사람이 섞인 교회의 모습을 시각화한다(France, 826).

【11절】 그러나 그 왕은 〈그 손님들을 보기 위해 들어왔다가〉 혼인 예복을 입지 않은 한 사람을 보고

❀ 이 대목에서 반전이 시작되는데 11-14절이 누가복음에는 없다. 마태는 이 부분을 첨가함으로써 10절에 나오는 "악한 자나 선한 자"에 대한 언급과 균형을 맞춘다(Hagner, 984). 본문은 왕이 '손님들을 보기 위해 들어왔다'는 점을 강조하여, 마지막 때에 신앙을 고백하는 신자를 대상으로 점검이 있을 것을 예고한다(Gundry, 439). 고대 사회의 잔치에서 깨끗하고 좋은 의복(일반적으로 흰색)을 입는 것은 의무였다. 왕이 예복을 제공했을 가능성이 있기는 하지만(MacArthur, 1166), 손님들이 깨끗한 옷을 입고 올 것이라고 왕이 기대했을 가능성이 더 크다. 이 비유에는 손님들이 옷을 바꾸어 입을 충분한 시간이 허용되지 않았다는 암시가 전혀 없다. 예복을 입지 않은 사람은 깨끗한 옷을 입으려고 애쓰지 않았기에 왕을 모욕하게 된다. '예복'은 새로운 하나님의 백성에게 요구되는 합당한 삶이며, 그들이 맺어야 할 열매다(Osborne, 895; Garland, 222).

이러한 관점은 앞의 비유에 나오는 "그 나라의 열매 맺는 백성"(21:43)과 일맥상통한다.

[12절] 그에게 말한다. "친구여! 그대는 어떻게 혼인 예복을 입지 않고 여기에 와 있는가?" 그런데 [그는] 아무 말이 없었다.

❁ 왕의 연회에 초청받은 사람이 최소한 깨끗한 복장을 갖추어야 한다는 것은 일반인도 알고 있는 상식이었다(Keener 1998, 121). 이 사람이 아무 대답을 하지 못한 것은, 그가 충분히 적절한 옷을 입을 수 있었으나 그렇게 하지 않았음을 입증한다(Wilkins, 805). (본문은 '그는'을 강조한다.)

'친구'로 번역된 헬라어는 마태복음에서 대체로 부정적 의미로 쓰이는데, 사복음서에서 오직 마태만이 예수님을 배신한 가룟 유다를 부를 때 이 호칭을 사용한다(26:50). '아무 말이 없다'에 해당하는 헬라어 '피모오'는 마태복음에 두 번 등장한다. 마태는 예수님이 사두개인들로 "대답할 수 없게 하셨다"(34절)고 단언하는 대목에서 이 단어를 사용한다. 이 동사는 서술적 접착제로 본 단락과 뒤에 이어지는 네 개의 논쟁 기사를 하나로 엮는다. 예수님을 대적하는 종교 지도자들이 주님의 질문에 "한 마디도 능히 대답하는 자가" 없었기 때문이다(46절). 오직 마태복음에만 이런 기교가 있다. 저자는 왕의 명령을 현재 시제로 하여 모든 교회 공동체에 경고의 메시지를 전달한다. 아울러 "주여, 주여"(7:21-23) 하는 외형적 고백이 아니라, 하늘 "아버지의 뜻대로 하는 자가"(12:50) 천국에 들어간다는 진리를 전달한다(Kaiser, 406-7).

[13절] [그때] 그 왕은 자기 사환들에게 말하였다. "〈그의 손과 발을 묶고〉 그를 [바깥] 그 어둠 속으로 던져 버려라. [거기에는] 통곡과 이를

가는 것이 있게 될 것이다."

❀ '사환'으로 번역된 헬라어 '디아코노스'는 '시중드는 사람', '봉사자'를 의미하며, 앞에 나오는 '종들'('둘로스')과는 구별된다. '종'은 복음을 전하는 사람, '사환'은 하나님의 심판을 진행하는 천사를 상징한다(강대훈, 324). 왕이 그 사람의 수족을 결박한 것은 그 사람이 자신의 백성이 아니라고 선언한 것과 같으며, 심판의 엄중함을 강조한다(장재일, 371; Gundry, 440). 마지막 문장은 마태복음에서 영원한 형벌을 묘사할 때 공식처럼 사용되는 문구로, 궁극적으로 배척당하는 것이 무엇인지 보여준다(France, 827).

【14절】 왜냐하면 ‖많은 사람들이‖ [초청을 받았지만], [적은 사람들이] ‖선택되었기‖ 때문이다.

❀ 예수님은 자신들이 아브라함의 자손이므로 메시아를 통해 하나님 나라에 들어가는 것이 당연하다고 믿는 유대인에게 이 교훈을 적용하신다. 본문은 실제로 택함을 받은 사람의 수가 적다기보다, 초청의 범위와 비교해서 모두가 택함을 받은 것이 아님을 알려 준다. 여기서 제일 강조된 '선택'의 개념은 마태의 독자에게 부단히 제시되는 인간의 책임, 곧 열매 맺는 삶과 관련이 있다. '택함을 입은 자'는 그리스도의 제자를 가리킨다(Hagner, 985). 혼인 잔치 비유는 구원 역사를 기독교적 관점에서 요약한 것인데(Harrington, 308), 특히 11-14절은 교회에 주는 경고다. 오늘날의 그리스도인도 자신이 진정으로 새로운 왕국의 기준에 따라 살고 있는지 점검할 필요가 있다(Osborne, 897).

가이사에게 세금을 바치는 것이 합법적입니까?

【15절】 [그때] 그 바리새인들이 나가서, 그들이 어떻게 [말로] 그를 함정에 빠뜨릴까를 [의논]하였다.

❀ 오직 마태만이 15절을 기록한다. 마태의 내러티브는 이 대목에서 중요한 전환을 보여준다. 종교 지도자들에게 세 비유를 연속해서 들려주신 예수님은 이제 차례로 예루살렘의 다양한 지도자 그룹과 신학적 논쟁을 벌이신다. 마태는 지금까지의 비유를 통해 하나님 아들의 초청을 거절한 지도자들과 이스라엘의 죄를 확정했다. 그리고 이어지는 논쟁에서 그들의 죄를 입증하며, 주님이 어떻게 그들을 통쾌하게 물리치셨는지 보여준다(Osborne, 898). 15절은 '그때'를 강조하여 본 단락과 앞 단락을 하나로 만든다. 유대인의 지도자들은 교회적 차원에서 주님을 연루시키려는 노력(21:23-27)이 실패하자, 이제 정부 권력자와 대결하게 하려고 한층 더 위험한 음모를 꾸민다(Edersheim4, 89). 저자는 도입부에서 바리새인의 악한 의도를 강조한다. 마가와 누가의 병행 단락은 문맥이 완전히 다르다(막 12:13-17; 눅 20:20-26).

【16절】 그래서 그들의 제자들을 헤롯 당원들과 함께 그에게 보내어 다음과 같이 말하게 하였다. "선생님! 우리는 당신이 [진실하고], ‖하나님의 길을‖ [진리 안에서] 가르치며, 아무도 꺼리지 않으신다는 것을 압니다. 왜냐하면 당신은 사람들의 외모를 보시지 않기 때문입니다."

❋ 바리새인(납세 반대자)은 민족주의적 경향이 있는 반면, 헤롯 당원(납세 옹호자)은 로마의 봉신인 헤롯을 지지하였다. 따라서 이 두 집단이 협력하는 것은 지극히 희귀한 일이었다(Keener 1998, 121). 본문에 헤롯 당원이 등장하는 것은 뜻밖이다. 이 사건이 유대 지역에서 일어났고, 유대 지역은 갈릴리 지역과는 달리 헤롯의 통치를 더 이상 받지 않았기 때문이다(France, 832). 16절은 마태복음에서 바리새인의 제자와 헤롯 당원이 함께 언급된 유일한 경우다(Swindoll, 169). 오직 마태만이 바리새인의 '제자들'을 언급하는데, 이것은 음모의 독특한 차원을 보여준다. (마가의 병행구는 바리새인과 헤롯당 중에서 몇 사람을 보냈다고 이야기한다.)

바리새인의 제자들은 바리새인들의 하인배다. 그들은 율법 전문가나 자격을 갖춘 바리새파 지도자가 아니기에 예수님에게 위협적인 존재로 보이지 않았을 것이다. 바리새인들은 오히려 이 점을 노려 주님의 긴장을 늦추게 한 후 올무에 걸리게 할 작정이었다(Wilkins, 819). 헤롯 당원이 등장한 것은, 세금 납부에 반대하여 말할 경우를 대비하기 위함이었고, 만약 그럴 경우 그들은 로마 당국에 고소할 계획이었으리라(Bock 2005, 123).

❋ 이들은 예수님을 최대한 추켜세워 방심하게 함으로써 가능한 한 과도한 말을 하게 하려고 시도한다(Hagner, 990). 이들이 예수님을 '랍비'로 부른 것은 그분의 환심을 사려는 의도다(Wilkins, 807). 게다가 이들은 주님이 '헤롯'이나 '로마 황제'의 눈치를 보지 않는다고 말함으로써 교묘하게 로마에 반대하는 진술을 하도록 자극한다(Osborne, 902). 하지만 이들의 말에는 아이러니가 내포되어 있다. 16절은 '하나님의 길'을 제일 강조한다. (마태는 마가나 누가보다 '하나님의 길'을 더욱 강조한다.) 비록 이들은 아첨하는 말을 하지만, 그들이 의식하지 못하는 사이에 진리를 말한다. 마태는 이 점을

중시한다(Nolland, 895).

【17절】 그렇다면 [당신은] 어떻게 생각하는지 우리에게 말해 주십시오. 가이사에게 세금을 바치는 것이 옳습니까, 아니면 옳지 않습니까?

❋ '세금'은 로마 시민이 아닌 사람들이 매년 의무적으로 내던 인두세를 말한다. 12세(여자) 또는 14세(남자)부터 65세까지의 연령에 해당하는 모든 성인은 매년 노동자의 하루 품삯에 해당하는 한 데나리온을 바쳐야만 했다(고영민, 190; Harrington, 310). 하지만 바리새인은 종교적 이유로 세금 납부를 반대했고, 헤롯 당원은 정치적 이유로 찬성했다. 당시 티베리우스 율리어스 시저(가이사)가 로마 황제였다. 로마의 속국으로 있는 모든 나라의 백성은 로마 제국이 부과하는 무거운 세금으로 고통을 당했다. 이스라엘 백성 역시 과다한 세금으로 불만이 컸다(Wilkins, 808). '옳다'에 해당하는 헬라어('엑세스티')는 일반적 의미가 아니라, 하나님의 율법에 일치하는지 묻는 표현이다(12:2; 14:4; 19:3). 바리새인의 제자들은 '하나님'의 시각에서 볼 때 '선민'인 이스라엘 백성이 '이방인'인 로마인에게 인두세를 내는 것이 옳은지 묻는다(Harrington, 309).

❋ 사실 이것은 아주 교묘한 질문인데, 질문의 의도를 제대로 이해하려면 당시의 역사적 배경을 알아야 한다. 헤롯 대왕이 죽은 후, 갈릴리는 헤롯 안티파스가 주후 39년까지 통치했고, 남쪽 유대는 헤롯 아켈라오가 주후 6년까지 다스렸다. 헤롯 대왕의 아들들은 백성에게서 세금을 거두었다. 헤롯 가문은 종교적으로 유대교인이었기에 세금을 걷는 과정에서 별 어려움이 없었다. 그러나 유대 지역은 주후 6년부터 상황이 달라졌다. 로마 황제가 직접 임명한 총독이 다스렸기에 '로마 황제'에게 세금을 내야 했다. 따라서 예

루살렘이 있는 유대 지역에서는 세금의 적법성과 관련된 신학적 논쟁이 끊임없이 계속되었다. '하나님의 백성'이 '이방인' 통치자에게 공물을 바쳐 그를 인정하는 것이 하나님께 대한 반역으로 인식되었기 때문이다.
주후 6년에 유대인 지도자 갈릴리 사람 유다가 세금 문제 때문에 반란을 일으켰다. 그러나 로마는 반란을 무자비하게 진압했고, 곳곳에 십자가를 세워 혁명가들을 매달아 죽였다. 바리새인의 제자들이 던진 이 질문은 "만약 당신이 세금을 내지 말라고 하면, 당신은 십자가에 달릴 수 있습니다"라는 의미였다(Wright, 130). 이런 상황에서 예수님이 어떻게 대답하시든 논란을 피해가기란 불가능에 가까웠다. 만약 세금을 내는 것이 옳지 않다고 말하면, 로마 총독이 폭동 선동죄 명목으로 체포할 수 있었다. 세금을 내는 것이 옳다고 말하면, 유대인이 매국노로 여길 것이 뻔했다(Kaiser, 463-64).

【18절】 하지만 예수께서는 〈그들의 악함을 알아채고〉 말씀하셨다. "위선자들아, 너희가 왜 나를 시험하느냐?"

❁ 예수님은 그들의 아부하는 말과 위장 뒤에 숨어 있는 악함을 간파하신다. 18절은 인간의 생각을 꿰뚫어 보시는 예수님의 초자연적 능력을 강조한다(France, 833). 병행구와 비교하면, 마태는 마가보다 바리새인의 악한 면을 더 심하게 꼬집는다. '위선'(막 12:15)을 '위선자'로 바꾸고, 그들의 행동을 '악함'으로 규정하며 이를 강조한다(Harrington, 309). (마가는 그들의 '위선'을 강조한다.) 마태복음은 이 단락(15-22절)에서 오직 한 번 '예수님'의 이름을 삽입하여 신적 권위를 부여한다. 개역개정은 원문과는 다르게 이 단락에서 '예수님'의 이름을 무려 다섯 번이나 사용한다.

【19절】 "세금으로 내는 돈을 내게 보여달라." 그러자 [그들이] 데나리온 하나를 그에게 가져왔다.

❋ 예수님은 로마 주화 데나리온을 보여 달라고 요청하신다. 데나리온 앞면에는 티베리우스 가이사의 머리 초상이 있었고, 주변에 라틴어로 "신성한 아우구스투스의 아들 티베리우스 가이사"라고 적혀 있었다. 뒷면에는 라틴어로 "대제사장"이란 명구가 들어 있었다(Wilkins, 809). 주님이 은전을 달라고 하신 것은 적의 허를 찌르기 위한 전략이었다. 세금을 내는 데 사용되는 데나리온을 그들이 내놓은 것은 그들도 이 혐오스런 화폐를 만진다는 뜻이었다(Wright, 131).

바리새인의 제자들이 이 주화를 가지고 있었다는 것은 매우 역설적이다. 분명히 일반 유대인들은 바리새파 사람이 로마 황제의 형상이 새겨진 주화를 사용하지도 소지하지도 않는다고 생각하였으리라. 이것을 가지고 있는 것만으로도 십계명 제1-2계명을 어긴다고 여겼기 때문이다. 그것도 하나님의 성전에서 말이다(Green 2005, 341; France, 830). (19절은 '그들'이 데나리온을 가지고 있었음을 강조하며 그들의 위선을 꼬집는다.) 오직 마태만이 "세금 낼 돈"이란 문구를 첨가하고, 뒤에서 '데나리온'을 다시 언급한다. 마가와 누가는 "데나리온 하나를 내게 보이라"는 말로 처리한다(막 12:15; 눅 20:24). 데나리온의 용도가 무엇인지 정확하게 보여주는 마태의 묘사는, 전직이 세리였던 그가 마태복음의 저자임을 시사한다(김경진 2012, 112).

【20절】 그러자 그가 그들에게 "이 초상과 글귀가 [누구의] 것이냐?"라고 말씀하신다.

【21절】 그들은 "가이사의 것입니다"라고 말한다. [그러자] 그가 그들에게

말씀하신다. "그러므로 [가이사의 것들은 가이사에게], [하나님의 것들은 하나님께] 돌려드려라."

❀ 마태는 이 장면의 극적 특성을 살리기 위해 20-21절에서 현재 시제를 연달아 세 번이나 사용하여, 주님의 말씀이 모든 교회 공동체에 들리도록 한다. 오직 마태복음만이 주님의 명령을 현재 시제로 표현한다. '초상'에 해당하는 헬라어 '에이콘'은 70인역 창세기 1:27("하나님의 형상")에도 등장한다(France, 833). 21절에 사용된 동사에 유의해야 한다. 분명히 바리새인의 제자들은 질문에서 '주다'(바치다)란 의미의 헬라어 '디도미'를 사용하였다(17절). 하지만 예수님은 21절에서 '채무를 갚다'(5:26; 18:26)란 의미의 동사 '아포디도미'를 사용하신다.
주님은 이 단어를 통해 '정부'와 '하나님' 모두에 대한 의무를 말씀하신다. 즉 "이 동전에 가이사의 형상이 있으니 그에게 되돌려 주라. 그리고 너희는 하나님의 형상을 가지고 있으니 너희 자신을 그분께 되돌려 드려라"의 뜻으로 말씀하신다(Green 2005, 342-43). 여기에는 황제에 대한 주권도 하나님께 있다는 사실과, 그들이 황제에 대한 의무감 때문에 그것보다 더 중요한 하나님께 대한 경외를 잊었다는 질책이 담겨 있다(Osborne, 904; France, 834). 개역개정은 17절과 21절의 동사를 동일하게 "바치라"로 번역한다. 그러나 이렇게 하면 저자의 의도는 무시된다. 당연히 21절의 경우는 '돌려주다'로 처리해야 한다. KJV, NKJV, NIV, RSV, YLT 역본은 이 두 동사의 차이를 분명히 한다.

【22절】 그들은 듣고 경탄하며 그를 남겨 두고 떠나갔다.

❀ 예수님에게서 이런 대답이 나오리라고 상상하지 못한 바리새인

의 제자들과 헤롯 당원들은 할 말을 잃고 떠나간다. 주님을 함정에 빠뜨리기는커녕 오히려 하나님께 대한 의무를 소홀히 한다는 질책을 받으면서 말이다. '경탄하다'로 번역된 헬라어 '다우마조'는 '감탄하다', '경탄하다'의 뜻이다. 마태복음에서 이 단어는 제자들과 무리들이 예수님의 기적을 보고 놀라는 경우에 주로 사용된다(8:27; 9:33; 15:31). 주님을 공격하기 위해 왔던 이 무리는 마치 예수님의 초자연적 기적을 목격한 것처럼 감탄한다. 병행구와 비교하면, 마태는 그들이 주님의 말씀을 '듣고' 감탄했다는 점을 부각한다. 마가는 그들이 "예수께 대하여" 매우 놀랍게 여겼다고 서술한다(12:17). 마태는 주님의 권위 있는 가르침에 초점을 두며(Gundry, 443), 그 가르침을 초자연적 기적과 동일시한다.

부활에 관한 논쟁

【23절】 [{그}날] [부활이 없다고] 말하는 사두개인들이 그에게 왔고, 그들은 그에게 물었다.

❋ 23절은 '그날'을 이중으로 강조한다. 이 표현은 예수님이 적대 관계에 있던 유대 종교 지도자들과 계속 논쟁하여 이들을 압도하는 장면을 역동적으로 보여준다. 이러한 기교는 서로 다른 논쟁을 하나로 결합하여, 주님이 이처럼 커다란 도전들을 어떻게 물리치셨는지 알려 준다(France, 837; Nolland, 901). 이것이 22장의 흐름이다. 마가의 병행구는 '그리고'라는 접속사로 문장을 연결한다(12:18). 이런 시각에서 보면 '그날'이란 표현은 문장 맨 앞에 위치

해야 한다. 헬라어 원문도 이렇게 되어 있다. 더욱이 이중으로 강조되어 있지 않은가! 개역개정에는 '그날'이 문장 중간에 들어가 있는데, 이를 맨 앞으로 옮겨야 저자의 의도가 살아난다.

❋ 사복음서에서 사두개인이 두드러진 역할을 한 경우는 본 단락이 유일하다(Nolland, 901). 저자는 22장에 사두개인의 이야기를 배치하여 유대 지도자들이 모든 영역에서 주님을 공격했음을 실감나게 보여준다(Harrington, 314). 이 논쟁은 사두개인의 본거지인 성전에서 발생한다(Wilkins, 811). 사두개인은 귀족 가문에 속했고 신약시대 대부분의 대제사장이 사두개인이었다(Rhodes, 185). 그들은 모세 오경만을 인정했고, 바리새인의 구전 율법을 반대했다. 또한 영혼의 불멸성, 죽은 육체의 부활, 장래에 있을 메시아적 존재의 도래, 천사의 존재를 믿지 않았다(Wilkins, 820).

【24절】 선생님! [모세가] 말하기를 〈만일 어떤 사람이 자녀가 없이 죽으면〉 그의 형제가 그의 아내와 결혼하여 그의 형제의 자녀를 낳아 주어야 한다고 했습니다.

【25절】 그런데 우리 중에 {일곱} 형제가 있었는데, [첫째가] 결혼하여 자녀가 없이 죽으며 그의 아내를 그의 형제에게 남겨 놓았습니다.

❋ 사두개인들은 모세를 강조하여 자신들의 종교적 이론의 근거가 모세에게 있음을 상기시킨다. 24절은 '계대 결혼'(신 25:5-6)을 설명하는데, 이 법은 홀로 남은 미망인을 보호하고 가계가 끊어지지 않도록 하는 기능을 하였다(Barton 2002, 282). 신명기 25:5은 형제가 자식(아들)이 없이 죽으면 그의 형제가 형수(제수)를 취하여 아내를 삼도록 하였다. 사두개인들은 '우리 중에'라는 표현을 첨가하여 자신들의 이야기에 현실감을 부여하며, 단순히 지어낸 이야

기 그 이상으로 만든다. 반면에 마가의 병행구(12:20)는 꾸며낸 이야기라는 인상을 강하게 준다(Keck, 422).

【26절】 [둘째 역시], 그리고 셋째, 드디어 [일곱째까지] 모두 ‖그렇게‖ 하였습니다.

【27절】 그리고 [맨 마지막에] ‖그 아내도‖ 죽었습니다.

【28절】 ‖그렇다면 부활 때에‖ 그녀는 [이 일곱 중에서 누구의] 아내가 되겠습니까? 왜냐하면 [모두가] 그녀를 취하였기 때문입니다.

❄ 일곱 명의 형제와 결혼한 여인의 이야기는, 남편이 아이를 낳지 못하고 죽자 아이를 얻기 위해 일곱 명의 남자와 결혼하는 토빗기(Tobit記)에 나오는 사라의 이야기와 유사하다. 사두개인들의 이야기는 토빗기의 영향을 받은 것으로 보인다(Harrington, 312). 사두개인이 제기한 이 문제는 형제가 두 명일 경우에도 충분히 상상할 수 있다. 그러나 이들은 부활을 믿는 사람을 조롱하기 위해 최악의 시나리오를 만들어 공격한다(Blomberg, 333).

그런데 이 질문은 그들의 위선을 폭로한다. 육체의 부활을 믿지 않는 사람들이 제기한 문제였기 때문이다(Barton 2002, 283). 저자는 이미 23절에서 이들이 "부활이 없다"고 말한다는 사실을 강조하여, 이들의 표리부동한 태도를 강하게 고발한 바 있다. 23절의 마가 병행구는 '부활'이란 단어만을 강조한다(12:18).

【29절】 예수께서 대답하여 말씀하셨다. "너희는 지금 자신을 속이고 있다. 성경도 모르고 심지어 하나님의 능력이 무엇인지도 모르기 때문이다."

❄ 예수님은 사두개인의 잘못을 두 가지로 나누어 지적하신다. 첫째

는, (32절에 있는 출애굽기 3:6이 확인해 주는 바와 같이) 그들이 인정하는 정경, 즉 모세 오경조차 제대로 알지 못했다는 것이다. 둘째는, 하나님의 능력이 무엇인지 모른다는 것이다. 본문이 말하는 하나님의 능력은 종말론적 부활에서 죽은 자들을 일으키시는 그분의 능력을 가리킨다(Hagner, 999).

'속이다'로 번역된 헬라어 '플라나오'는 '길을 잃게 하다', '미혹하다'의 뜻이다. 이 단어가 유독 마태복음에 자주(8번) 사용되는데, 특히 24장에 집중적으로 나온다(4, 5, 11, 24절). 이 단어는 거짓 선지자들이 사람을 미혹하는 상황을 떠올리게 한다. 마가의 병행구는 주님의 말씀을 의문문 형식으로 전달하는데(12:24), 마태는 무지한 사두개인들의 죄악을 강조하기 위해 단호한 선언문을 택한다(Gundry, 446).

【30절】 왜냐하면 ‖부활할 때에는‖ 사람들이 장가도 가지 않고 시집도 가지 않아서, 그들이 [하늘에 있는 천사들처럼] 되기 때문이다.

❀ 30절은 '부활할 때'를 제일 강조한다. 예수님은 부활을 믿지 않는 사두개인에게 육체의 부활이 있을 것이란 진리를 제일 먼저 제시하신다(Swindoll, 175). 부활한 사람이 천사처럼 된다는 말은 모든 면에서 천사와 같다는 의미가 아니라, 결혼하지 않는 점에서 같다는 뜻이다(Hagner, 999). 아마 나이가 없고, 쇠하지 않으며, 죽지 않고, 영원히 하나님을 섬기며 기뻐한다는 점에서도 동일하리라(Swindoll, 177). 주님께서 사두개인에게 '부활'과 '천사' 이야기를 동시에 하셨다는 점이 참으로 재미있다. 예수님은 그들의 과오와 사상적 허점을 한꺼번에 드러내신다. 그들은 내세와 현세를 동일한 관점에서 바라보았을 뿐 아니라, 천사의 존재까지 부정했다(Wilkins, 812).

【31절】 하지만 ‖죽은 사람들의 부활과 관련하여‖, 너희는 하나님께서 너희에게 하신 말씀을 지금까지 읽어 본 적이 없느냐?

❋ 유대 랍비들은 상대방을 논박하며 성경을 인용할 때 '가서 읽으라'는 표현을 사용하였다. '읽어 보지 못하였느냐?'는 주님의 말씀에는 이보다 더 엄중한 책망이 담겨 있다(Keener 1998, 123). 병행구와 비교하면, 마태는 마가복음에 있는 "모세의 책 중 가시나무 떨기에 관한 글"(12:26)이란 구절을 생략한다. 이 내용이 유대인 독자에게 불필요하다고 여겼기 때문이다(Hagner, 996). 아울러 '하나님께서 너희에게'라는 문구를 첨가하여 하나님께서 지금 사두개인들에게 직접 말씀하고 계신다는 사실을 강조한다(Osborne, 912). 마가복음은 "하나님께서 모세에게" 말씀하셨다고 서술한다(12:26).

【32절】 즉 "[나는] 아브라함의 하나님, 이삭의 하나님, 야곱의 하나님이다"라고 하셨으니, 그분은 [죽은 자들의] 하나님이 아니라 ‖살아 있는 자들의‖ 하나님이시다.

❋ 사두개인은 모세 오경에 부활이 분명하게 언급되지 않았다는 이유로 부활을 부인했다. 예수님은 그들의 축소된 성경에 맞추어 출애굽기 3:6을 인용하여 부활이 있음을 증명하신다(Hagner, 1000). 사실 모세가 하나님으로부터 이 말씀을 들었을 때 이스라엘 민족의 이 세 열조는 이미 죽은 상태였다. 그러나 하나님은 '나는 ~의 하나님이다'(현재 시제)라고 말씀하셨다. 만약 이 열조들이 정말로 죽었다면 '나는 ~의 하나님이었다'(과거 시제)가 되었어야 했으리라(Green 2005, 345). 이 말은 아브라함, 이삭, 야곱이 여전히 하나님 안에서 살아 있음을 알려 준다. 32절은 '죽은 자들'과 '살

아 있는 자들'을 함께 강조하며 후자를 더욱 부각한다. 마가의 병행구는 '살아 있는 자'를 이처럼 강조하지 않는다(12:27).

【33절】 그러자 [그 무리들은] 듣고서 그의 가르침에 계속 경악을 금치 못했다.

❋ 오직 마태만이 예수님께서 사두개인들의 신학적 수수께끼를 푼 것을 보고 무리가 놀랐다고 설명한다. 마태는 이 구절을 첨가하여 유대인의 지도층과 무리가 다르다는 것을 암시한다. 본문은 '그 무리'를 강조한다. 지도자들은 변함없이 적대적 태도를 취하지만, 적어도 무리는 주님의 능력을 보며 놀란다. 33절은 권위 있게 율법을 해석하시는 예수님을 보여준다(Gundry, 447). '경악을 금치 못하다'로 번역된 헬라어 '에크플렛소'는 '강타하여 충격이나 공포에 빠뜨리다', '강타하여 제정신을 잃게 하다'의 뜻이다. 이 단어가 미완료 시제인데, 이는 그들이 계속 경탄을 금치 못한 상황을 시각화한다.

❋ 무리들이 경악을 금치 못한 이유가 무엇일까? 그것은 32절 인용문에 나타난 동사의 시제(현재 시제)보다, 이 말씀에 담긴 신학적 요지 때문이다. 하나님은 그들의 열조인 아브라함에게 '이 땅을 너와 네 자손에게 주겠다'고 약속하셨다(창 13:15). 따라서 이 약속이 그들에게 이루어지기 위해, 또 그들은 하나님께서 약속하신 것을 받기 위해 반드시 살아 있어야 한다. 예수님은 이스라엘의 열조들이 비록 죽은 것 같지만 하나님이 보시기에는 살아 있고, 그분의 약속은 지금도 유효하다는 메시지를 전달하신다(장재일, 383; Bock 2012, 585-86).

모든 계명 중에서 첫째가는 계명이 무엇인가?

【34절】 〈그가 사두개인들을 잠잠케 하셨다는 말을 듣고〉, 이제 [바리새인들이] 일제히 모여들었다.

【35절】 그런데 그들 중 하나인 한 율법사가 그를 시험하며 [질문을 던졌다].

❄ 예수님이 사두개인을 물리치셨다는 말을 듣고 바리새인들이 일제히 모여들어 또 다른 문제로 주님을 시험한다. 34절은 마태복음에만 있다. 마가복음은 예수님에 대해 우호적인 한 명의 '서기관'만을 언급한다(12:28). 하지만 마태복음은 바리새인 집단의 일치된 행동을 부각하여 이 이야기를 바리새인과의 논쟁으로 변화시킨다. '모여들었다'는 표현은 시편 2:2을 암시한다(Harrington, 315). 실제로 '모여들다'에 해당하는 헬라어 '쉬나고'가 70인역 시편 2:2에 등장한다. 마치 세상의 통치자들이 그리스도를 대적하기 위해 일제히 모이듯이, 바리새인들이 하나가 되어 주님을 대적한다.

❄ 35절은 한 '율법사'가 질문을 던졌다고 이야기한다. 오직 마태만이 이 율법사가 바리새인과 연관되었음을 밝힌다. '율법사'('노미코스')란 단어가 본문에 등장한 것이 매우 특이하다. 이 단어는 마태복음에서 딱 한 번 여기에 나온다. 누가복음에는 이 단어가 여섯 번 등장한다. 마태는 이와 동일한 의미인 '서기관'을 지칭할 때 '그람마투스'(2:4; 5:20; 7:29)란 단어를 20회 이상 사용한다. 하지만 본문에서는 주님과 논쟁을 벌인 사람이 '율법 전문가'란 점을 강조

하기 위해 의도적으로 새로운 용어를 구사한다(Osborne, 917). 마가의 병행구는 이 사람을 '서기관'이라 칭한다. '시험하다'로 번역된 헬라어 '페이라조'는 마태복음에서 주로 마귀와 바리새인이 주님을 시험하는 경우에 쓰인다(4:1; 16:1; 19:3; 22:18).

【36절】 "선생님! 율법에서 [어느 계명이] 가장 큽니까?"

❀ 율법사는 모세의 율법에 나오는 613개의 계명 중 무엇이 가장 큰지 묻는다(Wright, 140). 어떻게 이 질문이 시험이 될까? 이 율법사는 유대인들이 그동안 축적해 온 수백 개의 율법 중 무엇이 더 중요하고 덜 중요한지 분류하던 당시의 대중적 논쟁을 상기시킨다. 바리새인들은 율법 조항 중에서 무엇이 더 중요한지를 따지는 데 많은 시간을 허비하였다. 따라서 예수님이 어느 한 율법이 더 중요하다고 하면, 분명히 이와 다른 생각을 가진 랍비로부터 공격을 받을 것이 뻔했다(France, 842).

【37절】 그러자 [그가] 그에게 말씀하셨다. "'너는 주 너의 하나님을 사랑하라. 네 {온} 마음과 네 {온} 영혼과 네 {온} 정신을 다하여 하여라.'

【38절】 [이것이] 크고 첫째가는 계명이다."

❀ 주님은 유대인이 하루에 두 번씩 암송하는 쉐마(신 6:4-9)에서 대답을 끌어내신다. 이 인용문의 어휘는 70인역 신명기 6:5과 거의 문자적으로 일치한다(Hagner, 1006). '마음', '영혼', '정신'은 서로 구분된 영역이 아니라 하나님께 전 인격을 드리는 것을 의미한다(Wilkins, 814). 마가의 병행구는 '마음'과 '목숨'과 '뜻'과 '힘', 네 가지를 이야기한다(12:30). 그렇지만 마태는 이 중 하나를 생략하여

세 개로 줄이며, 세 가지를 열거한 신명기 6:5의 히브리어 정형구와 좀 더 유사하게 만든다(Hagner, 1003). 게다가 목록에서 '힘'을 생략하여 하나님을 사랑하는 것이 인간의 내적 성향과 관련이 있음을 강조한다(Nolland, 911). 38절은 마태복음에만 있다.

[39절] ‖둘째는 그것과 동등한데‖ [다음과] 같다. "너는 네 이웃을 네 자신처럼 사랑하라."

❋ 예수님은 가장 중요한 계명 하나가 무엇인지 알려 달라는 요청을 받았지만, 두 개의 계명을 제시하신다. 오직 마태만이 둘째 계명이 첫째 계명과 동등하다고 이야기하며, 이 부분을 제일 강조한다. '동등하다'는 말은 이 두 계명의 내용이 비슷하다는 말이 아니다. 동일하게 중요하기에 이 둘을 분리할 수 없다는 의미다(NLT; Keck, 426).

개역개정은 이 부분을 "그와 같으니"라고 번역하는데, 약간 애매하고 오해의 소지를 내포한다. 차라리 "첫째 계명과 똑같이 중요하다"(쉬운성경), "(첫째 계명) 못지않게 중요하다"(공동번역)처럼 처리하는 편이 훨씬 좋다. '이웃을 자신처럼 사랑하는 것'은 하나님이 의도하신 대로 다른 사람이 살 수 있도록 자신을 내어주는 행위를 뜻한다(Wilkins, 815). 첫째 계명은 십계명의 첫째 돌판, 둘째 계명은 둘째 돌판의 내용을 요약한다.

[40절] ‖이 {두} 계명 안에‖ [{모든} 율법] [그리고 그 선지자들이] 담겨 있다.

❋ 공관복음에서 마태만이 이 구절을 첨가하며 율법사와의 논쟁을 마무리한다. 40절은 모든 율법 계명과 선지자들의 가르침이 이

두 계명과 별도로 완성될 수 없다는 뜻이다. 마태의 관점에서 보면, 예수님은 '하나님 사랑'과 '이웃 사랑'을 율법 핵심의 진정한 성취로 여기신다(Hagner, 1007). 마태는 마가복음 12:32-34의 내용, 즉 주님과 서기관이 나누는 친근한 대화를 생략한다. 마태복음 22장이 강조하는 종교 지도자들의 적대적 태도와 어울리지 않기 때문이다. 마가복음의 병행 단락은 교훈적 분위기를, 마태복음은 대립 양상을 보여준다(Blomberg, 335).

어떻게 다윗이 자신의 후손을 '주'라고 부를 수 있느냐?

【41절】 그런데 〈바리새인들이 모여 있을 때〉 예수께서 그들에게 질문하셨다.

❀ 예수님은 지금까지 자신을 올무에 걸리게 하려는 종교 지도자들과의 논쟁을 완전한 승리로 이끄셨다. 이제 주님은 주도권을 잡고 그들이 정말로 다루어야 할 주제를 던지신다(Blomberg, 336). 마태는 시간을 나타내는 절대속격("바리새인들이 모였을 때")을 사용하여 본 절과 34절을 연결한다. 34절에서는 그들이 적대적이고 공격적이었지만, 여기서는 방어적이며 할 말이 없다(Osborne, 923). 마가의 병행구와 비교하면 대상이 다르다. 마가복음에서는 주님이 종교 지도자들과의 논쟁을 끝낸 후에, 불특정 다수에게 "어찌하여 서기관들이 그리스도를 다윗의 자손이라 하느냐?" 하는 질문을 던지신다. 그리고 스스로 답하신다(12:35). 하지만 본문에서

는 바리새인들에게 질문하신다. 마태는 바리새인의 적대적 태도를 다시금 강조하기 위해, 마가복음에 있는 주님의 독백을 논쟁적 대화로 변화시킨다(Gundry, 450).

【42절】 "[너희는] [그리스도에 대해] 어떻게 생각하느냐? 그가 [누구의 자손]이냐?" 그들이 그에게 말한다. "다윗의 자손입니다."

❁ 42-43절은 현재 시제를 사용하여 바리새인과 예수님의 대화를 더욱 생생하게 전달한다. 주님은 처음에 그들이 쉽게 여겼을 질문으로 시작하신다. 약속된 메시아가 다윗의 혈통이라는 사실은 상식이었다(Hagner, 1010). '다윗의 자손'이란 이스라엘 왕국을 재건하여 로마를 물리쳐 줄 메시아를 의미한다. 그들의 대답에는 메시아가 인간에 불과하다는 확신이 깔려 있다(MacArthur, 1168).

【43절】 그가 그들에게 말씀하신다. "그렇다면 [다윗이] 어떻게 [성령 안에서] 그를 [주]라고 부르겠느냐?"

❁ 그들의 대답에 대해 예수님은 메시아의 정체성과 위격에 대한 딜레마를 제기하여 자신의 신성을 입증하신다. 주님은 모순된 상황을 제시한 후 그것을 해결하는 랍비적 방법을 사용하신다. 외견상 모순되게 보이는 두 본문을 조화롭게 만드는 것이 일반적으로 랍비들이 활용하는 전략이었다. 주님은 메시아와 관련된 두 개념을 연결하신다. 어떻게 '다윗의 자손'이 동시에 '다윗의 주'가 될 수 있는가 하는 점이다(Osborne, 924). '성령 안에서'라는 말은 '하나님의 영감을 받아'라는 뜻이다(Harrington, 317). 주님은 44절에 있는 시편 말씀이 다윗이 성령 안에서 예언한 것임을 밝히며, 그리스도가 다윗보다 높은 것이 하나님의 뜻임을 알려 주신다(양용의, 445).

[44절] 그는 말하기를 "[주께서] [내 주께] 말씀하셨다. 내가 네 원수들을 네 발 아래 둘 때까지 너는 내 오른편에 앉아 있으라"고 하였다.

❀ 예수님은 바리새인들에게 시편 110:1을 들려주신다. 44절에 '주'란 용어가 두 번 나오는데, 여기에 해당하는 히브리어가 서로 다르다. 앞의 '주'는 성부 하나님을 일컫는 '여호와'(야훼)이다. 뒤의 '주'는 '아도나이'인데, 다윗이 장차 오실 메시아를 자신의 '주'로 표현한 것이다(고영민, 193). '내가 네 원수들을 네 발 아래 둘 때까지'는 죄와 악의 완전한 정복을 묘사한다. '내 오른편에 앉아 있으라'는 말은 메시아가 장차 임할 하나님 나라에서 가장 높은 영광의 자리에 앉을 것이라는 의미다(Barton 2002, 293). 다윗이 자기 후손을 '나의 주'라고 불렀다는 사실은 인간적 관점에서 보면 있을 수가 없다. 오히려 '다윗의 자손'이 다윗을 '주'라고 불러야 마땅하다(Wilkins, 816).

[45절] 〈만약 [다윗이] 그를 [주]라고 부른다면〉, [어떻게] 그가 [그의 자손이] 되겠느냐?

❀ 다윗은 장차 오실 메시아가 인간의 특별한 자손일 뿐만 아니라, 자신의 주가 되신다고 고백하였다. 이러한 메시아관은 바리새인들이 예수님을 단순히 '다윗의 자손'으로 이해한 것과 완전히 다르다. 유대인은 메시아가 신일 것이라고 생각하지 않았다. 주님은 메시아가 인간의 후손이지만, 야훼와 신적인 관계가 있음을 증명하여 그들을 혼란케 하신다(Wilkins, 817). 따라서 바리새인들이 주님을 거부한 행위는, 메시아라고 주장하는 인간을 거부한 것이 아니다. 다윗이 '나의 주'라고 부른 하나님의 사자를 거부한 것이다(Hagner, 1011). 이 마지막 논쟁은 특히 마태에게 중요하다. 그

이유는 메시아이신 예수님의 존재 자체가 구약성경의 성취이며, 이러한 사실이 23장의 도입부 역할을 하기 때문이다(Harrington, 318).

【46절】 그러자 [아무도] 그에게 한 마디도 대답할 수 [없었고], ‖{그}날부터‖ 아무도 감히 그에게 [더 이상] 질문하지 않았다.

❁ 마태는 21:23부터 시작된 세 비유와 네 번의 논쟁에 대한 결론으로 46절을 제시한다. 한마디로 주님께서 모든 적을 잠잠케 하셨다고 선언한다(Harrington, 318). 마가는 이러한 진술을 가장 큰 계명이 무엇인지 묻는 논쟁 다음에 둔다(12:34). 하지만 마태복음은 마가복음 12:34 마지막 문장을 확장하며, 이것을 분쟁 내러티브의 결론으로 삼는다(Wilkins, 817). 이제 유대인의 종교 지도자들은 상징적으로 "(그분의) 발 아래"(44절) 있다. 마태는 예수님이 재판을 받으시기 전에 유대 지도층과의 논쟁에서 승리하셨다는 사실을 분명히 한다. 이 점이 마태에게 굉장히 중요하다. '그날부터' 종교 지도자들은 내러티브에서 자취를 감추며 재판 장면에 가서야 다시 등장한다. 이제 그들은 다른 수단을 강구한다(Strauss, 387). 46절은 '그날부터'를 제일 강조하는데, 마가의 병행구에는 이 표현이 없다.

제23장

서기관과 바리새인에 대한 책망

【1절】 [그때] 예수께서 그 무리들에게 그리고 자신의 제자들에게 말씀하셨다.

❁ 예수님은 적대적인 종교 지도자들과의 논쟁을 결정적으로 끝내고, 자신의 제자들과 무리에게 말씀하신다. 여기서의 '무리'는 아직까지 예수님에 대해 우호적인 잠재적 제자들이다(Keck, 430). 23장에 등장하는 청중이 유대 지도층이 아니라, 제자들과 잠재적 제자들이라는 점을 기억해야 한다. 그러므로 여기에는 종교 지도자들처럼 되지 말라는 엄중한 경고가 들어 있다(Bock 2012, 590; 강대훈, 364). 본 장의 일부가 마가복음 12:38-40, 누가복음 11:39-52, 13:34-35, 20:46에서 발견된다. 아마 마가는 본문에 있는 대부분의 내용이 자신의 독자와 상관이 없다고 보았기에 과감히 생략하였을 것이다.

【2절】 서기관들과 바리새인들이 [{모세의} 자리에] 앉아 있다.

❁ 2-3절은 마태복음에만 있다. 서기관과 바리새인은 원래 구별된 그룹이다. 서기관은 율법 전문가였고, 하나님의 말씀을 필사하는 사람들이었다. 바리새인은 정치적 성향을 띤 종교적 당파로, 구약

성경의 계율뿐만 아니라 계율의 해석과 적용까지 율법의 범주에 포함시켰다. 이들은 신학 전문가였다(Barton 2002, 296). 복음서에 등장하는 대부분의 서기관은 바리새파에 속했다. 주후 1세기 바리새인의 숫자는 약 6,000명 정도였다(Kaiser, 411). 2절은 '모세'를 이중으로 강조하여 율법에 대한 저자의 특별한 관심을 반영한다(Gundry, 453). 서기관과 바리새인이 모세의 자리에 앉아 있다는 말은, 그들이 모세가 토라를 가르쳤던 것과 동등한 권위를 가지고 토라를 가르친다는 의미다(Harrington, 320).

【3절】 〈그러므로 그들이 너희에게 말하는 것은 무엇이든지 [모든 것들을]〉 행하고 지켜라. 하지만 너희는 [그들의 행위들은] 따라 하지 말라. 왜냐하면 그들은 [말한] 것을 [실행하지] 않기 때문이다.

❋ 3절 첫 문장은 해석하기가 약간 난해하다(Osborne, 932). 뒤에 이어지는 일곱 번의 탄식과 비교하면 의외로 긍정적이고, 바리새인과 사두개인의 교훈을 조심하라는 주님의 경고(16:11-12)와 모순되는 것처럼 보인다(김창선, 322). 예수님은 바리새인의 가르침을 무조건 따르라고 말씀하시지 않는다. 오히려 그들이 가르치는 율법 자체가 진리요 신앙인의 실천 강령이기에, 모두 지키라고 말씀하신다(양용의, 448). 본문은 율법의 중요성을 강조하는 말씀으로 이해해야 한다(Hagner, 1024-25; Gundry, 455). '행하다'와 '지키다'에 해당하는 헬라어 동사는 전체적이고 습관적으로 지키는 것을 암시한다(고영민, 194).

【4절】 그러나 그들은 무거운 짐들을 묶어 사람들의 어깨 위에 올려놓으면서도, ‖그들은‖ [자신들의 손가락으로] 그것들을 움직이려 하지 않는다.

❁ 예수님은 바리새인의 위선을 구체적으로 지적하신다. '무거운 짐'이란 율법 자체보다, 복잡한 궤변을 수반하는 바리새인의 구전 율법이나 자의적인 율법주의적 해석을 의미한다. 그들은 율법에 온갖 세칙과 요구 사항을 덧붙여 율법에 전념하지 못하는 일반인이 율법을 지킬 엄두조차 내지 못하게 하였다(Hagner, 1021; Barton 2002, 297). '무거운 짐'은 주님이 주시는 '쉬운 멍에', '가벼운 짐'(11:29-30)과 좋은 대조를 보인다(Nolland, 925). '무거운 짐'이란 표현이 누가의 병행구에는 없다(11:46).

【5절】 하지만 그들은 [사람들의 주목을 받기 위해] [그들의 모든 행위들을] 한다. 그래서 그들은 그들의 성구함을 넓게 만들고 그들의 옷술을 길게 한다.

❁ 5절은 '사람들의 주목'과 '그들의 모든 행위'를 강조하여, 하나님보다 인간의 시선을 더 의식하는 지도자들의 외식을 꼬집는다. 첫 문장이 마가와 누가의 병행구에는 없다. 왜 종교 지도자들이 사람들의 주목을 받기 위해 그렇게 노력했을까? 고대 성경 시대의 유대인은 명예와 수치를 기반으로 하는 사회에 살았기에 타인에게 자신을 드러내려고 노력했다. 그래서 사람들이 지켜보는 가운데 자신의 명예를 추구하는 행위를 지속하였다(장재일, 396-97).

❁ '성구함'(경문)은 유대인이 아침과 저녁 기도 시 이마와 왼손에 가죽 끈으로 부착하는 작은 상자를 말하는데, 이 안에 성경 구절이 들어 있었다. 이 구절들은 기도문의 일부로 낭송되었다. 이 풍습은 신명기 6:8에 근거하였고, 그들이 하나님의 백성임을 상기시켜 주었다(Keener 1998, 124).

대부분의 유대인은 기도할 때 성구함을 찼지만, 바리새인은 항상 차고 다녔다. 게다가 시선을 집중시키기 위해 성구함의 크기를 보통 것보다 크게 하거나, 상자를 고정하는 끈을 넓게 했다. 주님이 이들을 책망하신 이유는 큰 경문을 찼기 때문이 아니라, 그렇게 함으로써 외식했기 때문이다(Freeman, 87). '옷 술'은 청색 끈으로 만든 것인데, 유대인은 자신이 하나님의 계명에 순종한다는 의미로 겉옷의 네 귀퉁이에 달았다(민 15:38-39). 성경은 그 길이에 대해 언급하지 않지만, 아마 바리새인들은 자신의 경건을 자랑하려고 이 끈을 지나치게 길게 했을 것이다(Bock 2005, 126-27). 마가와 누가의 병행구는 '성구함'이나 '옷 술'에 대해 언급하지 않고, 단지 '긴 옷'을 입는 문제에 대해서만 설명한다(막 12:38; 눅 20:46).

【6절】 그리고 중요한 식사 때마다 맨 윗자리를 굉장히 좋아하고, 회당들에서도 제일 높은 자리들을 아주 좋아한다.

❋ 유대인 사회에서 특별한 식사 때 앉는 자리는 손님의 신분이나 서열에 따라 정해졌다(Wilkins, 838). 따라서 연회 좌석을 어떻게 배치하는지가 아주 중요한 문제였다. 고대의 기록을 보면 등급이 낮은 자리로 안내된 사람의 불평이 많았다. 잔치의 첫자리는 그 집의 주인 우편의 자리를 말한다. 회당에서는 가장 눈에 띄는 좌석, 특히 율법서를 낭송하는 강단 바로 곁이 최고의 상석이었다. 대부분의 회중이 회당 바닥에 앉았는데, 귀빈은 의자를 사용했던 것으로 짐작된다(Keener 1998, 124; Hagner, 1022). 헬라어 원문을 보면 6절에 있는 앞의 자리는 단수, 뒤의 자리는 복수다.

❋ 마태는 6절 앞부분에서 '자리' 앞에 정관사를 삽입하고 '자리'를 단수로 처리하여, 명예를 추구하는 바리새인과 서기관의 성향을 신랄하게 고발한다. 그들은 연회에서 주인 옆에 앉는 '가장 영예

로운 자리'(단수)가 아니면 결코 만족하지 않았다(Gundry, 457). 하지만 회당의 경우에는 가장 높은 자리가 회중을 마주보고 있는 긴 의자여서 복수로 표현할 수밖에 없었을 것이다(Gundry, 457). 마가와 누가의 병행구에는 '자리'가 앞뒤 모두 복수로 되어 있다(막 12:39; 눅 20:46).

【7절】 또한 시장에서 인사를 받는 것과 사람들로부터 랍비라고 불리는 것을 지극히 좋아한다.

❀ 신약시대 고대 근동에서의 인사는 오늘날 현대 사회에서 이루어지는 인사와는 차원이 달랐다. 여기서의 '인사'는 단순한 우정이나 친분 표시가 아니라, 바리새인을 존중하는 자들이 그들에게 보여주는 존경의 상징이었다(Nolland, 926). 당시 사회에서 인사("당신에게 평화를!")를 나누는 것은 매우 중요한 사회 규범이었다. 따라서 누구에게 어떻게 인사를 할 것인가에 대한 상세한 규칙이 정해져 있었다. 율법 이해에 뛰어난 사람에게 경의를 표하지 않는 것은 심한 모욕으로 여겨졌다. '랍비'는 '나의 주인'이란 뜻으로 이 시기에는 존경이 담긴 경칭이었고, 흔히 선생에게 쓰였다(Keener 1998, 124). 누가의 병행구에는 랍비에 대한 언급이 없다(11:43).

【8절】 그러나 [너희는] 랍비라고 불리지 않도록 하라. 왜냐하면 너희 선생님은 [한 분]이시고, [너희는 {모두}] 형제들이기 때문이다.

❀ 8-11절은 마태복음에만 있다. "랍비라 칭함을 받지 말라"는 말은, 학식이 있는 선생에 대해 이런 호칭을 붙이지 말라는 뜻이 아니다. 오히려 학식 있는 선생이 '높은 자'라는 의미의 '랍비'로 대접받는 것을 거부하라는 뜻이다(Barton 2002, 300). 예수님은 '너희'를

강조하여, 종교 지도자들 사이에서 퍼져나가고 있는 '성직자 중심주의' 사고가 교회 공동체로 들어오는 것을 경계하신다. 이러한 잘못된 흐름에 대한 대안으로 주님은 그리스도인이 하나님의 가족 공동체에서 서로 형제임을 분명히 하신다(Keck, 431-32).

【9절】 그리고 너희는 [이 땅 위에 있는] 누구에게도 [아버지라고] 부르지 말라. 왜냐하면 너희 아버지는 [한 분], 곧 [하늘에 계시는 분]이시기 때문이다.

❋ 8절의 '형제'란 용어는 자연스럽게 '아버지'라는 호칭과 연결된다. 당시 '아버지'는 랍비를 부르는 또 다른 경칭이었다. 랍비는 제자를 '자녀'라고 불렀으며, 권세와 명예 면에서 제자보다 탁월한 존재로 인정되었다(Keener 1998, 124). 그렇다면 제자는 자기 아버지를 부를 때에도 '아버지'라고 불러서는 안 되는가? 물론 그렇지는 않다. 본문은 생물학적 아버지나 연장자에게 이런 호칭을 쓰는 것에 대해 말하지 않는다(Nolland, 928). 주님의 의도는 이렇게 표현될 수 있다. "영적 의미에서 하나님만이 너희 아버지이시고, 그런 의미에서 배타적으로 그분께만 속하는 호칭을 다른 사람에게 붙이지 말아라"(Kaiser, 409).

【10절】 지도자들이라고 불리지도 말라. 왜냐하면 [너희 지도자는] 한 분, 즉 [그리스도]이시기 때문이다.

❋ '지도자'에 해당하는 헬라어는 '앞서 가는 자', '안내자'를 말하는데, '랍비', '아버지'와 함께 유대인 사회에서 탁월한 자를 지칭할 때 사용되었다(고영민, 195). 헬라어 자료에서 이 단어는 대체로 '선생' 혹은 '주인'이란 의미로 쓰인다(Hagner, 1023). 8-10절에 등장하

는 '랍비', '아버지', '지도자'와 같은 용어들은 마태 공동체를 대적하던 유대인들이 자주 사용하였을 것이다(Keck, 432). 그러기에 주님은 엘리트 의식을 조장하는 이런 호칭 사용을 금하며, 오직 주님만이 진정한 권위를 지닌 분임을 제자에게 각인시키신다.

【11절】 [너희 중에 가장 큰 자는] 너희의 [종이] 될 것이다.

【12절】 그리고 ‖누구든지 자신을 높이는 사람은‖ [낮아지게] 될 것이고, [누구든지 자신을 낮추는 사람은] ‖높아지게‖ 될 것이다.

❀ 11절의 '너희'는 제자 공동체를 의미하며, 여기에 사용된 미래형('될 것이다')은 명령형으로 이해해야 한다. 따라서 '종이 되어야 마땅하다'의 뜻으로 해석해야 한다(Hagner, 1024). 12절에 사용된 미래 수동태는 종말론적 역전을 암시하며, 이 세상에서 자신을 높이는 (혹은 낮추는) 자를 마지막 심판 때 하나님께서 정반대로 하실 것이라는 의미다(Osborne, 936).

【13절】 하지만 아, 슬프다, 너희여! 서기관들과 바리새인들아, ‖위선자들아‖. 왜냐하면 너희는 지금 사람들 앞에서 하늘나라의 자물쇠를 채워 놓고, [너희도] 들어가지 않고 [들어가려는 사람들이] 들어가는 것도 허용하지 않기 때문이다.

❀ 23장에 있는 일곱 화(탄식)는 종교 지도자들이 예수님께 던진 도전(22장)에 대해 주님이 보이신 반응이다(Strauss, 387). 주님은 바리새인과 서기관의 위선에 대해 탄식하신다. 이는 그들이 율법의 내용과는 정반대로 행동하기 때문이다.
이 내용은 누가복음 11:37-54에 있는 여섯 화(탄식)와 병행을 이루지만 문맥과 순서, 그리고 표현은 현저히 다르다(Osborne, 943). 누가의 병행 단락은 예수님과 종교 지도자들 간의 적대감이 고조된 상황에서 등장하며, 바리새인과 서기관에 대한 탄식을 분리한다. 그렇지만 마태는 종말론적 강화(24-25장)를 시작하기 전에, 종교 지도자들과 제자들을 완전히 떼어놓기 위해 여기에 배치한다(Johnson, 191). 이 내용은 '팔복'(5:3-12)과 완전히 상반된 내용을 담고 있다.

❁ 마태는 첫째 화를 '하늘나라'에 관한 것으로부터 시작한다. 이것은 예수님의 사역과 유대 지도자들 간의 갈등을 보여주며, 하나님의 왕국과 사탄의 왕국 간의 대결을 시사한다. 마태는 이 내용을 단락의 표제로 삼는다(Keck, 435). 23장에서 반복되는 후렴구 '아, 슬프다'에 해당하는 헬라어 '우아이'는 감탄사인데, 유감, 슬픔, 그리고 비난이 혼합된 외침이다(Wilkins, 842). 누가의 병행구(11:52)는 부정과거 시제를 사용한다. 그러나 마태는 현재 시제를 사용하여 지도자들이 습관적으로 이렇게 한다는 점을 고발한다. 이는 마태 공동체가 직면한 상황을 암시한다(Gundry, 460). '위선자'와 '하늘나라'에 대한 언급은 누가의 병행구에는 없다.

【14절】 (없음)

【15절】 아, 슬프다, 너희여! 서기관들과 바리새인들아, ‖위선자들아‖. 왜냐하면 너희는 {한 사람의} 개종자를 만들기 위해 바다와 마른 땅을 순회하다가, 마침내 [그 목적을 달성하면], 너희는 그를 ‖너희보다 갑절이나 더 악한‖ 지옥의 자식으로 만들기 때문이다.

❁ 둘째, 셋째 화(15-22절)가 누가의 병행 단락에는 없다. 바리새파가 선교사라 불릴 만한 사람을 따로 둔 적은 없다. 그러나 팔레스타인 밖에 거주하던 유대인들은 이방인을 유대교로 개종시키려는

열정을 가지고 있었다. 그중에서도 힐렐 학파의 영향권에 있던 바리새인들이 이방인 개종에 적극적이었다(Keener 1998, 125).

본문은 이교도 이방인을 유대교로 개종시키는 경우가 아니라, 하나님을 경외하는 이방인을 바리새인의 신념을 신봉하는 사람으로 개종시키는 상황을 염두에 둔다(Hagner, 1035). 예수님은 사람을 개종시키려는 그들의 열심을 정죄하지 않으신다. 오히려 개종자를 자신의 복제품으로 만들려는 그릇된 사고를 비판하신다(Green 2005, 354). 마태는 바리새인의 잘못된 가르침을 듣고 개종한 사람을 '지옥의 자식'이라 칭한다. 이런 표현은 "천국의 아들"(13:38)이란 칭호와 극명한 대비를 이룬다(Keck, 435).

【16절】 아, 슬프다, 너희여! 눈먼 인도자들이여! 너희는 "〈누구든지 그 성전을 두고 맹세하면〉 그것은 [아무것도 아니지만], 〈누구든지 그 성전의 금을 두고 맹세하면〉 지켜야 한다"라고 말한다.

【17절】 어리석고 눈먼 자들아! 무엇이 [더 크냐]? 그 금이냐, 아니면 그 금을 거룩하게 한 그 성전이냐?

【18절】 또한 너희는 "〈누구든지 그 제단을 두고 맹세하면〉 그것은 [아무것도 아니지만], 〈누구든지 그 제단 위에 있는 제물을 두고 맹세하면〉 지켜야 한다"라고 말한다.

【19절】 눈먼 자들아! 어느 것이 더 크냐? 제물이냐, 아니면 그 제물을 거룩하게 하는 제단이냐?

【20절】 〈그러므로 그 제단을 두고 맹세한 사람은〉 그 제단과 그 위에 있는 모든 것을 두고 맹세한 것이다.

【21절】 그리고 〈그 성전을 두고 맹세한 사람은〉 그 성전과 그 안에 거주하시는 분을 두고 맹세한 것이다.

【22절】 그리고 〈하늘을 두고 맹세한 사람은〉 하나님의 보좌와 그 위에 앉아 계시는 분을 두고 맹세한 것이다.

❀ 셋째 화는 예외적으로 '눈먼 인도자들이여!'로 시작한다. 16-22절은 다른 화에 비해 내용이 훨씬 길고 구조적 대조가 가득하다(Hagner, 1032). 저자가 이렇게 상세히 기록한 것은 당시 공동체에 맹세와 관련된 심각한 문제가 있었음을 알려 준다. 당시 유대인에게는 하나님의 거룩한 이름을 언급하는 것이 금지되어 있었다. 그래서 그들은 하나님의 이름을 걸고 한 맹세를 어기거나 실수로 맹세할 경우에 생길 후환을 막기 위해, 좀 더 저급한 물건에 의존하여 맹세하였다. 그 결과 하나님의 이름으로 맹세한 것과 동일한 효과를 지니는 대용품이 점차 늘어났고, 맹세의 근거가 그분의 이름과 가까울수록 더 구속력이 있다고 믿었다(Keener 1998, 125; Barton 2002, 306).

❀ 바리새인은 성전으로 한 맹세와 성전의 금으로 한 맹세, 그리고 제단으로 한 맹세와 제단의 제물로 한 맹세를 구분했다. 그러나 주님은 그들이 중요한 문제를 뒤바꾸어 놓았다고 지적하신다. 아울러 위선자들의 말장난이 '모든 것을 지켜보시는 하나님'을 얼마나 우습게 만드는지 예증하신다(Bock 2005, 128). 그들은 모든 약속이 하나님 앞에서 이루어지며 동일하게 구속력이 있음을 망각하고 있었다(Barton 2002, 307). 예수님은 맹세 자체가 불필요하다고 말씀하셨다(5:34-37).

[23절] 아, 슬프다, 너희여! 서기관들과 바리새인들아, ‖위선자들아‖. 왜냐하면 너희는 박하와 회향과 근채의 십일조는 드리면서도, 율법의 더 중요한 요소인 정의와 자비와 믿음은 무시해 버렸기 때문이다. [이러한 것들을] ‖행해야만‖ 했다면, [저것들도] ‖무시하지‖ 말았어야 했다.

❋ 넷째 화는 십일조와 관련된다. 바리새인들은 십일조를 바치는 데 있어서 굉장히 철저했다. 그들은 곡물이나 포도주와 감람유는 물론이고 약초의 십일조까지 바쳤다(Kaiser, 411). 그런데 이러한 행위는 율법의 요구를 넘어서는 것이었다. 율법에서 요구하는 십일조는 향료나 약초가 아니라, 곡식과 나무의 과실만을 염두에 두기 때문이다(Hagner, 1037).

예수님은 만약 그들이 약초까지 십일조를 드린다면 율법의 더 중요한 사항, 즉 다른 사람의 유익과 관련된 것에도 주의를 기울여야 한다고 말씀하신다(Hagner, 1038). 여기서 한 가지 재미있는 사실은 '중요한'에 해당하는 헬라어('바뤼스')가 '무거운'(4절)이란 뜻을 동시에 지닌다는 점이다. 예수님은 바리새인이 평민에게 '무거운'('바뤼스') 짐을 지우면서도 정작 자신들은 율법의 '중요한'('바뤼스') 요소를 무시했다고 질책하신다. 이 단어가 사복음서에서 마태복음에만 두 번 나타난다. 누가의 병행구(11:42)에는 이런 멋진 기교가 없다.

❋ 마지막 문장의 '이것들'은 덜 중요한 것들, 곧 십일조를 드리는 것이다. '저것들'은 더 중요한 것, 즉 정의와 자비와 믿음을 가리킨다(AUV). '행해야만'에 해당하는 헬라어는 율법의 요구 때문에 의무로서 마땅히 해야 하는 것을 함축한다. 그리고 이 단어가 미완료 시제이기에 과거에 지속적으로 행한 사실을 알려 준다. 개역개정은 이 부분을 "이것도 행하고 저것도 버리지 말아야 할지니라"로 처리하는데, 헬라어 원문의 시제와 필연성에 대한 암시가 반영되어 있지 않다. ESV, NIV, NKJV, NRSV 역본은 이 대목을 "했어야 했는데 하지 않았다"로 번역한다.

【24절】 눈먼 인도자들아! 각다귀는 걸러내고 [낙타는] 삼키는구나.

❁ 24절이 누가의 병행 단락에는 없다. 아마 누가는 이 내용이 유대인의 정결법과 관련되기 때문에 생략했으리라. 예수님은 여기서 언어유희를 사용하신다. 각다귀와 낙타는 각각 아람어로 '갈마'와 '가믈라'인데 발음이 유사하다. 각다귀는 팔레스타인에서 가장 작은 곤충을, 낙타는 가장 큰 동물을 대표한다. 물론 둘 다 부정하다(France, 874).

신약시대의 바리새인은 음료에 죽은 벌레가 빠져 부정을 탈까 봐 포도주를 마실 때 옷감을 사용하여 작은 곤충이나 이물질을 걸러냈다. 그들은 각다귀조차 허용하지 않는 철저한 사람이지만, 팔레스타인 육상 동물 중 가장 크고 부정한 낙타는 아무 일 없다는 듯 삼켜 버린다(Keener 1998, 126). 23-24절을 연결해 보면, 박하와 회향과 근채의 십일조는 각다귀에, 정의와 자비와 믿음은 낙타에 해당한다. 예수님 당시로부터 약 2천 년이 지난 지금 '낙타'는 변함이 없지만, '각다귀'의 상징적 의미는 현저히 달라졌다(Barton 2002, 309).

【25절】 아, 슬프다, 너희여! 서기관들과 바리새인들아, ‖위선자들아‖. 왜냐하면 너희는 잔과 접시의 겉은 깨끗하게 하지만, [그 속은] 약탈과 방종으로 가득 차 있기 때문이다.

【26절】 눈먼 바리새인이여! [먼저] 잔과 접시의 ‖속을‖ 깨끗이 하여라. 그래야 [그 겉도] ‖깨끗하게‖ 될 것이다.

❁ 다섯째 화(25-26절) 역시 외식과 관련이 있다. 정결 문제는 바리새인에게 아주 중요했기에, 그들은 식기까지도 의식적 절차에 따라 세척했다. 따라서 이방인과의 사회적 접촉, 심지어 정결법에 대해 자기들처럼 까다롭지 않은 동료 유대인과의 접촉까지 금지했다(Kaiser, 411). 26절은 특이하게 '바리새인'을 단수로 표현하는데, 대

표적 바리새인 한 사람의 행동을 부각하여 초점을 더 분명히 한다(France, 875). 26절은 '겉'과 '속'을 모두 강조하면서도, '속'을 더욱 강조한다. 누가의 병행구보다 이 점이 더욱 두드러진다. 누가의 병행구(11:39-41)는 바리새인에게 주어진 것이기는 하지만, 탄식이나 화와 관련되지 않는다(Hagner, 1030).

【27절】 아, 슬프다, 너희여! 서기관들과 바리새인들아, ‖위선자들아‖. 왜냐하면 너희는 너희 자신들을 회칠한 무덤들처럼 만들기 때문에, ‖겉은‖ 정말로 [아름답게] 보이지만 [그 속은] ‖죽은 사람들의 뼈들과 {온갖} 더러운 것들로‖ 가득 차 있기 때문이다.

【28절】 이와 같이 ‖너희도‖ [겉으로는] 정말로 사람들에게 [의롭게] 보이지만, [속은] ‖위선과 불법으로‖ 가득 차 있다.

❄ 여섯째 화(27-28절)에서 예수님은 다시 한 번 아람어의 언어유희를 사용하신다. '무덤'은 '케베르', '속'은 '케레브'인데, 서로 발음이 비슷하다(강대훈, 390). 유대인에게 시체만큼 의식상의 부정(不淨)을 널리 전염시키는 것은 없었다. 바리새인들은 시체나 무덤에 그림자만 닿아도 부정해진다고 믿었다. 유대인들은 매년 봄 유월절이 되기 전에 눈에 잘 띄지 않는 무덤이나 석회석 납골당에 회칠을 했다. 그래야 지나가는 사람이 알아보고 피해 갈 수 있기 때문이었다. 바리새인은 '회칠'을 부정의 표시가 아니라 명예의 상징인 양 행동하였다(Keener 1998, 126).
누가는 평토장한 무덤을 이야기하며, 일반인이 외식하는 종교 지도자의 더러운 내면을 알아차리지 못한다는 점을 강조한다(11:44). 반면에 본문의 '회칠한 무덤'은 속은 부패해 있으면서도 겉으로는 깨끗한 체하는 그들의 이중적 삶을 꼬집는다(제자원 2006, 255).

【29절】 아, 슬프다, 너희여! 서기관들과 바리새인들아, ‖위선자들아‖. 왜냐하면 너희는 그 선지자들의 무덤들을 만들고 의인들의 기념비들을 장식하며,

【30절】 "〈만약 우리가 우리 조상들의 시대에 살았더라면〉, 우리는 그 예언자들의 피를 흘리는 일에 그들과 동역하지 않았을 것이다"라고 말하기 때문이다.

【31절】 그래서 너희는 자신들이 그 예언자들을 죽인 자들의 [자손들]이라는 사실을 스스로 증언한다.

❀ 일곱째 화(29-33절)는 무덤을 장식하는 일에 대해 언급한다. 선지자와 순교자의 무덤은 숭배의 대상이었고, 유대인들은 이들의 무덤을 장식하였다. 당시 유대인들은 옛 영웅을 기념하기 위해 대규모 비석들을 세웠다(Harrington, 326). 그들은 이렇게 함으로써 자신들이 의인을 존경하며, 그들이 주장했던 원칙을 옹호한다는 인상을 주려고 노력하였다(Hagner, 1040).

그러나 그들의 행위는 아이러니였다. 순교자 대부분이 당시의 기득권층에 의해 살해되었기 때문이다(Barton 2002, 312). 종교 지도자들이 의인의 기념비를 장식한다는 내용(29절)과 30절은 누가복음 병행구(11:47-48)에는 없다. 마태는 이처럼 아이로니컬한 진술을 추가하여 지도자들의 위선을 부각한다(Gundry, 467). 특히 30절은 그들의 위선적 발언을 인용문으로 처리하여 그 목소리를 고스란히 들려준다.

【32절】 그러니 ‖너희는‖ 너희 조상들의 분량을 완전히 채워라!

❀ 32-33절이 누가의 병행 단락에는 없다. 이 구절은 선지자들이 애용하던 역설적 도전으로서, "죄를 지어야겠거든 가서 지어라. 하

지만 하나님은 너희를 심판하실 것이다"라는 의미다(Keener 1998, 127). 이것은 저주에 가까운 선포다. 이런 상황은 예수님이 십자가 형에 처해지는 판결을 받으실 때도 있었다. 빌라도가 "나는 무죄하니 너희가 당하라"라고 선언하고, 군중은 "그 피를 우리와 우리 자손에게 돌릴지어다" 하고 외치는 대목(27:24-25)이다(장재일, 421).

【33절】 뱀들아! 독사들의 자식들아! 너희가 어떻게 지옥의 심판을 피하겠느냐?

❀ 예수님이 유대 지도자들에게 '독사의 자식'이란 표현을 사용하신 것은 극히 놀랍다(Hagner, 1040). 사람을 '독사'라고 부르는 것만으로도 충분한 욕이 되었다. 독사의 새끼가 어미의 배를 가르며 나온다고 믿는 유대인의 통념에 비추어 볼 때, 이 표현은 '독사'보다 더 끔찍한 저주다(Keener 1998, 127). 세례 요한과 예수님의 사역, 그리고 그들의 죽음에 나타난 연속성이 여기서 드러난다. '독사의 자식들'이란 외침, 심판과 관련된 책망(3:7)이 요한과 예수님의 메시지에 동일하게 반영되어 있다(France, 877).

【34절】 ‖이런 이유 때문에‖, 보라! [내가] 너희에게 선지자들과 지혜로운 사람들과 서기관들을 보낸다. 너희가 [그들 중에서 몇 사람은] 죽이고 십자가에 못 박으며, 또 [그들 중에서 몇 사람은] 너희가 너희의 회당들에서 채찍질하고 도시에서 도시로 다니며 박해할 것이다.

❀ 34-39절은 일종의 예언이다. 본문은 십자가를 향해 가시는 예수님이 상황에 의해 어쩔 수 없이 희생당하는 분이 아니라, 모든 것을 통제하시는 하나님이라는 진리를 전달한다(Keck, 437). 34절은

'이런 이유 때문에'를 제일 강조한다. 이 표현을 33절, 또는 32절과 연결된 것으로 볼 수 있는데, 후자로 보는 편이 더 좋다.

바리새인들은 하나님의 일꾼을 죽이는 악한 일을 서슴없이 하고, 예수님은 그들에게 그렇게 할 기회를 주신다. 주님은 그들에게 하나님의 종들을 계속 보내시고, 그들은 그 종들을 박해하고 죽일 것이다(Osborne, 953; France, 878). 주님은 34절에서 '내가'를 강조하며, 자신이 선지자와 서기관을 파송한다고 말씀하신다. 이 대목에서 '나'라는 인칭 대명사 대신에 '하나님'이란 용어가 들어가야 훨씬 자연스럽다. 하지만 주님은 이 구절을 통해 자신이 하나님의 위치에 있음을 알려 주신다. 누가의 병행구(11:49)는 선지자를 파송하시는 분이 하나님("하나님의 지혜")이라고 언급한다(Green 2005, 362; Johnson, 190).

❋ 예수님이 파송하시는 선지자, 지혜로운 자, 서기관은 그리스도인 선교사를 뜻한다. 이들은 서기관과 바리새인에 대응되는 그리스도인 제자들이다(France, 879). '서기관'이란 용어는 13:52을 상기시키며, 제자들이 주님의 재가를 받은 율법 해석자임을 입증한다(Osborne, 953). 34절은 신약시대에 박해를 당하던 마태 공동체의 체험을 반영한다(김창선, 325). 누가의 병행구와 비교하면, 마태는 '사도'란 용어를 '지혜로운 사람'과 '서기관'으로 대체한다. 이런 기교는 가르침을 강조하는 저자의 시각과 일치한다(Hagner, 1045).

【35절】 그래서 이 땅 위에 뿌려진 {모든} 의로운 피가 너희 위에 임할 것이다. 의인 아벨의 피로부터 너희가 그 성전과 그 제단 사이에서 살해한 바라갸의 아들 사가랴의 피에 이르기까지 그렇게 되리라.

❋ '피가 누구 위에 임한다'는 말은 다른 사람을 죽인 죄에 대한 책

임이 그에게 돌아가는 상황을 뜻하는 구약의 관용구다(Osborne, 954). '사가랴'의 정체에 대한 문제는 오래전부터 논의되었던 매우 어려운 과제다(Hagner, 1046). 히브리어 구약성경은 오늘날 기독교의 구약성경과 다른 순서로 배열되어 있다. 그것에 의하면 역대하 24:20-22에 나오는 사가랴(스가랴)가 마지막 순교자이며, 아벨은 현대의 성경에서와 마찬가지로 최초의 순교자다. (사가랴와 스가랴는 동일한 이름이다.)

성전에서 살해된 '사가랴'는 이스라엘 역사에서 훨씬 후대 인물인 바라갸의 아들이 아니라, 제사장 여호야다의 아들이다(대하 24:22). (스가랴서 1:1에는 스가랴가 베레갸의 아들로 되어 있다.) 마태는 핵심 어휘로 두 구절을 연결시키는 유대 해석법에 따라 '스가랴'를 언급하며 역대하에 나오는 '스가랴' 사건을 암시한다(Keener 1998, 127). 누가복음 병행구에는 바라갸에 대한 언급이 없다(11:51).

【36절】 [진정으로] 내가 너희에게 말하는데 [이 모든 것들이] ‖이 세대 위에‖ 임할 것이다.

❁ 36절에서 강조된 '진정으로'라는 표현은 하나님의 사자들을 배척하고 죽인 이스라엘에 대한 엄중한 결말을 돋보이게 한다(France, 881). '이 모든 것들'은 의인을 죽인 모든 악행에 대한 심판을(AMP), '이 세대'는 예수님의 말씀을 듣는 자들의 세대를 가리킨다(EXB). 주님의 예언이 있은 후 그들은 주후 70년에 예루살렘이 멸망하는 사건을 목도하였다.

MSG 역본은 35-36절을 이렇게 번역한다. "너희가 아무리 발버둥을 쳐도 여기서 빠져나갈 수 없다. 선한 사람 아벨의 피로부터 기도하던 중에 너희에게 죽임을 당한 바라갸의 아들 사가랴의 피까지, 이 땅에 흘린 의로운 피 한 방울 한 방울이 다 너희 책임이다.

내가 너희에게 말한다. 이 모든 것이 너희에게, 너희 세대에 돌아갈 것이다."

예수께서 예루살렘을 보며 탄식하시다

【37절】 예루살렘아! 예루살렘아! 그 선지자들을 살해하고 네게 보낸 사람들을 돌로 치는 자여. 마치 암탉이 자기 병아리들을 자신의 날개 아래 모으듯이, 내가 네 자녀들을 [얼마나 자주] 모으려고 하였더냐! 그러나 너희는 원하지 않았다!

❋ 37-39절은 마가복음에는 없고, 누가복음에서는 전혀 다른 문맥에 등장한다(13:34-35). 앞 단락의 격렬하고 신랄한 내용과는 대조적으로 본 단락은 온화하게 시작한다. 37-38절은 하나님의 입장에서 말씀하시는 예수님의 모습을 보여준다(Nolland, 949). 예수님은 예루살렘을 인격화하여 두 번이나 부르신다. 본 절에 사용된 '예루살렘'('이에루살렘')은 히브리어 '예루솰라임'을 그대로 음역한 것인데(제자원 2006, 277), 마태는 오직 여기서 딱 두 번 히브리어 형태를 사용한다(Hagner, 1051).

마태는 자신의 복음서에서 '예루살렘'을 줄곧 헬라식 발음인 '히에로솔뤼마'로 표기해 왔다(2:1; 3:5; 4:25; 5:35; 21:1). 이러한 기교는 37-38절에 묘사된 예수님이 바로 하나님이라는 사실을 함축한다. 히브리어를 음역하여 '이에루살렘'이라고 두 번 부른 것은 구약성경(창 46:2; 출 3:4; 삼상 3:10)에 나타난 하나님을 상기시킨다(Osborne, 960; Nolland, 950). 반면에 누가복음에는 '이에루살렘'이 28회, '히에

로솔뤼마'가 5회 사용된다.

❀ 후반부는 예루살렘을 향한 주님의 깊은 사랑과 유대 백성의 배척을 보여준다. 유대인들은 자신들이 하나님의 날개 아래 있으며, 이방인 한 사람을 개종시키면 그를 하나님 임재의 날개 아래로 데려온다고 믿었다(Keener 1998, 128). 본문은 '얼마나 자주'를 강조한다. 이 표현은 초월자이신 하나님이 구약시대에 타락한 이스라엘을 회복시키기 위해 선지자들을 통해 회개할 것을 선포한 사실을 알려 준다(Keck, 438; Nolland, 951). 동시에 예수님이 하나님이심을 암시한다. 이러한 내용은 하나님의 보호를 거절한 유대인의 죄악을 가중시킨다.

【38절】 보라! 너희 집은 방치된 채 너희에게 남겨질 것이다.

❀ '보라'라는 감탄사는 이스라엘에 임할 심판을 강조한다. '집'이 이스라엘을 의미하는 경우도 있지만, 여기서는 문맥상 성전을 지칭하는 것으로 보아야 한다. 구약에서 성전은 하나님의 집이라 일컬어졌다. 하나님의 성전을 '너희 집'이라 부른 것은 그분의 임재가 이미 그곳을 떠났기 때문이다(Keener 1998, 128). 본 절은 주후 70년 로마에 의해 예루살렘이 멸망할 것을 예고한다(Bock 2005, 129).

【39절】 왜냐하면 내가 너희에게 말하는데, 너희가 "‖주님의 이름으로‖ 오시는 그가 [복되시다]!"라고 말할 때까지, 너희는 [지금부터] 나를 [결코] 보지 [못할] 것이기 때문이다.

❀ 개역개정에는 누락되었지만, 헬라어 원문에는 이유를 나타내는 접속사가 있어서 38절과 39절을 이어준다. 즉 하나님의 성전이

방치된 채 남겨진 이유가 주님께서 떠나시기 때문이라고 말한다(Gundry, 473). 마지막 문장은 '지금부터', '결코', '못하다'를 강조하여 아주 단호하고 음울한 분위기를 전달한다. (누가의 병행구는 이 부분을 강조하지 않는다). 예수님은 자신이 이 세상을 떠난 후부터 재림할 때까지, 그들이 자신을 볼 수 없을 것이라고 선언하신다(제자원 1992, 588).

❀ 39절의 인용문은 시편 118:26에서 따온 것인데, 주님이 예루살렘에 입성하실 때 군중이 외쳤던 내용이기도 하다(21:9). 예수님은 자신이 재림할 때 대적했던 자들이 '주님의 이름으로 오시는 분이 복되시다'고 말할 수밖에 없다고 확언하신다. 그때 주님을 거부했던 자들도 그분이 십자가에 달렸다가 살아나신 메시아임을 인정하게 될 것이다(Hagner, 1052).

일부 학자들은 이 구절이 마지막 때 교회 사역을 통해 유대인이 회개하고 돌아올 것을 암시한다고 주장한다(Nolland, 953; Swindoll, 198). 인용문을 헬라어 원문으로 보면 누가의 병행구(13:35)와 완전히 일치한다. 그러나 강조점은 다르다. 누가복음은 '복되시다'라는 부분만을 강조하는데, 마태는 '주님의 이름'을 '복되시다'보다 더 강조한다. 이러한 마태의 기교는 주님을 배척하던 자들이 예수님을 '주님'으로 고백하며 그분 앞에 무릎 꿇게 될 것을 예고한다(양용의, 462). 누가의 병행 단락은 예수님의 예루살렘 입성 전에 배치되어 있다.

제24장

예수께서 성전이 파괴될 것을 예고하시다

【1절】 그리고 〈예수께서〉 [그 성전에서] 〈나와〉 그의 길을 가고 계실 때, 그의 제자들이 그 성전의 건물들을 그에게 가리켜 보이려고 다가왔다.

❀ 24-25장은 다섯 번째 강화이자 마지막 강화이며, 앞으로 닥칠 재난과 재림에 관한 예언이다. 감람산 강화의 내용이 마가복음과 누가복음에도 있는데 마태의 묘사가 가장 상세하다. 마가와 누가는 이 단락 앞에 가난한 과부의 헌금 이야기를 기록한다(12:41-44; 눅 21:1-4). 하지만 마태는 심판이란 주제를 부각하기 위해 이 강화를 23장과 직접 연결한다(Hagner, 1058).

1절은 예수님께서 성전에서 나오셨다는 사실을 강조하는데, 주님의 이런 행동은 상징적 의미를 지닌다. 주님은 21:23부터 줄곧 성전에 계셨고, 23:38에 기록된 극적 선언을 하신 후 이제 성전을 떠나신다. 하나님의 임재를 상징하는 그분이 마지막으로 예루살렘 성전을 떠나신다. 이는 성전이 버려질 것을 시사한다(Keck, 439). 마태는 이 점을 분명히 하기 위해 '예수님'의 이름을 삽입하여 신적 권위를 더한다(Gundry, 474). 마가의 병행구에는 예수님의 이름이 없다(13:1).

❀ 본문의 성전은 헤롯이 세운 세 번째 성전이다. 이 성전은 원래 에돔 출신인 헤롯 대왕이 유대인의 환심을 살 목적으로 주전 19년 스룹바벨 성전을 개축한 것에서 시작되었다. 착공한 지 9년 만에 봉헌식을 했지만, 계속 공사가 진행되어 로마 총독 알비누스에 의해 주후 63년 완공되었다(고영민, 200). 예루살렘 성전은 고대 세계에서 가장 아름답고 화려한 건축물 중 하나였으며, 견고하여 불멸의 존재처럼 여겨졌다(Keener 1998, 128). 제자들은 성전 건물을 보고 놀라 주님의 관심을 끌기 위해 왔다. 마가의 병행구는 한 제자의 말을 인용하여 성전이 얼마나 웅장하고 멋진가를 소개한다. 하지만 마태는 이런 내용을 생략한 채 성전의 파괴에 초점을 둔다(Gundry, 475).

【2절】 하지만 [그는] 그들에게 대답하여 말씀하셨다. "지금 너희가 이 모든 것들을 보고 있지 않느냐? 내가 [진정으로] 너희에게 말한다. [결코] 여기에 있는 [돌 하나도 돌 위에] 남지 [않고] 다 무너질 것이다."

❀ 예수님은 감람산에 서서 시온산을 바라보며 성전이 완전히 파괴될 것이라는, 제자들이 상상하기 어려운 말씀을 하신다(Osborne, 967). '진정으로'라는 표현은 마태복음에만 있는데, 뒤에 이어지는 말씀의 중요성과 권위를 보여준다(Hagner, 1058). 대부분의 유대인에게 하나님이 성전 파괴를 허락하실 수 있다는 것은 생각만 해도 끔찍한 일이었다. '돌 하나도 돌 위에' 남지 않는다는 말은, 문자적 의미라기보다 그만큼 철저히 파괴될 것을 예고한다(Nolland, 959). (성전 한쪽 벽의 일부는 무너지지 않고 지금도 남아 있다.) 예수님의 이 예언은 후에 왜곡된 형태로 주님을 대적하는 자들이 그분을 고소하는 데 이용되었다(Hagner, 1059).

이 시대의 끝에 나타날 징조들

【3절】 그리고 〈그가 감람산 위에 앉아 계실 때〉 그 제자들이 따로 그에게 다가와 말했다. "우리에게 말씀해 주십시오. 이러한 일들이 언제 있을 것이며, 또 당신께서 임하시고 이 시대가 끝날 때 어떤 징조가 있겠습니까?"

❀ 스가랴 14:4에 비추어 볼 때 감람산은 예수님께서 종말론적 강화를 하시기에 적절한 장소다. 스가랴 선지자는 주님의 날에 그분의 발이 예루살렘 앞에 있는 감람산에 서실 것이고, 감람산이 둘로 나뉠 것이라고 예언하였다(Harrington, 332). 제자들은 주님께 두 가지를 묻는다. 하나는 '이러한 일들(성전 파괴)이 언제 있을 것인가?' 하는 것이고, 다른 하나는 '주님의 임하심(재림)과 세상 끝에 무슨 징조가 있을 것인가?' 하는 것이다.
여기서 둘째 질문은 제자들이 재림과 이 시대의 종말을 하나로 보고 있음을 증명한다. 헬라어 원문에서 하나의 정관사가 '주의 임하심'과 '이 시대의 종말'이란 문구를 지배한다(Wilkins, 864). 제자들이 이 두 질문을 함께 한 것을 보면, 비록 이들이 성전 파괴와 재림을 구별하기는 하지만 실제로는 동일한 틀 안에서 보고 있음을 알 수 있다(Keck, 439). 유대교 종말 사상에서는, 예루살렘 성전이 파괴되면 이스라엘을 회복시킬 메시아가 오시고 세상의 종말과 심판이 다가온다고 이해했다(최갑종, 201). 사복음서에서 오직 마태만이 24장에서 '임하심'에 해당하는 헬라어 '파루시아'를 네 번이나 사용한다. 이는 '재림'을 뜻하는 전문 용어다(김창선, 340).

❋ 병행구와 비교하면 두 가지 차이를 발견할 수 있다. 첫째, 본문에서 내레이터는 제자들이 주님께 질문하였고, 그분께서 그들에게 대답하셨다고 기록한다. 여기서의 제자들은 교회 공동체를 상징한다(Gundry, 474). 반면에 마가복음에서는 베드로, 야고보, 요한, 안드레가 '은밀하게' 나아와 질문하고, 주님이 네 제자에게만 대답을 들려주신다(13:3-4). 마태는 예수님의 이 말씀을 모든 제자들, 즉 교회 공동체 구성원이 듣게 함으로써 24-25장의 강화를 일반화한다(Gundry, 476). 이런 기교는 이 내용이 마태 공동체 구성원에게 아주 중요한 관심사였음을 시사한다.
둘째, 마가복음의 제자들은 오로지 성전과 예루살렘 성의 운명에 대해서만 질문한다(13:4). 하지만 마태복음에서는 성전의 파괴뿐만 아니라, 주님의 임하심과 세상 끝에 있을 징조까지를 묻는다. 이는 본문의 제자들이 이미 재림과 종말에 관해 어느 정도 이해하고 있음을 입증한다(Gundry, 476).

【4절】 그러자 예수께서 그들에게 [대답하여] 말씀하셨다. "아무도 너희를 [속이지] 못하도록 계속 조심하여라.

【5절】 왜냐하면 [많은 사람들이] 내 이름으로 와서 '[내가] 그리스도다'라고 말하며 [많은 사람들을 속일] 것이기 때문이다."

❋ 저자가 4-14절에서 장래에 일어날 일을 상세히 기록한 것은 당시의 교회 공동체가 이런 문제로 공동체 밖의 유대인과 갈등을 겪고 있었기 때문이다(Harrington, 335). 예수님은 먼저 둘째 질문, 즉 종말과 관련하여 여섯 가지 징조를 이야기하신다(Swindoll, 205). 첫째 징조는 거짓 메시아의 출현이다(4-5절). '내 이름으로'라는 말은 그들이 주님의 이름을 사용하여 자신이 메시아라고 주장하게 될 것을 경고한다. 예를 들면 드다(행 5:36), 갈릴리 유다(행 5:37), 무

명의 이집트인(행 21:38)과 같은 혁명적 지도자가 여기에 해당한다(Hagner, 1064). 주후 1세기를 전후하여 가짜 메시아가 많이 나타나 상당수의 헌신된 추종자들을 거느렸다(Keener 1998, 129). '그리스도'란 칭호는 마태가 첨가한 것인데, 거짓 메시아의 허황된 주장을 보다 분명히 보여주며, 23-24절과 연결된다. 마가와 누가의 병행구에는 이 용어가 없다.

【6절】 게다가 너희는 분명히 전쟁들에 대해 듣거나 전쟁 소문들을 반복해서 듣게 될 것이다. 주의하라! 놀라지 말라. 왜냐하면 이러한 일들이 반드시 일어나야 하지만 [아직 끝은 아니기] 때문이다.

【7절】 왜냐하면 나라가 나라를 대적하여 일어나고 왕국이 왕국을 대적하여 일어나게 될 것이며, [여러 지역에서] 기근들과 지진들이 있을 것이기 때문이다.

【8절】 하지만 [이 {모든} 것들은] 산통의 시작이다.

❋ 둘째 징조는 국제적 분쟁과 전쟁이고(6-7절), 셋째 징조는 지진과 기근을 포함한 자연 재난이다(7절). '이러한 일들이 반드시 일어나야 하지만'이란 어구의 이면에는 이 세상의 모든 일이 하나님의 통치 아래 있다는 유대인의 신념이 깔려 있다(Hagner, 1065).
'산통' 이미지는 유대인이 일반적으로 종말과 관련된 재난을 설명할 때 사용하는 비유다(Bock 2012, 600). 마태는 8절에서 '모든'을 첨가하며 이를 이중으로 강조한다. 마가의 병행구에는 이 단어가 없다(13:8). '산통'(8절)으로 번역된 헬라어 '오딘'은 '산통', '진통', '예수님의 재림 전에 닥쳐오는 무서운 재난'을 뜻한다. 개역개정은 이를 "재난"으로 번역하는데, '산통'이나 '진통'으로 처리해야 한다. 처음 산통이 온 후 몇 번의 진통이 있어야 아기가 태어날지 예측할 수 없기 때문이다(양용의, 471). 진통은 한편으로 죽음의 고통일 수 있지만, 다른 한편으로는 새로운 창조를 가져온다(고영민, 202). NASB, NIV, NLT, NRSV를 비롯한 대부분의 영어성경은 '산통'(진통)으로 번역한다.

【9절】 [그때에] 그들이 너희를 환난에 넘겨주고 살해할 것이며, 너희는 [내 이름 때문에] {모든} 민족들에게 미움을 받을 것이다.

❋ 넷째 징조는 신자들이 겪는 심각한 핍박이다. 4-8절이 세상 사람들이 겪게 될 고통을 예언하였다면, 9-13절은 제자들이 예수님을 따르기 때문에 경험하게 될 고통을 예고한다(Wilkins, 867). 본 절은 '내 이름 때문에'를 강조하여 제자들이 주님과 동일시되고 있음을 드러낸다(Hagner, 1070). 주님은 제자들이 '모든 민족'에게 미움을 받을 것이라고 선언하신다. 마가의 병행구는 "모든 사람에게"로 표현하는데(13:13), 마태는 '민족'이란 단어를 사용하여 복음이 전 세계로 확산될 것을 내다본다(Gundry, 478). 그리스도인이 주님을 따른다는 이유 때문에 환난을 당하고 살해되는데, 오히려 이로 인해 복음은 모든 민족에게 전파된다. 얼마나 놀라운 역설인가!

【10절】 그리고 [그때에] 많은 사람들이 걸려 넘어질 것이며, [서로] 넘겨주고 서로 미워할 것이다.

【11절】 또한 [{많은} 거짓 선지자들이] 일어나 [많은 사람들을] 속일 것이다.

❋ 다섯째 징조는 가짜 신자의 이탈이다(10-13절). 이제 장면이 바뀌어 공동체 외부에서 오는 고난에서 공동체 내부에서 발생하는 고난으로 이동한다(Harrington, 332). 마가의 병행 단락은 가족 안에서 일어나는 배신을 이야기하는데(13:12), 마태는 교회 공동체 안에서의 배교를 설명하는 점이 특이하다(Gundry, 479). '서로 넘겨준다'는

말은 배교한 사람이 고발하여 많은 성도가 붙잡히게 될 것을 예고한다(고영민, 202). '서로'란 단어가 연달아 사용된 것은 이들이 전에 한 지체였음을 강조한다(Osborne, 975). 11절은 '많은'을 거듭 강조하여 공동체의 대다수가 배교하는 상황을 제시한다.

【12절】 그리고 〈불법이 가득찰 것이기 때문에〉 [많은 사람들의 사랑이] 식을 것이다.

【13절】 그러나 〈끝까지 견디는 사람〉, [그 사람은] 구원을 받을 것이다.

❄ '불법'에 해당하는 헬라어 '아노미아'는 하나님의 법을 무시하는 행위를 말하는데, 복음서에서 오직 마태복음에만 네 번 사용된다(7:23; 13:41; 23:28). 마태복음에서 말하는 불법은 범죄 행위는 물론이고 하나님의 율법에서 벗어난 삶의 방식을 의미한다. 12절은 마지막 때에 사랑이 식어진다고 경고하는데, 여기서의 사랑은 타인에 대한 사랑을 뜻한다. 그런데 기억해야 할 점은 '사랑'이 율법의 핵심(22:36-40)이라는 사실이다(Hagner, 1071). 13절의 '견딘다'는 말은 단지 수동적으로 참는 정도가 아니라, 희망을 가지고 끈기 있게 인내하여 마침내 승리하는 것을 말한다(고영민, 203).

【14절】 그리고 그 왕국의 이 기쁜 소식이 {모든} 민족들을 위한 증언으로 {온} 세상에 선포될 터인데, [그때에] 끝이 올 것이다.

❄ 여섯째 징조는 복음이 전 세계로 확산되는 것이다. 우리는 여기서 모든 민족을 위한 보편적 선교의 전조를 발견한다(Osborne, 976). 마가의 병행구(13:10)와는 다르게, 마태는 '그 왕국'이란 표현을 덧붙여 하나님의 왕국에 대한 특별한 관심을 보여준다. 아울러 환난과 어려움에도 불구하고 그분의 주권적 통치는 계속된다

는 확신을 심어 준다(Gundry, 480). 저자는 '모든' 민족과 '온' 세상을 연속해서 강조하여 복음 전파의 필요성을 역설한다. 하지만 본문은 전 세계의 모든 소수 종족에 이르기까지 반드시 복음이 전파되어야 하거나, 모든 민족이 회심해야 종말이 온다는 의미는 아니다(Barton 2002, 332). 오히려 지리적 인종적 제한 없이 천국 복음이 널리 전파되는 것을 뜻한다(Hagner, 1072). 이 전 세계적인 복음 전파는 사도 바울이 당시에 잘 알려진 세계에 복음을 전했던 1세기에 부분적으로 실현되었다(Wilkins, 870).

큰 환난

[15절] 〈그러므로 너희가 선지자 다니엘을 통해 말씀하신 '그 황폐하게 하는 혐오스러운 것'이 거룩한 곳에 서 있는 것을 보게 될 때마다. [읽는 자는] 생각하여라〉.

❀ 15-28절이 하나의 단락인데 둘째 질문, 즉 마지막 때를 암시하는 사건에 대해 서술한다(Swindoll, 208). 특히 15-22절은 예루살렘이 멸망할 때의 상황과 그 재앙이 닥칠 때 해야 할 일을 알려 준다(Osborne, 980-81). '그 황폐하게 하는 혐오스러운 것'이란 표현은 70인역 다니엘 11:31, 12:11에서 인용한 것인데, 도시의 멸망과 관련된 전문 용어다(Hagner, 1077). 이 용어는 '성소를 황폐하게 하는 좋지 못한 물건', '하나님의 분노를 일으키므로 그 앞에 가지고 나와서는 안 되는 물건'을 뜻한다(고영민, 203). 다니엘의 이 예언은 안티오커스 에피파네스가 주전 168년 성전에 제우스 신상을 세우

고 돼지고기를 제물로 바쳤을 때 성취되었다(Swindoll, 208). 예수님은 이 성전 모독 사건을 그리스도인들이 경험하게 될 예루살렘 성전의 파괴를 가리키기 위해 사용하신다(강대훈, 420).

❀ 마지막 부분은 '읽는 자는 생각하라'고 권면하는데, 이는 복음서 저자의 설명이다(민영진 1999, 114). 여기서 '읽는 자'는 다니엘서를 읽는 사람을 가리킨다(Gundry, 481). 마태는 선지자의 예언과 그 성취에 관심을 보이며, 다니엘서를 읽는 독자는 이 예언이 어떻게 성취되는지 깨닫는다고 단언한다. 마가의 병행구와 비교하면 마태는 '선지자 다니엘을 통해 말씀하신'이란 어구를 추가하고, '서지 못할 곳'(막 13:14)을 '거룩한 곳'으로 대체한다. 마태의 표현이 마가보다 훨씬 구체적이며 구약성경 예언의 성취에 관심을 갖게 한다.

【16절】 ‖그때‖ [유대에 있는 자들은] 그 산들 속으로 도망쳐라.

❀ 16절은 '그때', 곧 로마 군대가 예루살렘을 포위하고 공격할 때를 제일 강조한다. (마가의 병행구에 나오는 표현보다 더 강조한다.) 당시 유대인들은 예루살렘 성이 가장 안전한 피난처라고 여겼다. 든든한 성으로 둘러싸인 천연 요새일 뿐 아니라 여호와가 임재하신다고 믿는 성전이 있기 때문이었다(고영민, 203). 그런데 주님은 예루살렘 성 자체가 하나님의 심판을 받기에 산으로 도망치라고 명하신다. 역사가 유세비우스는 이 경고가 유대인 독립 전쟁 시(주후 66-73년) 그리스도인들이 요단강 건너편에 있는 펠라 마을로 도망갔을 때 성취되었다고 보고하였다(Wilkins, 872-73).

【17절】 그리고 [지붕 위에 있는 자는] 자기 집에서 물건들을 꺼내려고 내

려오지 말라.

【18절】 또한 [밭에 있는 자는] 자기 겉옷을 가져오기 위해 돌아서지 말라.

❀ 17-18절은 사태의 긴박성을 실감나게 묘사한다. 1세기 유대인들은 제대로 된 창문이 거의 없는 집 안보다 탁 트인 지붕에서 다양한 활동을 즐겼다. 그들의 평평한 지붕은 휴식처, 기도처, 식사나 축하 모임 장소, 과일이나 곡식을 말리는 공간 등으로 활용되었다(Harrington, 337). 또한 지붕에서 내려오는 계단은 집 밖에 설치되어 있었기에 집 안에 발을 딛지 않고도 땅으로 내려올 수 있었다(Keener 1998, 130). 주님은 즉각 도망해야 하기 때문에 옷이나 소유물에 관심을 갖지 말라고 충고하신다.

❀ 18절은 밭에서 일하는 상황을 가정하는데, 약간 궁금증을 자아낸다. 예루살렘이 멸망하는 급박한 순간에 왜 농부는 겉옷을 가져가려 했을까? 성경시대 유대인에게 겉옷은 낮에는 더위와 비를 막아 주고, 밤에는 노숙을 위한 잠자리 역할을 했다. 더욱이 농부들은 대부분 겉옷이 한 벌밖에 없었고 겉옷 귀퉁이에 달린 술은 선민을 상징하였으므로, 매우 소중하였다. 유대인의 겉옷은 현대인의 '물방울 다이아몬드 반지'보다 더 소중한 마지막 보루였다(류모세 2010a, 78-86).

【19절】 하지만 아, 슬프다! [이런 때] 임신한 여인들과 젖을 먹이는 자들이여!

【20절】 그러나 너희가 도망가는 일이 겨울이나 안식일에 일어나지 않도록 계속 기도하라.

❀ 예루살렘이 멸망하는 최악의 상황이 발생할 때 임신부와 아이가

딸린 여성은 모든 면에서 대처하기가 제일 어려울 것이다. 자신의 몸조차 가누기 힘든데다가 극심한 식량 부족으로 아이의 목숨까지 위태롭기 때문이다(장재일, 446). 겨울이 우기에 해당하는 팔레스타인은 겨울에 도피하기가 매우 어렵다. 평상시 말라 있던 계곡에 물이 불어나 건너기가 힘들고, 진흙투성이의 언덕과 추운 밤도 견디기가 쉽지 않다(Keener 1998, 130).

게다가 급하게 도망치다 보면 안식일을 지키기도 어려워진다. 안식일에 가게가 문을 닫고 심지어 비공식으로 사고파는 행위까지 중단되면, 극심한 식량 공급 문제가 야기될 것이 뻔하다(Nolland, 974). 마가의 병행구와 비교하면, 마태는 유대인의 특별한 관심사인 안식일에 관한 내용을 첨가한다. 이는 마태 공동체 구성원에게 안식일 준수가 중요한 문제였음을 시사한다(Harrington, 341).

【21절】 왜냐하면 그때에 큰 환난이 있을 것인데, 그러한 일은 이 세상이 시작될 때부터 지금까지 일어난 적이 없었고 앞으로도 결코 일어나지 않을 것이기 때문이다.

【22절】 그런데 〈만약 그 날들이 줄어들지 않았다면〉 [어떤 육체도 구원받지 못했을 것이다]. 그러나 [선택된 사람들 때문에] ‖그 날들이 줄어들 것이다‖.

❀ 21절은 주후 70년에 있었던 예루살렘의 멸망을 언급하는 데 사용되는 친숙한 표현이다(Hagner, 1076). 예수님은 다니엘 12:1의 언어를 빌려 큰 환난에 대해 말씀하신다(Keener 1998, 131). 역사학자 요세푸스의 기록에 의하면, 예루살렘이 3년 동안 포위되어 있을 때 너무 많은 사람이 굶어 죽어 시체를 치울 사람이 없었다고 한다. 심지어 어린아이를 잡아먹는 부모까지 있을 정도였다(고영민, 203).

22절은 배후에서 역사를 주관하시는 하나님의 주권적 통치를 암시한다. 주후 70년 4월에 시작된 로마 군대의 공격이 오래가지 않을 것을 함축한다. 실제로 9월까지 약 4개월 반이 소요되었다(고영민, 204). 마가의 병행구는 이 환난이 사상 초유의 사건이란 점을 제일 강조한다(13:19). 하지만 마태는 하나님께서 고통의 날을 줄여 주신다는 점을 제일 강조하여, 선택된 자들에 대한 그분의 배려를 부각한다.

【23절】 [그때] 〈만일 누군가가 너희에게 "보라, 그리스도가 [여기에] 있다," 혹은 "[저기에] 있다"라고 말하여도〉 그것을 믿지 말라.

【24절】 왜냐하면 거짓 그리스도들과 거짓 선지자들이 일어나 그들이 큰 표적들과 이적들을 보여주며, 가능하면 [심지어 선택된 사람들까지도] 속이려고 할 것이기 때문이다.

❀ 23-26절은 거짓 메시아와 선지자에 대해 경고하는데, 4-5절과 11절의 예언을 약간 다른 형태로 반복한다. 이처럼 중복된 내용은 15절에 언급된 성전 모독 사건이 즉각적으로 종말에 이르게 하지 않음을 강조한다(Hagner, 1083). 24절의 '가능하면'은 선택된 자들이 하나님의 보호 아래 있기에, 거짓 선지자들이 그들의 목표를 달성할 수 없음을 암시한다(Robertson). 마가의 병행구(13:22)와 비교하면 마태는 두 가지 변화를 시도한다. 하나는 '표적과 이적들' 앞에 '큰'이란 형용사를 첨가하여 거짓 그리스도가 주는 충격을 극대화한다. 다른 하나는 '선택된 사람들' 앞에 '심지어'를 덧붙여 배교의 위험성을 고조시킨다(Gundry, 485).

【25절】 보라! 내가 너희에게 미리 말하였다.

【26절】 〈그러므로 만약 그들이 너희에게 "보라! 그가 [그 광야에] 있다"라고 말하여도〉 나가지 말라. 〈"보라! 그 골방들에 있다"〉라고 말하

여도 그 말을 믿지 말라.

❋ 26절은 마가의 병행 단락에 없다. 메시아가 광야에 있을 것이라는 생각은 유대인의 통념이었다. 이는 아마도 세례 요한이 그의 사역을 광야에서 시작했기 때문인 것으로 보인다. 골방에 있다는 말은, 광야에서 공개적으로 나타나는 경우와 비교하려는 의도에서 언급한 것으로 보인다. 마태는 개인적인 기도의 장소로 골방(6:6)을 제시한 적이 있다(Hagner, 1086).

【27절】 왜냐하면 〈마치 번개가 동쪽에서 나오면 서쪽까지 번쩍이듯이〉, 인자가 임하는 것도 [그와 같을] 것이기 때문이다.

❋ 재림의 성격에 대해 이야기하는 27-28절은 마가복음에는 없다. 27절은 번개가 동쪽에서 서쪽으로 번쩍이듯이 세상 모든 사람이 주님의 재림을 볼 것이라고 단언한다. 병행구와 비교하면 아주 중요한 통찰을 얻을 수 있다. 누가는 재림과 관련하여, 번개가 "하늘 아래 이쪽에서 번쩍이어 하늘 아래 저쪽까지 비침같이" 그렇게 된다고 설명한다(17:24). 하지만 마태는 "동편에서 나서 서편까지 번쩍임같이"라고 묘사하며 이 부분을 강조한다. (마태는 누가복음의 "하늘 이 끝에서 저 끝까지"라는 표현을 31절에서 사용한다.) 마태가 '이쪽에서 저쪽까지'를 '동쪽'과 '서쪽'으로 대체한 의도가 무엇일까? 이러한 마태의 기교는 8:11("동서로부터")을 상기시킨다(Gundry, 486). 동시에 전 세계에서 몰려온 많은 이방인이 이스라엘 족장들과 함께 천국 잔치에 참여하게 될 것을 시사한다. (실제로 '동쪽'과 '서쪽'이 결합되어 사용된 경우는 신약성경에서 마태복음 8:11과 본 절밖에 없다.) 많은 이방인이 몰려오는 이미지는 천사들이 '택하신 자들을 모으는'(31절) 장면과 직결된다.

【28절】 〈[시체가] 있는 곳은 어디든지〉 [독수리들이] [그곳에] 모여 있을 것이다!

❋ 28절은 신약시대에 격언처럼 쓰였던 말인데(고영민, 205), 복음서의 다른 어떤 구절보다도 이해하기가 어렵다고 이야기한다(Swindoll, 211). 그러나 병행구와 비교하면 의외로 쉽게 뜻을 파악할 수 있다. 누가의 병행구(17:37)도 동일한 내용을 담고 있지만, 문맥이 다르기에 의미는 완전히 달라진다. 누가의 병행 단락(17:23-37)에서는 '번개'(17:24)와 '시체'(17:37)에 대한 언급 사이에 심판 장면이 길게 이어진다. 따라서 누가복음의 구절은 악한 자가 있는 곳에 반드시 하나님의 심판이 있음을 알려 준다.

그러나 마태는 '번개'와 '시체' 사이에 있는 심판 관련 내용을 모두 생략하여 27-28절을 바로 연결한다. 그러기에 본 절은 재림('파루시아')의 특징을 설명한다. 마치 독수리가 모이는 곳에 시체가 있음을 분명히 알 수 있듯이, 누구든지 인자의 오심을 놓칠 수 없다는 의미를 전달한다(MacArthur, 1173). 이런 내용은 그리스도가 이미 재림했다고 주장하는 거짓 메시아의 주장(26절)이 얼마나 잘못되었는지 알려 준다(Gundry, 486-87).

인자의 오심

【29절】 그러나 〈그 환난의 날들 후에 즉시〉 [해가] 어두워질 것이고, [달은] 빛을 내지 않을 것이며, [별들은] 하늘에서 떨어지고, [하늘의 세력들은] 흔들리리라.

❁ 29-31절은 재림에 대해 서술하며, 주님이 재림하실 때 천체의 모든 피조물이 반응을 보인다고 예고한다(Harrington, 338). 29절은 '그 환난의 날들 후에 즉시' 우주적 대혼란이 있으리라고 단언한다. '그 환난의 날들'은 큰 환난에 대해 언급한 21절과 연결되며, 이는 구체적으로 성전의 더럽힘(15절), 예루살렘의 멸망(21절)과 관련된다(Hagner, 1094; Osborne, 993). '즉시'란 표현은 15-26절에 기술된 대환난이 있은 직후 재림이 있을 것을 알려 준다(Wilkins, 876). '하늘의 세력들'은 하늘에 있는 영적 존재나 다른 물체들을 가리킨다(제자원 2006, 342).

일부 학자들은 29절에 묘사된 우주적 징조를 은유나 상징으로 해석한다(Blomberg, 362; Wright, 176). 특히 29-31절을 예루살렘의 파괴에 대한 은유로 이해하는 학자들은 본 절을 단순한 정치적, 사회적 격변으로 간주한다(Garland, 238). 하지만 본문에 서술된 초자연적 현상은 상징적 표현이 아닌 실제적인 하늘의 흔들림으로 보아야 한다. 27-28절에 함축된 의미를 정치적, 사회적 혼란만으로는 설명하기 어렵기 때문이다. 주님이 십자가에 달리셨을 때 하늘이 끔찍하게 어두워졌던 것처럼, 재림 시에도 하늘의 피조물들이 우주적 반응을 보이게 될 것이다. 우주의 총체적 이변은 만물을 새롭게 하여 새 하늘과 새 땅을 창조하기 위한 하나의 과정이다(Bock 2012, 606; 고영민, 205).

❁ 병행구(막 13:24)와 비교하면, 29절은 마가복음의 '그날에'(개역개정: "그때에")를 '즉시'로 대체한다. 그 이유가 무엇일까? 첫째, 저자는 이런 기교를 사용하여 앞 단락과 본 단락을 좀 더 긴밀하게 연결한다(Hagner, 1091). 둘째, 예루살렘 성전 파괴와 아직 성취되지 않은 재림 간의 긴 시간적 간격을 '즉시'란 단어로 과감하게 축소시킨다(Gundry, 491). 바꿔 말하면 이 단어를 통해 독자로 하여금 예

언이 곧 성취될 것을 고대하게 한다. '즉시성'을 강조하는 이러한 기교는 박해를 당하는 마태 공동체 구성원을 계속 깨어 있게 만든다. 마태는 뒤에 이어지는 단락에서 다른 복음서보다 '깨어 있는' 문제를 더 상세히 설명한다(Gundry, 487-91).

【30절】 그리고 [그때] 인자의 징조가 하늘에 나타날 것이며, 그리고 [그때] 이 땅의 {모든} 종족들이 그들의 가슴들을 칠 것이고, 그들은 인자가 하늘의 구름들을 타고 큰 능력과 영광으로 오는 것을 볼 것이다.

❀ 30절 전반부, 즉 '인자의 징조'에 대한 언급과 땅의 모든 종족이 통곡할 것이라는 설명은 마가와 누가의 병행구에는 없다(막 13:26; 눅 21:27). '인자의 징조'가 무엇인가에 대해서는 학자들 사이에 많은 논란이 있다. 30절의 앞부분은 '그때'를 연속해서 두 번이나 강조하는데, 이 표현은 '인자의 징조'가 29절의 현상이나 인자의 오심 자체가 아니라는 점을 분명히 한다(Osborne, 994; Hagner, 1096). 이것이 무엇인지 정확히 알 수는 없지만, 상당수의 학자들은 이 징조를 메시아가 모든 민족을 모을 때 사용하는 '깃발'(사 11:12)로 해석한다(Wilkins, 877; Harrington, 338).

❀ '땅의 모든 종족이 가슴을 친다'는 말은, 예수님의 재림이 전 세계적으로 분명하게 나타난다는 사실을 전제로 한다(Keck, 444). 그때에 주님을 십자가에 못 박은 유대인들이나, 복음을 거절하며 그리스도인을 박해했던 모든 자들이 심판에 대한 두려움 때문에 통곡하게 될 것이다(고영민, 206; Hagner, 1096). 병행구와 비교하면, 마태는 '하늘'이란 단어를 첨가하여('하늘의 구름들') 70인역 다니엘 7:13("하늘 구름을 타고")의 언어에 조금 더 가깝게 만든다(Hagner,

1091). 이와 함께 '하늘'과 '땅'을 분명하게 대비한다. (개역개정에는 '하늘'이 누락되었다.) 마가와 누가의 병행구에는 '하늘'과 '땅'의 대조가 없다.

【31절】 또한 그가 큰 나팔 소리와 함께 자기 천사들을 보낼 것이며, 그들은 하늘 끝에서 {하늘} 끝까지 {네 개의} 바람들로부터 그의 선택된 자들을 모을 것이다.

❀ 주님께서 재림하면 나팔 소리와 함께 천사를 보내어 전 세계에 흩어져 있는 자신의 자녀를 불러 모으신다. 구약성경에서 나팔은 하나님의 백성을 소집할 때 쓰였는데, 본문에서는 마지막 때에 하나님의 백성을 모으는 수단이 된다(Keener 1998, 132). 주님은 '자기' 천사들을 보내신다. 개역개정은 "천사들"로 번역하는데 '자기 천사들'로 처리해야 한다. 이 표현에 예수님을 신적 존재로 고백하는 '고기독론'이 담겨 있다(강대훈, 433). 마가의 병행구는 '그 천사들'로 설명한다(13:27).

❀ '하늘 끝에서 하늘 끝까지'는 신약시대의 대중적 우주관을 반영한다. 고대인들은 하늘을 지구 위를 덮고 있는 둥근 천장으로 이해하였다(Keener 1998, 132). '네 개의 바람들로부터'는 땅의 전 지역을 의미하는 고대의 표현이다(제자원 2006, 345). '선택된 자'는 유대인과 이방인을 포함하는 모든 그리스도인을 가리킨다(Hagner, 1097; Wilkins, 879). 전 세계에 흩어져 있는 하나님의 백성을 사방에서 모으는 이미지는 8:11과 일치한다(France, 927).
마가의 병행구(13:27)와 비교하면 두 가지 차이를 발견할 수 있다. 첫째, 마태는 '큰 나팔 소리'를 첨가하여 이사야 27:13을 연상시키며, 그리스도의 재림을 모든 이들이 분명히 깨닫게 한다(Gundry,

489). 둘째, 마가의 병행구에 있는 “땅 끝으로부터 하늘 끝까지”라는 어구를 ‘하늘 끝에서 하늘 끝까지’로 대체한다. 이러한 마태의 기교는 신명기 30:4을 더욱 충실히 반영한다(Gundry, 489).

무화과나무의 비유

【32절】 이제 너희는 ‖무화과나무로부터‖ [비유를] 배워라. 〈그 어린 가지가 [이미 부드러워지고] 잎들이 [돋아나면]〉 너희는 [여름이 가까운] 줄을 안다.

❀ 32절부터 분위기와 강조의 초점이 바뀐다. 예수님께서는 지금까지 성전의 파괴와 재림, 그리고 종말과 관련된 제자들의 질문에 답하셨다. 하지만 이제는 주님의 오심을 고대하는 사람들이 갖추어야 할 태도를 다루신다(Wilkins, 879). 예수님은 32절부터 25:46에 걸쳐 일곱 개의 비유를 제시하며 재림을 고대하는 마음으로 적극적으로 살라고 권면하신다. 처음 세 개(32-44절)와 다섯째(25:1-13)는 깨어 있으라는 충고이고, 넷째(45-51절)와 여섯째(25:14-30)는 깨어 있는 자세가 무엇인지 설명한다. 마지막 일곱째(25:31-46) 비유는 다가올 심판의 기준을 제시하며 사랑과 자비를 실천하라고 권유한다(Keck, 444).

❀ 32절은 무화과나무를 제일 강조한다. 이 나무는 이스라엘에서 자라는 대부분의 나무와는 다르게, 겨울에 잎이 다 떨어지고 늦은 봄에 싹을 낸다. (대부분의 낙엽 활엽수는 초봄에 싹을 낸다.) 이런 특

성 때문에 주님은 무화과나무를 선택하셨다. 지체되는 재림을 설명하는 완벽한 예였기 때문이다(Keck, 445). 따라서 무화과나무가 싹을 틔우면 그것은 봄이 끝나고 여름이 가까이 왔음을 알려 주기에, 제자들은 인자를 맞을 준비를 해야 한다. '여름'은 예수님이 재림하실 때 도래하는 복과 열매의 시대를 암시한다(Wilkins, 880). 누가의 병행구는 "무화과나무와 모든 나무를" 보고 교훈을 얻으라고 충고한다(21:29).

【33절】 ‖이처럼‖ [너희도] 〈너희가 이 모든 일들을 볼 때〉, 너희는 그가 가까이 [그 문들 앞에] 있다는 것을 알아라.

❋ 33절은 '이처럼'을 제일 강조한다. (마가와 누가의 병행구에도 이 부사가 있지만 본문처럼 강조하지는 않는다.) 이 표현에는 재림의 '지체'와 '확실성'이 다른 복음서보다 더 강하게 암시되어 있다. '이 모든 일들'은 재림이 다가왔음을 알려 주는 징표다. 그러므로 '이 모든 일'에 재림 자체가 포함되지 않는다. 즉 예루살렘 멸망과 함께 재림 이전에 나타날 징조들(4-26절)이 여기에 포함된다(Nolland, 987; Osborne, 1000). '문 앞에 있다'는 말은 성곽 도시 이미지를 보여주며, 신적 존재나 왕이 공식적으로 어느 도시를 방문한 상황을 가정한다(Nolland, 988).

병행구와 비교하면 중요한 차이를 발견할 수 있다. 마태는 '이 모든 일들'을 언급하는데, 마가와 누가는 '이 일들'이라고 서술한다(막 13:29; 눅 21:31). 마태는 '모든'이란 단어를 삽입하여, 33-34절에 나오는 '이 모든 일들'을 의도적으로 같게 만든다. 이 사실을 아는 것이 24장의 문맥을 이해하는 데 굉장히 중요하다.

【34절】 [진정으로] 내가 너희에게 말한다. 이 모든 일들이 [일어날] 때까

지는 [결코] 이 세대가 [지나가지 않을] 것이다.

❀ 34절은 공관복음에서 가장 논쟁이 되는 부분이다(Bock 2012, 607). '이 모든 일들'과 '이 세대'의 의미에 대해 학자들의 견해가 엇갈리기 때문이다. 앞에서도 지적했듯이 33-34절의 '이 모든 일들'은 그 의미가 동일하며, 여기에 재림이 포함되지 않는다(Blomberg, 364; 강대훈, 436). '이 세대'는 예수님과 동시대에 살았던 사람들을 가리킨다(Osborne, 1001). 특히 그들이 예루살렘의 멸망과 관련된 사건들을 실제로 경험했다는 점에서 더욱 그렇다(Harrington, 342). 구약성경에서 한 세대는 보통 40년으로 간주된다(Robertson).

❀ 29-31절을 예루살렘 성전의 파괴에 대한 은유로 해석하는 학자들은, 29-31절을 '재림'에 관한 설명으로 이해할 경우에 심각한 문제가 발생한다고 역설한다. 그 이유는 예수님이 본 절에서 "이 세대가 지나가기 전에 이 일이 다 일어나리라"(개역개정)고 말씀하셨기 때문이라는 것이다. 이들은 29-31절을 '재림'에 대한 언급으로 해석하면, '이 모든 일들'(34절)이 재림을 포함하고, 그 결과 34절이 36-51절과 상충된다고 주장한다(France, 919). 하지만 이러한 견해는 33-34절에 나오는 '이 모든 일들'의 의미가 동일하고, 여기에 재림이 포함되지 않는다는 점을 간과한 것이다. 개역개정 34절은 이 부분을 "이 일"(단수)로 번역하는데, 33절과 동일하게 '이 모든 일들'(복수)로 처리해야 한다. 헬라어 원문이 복수로 되어 있기 때문이다.

【35절】 [이 하늘과 이 땅은] 사라질 것이다. 그러나 [내 말들은] ‖결코‖ 사라지지 ‖않을‖ 것이다.

❋ '내 말'은 예수님의 일반적인 가르침이 아니라, 미래와 관련된 말씀의 권위와 확실성을 강조한다(Hagner, 1099). 신약시대 유대교 선지자들은 자신의 주장에 대해 예수님처럼 말하지 않았다. 이런 주장은 모세와 선지자들을 통해 전달된 하나님의 말씀에만 적용되었다(Keener 1998, 132).

그 날과 그 시간은 아무도 모른다

【36절】 그러나 〈그 날과 그 시간에 대해서는〉 [아무도 모른다]. 하늘의 천사들이나 그 아들도 모르고, ‖오직 그 아버지만‖ 아신다.

❋ 36-41절은 재림의 때에 관해 언급한다. '그 날과 그 시간'이란 표현은 문자적인 날 또는 시간만이 아니라, 해(year) 또는 달(month)도 포함된다(Wilkins, 894). 예수님 자신도 종말이 언제 올지 알지 못한다는 말씀은 마태복음의 전체적인 흐름과 일치하지 않는 것처럼 보인다. 이러한 설명은, 첫째, 예수님이 신적 특권을 포기하고 철저히 성부 하나님께 복종하시는 모습을 보여준다(고영민, 207). 둘째, 독자들을 자극하여 항상 긴장하며 그분의 가르침에 합당하게 살아가도록 유도한다(Hagner, 1100). 마태는 마가와는 다르게 '오직'이란 단어를 첨가함으로써, 재림의 시기를 거론하는 거짓 선지자의 오만한 행위가 얼마나 악한가를 꼬집는다.

【37절】 이는 〈마치 노아의 날들과 같이〉 인자가 임하는 것도 [그렇게] 될 것이기 때문이다.

❋ 마태는 마가와는 달리 여기서 세 단락(37-44절, 45-51절, 25:1-13)을 첨가하여 36절을 구체적으로 설명한다. 오직 하나님만이 재림의 시간을 아신다는 사실과 다른 사람은 아무도 모른다는 점을 대비한다. 노아의 시대를 언급한 것은 그들의 시대가 악했기 때문이 아니다. 심판이 다가왔음을 알려 주는 어떤 징조도 없이 일상적인 삶이 지속되었다는 의미다(MacArthur, 1174).

37-41절은 누가복음 17:26-35과 병행을 이루는데 문맥과 내용이 다르다. 누가는 마지막 때에 심판, 곧 '분리'가 있을 것을 예고하며 구약에 기록된 가장 비극적인 사례(노아와 롯의 경우)를 소개한다. 그러나 마태는 분리가 나타난다는 것보다, 언제 있을지 모르기에 항상 깨어 있어야 한다는 사실에 초점을 둔다(Gundry, 492).

【38절】 왜냐하면 〈그 홍수가 있기 전, 그들이 그 날들 속에서 노아가 그 방주에 들어가던 날까지 계속 먹고 마시며 장가가고 시집가면서도,

【39절】 그 홍수가 닥쳐와 모든 것을 다 쓸어가 버릴 때까지 그들이 알지 못했던 것처럼〉, ‖인자가 임하는 것도‖ [그렇게] 될 것이기 때문이다.

❋ '먹고 마시며 장가가고 시집갔다'는 말은 일상의 평범한 삶을 가리킨다. 여기에 사용된 네 개의 현재분사는 그러한 행위가 습관적으로 지속되었음을 강조한다. 그들은 일상의 삶에 정신이 팔려 심판이나 영적 실재에 대해 조금도 관심을 갖지 않았다(Osborne, 1006). 노아가 방주를 준비하며 무려 120년 동안 심판을 예고했지만, 아무도 귀를 기울이지 않았다.

노아가 방주에 들어갔다는 38절의 묘사는 70인역 창세기 7:7의 언어와 아주 비슷하다(Hagner, 1104). '그들이 그 날들 속에서'라는

문구는 누가의 병행구에는 없는데, 바쁜 일상사에 완전히 '몰입하여' 살아가던 사람들의 생활상을 반영한다. (개역개정에는 이 문구가 누락되었다.) JMNT 역본은 38절을 이렇게 번역한다. "홍수가 있기 전, 사람들은 습관적으로 그 날들 속에 빠져 노아가 그 방주에 들어가던 날까지, 습관적으로 먹고 마시며 관습에 따라 장가가고 시집갔다."

【40절】 [그때에] 두 사람이 그 밭에 있다가 [한 사람은] 데려감을 당하고, [한 사람은] 뒤에 남겨질 것이다.

【41절】 두 여자가 그 맷돌을 갈고 있다가 [한 사람은] 데려감을 당하고, [한 사람은] 뒤에 남겨질 것이다.

❁ 예수님은 팔레스타인의 일과를 예로 들며, 들에서 일하는 남성과 맷돌질하는 여성을 소개하신다. (마태는 남성과 여성, 짝을 지어 균형 있게 소개한다. 누가의 병행 단락에는 이런 묘미가 없다.) 아마도 이들은 가족이었을 것이다. 밭에 있는 두 남자는 아버지와 아들 혹은 형제였을 것이고, 맷돌질하는 두 여자는 가정주부와 그녀의 어머니 아니면 성장한 딸이었으리라(Nolland, 994; Osborne, 1006). (개역개정으로는 알 수 없지만, 헬라어 원문에 의하면 '밭'과 '맷돌'이 모두 단수이고 각각 정관사가 붙어 있다. 따라서 동일한 밭에서, 동일한 맷돌을 사용하여 작업하는 경우를 말한다.)

고대 근동 지역에서 맷돌은 가정의 필수품이었고, 보통 두 사람이 맷돌을 사이에 두고 매의 손잡이를 주고받으며 갈았다(Freeman, 102). 본문의 '데려감'이 긍정적 의미(구원받다)인지, 아니면 부정적 의미(버림받다)인지 분명치 않다(Bock 2005, 132). 따라서 학자에 따라 의견이 갈린다. 사실 어느 입장을 취하든 문제가 되지 않는다. 그것이 핵심이 아니기 때문이다(Swindoll, 223). 그렇지만 인자가 오실 때 천사들이 택하신 자들을 불러 모으는 장면(31절)을 고려하면, 긍정적 의미로 보는 편이 좋다(Keck, 446).

【42절】 그러므로 계속 깨어 있어라. 왜냐하면 너희는 너희 주께서 [{어느} 날에] 오실지 알지 못하기 때문이다.

❁ 42절은 마가복음 13:35과 병행을 이룬다. '깨어 있으라'는 명령은 단순히 수동적으로 주님의 오심을 기다리라는 뜻이 아니다. 오히려 능동적 차원에서 의롭게 살라는 의미다. 본 절은 마태복음에서 '너희 주'가 사용된 유일한 경우다. 이 표현은 그리스도인에 대한 예수님의 신적 권한과 지배권을 부각한다(Hagner, 1105; Gundry, 494). 마가의 병행구는 집주인이 오는 상황을 가정한다.

【43절】 그러나 너희는 [한 가지를] 알고 있다. 〈만약 집주인이 도둑이 [몇 시에] 올 줄을 [알았다면]〉, 그는 깨어 있었을 것이고 자신의 집이 뚫리지 않도록 했을 것이다.

【44절】 [그러므로] ‖너희도‖ 준비하고 있어라. 왜냐하면 〈너희가 [생각하지 않은] 시간에〉 ‖인자가 올 것이기‖ 때문이다.

❁ 43-44절은 집주인과 도둑의 비유인데 누가복음 12:39-40과 병행을 이룬다. '그는 깨어 있었을 것이고'(43절)라는 어구는 주님의 명령(42절)을 반영하며, 최근에 이처럼 도둑맞은 사례가 있음을 함축한다(Gundry, 495). '뚫다'에 해당하는 헬라어는 벽을 뚫는 행위를 의미한다. 유대인의 가옥은 대부분 흙벽으로 되어 있었으므로 도둑이 뚫고 들어올 수가 있었다(Keener 1998, 133). 44절은 '너희'와 '인자가 온다'는 점을 제일 강조하여 준비의 필요성을 확고하게 제시한다. 누가의 병행구는 '인자가 온다'는 문구를 강조하지 않는다.

●

충성된 종과 악한 종

【45절】 그렇다면 누가 {충성되고} 지혜로운 종이겠느냐? 만일 주인이 자기 집안 식구들 위에 한 종을 세워 그들에게 때를 따라 양식을 나눠 주게 하였다면 말이다.

❋ 45-51절은 누가복음 12:42-46과 병행을 이룬다. 본문은 '두 종류의 종' 비유인데, 앞에서 언급한 주제를 반복하며 주의 오심을 준비하는 종의 신실성에 초점을 둔다(Wilkins, 897). 즉 앞 단락에서 언급한 '깨어 있는 것'이 무엇인지 설명한다. 45절은 '충성되고' '지혜로운' 종에 대해 이야기한다. 마태는 이 두 형용사를 매우 비중 있게 다루며 25장에서 이 단어들을 연속해서 사용한다. '충성된'에 해당하는 헬라어 '피스토스'는 달란트 비유에서 네 번 나온다(21, 23절에서 각각 두 번씩). '지혜로운'으로 번역된 헬라어 '프로니모스'도 열 처녀 비유에서 네 번 등장한다(2, 4, 8, 9절). 오직 마태복음만이 이런 구조를 취한다.

【46절】 [그의 주인이 왔을 때] 그가 종이 이렇게 하고 있는 것을 발견하면, 그 종은 복이 있다!

【47절】 [진정으로] 내가 너희에게 말하는데, 그는 [자신의 {모든} 재산을] 그에게 맡길 것이다.

❋ '주인이 왔을 때'는 예수님의 재림을 뜻하는데(Hagner, 1110), 본문은 이 부분을 강조한다. (누가의 병행구는 이 문구를 강조하지 않는다.) 마태의 견해에 따르면 '깨어 있는' 상태란 자신의 임무를 충실히

수행하며 다른 사람을 잘 대해 주는 것이다. 곧 교회 공동체에서 작은 자에게 사랑을 베푸는 것이다(Gundry, 495). 이 비유는 조심성이나 준비성으로 구원을 얻을 수 있다고 말하지 않는다. 진정한 제자는 스스로 조심하며 준비한다. 그것이 하나님 나라의 본질이다(Wilkins, 898).

【48절】 그러나 〈만약 그 {악한} 종이 마음속으로 '내 주인이 [지체하리라]' 하고 말하며

【49절】 자신의 동료 종들을 때리기 시작하고, 술 취한 사람들과 함께 먹고 마신다면〉

❀ 48-49절을 누가의 병행구와 비교하면 세 가지 차이를 발견할 수 있다. 첫째, 마태는 '악한'('카코스')이란 단어를 삽입한다. 누가복음에서는 앞에서 언급한 '그 종'(12:43)이 판이한 생각과 행동을 한다. 반면에 마태복음은 '충성된 종'과 대조되는 '악한 종'을 상상하게 한다(Hagner, 1110). 마태는 자비를 베풀지 않는 구성원의 악한 성격을 강조하기 위해 이 단어('카코스')를 사용한다. 둘째, 마태는 누가복음에 있는 '남녀 종들'을 '동료 종들'로 대체한다. 이는 교회 공동체 구성원이 모두 형제라는 저자의 관점을 반영한다(Gundry, 496). 셋째, 마태는 술 취한 사람들을 등장시킨다. (누가의 병행구에서는 그 자신이 먹고 마셔 술에 취하는 것으로 묘사된다.) '술 취한 사람들'은 깨어 있는 자와 극한 대조를 이룬다. 이들과 함께 먹고 마시는 행태는 우상숭배자, 이교도, 불신자가 보여주는 전형적인 특징이다(Wilkins, 898).

❀ 내러티브의 속도 면에서 보면 48절이 비유의 핵심이다. 이 이야기는 처음부터 47절까지 빠르게 진행된다. 사건을 요약하며 신속히

지나간다. 49-51절도 마찬가지다. 그러나 48절은 악한 종의 속마음을 고스란히 보여주며 내러티브의 속도를 늦춘다. 저자는 이런 기교를 통해 결정적 행위가 드러나는 순간을 포착하여 제시한다(Tolmie, 132-37). 더욱이 48절은 '지체하리라'를 이중으로 강조한다. (누가의 병행구는 이처럼 강조하지 않는다.)

여기에 마태 공동체가 직면한 어려움이 담겨 있다. 예수님의 재림이 늦어짐으로 신앙의 열정이 식어가는 교회 상황이 반영되어 있다(김창선, 347). 아마 1세기 후반의 마태 공동체에 이 악한 종처럼 말하는 사람이 분명히 있었으리라(Keck, 448; Harrington, 343).

【50절】 그가 예상하지 않은 날 그가 알지 못하는 시간에, 그 종의 주인이 [올 것이다].

【51절】 그리고 그를 동강내고, [그의 몫을] ‖그 위선자들과 함께‖ 둘 것이다. [거기에는] 울부짖음과 이를 가는 것이 있게 될 것이다!

❀ '동강내다'로 번역된 헬라어는 '둘로 나누다', '심하게 채찍질하다', '채찍질하여 찢기게 하다'의 뜻이다. '그의 몫을 그 위선자와 함께 둔다'는 말은 위선자들이 받는 벌과 동일한 형벌을 받는다는 의미다. 집주인이 그를 위선자와 동일시하는 이유는, 그가 믿을 만한 종이 아니면서도 그런 것처럼 가장했기 때문이다(Osborne, 1014). 병행구와 비교하면 두 가지가 다르다. 첫째, 마태는 누가복음에 나오는 '신실하지 아니한 자'(12:46)를 '위선자'로 바꾼다. '그 위선자들'이란 표현은 이 악한 종을 23장에 있는 바리새인들과 동일시하며, 그들에게 형벌이 있음을 알려 준다(Gundry, 497). 둘째, 마태는 51절 마지막 문장을 첨가하여 주님의 재림이 지체된다고 생각하는 이들이 종말에 받게 될 무서운 결과를 각인시킨다(김창선, 347). 누가복음에는 이 마지막 문장이 없다.

제25장

지혜로운 처녀와 어리석은 처녀의 비유

【1절】 [그때에] 하늘나라는 마치 자신들의 횃불들을 들고 신랑을 맞이하러 나간 [열 처녀와] 같을 것이다.

❀ 열 처녀 비유는 마태복음에만 있다. '그때에'란 부사는 본 단락과 앞 단락을 하나로 만든다. '그때'는 예수님이 재림하시는 '그 날'과 '그 시간'(24:50)을 말한다(Snodgrass, 509). 본문은 마지막 때에 하나님 나라가 어떻게 나타나는지 보여준다(France, 948). '횃불'에 해당하는 헬라어 '람파스'는 '횃불'(요 18:3), '등불'(행 20:8)을 의미하는데, 실내용 등불인지 실외용 횃불인지가 애매하다. 하지만 열 명의 처녀들이 실외에서 사용한 점을 고려하면 횃불로 보는 편이 좋다. 아마도 기름을 적신 헝겊을 긴 막대기 끝에 감은 형태였으리라(Nolland, 1003-4; MacArthur, 1174). 개역개정에는 누락되었지만, 헬라어 원문에는 '횃불' 뒤에 '자신들의'라는 수식어가 있다. 주님이 재림하실 때 각자 자신의 횃불을 준비할 책임이 있음을 알려 주는 것이 이 비유의 핵심이다(Edersheim4, 204).

❀ '같을 것이다'에 해당하는 헬라어가 미래 시제인데, 이 표현은 신약성경에서 이곳과 마태복음 7:24-26에만 등장한다. 이 두 비유는 공통적으로 주님이 재림하실 때 지혜로운 자와 어리석은 자에게

어떤 일이 벌어지는지 알려 준다(Snodgrass, 509). 이 비유는 약혼하고 약 1년 후에 거행되는 결혼식을 배경으로 한다. 잔치는 7일 동안 지속되며, 이 이야기는 첫째 날 밤에 초점을 둔다. 예식은 주로 저녁에 베풀어지는데, 신랑이 친구들과 함께 신부의 집으로 가서 신부를 데려온다. 신부 들러리인 열 처녀는 횃불을 들고 신랑을 맞이한 후, 신혼부부를 신랑의 집이나 혼인 잔치 자리까지 인도한다. 이들의 임무는 명예와 수치를 중시하는 신약시대의 문화에서 대단히 중요하였다(고영민, 210; Bock 2012, 612). 결혼 이미지는 예수님이 재림하실 때 열리게 될 메시아의 혼인 잔치를 상징한다.

【2절】 그런데 [그들 중 다섯은] 어리석었고, [다섯은] 지혜로웠다.

❄ 예수님은 이야기의 첫 부분에서 이들 중 다섯은 어리석었고 다섯은 지혜로웠다고 설명하신다. 우리가 겉모양만 보면 구분할 수 없기 때문이다. 열 처녀 모두가 결혼을 축하하기 위해 왔고, 기대감을 가지고 횃불을 들고 있으며, 신부 들러리 가운을 입고 있다(Keck, 451). 지혜로운 자와 어리석은 자의 대조는 7:24-27의 주제를 반영한다. 7장의 경우가 집의 기초(基礎)에 의해 운명이 달라진다면, 본문은 신랑의 방문(10절)에 의해 운명이 갈린다(Bock 2005, 133). 7:24-26에서는 지혜로운 자가 먼저 언급되는데, 여기서는 거꾸로 되어 있다. 이는 본 비유의 초점이 어리석은 자에게 있음을 시사한다(Edersheim4, 204).

【3절】 왜냐하면 ‖어리석은 자들은‖ [자신의 횃불들은] 가지고 있었으나 자신들과 함께 ‖기름은‖ 가져가지 않았으며,

【4절】 ‖지혜로운 자들은‖ 자신의 횃불들과 함께 각자의 용기에 기름을 담아 가져갔기 때문이다.

❀ 3절은 어리석은 자들에게 '횃불'이 있었으나 '기름'은 없었다는 점을 제일 강조한다. 지혜로운 처녀들은 지체될 상황을 가정하여 기름을 준비했다. 당시의 횃불은 여분의 기름이 없으면 15분 정도만 탈 수 있었다. 따라서 여기서의 '기름'은 여분의 기름을 의미하며, 이 기름을 일정한 간격으로 계속 공급하여 횃불이 지속적으로 타게 하였다(Gundry, 498).

이 비유의 몇 가지 요소가 알레고리적 성격을 띠고 있다. 예를 들어 신랑은 예수님, 그의 오심은 지연된 재림, 열 처녀는 참 제자와 거짓 제자가 섞여 있는 혼합된 교회, 그리고 마지막 장면은 종말론적 심판을 상징한다. 하지만 '횃불'이나 '기름'이 각각 무엇을 상징하는지 찾는 정도까지 풍유적으로 해석해서는 안 된다. 이러한 요소는 주제를 부각하는 세부사항에 불과하다(Hagner, 1116; Osborne, 1020).

【5절】 그런데 〈신랑이 [지체하자]〉 그들 모두는 졸다가 계속 잠에 빠져 있었다.

❀ 5절은 신랑이 '지체했다'는 사실을 이중으로 강조한다. '지체하다'로 번역된 헬라어 '크로니조'는 마태복음에서 두 번 사용되는데, 본 절과 24:48("주인이 더디 오리라")이다. 마태는 이 동사를 통해 앞 단락과 본 단락을 연결하여, 어리석은 처녀의 행동이 왜 어리석은지 폭로한다(Nolland, 1006). 그들의 어리석음은 신랑의 도착 시간을 추정했다는 데 있다.

오직 성부 하나님만이 신랑의 도착 시간을 아시는데(24:36), 그들은 기다리는 시간이 짧으리라 생각하여 여분의 기름을 준비하지 않았다(Bock 2005, 134). 하지만 지혜로운 자들은 신랑이 언제 오든지 결혼식을 시작할 수 있도록 충분한 기름을 준비하였다. 1세기에 신랑의 도착이 지연되는 일은 흔했고, 신랑이 오고 있다는 소식은 정작 도착하는 순간까지 반복해서 전해졌다(Keener 1998, 134).

❁ 열 처녀 모두가 졸았다는 사실은 오랜 시간이 흘렀음을 알려줄 뿐이고, 본문은 이것이 잘못되었다고 지적하지 않는다(Wilkins, 900). 여기서 중요한 점은 잠들 정도로 시간이 지체된 후에라도 일부는 이 상황에 대비했고, 나머지는 준비하지 않았다는 사실이다(Bock 2012, 613). '깨어 있다'(25:13)는 말은 끊임없는 적색경보하에서 항상 긴장하며 초조하게 사는 자세를 의미하지 않는다. 그것은 언제 주님이 오시든지 그분을 맞이할 준비를 하고 평온한 마음으로 사는 태도를 의미한다. 그러한 신앙인은 오히려 더 편안한 잠을 잘 수 있다(양용의, 487).

【6절】 그런데 ‖한밤중에‖ "보라! 신랑이다! 그를 맞이하러 나와라!" 하고 외치는 고함소리가 있었다.

【7절】 [그때] 그 {모든} 처녀들이 일어나서 자신의 횃불들을 손질하였다.

❁ 6절은 신랑이 '한밤중'에 도착했다는 사실을 제일 강조한다. 어느 문화에서든 신랑이 한밤중에 도착하는 상황은 상상하기 어렵다. 하지만 이 표현은 도둑 이미지(24:43)와 아주 잘 어울린다(Keck, 450). 신랑을 맞으러 나오라는 외침은 데살로니가전서 4:16과 병행을 이루는데, 주님의 재림을 떠올리게 한다(Osborne, 1020). 횃불이 무한정 탈 수는 없었기에 처녀들은 먼저 불에 탄 헝겊을 벗겨 내고 기름에 적신 새 헝겊을 감아 주어야 했으리라(Keener 1998, 134). 7절은 '그때'와 '모든'을 강조하여 신랑을 맞이하라는 외침에 누구든지 예외 없이 반응해야 한다는 점을 상기시킨다(Nolland, 1007).

【8절】 그러자 ‖어리석은 자들은‖ [지혜로운 자들에게] "[우리 횃불들이] ‖지금 꺼져 가고 있으니‖ 너희 기름을 우리에게 나누어 달라" 하고 말했다.

【9절】 하지만 지혜로운 자들은 [대답하여] 말했다. "〈결코 그렇지 않다. 우리와 너희에게 충분하지 못하니〉 차라리 파는 자들에게 가라. [그리고 너희 자신들을 위하여 사라]."

❋ 이 비유는 핵심을 분명히 전달하기 위해 대화 형식을 활용한다(Edersheim4, 208). 어리석은 자들은 기름을 나누어 달라고 간곡히 요청하고, 지혜로운 자들은 냉혹하리만큼 단호하게 거절한다. 만약 나누어 주면, 이 두 그룹 모두 신랑의 집까지 가야 하는 횃불 행렬을 마칠 수 없기 때문이다. 8절은 '어리석은 자들'과 '지금 꺼져 가고 있으니'를 제일 강조하여, 미련한 자들이 마지막 때에 당황해하는 모습을 리얼하게 보여준다.

매정하게 들리는 지혜로운 처녀들의 대답은 우리를 놀라게 한다. 왜냐하면 '나눔'이 천국 백성의 중요한 특성이기 때문이다. 하지만 본문은 기독교 윤리를 설명하는 이야기가 아니다(Osborne, 1021). 이 비유는 준비를 강조하고, 그런 준비가 각자의 책임임을 엄중히 경고한다(Bock 2012, 612). 이 '책임'의 문제는 바로 뒤에 이어지는 달란트 비유의 주제와 자연스럽게 연결된다.

【10절】 하지만 〈그들이 사러 가고 있는 동안에〉 [신랑이 왔다]. 그래서 [준비된 자들은] 그와 함께 그 혼인 잔치에 들어갔고 [문은 잠겼다].

❋ 마지막 부분은 '문이 잠겼다'는 사실을 강조한다. 고대 시대의 빗장은 시끄러운 소리를 내는 투박한 물건이었을 텐데(Keener 1998, 134), 저자는 시청각적 이미지를 활용해 메시지를 전달한다. 만약 이 혼

인 잔치가 실제로 현실에서 일어났다면, 분명 나중에 온 다섯 처녀도 잔치에 참여했을 것이다. 1세기 이스라엘의 작은 촌락에서 진행된 결혼식은 마을 행사였고, 동양 사회에서 늦는 것은 대체로 문제가 되지 않았다. 그러나 이 비유에서는 문이 닫힌다(Barton 2002, 359). 이 대목에서 우리는 청중을 놀라게 하는 '기대의 역전'을 발견한다(Osborne, 1022). 저자의 메시지가 여기에 담겨 있다(Bock 2012, 613). 문이 닫힌 것은 최후의 심판에서 구원받은 자와 그렇지 못한 자가 완전히 분리되는 돌이킬 수 없는 상황을 상징한다.

【11절】 ‖그 후에‖ {나머지} 처녀들이 와서 "주님! 주님! 우리에게 열어 주세요!"라고 말했다.

❀ 만약 '준비성'이 열 처녀 비유의 유일한 교훈이었다면, 이 비유는 10절과 함께 끝났으리라. 그러나 저자는 실패한 자들의 이야기를 덧붙이고 강조하며 독자에게 경고한다. 뒤에 이어지는 '달란트 비유'와 '양과 염소의 비유'도 이와 동일한 형식을 취한다(Nolland, 1009). 어리석은 처녀들은 신랑을 '주님'이라 부르는데, 내러티브 측면에서 보면 이상하다. 일반적으로 신부 들러리가 신랑에게 사용하는 호칭이 아니다(France, 947). 예수님은 이 용어를 통해 비유의 세계에서 벗어나 종말 때의 상황을 말씀하신다. "주님! 주님!"이란 외침은 7:21-23에 나오는 거짓 제자의 운명을 상기시킨다(Osborne, 1022). 거짓 제자들 역시 마지막 심판 때 "주여, 주여"라고 외치며 하소연한다.

【12절】 그러자 [그가] 대답하여 말했다. "‖진정으로‖ 내가 너희에게 말한다. 나는 너희를 알지 못한다."

❋ '주님'(11절)이란 용어와 마찬가지로, "내가 너희를 알지 못하노라" (12절) 하는 선언도 이상하게 들린다. 신랑이 신부 들러리를 모를 리가 없다(France, 947). (개역개정 12절에는 주어가 누락되었는데, 헬라어 원문은 '그가'를 강조하여 거절하는 주체를 분명히 한다.) 신랑의 가혹한 거절은 통상 결혼 잔치에서 기대할 수 있는 말이 아니다. 여기서도 10절처럼 '기대의 역전'이 발생한다(Osborne, 1022). 신랑의 답변은 문자적으로 모른다는 뜻보다는 교제의 단절이나 분리를 상징한다. 예수님은 '진정으로'를 제일 강조하여 사법적 판단의 분위기를 느끼게 하신다(France, 950). 본문은 준비하지 못한 일을 재림 때 보충하기란 불가능하고, 설령 신부 들러리라 할지라도 쫓겨날 수밖에 없음을 확언한다(Edersheim4, 208).

【13절】 그러므로 계속 깨어 있으라. 왜냐하면 너희는 그 날과 그 시간을 알지 못하기 때문이다.

❋ 마지막 진술은 24:42의 권면을 반복하여 인클루지오 구조를 조성한다. 이 비유는 문자적으로 '깨어 있는 것'이 중요하다고 가르치지 않는다. 지혜로운 처녀도 잠들었기 때문이다. 아울러 신랑의 도착 시간을 안다고 생각하는 것이 도움이 된다고 말하지도 않는다. 어리석은 처녀들은 그런 착각에 빠져 있다가 쫓겨났다(Nolland, 1010).

달란트 비유

【14절】 왜냐하면 이것은 ‖마치 어떤 사람이‖ [집을 떠나며] 그 자신의

종들을 불러 그들에게 자신의 재산을 맡기는 것과 ‖같기‖ 때문이다.

❀ 개역개정에 “또”로 번역된 접속사는 헬라어 원문에 ‘왜냐하면’으로 되어 있다. 이는 본 단락과 앞 단락을 긴밀하게 엮어 준다. ‘충성된 종의 비유’(24:45-51), ‘열 처녀 비유’(25:1-13), ‘달란트 비유’는 함께 읽도록 의도되었다(Nolland, 1013). 이 세 비유는 문학적으로 아주 치밀하게 짜여 있다. 첫째, 이들은 각 개인에게 주어진 책임 문제를 다룬다(Nolland, 1013). 둘째, 등장인물과 이들의 역할이 조화를 이룬다. ‘충성된 종의 비유’가 남성의 집안일, ‘열 처녀 비유’가 여성의 집안일을 서술한다면, 본 비유는 남성이 수행하는 사업을 설명한다. 셋째, 재림 시기가 사람의 예상과 다르다는 사실이 반복해서 제시된다. ‘충성된 종의 비유’가 예상보다 일찍 온 경우, ‘열 처녀 비유’가 늦게 온 경우를 보여준다면, 이 비유에서는 충분한 시간이 주어진다. 넷째, 교회 공동체에 의인과 악인이 섞여 있음을 보여준다(강대훈, 468-69). 다섯째, 이 세 비유는 공히 실패한 자들에게 초점을 둔다. 주인이나 신랑과 실패한 자들이 나눈 대화가 상당한 분량을 차지하며 마지막을 장식한다.

❀ ‘달란트 비유’와 ‘열 므나 비유’(눅 19:11-27)는 공통점도 있지만 차이점도 적지 않다. 따라서 예수님이 다른 상황에서 주신 별개의 비유라고 결론을 내리는 학자들이 많다(Osborne, 1027). 본 비유는 깨어 있는 자세가 무엇인지 설명한다. 주인은 종들을 불러 재산을 맡긴다. 가능한 한 최선을 다해 이익을 남기게 하기 위함이다. 여기서 ‘그 자신의 종들’이란 표현에 주목해야 한다. ‘그 자신’에 해당하는 헬라어 ‘이디오스’는 ‘자신에게 속한’, ‘분리된’, ‘독특한’이란 뜻인데, 14-15절(‘독특한 능력’)에 연달아 등장한다. 종들은 각기

'독특하며' 주인은 '각별한 관심'을 가지고 이들을 선택한다. 엄청난 돈을 맡은 이들은 특별한 대접을 받은 셈이다(Nolland, 1013-14). 개역개정은 이 부분을 "그 종들"로 번역하는데, 이렇게 하면 원문의 뉘앙스가 살아나지 않는다. 헬라어 원문을 직역한 YLT, LITV, MLV, CLV 역본은 하나같이 '그 자신의(his own) 종들'로 번역한다.

【15절】 그런데 그는 정말로 각자의 {독특한} 능력에 따라, [한 사람에게는] {다섯} 달란트, [다른 사람에게는] 두 달란트, 또 [다른 사람에게는] 한 달란트를 주었다. 그리고 집을 떠났다.

❀ 주인은 각자의 '독특한 능력에 따라' 다섯 달란트, 두 달란트, 한 달란트를 맡긴다. 한 달란트는 약 6,000데나리온에 해당하며, 노동자가 대략 20년간 벌 수 있는 액수와 맞먹는다. 따라서 각자에게 100년치, 40년치, 20년치 품삯을 맡겼다는 말과 동일하다. '각자의 독특한 능력에 따라'라는 문구는 신명기 16:17을 상기시킨다(Nolland, 1014).

현대인은 달란트의 의미를 영어 단어 'talent'에 기초하여 '타고난 재능'이나 '천부적 능력'으로 이해하는 경향이 있다. 하지만 15세기에 생긴 영어 단어(talent)의 의미를 1세기 용어에 적용하는 것은 옳지 않다(Snodgrass, 528). 15절은 '각자의 독특한 능력'과 '달란트'를 분명히 구별한다. '달란트'는 하나님 나라의 엄청난 가치를 함축하며, 그 나라의 확장을 위해 사용하도록 각 개인에게 주어진 '책임'과 '기회'를 의미한다(Bock 2005, 134; France, 951). 제자에게 주어진 특권과 책임이 무엇인지는 바로 뒤에 나오는 마지막 심판 장면(31-46절)에서 좀 더 구체적으로 서술된다(양용의, 491).

❀ 돈의 액수가 다르다는 것은, 다른 사람을 보고 비난하거나 부러

워하지 말고 자신에게 주어진 책임과 기회를 최대한 활용하라는 뜻이다(France, 954). 주인은 종들에게 돈을 어떻게 사용하라는 말을 일체 하지 않는다. 그러므로 각 종은 주인이 없는 동안 그 돈을 어떻게 사용할지 스스로 결정해야 한다. 제자도의 핵심은 모험에 있다(France, 956; Keck, 453).

【16절】 [{다섯} 달란트] 받은 사람은 ‖즉시‖ 가서 그것을 가지고 장사하여 다섯 달란트를 {더} 벌었다.

【17절】 ‖마찬가지로‖ [두 달란트 받은 사람도] 두 달란트를 {더} 벌었다.

❀ 16절은 '즉시' 갔다는 사실을 제일 강조하는데, 이는 신속하면서도 신실하게 사업을 위해 돌아다니는 상황을 함축한다(Hagner, 1124). 여기서 '가다'란 동사에 주목해야 한다. 18절에 나오는 동사와 다르기 때문이다. '가다'에 해당하는 헬라어 '포류오'는 '이동하다', '여행을 시작하다', '자신이 착수한 일을 시작하다'의 뜻이다. 첫째와 둘째 종은 달란트를 받은 즉시 새로운 도전에 착수하여 100퍼센트의 이익을 남겼다(Meyer). 인자의 오심을 기다리는 사람은 성실하게 활동하여 창조적 성과를 만들어 낸다(Wilkins, 901).

【18절】 그러나 [{한} 달란트 받은 사람은] 물러가서 땅을 파고 자기 주인의 은전을 감추어 두었다.

❀ '물러가다'로 번역된 헬라어 '아페르코마이'는 단지 누군가를 떠나는 행위를 의미한다. 셋째 종은 한 달란트를 받고 묵묵히 주인의 곁을 떠났다. 개역개정은 16절과 18절에 사용된 두 동사('가서', '물러가서')를 동일하게 "가서"라고 번역하는데, 의미와 뉘앙스가 상이하기 때문에 다르게 번역해야 한다. GNT, NIV, WEB 역본은 16절

을 '가서'(went), 18절을 '물러가서'(went off) 또는 '떠나가'(went away)로 처리한다.

돈을 땅에 묻는 방식은 신약시대 사람에게는 그다지 특별하지 않았다. 고대 사회에서 재물을 보관하는 가장 안전한 방법으로 흔히 이렇게 하였다(Barton 2002, 362). 한 달란트 받은 종은 주인의 돈을 안전하게 보관하는 길을 택했으나, 그것을 활용하는 모험적 충성심은 보여주지 못했다(고영민, 212).

【19절】 그런데 ‖{오랜} 시간 후에‖ 그 종들의 주인이 와서 그들과 함께 결산한다.

❁ 저자는 역사적 현재 시제를 사용하여 주인의 귀향과 결산 장면을 보여주며 독자에게 대비하라고 경고한다(Osborne, 1029). 19절은 '오랜 시간 후에'를 제일 강조하고, 그중에서도 '오랜'을 더욱 부각한다. '오랜 시간'이란 표현은 이 비유를 열 처녀 비유(25:5, "신랑이 더디 오므로")와 연결하며, 주인의 돈으로 장사하지 않은 종의 죄악을 가중시킨다(Edersheim4, 211). 기다림의 시간은 무의미하고 공허한 지연이 아니라, 맡겨진 달란트를 선하게 활용할 수 있는 기회의 기간으로 의도된 것이다(양용의, 490). '결산하다'로 번역된 헬라어 '쉬나이로'는 '계산서를 처리하다', '결산하다'의 뜻을 지닌 상업 용어인데, 신약성경에서 마태복음 18:23-24과 본 절에 사용된다. 이 용어는 마태가 세관에 있을 때의 경험을 반영한 것으로 보인다(고영민, 212).

【20절】 {다섯} 달란트 받은 사람은 {다섯} 달란트를 {더} 가지고 [나아와서] 말했다. "주인님! 당신께서 [제게] ‖{다섯} 달란트를‖ 맡기셨는데, 보십시오! 제가 [{다섯} 달란트를 {더}] 벌었습니다."

❋ 투자액이 두 배로 증액되는 것은 당시로선 정상적이었다(Keener 1998, 135). 다섯 달란트 받은 종의 말은 자신에게 이루어진 모든 일이 주인에게 기쁨을 주기 위한 것임을 드러낸다(Osborne, 1030). 이 종은 단지 사실만을 말하지 않는다. 자금의 출처가 주인이라는 것을 분명히 밝히며 자신의 노력과 업적을 함께 보고한다. 우리는 여기서 주인의 재산 증식을 언급하는 그 종의 정직한 얼굴이 환하게 빛나는 장면을 떠올릴 수 있다(Edersheim4, 211).

【21절】 그의 주인이 그에게 말했다. "잘하였다, 착하고 충성된 종아! 네가 [적은 것들에] 충성하였으니 내가 [많은 것들을] 네게 맡길 것이다. 네! 주인의 기쁨에 참여하여라."

❋ 종에 대한 주인의 칭찬은 충격적이다(Nolland, 1016). '잘하였다'는 칭찬은 고대 사회에서 주인이 종에게 하는 통상적인 말이 아니다. 일반적으로 종이 한 행위를 시인하는 정도에 그쳤다(참조. 눅 17:9). 이 표현은 마지막 심판 때 신실한 신자에게 주어질 하나님의 상급을 암시한다(Osborne, 1030). 여기서 '적은'과 '많은'이란 단어가 사용된 것은 아이러니다. 그 종에게 이미 다섯 달란트라는 엄청난 금액이 주어졌기 때문이다. 본문에서 한 가지 더 기억해야 할 점은 이 종에게 신분의 변화가 생긴다는 사실이다. 첫째 종은 주인의 주권을 공유하는 '친구'의 신분으로 격상되어 기쁨을 함께 나눈다(Edersheim4, 212).

❋ '많은 것들을 맡기다', '주인의 기쁨에 참여하다'라는 문구는 24:45-25:30에 있는 세 비유를 하나로 만든다. '맡기다'에 해당하는 헬라어 '카디스테미'가 마태복음에 네 번 나오는데, '충성된 종의 비유'와 본 단락에서 각기 두 번씩 등장한다(24:45, 47; 25:21, 23).

'주인의 기쁨에 참여한다'는 표현은 다섯 처녀가 신랑과 함께 혼인 잔치에 참여하는 장면(10절)을 연상시킨다(Nolland, 1017).

【22절】 {두} 달란트 받은 사람 역시 [나아와서] 말했다. "주인님! 당신께서 [제게] ‖{두} 달란트를‖ 맡기셨는데, 보십시오! 제가 [{두} 달란트를 {더}] 벌었습니다."

【23절】 그의 주인이 그에게 말했다. "잘하였다, 착하고 충성된 종아! 네가 [적은 것들에] 충성하였으니 내가 [많은 것들을] 네게 맡길 것이다. 네 주인의 기쁨에 참여하여라."

❀ 두 달란트 받은 사람도 다섯 달란트 받은 사람과 마찬가지로 똑같은 칭찬을 듣는다. 종의 임무는 달란트, 즉 책임의 크기에 상관하지 않고 자신에게 기대되는 역할을 충실히 수행하는 것이다. 이 비유는 제자에게 비록 위험 부담이 있을지라도 적극적으로 투자하는 자세를 취해야 할 것을 알려 준다. 자신이 평생 벌어도 못 버는 액수의 돈을 투자하여 장사하는 행위는 분명 엄청난 위험을 감수해야 하는 일이다(양용의, 491).

【24절】 그런데 [{한} 달란트] 받았던 사람도 [나아와서] 말하였다. "주인님, 저는 당신이 [잔인한] 사람이어서, 당신은 씨를 뿌리지 않은 데서 끊임없이 거두고 당신이 까부르지 않은 데서 계속 모으시는 줄로 알았습니다."

❀ 셋째 종과 관련된 내용이 제일 길게 언급된 것은 이 종의 모습을 통해 경고를 받아야 한다는 점을 시사한다(양용의, 491). 한 달란트 받은 종은 앞의 두 종과는 다르게 자신에게 맡겨진 액수를 밝히는 것으로 시작하지 않는다. 오히려 자기가 한 일을 정당화하려

고 시도한다(Hagner, 1126). 이 종은 주인을 노골적으로 비난한다. '잔인한'으로 번역된 헬라어 '스클레로스'는 '잔인한', '거친', '엄격한'의 뜻이다. 그는 주인을 다른 이들이 열심히 경작한 농작물을 자신의 소유로 거두어들이는 폭군으로 묘사한다(Osborne, 1031).

【25절】 그래서 [두려움에 압도되어], 제가 떠나가 당신의 달란트를 땅속에 숨겨 두었습니다. 보십시오! 당신께서 당신의 것을 가지고 계십니다!

【26절】 그러자 그의 주인이 그에게 [대답하여] 말했다. "오, 악하고 게으른 종아! 너는 내가 씨를 뿌리지 않은 데서 거두고 내가 까부르지 않은 데서 모으는 줄로 알고 있었느냐?"

❀ 25절은 '두려움에 압도되어'를 강조하는데, 이는 '잔인한'(24절)이란 표현과 짝을 이룬다. '당신께서 당신의 것을 가지고 계십니다'(25절)라는 말은, 유대인의 상거래 문서에서 '나는 더 이상 책임지지 않는다'는 의미로 사용되었다(Keener 1998, 135). '게으른'(26절)에 해당하는 헬라어 '오크네로스'는 24절의 '잔인한'('스클레로스')이란 형용사와 운(韻)을 이룬다. 이러한 언어유희는 조롱의 논조를 더한다(Bock 2012, 615).

게으른 종은 그가 나쁜 일을 해서가 아니라, 이익을 내기 위한 어떤 시도도 하지 않았기에 책망을 받는다. 이 종의 실수는 근본적으로 주인을 오해한 데서 기인하였다. 달란트 비유는 하나님이 주신 기회를 적극적이며 모험적으로 사용하는 것이 그분에 대한 바른 이해와 직결되어 있음을 시사한다(Wilkins, 903).

【27절】 [그렇다면 너는 마땅히] 내 은전을 그 환전상들에게 맡겼어야 했다. 그래서 [내가 왔을] 때 나의 것을 [이자와 함께] 받도록 했어

야 했다.

❋ "취리하는 자"(개역개정)는 돈을 바꿔 주는 대가로 비용을 받았던 환전상들을 말한다. 고대 유대 사회에는 오늘날 우리가 아는 투자처나 은행이 존재하지 않았다(Wilkins, 902). 1세기의 엄청난 이율을 고려할 때 이자를 받고 돈을 빌려주는 사업은 매우 수익성이 높은 일이었다. 율법에 의하면 유대인은 동료 유대인에게 이자를 받고 돈을 꾸어줄 수 없었다(출 22:25). 하지만 이방인에게는 가능했다. 당시 어떤 후견인은 50퍼센트의 이자를 받고 도시 사람들에게 돈을 빌려주었다고 전해진다(Keener 1998, 135).

【28절】 그러므로 그 한 달란트를 [그에게서] 빼앗아 {열} 달란트 가진 자에게 주어라.

【29절】 왜냐하면 [누구든지 가진 자에게는] 주어져 ‖그가 풍성하게 될 것이다‖. 그러나 〈가지지 못한 자는〉 [심지어 그가 가지고 있는 것조차] 그에게서 빼앗길 것이기 때문이다.

❋ 28절은 기대의 반전을 보여준다. 셋째 종이 가지고 있던 한 달란트마저 열 달란트 가진 종에게 주어지기 때문이다. 첫째 종에게 열 달란트(원래 주인이 준 돈과 그가 얻은 수익)가 주어졌다는 점에 주목할 필요가 있다(Osborne, 1033). 29절은 '풍성하게 된다'는 사실을 제일 강조하여, 신실한 종에게 베풀어지는 하나님의 은혜를 시각화한다. '풍성하게 되다'에 해당하는 헬라어는 '차고 넘치다', '남다', '능가하다'의 뜻이다. 사복음서에서 오직 마태만이 주님께서 오천 명과 사천 명을 먹이신 후 떡이 '남았다'고 설명하는 대목에서 이 단어를 사용한다(14:20; 15:37). 29절은 하나님의 일을 할 때 항상 동일하게 적용되는 원칙이다(Edersheim4, 217). 여기에 미래

수동태 동사('주어지다', '빼앗기다')가 등장하는데, 이는 그렇게 하시는 주체가 하나님이란 뜻이다(Hagner, 1127).

【30절】 그리고 너희는 ‖이 {무익한} 종을‖ [바깥] 그 어둠 속으로 던져버려라. [거기에는] 울부짖음과 이를 가는 것이 있게 될 것이다.

❄ '악하고 게으른 종'(26절)이라 칭함을 받았던 이 종은 이제 '무익한 종'이란 평가를 듣는다. 이 종을 묘사하는 데 사용된 세 개의 형용사는 '영적 게으름'이 적극적으로 악을 행하는 것만큼 심각한 죄란 사실을 알려 준다(Pulpit). 한 달란트 받았던 종은 달란트를 빼앗긴 것으로 끝나지 않고 영원한 형벌에 처해진다. '그 어둠'은 지옥을 암시한다(Keener 1998, 135). 상식적으로 보면 한 달란트 받았던 종이 받은 형벌은 그가 지은 죄보다 훨씬 중하다. 이 이야기에 암시된 종말론적 실체 때문이다(Osborne, 1033).
간혹 '달란트 비유'를 텍스트로 하여 설교하는 목회자들이 도덕적 측면만을 강조하여 "당신의 재능을 최대한 활용하라"는 식의 결론을 내리는 사례가 있다. 그런데 이러한 접근은 비유의 핵심인 종말론적 관점을 고려하지 않은 처사다. 주인이 돌아와 결산할 때가 반드시 있다는 것이 이 비유의 본질이다(Harrington, 355).

인자가 모든 나라를 심판하리라

【31절】 하지만 〈인자가 그의 영광 가운데, 그리고 {모든} 천사들이 그와 함께 올 때〉, [그때] 그는 자신의 영광의 보좌에 앉을 것이다.

❋ '양과 염소의 비유'로 알려진 이 비유는 마태복음에만 있는데, 마지막 비유이고 가장 장엄하다. 마태는 24:29-31에서 예고한 재림 장면을 제시하며, 그때 펼쳐질 새로운 세계를 보여준다(Keck, 455). 31절은 심판자로서의 예수님을 소개한다. 이 비유는 달란트를 투자하는 것이 구체적으로 무슨 의미인지 알려 준다(양용의, 494).

[32절] 그리고 모든 민족들이 그의 앞에 소집될 것이며, 그가 그들을 서로 구분할 것이다. 마치 [그 목자가] 염소들 중에서 양을 구분하듯이 말이다.

[33절] 그리고 그가 정말로 [양들은] 자신의 오른편에 [염소들은] 왼편에 둘 것이다.

❋ 모든 민족이 주님 앞에 소집되는데, 전 세계 유대인과 이방인이 다 여기에 포함된다(Bock 2005, 136). 앞의 비유들이 교회 공동체 안에 있는 참 제자와 거짓 제자를 다루었다면, 이 비유는 모든 인간을 심판의 대상으로 한다(Gundry, 511). '소집하다'에 해당하는 헬라어가 미래 시제 수동태인데, 이는 하나님에 의해 소집된 심판을 암시한다(Harrington, 356). 32절에 약간의 변화가 있다. 분명히 소집된 것은 '모든 민족'(중성 복수)인데, 주님께서 '그들'(남성 복수)을 심판하신다고 선언한다. 이러한 변화는 민족이나 그룹 단위가 아니라, 각 개인별로 심판이 진행됨을 암시한다(Blomberg, 376).

❋ 32절은 '그 목자'를 강조하며, '그 목자'가 염소와 양을 구분하듯이 예수님께서 양과 염소를 구분하신다고 단언한다. '그 목자'가 누구일까? 개역개정을 비롯한 대부분의 역본은 일반적인 '목자'로 번역하지만, JMNT, YLT, LITV, MLV, ASV, NASB, TLV, NJB 역본은 목자 앞에 정관사를 붙인다. 만약 여기에 등장하는 '목자'가 일반적인

목자라면, 저자가 구태여 강조할 필요를 느끼지 못했으리라. 목자 이미지는 에스겔 34:15-17에서 기인한다(France, 961; Blomberg, 376). 하나님은 자신을 목자에 비유하며 살진 양과 야윈 양, 숫양과 숫염소를 심판한다고 말씀하신다(겔 34:17). 목자인 '하나님'께서 하셨던 그 일을 이제 '예수님'이 수행하신다(강대훈, 472; Nolland, 1025). 고대 문헌은 예외 없이 좌우 방향 중에서 우편을 선호했다. 이런 상황에서 오른쪽에는 의인, 왼쪽에는 죄인이 배정되는 것이 통례였다(Keener 1998, 136).

【34절】 [그때] 그 왕이 자신의 오른편에 있는 사람들에게 말할 것이다. "너희들은 오라, 내 아버지의 복을 받은 자들아! 이 세상의 기초가 놓인 때부터 너희를 위해 준비된 그 나라를 상속받아라."

❀ 심판하시는 분이 31-33절에서 '인자'와 '목자'였다면, 34절에서는 '왕'으로 묘사된다. 유대 전승에서 왕은 거의 언제나 하나님을 가리키는데, 본문에서는 예수님을 지칭한다(Keener 1998, 136). 마태복음의 마지막 강화 마지막 비유에서 주님이 '목자'와 '왕'으로 언급된 것은 의미심장하며, 저자의 치밀한 서사 전략을 잘 보여준다. 예수님이 다윗의 자손이며 왕이신 메시아란 진리를 알려 주는 것이 마태복음의 핵심이다(Strauss, 399).

❀ '복을 받은'이란 표현이 완료분사 수동태이다. 이는 하나님께서 과거에 주신 복이 현재까지 지속되고 있음을 암시한다. 즉 하나님의 은혜와 자비가 먼저 있었다는 점을 지적한다(Bock 2005, 136). 개역개정은 이 부분을 "복 '받을' 자들이여"라고 번역하는데, 이미 복을 받은 상태이기에 '복을 받은'으로 처리해야 한다. '상속받다'에 해당하는 헬라어 '클레로노메오'가 부정과거 명령형인데, 머

뭇거리지 말고 조상의 분깃처럼 네 몫을 취하라는 뜻이다(고영민, 215). 하나님 나라를 상속받는 것은 단순히 그 나라에 들어가는 것뿐만 아니라 왕의 통치에 참여하는 것을 의미한다(Nolland, 1028).

【35절】 왜냐하면 내가 굶주렸을 때 너희는 내게 먹을 것을 주었고, 내가 목말랐을 때 너희는 내게 마실 것을 주었고, 내가 [나그네]였을 때 너희는 나를 영접하였으며,

【36절】 헐벗었을 때 너희는 내게 옷을 입혀 주었고, 병들었을 때 너희는 나를 방문하였으며, 내가 [옥에 갇혔을] 때 너희는 나를 찾아 주었기 때문이다.

❀ 35-36절은 오른편에 있는 자들이 하늘나라를 상속받는 이유를 설명한다. 개역개정에는 누락되었지만, 헬라어 원문에는 35절에 '왜냐하면'이란 접속사가 있어서 이 점을 분명히 한다(Wilkins, 905). 본문에 열거된 여섯 가지 예는 인간이 당하는 고통을 전체적으로 보여준다(Osborne, 1041).

그런데 한 가지 특이한 점이 있다. 셋째와 여섯째 선행인 '나그네'와 '옥에 갇힌 자'를 설명하는 대목이 미완료 시제라는 사실이다. 즉 진행의 의미가 내포되어 있다. 이 둘을 제외하면 나머지는 모두 부정과거 시제다(Hagner, 1135). 셋째와 여섯째 상황은 히브리서 13:2-3에서도 발견된다(Nolland, 1029).

❀ '나그네'로서 힘겹게 살아가며 '옥에 갇혀' 박해를 당하는 장면을 저자가 강조한 이유가 무엇일까? 이 내용은 마태 공동체 구성원의 체험을 반영한다(Keck, 456). 주리고, 목마르며, 헐벗고, 병든 상황은 어느 사회에서나 볼 수 있는 일반적 고통이다. 그렇지만 나

그네 생활과 옥살이는 1세기 유대인 사회에서 떠돌며 복음을 전하다가 때로 옥에 갇히는 제자들의 고단한 삶을 보여준다. 본문은 복음을 위해 파송된 제자들이 냉대를 받고 있음을 간접적으로 노출시키며, 그들에 대한 관심과 지원을 촉구한다(서중석 2007, 126).

【37절】 [그때] 의인들이 그에게 대답하여 말할 것이다. "주님! [언제] 우리가 당신께서 굶주린 것을 보고 당신을 먹였으며, 목마르신 것을 보고 당신께 마실 것을 주었습니까?

【38절】 그리고 [언제] 우리가 당신께서 나그네 된 것을 보고 당신을 영접하였고, 헐벗은 것을 보고 당신께 옷을 입혀 드렸습니까?

【39절】 그리고 [언제] 우리가 당신께서 병들거나 옥에 갇히신 것을 보고 당신을 찾아갔습니까?"

❄ '복을 받은 자들'(34절)이란 호칭이 37절에서 '의인들'로 바뀐다. 37-39절에서 마태는 선행 목록을 세 쌍으로 나누고, 각 쌍을 '언제'로 시작하며 이를 '연달아' 강조한다. 의인들의 놀란 반응은 그들이 하나님 나라에 들어가기 위해 의도적으로 그런 행위를 하지 않았음을 입증한다(Wilkins, 906).

여기서 중요한 점은 이 선행 목록이 본 단락에서 무려 네 번이나(35-36, 37-39, 42-43, 44절) 반복된다는 사실이다(Osborne, 1042). 이런 서술 전략은 내러티브 측면에서 보면 아주 이상하고 비효율적인 것처럼 보인다. 동일한 내용이 되풀이되기 때문이다. 그런데 이런 기교는 자비를 베푸는 행동이 얼마나 중요한지 시각화하여 보여준다. 이 비유는 선행으로 구원을 얻는다고 가르치지 않는다. 오히려 선행을 통한 구원의 증거를 강조한다(Snodgrass, 550; Nolland, 1031). 외식하는 바리새인들과는 달리 의인들은 자신의 행위를 겸손하게 감춘다. 아니, 기억하지 못한다. 마태는 마지막 때에 대역전이 있을 것을 알려 주며 고난 중에 있는 제자들을 격려한다(Keck, 456).

【40절】 그러면 그 왕이 그들에게 [대답하여] 말할 것이다. "[진정으로] 내가 너희에게 말한다. 〈너희가 {이 가장 작은} 나의 형제들 중의 하나에게 한 것만큼〉, 너희가 [내게] 하였다."

❀ 37-39절은 선행 목록을 길게 제시하였는데, 이러한 기교는 긴장감을 고조시키며 40절에 있는 왕의 말씀에 관심을 갖게 한다(Nolland, 1031). 40절이 이 이야기의 교훈이며 핵심이다. '진정으로'('아멘')라는 표현은 왕의 말씀이 얼마나 중요한가를 시각적으로 보여준다(Osborne, 1042). 인용문은 '이 가장 작은'이란 문구를 이중으로 강조하는데, '이 가장 작은 나의 형제'는 오른쪽에 있는 의인들을 가리킨다(Nolland, 1032). 이들은 어려움에 처해 있는 제자들이며, 마태 공동체가 선교를 위해 파송한 순례자들이다(Garland, 243; MacArthur, 1176). 여기서 가장 놀라운 점은 예수님과 제자가 동일시되는 밀접한 유대 관계다(Hagner, 1137-38).

❀ 대체로 선교를 구제사업 정도로 여기는 사람들이 이 비유를 좋아한다. 여기에 어떤 신학도 없고, 가난하고 소외된 자에 대한 보살핌만 있는 것처럼 보이기 때문이다. 반면에 강력한 개혁주의 신학 노선을 지향하는 사람들은 이 비유를 별로 좋아하지 않는다. '행위에 의한 칭의'를 역설하는 것처럼 보이는 까닭이다. 하지만 이 비유는 천국과 왕에 대한 우리의 관계가 이야기의 핵심이며, 주님과의 관계에 기초한 선행에 따라 결과가 달라진다는 점을 보여준다(Green 2005, 386; Keck, 455).

【41절】 [그러고 나서] 그는 [자신의 왼편에 있는] 사람들에게도 말할 것이다. "너희는 내게서 떠나라, 저주받은 자들아! 마귀와 그의 사자들을 위해 준비된 영원한 불 속으로 들어가라."

❀ 34절과 41절에 사용된 언어를 보면 '창세로부터 예비된 하늘나라'와 '영원한 불', 이 두 영역이 분명히 있음을 알 수 있다(Bock 2005, 136). 34절과의 병행을 고려한다면, 우리는 "창세로부터 너희를 위하여 예비된"이란 문구가 41절에도 등장하리라 생각하기 쉽다. 그러나 그렇게 되어 있지 않다. 본문은 복을 주기를 원하시는 하나님의 영원한 목적과, 그분을 대적하는 악한 세력을 가두기 위해 어쩔 수 없이 마련된 제2안의 차이를 보여준다(France, 965; Blomberg, 379).

【42절】 왜냐하면 내가 굶주렸을 때 너희는 내게 먹을 것을 주지 않았고, 내가 목말랐을 때 너희는 내게 마실 것을 주지 않았으며,

【43절】 내가 [나그네]였을 때 너희는 나를 영접하지 않았고, 헐벗었을 때 내게 입혀 주지 않았고, 병들거나 옥에 갇혔을 때 너희는 나를 방문하지 않았기 때문이다.

❀ 41절이 34절과 상반되듯이, 42-43절은 35-36절과 대조를 이룬다. 동일한 여섯 개의 항목이 나열되는데, 여기서는 왼편에 있는 자들이 제자들에게 행하기를 거부했던 것들이 제시된다(Osborne, 1043). 43절은 '나그네'를 한 번 더 강조하여 복음을 전하는 자들의 어려움을 상기시킨다. 저주를 받은 자들의 잘못은 이들이 악한 일을 한 것이 아니라, 적극적으로 옳은 일을 하거나 선을 베풀지 않은 것이다. 마치 어리석은 처녀나, 한 달란트 받은 종이 그랬던 것처럼 말이다(France, 966).

【44절】 [그때에] [그들 역시] 대답하여 말할 것이다. "주님! 언제 우리가 당신께서 굶주리거나, 목마르거나, 나그네 되거나, 헐벗거나, 병들거나, 옥에 갇히신 것을 보고 당신을 섬기지 않았습니까?"

❋ 44절은 '그때'와 '그들 역시'를 강조하는데, 왼편에 있는 자들도 의인과 마찬가지로 자신의 의를 주장한다(Meyer). 본 절은 37-39절과 병행을 이루지만 내용은 크게 축소된다. 마태는 의인의 경우에 세 번이나 질문 형식을 취하며 상세히 설명한다(37-39절). 하지만 여기서는 단 한 번의 질문으로 압축한다. 이러한 기교는 불의한 자들이 이 여섯 항목 중 어느 것에 대해서도 신경을 쓰지 않았다는 인상을 준다(Osborne, 1044). 이들은 예수님을 '주님'이라 부른다. 이 호칭은 이들이 제자임을 입증하기보다, 오히려 심판자로서 오신 인자를 대면하여 자기도 모르게 반사적으로 촉발된 것이라 할 수 있다(Hagner, 1139).

❋ 왼편에 있는 자들은 자신들이 예수님을 섬겼다고 항변한다. '섬기다'로 번역된 헬라어 '디아코네오'는 '섬기다', '사역하다', '돌보다', '음식을 제공하다'의 뜻이다. 이 단어가 마태복음에 다섯 번 나온다. 대표적으로 주님께서 이 세상에 오신 목적을 설명하는 대목(20:28, "섬기려 하고")에서 등장한다. 바울은 '집사의 직분을 감당하는'(딤전 3:10) 경우에 이 단어를 사용한다. 이 용어는 매우 기독교적이며 그리스도인에게 친숙하다. (오늘날의 관점에서 보면 이들은 교회에서 중직을 맡았을 가능성도 있다.)
개역개정은 이 단어를 "공양하다"로 번역하는데 적절치 못하다. '공양하다'가 음식을 제공하는 것을 의미하기에 44절의 흐름과 어울리지 않는다. 더구나 기독교인에게 친숙한 용어도 아니다. 왼편에 있는 자들이 내뱉는 말, 즉 '주님', '섬기다'란 용어가 독자에게 낯설지 않다는 사실은 교회 구성원에게 긴장감을 준다(강대훈, 479). 이는 우리가 그리스도인으로서 혹은 교회적으로 하는 일이 반드시 하나님의 뜻을 행하는 것이 아닐 수도 있음을 일깨워 준다(양용의, 499).

【45절】 [그때] 그가 그들에게 대답하여 말할 것이다. "[진정으로] 내가 너희에게 말한다. 〈너희가 [이 가장 작은 자들 중 하나에게] 하지 않은 것만큼〉, 너희가 [내게] 하지 [않았다]."

❀ 40절의 내용이 반복되는데 이번에는 부정적 방식으로 서술된다. 이 이야기는 기독교의 핵심이 '예수님과의 관계'라는 사실을 알려 준다. 우리 모두는 마지막 때에 '예수님의 형제자매들을 어떻게 대했는가에 따라' 심판을 받는다(Green 2005, 386). 이 말은 신앙 공동체에 속한 자들을 우선 돕는 것이 중요하다는 것을 강조하며, 공동체 외부에 속한 사람들에게로 지평이 확대되어야 함을 암시한다(Hagner, 1138; 윤철원, 226). 우리는 흔히 예수님께서 지금 '영적으로' 우리와 함께하시고, 후에 가시적으로 재림하실 것이라고 말한다. 그렇지만 마태에 의하면 주님은 지금도 우리 곁에 계신다. 우리가 일상에서 만나는 가난하고 궁핍한 사람의 모습으로 말이다(Keck, 458). 그분은 임마누엘이시다.

【46절】 그래서 [이들은] [영원한] 형벌에 들어갈 것이고, [의인들은] [영원한] 생명에 들어갈 것이다.

❀ 46절은 서로 상반된 운명을 강조하는데, 마태는 의인(34-40절)과 악인(41-45절)의 순서를 바꾼다. 마치 역전된 상황을 시각적으로 보여주는 듯하다. 감람산 강화의 마지막 비유는 마지막 심판과

관련하여, 제자의 의무(24:36-25:30)에서 모든 사람의 의무(25:31-46)로 범위를 확장한다(Osborne, 1045).

이 비유는 대체로 그리스도인이 의무감을 갖고 소외된 사람을 도와주어야 한다는 점을 강조하는 비유로 해석된다. 물론 본문은 이런 관점을 부인하지 않는다. 하지만 이러한 태도는 근본적으로 '우월한' 자의 입장에서 주변을 바라보게 한다. 이 비유에 반영된 저자의 시각은 '낮고 소외된 자의 시각'에서 바라보는 세상이다. 마태는 모든 그리스도인이 주님께 대한 헌신 때문에 고난을 당하는 그룹의 일원으로서 세상을 바라보게 한다(Garland, 245).

제26장

예수를 죽이려는 음모

【1절】 이제 〈예수께서 이 {모든} 말씀들을 마쳤을 때〉 그가 그의 제자들에게 말씀하셨다.

❀ 마태는 예수님께서 감람산 강화에 이어 제자들에게 네 번째 수난 예고를 하시는 것으로 기록한다. 1절은 '모든'을 이중으로 강조하여 주님의 다섯 강화가 다 끝났음을 알려 준다. 동시에 신명기에 있는 모세의 마지막 메시지를 상기시키며, 예수님이 모세보다 더 위대하다는 사실을 시사한다(Garland, 246). 본문과 거의 동일한 형식이 모세의 경우(신 32:45)에도 등장한다. '그의 제자들에게 말씀하셨다'는 표현은 예수님이 위대하신 교사라는 점과, 제자도에 대한 저자의 관심을 보여준다(Gundry, 517).

【2절】 너희가 알다시피 ‖{이틀이} 지나면‖ [유월절이] 되는데, [인자가] 십자가에 못 박히기 위해 넘겨질 것이다.

❀ 본 절은 예수님이 자신의 죽음을 언급하신 마지막 예언이다. (마가와 누가의 병행구에는 수난 예고가 없다.) 여기서 주님은 유월절과 자신의 죽음을 연결하는데, 유월절을 언급하며 수난을 예고하신 것은 이번이 처음이다(Harrington, 361). 이 예고는 그분의 자발적 희

생이 자신의 백성을 구원하는 대속적 죽음이란 사실을 강력히 시사한다. 주님은 이 죽음이 유월절 양 희생의 성취적 사건으로 이해되기를 원하신다(양용의, 503). 해방과 구원을 기념하는 유대인의 축제가 구원사역의 틀을 형성한다. 이는 '예수'라는 이름의 뜻이 '죄로부터의 구원'(1:21)이기 때문이다. 마태는 주님의 수난 기사와 그분 이름의 의미를 밀접하게 연결한다. 예수님의 이름이 마태의 수난 기사에 무려 38번, 마가의 수난 기사에는 17번 사용된다(Keck, 464).

❋ 전반부의 내용이 마가복음과 누가복음에서는 내레이터의 설명으로 제시된다(막 14:1; 눅 22:1). 그러나 마태는 예수님이 직접 예언하시는 형식을 취한다. 2절은 마치 수난 이야기의 전주곡과 같아서 수난과 죽음 과정에서 일어나는 모든 사건에 영향을 미친다(Harrington, 363). 이 점이 마태복음의 특징이다. 마가는 수난 기사에서 다른 사람에게 장악력을 내주고 점점 수동적으로 반응하시는 예수님을 그린다. 하지만 마태는 자신이 선택한 결과로 죽음을 향해 나아가시는 이스라엘의 선생을 묘사한다(Burridge, 169). 본문은 '이틀이 지나면'을 제일 강조한다. 아마 주님이 이 말씀을 하신 날은 니산월(태양력 3-4월) 12일이었을 것이다. 이때부터 이틀이 지나면 유월절(니산월 14일)이 되고, 그날 밤 유월절 식사 후 밤에 잡히신다. 그리고 이튿날 재판을 받고 십자가에 달리신다(고영민, 217).

【3절】 [그때] 대제사장들과 백성의 장로들이 가야바라고 불리는 대제사장의 관저에 모여

【4절】 음모를 꾸몄다. 그들이 [음흉한 꾀를 써서 예수를] 붙잡아 살해할 목적이었다.

❀ 공관복음이 공히 예수님을 죽이려는 종교 지도자들의 악의를 지적하는데, 마태복음이 가장 상세하다(Bock 2012, 619). 3절은 '그때'를 강조하여 예수님을 죽이려는 유대 당국자들의 모의가 주님의 예언(2절)을 성취하는 데 일조하고 있음을 보여준다. 이들은 자신도 모르게 하나님의 목적을 성취하고 있었다(Hagner, 1147-48). 마태는 26장에서 '그때'라는 부사를 다른 복음서보다 더 자주 사용하여, 주님의 예언에 따라 모든 사건이 발생했다는 사실을 부각한다(Osborne, 1085).

❀ 백성의 장로에 대한 언급과 유대 지도자들이 대제사장의 관저에 모인 장면에 대한 기록은 마태복음에만 있다. 대제사장들과 백성의 장로들은 유대인의 최고 법정인 산헤드린 공회를 가리킨다. 공회는 71명의 회원으로 구성되었고 대제사장이 의장을 맡았다(MacArthur, 1180). '음모를 꾸몄다'는 내용은 마태복음에만 있는데, 시편 31:13을 상기시킨다. 마태는 복음서를 서술하며 최대한 구약성경과 연결하려고 노력한다(Gundry, 518). 마가와 누가의 병행구는 '죽일 방도를 찾고 있었다'고 설명한다(막 14:1; 눅 22:2). 4절은 '음흉한 꾀'를 강조한다. 이 표현은 아기 예수를 죽이기 위해 계략을 짠(2:7-8) 헤롯 왕을 떠올리게 한다(Garland, 248). 본문은 당당하게 십자가를 지시려는 예수님과, 교묘하게 그분을 잡아 죽이려는 종교 지도자들의 비열한 태도를 극명하게 대조한다(고영민, 217).

【5절】 그러나 그들은 "백성 가운데서 [대소동이] 일어나지 않도록, 이 축제 기간에는 하지 맙시다" 하고 계속 말하고 있었다.

❀ 산헤드린 공회는 유월절 축제 기간에 예수님을 처형하지 않기로 결의하였다. 5절은 '대소동'을 강조하여 공회원들이 민란을 얼마

나 두려워했는지 시각화한다. (마가의 병행구는 이 표현을 강조하지 않는다.) '말하다'에 해당하는 헬라어 동사의 시제가 미완료인데, 여기에는 그들의 강한 의지가 담겨 있다. 그러나 가룟 유다의 배신으로 명절 기간을 피하려던 이들의 결의는 좌절되었다.

저자는 주님의 수난 예언과 공회원들의 다짐을 나란히 배치하여, 결국 하나님의 뜻이 승리할 것을 시사한다. 아울러 왕국 간의 대결 양상을 보여준다(Keck, 464). 민란은 1세기 팔레스타인에서 상당히 흔했다(Wilkins, 925). 더욱이 유월절에 예루살렘을 순례하는 사람들은 민족주의적 열정으로 가득 찬 사람들이어서, 이때 예수님을 체포하면 폭동이 일어날 것이 뻔했다(제자원 1992, 645).

베다니에서 기름 부음을 받음

【6절】 그런데 [예수께서] 〈공교롭게도 베다니에 있는 나병 환자 시몬의 집에 계실 때〉

❃ 6절은 '예수께서'를 강조한다. 마태는 마가와 다르게 예수님의 이름을 사용하여 기독론적 요소를 강화한다(Gundry, 519). 여기서 개역개정에 없는 '공교롭게도'란 단어가 들어간 까닭이 무엇일까? '계시다'에 해당하는 헬라어 '기노마이'는 '우연히 어떤 일이 발생하다', '성취하다', '일어나다'의 뜻이다. 이는 어떤 사건이 하나님의 계획에 따라 정해진 시간에 일어났다는 점을 함축한다. 마가의 병행구에는 이런 암시가 없다(14:3). 베다니는 예루살렘에서 동쪽으로 약 3km 떨어진 마을로, 축제 때 예루살렘을 찾은 방문객들

이 숙소를 구할 수 있는 마을 중 하나였다(Keener 1998, 137).

❈ 분명히 시몬은 나병에 걸렸다가 예수님에 의해 치유되었을 것이다. 만약 그렇지 않았다면 사회적 접촉이 허락되지 않았으리라(Hagner, 1151). 본 단락에서 가장 중요한 역할을 한 여성의 이름이 없는데, '시몬'의 이름이 언급되었다는 사실이 놀랍다. (마태복음에서 이름이 등장하는 경우가 아주 제한적이다.) 특히 그가 '나병 환자 시몬'으로 불리고 강조되었다는 점은 더욱 충격적이다(Nolland, 1050). 예수님이 최후의 만찬을 갖기 전에 마지막으로 머무셨던 곳이 나병 환자의 집이었다는 사실은 의미심장하다. 이는 마태가 다른 복음서와 다르게 주님의 첫 기적을 나병 환자 치유 사건(8:2)으로 설정한 것과 관련이 있다. 나병 환자 이야기를 처음과 끝부분에 배치한 이런 문학적 기교는 모세를 떠올리게 한다(출 4:6-7). 동시에 예수님이 바로 "오실 그이"(11:3)라는 진리를 시사한다(김득중, 70; Quarles, 245).

【7절】 한 여자가 값비싼 향유가 담긴, 설화 석고로 만든 병 하나를 가지고 그에게 왔다. 그리고 그가 기대어 누워 있는 동안에 그녀가 그것을 그의 머리에 부었다.

❈ 문맥을 보면 이 이야기는 종교 지도자들의 모략(26:3-5)과 가룟 유다의 배신 사건(26:14-16)을 연결한다. 경의를 표하는 이 여성의 헌신적 행위는 가룟 유다의 표리부동, 대제사장 가야바의 음모와 대비되어 더욱 두드러진다(Wilkins, 925). 이상하게도 그녀를 "기억하리라"(13절)는 문구가 있음에도 불구하고, 마태는 이 여인의 이름을 말하지 않는다. 그는 이 여인이 보여준 경배의 행동에 초점을 두기 위해 이렇게 하였을 것이다(France, 973). 이 이야기가 독립

된 이야기가 아닌 예수님 수난 이야기의 일부가 되게 의도했으리라(Hagner, 1154).

❀ 예수님 당시 기대어 눕는 것은 특별한 음식을 대하는 일반적 자세였고(EXB), 머리에 향유를 붓는 행위는 귀한 손님을 접대하는 전통적 방식이었다. 그런데 이 여인의 행위는 통상적인 선을 훨씬 넘어선다. 이 향유는 굉장한 고가품으로서 그 여인의 가보에 속하는 물건이었을 것이다. 이런 고급 향유를 간직하기 위해서는 주로 옥합을 사용했는데, 한번 깬 후에는 그 순간에만 최상의 신선도를 유지한 채 사용할 수 있었다(Keener 1998, 137). 마태는 마가복음에 나오는 불필요한 세부 사항을 생략하며, 향유가 매우 값비싼 물건이라는 점만 부각한다. 이러한 묘사는 산헤드린 공회가 유다에게 제공한 값싼 은전 30개와 좋은 대조를 이룬다(Gundry, 520).

【8절】 그러자 그 제자들이 [그것을 보고] 굉장히 짜증내며 말했다. "[무슨 목적으로] 이처럼 낭비하느냐?

【9절】 왜냐하면 이것을 많은 돈을 받고 팔았으면 궁핍한 사람들에게 줄 수 있었기 때문이다."

❀ 오직 마태만이 제자들 전체가 이 광경을 보고 짜증을 냈다고 말하여 그들의 결점을 강조한다. (마가는 '어떤 사람들', 요한은 '가룟 유다'가 이렇게 말했다고 밝힌다.) 아마 마태는 자신이 속한 공동체 구성원에게 경고하기 위해, 특히 부유층을 겨냥하여 이렇게 묘사했을 것이다(Harrington, 362). 8절은 '무슨 목적'을 강조한다. 이는 여인의 행위를 전혀 이해하지 못하는 제자들의 무지와, 12절에 있는 예수님의 말씀을 뚜렷하게 대조한다. 마가는 이 향유의 가격을 "삼백 데나리온 이상"이라고 말하는데(14:5), 마태는 단지 '많은 돈'이라고 표

현한다. 제자들이 9절과 같이 말한 이유는, 당시 축제 때 예루살렘을 방문하는 순례자들이 선행을 베푸는 것을 일종의 의무로 여겼기 때문일 가능성이 있다(France, 975). 만약 일상적 상황이라면 제자들의 주장이 맞지만, 현 상황은 예외적인 경우다(Hagner, 1152).

【10절】 하지만 예수께서는 [아시고] 그들에게 말씀하셨다. "왜 너희가 이 여자를 성가시게 하느냐? 이는 그녀가 이미 나를 위하여 [좋은 일을] 했기 때문이다."

❀ 10절은 '아시고'를 강조하는데 마태복음만이 이 동사를 사용한다. 이렇게 보면 8-9절에 있는 제자들의 말은 중얼거림일 가능성이 높다. (마태는 어떤 사람들이 '그녀를 책망하였다'는 마가의 설명을 생략한다.) 본문은 인간의 내면을 읽으시는 예수님의 신적 통찰력을 보여준다(France, 975; Keck, 466). '좋은'으로 번역된 헬라어 '칼로스'는 '훌륭한', '좋은', '고상한'이란 뜻이다. 주님은 이 표현을 통해 여인의 행위가 자신의 구속사역을 예비하는 차원 높은 행동이라는 점을 알려 주신다(제자원 1992, 646). 유대인 랍비의 자료에 의하면, 죽은 자를 장사 지내는 일은 다른 자선 행위보다 더 중요하였다(Garland, 249).

【11절】 왜냐하면 [궁핍한 자들은 항상] 너희와 함께 있지만, [나는 항상] 너희와 함께 [있지 않기] 때문이다.

❀ 양과 염소의 비유 다음에 이 에피소드가 기록되었다는 점이 흥미롭다. 양과 염소 비유는 가난한 그리스도인을 돕는 행위가 예수님을 돕는 것과 동일하다고 선언하였다. 하지만 본문은 예수님을 돕는 것이 궁핍한 자를 돕는 것보다 우선이라고 이야기한다

(Blomberg, 386). 이 말은 가난한 자를 무시해도 좋다는 의미가 아니다. 주님의 임박한 죽음과 관련하여 이번만은 후순위가 된다는 뜻이다(Hagner, 1154).

【12절】 [그녀는] [내 장례를 준비하기 위해] 이 향유를 내 몸에 부었다.

❃ 예수님은 그녀의 행위가 자신의 장례를 준비한 것이었다고 해석하신다. 그런데 이 여인은 주님의 장례를 염두에 두고 이렇게 하지는 않았을 것이다. 아마도 단순히 자신의 헌신을 보여주고 싶었으리라. 자신과 가족에게 베풀어 주신 사랑에 대한 보답으로 말이다(Hagner, 1153). 유대인은 장례식 때 방부 처리를 하지 않았기 때문에 냄새를 없애기 위해 시신에 향유를 발랐다(Osborne, 1059). 마태는 예수님의 선언을 확인시켜 주듯, 여인들이 주님의 몸에 향유를 바르기 위해 무덤에 왔다는 내용(막 16:1)을 생략한다(Harrington, 363).

【13절】 [진정으로] 내가 너희에게 말한다. "〈이 {온} 세상에서 이 기쁜 소식이 선포되는 곳마다〉 그녀가 행한 일도 전해져 그녀를 기념하게 될 것이다."

❃ 이 소식이 온 세상에 선포된다는 말은, 24:14을 암시하며 복음이 모든 민족에 선포될 것을 예상하게 한다(Nolland, 1055). '이 기쁜 소식'은 예수님의 고난과 죽음에 관한 소식이다(강대훈, 494). 본 단락은 마태복음에서 하나의 전환점을 제공한다. 이후부터 여성의 역할이 부각된다. 빌라도의 아내(27:19), 주님의 죽음을 목격한 여인들(27:55-56), 매장(埋葬)을 지켜본 두 명의 마리아(27:61), 부활의 아침 무덤에 나타난 두 명의 마리아(28:1). 예수님의 열두 제자가

고통스럽게 무너지는 순간에, 이 여인들은 끝까지 긍정적 반응을 보여준다(Nolland, 1056).

유다가 예수를 넘겨주기로 합의하다

【14절】 [그때] 열둘 중의 하나인 가룟 유다라고 불리는 자가 대제사장들에게 가서

❄ 14절은 '그때'를 강조하는데, 오직 마태복음만이 이렇게 되어 있다. 마가의 병행구는 '그리고'를 사용한다(14:10). '그때'는 향유를 부은 사건이 예수님의 장례를 위한 것이었다는 주님의 해석이 이제 현실로 드러난다는 점을 시사한다(Gundry, 522). 수난 예고에 맞춰 필요한 사건들이 적시에 일어난다. 마태는 주님을 배신한 자가 '열두 제자 중의 하나'라는 역설을 독자가 놓치지 않도록 이 표현을 먼저 언급한다. 그리고 뒤에 유다의 이름을 기록한다(Hagner, 1156). (마가복음에는 '유다'의 이름이 먼저 나오고, '열둘 중의 하나'가 뒤에 나타난다. 개역개정으로는 이 차이를 느낄 수 없다.) 이러한 기교는 교회 공동체에서 배신행위가 있을 것을 예고한 주님의 경고(24:10)가 어떻게 적중되는지 보여준다. (24:10은 마태복음에만 있다.) 누가는 유다의 배신을 사탄이 그에게 들어가 일으킨 것으로 설명한다(22:3).

【15절】 말했다. "‖내가‖ [당신들에게] 그를 넘겨주면, 당신들은 내게 무엇을 주겠소?" 그러자 그들은 그에게 은전 30개를 달아 주었다.

❀ 공관복음에서 마태복음만이 예수님을 배신하는 문제를 놓고 유다가 대제사장들과 거래하는 현장을 보여준다. 마가와 누가는 이 장면을 내레이터의 설명으로 요약하는데, 마태는 유다의 제안을 고스란히 보여준다. 본문은 그의 배신 동기가 탐욕이었음을 분명히 한다(Harrington, 363). 15절은 '내가'를 제일 강조한다. 이는 그가 자신에게만 관심을 갖고 있다는 사실과, 몸값을 흥정하는 과정에서 보다 많은 돈을 받으려는 그의 노력을 돋보이게 한다(제자원 2006, 485; Keck, 469).

마태만이 유일하게 유다가 받은 돈의 액수를 밝힌다. 마가와 누가는 대제사장들이 돈을 주기로 '약속했다'고 기록한다(막 14:11; 눅 22:5). 마태는 유다 이야기와 주님께 향유를 부은 여인 이야기를 병치시킨다. 한 여인은 돈을 허비한 것처럼 보였지만 실제로는 가장 멋지게 사용하였다. 반면에 유다는 돈을 얻은 것처럼 보였지만 실제로는 얻은 것이 아니었다(Nolland, 1060).

❀ 왜 마태는 마가와 누가처럼 '약속하다'(합의하다)라는 동사 대신에 '달아 주다'란 단어를 사용하였을까? 그리고 왜 금액을 밝혔을까? '달아 주다'에 해당하는 헬라어 '히스테미'는 '무게를 달다', '서다', '결정하다'의 뜻이다. 그런데 여기에 한 가지 문제가 있다. 금속의 무게를 달아 비용을 지불하는 방법은 주화가 통용되기 전에 쓰였다. 따라서 주화가 쓰이던 신약시대에는 이 표현이 어울리지 않는다(France, 976). '달아 주다'란 동사와 은전 30개는 스가랴 11:12을 상기시킨다(Garland, 249). 실제로 이 단어('히스테미')가 70인역 스가랴 11:12에 등장한다.

마태의 이러한 기교는 유다가 현장에서 돈을 받은 것과, 돈의 액수가 구약 예언의 성취임을 역설한다(Gundry, 523). 마태복음의 독자로서 성경에 식견이 있는 사람은 이 금액이 종 한 사람의 죽음에 대한 보상금(출 21:32)이란 것을 알아차렸으리라. 스가랴 11:12에 의하면 이 돈은 해고된 목자(예언자)가 받는 퇴직 수당에 해당한다(Burridge, 171). 유다는 자기 주인을 헐값에 넘겼다(Keener 1998, 138).

【16절】 [그때부터] 그는 [그를 넘겨줄] 좋은 기회를 계속 찾고 있었다.

❀ 오직 마태만이 '그때부터'란 문구를 삽입하는데, 이 표현은 마태복음에서 전환점을 이룬다(Hagner, 1157). 이 문구는 예수님의 갈릴리 사역이 시작되는 4:17, 주님이 수난에 대해 가르치기를 시작하시는 16:21에도 등장한다. 이 표현은 고난과 부활 사건이 본격적으로 시작되었음을 암시한다(Gundry, 523). 유월절을 준비하며 유다, 예수님, 산헤드린 공회는 서로 다른 속셈을 갖고 있다. 유다는 주님을 이용하여 돈을 벌 '좋은 기회'를 찾고, 예수님은 하나님의 때("나의 때")를 기다리신다. 산헤드린 공회는 유월절 축제가 끝난 후 예수님을 처형할 계략을 세운다(Garland, 249).

예수께서 제자들과 함께 유월절을 지키시다

【17절】 〈누룩을 넣지 않은 빵을 먹는 그 날들의 첫날에〉, 그 제자들이 예수께 와서 말했다. "당신은 당신께서 드실 유월절 음식을 우리가 어디에 준비하기를 원하십니까?"

❀ 유월절은 이스라엘 백성이 이집트의 종살이에서 해방된 것을 기

념하는 절기다. 이 절기는 무교절 하루 전날, 즉 니산월 14일에 지킨다. 누룩을 넣지 않은 빵을 먹는 무교절은 니산월 15일에 시작되어 일주일 동안 진행된다. 1세기에는 유월절과 무교절, 이 두 축제가 합쳐져 절기 이름이 혼용되었다(Keck, 468). 마태는 마가의 병행구에 나오는 '유월절 양 잡는 날'이란 설명을 생략한다. 일차 독자인 유대인이 이미 알고 있기 때문이다(Gundry, 523). 유월절에는 어린양, 무교병, 포도주, 쓴 나물을 먹었는데, 이런 음식에 누룩이 들어가지 않아야 하므로 준비할 때 세심한 주의가 필요하였다(고영민, 220).

【18절】 그러자 [그가] 말씀하셨다. "너희는 그 도시 안으로 들어가 어떤 사람에게 가라. 그리고 그에게 '[선생님께서] ‖나의 때가‖ [가까이 왔으니] 내가 [그대 집에서] 나의 제자들과 함께 유월절을 지키겠다고 말씀하십니다' 하고 말하여라."

❁ 본문을 이해하려면 당시의 문화를 알아야 한다. 유월절 만찬을 먹으려면 최소한 10명 이상이 모여야 했고, 예루살렘을 방문한 사람은 성내 어느 집에서나 음식 먹을 장소를 구할 수 있었다. (유월절 음식은 예루살렘 성 안에서만 먹을 수 있었다.) 이때 장소를 내주는 사람도, 장소를 얻는 사람도 돈을 주고받아서는 안 되었다. 따라서 누구에게든 가서 유월절 음식을 먹을 방을 요청하면, 주인은 공간이 있는 한 반드시 제공해야 했다(장재일, 499-500). 18절은 '나의 때가 가까이 왔다'는 점을 제일 강조하는데, 이 내용은 마태복음에만 있다. 여기서 '때'로 번역된 헬라어는 일반적인 시간을 뜻하는 '크로노스'가 아니다. 결정적 순간을 의미하는 '카이로스'다. '나의 때'와 유다가 찾는 '좋은 기회'(16절)는 멋진 대조를 보인다(Keck, 468).

❄ 병행 단락과 비교하면 마태의 독특한 시각을 찾을 수 있다. 첫째, 마태는 예수님의 권위를 강조하기 위해 마가복음에 있는 제자들의 질문을 주님의 명령으로 대체한다. 마가복음에서는 제자들이 집주인에게 주님의 지시에 따라 "나의 객실이 어디 있느냐?"(14:14) 하고 묻는다. 그러나 본문에서는 그 집에서 유월절을 지키시겠다고 선언하는 형식을 취한다. 둘째, 마태는 마가복음에 있는 불필요한 세부사항을 축약한다. 물 한 동이를 들고 가는 남자와 다락방에 관한 내용을 생략한다. 그 결과 주님의 권위가 제자들은 물론이고, 제자들과 대화를 나누는 집주인에게까지 확대된다. 셋째, 마가복음에서는 단지 두 제자만이 보냄을 받는다(14:13). 그렇지만 마태복음에서는 열두 제자 모두가 보냄을 받는다. 마태는 제자도와 관련하여 이 사건을 서술한다(Keck, 468).

【19절】 그래서 그 제자들은 예수께서 그들에게 지시하신 대로 행하였고, 그리고 유월절을 준비하였다.

❄ 마가와 누가의 병행 단락은 예수님의 신적 예지 능력을 강조한다. 마지막 만찬 장소와 관련된 주님의 예언과, 그 예언이 그대로 이루어졌음을 보여주는 내용을 기술한다. 그러나 마태는 제자들이 주님의 권위에 순종했음을 강조한다(Nolland, 1063). 이는 제자에게 순종이 중요하다는 저자의 관점을 드러낸다(Gundry, 524). '지시하신 대로 행했다'는 설명은 마가와 누가의 병행구에는 없다.

【20절】 〈[저녁이] 되었을 때〉 그가 그 열두 제자들과 함께 비스듬히 누워 계셨다.

【21절】 그리고 그들이 먹고 있을 때 그가 말씀하셨다. "[진정으로] 내가 너희에게 말하는데, [너희 중 한 사람이] 나를 넘겨줄 것이다."

❋ 20절은 저녁이 되었다는 사실을 강조하여, 새로운 하루와 함께 마침내 때가 되었음을 암시한다. 유대인은 일몰 때부터 다음 일몰 때까지를 하루로 계산하였다(Keck, 470). 오후 6시쯤 예수님과 제자들은 식탁에 모여 앉았다. 이 식탁은 아마도 일자형이 아닌 U자형이었을 것이다(Bock 2012, 623). 유대인들은 식사 때 왼쪽 팔꿈치로 기댄 채 오른손으로 식탁에 놓인 음식을 먹었다.
유월절 만찬은 날이 저문 후 밤에 이뤄졌고 자정이 되기 전에 끝났다(Osborne, 1073; France, 988). 유월절 식사의 축하 분위기 속에서 예수님은 열두 제자 중 하나가 자신을 배신할 것이라는 충격적인 말씀을 하신다. 이 말씀은 '진정으로 내가 너희에게 말하는데'라는 무게 있는 정형구로 시작된다(Hagner, 1164).

【22절】 그러자 그들은 [매우 슬퍼하며] 각자 그에게 "주님, 혹시 그 사람이 [접니까]?"라고 말하기 시작했다.

【23절】 [그가] 대답하여 말씀하셨다. "〈나와 함께 이 그릇에 그의 손을 넣은 자〉, [그가] 나를 넘겨줄 것이다."

❋ "그 사람이 접니까?"라는 질문은 부정적 대답을 기대하는 것이다. 제자들은 예수님을 '주님'이라 부르는데, 이 호칭은 그들이 진정한 제자임을 암시한다. (마가의 병행구에는 '주님'이란 칭호가 없다.) 아울러 동일한 질문을 하며 유다가 사용한 '랍비'(선생님)란 칭호와의 뚜렷한 대조를 예상하게 한다(Hagner, 1165). 23절에는 유대인의 문화가 배어 있다. 유대인은 유월절에 쓴 나물을 먹었는데, 이것을 견과류와 과일, 그리고 식초를 섞은 소스에 찍어 먹었다. 히브리어로 '하로셋'이라 불리는 이 소스는 진흙 색깔이었고, 이는 노예 생활 당시 진흙으로 벽돌을 만들던 일을 상기시켰다. 자신을 배신할 사람과 함께 동일한 양념 그릇에 음식을 찍어 먹는다는 생각은 유

대인에게 소름 끼치는 일이었을 것이다. 식탁 교제는 그만큼 친밀한 결속의 상징이었다(Keener 1998, 138; 류모세 2009b, 84-93).

❀ 예수님은 '함께 그릇에 손을 넣은 자가' 자신을 팔 것이라고 선언하신다. 이 부분을 마가복음과 비교하면 차이를 발견할 수 있다. '넣은'에 해당하는 헬라어 분사가 다르다. 마태복음은 부정과거 분사, 마가복음은 현재분사를 사용한다. 마태는 그 배신자가 '이미' 그릇에 손을 '넣었다'고 말한다. 그러므로 이것만 가지고는 배신자가 누구인지 알 수 없었으리라. 25절에 있는 유다의 질문이 이를 확증해 준다(Hagner, 1165). 개역개정은 본 절과 마가의 병행구(14:20)를 동일하게 "나와 함께 그릇에 손을 넣는"으로 번역하는데, 이는 마태와 마가의 의도를 무시한다. 원문에 충실하게 하려면 본 절을 '이 그릇에 그의 손을 넣은 자'로, 마가의 병행구는 '지금 나와 함께 이 그릇에 빵을 찍어 먹는 자'로 처리해야 한다. ESV, NLT, RSV, NRSV 역본은 23절을 현재완료 시제로, 마가의 병행구를 현재진행형으로 처리한다. 마가의 병행 단락에는 뒤에 이어지는 유다의 질문이 없다.

【24절】 [인자는] 정말로 자신에 대해 기록된 대로 자신의 길을 간다. 하지만 [지금] 그를 통해 인자가 [넘겨지고 있는] 그 사람에게는 화가 있을 것이다! 만약 ‖그 사람이‖ 태어나지 않았더라면 그것이 그에게 [좋았을] 것이다!

❀ 예수님은 자신의 죽음이 하나님의 계획과 성경의 예언을 성취하는 것이라고 확언하신다. 하나님의 주권과 인간의 책임 문제가 여기서 분명히 드러난다. 그분의 죽으심은 하나님의 계획에 따라 일어나지만, 그렇다고 해서 인간의 책임이 면제되지는 않는다

(Keck, 470). '태어나지 않았더라면'이란 섬뜩한 말은 범죄의 심각성을 지적한다. 유다의 자살은 그에게 선언된 화와 정확히 일치한다(Hagner, 1166). '좋은'으로 번역된 헬라어가 '칼로스'인데, 저자는 예수님께 향유를 부은 여인의 행동을 설명하는 대목(10절)에서도 이 단어를 사용한다. 10절과 24절에서 이 단어가 공히 강조되어 있다. 저자는 가룟 유다와 주님께 향유를 부은 여인을 뚜렷이 대비하며, 교회 공동체 구성원에게 경고의 메시지를 던진다(김창선, 375). '그 사람'이 되지 말라고 간곡히 부탁한다.

【25절】 그러자 그를 넘겨주고 있던 유다가 "선생님, 혹시 그 사람이 [접니까]?"라고 [대답하여] 말했다. 그가 그에게 "[네가] 말하였다"라고 말씀하신다.

❁ 25절은 마태복음에만 있다. 마태는 유다의 배신을 극명하게 강조하기 위해 그의 질문을 따로 기록한다(Barton 2002, 396). 이러한 기교는 배신자가 누구인지 예수님이 정확히 알고 계셨다는 사실과, 유다가 진정한 제자가 아님을 드러낸다. 다른 제자들이 '주님'(22절)이란 호칭을 쓴 것과 다르게, 그는 '랍비'로 부른다(France, 990). 유다의 질문에 대해 주님이 하신 말씀('네가 말하였다')은 대제사장의 질문에 대한 대답(64절)과 동일하다. 마태는 이런 기법을 통해 이 두 장면을 연결한다. 본문에서 예수님의 말씀이 현재 시제다. 이는 주님의 선언을 듣는 순간 배신자가 어떤 느낌을 가졌을지 상상하게 한다(Bock 2012, 623-24).

●

예수께서 주의 만찬을 제정하시다

【26절】 그리고 [그들이 먹고 있을 때], 예수께서 [빵 하나를 들어 축복하고] 떼어 [자신의 제자들에게 준 후에] 말씀하셨다. "받아서 먹어라! [이것은] ‖내 몸이다‖."

❁ 본문에 있는 네 개의 동사('들다', '축복하다', '떼다', '주다')는 오천 명과 사천 명을 먹이신 두 번의 급식 기사(14:19; 15:36)에서도 등장한다(France, 988). 26절은 예수님이 빵을 떼어 '자신의 제자들에게' 주셨다는 점을 강조한다. 마가와 누가의 병행구는 '그들에게' 주셨다고 말하며 이 부분을 강조하지 않는다(막 14:22; 눅 22:19). 마태는 두 급식 사건에서도 동일하게 주님께서 빵을 떼어 '제자들에게 주셨다'고 기록한다. 이 문구는 최후의 만찬과 두 급식 기사를 연결하는 서술적 접착제가 된다.

❁ '먹어라'는 명령은 마태복음에만 있다. 이는 이집트의 노예 생활에서 해방된 자들이 유월절 만찬에 참여해야 했듯이, 교회 공동체 구성원이 반드시 참여해야 한다는 것을 알려 준다. 제자라면 누구나 예수님 죽음의 효력을 누려야 한다(Nolland, 1075; 양용의, 515). 주님은 빵을 자신의 몸과 동일시하며, 마지막 문장에서 '내 몸'을 제일 강조하신다. 빵을 쪼개는 행위는 그분의 죽음을 상징한다.

【27절】 그리고 〈잔 하나를 들고 감사 기도를 드린 후에〉 그가 그들에게 주며 말씀하셨다. "너희 모두 이것을 마셔라."

❁ 유대인은 매년 지키는 유월절 축제 때 붉은 포도주 네 잔을 마셨다. 첫 번째는 축사의 잔, 두 번째는 식사 전의 잔, 세 번째는 식사 후 축복의 잔, 그리고 할렐의 노래로 이어지는 네 번째 잔이다. 본문에 있는 잔은 세 번째 잔이었을 것이다. 마태와 마가는 한 번의 빵과 잔을 제공한 것으로 설명하지만, 누가는 한 번의 빵과 두 번의 잔을 제공한 것으로 서술한다(Blomberg, 390; Wilkins, 935).

"너희 모두 이것을 마셔라" 하는 명령은 마태복음에만 있는데, 마태는 26절과 병행이 되게 명령문으로 처리한다(Hagner, 1168). (마가의 병행구는 내레이터의 설명으로 대체한다.) 이러한 마태의 기교는 성만찬에 참여하는 것이 제자의 의무라는 사실과, 주님의 명령에 순종하는 그들의 모습을 잘 보여준다(Keck, 471; Gundry, 528).

【28절】 왜냐하면 [이것은] 죄들이 사함을 받도록 [많은 사람들을 위해] 쏟아붓는 나의 피, 그 언약의 피이기 때문이다.

❁ 개역개정에는 없지만 헬라어 원문에는 이유를 나타내는 접속사가 있어서, 본 절이 27절의 이유라는 점을 분명히 한다. 유대인에게 세 번째 잔은 특별한 의미가 있다. 이 잔은 출애굽기 6:6("너희를 속량하여")에 있는 하나님의 약속과 관련하여 '구속의 잔'이라 불린다. 유월절 양의 피가 출애굽을 가능케 했다면, 이 잔이 상징하는 예수님의 피는 하나님과의 언약 관계로 들어가는 길을 연다(Wilkins, 935). 복음서에서 오직 마태만이 죄 용서에 대해 언급하며 희생의 신학적 목표를 분명히 한다. 누가복음은 '새 언약'(22:20)이란 용어를 사용하여 주님에 의해 형성되는 새로운 관계를 보여준다(Bock 2012, 627).

【29절】 또한 내가 너희에게 말한다. 나는 지금부터 포도나무에서 난 {이

것을} [결코] 마시지 [않을 것이다]. 내가 ‖내 아버지의 나라에서‖ 너희와 함께 [새것을] 마실 그날까지는 말이다.

❃ 예수님께서는 이후 이생에서는 포도주를 마시지 않겠다고 선언하며, 이 만찬이 영적 유월절이 될 것을 암시하신다. 최후의 만찬은 새 언약 시대에서 성찬 예식으로 계속 지켜졌다. 이런 의미에서 이 만찬은 최후의 만찬이며 동시에 최초의 성찬식이다(고영민, 223). 유대교에서는 "이 일이 이루어질 때까지 이런저런 음식을 먹지 않겠다"는 식으로 종종 금욕 서원을 하였다. 예수님은 이 선언을 하고 축제의 마지막 잔, 곧 네 번째 잔을 입에 대지 않으신 것으로 보인다(Keener 1998, 139).

29절은 '내 아버지의 나라'를 제일 강조한다. 마태는 마가의 병행구에 있는 '하나님 나라'를 '내 아버지의 나라'로 바꾸며, 하나님이 아버지가 되신다는 점을 강조한다. 29절 마지막 문장은 종말론적 연회를 시사한다(Hagner, 1172). '너희와 함께'라는 문구는 마태복음에만 있는데, 임마누엘 하나님을 상기시킨다(Gundry, 529). 26장에서 '함께'(with)란 단어가 여러 번 사용된다는 점에 주목해야 한다. 특히 29, 36, 38, 40, 51절의 경우는 마가복음에 없다.

【30절】 그리고 그들은 찬송을 부른 후에 감람산으로 나아갔다.

❃ 유월절 식사 후 할렐 시편(시 113-118편)에 속하는 시를 찬양하는 것이 유대인의 전통이었다. 감람산으로 올라가는 길은 최소한 15분이 걸리는 거리였다(Keener 1998, 139). 30절은 복음서에서 예수님과 제자들이 찬송을 불렀다는 유일한 언급이다. 누가복음과 요한복음에는 이 내용이 없다(Keck, 472).

예수께서 베드로가 부인할 것을 예고하시다

【31절】 [그때에] 예수께서 그들에게 말씀하신다. "이 밤에 ‖너희 {모두가}‖ 나 때문에 걸려 넘어지게 될 것이다. 이는 '내가 목자를 칠 것인데, 그러면 [양떼의 양들이] 널리 흩어질 것이다'라고 기록되었기 때문이다."

❊ 예수님은 자신의 죽음과 인간의 모든 행동이 하나님의 계획에 따라 이루어지는 것임을 분명히 하며, 스가랴 13:7을 인용하신다(Keck, 474). 물론 스가랴 13:7은 메시아에 관한 내용이 아니다. 그러나 목자를 치면 양이 흩어진다는 원리는 하나님이신 목자 예수님에게도 적용된다(Keener 1998, 139). 스가랴서의 '목자를 치는' 장면이 여기서는 일인칭의 행위로 기록된다. '목자를 친다'는 말은 예수님의 죽음을, '양떼가 흩어진다'는 말은 제자들이 도주할 것을 함축한다(Hagner, 1176).

오직 마태복음만이 제자들의 실패 원인과 그때가 언제인지 알려 준다. '이 밤', '나 때문에', '양떼'에 관한 언급은 마태복음에만 있다. 게다가 본문은 '너희 모두'를 제일 강조한다. 마태는 스가랴 13:7을 인용하며 '양떼'를 첨가하여 양떼와 목자를 더 밀접하게 엮는다. 동시에 교회 공동체에 대한 그의 관심을 보여준다(Hagner, 1175; Keck, 474).

【32절】 하지만 [내가 살아난 후에] 내가 너희보다 먼저 갈릴리로 갈 것이다.

❋ 32절은 목자와 흩어진 양이 재결합할 것이란 희망을 준다. 본문은 '살아난 후에'를 강조하여 부활의 소망을 제자들에게 강하게 심어 준다. 주님께서 제자들보다 앞서 가시는 이유는 양들을 회복시키기 위함이다(강대훈, 522). 양보다 앞서 가시는 목자의 권위 있는 리더십이 여기에 담겨 있다(Hagner, 1177).

【33절】 이에 베드로가 그에게 [대답하여] 말하였다. "〈비록 [모든 사람이] 당신 때문에 걸려 넘어진다 해도〉 ‖저는‖ 결코 걸려 넘어지지 않을 것입니다."

【34절】 예수께서 그에게 말씀하신다. "[진정으로] 내가 네게 말하는데, 〈{이} 밤에 닭이 울기 전에〉 네가 나를 [세 번] 부인할 것이다."

❋ 제자들이 모두 배신할 것이라는 선언을 듣고 베드로는 결코 자신만은 실족하지 않을 것이라고 장담한다. 33절에서 '걸려 넘어진다'는 말이 반복되는데, 마가복음에는 이런 반복이 없다. 예수님은 '진정으로'라는 무게 있는 정형구를 사용하여 베드로의 실패를 예고하신다. 마가는 베드로가 부인한 후에 닭이 '두 번' 울 것을 알려 주는데(14:30), 마태는 닭이 울기 전에 부인할 것만을 이야기한다. 34절의 현재 시제는 시공간을 초월하여 모든 그리스도인에게 들려주는 경고의 메시지로 작용한다.

【35절】 베드로가 그에게 말한다. "〈비록 제가 [{당신과} 함께 죽어야] 할 필요가 있다 하더라도〉 저는 [결코] 당신을 부인하지 [않을] 것입니다." [다른 모든 제자들도] ‖그렇게‖ 말했다.

❋ 베드로는 '결코 ~하지 않겠다'는 이중 부정 구문을 사용하여 부인하지 않을 것이라는 확신을 보여준다(Bock 2012, 633). 개역개정으

로는 파악하기가 어렵지만, 헬라어 원문에는 '필연성'을 암시하는 단어 '데에'가 있다. 따라서 원문을 직역하면 "(제 의지와 상관없이) 비록 제가 당신과 함께 죽어야 할 필요가 있다 해도"(NKJV)가 된다. 신학자 해그너는 드물게 사용되는 가정법 동사('데에')가 여기에 사용된 것은, 베드로가 죽음의 위협을 머나먼 이야기로 여겼음을 입증한다고 주장한다(Hagner, 1178).

겟세마네 기도

[36절] 그때에 예수께서 그들과 함께 겟세마네라고 불리는 장소로 가셔서, 그가 그의 제자들에게 말씀하신다. "내가 저기 가서 기도하는 동안 너희는 여기 앉아 있어라."

❋ 36절은 '그때'라는 부사로 본 단락과 앞 단락을 결합한다. 저자는 제자들이 기도하지 않은 것과 제자들이 걸려 넘어질 것이라는 예수님의 경고가 밀접한 관련이 있음을 보여준다(Gundry, 531). 아울러 주님의 수난 사건이 그분의 예고에 따라 진행된다는 점을 부각한다. (마가나 누가의 병행구에는 '그때'란 단어가 없다). 예수님 일행이 겟세마네 동산에 도착한 시간은 밤 10-11시경으로 깊은 밤이었다. '겟세마네'는 문자적으로 '기름을 짜는 압착기'란 뜻인데, 올리브 농장과 올리브를 짜는 시설이 그곳에 있었던 것 같다(Keener 1998, 139). 저자는 '기름을 짜는 곳'이란 지명의 의미와 고뇌에 찬 주님의 기도를 직결한다. 유대인들은 올리브기름을 짤 때 갈수록 더 무거운 추를 계속 올려놓으며 모두 네 번에 걸쳐 짰

다. 마찬가지로 예수님도 기름을 쥐어짜듯이 심령을 쥐어짜며 세 번이나 기도를 드리셨다(류모세 2008, 59-62). 복음서에서 마태복음만이 세 번에 걸친 기도 장면을 생생히 보여준다.

【37절】 그리고 〈그와 함께 베드로와 세베대의 {두} 아들을 데리고 가며〉 그는 굉장히 괴로워하고 슬퍼하기 시작하셨다.

【38절】 [그때] 그는 그들에게 말씀하신다. "내 영혼이 [슬픔에 에워싸여] ‖죽을 지경이다‖. 너희는 여기에 머물며 나와 함께 계속 깨어 있어라."

❀ 예수님은 이 고난의 시간에 가까운 제자들로부터 감정적 지원을 받고 싶으셨을 것이다. 그래서 세 제자를 따로 데리고 가신다(Hagner, 1184). 마태는 '세베대의 두 아들'이라고 표현하는데, 마가는 야고보와 요한이라고 이름을 밝힌다(14:33). 마태의 이 표현은 두 제자의 다짐을 상기시킨다. 세베대의 두 아들은 예수님의 좌우편에 앉게 해달라고 간청하며, 주님이 마시는 잔을 마실 수 있다고 확언한 적이 있다(20:22). (이 대목에서도 마태는 마가와 다르게 '세베대의 아들'이라고 표현한다.) '슬픔에 에워싸여 죽을 지경'이란 구절은 성경적 언어이며, 시편 42:5-6과 요나서 4:9을 떠올리게 한다(Keener 1998, 140). '깨어 있으라'는 명령은 출애굽기 12:42에 언급된 '깨어 있는 밤'을 반영한다(Hagner, 1184). 유대인들은 으레 유월절에 밤을 지새우며 하나님의 구원 이야기를 나누었다(Keener 1998, 140). 38절의 현재 시제는 늘 깨어 기도하는 것이 그리스도인의 의무임을 강조한다(Gundry, 532).

❀ 예수님이 이처럼 괴로워하신 이유는 죽음 자체가 아닌 죽음의 종류 때문이다. 주님은 인간의 죄를 위해 자신이 대가를 치르며 하

나님의 '분노의 잔'(사 51:17)을 마셔야 했다. 더욱이 아버지로부터 분리된다는 생각은 더 큰 공포와 고통을 주었으리라(MacArthur, 1178). ('죽을 지경'이란 부분이 마가복음보다 더욱 강조되어 있다.)

마태복음은 대체로 마가복음과는 다르게 예수님의 인간적 감정 묘사를 최대한 억제한다. 이는 마태가 예수님의 얼굴에서 '하나님의 아들' 이미지를 찾기 때문이다. 하지만 특이하게 37-38절에서 예수님의 인간적 감정을 지나치리만큼 상세히 드러낸다. 그 이유는 주님께서 정면으로 맞서시는 십자가의 죽음이 그분에게 무엇을 의미하는지 알려 주기 위함이다(France, 1002).

【39절】 그리고 [조금 더 나아가] 그는 얼굴을 땅에 대고 기도하며 말씀하셨다. "나의 아버지여! [만약 가능하다면] 이 잔이 내게서 지나가게 해주십시오. [그렇지만] [내가] 원하는 대로가 아니라, [당신께서] 원하시는 대로 해주십시오."

❀ 병행구와 비교하면 두 가지 차이를 발견할 수 있다. 첫째, 마가는 예수님이 땅에 엎드려 기도했다고 설명하는데, 마태는 '얼굴을 땅에 대고' 기도하셨다고 기술한다. 이러한 마태의 묘사는 기도하는 자세를 설명하는 보다 적절한 셈어적 표현이다. 구약성경에서 두려움과 복종을 느끼며 예배할 때 이런 자세가 흔히 나타난다(Hagner, 1182; Keck, 476).

둘째, 마태는 마가복음의 '아빠 아버지'(14:36)를 '나의 아버지'로 대체하여, 예수님이 성부 하나님의 아들이란 점을 강조한다(Gundry, 533). 마태복음의 표현은 아버지와 아들의 특별한 관계를 보여주는 저자의 관점을 반영한다(Wilkins, 940). 누가의 병행구는 '아버지'라고 표현한다(22:42).

【40절】 그리고 그는 자신의 제자들에게 오셔서 그들이 자고 있는 것을 발견하고, 베드로에게 말씀하신다. "너희는 [이처럼] 나와 함께 [{한} 시간도] 깨어 있을 능력이 없느냐?

【41절】 너희는 시험에 들지 않도록 계속 깨어 기도하라. 정말로 [영은 열망하지만] [육신이] ‖약하구나‖."

❀ 예수님은 1세기 유대인들이 유월절 밤을 지새우던 관례를 염두에 두고 이 말씀을 하신다. 분명히 제자들은 그 이전에 있었던 대부분의 유월절에는 잠들지 않고 깨어 있었을 것이다. 유대 전승 자료에 의하면, 유월절을 지키는 무리 중 한 사람이 단순히 조는 정도가 아니라 잠들어 버리면, 그 무리가 해산되었다고 한다 (Keener 1998, 140).

40절은 예수님이 '제자들에게' 오셨다고 서술하는데, 마가복음에는 '제자들'이란 표현이 없다. 마태는 깨어 있는 기도가 제자도의 필수 요건이라는 점을 암시한다(Gundry, 533). 41절의 '시험'('페이라스모스')은 '시험'(시련)과 '유혹'을 모두 포함하는데, 여기서는 '테스트'다. 예수님은 '이제 너희가 맞게 될 시험에 희생되지 않도록'이란 의미로 말씀하신다. '영'(마음)과 '육신'의 대조는, 사람이 충동적으로는 좋은 의도를 갖지만 몸은 쉽게 지쳐버리는 상태를 시사한다(Keener 1998, 140). 여기서의 '영'은 성령이 아니다(Wilkins, 942).

【42절】 그는 ‖다시 두 번째로‖ 떠나가서 기도하며 말씀하셨다. "내 아버지여! 〈만일 내가 이것을 [마시지] 않고서는 이것이 지나갈 수 없다면〉, ‖당신의 뜻이‖ [성취되게] 해주십시오."

【43절】 그리고 그는 와서 그들이 [또] 자는 것을 발견하셨다. 왜냐하면 그들의 눈이 이미 무거워져 있었기 때문이었다.

❀ 42절은 두 번째 기도 현장을 보여준다. 여기서 저자는 '다시 두 번째'와 '당신의 뜻'을 제일 강조한다. 이 부분이 마가의 병행구와 다르다. 마가는 내레이터의 설명으로 예수님께서 "다시 나아가 동일한 말씀으로 기도하시고"라고 요약한다(14:39). 하지만 마태는 기도 내용을 인용하여, 하나님의 뜻을 적극적으로 수용하시는 예수님을 보여준다(Bock 2012, 636). 저자가 이렇게 처리한 것은 그만큼 기도 내용이 중요하다는 뜻이다. 이를 반영하듯 42절의 기도는 39절보다 더 강렬하다. 43절은 제자들에 대한 책망을 서술하지 않고 다만 암묵적으로 보여준다.

【44절】 그는 그들을 남겨 두고 [다시] 가서 [동일한 말씀을] ‖다시 한 번 더‖ 하며 세 번째로 기도하셨다.

❀ 내레이터는 주님께서 세 번째로 동일한 말씀으로 기도하셨다고 설명한다. 마가복음에는 세 번째 기도에 대한 설명이 없다. 단지 기도를 마친 후에 돌아와 제자들이 자는 모습을 발견하셨다는 암시만 있다(14:41). 그러나 마태는 세 번의 경우를 모두 언급한다. 그것도 하나씩 강조한다. 마가는 제자들의 실패에 초점을 두지만, 마태는 제자들에게 기도의 본을 보여주신 주님을 돋보이게 한다(Garland, 251). 누가복음에는 주님이 한 번만 기도하신 것으로 되어 있고, 천사와 핏방울에 대한 언급이 있다(22:42-44). 요한복음에는 겟세마네 기도 자체가 없다.

【45절】 [그리고] 그는 그 제자들에게 와서 그들에게 말씀하신다. "너희는 남은 시간에도 잠을 자며 쉬고 있구나. 보라! 그 시간이 이미 가까이 왔고, [인자가] 지금 죄인들의 손에 넘겨지고 있다.

【46절】 일어나라! 함께 가자. 보라! [나를 넘기는 자가] 이미 가까이 왔다."

❀ 예수님이 '제자들에게' 오셨다는 말은 마가복음에는 없다. 이는 이 이야기가 그리스도인 독자에게 경고가 된다는 점을 알려 준다(Gundry, 535). 45-46절은 '보라'라는 감탄사를 연거푸 사용하여 독자의 관심을 끌어들인다. '죄인들의 손에 넘겨진다'는 설명은 마태복음 본 절에만 있다(Hagner, 1188). 예수님은 지금까지 수난 예고를 할 때 '사람들의 손에'(17:22), '대제사장들과 서기관들에게'(20:18) 넘겨진다고 말씀하셨다. 그런데 여기서는 훨씬 무게 있게 '죄인들의 손에' 넘겨진다고 선언하신다. '죄인들'이란 단어는 수난 내러티브를 지배하게 될 선한 세력과 악한 세력 간의 대결을 상징한다(France, 1008). 물론 여기서의 '죄인'은 부정적 의미다.

개역개정은 "죄인"(단수)으로 번역하는데, 헬라어 원문은 '죄인들'(복수)로 되어 있다. 그리고 개역개정의 '팔린다'는 표현 역시 '넘겨지다'('파라디도미')로 처리해야 한다. 주님의 수난 예언이 성취되는 현장을 보여주기 때문이다. 본 절과 17:22, 20:18-19에 사용된 네 개의 헬라어('파라디도미')가 모두 동일하다. '함께 가자'는 말은 배신자와 그 무리를 맞으러 가자는 의미다.

겟세마네 동산에서 체포되시다

【47절】 그리고 〈그가 [아직] 말씀하고 계실 때〉, 보라! [그 열둘 중의 하나인 유다가] 왔다. 그리고 그와 함께 ‖대제사장들과 백성의 장로들이 보낸‖ [큰 무리가] ‖칼들과 몽둥이들을 들고‖ 왔다.

❀ 47절은 '그가 아직 말씀하고 계실 때'를 강조하는데, '아직'(여전히)이

이중으로 강조되어 있다. 이는 급박하게 돌아가는 상황에서도 당당하게 악의 세력과 맞서시는 예수님을 돋보이게 한다. 개역개정은 이 부분을 "말씀하실 때에"로 번역하는데, 두 가지 문제점을 안고 있다. 첫째, 주어가 빠져 있다. 헬라어 원문에는 예수님을 가리키는 단어('아우토스')가 있어서, 무대 중앙에 주님이 계신다는 사실을 확실히 한다. 둘째, '아직'이란 단어가 누락되었다. 원문은 '에티'(아직도, 여전히)란 부사를 강조하여, 주님께서 당당하게 계속 말씀하시는 현장을 보여준다. '보라'라는 감탄사는 배신자인 유다의 도착에 관심을 집중시키며, 주님의 말씀대로 사건이 진행된다는 점을 보여준다.

❆ 본문은 '열둘 중의 하나인 유다'를 강조한다. 마가복음은 이 문구를 강조하지 않는다. 사실 '열둘 중의 하나'라는 표현은 불필요하다. 내레이터가 이미 10:4에서 가룟 유다가 배신할 것을 예고하였고, 26:14에서 '열둘 중의 하나인' 가룟 유다라고 밝혔다. 그렇지만 마태는 21절에 있는 예수님의 충격적인 예언("너희 중의 한 사람")이 성취되었음을 강조하기 위해 이렇게 서술한다(France, 1011). 본 절에서 '대제사장들과 백성의 장로들', '칼들과 몽둥이들'이 제일 강조되어 있다. (마가복음은 이 부분도 강조하지 않는다.)
마태는 마가보다 종교 지도자들을 더 악하게 그린다. 마태복음의 지도자들은 시종일관 악하다(Strauss, 410). 주님을 체포하러 온 무리는 대제사장과 장로들의 지시를 받는 성전 수비대였을 것이다(Harrington, 374). 분명히 이들은 자신들이 상황을 통제한다고 생각했으리라.

【48절】 그리고 [그를 넘겨주고 있던 자가] 그들에게 신호를 주며 "〈내가 입을 맞추는 자가〉 [그 사람]이니 그를 붙잡으시오"라고 말해 두었다.

[49절] 그는 〈[즉시] 예수께 가서〉 "랍비여, 안녕하십니까!"라고 말하며, 그에게 뜨겁게 입을 맞추었다.

❋ 신약시대에 입맞춤은 제자가 스승에게 표하는 애정과 존경의 표시였기에, 본문을 읽은 마태의 독자들은 경악했으리라(Keener 1998, 140). 그런데 48-49절에 사용된 '입맞춤'이 서로 다르다. 48절의 입맞춤('필레오')은 일반적 의미에서의 입맞춤이다. 하지만 49절에서는 '필레오'의 강조형인 '카타필레오'가 사용되었다. 이는 반복해서 열정적으로 입을 맞추는 행위를 말한다. 누가복음은 탕자가 돌아왔을 때 그의 아버지가 달려가 입을 맞추는 대목에서 이 동사를 사용한다(15:20).

분명히 유다는 예수님이 누구인지 확실히 알도록 몇 번이고 강하게 입을 맞추거나, 아니면 주님의 손과 발에도 입을 맞추었으리라(고영민, 226; Gundry, 537). 밤중에 감람나무로 뒤덮인 장소에서 그분을 찾기가 쉽지 않았고, 많은 순례자가 그곳에서 야영하고 있었을 것이기 때문이었다(Blomberg, 398). 유다가 '랍비'란 용어를 쓴 것은 그가 이미 대적자의 손에 넘어갔음을 암시한다. '안녕하십니까'라는 인사말('카이로')은 마가의 병행구에는 없다. 이 단어는 총독의 군병들이 예수님을 조롱하는 대목(27:29, "평안할지어다")에서도 등장한다. 이는 가룟 유다가 주님을 조롱하는 자들과 한편임을 시사한다(Gundry, 537).

[50절] 하지만 [예수께서는] 그에게 "친구여! 너는 왜 여기에 있느냐?" 하고 말씀하셨다. 그때 그들이 다가와서 그들의 손을 예수께 내밀어 그를 붙잡았다.

[51절] 그런데 보라! [예수와 함께 있던 자들 중 하나가] 그의 손을 뻗어 자신의 칼을 움켜쥐고 대제사장의 종을 쳐서 그의 귀를 잘라 버렸다.

❋ 50절의 인용문은 마태복음에만 있다. '친구'란 호칭은 마태복음에서 특권으로 주어진 관계를 남용한 사람을 부를 때 쓰인다(20:13; 22:12). 유다는 예수님과의 아주 특별한 관계를 이용하여 배신한다(Wilkins, 959). '그때'라는 부사는 마태복음에만 있는데, 예수님의 말씀이 있은 후 비로소 주님을 체포하는 행동이 이루어졌음을 암시한다. 이 표현은 주님의 예언이 성취되고 있음을 보여준다(Keck, 477). 50-51절은 '예수님'의 이름을 연속해서 세 번이나 사용하여 신적 권위를 드러낸다. 누가의 병행 단락은 종의 귀가 '오른쪽 귀'라고 알려 주며 주님께서 치료하시는 장면을 소개한다(22:50-51). 그러나 마태는 이 장면을 생략한다. 인간의 노력과 하나님의 주권적인 뜻을 대비하기 위해 그랬으리라(Osborne, 1095).

【52절】 [그러자] 예수께서 그에게 말씀하신다. "네 칼을 도로 제자리에 꽂아라. 왜냐하면 〈칼을 취하는 {모든} 사람은〉 [칼로] ‖망할 것이기‖ 때문이다."

❋ 52-54절은 마태복음에만 있다. '칼을 쓰는 자는 칼로 망한다'는 말은 일반적 원리이며, 창세기 9:6을 떠올리게 한다(MacArthur, 1179). 예수님이 체포되시는 장면은 마태복음이 가장 상세하다. 요한복음은 이 대목에서 하나님으로서의 예수님을 보여준다. 주님을 체포하러 온 자들이 '하나님의 이름' 앞에 압도되어 뒤로 물러서다 땅에 쓰러진다(요 18:6).
하지만 마태가 묘사하는 예수님은 이 사건을 가르치는 기회로 활용하신다. 그가 어떻게, 그리고 왜 체포되는지 알려 주는 기회로 삼으신다. 마태는 잡히는 순간까지 위대한 교사로서 가르치시는 예수님을 제시한다(Harrington, 375). 주님은 악한 자를 대적하지 말고 원수를 사랑하라는 자신의 가르침(5:38-48)을 끝까지 실천하신다(Harrington, 375).

【53절】 아니면 너는 내가 심지어 지금이라도 그분께서 ∥{열두} 군단이 넘는 천사들을∥ 내 곁에 배치하시도록 나의 아버지께 요청하지 못할 것이라고 생각하느냐?

❀ 마태는 수난 이야기에서 마가복음보다 더 강력한 '하나님의 아들'로서의 이미지를 보여준다(Keck, 477). 주님께서 원하시기만 하면 지금이라도 하늘 아버지께 요청하여 초자연적인 도움을 받을 수 있다고 설명한다. 일개 군단은 보통 6,000명의 군인으로 구성되었다. 따라서 예수님은 약 72,000명의 하늘 군대를 동원할 수 있다고 말씀하신다. 인간의 군대로 말한다 해도, 이 숫자면 성전 호위병은 물론이고 안토니오 요새에 주둔하고 있던 로마군 병력까지 몰살할 수 있을 것이다(Keener 1998, 141). 열두 군단은 이스라엘 12지파와 12제자의 수에 상응한다(Hagner, 1194). 본문은 '열두 군단이 넘는 천사들'을 제일 강조하여 주님의 죽으심이 자발적인 것임을 재확인한다.

【54절】 만약 그렇게 하면 그것이 반드시 [이런 방식으로] 일어날 필요가 있다고 말한 그 성경 구절들이 어떻게 성취될 수 있겠느냐?

❀ 오로지 마태만이 54절과 56절에서 예언의 성취를 두 번이나 강조한다. 예수님은 자신을 십자가로 이끄는 거룩한 필연성에 대해 언급하신다(Wilkins, 960). '필요하다'에 해당하는 헬라어('데이')는 필연성이나 불가피성을 암시한다. 개역개정은 이 부분을 "이런 일이 있으리라"로 번역하는데, '반드시' 또는 '마땅히'란 단어를 첨가해야 한다. 주님은 여기서 어떤 성경 본문을 가리키는지 구체적

으로 제시하시지 않는다. 개역개정에 "성경"으로 번역된 헬라어가 복수(성경 구절들)인데, 이는 고난당하는 종과 관련된 구약성경의 많은 예언을 가리킨다. 주님이 구약의 예언들을 성취하신다는 말은 그분의 신적 권위를 입증한다(MacArthur, 1179).

【55절】 [{그} 시각에] 예수께서 그 무리들에게 말씀하셨다. "너희가 [마치 강도를 대하듯이 칼들과 몽둥이들을 들고] 나를 체포하기 위해 나아왔느냐? 내가 [날마다 그 성전에] 앉아서 가르쳤지만 너희는 나를 붙잡지 않았다."

❀ '강도'는 혁명가나 폭동자를 말한다(Bock 2012, 639). 예수님의 이 말씀 이면에는 그들이 겁쟁이라는 비판이 담겨 있다. 주님은 그들이 사람을 두려워하여 밤중에, 그것도 무장한 사람들과 함께 온 것을 보며 그들을 기회주의자라고 간접적으로 책망하신다(Hagner, 1195). 예수님께서 성전에 '앉아서' 가르치셨다는 내용은 마태복음에만 있다. 이 말은 주님만이 권위를 지니신 합법적인 랍비임을 암시한다. 유대인 사회에서 랍비는 앉아서 가르쳤다(Keck, 478). '앉아 있다'에 해당하는 헬라어가 미완료 시제인데, 이는 오랫동안 앉아 있었음을 시사한다(Blomberg, 400). 마가는 주님이 성전에 "있으면서" 가르치셨다고 서술한다(14:49).

【56절】 "하지만 [이 일이] 일어난 것은 [전적으로] [그 선지자들의 말씀들이] 성취되기 위함이다." [그때] 그 제자들은 모두 그를 버리고 급히 도망쳤다.

❀ 오직 마태만이 선지자들의 말씀 성취에 대해 언급한다. '선지자들의 말씀들'이란 문구는 신약성경에서 이곳에만 나타난다(Hagner,

1195). 본문은 '그때'를 강조하여 31절에 있는 예수님의 예언이 성취되었음을 보여준다(Gundry, 540). 마가의 병행 단락은 '그때'라는 부사를 사용하지 않고 '모두'를 제일 강조한다. 아울러 베 홑이불을 두르고 있다가 붙잡히자 벗은 채로 도망한 젊은이에 대해 설명한다(막 14:51-52). 하지만 마태는 제자들의 치명적인 수치를 보여주는 내용을 생략한다(Osborne, 1097).

예수께서 공회 앞에 서시다

【57절】 그리고 [예수를 붙잡은 그들은] 그를 대제사장인 가야바에게 끌고 갔는데, 그곳에는 서기관들과 장로들이 함께 모여 있었다.

❁ 이 단락에서부터 재판의 첫 단계가 시작된다. 먼저 예수님이 유대인의 최고 의결 기관인 산헤드린 공회 앞에서 심문을 당하시는 장면이 펼쳐진다(Hagner, 1199). 공회의 정규 회의는 보통 성전 안에 마련된 특별 회의실에서 열렸다. 그리고 사형에 처하는 죄목은 낮에 심의하도록 되어 있었고, 재판이 끝나고 만 하루가 지난 후에 판결을 내려야 했다. 그러나 본문의 상황은 공회원 일부가 밤중에 대제사장의 집에 모여 비밀회의를 열고 있는 모습이다. 이들의 집회는 모든 면에서 불법이었다(Keener 1998, 141). 누가는 공회가 아침에 열린 것으로 설명한다(22:66). 본문은 이 모임이 얼마나 불법이고, 주님을 죽이려고 했던 종교 지도자들의 열망이 얼마나 간절했는지 잘 보여준다(제자원 1992, 655).

❋ 26:57-27:1의 구조를 보면, 마태와 마가는 베드로가 주님을 부인하는 장면을 종교 지도자들의 재판 사이에 삽입하여 샌드위치 기법으로 처리한다. (누가는 베드로가 주님을 부인한 후 공회가 열린 것으로 서술한다.) 마태는 마가보다 더 치밀하게 이중 인클루지오 구조를 도입하여 베드로의 부인, 예수님의 정체에 관한 선언, 공회의 논의 장면을 결합한다(Garland, 247). 즉 시작 부분에서 베드로가 대제사장의 집 뜰로 '들어가고'(58절), 온 공회는 예수님을 '죽이려고' 거짓 증거를 찾는다(59절). 그리고 끝부분에서 베드로가 대제사장의 집에 있다가 '밖으로 나가고'(75절), 공회원들은 주님을 '죽이려고' 다시 의논한다(27:1).

【58절】 한편 [베드로는] 멀찍이 떨어져 그를 따라가 대제사장의 집 뜰까지 가서, 그 결과를 보기 위해 안으로 들어가 그 하인들과 함께 앉아 있었다.

【59절】 이제 [대제사장들과 온 공회는] 예수를 대적하는 거짓 증거를 계속 찾고 있었다. 그들이 [그를 죽이기] 위함이었다.

❋ 59절은 '대제사장들과 온 공회'를 강조한다. 분명히 한밤중에 소집된 이 공회는 공회원 일부만이 참석한 예비적 심문의 성격을 띤다(Hagner, 1201). 하지만 마태는 '온 공회'를 강조하여 마치 71명 회원 전체가 참여하였다는 인상을 준다. 동시에 예수님을 죽이려는 공회의 강한 의지를 드러낸다. 산헤드린 공회는 계속 '거짓' 증거를 찾는다. '찾다'에 해당하는 헬라어가 미완료 시제인데, 이는 끊임없이 찾는 상황을 암시한다. 오직 마태만이 그들이 '거짓 증거'를 찾았다고 말한다. 마가는 그들이 거짓 증언이 아닌 '참된' 증언을 찾고 있었다고 암시한다(Gundry, 541).

마태복음은 여기서 멋진 아이러니를 선보인다. 거짓 증언을 하기 위해 나선 두 사람은 '진실'을 말하고(60-61절), 진실을 말해야 할 베드로는 '거짓' 증언을 한다. 공교롭게도 베드로가 바로 공회원들이 찾던 인물이 된 셈이다. 본 단락에 사용된 인클루지오 구조가 이 점을 분명히 한다.

【60절】 그런데 많은 사람들이 거짓 증인으로 나섰지만 그들은 아무것도 발견하지 못했다. 그러나 [마지막에] 두 사람이 나서서

【61절】 말하였다. "[이] 사람이 '내가 이 하나님의 성전을 허물고 그것을 [{사흘} 만에] ‖세울 수 있다‖'라고 말했습니다."

❁ 60절을 마가의 병행 단락(14:56-57)과 비교하면, 마태는 마가복음의 내용을 상당히 축소하며 두 가지 중요한 변화를 준다. 그것은 '마지막에'라는 부사를 첨가한 것과, '어떤 사람들'을 '두 사람'으로 대체한 점이다. '마지막에'라는 말은, 이 두 사람이 예수님을 죽이기 위한 최후의 수단으로 대제사장에 의해 매수된 사람이란 인상을 준다. 유죄를 확정지으려면 최소한 두 사람 이상의 증인(신 17:6)이 필요하기 때문이다(제자원 1992, 655). 마태는 이런 기교를 통해 이들의 증언이 오히려 타당하고 '진실'이라는 것을 강하게 시사한다(Keck, 480). '두 사람'이란 표현은 문제가 생겼을 때 "두세 증인의 입으로" 확증해야 한다는 저자의 주장(18:16)과 일치한다(Hagner, 1199).

❁ 61절을 병행구와 비교하면 상당히 큰 차이를 발견할 수 있다. 첫째, 마가복음은 손으로 지은 성전과 손으로 짓지 않은 성전 간의 대조를 보여주며 이 부분을 강조한다(Bock 2012, 643). 그러나 마태는 새로운 성전에 대해서만 이야기한다. '하나님의 성전'과 대응되는 '하나님의 아들'이신 예수님을 언급하며, 그분의 죽음과 부활

로 새롭게 세워질 성전을 암시한다(Gundry, 543; Harrington, 383). 대제사장은 성전을 허문다는 말을 심각하게 받아들였으리라. 성전은 하나님이 거하시는 장소일 뿐 아니라 제사장 그룹에게 생계의 수단이자 신분의 상징이기 때문이다(Garland, 252). '하나님의 성전'이란 표현은 마태복음에만 있다.

둘째, 마태는 예수님의 '의지'가 아닌 '능력'에 대해 말한다(강대훈, 560). (마가복음은 '의지'에 대해 언급한다.) 61절은 하나님의 성전을 '세울 수 있다'는 점을 제일 강조한다. 사실 두 증인의 말은 마태복음에서 예수님이 하신 적이 없다. (27:40에서 지나가는 사람들이 이 말을 하기는 하지만 말이다.) 그렇지만 마태는 '두 증인'이란 표현을 통해 이 말이 진리임을 시사한다(Hagner, 1204). 얼마나 멋진 문학적 기교이며 역설인가!

【62절】 그러자 그 대제사장이 [일어나] 그에게 말하였다. "너는 [아무] 대답이 [없느냐]? 너를 불리하게 만드는 이 증언들은 무엇이냐?"

【63절】 하지만 [예수는] 침묵하셨다. 이에 [그 대제사장이] 그에게 말했다. "내가 너로 하여금 살아 계신 하나님을 두고 맹세하게 하노니, [네가] 하나님의 아들 그리스도인지 [네가 우리에게] 말하라."

❀ 마태는 이곳과 27:14에서 예수님의 침묵을 강조하여 모든 일이 하나님의 계획에 따라 진행되기를 원하시는 주님의 모습을 보여준다(France, 1024). 63절은 대제사장이 하나님께 맹세할 것을 호소하며 말했다고 이야기한다. 만약 그가 예수님으로부터 그 자신이 '왕'이라고 말하는 것을 포착하기만 하면, 그들은 빌라도에게 갈 수 있으리라(Bock 2012, 645). 하나님을 두고 맹세하게 하는 장면은 마태복음에만 있다. 저자는 여기서 '살아 계신 하나님', '하나님의 아들', '그리스도'란 호칭을 연달아 사용한다. (마치 주님이 누구인

지 확실히 선포하는 듯하다.) 이 세 호칭은 산헤드린 법정에서 진행된 예수님에 대한 심문과 베드로의 신앙고백(16:16)을 연결한다.

복음서에서 마태만이 '하나님의 아들 그리스도'란 칭호를 이 대목에서 사용한다. 이는 주님께서 하나님의 아들 그리스도로서 구원을 성취하시기 위해 재판을 받고 있음을 확실히 한다(목회와신학, 389). 마태가 마가복음에 있는 "찬송 받을 이의 아들"(14:61)이란 문구를 '하나님의 아들'로 교체한 것은 가장 놀라운 변화 중 하나다. 왜냐하면 마태는 자신의 복음서에서 하나님에 대한 언급을 우회적으로 하는 것을 선호하기 때문이다(Hagner, 1200).

【64절】 예수께서 그에게 말씀하신다. "[네가] 말하였다. [아울러] 내가 너희에게 말한다. [이제부터] 너희는 인자가 권능의 오른편에 앉아 있는 것과 하늘의 구름들을 타고 오는 것을 보게 될 것이다."

❀ 마태복음 어느 곳에서도 본문만큼 예수님이 자신을 분명히 드러내신 적이 없다. 본 절은 그분의 말씀에 생동감을 주기 위해 현재 시제를 활용한다. 마태는 마가복음에 나오는 "내가 그니라"는 직접적인 표현을 간접적인 것('네가 말하였다')으로 바꾼다. 이 대답은 26:25을 상기시키며 27:11을 기대하게 한다(Bock 2012, 645).

주님은 다니엘 7:13, 시편 110:1을 암시하며 자신을 '승리한 분', '하나님의 우편에 앉아 있는 분'으로 소개하신다(Swindoll, 265). '이제부터'란 표현은 특별히 대제사장의 귀에 거슬렸을 것이다. 주님이 지금 그들에게 재판받는 존재가 아니라, 그들의 재판관이란 사실을 함축하기 때문이다. '권능'은 하나님을 가리키는 완곡한 표현이지만, 두 증인의 거짓 증언(61절)에 내포된 '파괴하는 능력'에 근거한 것이다. 사실상 주님은 이렇게 말씀하신다. "너희는 내가 나의 메시아적 능력으로 성전을 파괴할 능력이 있다고 말했다고 하며 거짓되게 나를 고발하였다. 하지만 한 가지는 옳다. 나는 그런 강력한 심판자가 될 것이다"(Osborne, 1110).

【65절】 [그때] 그 대제사장은 자기 옷들을 갈기갈기 찢으며 말했다. "그는 이미 신성을 모독하였소! 우리에게 {더 이상의} 증언이 무슨 필요가 있겠소? 보시오! [지금] 여러분은 신성을 모독하는 말을 들었소!

【66절】 [여러분은] 어떻게 생각합니까?" 그러자 [그들은] 대답하여 말했다. "그는 [죽을죄를] 지었습니다."

❆ 마태는 65절과 67절에서 '그때'라는 부사를 사용하여 이 사건들이 시간적으로 연속되었음을 강조한다(Hagner, 1200). (마가의 병행구에는 이 단어가 없다.) 예수님이 하나님의 우편에 앉아 있고 구름을 타고 오신다고 한 말은, 그 사람들을 아주 불쾌하게 만들었을 것이다. 종교 지도자들이 볼 때 이 말은 성전의 지성소로 걸어 들어가 거기서 살 수 있는 권리를 주장하는 것보다 더 잘못된 것이었다. 이에 대한 반응으로 대제사장은 자신의 옷을 찢는다. 옷을 찢는 행위는 신성을 모독하였다거나 부끄러운 행동이 발생했다는 표시였다(Bock 2012, 647).

오직 마태만이 예수님이 신성을 모독했다는 말을 첨가하여 대제사장의 평가를 강조한다(Hagner, 1200). 마가의 병행구는 66절 내용을 내레이터의 설명으로 전달한다. 그러나 마태는 공회원들의 사형 선고를 직접화법으로 처리하여 당시의 분위기를 그대로 전달한다.

【67절】 [그때] 그들은 그의 얼굴에 침을 뱉고 그를 주먹으로 쳤다. [어떤 사람들은] 그를 세게 때리며

【68절】 "우리에게 예언하라, 오 그리스도여! 너를 때린 자가 누구냐?" 하고 말했다.

❋ 본문에 기록된 행위들, 즉 죄수에게 침을 뱉고 때리는 행동은 공적 채찍질과는 다른 것으로서 유대인의 법에 금지되어 있었다 (Keener 1998, 143). 병행구와 비교하면 몇 가지가 다르다. 첫째, 마가복음은 '어떤 사람들'(복수)이 예수님께 침을 뱉었다고 기록한다(14:65). 하지만 마태는 '어떤 사람들'이란 표현을 생략하여 공회원들이 직접 침을 뱉는 결과를 가져오게 한다. 둘째, 마태는 공회원들이 주님의 '얼굴'에 침을 뱉었다고 이야기함으로써 예수님께 대한 모욕을 마가복음보다 더욱 가중시킨다. (마가복음은 '그에게' 침을 뱉었다고 설명한다.) 마태복음의 종교 지도자들은 오히려 빌라도보다 더 악한 죄를 짓는다(Keck, 480). 셋째, 마가는 그들이 주님의 '얼굴을 가리고' 주먹으로 쳤다고 서술하는데, 마태는 이 내용을 생략한다. 이사야 50:6에 대한 암시를 강화하기 위해서다 (Osborne, 1112). 이사야 50:6은 조롱하는 자들이 '얼굴을 가리지 않고' 침을 뱉었다고 예언한다. 넷째, 마태는 68절에서 '그리스도'란 칭호를 첨가하여 예수님이 그리스도로서 고난을 받고 있음을 알려 준다(목회와신학, 390). 주님을 조롱하는 자들의 외침은 오히려 그분이 메시아이심을 역설적으로 드러낸다(Keck, 481).

베드로가 예수를 부인하고 비통하게 울다

【69절】 한편 [베드로는] 바깥뜰에 앉아 있었는데, 어떤 여종이 그에게 다

가와 "[당신도] 그 갈릴리 사람 예수와 함께 있었어요" 하고 말하였다.

❋ 예수님이 유대 당국자들 앞에서 심문을 받는 장면과 빌라도 앞에 서신 이야기 사이에 베드로가 주님을 부인하는 삽화가 놓여 있다. 아마 공관복음에서 이보다 더 극적 효과를 거두게 하는 경우가 없을 것이다(Hagner, 1211). 베드로가 겪은 첫 번째 위기는 가장 경미한 위협과 함께 시작된다. 여종 '한 사람'이 그에게 말을 건다(France, 1033). 마태는 그녀를 간단히 '여종'이라고 소개한다. 그녀의 성(性)과 신분을 말한 것은 그녀가 아무 능력이 없는 인물임을 암시한다(Blomberg, 404). 마가는 그녀를 "대제사장의 여종"(14:66)이라고 묘사하여 그녀의 지위를 약간 격상한다.

베드로의 첫 번째 부인은 '갈릴리 사람'과 연관된다. 마가의 병행 단락은 '나사렛 사람'을 먼저 거론하고 '갈릴리 사람'을 나중에 이야기한다(14:67-70). 하지만 마태는 이 순서를 바꾼다. '갈릴리 사람'과 '나사렛 사람'에 대한 언급은 2:22-23을 상기시킨다. 마태복음의 순서가 마가복음보다 훨씬 자연스럽고 2:22-23과도 일치한다.

【70절】 하지만 [그는] 모든 사람 앞에서 부인하며 "나는 네가 무슨 말을 하는지 모르겠다" 하고 말하였다.

❋ 베드로의 부인과 예수님의 자기 고백(64절)은 매우 대조적이며 의도적이다(Hagner, 1211). 예수님은 공회원 앞에서 자신의 신분을 당당히 밝히시는데, 베드로는 여종 앞에서 주님을 부인하는 충격적인 모습을 보여준다(양용의, 535). 마가복음과 비교하면 마태는 '모든 사람 앞에서'란 문구를 첨가한다. 마태는 10:33("누구든지 사람 앞에서 나를 부인하면")을 상기시키기 위해 이렇게 처리한다. '부

인하다'에 해당하는 헬라어 '아르네오마이'가 10:33에도 등장한다(Gundry, 548). 이 단어가 마태복음에 세 번 나오는데, 본 단락에서 두 번(70, 72절) 사용된 것을 제외하면 10:33이 유일하다. '네가 무슨 말을 하는지 모르겠다'는 말은 유대인의 율법에서 사실을 부인할 때 사용하는 일반적 진술이다(Keener 1998, 143).

【71절】 그리고 〈그가 입구 쪽으로 갔을 때〉, 다른 여종이 그를 보고 거기에 있는 사람들에게 "[이] 사람은 그 나사렛 사람 예수와 함께 있었어요"라고 말했다.

❁ 71절은 '그가 입구 쪽으로 갔을 때'를 강조한다. (마가복음은 이 부분을 강조하지 않는다.) 물론 '입구'는 집의 정문을 가리킨다. 공간 측면에서 보면 베드로와 예수님의 거리는 갈수록 멀어진다. 첫 번째 부인은 바깥뜰에서, 두 번째 부인은 입구 쪽에서, 세 번째 부인은 입구 쪽에서 발생하고 밖으로 옮겨간다(France, 1032). 주님과의 거리가 멀어질수록 베드로가 예수님을 부인하는 강도가 더 높아진다.

마태는 마가복음에 나오는 '그 여종'(14:69)을 '다른 여종'으로 바꾼다. (개역개정 마가복음 14:69은 "여종"이라고 표현하는데, '그 여종'으로 번역해야 한다. 앞과 동일한 인물이기 때문이다.) 마태가 이렇게 바꾼 이유는, 율법에 따라 사실을 입증하려면 두세 증인이 있어야 한다는 원칙에 충실하기 위해서다(Gundry, 549). 여기서 예수님의 정체는 '갈릴리 예수'에서 '나사렛 예수'로 더 구체화된다. '나사렛 사람'으로 번역된 헬라어가 마태복음에 두 번 등장하는데, 본 절과 2:23이다. 이런 마태의 기법은 성경 말씀의 성취를 보여준다(France, 1033). 마가와 누가의 병행구는 이와 다르다(막 14:69; 눅 22:58).

【72절】 그러자 그는 [다시] [맹세하며] 부인했다. "나는 그 사람을 모른다."

❀ 마태만이 유일하게 두 번째 부인이 맹세와 함께 이루어졌다고 지적한다. 베드로가 직면한 두 번째 위기는 첫 번째보다 더 상승된 위협을 느끼게 한다. 둘째 여종은 주변 사람들이 들을 수 있게 말했고, 베드로의 부인 역시 더욱 강화된다. 72절은 '맹세하며'를 강조하는데, 여기서의 맹세는 통속적인 맹세가 아니다. 그는 자신의 말이 진실임을 확증하기 위해 하나님의 이름을 부르며 맹세했을 것이다. 예수님은 전에 이런 맹세를 하지 말라고 경고하셨다(5:34). 대제사장이 주님께 맹세할 것을 촉구했는데(63절), 정작 예수님이 아닌 베드로가 맹세한다(Blomberg, 404).

마태는 마가와는 다르게 베드로가 두 번째로 부인하는 말을 직접 인용한다. 마가는 이를 내레이터의 설명(14:70)으로 처리한다. 마태복음은 베드로가 세 번 부인하는 현장을 하나씩 보여주며 그가 겟세마네 동산에서 세 번 잠을 잔 것과 일치시킨다(Gundry, 549). 지금까지 예수님을 '주님'이라고 불렀던 베드로가 72절에서는 '그 사람'이라 부른다. '인자'이신 주님이 자신의 첫째가는 제자에게 비인격적이며 익명인 '그 사람'이 된다(Hagner, 1215).

【73절】 ‖잠시 후에‖ 거기에 있던 사람들이 베드로에게 [다가와서] 말했다. "‖분명히‖ [당신도] [그들과 한패요]. 왜냐하면 ‖당신의 바로 그 말씨가‖ 당신을 [입증해 주기] 때문이오."

❀ 세 번째 위기는 거기에 서 있던 다른 사람들, 즉 여러 남성들의 공격과 함께 다가온다. 이제 여종들의 고발보다 더 심각한 협박이 다가온다. 마지막 고발은 앞의 두 경우보다 내용이 더 길고 강조된 부분도 훨씬 많다. 73절에서 '분명히'와 '당신의 말씨'가 제일

강조되었다. 베드로가 말하는 것을 들은 그들은 그의 독특한 갈릴리 억양을 알아챘다. 아마도 베드로의 격렬한 자기 방어 때문에 더 쉽게 눈치챘으리라(Hagner, 1215). 특히 갈릴리 사람은 후음을 잘 발음하지 못했기에 유대 사람과 분명히 구별되었다(고영민, 231). 마가의 병행구는 갈릴리 사람이란 출신 배경을 부각하지만(14:70), 마태는 그의 말씨에 초점을 둔다.

【74절】 [그때] 그는 계속 저주하고 맹세하기 시작하며 "나는 그 사람을 알지 못합니다!"라고 말하였다. 그러자 [즉시] 닭이 울었다.

❀ 세 번째 부인에서 베드로는 저주하며 맹세한다. '저주하다'('카타데마티조')란 단어는 신약성경에서 딱 한 번 여기에 사용된다. 베드로가 저주한 대상이 본문에 명시되지 않았다. 따라서 그 자신이 거짓말을 할 경우에 저주를 받는다고 말했는지, 아니면 그가 예수님을 저주했는지 판단하기가 어렵다. 그러나 문맥상 주님을 저주했다고 보는 편이 자연스럽다(Keck, 481; France, 1034).
마가복음에도 '저주했다'는 내용이 있는데, 마가는 '아나데마티조'란 동사를 사용한다. '아나데마티조'는 자신이 거짓말을 할 경우에 자기에게 저주가 임할 것이라고 말할 때 사용된다(Evans, 719). 병행 단락과 비교하면, 마태는 마가의 내용을 축소하며 짧은 문장을 통해 강력한 극적 효과를 자아낸다(Hagner, 1215).

【75절】 이에 베드로는 "‖닭이 울기 전에‖ 네가 나를 [세 번] 철저히 부인할 것이다"라고 말씀하신 예수의 선언이 생각났다. 그는 밖으로 나가 비통하게 울었다.

❀ 마가의 병행구와 비교하면 세 가지 차이를 발견할 수 있다. 첫째,

강조점이 다르다. 마태는 베드로의 심각한 범죄보다 예수님의 예언(34절)이 성취되었음을 강조한다(목회와신학, 392). 75절은 '닭이 울기 전에'를 제일 강조한다. 34절에서도 이 부분이 강조되었다. 만약 베드로의 실패를 지적하는 것이 핵심이었다면, 이 문장에서 '세 번'이 제일 부각되었을 것이다. 마가의 병행구는 '닭이 울기 전에'보다 '세 번'을 더 강조한다. 둘째, 마태는 마가복음(14:72)에 있는 뜻이 애매한 단어 '에피발로'(개역개정: "생각하고")를 '밖으로 나가'로 바꾼다(Hagner, 1213). 이러한 마태의 기교는 '들어가다'(58절)와 '나가다'(75절)로 대조되는 완벽한 인클루지오 구조를 조성한다. 셋째, 마태는 '비통하게'란 부사를 첨가하여 베드로가 분명히 회개하였고, 앞으로 좋은 제자가 되어 사명을 수행하게 될 것을 예고한다. 마태는 베드로와 유다의 사례(27:3-10)를 분명하게 대비한다(Keck, 481).

제27장

빌라도에게 넘겨지신 예수

【1절】 이제 [이른 아침에] {모든} 대제사장들과 백성의 장로들이 예수를 대적하여 그를 죽이기 위해 [모의]하였다.

❀ 금요일 이른 아침에 더 많은 산헤드린 회원이 모여 회의를 개최한다. 이들은 밤사이에 비공식으로 결의한 사형 선고를 정식으로 통과시키려고 한다. '대제사장과 장로들'이란 표현은 마태가 유대 당국자들을 가리킬 때 즐겨 사용하는 방법이다. 1절은 대제사장들 앞에 '모든'이란 단어를 삽입하여 대제사장들과 장로들 전체가 예수님을 죽이려 한다는 점을 강조한다(Hagner, 1218).

【2절】 그리고 [그를 묶은 채] 그들이 그를 끌고 가서 그를 빌라도 총독에게 넘겨주었다.

❀ 유대 당국자들은 예수님을 죽이기로 결의한 후 로마인에게 넘겨준다. 이는 산헤드린 공회가 사형 판결을 내릴 수는 있지만, 그 집행은 로마 당국의 허락을 받아야 했기 때문이다(Bock 2005, 140). 2절은 그들이 예수님을 결박하였다는 사실을 강조한다. 주님이 묶였다는 내용은 여기서 처음으로 언급된다(France, 1035). 그들은 빌라도 총독에게 예수님이 굉장히 위험한 인물임을 알려 주려고

의도적으로 그렇게 했으리라(Nolland, 1146). 유대인 지도자들이 주님을 이방인 총독에게 넘겨줌으로써 20:18-19에 기록된 수난 예언은 성취되었다.

❁ 마태는 빌라도를 소개하며 마가와 누가의 병행구에는 없는 '총독'이란 용어를 추가한다. 빌라도는 주후 26-36년까지 유대 지역을 통치한 제5대 총독인데, 유대인을 통제하기 위해 축제 기간 중 예루살렘에 있었다(Hagner, 1219).
저자가 '총독'이란 용어를 첨가한 것은 다음 두 가지 이유 때문이다. 첫째, 총독 앞에서 재판을 받으시는 예수님이 제자들의 본보기가 되었음을 알려 주기 위함이다(Keck, 485). 주님은 제자들이 앞으로 그분 때문에 '총독들' 앞에 끌려갈 것이라고 예고하신 바 있다(10:18). '총독'에 해당하는 헬라어가 마태복음에 총 11번 사용되는데, 27-28장에서 무려 아홉 번이나 나온다. (마가와 누가, 요한의 수난 기사에서는 이 단어가 한 번도 등장하지 않는다.) 둘째, 뒷부분에서 '빌라도' 대신 '총독'이란 용어를 사용하여 빌라도보다 예수님께 더욱 관심을 집중시키기 위함이다(Gundry, 552).

유다가 목매어 죽다

【3절】 [그때] 그를 넘겨주었던 유다는 [그가 유죄 판결을 받으신 것을 보고] 후회하였고, 그 은전 {30}개를 대제사장들과 장로들에게 돌려주며

❀ 3-10절은 마태복음에만 있다. 유다의 운명에 관한 신약성경의 다른 자료는 사도행전 1:15-20인데, 몇 가지 중요한 부분에서 다르다. 마태는 예수님이 총독 앞에서 재판을 받으시는 장면을 서술하기 전에 유다의 죽음에 대해 언급한다. 마태복음의 문맥에서 보면 이 단락은 상당히 어색하게 시작한다. 대제사장들이 마땅히 성전에 있어야 이야기의 흐름이 자연스러운데, 2절을 보면 이미 빌라도 총독에게 가 있다. 그럼에도 불구하고 저자는 본 단락을 여기에 배치한다. 예수님이 대제사장 앞에서 재판을 받는 장면 중간에 베드로 이야기가 삽입되었듯이, 총독 앞에서 재판을 받으시는 장면 중간에 유다 이야기가 위치해 있다. 저자는 베드로와 유다를 대비하며(Keck, 483), 동료를 배신하는 일이 얼마나 무서운지 교회 공동체 구성원에게 경고한다(Gundry, 553).

❀ 마태는 유다의 후회가 심각하다는 것을 암시하지만, 그가 죄를 회개하였다고 말하지 않는다. '후회하다'에 해당하는 헬라어 '메타멜로마이'는 일반적으로 회개를 뜻하는 '메타노에오'와 다르다. 회개는 구체적인 죄의 측면에서 마음의 변화가 일어나는 것을 의미하는데, 본문은 단지 과거의 행동에 대해 유감을 느끼는 상황을 함축한다(Wilkins, 971). 저자가 유다의 죽음 이야기를 기록하는 주된 목적은 구약성경의 성취 때문이다. 본 단락이 은전 30개를 강조한 이유가 여기에 있다.

【4절】 "내가 무죄한 피를 넘겨줌으로써 죄를 지었소"라고 말했다. 그러나 [그들은] "그것이 우리와 무슨 상관이오? [당신] 스스로 알아서 하시오" 하고 말했다.

❀ 유다는 구약성경에 종종 등장하는 '무죄한 피'란 표현을 사용하

여 예수님에게 죄가 없다고 선언한다. '무죄한'에 해당하는 헬라어('아도스')는 다윗을 상기시킨다(Osborne, 1124). 요나단이 자신의 부친 사울 왕이 다윗을 죽이려는 것을 보며 '무죄한' 피를 흘리려 한다고 책망하는 대목(70인역 삼상 19:5)에서 이 단어가 사용된다. 무죄한 피를 넘겨주었다는 유다의 고백을 들었을 때, 대제사장들은 그의 죄악에 대해 공동 책임을 져야 한다는 뜻으로 받아들였을 것이다. 대제사장과 장로들은 유다를 외면하며 경멸했다(Edersheim4, 384). 원래 제사장의 직무는 백성이 죄에서 돌이켜 죄 사함을 얻도록 도와주는 일이다. 그러나 본문에서는 그의 죄가 용서받도록 도와주기는커녕 스스로 책임지라고 냉담하게 반응한다. 종교 지도자들의 마음은 유다보다 더 강퍅하다(Wilkins, 971).

【5절】 그러자 그는 〈그 은전들을 성전 안으로 내던지고〉 물러갔다. 그리고 가서 스스로 목을 매었다.

❀ 5절은 그 은전을 성전 안으로 던졌다는 사실을 강조하여 스가랴 11:13이 성취되었음을 보여준다. 아마도 유다는 지성소에 들어가지 않고, 제사장의 영역 아주 가까이 가서 성소를 향해 은전을 던졌을 것이다(Wilkins, 972). 여기서의 '성전'은 성전의 금고를 뜻한다(Osborne, 1124). 마태는 '던지다'를 의미하는 헬라어 '발로'가 아니라 더 과격한 단어인 '립토'를 사용한다. 이는 그가 냉담한 지도자들을 향해 격렬하게 던졌음을 의미한다(Nolland, 1152). 이 이야기는 신약성경에 기록된 유일한 자살 사건이다. 유다의 자살은 그가 실패한 제자의 모델이라는 점과, "태어나지 아니하였더라면 좋을 뻔"하였다는 주님의 선언(26:24)이 어떻게 적중하였는지 입증한다(Keck, 483). 헬라 로마 전통에서는 남의 손에 죽는 것보다 자살하는 편이 훨씬 고상한 것으로 여겨졌다. 그러나 유대교 관점

에서 보면 그것은 죄악이었다(Keener 1998, 144).

❋ 병행구인 사도행전 1:18에 의하면 유다는 "몸이 곤두박질하여 배가 터져" 죽었다. 그런데 본문은 그가 스스로 목을 매어 죽었다고 설명한다. 마태는 '목매어 죽다'란 동사를 사용하여 유다의 사건과 다윗 왕의 이야기를 연결한다. 70인역 사무엘하에 의하면, 압살롬이 다윗을 대적하여 반란을 일으켰을 때 다윗의 친구였던 아히도벨은 압살롬을 도와 다윗을 죽이려고 시도한다. 하지만 자신의 모략이 실패하자 스스로 목을 매어 죽는다(17:23). '목매어 죽다'란 단어는 성경에서 오직 이 두 대목에서만 나온다. 마태에게 유다의 자살은 단순한 비극적 상황에 대한 설명이 아니라 왕국 간의 대결을 상징한다(Keck, 484).

【6절】 하지만 ‖그 대제사장들은‖ [그 은전들을 거두며] 말했다. "이것들을 성전 금고에 넣어 두는 것은 옳지 않소. 이것들은 [피의 값]이기 때문이오."

❋ '옳지 않다'는 말은 율법에서 허용되지 않는다는 뜻이다. 신명기 23:18은 더러운 수단으로 번 돈을 하나님의 집으로 가져올 수 없다고 말하는데, 대제사장들은 이 구절을 염두에 둔 듯하다(Osborne, 1125). '피의 값'은 피의 거래로 지불된 돈, 즉 예수님의 피를 팔아 얻은 돈이란 뜻이다(고영민, 234). 6절은 대제사장을 제일 강조한다. 여기서 아이로니컬한 사실은 그들이 성전 금고를 더럽히지 않으려고 하지만, 이미 무고한 사람의 피를 흘리기 위해 돈을 제공하였다는 점이다(Wilkins, 972). 저자는 유다 이야기를 통해 자살 이유를 밝히기보다는, 종교 지도자들의 죄악상을 더 강하게 폭로한다(Keck, 484).

【7절】 그리고 그들은 [의논한 후에] 그것으로 그 토기장이의 밭을 사서 나그네들을 위한 매장지로 삼았다.

❀ '나그네'는 헬라인, 유대교로 개종한 자, 흩어져 사는 디아스포라 유대교인을 총칭한다. '나그네들을 위한 매장지'는 그들이 명절이나 기타 일로 예루살렘에 왔다가 죽을 경우에 묻는 장소를 뜻한다(고영민, 234). 유대인의 시각에서 보면 거두어 줄 사람이 없는 이를 매장해 주는 행위는 경건의 표현이었다. 그러기에 대제사장들은 자신들이 아주 경건한 일을 했다고 생각했으리라(Keener 1998, 144). 주님의 핏값으로 나그네를 위한 밭을 샀다는 사실은, 많은 사람을 대속하기 위해 언약의 피를 흘릴 것이라고 한 예수님의 예언(26:28)과 일맥상통한다(목회와신학, 393).

【8절】 [그런 까닭으로] 그 밭은 오늘날까지 '피의 밭'이라 불린다.

❀ '오늘날까지'란 표현은 구약성경에 여러 차례 등장하는데(창 22:14; 신 3:14; 대하 20:26), 이는 구약성경을 상기시키려는 저자의 스타일을 반영한다(Gundry, 557). 이 문구는 마태복음의 일차 독자들이 이 장소를 알고 있음을 암시한다(Harrington, 385). 병행구인 사도행전 1:19 역시 이 밭을 피밭으로 소개하며 이에 상응하는 아람어 '아겔다마'를 언급한다. 하지만 배경은 다르다. 사도행전은 유다가 거기서 피를 흘렸기에 피의 밭이 되었다고 설명한다. 그렇지만 마태는 밭을 사기 위해 사용된 돈의 종류, 곧 예수님의 핏값으로 샀기 때문이라고 밝힌다(Green 2005, 423). 8절은 '그런 까닭으로'를 강조하여 주님의 무죄한 피가 많은 이들에게 큰 혜택을 주었음을 한 번 더 각인시킨다.

【9절】 [이리하여] 선지자 예레미야를 통해 하신 말씀이 성취되었다. "그들이 은전 {30}개를 받았으니, 이는 그들이 이미 가격을 매긴 자의 가격, 곧 [이스라엘의 자손 중에서] 그들이 이미 정가를 매긴 자의 가격이다.

【10절】 그리고 그것으로 그 토기장이의 밭을 샀는데, 이는 [주님께서] 내게 지시하신 바와 같다."

❀ '가격을 매긴 자'는 희생을 당한 예수님을 가리킨다. 저자는 가룟 유다에게 일어난 일과 핏값에 대해 설명하며 구약성경의 성취라는 주제의 일환으로 예언서를 언급한다. 그는 이 말씀을 한 예언자가 예레미야라고 밝히지만, 이 말씀 자체는 스가랴 11:12-13에 나온다.

마태는 스가랴서를 인용하면서 예레미야서의 단편들(렘 18:2-12; 19:1-5; 32:8-14)을 참조한 것 같다. 인용문이 대부분 스가랴서에서 왔다 할지라도, 저자가 훨씬 중요한 선지자의 이름을 댄 것은 1세기 유대인의 시각에서는 충분히 용인될 수 있었다(Kaiser, 415; 고영민, 234). 여기서 중요한 점은 주님의 수난과 관련된 모든 일이 하나님의 계획과 통제 안에서 일어난다는 사실이다(Osborne, 1126). 가룟 유다와 유대 당국자들은 그들이 알지 못하는 사이에 성경의 예언이 성취되는 도구로 이용되었다(Hagner, 1228).

빌라도 앞에 서신 예수

【11절】 이제 [예수께서] 총독 앞에 서셨고, 총독이 그에게 "[네가] 유대인

의 왕이냐?" 하고 물었다. 그러자 [예수께서] "[당신이] 말하고 있소" 하고 대답하셨다.

❁ '신성모독'이란 종교적인 죄는 로마법에서는 사형에 해당하는 벌을 부과하기에 충분하지 않았다. 따라서 종교 지도자들은 예수님을 빌라도에게 건넬 때 '반역죄'로 죄목을 바꾼다. "네가 유대인의 왕이냐?" 하는 빌라도의 첫 질문은 죄목이 바뀐 것을 보여준다(Wilkins, 974). '당신이 말하고 있소'라는 대답은 주님께서 유다(26:25)와 대제사장(26:64)에게 했던 답변과 동일하다. 이 말은 유대인의 왕이라는 사실은 인정하나, 그분의 왕권이 빌라도가 생각하는 그런 종류가 아님을 함축한다(Hagner, 1231).
마태는 여기서 다른 복음서와는 다르게 '빌라도' 대신 '총독'이란 칭호를 사용하고, 예수님의 이름을 강조하여 주님의 권위를 드러낸다(Gundry, 559). 동일한 절에서 예수님의 이름이 연거푸 두 번 등장하는 곳은 본 장에서 이곳이 유일하다. 11절에 있는 주님의 말씀은 그분이 로마 법정에서 발언한 유일한 경우다. 반면에 요한복음에 묘사된 예수님은 빌라도 앞에서 당당하면서도 상당히 길게 말씀하신다(18:34-37; 19:11).

【12절】 그리고 〈그가 대제사장들과 장로들로부터 고소를 당하는 동안〉 [그는 아무 대답도 하지 않으셨다].

❁ 마태는 예수님께서 아무 대답도 하지 않으셨다는 내용을 첨가하여 주님의 침묵을 강조한다. 마가의 병행구에는 12절의 마지막 부분이 없다(15:3). 구약성경을 잘 알고 있는 마태복음의 유대인 독자는 이 대목에서 도수장으로 끌려가는 양처럼 아무 말도 하지 않는 종의 이야기(사 53:7)를 떠올렸으리라. 주님의 침묵은 패배나

혼란으로 인한 것이 아니라 확고한 승리의 침묵이다(Hagner, 1231).

【13절】 [그때] 빌라도가 그에게 말한다. "그들이 지금 너를 대적하여 얼마나 많은 것들을 증언하고 있는지 너는 듣지 못하느냐?"

【14절】 그런데 그는 그에게 [심지어 단 한 마디도] 대답하지 않으셨다. 그러자 총독은 계속 굉장히 놀라고 있었다.

❀ 13-14절 역시 주님의 침묵을 부각하며 '심지어 단 한 마디도' 대답하지 않으셨음을 강조한다. 마가의 병행구에는 이 내용이 없다. 빌라도는 예수님의 태도를 보며 굉장히 놀란다. '굉장히'란 부사도 마가복음에는 없는데, 이는 주님의 온유하심을 더욱 돋보이게 한다(Gundry, 560). 고대 중동 지역은 스스로를 변호하지 못하면 수치를 당하는 사회였다. 자신을 드러내야만 수치를 당치 않고 명예를 얻는 분위기였기에 누구든지 말하는 것과 자기를 변호하는 일에 능숙하였다. 그러나 주님은 침묵하셨다(장재일, 586).

바라바를 풀어 주다

【15절】 한편 ‖명절이 되면‖ 군중이 원하는 죄수 한 명을 총독이 군중에게 풀어 주는 관례가 있었다.

❀ 15절은 당시의 관례를 이야기하여 뒤에 이어지는 내용의 배경을 설정한다. (마태는 마가보다 '명절'을 더욱 강조한다.) 고대 로마 시대에 죄수를 사면해 주는 관습은 지방마다 달랐다. 로마법이 인정하

는 사면에는 공판 이전의 석방과 유죄 판결이 난 죄인의 사면 두 종류가 있었다. 본문의 경우는 후자에 해당한다. 빌라도가 이 요청에 협조해야 할 법적 의무는 없었다. 그러나 부임 초부터 예루살렘 주민에게 신물이 나 있던 빌라도는 더 이상 골치 아픈 사태를 맞고 싶지 않았을 것이다(Keener 1998, 145).

【16절】 그런데 그때에 그들에게 [바라바]라고 불리는 유명한 죄수가 있었다.

❀ 마가는 바라바에 대해 "민란을 꾸미고 그 민란 중에 살인하고 체포된 자" 중의 하나(15:7)라고 설명하며 '민란'과 '살인'을 강조한다. 그러나 마태복음은 이런 내용을 다 생략하고 단순히 '유명한 죄수'라고 소개하며 '바라바'란 이름을 강조한다. 마치 '바라바'란 이름의 의미를 되새겨 보라고 촉구하는 듯하다. (마가의 병행구는 '바라바'를 강조하지 않는다.) '바라바'는 '아버지의 아들'이란 뜻인데, 예수님이 '하나님의 아들'이란 진리를 상기시킨다. 저자는 바라바가 군중에게 널리 알려진 인물이란 점을 드러내며, 그가 유월절 특사로 풀려날 가능성이 있음을 시사한다(Nolland, 1168).

【17절】 따라서 그들이 모여 있을 때 [빌라도가] 그들에게 말했다. "너희는 내가 너희에게 누구를 풀어 주기를 원하느냐? 바라바냐 아니면 그리스도라 불리는 예수냐?"

【18절】 왜냐하면 그는 그들이 [시기하여] 그를 넘겨주었다는 것을 알고 있었기 때문이었다.

❀ 빌라도의 질문이 마태복음과 마가복음에 서로 다르게 되어 있다. 마가는 빌라도가 무리에게 "유대인의 왕을 놓아주기를" 원하는지

물었다고 설명한다. 그런데 마태는 이 질문을 "바라바냐 아니면 그리스도라 불리는 예수냐?" 하는 양자택일 형태로 바꾼다. 이러한 마태의 기교는 빌라도의 질문을 더 예리하게 하여 긴장감을 불러일으키고, 종교 지도자들과 군중의 선택에 더욱 관심을 갖게 한다(Harrington, 389). 아울러 바라바를 선택한 유대 지도자들의 죄를 가중시킨다(Gundry, 561). 예수님에 대한 칭호 역시 다르게 나타난다. 마태는 주님이 그리스도이심을, 마가는 유대인의 왕이란 사실을 부각한다(막 15:9).

【19절】 그리고 〈그가 재판석에 앉아 있을 때〉 그의 아내가 그에게 다음과 같은 전갈을 보냈다. "당신은 저 의로운 사람과 상관하지 마세요. 왜냐하면 제가 오늘 꿈에서 그 사람 때문에 [많은] 고통을 당했습니다."

❃ 19절은 마태복음에만 있다. '의로운 사람'이란 표현은 바라바를 묘사한 '유명한 죄수'와 뚜렷한 대조를 보인다. '상관하지 말라'는 말은 8:29의 관용구와 비슷하다. 이는 의로운 사람에게 아무것도 하지 말라는 뜻이며, 빌라도의 아내가 꾼 꿈이 예수님에 대한 하나님의 변호와 같은 역할을 하게 한다(Hagner, 1238). 고대 로마인은 꿈이 여러 징조를 나타낸다고 여겨 매우 중시하였다(Hagner, 1238).
마태는 빌라도의 아내 이야기를 '바라바를 놓아주랴, 아니면 예수를 놓아주랴?' 하는 문제를 다루는 문맥 가운데 배치한다. 이러한 기교는 유대인이 무죄한 예수님 대신에 바라바를 놓아달라고 요구했다는 사실을 더 부각한다(김득중, 136). 이방인 여성의 통찰력과 유대 지도층의 영적 무감각은 좋은 대비를 이룬다(Harrington, 389).

[20절] 하지만 [대제사장들과 장로들은] 그 군중들을 설득하여 그들이 바라바를 요구하고 [예수는] ‖죽이게‖ 하도록 하였다.

❀ 20절은 군중을 자극한 책임을 유대 지도자들에게 돌린다. 군중들로 하여금 바라바를 놓아주고 예수님을 십자가에 처형하도록 외치게 한 장본인은 대제사장과 장로들이다. 오직 마태만이 이렇게 기술한다. 마태는 마가의 병행구에는 없는 '장로들'을 삽입하여 종교 지도자의 범위를 확대하고, '예수님을 죽이게' 하도록 했다는 구절을 첨가한다. 그 결과 주님을 죽이려는 유대 지도자들의 악의는 한층 강조된다(김득중, 139).

본 절은 아주 중요하다. 마태복음에서 무리는 지금까지 주님을 옹호하는 편이었는데, 이들은 지도자들의 충동으로 그분에게서 돌아선다. 지도자들은 무리 때문에 예수님을 잡는 것을 두려워하였다(21:46; 26:5). 하지만 더 이상은 그렇지 않다(Osborne, 1132).

[21절] 이제 총독은 그들에게 [대답하여] 말했다. "너희들은 이 둘 중에서 내가 누구를 너희에게 풀어 주기를 원하느냐?" 그러자 그들은 "바라바!"라고 대답했다.

❀ 빌라도 총독의 이 두 번째 질문은 복음서에서 오직 마태복음에만 있다. 저자는 총독이 무리를 향해 누구를 원하는지 선택하라고 했던 사실을 독자의 뇌리에 각인시킨다. 그것도 동일한 질문을 17절과 21절에서 반복한다. 그 이유가 무엇일까? 바라바는 우리 모두를 대변한다. 예수님이 죽으시면 그 강도가 풀려나고, 죄인들이 풀려나며, 우리 모두가 풀려난다. 이것이 사실 유월절 이야기의 핵심이다(Wright, 247).

본문은 주님의 정체와 관련하여 다음과 같은 교훈을 준다(Keck,

486). 첫째, 예수님은 자기 백성을 살리시는 분이다(1:21). 일부 사본은 '바라바'를 '예수 바라바'로 소개하고, 빌라도는 이 둘을 구별하기 위해 예수님을 '그리스도라 불리는 예수'(17절)로 소개한다(고영민, 236). 둘째, 주님은 진정한 성부 하나님의 아들이시다(11:27). '바라바'란 이름의 의미는 '아버지의 아들'이다. 이런 점들을 고려하면 17절과 21절은 '예수'와 '아버지의 아들'을 각각 두 번씩 암시한다.

【22절】 빌라도가 그들에게 말한다. "그러면 [그리스도라 불리는] 예수는 내가 어떻게 해야 하느냐?" 그들 모두가 말한다. "그가 십자가에 못 박히게 하소서!"

❁ 22절은 빌라도의 이름과 역사적 현재 시제를 사용하여 이 대목이 얼마나 중요한지 보여준다(Nolland, 1174). 다시 말하면 당시의 장면을 생생하게 제시하며 유대인 '모두가' 주님을 죽이는 데 동참했다고 역설한다. ('모두'란 표현은 마태복음에만 있다.) 마태는 첫 번째 질문(17절)과 세 번째 질문(22절)에서 마가의 병행구에 있는 '유대인의 왕'을 '그리스도라 불리는 예수'로 교체한다. 따라서 예수님 신분의 정치적 차원보다 종교적 차원이 더욱 강화된다(Hagner, 1235). 이와 함께 그분이 그리스도라는 진리가 확연히 드러난다.

❁ 종교 지도자들이 예수님을 십자가에 못 박으려고 한 중요한 이유는, 십자가 처형이 하나님의 저주를 의미하기 때문이다(신 21:23). 그러기에 만약 주님이 십자가 처형을 당한다면, 유대인들은 그분의 생애와 가르침이 하나님의 저주를 받은 것으로 생각할 수밖에 없었다. 이것이 바로 지도자들이 원하는 바였다(Barton 2002, 455). 마태복음과 마가복음에 기술된 무리의 외침이 다르다. 마태는 군중의 외침을 마가복음의 능동태에서 수동태로 바꾼다. 그 결

과 빌라도의 책임은 경감되고 유대인의 책임은 가중된다(Gundry, 564). 마태는 군중의 대답을 서술하는 대목에서 준사법적 언어를 사용하여 그들이 판결을 내리게 한다(Nolland, 1175).

【23절】 그러나 ‖그는‖ 말했다. "진정으로! 그가 무슨 악한 일을 하였느냐?" 하지만 [그들은 맹렬히] 큰 소리로 외치고 있었다. "그가 십자가에 못 박히게 하시오!"

❀ 군중은 예수님을 십자가에 못 박으라고 아주 강하게 요구한다. 반면에 누가의 병행구는 내레이터의 설명으로 이 내용을 전달한다(23:23). 마태는 그들 모두가 '맹렬히' 외치는 모습을 보여주며, 그분을 죽이려는 군중의 의도를 분명히 한다(김득중, 139). '외치다'에 해당하는 헬라어가 미완료 시제인데, 이는 그들이 계속 외치는 장면을 보여준다. 마가는 이 대목에서 부정과거 시제를 사용한다. 본문은 예수님이 무죄라는 것을 알고 놓아주려는 빌라도의 노력과, 주님을 죽이려는 유대인 군중의 끈질긴 요구를 대비한다.

【24절】 빌라도는 〈[아무] 소용이 [없고] 도리어 [폭동이] 일어나고 있는 것을 [보고]〉 물을 가져다가 군중 앞에서 자신의 손들을 씻으며 말했다. "나는 이 사람의 피에 대해 [결백하다]. 그러니 [너희가] 알아서 처리하라."

❀ 24-25절은 마태복음에만 있다. 마태는 예수님이 로마 군병들에게 넘겨지기 직전에, 주님이 무죄하다고 고백하는 빌라도 총독의 선언을 배치한다(Hagner, 1241). 본문은 종교 지도자들이 예수님을 죽이려고 애썼다는 점과, 로마 당국자는 주님이 무죄임을 여러 번 밝혔다는 사실을 분명히 한다. 사람들 앞에서 손을 씻는 행위

는 자신의 결백을 보여주는 상징적 행위인데(신 21:6), 이방인 사회에서도 통용되었다(Keener 1998, 145). '너희가 알아서 처리하라'는 명령은 일종의 책임 회피이며, 유대 지도층이 가룟 유다에게 했던 말(27:4)과 동일하다(Bock 2012, 658).

【25절】 그러자 {온} 백성이 대답하며 말했다. "그의 피가 우리와 우리 자손들 위에 있을 것이오!"

❁ 이 대목에서 중요한 변화가 일어난다. 저자는 지금까지 '군중'('오클로스')에 대해서만 말했는데, 여기서는 '백성'('라오스')이란 단어를 사용하고 '온'이란 수식어를 첨가한다. 이는 이스라엘 백성 전체가 예수님을 버렸다는 사실을 강조한다(김득중, 140). '백성'을 의미하는 '라오스'는 마태복음에서 민족으로서의 이스라엘을 가리킬 때 통상적으로 사용된다(Wilkins, 980). 이러한 변화는 이스라엘이 주님을 배척한 것 때문에 선민으로서의 특권을 상실한 것임을 분명히 한다(양용의, 547). 아울러 하나님 왕국이 이스라엘에서 교회 공동체로 이전되었음을 시사한다(Gundry, 565).
'누구의 피가 누구 위에 있을 것이다'란 표현은 구약과 신약에 종종 등장한다(삼하 1:16; 렘 26:15; 행 5:28). 후반부는 수세기에 걸쳐 유대인에 대한 박해를 정당화하기 위해 사용되곤 하였다. 하지만 이 말은 반유대주의를 의미하지 않는다. 한 세대 후에 있었던 예루살렘의 멸망(주후 70년)을 이 구절의 성취로 보는 것이 일반적이다(Harrington, 390).

【26절】 그러자 그는 그들에게 바라바를 풀어 주었다. 하지만 [예수는] 채찍질한 후에 그가 십자가에 못 박히도록 그를 넘겨주었다.

❁ 예수님의 수난 예고(20:19)에 나오는 네 개의 동사 중에서 세 개('넘겨주다', '채찍질하다', '십자가에 못 박다')가 26절에 등장한다(France, 1059). 사형수는 십자가 처형에 앞서서 채찍질을 당해야 했다. 유대인의 회당에서 이루어진 채찍질 '마스티고'(10:17)는 여기에 사용된 '프라겔로'와 다르다. 유대 회당에서 이루어진 채찍질은 40대의 매로 제한이 있었지만, 로마의 채찍질에는 그런 제한이 없었다. 정죄 받은 남자는 기둥에 묶여 채찍, 곧 뼈나 쇠 조각이 달린 가죽 끈으로 매질을 당했다. (여자에게는 채찍질을 하지 않았다.) 반복된 채찍질은 자주 뼈나 창자가 드러나게 했고, 많은 경우에 치명적이었다. 안식일이 다가오고 있었기에 로마인들은 예수님이 해가 지기 전에 십자가에서 운명하실 수 있도록 거의 죽을 정도로 때렸을 것이다(Wilkins, 981).

군인들이 예수를 조롱하다

【27절】 [{그때} 총독의 군병들이] 예수를 총독의 관저 안으로 데리고 가서 온 부대를 그에게로 불러 모았다.

❁ 27절은 '총독의 군병들'을 강조하여 예수님이 이방인의 손에 넘겨져 조롱을 당할 것이라고 한 예언(20:19)이 성취되었음을 알려준다(Bock 2012, 659). 마가의 병행구에는 '총독'이란 단어가 없다(15:16). '온 부대'는 400-600명의 군인으로 이루어진 로마의 보병대를 의미하는데(Wilkins, 1000), 그들은 분명히 거친 유머로 예수님을 조롱했을 것이다.

【28절】 그리고 그들은 그의 옷을 벗기고 그에게 [주홍색 망토를] 입혔다.

❄ 채찍질이나 십자가 처형과는 대조적으로, 로마 군병들이 예수님을 조롱하는 대목은 매우 상세히 묘사된다. 이 장면에 나타난 아이러니가 마태에게 굉장히 중요하다. 여기서 예수님이 진정한 왕이라는 진리가 역설적으로 제시된다(Keck, 488). 개역개정으로는 알 수 없지만, 헬라어 원문의 이 단락은 짧은 문장들이 '그리고'란 접속사로 계속 연결된 극적 형태를 띤다(Hagner, 1247). 28-31절에서 '그리고'라는 접속사가 무려 아홉 개나 사용된다. (이러한 문학적 기교는 번역문에서 살려 주어야 한다.)

후반부가 강조하는 '주홍색 망토'는 군인용 외투이며 '왕권'을 상징한다(Bock 2012, 659). 마가의 병행구는 자색 옷을 입혔다고 설명하며 이를 강조하지 않는다(15:17). 마태는 '왕'으로서의 예수님을 마가보다 더 분명히 제시한다. 산헤드린 공회 재판이 예수님을 '그리스도'라고 조롱하는 장면으로 끝났다면(26:68), 로마인들의 재판은 '왕'이라고 놀리는 장면으로 마무리된다. 26:68이 26:63과 일치한다면, 27:28-29은 27:11과 일치한다(Keck, 487).

【29절】 그리고 그들은 [가시나무로 관을 엮어] 그것을 그의 머리에 씌웠다. 그리고 그의 오른손에 갈대 하나를 쥐어 주었다. 그리고 [그의 앞에 무릎을 꿇고] "기뻐하소서, 유대인의 왕이여!"라고 말하며 그를 조롱하기 시작했다.

❄ 28-30절에 등장하는 단어나 도구, 그리고 로마 군병들이 보여주는 행태는 왕으로서의 예수님을 조롱하는 이미지들이다. 여기서 예수님은 왕관을 쓴 '왕'으로 묘사된다. 주홍색 망토, 가시나무 면류관, 갈대 홀(笏), 무릎을 꿇는 행위, 왕에 대한 찬사 등이 그렇다

(Keck, 488). 가시나무의 긴 가시는 황제의 왕관에서 나오는 광선을 상징한다(Osborne, 1145). '기뻐하소서'라는 외침은 로마 황제에게 하던 인사말을 흉내낸 것이다(Keener 1998, 146). 군병들은 예수님을 '유대인의 왕'이라고 조롱하는데, 그들은 무의식중에 진리를 말한다(Hagner, 1248).

병행구와 비교하면 두 가지 차이가 있다. 첫째, 마태는 군병들이 예수님을 조롱하는 행위의 순서를 마가보다 훨씬 조리 있게 조정한다(Harrington, 394). 마치 왕을 알현하는 장면을 순서대로 보여주는 듯하다. 무릎을 꿇고, 찬사를 보내며, 침을 뱉고, 머리를 때린다. 마가복음에는 무릎 꿇는 행위가 맨 뒤에 배치되어 있다(15:19). 둘째, 마태는 예수님의 손에 갈대를 쥐어 주는 장면을 묘사하여 왕의 이미지를 완벽하게 제시한다(Keck, 488). 이 내용은 마태복음에만 있다.

【30절】 그리고 그들은 [그에게 침을 뱉고] 그 갈대를 가져갔다. 그리고 그의 머리를 치기 시작했다.

【31절】 그리고 그들은 그를 조롱한 다음에 그에게서 그 주홍색 망토를 벗겼다. 그리고 그의 옷들을 그에게 입혔다. 그리고 십자가에 못 박기 위해 그를 끌고 나갔다.

❋ 30절은 이방인 로마 군인들이 '침을 뱉었다'는 사실을 강조한다. 마가의 병행구는 이 부분을 강조하지 않는다(15:19). 사람에게 침을 뱉는 행위는 폭력에 버금가는 최악의 모욕이었다. 더욱이 유대인은 이방인의 침을 불결한 것으로 여겼기에, 유대인 독자는 굉장한 혐오감을 느꼈으리라. 군병들이 침을 뱉은 행위는 동방 헬라 제국 군주에게 마땅히 바쳐야 할 신하의 예절인 공손한 입맞춤을 풍자한 듯하다(Keener 1998, 146). 주님이 받으신 조롱은 이사야

50:6을 상기시킨다. 예수님께 다시 옷을 입힌 행위는 당시의 관행을 벗어난다. 고대 로마의 문화에서는 일반적으로 죄인을 벌거벗긴 채 처형 장소로 끌고 갔다. 하지만 주님께 옷을 입힌 것은 나체에 민감했던 유대인의 정서를 감안한 것으로 보인다(Nolland, 1185).

십자가에 달린 왕

【32절】 그런데 〈그들은 나가다가〉 [이름이] 시몬인 구레네 사람을 발견했다. 그들은 [그 사람에게] 강제로 그의 십자가를 지게 했다.

❀ 채찍질을 당한 예수님이 십자가를 질 수 없을 만큼 연약한 상태였기에, 군병들은 구레네(오늘날의 리비아) 사람 시몬으로 하여금 대신 십자가를 지게 한다. 1세기 로마 군인은 아무나 징발해서 자신의 짐을 지고 가도록 요구할 수 있었다. 시몬은 십자가 전체가 아니라 가로대만 지고 갔을 것이다. 수직 기둥은 이미 형장에 세워져 있었기 때문이었다(Keener 1998, 147). 공관복음과는 다르게 요한복음에는 구레네 시몬 이야기가 없다. 요한은 주님께서 손수 십자가를 지고 골고다까지 가신 것으로 묘사한다(19:17).

❀ 병행구와 비교하면 한 가지 중요한 차이를 발견할 수 있다. 마가는 "알렉산더와 루포의 아버지인 구레네 사람 시몬이 시골로부터 와서" 지나가고 있었다고 설명한다(15:21). 그러나 마태는 이런 내용을 다 생략한 채, '이름'에 해당하는 헬라어('오노마')를 첨가하며 이를 강조한다. (마가와 누가의 병행구에는 이 단어가 없다.)

저자는 '시몬'이란 이름을 통해 '구레네 시몬'이 아닌 또 다른 시몬, 즉 주님을 부인하고 달아난 '시몬 베드로'를 떠올리게 한다. 외지인 시몬이 십자가를 졌다는 말은, 예수님의 제자들, 특히 구레네 시몬과 동명이인인 시몬 베드로가 그 자리에 없음을 예리하게 꼬집는다(Keck, 489; France, 1065). 얼마나 멋진 기교인가! (마태의 이런 서술 전략은 56절에도 등장한다.) 베드로가 누구인가? 그는 "주는 그리스도시요 살아 계신 하나님의 아들"이란 신앙고백을 하였다. 공관복음에서 오직 마태만이 이 장면(16:17)에서 베드로를 '시몬'("바요나 시몬")이라 칭한다. 게다가 그는 주님과 함께 죽을 각오가 되었다고 공언하였다(26:35). 개역개정은 32절 전반부에서 "시몬이란 구레네 사람"이라고 표현한다. 하지만 저자의 의도를 살리려면 '이름이 시몬인 구레네 사람'으로 처리해야 한다. 헬라어 원문을 직역한 YLT, MLV, Diaglott, ECB 역본은 이 대목에서 '이름이'(by name)라는 문구를 첨가한다.

【33절】 그리고 〈골고다, 다시 말하면 '해골의 터'라고 불리는 장소에 도달했을 때〉

❀ 두 번의 심문과 조롱이 있은 후 수난 이야기의 절정인 십자가 처형에 이른다. 예수님은 '해골의 터'를 의미하는 골고다에 도착하신다. '골고다'라는 명칭은 아람어 '해골'('굴굴타')을 음역한 것이다. 이곳은 사형이 집행된 장소인데 해골처럼 생긴 작은 언덕이었을 것이다(Hagner, 1253).

문장 구조를 살펴보면 이 단락(32-37절)은 뚜렷한 특징을 지닌다. 이 단락의 중심 사건인 '골고다에 도착한 것'과 '십자가 처형' 장면이 주절로 서술되지 않고, 종속 분사로 처리되어 있다. (사복음서에서 오직 마태만이 이 두 대목에서 주동사가 아닌 분사를 이용한다.) 저자는 이러한 서술 전략을 통해 각각의 주절에서 구약의 예언이 성취되었다는 점을 강조한다. 군병들이 예수님께 쓸개즙을 탄 포도주를 주었다는 것(시 69:21)과, 제비를 뽑아 주님의 옷을 나누었다는 점(시 22:18)이 그러하다(Hagner, 1252).

【34절】 그들은 그에게 [쓸개즙을] 탄 포도주를 마시라고 주었으나, 그는 [맛을 보신 후] 마시려고 하지 않으셨다.

❀ 마태는 분사를 활용해 골고다에 도착한 사건을 간단히 처리한 후, 34절에서 주동사를 사용하여 자신의 메시지를 전달한다. 여기서 '쓸개즙'과 '맛을 보셨다'는 부분이 강조되었는데, 다른 복음서에는 이 내용이 없다. 마가는 '몰약을 탄 포도주'가 제공되었고 주님께서 아예 받지 않으셨다고 설명한다(15:23). 마태가 '몰약'을 '쓸개즙'으로 바꾸고 주님께서 맛보셨다는 사실을 강조한 것은, 시편 69:21 전반부와 일치시키기 위함이다. 쉽게 말하면 구약 예언의 성취를 강조한다(Keck, 490).

본문의 포도주는 십자가 처형 직전에 일반적으로 고통을 줄이고 감각을 둔화시키기 위해 제공되는 몰약을 탄 포도주와는 다르다. 쓸개즙을 탄 음료를 사형수에게 제공한 것은 오히려 고통을 배가하기 위한 로마군의 계략이었다. 이런 포도주를 준 것은 잔인함과 조롱을 암시한다(Hagner, 1253; Bock 2005, 143).

【35절】 그리고 〈그를 십자가에 못 박은 후〉 그들은 그의 옷들을 제비 뽑아 자기들끼리 나누어 가졌다.

❀ 헬라어 원문에 의하면, 주님이 십자가에 달리시는 장면은 '채찍질'(26절)과 마찬가지로 부정과거 분사 하나로 간단히 처리되어 있다.

마치 슬쩍 지나치는 것처럼 보이게 한다. 그리고 주동사는 군인들이 예수님의 옷을 나누어 갖는 모습을 설명한다(Keck, 491). 이러한 기법은 십자가 처형의 의미와, 다른 사람들이 그것에 대해 어떤 반응을 보여주는가에 관심을 집중하게 한다(Blomberg, 415). 주님의 옷을 제비 뽑아 나누는 군병들의 행위는 시편 22:18을 상기시킨다(MacArthur, 1183). 이들은 하나님의 뜻을 성취하는 데 전혀 관심이 없었지만, 자신들도 모르게 하나님의 목적을 성취하였다. 하나님의 드라마는 로마 군병들이 전혀 감지하지 못하는 사이에 바로 그들의 눈앞에서 펼쳐지고 있었다(Hagner, 1255).

【36절】 그리고 앉아서 그곳에서 그를 지키고 있었다.

❀ 36절은 마태복음에만 있다. 내레이터는 예수님을 처형한 군병들이 그곳에 앉아서 지켰다고 말한다. 이것은 주님의 죽으심과 매장이 분명한 사실이었음을 보여주려는 저자의 노력이며, 백부장의 고백(54절)을 준비하기 위한 예비 단계다(Keck, 491).

【37절】 그들은 그의 머리 위에 "[이는] 유대인의 왕 예수다"라는 죄목을 붙였다.

❀ 37절은 예수님의 머리 위에 죄목이 적힌 패가 있었다고 서술하는데, 오직 마태만이 죄패의 정확한 위치를 알려 준다. 이것을 보면 예수님은 T자형 십자가보다는 전통적인 십자가에 못 박혔음을 알 수 있다(France, 1068). 빌라도가 남긴 죄패는 그분이 십자가에 못 박히신 이유를 설명한다. 예수님에 대한 재판 과정, 조롱, 십자가 처형 장면에 나타난 아이러니가 이 패에 집중되어 있다. 물론 빌라도는 조롱의 의미로 이 패를 붙였지만 독자는 이것이 심오한

진리임을 잘 안다.

마태는 마가의 병행구(15:26)에 나오는 죄패 문구("유대인의 왕")에 '이는 ~이다'를 첨가한다. 그 결과 '호칭'(유대인의 왕)이 하나의 '진술'이 되게 하고, 여기에 주님의 이름을 덧붙여 그 진술을 인격화한다(Nolland, 1194). 동시에 주님에 대한 조롱을 그리스도인의 신앙고백으로 승화시킨다. 후에 로마 백부장은 이 형식(이분은 ~이셨다)에 맞춰 신앙을 고백한다(Keck, 491; Gundry, 570). 37절은 '이는'을 강조하는데, 여기에 해당하는 헬라어 '후토스'가 백부장의 고백(54절)에서도 그대로 등장한다. 얼마나 치밀한 짜임새인가!

【38절】 [그때] [두 강도들이] 그와 함께 십자가에 못 박히는데, 하나는 오른편에 하나는 왼편에 있다.

❋ 38절은 현재 시제를 사용하여 현장감을 전달한다. 마태는 '두 강도들'이 예수님과 함께 있었다는 사실을 강조한다. 마태복음의 독자들은 이 말을 들었을 때 주님이 "범죄자 중 하나로"(사 53:12) 헤아림을 받았다는 예언이 성취되었음을 알아차렸으리라(Harrington, 395).

본문에 등장하는 강도는 요세푸스의 기록에 의하면 혁명 당원을 가리킨다. 그들은 바라바의 동료였으리라(Keener 1998, 147). 주님의 좌우편에 강도가 매달린 상황은 왕으로서의 예수님을 역설적으로 보여준다. 마치 왕의 좌우에 조언자들이 배석해 있듯이 강도들이 자리를 잡고 있다(Blomberg, 417). 마태는 이 장면을 기술하며 씁쓸한 아이러니를 느꼈을 것이다. 전에 세베대의 두 아들이 주님 좌우편에 앉게 해달라고 요청한 적이 있는데(20:21), 정작 두 강도가 그 자리를 차지하고 있다(Wilkins, 1005).

【39절】 그리고 [지나가던 사람들이] 그들의 머리를 흔들고 계속 그를 비방하며

【40절】 말하고 있었다. "〈그 성전을 허물고 그것을 {사흘} 만에 짓는 자여!〉 [너 자신이나] 구원하라! 〈만약 네가 하나님의 ‖아들‖이라면〉 그 십자가에서 내려와 보라."

❊ 저자는 십자가 처형 장면을 간략히 정리한 후, 지나가던 사람들의 비방과 유대 당국자들의 조롱을 상세히 서술한다. '머리를 흔드는 것'은 시편 22:7의 성취이며, 의인에 대한 조롱을 암시한다(France, 1070). 이들의 조롱은 예수님이 성전을 허물고 사흘 만에 다시 세울 것이라는 주장과 관련이 있다. 오직 마태만이 이 부분을 강조한다. 이 이야기의 아이러니는 예수님이 하지 못할 것이라고 조롱하는 바로 그 일을 주님이 이루신다는 데 있다(Bock 2012, 664). 40절은 '사흘'을 이중으로 강조하여 주님의 부활을 강하게 시사한다. (이 부분도 마가복음보다 더 강조되었다.)

병행구와 비교하면 중요한 차이를 발견할 수 있다. 마태는 마가복음 15:29에 나오는 감탄사("아하")를 생략하는 대신에, '네가 하나님의 아들이라면'을 첨가하고 '아들'을 제일 강조한다. 물론 지나가던 사람들은 이 문구를 사용하여 더 매섭게 조롱한다(Hagner, 1258). 그렇지만 저자는 '하나님의 아들'이란 칭호를 통해 주님의 신분을 역설적으로 드러낸다. 아울러 이들이 조롱하는 말과 4장 3절과 6절에 나오는 사탄의 말을 일치시킨다(Keck, 491). 복음서에서 마태만이 16:16, 26:63에서도 '하나님의 아들'이란 용어를 사용한다.

❊ 마태복음에서 '하나님의 아들'이란 칭호가 한 단락에서 두 번 등장하는 곳은 예수님의 광야 시험 이야기(4:3-6)와 본 단락(27:39-44)밖

에 없다. 이는 저자가 광야 시험과 십자가에서 당한 시험을 동일한 관점에서 기록하고 있음을 보여준다. 또한 본문에 등장하는 무리와 종교 지도자들이 사탄의 도구임을 함축한다(목회와신학, 396).

우리는 여기서 마태복음의 구조를 정리해 볼 수 있다. 주님이 받은 광야에서의 시험과 십자가 위에서 당하신 조롱, 이 두 버팀목 사이에 그분의 공생애가 놓여 있다(Wright, 258). 이 두 시험은 공히 그분이 '하나님의 아들'이라는 진리를 입증해 보라는 것이다. 마태복음은 예수님이 하나님의 아들이며 메시아라는 사실을 선포한다.

【41절】 [마찬가지로] 대제사장들도 [서기관들과 장로들과 함께] 조롱하며 다음과 같이 말하고 있었다. "그가 다른 [사람들은] 구원하였는데, 그가 [자신은] 구원할 수 없구나.

【42절】 그가 [이스라엘의 왕]이라니! 지금 그 십자가에서 내려오시라지. 그러면 우리가 그를 믿을 텐데!"

❋ 유대 당국자들도 군중과 마찬가지로 예수님을 조롱한다. 마태는 41절에서 '장로들'을 첨가하여 예수님을 대적했던 산헤드린 구성원을 완벽하게 제시한다. (마가의 병행구에는 '장로들'이 없다.) 이는 유대인 지배층이 전적으로 주님을 배척했음을 분명히 한다(France, 1071). '그가 다른 사람들은 구원하였다'는 말은 주님의 치유사역을 염두에 둔 것이다(Hagner, 1260).

마가의 병행구는 예수님을 "이스라엘의 왕 그리스도"로 소개한다(15:32). 그렇지만 본문은 '그리스도'를 생략한 채 '이스라엘의 왕'만을 언급한다. 죄패에 기록된 칭호(37절)와 일치시키기 위함이다. 하지만 조롱을 더 강화하기 위해 '유대인의 왕'을 '이스라엘의 왕'으로 대체하여 신학적 의미를 부여한다(Nolland, 1198; Osborne, 1150).

'이스라엘'이란 명사는 하나님의 언약을 암시하며, 예수님이 이스라엘에 대한 하나님의 언약을 성취하실 것을 알려 준다. 그런데 아이로니컬한 것은 주님이 지금 그 일을 하신다는 점이다(Osborne, 1150). '이스라엘의 왕'이란 칭호는 마태복음에서 오직 한 번 본문에 사용되고, 구약성경에 150회 이상 등장한다(Nolland, 1198).

【43절】 〈그가 지금까지 하나님을 신뢰하고 있으니〉, 만약 그분이 그를 원한다면 이제 그분이 그를 구원하시게 하라. 왜냐하면 그는 "내가 [{하나님의} 아들이다]"라고 말했기 때문이다.

❀ 43절은 마태복음에만 있는데 적대감의 논조가 제일 강하다. 이 마지막 조롱은 시편 22:8을 상기시키며, 하나님께서 종국에 예수님을 구원해 주실 것을 시사한다(Bock 2012, 665). 저자는 앞부분을 강조하여 구약성경(시 22:8)의 성취를 부각한다. 우리는 이 단락에 역설이 깔려 있음을 간과할 수 없다. 유대인들이 확신을 갖고 주님을 놀리며 사용하는 표현들, 즉 '하나님의 아들', '이스라엘의 왕'이란 칭호가 진리이기 때문이다(Hagner, 1262).

【44절】 그리고 [그와 함께 십자가에 못 박힌 강도들도] ‖똑같이‖ 계속 그를 모욕하고 있었다.

❀ 41절이 '마찬가지로'를 강조한다면, 44절은 '똑같이'를 강조한다. 지나가던 사람들과 유대 당국자들, 그리고 십자가에 못 박힌 강도들이 모두 한통속이 되어 예수님을 조롱한다. 이 대목에서 마태복음, 마가복음, 누가복음의 차이가 가장 두드러진다. 마태와 마가는 예수님과 함께 못 박힌 강도들이 주님을 모욕했다고 기록한다. 반면에 누가는 두 강도들 사이의 논쟁을 언급하며, 이 중 한

사람의 마음이 바뀌었음을 암시한다. 마태복음에는 회개하는 강도가 없다.

예수님은 범죄자들 가운데서 고통을 당하신다. 친구도, 열두 제자도, 회심자도 없는 상태에서 말이다. 저자는 독자들에게 다른 모든 사람이 주님을 배신하고 떠날 때 그분 곁에 남아 있으라고 조언한다(Keck, 492). 마태는 마가복음에는 없는 '강도들'과 '똑같이'란 표현을 첨가하여 주님께 대한 모욕을 극대화한다(Gundry, 572).

예수께서 십자가에서 죽으시다

【45절】 이제 ‖제{육}시부터‖ {온} 땅에 [어둠이] 임하여 제{구}시까지 계속되었다.

❀ 하나님의 아들의 죽음은 이해할 수 없는 신비를 동반한다. 불가사의한 어둠이 임하고 놀라운 사건들이 뒤따른다(Hagner, 1264). 본 단락에서 비로소 마태는 십자가 처형과 관련된 시간을 언급한다. 마가복음은 예수님이 십자가에 달리신 시각이 '제삼시'(오전 9시)라고 밝히지만(15:25), 마태복음은 어둠이 임한 시간만을 제시한다.

여기에 중요한 의미가 담겨 있다. 45절은 '제육시'(정오)와 '제구시'(오후 3시)를 강조하는데, 특히 제육시가 제일 강조되었다. 제육시에 어둠이 시작된 것은 그것을 하나님의 심판의 징조로 보는 아모스 8:9의 성취다(Harrington, 402). 제구시는 니산월 14일에 유월절 어린양을 살육하기 시작하는 공식적인 시간이다. 주님이 죽으신 때와 유월절 어린양이 죽는 시간이 정확히 일치한다(France, 1075; 강대훈, 623). 마가의 병행구는 '제구시'를 강조하지 않는다.

❀ 주님이 십자가에 달리셨을 때 이 세상의 죄악이 다 그분께 쏟아져 세 시간 동안 하나님의 사랑의 빛이 가려진다. 예수님이 대신 지신 많은 사람의 죄가 처음이자 마지막으로 그분과 성부 하나님 사이를 가로막는다(Wright, 262). 마태복음에 있는 어둠에 관한 묘사는 마가복음의 경우보다 70인역 출애굽기 10:22에 훨씬 가깝다(Keck, 492). 세 시간 동안 지속된 어둠은 이집트에서 재앙으로 3일이나 지속된 완전한 어둠을 상징하며, 자연스럽게 첫 유월절을 상기시킨다(Osborne, 1152). 이 어둠은 단순한 일식 현상이 아니다. 유월절은 항상 보름에 지켜졌다(Wilkins, 1007).

【46절】 그리고 [제{구}시 즈음에] 예수께서 큰 소리로 울부짖으며 말씀하셨다. "엘리! 엘리! 라마 사박다니?" 이는 '나의 하나님이여! 나의 하나님이여! 어찌하여 당신께서 나를 버리셨습니까?'라는 뜻이다.

❀ 어둠의 시간이 끝날 즈음에 예수님은 시편 22:1 첫 문장을 큰 소리로 외치시고, 내레이터는 이를 번역하여 설명한다. 시편 22편은 외로움을 표현하는 처절한 부르짖음으로 시작되지만 실은 믿음과 감사의 표현이다(Kaiser, 472). 이 구절은 유대인이 하루 중 그 시간에 암송하는 성경 구절의 일부였을 가능성이 있다(Keener 1998, 147).

❀ 개역개정으로 보면 본 절과 마가의 병행구(15:34)는 아무런 차이가 없는 것처럼 보인다. 그러나 헬라어 원문을 보면 세 가지가 다르다. 첫째, 하나님을 부르는 언어가 다르다. 마태복음의 '엘리'는

'나의 하나님'을 뜻하는 히브리어를 음역한 것이고, 뒤에 이어지는 말은 '왜 나를 버리셨습니까?'를 의미하는 아람어를 음역한 것이다. 반면에 마가는 아람어를 사용하여 하나님을 '엘로이'로 표현한다. 마태가 아람어 '엘로이'를 히브리어 '엘리'로 바꾼 것은 시편 22:1의 히브리어 본문과 일치시키며, 성경의 인용을 강조하기 위함이다. 아울러 47절의 내용과 같이 '엘리야'란 이름과 더 유사한 발음으로 표기하기 위한 것이다(제자원 2006, 687; Osborne, 26).

둘째, 격(格)이 다르다. '하나님'('데오스')을 부를 때 마가는 '주격'을, 마태는 '호격'을 사용한다. 따라서 마태의 표현은 하나님을 '아버지여'라고 부르는 것과 동일하다. 예수님은 겟세마네 동산에서 기도하실 때에도 '내 아버지여'(26:39, 42)라고 두 번이나 말씀하셨는데, 이 대목에서도 '아버지'가 호격이다. 이는 하나님의 아들로서의 예수님이 성부 하나님을 보다 인격적으로 친밀하게 부르시는 상황을 반영한다. 이러한 시각은 27장 40절과 43절에서 오직 마태만이 '하나님의 아들'이란 용어를 첨가한 데서도 분명히 드러난다(김득중, 173).

셋째, 강조점이 다르다. 마태복음이 성자 예수님과 성부 아버지의 친밀한 관계를 암시한다면, 마가복음은 '어찌하여'를 강조하여 긴장감을 조성한다.

❋ 주님은 왜 이 대목에서 하나님을 '아버지'로 부르지 않으셨을까? 마태복음에서 예수님은 26장에 이르기까지 하나님을 '아버지'라고 부르셨다(25:34; 26:29; 26:53). 그러나 이제는 심판을 받는 자의 입장에서 자신을 죄인과 동일시하며 '하나님'이라 부르신다. 예수님이 '나의 하나님'이란 칭호를 사용하신 것은 마태복음에서 이 경우가 유일하다. 성육신한 하나님의 아들은 죄인으로서 아버지와 단절된 채, 저녁 희생 제사를 드리는 시간인 오후 3시에 죽으

신다(고영민, 242; France, 1076).

번역과 관련하여 한 가지 문제점을 지적하고 싶다. 개역개정은 마태복음과 마가복음에서 동일하게 '엘리'라고 표현하는데, 마가복음은 마태복음과 다르기에 '엘로이'로 표기해야 한다. 아울러 마태복음의 '하나님'은 '호격'이기에 '하나님이여'로 처리해야 한다. 개역개정 26:39은 "내 아버지여"(호격)라고 제대로 번역한다.

【47절】 그러자 거기에 서 있던 사람들 중 어떤 사람들은 그들이 들었을 때 "[이 사람이] ‖엘리야를‖ 부른다" 하고 말하기 시작했다.

❀ '거기에 서 있던 사람들'은 로마 군병보다는 유대인일 가능성이 많다. 그들이 예수님의 외침을 듣고 엘리야를 부른다고 착각했기 때문이다. 이것은 마태의 본문에 따르면 '엘리'와 '엘리야'의 발음이 유사하므로 쉽게 저지를 수 있는 실수로 보인다(Hagner, 1267). 유대인들은 엘리야가 죽지 않고 승천했다는 기록에 근거하여, 그가 천사와 마찬가지로 하나님으로부터 파견되어 곤경에 처한 경건한 랍비를 구출한다고 믿었다(Keener 1998, 147).

【48절】 그리고 [즉시] 그들 중 한 사람이 〈달려가 해면을 취하여 그것을 식초에 듬뿍 적신 후 그것을 갈대에 꽂아〉, 그가 마시도록 주고 있었다.

❀ '식초'로 번역된 헬라어 '옥수스'는 신 포도주와 식초, 그리고 물을 섞은 혼합물을 뜻한다. 이것은 고대 로마 군병들이 자주 마셨던 값싼 음료다. 그런데 예수님은 이 신 포도주를 마셨다. 정말로 우연히 일어난 것처럼 보이는 이 사건은 복음서 저자에게 매우 중요하게 여겨졌을 것이다. 그 이유는 시편 69:21 후반부를 암시하며,

70인역에 동일한 헬라어가 사용되기 때문이다(Hagner, 1268). 48절이 '식초를 듬뿍 적셨다'는 문구를 강조한 이유가 여기에 있다. 마가는 이 부분을 강조하지 않는다(15:36). 앞부분에서 강조된 '즉시'는 마가의 병행구에 없는데, 이 부사 역시 구약성경의 성취를 돋보이게 한다. 스펀지에 식초를 적셔 사형수에게 주는 행위는 일종의 진통제를 건네주는 행동으로 여길 수 있다. 그렇지만 본문에서는 갈증을 덜어 주는 식초를 먹임으로써, 정신을 차리고 통증을 더 오래 느끼게 하려는 잔인한 의도로 해석할 수 있다(Keener 1998, 148; 장재일, 594).

【49절】 하지만 [나머지 사람들은] "그만두시오! 엘리야가 와서 [그를 구해 주는지] 두고 봅시다" 하고 말하였다.

❀ 나머지 사람들의 말은 반농담조의 기대를 보여주며, 이들이 유대인임을 암시한다(Hagner, 1268). 49절은 '그를 구해 주는지'를 강조한다. 마가의 병행구는 "그를 내려 주나 보자"라고 설명하는데(15:36), 마태는 '구원하다'란 단어를 사용한다. 이 단어가 예수님의 사명(1:21)과 직결되며, 시편 22편의 키워드(22:5, 8, 21)이기 때문이다(Harrington, 400).

【50절】 그리고 [예수께서는] 〈다시 큰 소리로 울부짖고〉 그 영이 떠나게 하셨다.

❀ 간단한 문장인데 마가의 병행구와 비교하면 세 가지가 다르다. 마태는 마가의 병행구에 '다시'를 첨가하고, 동사를 '울부짖다'로 바꾸며, 예수님이 죽으셨다는 사실을 다르게 묘사한다. 본문은 '다시 큰 소리로 울부짖고'를 강조하는데, 이런 기교는 50절이 46절

의 연속이 되게 한다. 이는 예수님이 시편 22:1을 한 번 더 말씀하셨다는 것을 시사한다(Harrington, 400).

'떠나게 하다'에 해당하는 '아피에미'는 '포기하다', '가게 하다', '떠나게 하다'의 뜻이며, 능동태 직설법으로 사용되었다. 따라서 원문을 직역하면 '그가 그의 영혼을 포기하셨다'(NIV, NASB, RSV, NKJV), '그가 그의 영혼을 놓아 주셨다'(NLT)가 된다. (개역개정은 후반부에서 마치 영혼이 스스로 떠난 것처럼 번역한다.) 예수님은 로마인에 의해 죽임을 당한 것이 아니라, 하나님의 뜻에 순종하여 스스로 목숨을 내놓으셨다(Osborne, 1153). 이러한 묘사는 하나님의 아들로서의 신적 위엄을 드러낸다(Keck, 493).

【51절】 그리고 보라! [그 성전의 휘장이] 위로부터 아래까지 둘로 강하게 찢어졌다. 그리고 [땅이] 흔들렸다. 그리고 [그 바위들이] 갈라졌다.

❁ 51절 후반부부터 53절까지의 내용은 마태복음에만 있다. 저자는 뒤에 이어지는 특별한 사건들의 중요성을 알려 주기 위해 '보라'를 첨가한다. 지금까지 예수님을 놀렸던 세 그룹, 즉 백성들, 종교 지도자들, 로마 군인들의 조롱은 51-61절에서 초자연적 현상, 백부장의 고백, 여인들의 대담한 행동에 의해 반격을 당한다. (61절에 나타난 여인들의 행동은 마태복음에만 있다). 마태는 마가의 설명에 초자연적 징조(51-53절)와 백부장 부하들의 고백(54절)을 추가한다. 아울러 마가복음에 있는 예수님의 시신 인도 과정(15:42-47)을 대폭 줄인다. 마태복음에 기록된 이러한 증언들은 예수님이 하나님의 아들이심을 천명한다(Osborne, 1157-59).

❁ 개역개정으로는 느끼기 어렵지만, 51-52절의 문장 구조는 다른 부분과 확연히 다르다. 저자는 '그리고'라는 접속사를 다섯 번이나

사용하여 다섯 개의 짧은 문장을 계속 연결한다. (오직 마태복음만 이렇게 되어 있다.) 이러한 기교는 당시의 극적인 순간을 생생하게 전달하며, 주님의 죽으심과 백부장의 고백을 긴밀하게 만든다.

일부 학자들은 본문에 기록된 초자연적 현상이 실제 사건이 아니라, 죽음의 효과를 과장하기 위해 꾸며낸 신학적 장면이라고 주장한다. 하지만 이 장면들은 실제로 역사에 있었던 사건들이다. 만약 이들의 주장이 사실이라면, 마태가 어떤 형태의 암시도 없이 '역사'에서 '허구'로, 그리고 다시 '역사'로 이리저리 바꿔가며 문장을 서술할 수 있겠는가? 초자연적 하나님이 존재한다면, 이러한 장면의 역사성을 부인할 이유가 없다(Osborne, 1160).

❋ 51-52절에 연속해서 사용된 다섯 번의 부정과거 수동태는 신적 수동태로, 하나님이 그 행동의 주체가 된다(Hagner, 1272). 성전의 '휘장'이 단수인데, 이는 성소와 지성소를 구분하는 안쪽 휘장을 뜻한다(Attridge, 1719). 이 휘장은 높이가 18미터, 폭이 9미터, 그리고 손바닥 두께였다. 따라서 자연적으로는 도저히 찢어질 수 없었다(장재일, 621). (만약 인간이 찢었다면 분명히 휘장 아래서부터 찢었으리라.)

지성소는 대제사장이 일 년에 한 번, 대속죄일에만 들어갈 수 있었다. 성전 휘장이 찢어진 사건은 희생 제사가 끝났음을 상징하며, 하나님과 인간 사이의 장벽이 무너져 누구나 그분께 나아갈 수 있다는 사실을 시사한다(Swindoll, 296). 지진은 휘장이 찢어진 후에 일어나는데, 이것은 휘장이 찢어진 원인이 아니며 별개의 사건이다(Osborne, 1161). 지진은 하나님이 심판을 통해 강력히 개입하신다는 것을 보여주는 마태의 표현이다(France, 1079).

【52절】 그리고 [그 무덤들이] 열렸다. 그리고 [잠을 자고 있던 거룩한 자들의 {많은} 몸들이] 일으켜졌다.

❁ 이 사건에 대한 마태의 독특한 기록은 십자가에서 이루어진 예수님의 죽음이 인류의 속죄와 구원을 가져오는 종말론적 죽음임을 강조한다(최갑종, 222). 52절은 에스겔 37장을 암시한다(Harrington, 400). 여기서 강조된 '거룩한 자들'은 예수님 이전에 살았던 의로운 유대인, 선지자, 순교자들이다(Hagner, 1273). 마태는 주님의 죽음이 단지 부활로만 상쇄될 수 있는 손해가 아니라, 이를 통해 이미 죽은 자를 일으키시는 하나님의 능력이 시작되고 있음을 보여준다(Keck, 493). 마태 공동체 구성원에게 이러한 기적은 하나님께서 새로운 백성, 곧 예수님이 세우신 교회 공동체가 형성되는 것을 암시했으리라(Garland, 261).

【53절】 그리고 〈그가 부활하신 후에 그들은 그 무덤들로부터 나와서〉 [그 {거룩한} 도시에] 들어갔다. 그리고 많은 사람들에게 분명히 나타났다.

❁ 53절은 의미를 파악하기가 쉽지 않고 논쟁의 소지가 많다(Harrington, 400). 거룩한 자들의 몸이 일으킴을 받은 것과, 그들이 거룩한 도시에 들어간 사건 사이에 무슨 일이 있었는지 아무런 설명이 없기 때문이다. 또 그 후에 일어난 일에 대해서도 언급이 없다. 저자가 자세한 설명을 하지 않은 이유는 독자들이 이 사건의 의미에 집중하기를 원하기 때문이다.
본문은 예루살렘 성전에 대한 심판과 구원의 역사가 새롭게 시작되었음을 알려 준다(Blomberg, 421). 52-53절이 '거룩한 자들', '거룩한 도시'를 강조하는데, 이 점에 주목할 필요가 있다. 마태는 이 사건의 거룩한 특성을 부각하며, 선지자와 메시아를 죽인 배신의 도시를 '거룩한 도시'로 묘사한다. 여기에는 남은 자들이 보존될 것이라는 약속이 함축되어 있다(Blomberg, 421). 본 단락은 주님의 죽음이 모든 피조물에게 큰 영향을 미쳤다는 점을 확실히 한다.

【54절】 이때 [그 백부장과 그와 함께 예수를 지키고 있던 자들이] 〈그 지진과 일어난 모든 일들을 보고〉 심히 두려워하며 "‖참으로‖ [이는] [하나님의 아들]이었다!"라고 말하였다.

❀ 예수님의 죽음은 이방인에게까지 영향을 미친다. 이제 우리는 하나님의 진리가 가장 뜻하지 않은 장소에서, 그것도 생각지도 않은 사람에 의해 갑자기 드러나는 것을 본다. 백부장과 그의 부하들은 예수님이 죽으시는 모습과 더불어 일어난 놀라운 사건들을 보고 그분이 하나님의 아들이란 진리를 고백한다(Wilkins, 1014). 마태복음에 묘사된 십자가 처형 기사는 기독론의 절정이다(Adams, 172). 당시 십자가를 지켰던 호위병은 보통 다섯 명으로 구성되었는데, 그중 네 명은 사병이었고 나머지 하나는 감독자인 백부장이었다(Freeman, 133). 백부장과 그의 부하들의 고백은 마태 공동체에 속한 이방인들에게 큰 놀라움과 엄청난 격려를 주었을 것이다. 생명의 왕을 죽인 장본인들이, 죄 용서를 받고 안전이 확보된 채 찢어진 성전 휘장을 통해 하나님 앞으로 나아가는 것처럼 보였기 때문이다(Green 2005, 443).

❀ 마가의 병행구(15:39)와 비교하면 다섯 가지 차이점이 있다. 첫째, 백부장을 지칭하는 용어가 다르다. 마태는 마가복음의 '백부장'에 해당하는, 라틴어에서 온 '켄투리온' 대신에 좀 더 일반적인 용어인 '헤카톤타르케스'를 사용한다. 마태는 보다 일반적인 용어를 선택하여 백부장의 고백을 일반화한다. 쉽게 말하면, 유대인이건 이방인이건 예수님의 죽음과 그 결과로 일어난 충격적인 장면들을 보고 고백해야 할 말이 바로 이것이라고 선언한다(Wright, 264).

둘째, 신앙을 고백하는 주체가 다르다. 마가복음에서는 오직 백부장만이 신앙을 고백한다. 반면에 마태는 신명기의 요구에 따라 유효한 증언이 되도록(18:16) 두세 사람이 증언하게 한다(France, 1083). 이들의 고백은 마치 합창처럼 울려 퍼지며 "모든 나라의 모든 족속이" 여호와께 돌아오는 장면(시 22:27)을 상기시킨다(Harrington, 403).

셋째, 목격자들이 본 광경이 다르다. 마가복음에서는 예수님이 숨지시는 모습을 보고 백부장이 신앙을 고백한다. 그러나 마태복음에서는 51-52절에 기술된 기이한 사건들을 보고 신앙을 고백한다.

넷째, 마태는 공포 분위기를 부각한다(Osborne, 1143). 목격자들이 심히 두려워하였다는 설명은 마태복음에만 있다. '심히 두려워하여'라는 표현은 마태복음에서 오직 17:6과 본 절에만 등장한다. 이런 기교는 변화산에서 제자들이 목격한 놀라운 광경과, 골고다 언덕에서 백부장과 그의 부하들이 목격한 장면을 하나로 엮는다.

마지막으로, 강조점이 다르다. 마태는 마가와는 다르게 '하나님의 아들'이란 용어를 강조한다. (마가복음은 이 용어를 강조하지 않는다.) 게다가 마가의 병행구에 있는 '사람'이란 단어를 생략하여 백부장의 고백이 더욱 강경한 형태를 띠게 한다(Hagner, 1271).

❀ 백부장의 고백에 대해 다양한 의견이 제시된다. 어떤 이들은 이것이 드라마틱한 사건에 대한 이교도적 반응이지 진정한 신앙고백이 아니라고 이야기한다(제자원 1992, 681). 혹은 백부장이 언급한 '하나님의 아들'은 기독교적 개념이라기보다 일종의 영웅적 존재를 의미한다고 주장하기도 한다(Keener 1998, 148).

그러나 마태의 메시지는 분명하다. 백부장의 진술에서 '참으로'가 제일 강조되었다. 이는 이 고백이 제자들의 고백(14:33)과 관련이 있음을 암시한다(Nolland, 1220; 강대훈, 637). '참으로'에 해당하는 헬라어가 본 절과 14:33에 등장하며 각 절에서 제일 강조되었다. ('하나님의 아들' 역시 강조되었다.) 예수님의 죽으심과 초자연적 사건들은 그분이 누구인지 분명히 증거하며, 백부장과 그의 부하들로 하여금 신앙의 첫걸음을 내딛게 한다(Wilkins, 1015). 이들의 고백은 주님의 지상 사역 절정에서 내려진 그분에 대한 평가이며, 많은 이방인이 교회 공동체로 들어오게 될 것을 예고한다(Keck, 493).

【55절】 그런데 거기에는 [멀리서] 주시하고 있던 많은 여인들이 있었다. 그들은 갈릴리에서부터 진정으로 예수를 따르며 그를 섬기던 자들이었다.

❃ 우리는 여기서 신약시대에 멸시받던 여성들이 무더기로 등장하는 것을 본다. 55절은 예수님이 십자가에 못 박히실 때 발생했던 사건의 세부 사항들을 많은 이들이 목격했다는 인상을 준다(Bock 2012, 671). '많은'이란 형용사는 마태복음에만 있다. '따르다', '섬기다'와 같은 단어들은 이들이 신실한 제자임을 알려 준다. 이 점이 특별한 이유는 당시 유대인 사회에서 여성은 주변 인물이었으며 랍비의 제자가 되는 것이 불가능했기 때문이다(Osborne, 1164).

【56절】 그들 중에는 막달라 마리아, 야고보와 요셉의 어머니 마리아, 그리고 세베대의 아들들의 어머니가 있었다.

❃ 내레이터는 주님을 따르던 여성들 중에서 특히 기억할 만한 여인들을 소개한다. '야고보와 요셉의 어머니 마리아'는 글로바의 아내 마리아다(요 19:25). '세베대의 아들들의 어머니'는 마가복음 병행구에 나오는 살로메이며(15:40), 그녀는 예수님의 이모다(Wilkins,

1017). 마태복음에서 여성의 이름이 등장하는 경우는 아주 드물다. 본문의 세 여인은 예수님의 열두 제자 중 대표적인 세 제자(베드로, 야고보, 요한)가 언급된 것과 동일하다(Nolland, 1224).

여기서 한 가지 의문이 제기될 수 있다. 마태는 왜 마가처럼 '살로메'란 이름을 적지 않고 우회적으로 '세베대의 아들들의 어머니'라고 표기했을까 하는 점이다. 그것도 앞에 있는 두 사람의 이름은 밝히면서도 말이다. 이 표현은 주님의 두 제자들, 곧 야고보와 요한이 처형 현장에 없었다는 점을 지적한다(Keck, 493). '세베대의 아들들의 어머니'란 표현은 20:20-23의 사건을 상기시킨다. 신약성서에서 이 표현이 본 절과 20:20에만 등장한다. 살로메는 자신의 두 아들이 예수님의 좌우편에 앉게 해달라고 부탁했던 사건을 떠올리며, 주님께서 하셨던 말씀의 의미를 이 현장에서 깨달았으리라(강대훈, 639).

요셉의 무덤에 묻히신 예수

【57절】 그리고 〈[저녁이] 되었을 때〉 아리마대 출신의 한 부자(富者)가 왔다. 그의 이름은 요셉인데 [그 자신] 역시 예수의 제자였다.

❁ 금요일 오후 3시까지 어두워졌고, 예수님은 그 후에 죽으셨다. '저녁이 되었을 때'는 준비일인 금요일이 끝나가고 안식일이 시작되려는 시점이다(고영민, 245). 유대인의 관습은 금요일 해 질 때부터(거의 오후 6시경) 시작되는 안식일 전에 시신을 수습할 것을 명한다. 특히 나무에 매달린 사람의 경우 동일한 날에 장사를 치러야

한다고 말한다(신 21:22-23). 그가 하나님의 저주를 받았기에 땅을 더럽히지 않기 위해서다(Wilkins, 1018-19). '아리마대'는 예루살렘에서 북서쪽으로 약 30km 떨어진 곳에 있는 마을이다(France, 1089).

❀ 마가와 누가는 요셉을 산헤드린 "공회원"이며 "하나님의 나라를 기다리는 자"였다고 설명한다(막 15:43; 눅 23:50-51). 그런데 마태는 그가 '부자'이며 예수님의 '제자', 즉 주님의 죽으심으로써 생겨난 신앙 공동체의 일원이라고 부른다(Burridge, 174).

마태가 이렇게 설명한 이유는 세 가지다. 첫째, 산헤드린 공회가 주님을 배척하였기에 요셉을 적대자들과 관련시키고 싶지 않았기 때문이다(Keck, 494). 둘째, 예수님이 부자의 묘실에 묻힐 것이라고 예언한 이사야 53:9이 성취되었음을 보여주기 위함이다(Hagner, 1284). 셋째, 주님과 세례 요한을 연결하기 위함이다(Keck, 494). 복음서에서 오직 마태만이 세례 요한과 예수님이 자신의 '제자'에 의해 묻혔다고 서술한다(14:12).

【58절】 ‖이 사람이‖ [빌라도에게 가서] 예수의 시신을 요구하였다. [그러자] 빌라도는 그것을 내주라고 명령하였다.

❀ 마가의 병행 단락(15:43-45)과 비교하면, 58절은 마가복음 내용을 절반 이하로 축약한다. 마가복음에는 예수님이 과연 죽으셨는지 빌라도가 확인하는 장면이 길게 서술되어 있다. 그러나 마태는 이 내용을 다 생략한다. 요셉이 빌라도에게 시신을 요청했고 빌라도가 즉시 허락했다는 사실은, 주님이 정말로 죽으셨음을 뜻한다(Wright, 269).

통상적으로 로마는 십자가에서 처형된 자를 장사 지내지 못하게 하였다. 다른 사람에 대한 경고로 시체가 십자가 위에서 부패하도록 놔두거나 땅 위에 눕혀 두었다. 유대인은 자신들의 전통 때문에 그들을 장사 지냈지만, 보통 공동묘지에 두었다. 분명히 예수님과 함께 십자가에 달렸던 두 죄수는 그렇게 되었으리라. 존엄성과 명예는 기대할 수 없었다. 하지만 주님의 경우는 달랐다. '부자'인 요셉이 자신의 '새 무덤'에 마치 '왕'을 모시듯 고귀하게 장사 지냈다(Osborne, 1165-67). 58절은 '이 사람'('후토스')을 의도적으로 삽입하며 이를 제일 강조한다. (마가의 병행구는 이와 다르다.) 개역개정 58절 문장에는 주어가 없는데, 번역문에서도 이 표현을 살려 주어야 한다.

【59절】 요셉은 그 시신을 가져다가 그것을 깨끗한 세마포로 싸고

❃ 안식일이 되기 전에 시신을 씻고 세마포로 싼 것은 유대인의 격식에 맞는 매장 절차였다(Keener 1998, 149). 마가복음은 요셉이 세마포를 사서 시신을 쌌다고 기술하며 '샀다'는 부분을 강조한다(15:46). 그러나 마태는 '샀다'는 말을 생략한다. 그가 부자였기에 이미 가지고 있었을 가능성이 많다(Keck, 494-95). '깨끗한 세마포'란 표현은 마태복음에만 있다. 마태는 주님께 대한 요셉의 헌신과 그분의 신성을 강조하기 위해 '깨끗한'이란 형용사를 덧붙인다(Gundry, 581).

【60절】 그것을 자신이 바위를 파서 만든 자신의 {새} 무덤에 안치하였다. 그리고 〈큰 돌을 그 무덤 입구에 굴려 놓고〉 떠났다.

❃ 시신을 매장하는 일은 유대교에서 경건한 자가 해야 할 중대한 책임이었다(Keener 1998, 149). 60절은 요셉의 헌신적 태도와 주님의 신성을 강하게 드러낸다. 병행구와 비교하면 세 가지가 다르다. 첫째, 요셉은 '자신이' 바위를 파서 만든 무덤에 예수님을 장사

지냈다. 마태는 요셉이 직접 파서 만들었다고 말하며 그의 헌신적인 봉사를 돋보이게 한다(Gundry, 581). 헬라어 원문은 '돌을 파내다'의 주어를 3인칭 단수 능동태로 처리하여 이 점을 분명히 한다. (개역개정에는 이 주어가 누락되었다.) 마가의 병행구는 이 대목을 수동태로 처리하여 주어를 생략한다(15:46).

둘째, 요셉은 자신의 '새' 무덤에 예수님을 안치하였다. 오직 마태만이 '자신의 새 무덤'이라고 기술하며 이를 강조한다. 새 무덤에는 다른 시신이 없었기에 주님의 시신이 사라졌음을 쉽게 확인할 수 있고, 다른 무덤과 혼동할 염려가 없었으리라(France, 1091; Keck, 494). 1세기의 무덤은 으레 가족묘였는데, 시신을 약 일 년 정도 묘실에 두었다가 그 후에 뼈를 추려서 납골 상자에 넣었다. 이런 식으로 무덤은 대를 이어 사용되었다(Bock 2005, 145).

셋째, 요셉은 '큰' 돌을 무덤 입구에 굴려 놓았는데, 이는 무덤의 안전성을 강조한다(Hagner, 1283). 유대인의 시각에서 보았을 때 예수님은 범죄자이며 하나님의 저주를 받은 자였다. 그럼에도 불구하고 그분의 매장은 영광스럽게 이루어졌다(Hagner, 1285).

【61절】 그런데 막달라 마리아와 {다른} 마리아는 그 무덤 맞은편에 앉아 있었다.

❋ 막달라 마리아와 다른 마리아가 무덤 맞은편에 앉아 있었다는 사실은 이들이 부활절 아침에 무덤을 잘못 찾아갔다는 주장을 반박한다. 본문은 이 두 여인이 무덤의 위치를 정확히 알고 있었다고 지적한다(Wright, 269). 마가의 병행구는 여인들이 단지 주님이 묻힌 곳을 보았다고 설명한다(15:47). 그렇지만 마태는 그들이 무덤 맞은편에 앉아 계속 지켰다고 말함으로써 이들의 관심과 헌신적 태도를 강조한다(Gundry, 582).

빌라도가 경비병을 배치하다

【62절】 〈이튿날, 곧 준비일 다음날〉 대제사장들과 바리새인들이 모여 빌라도에게 가서

❀ 62-66절은 마태복음에만 있다. 오직 마태만이 준비일 다음날, 즉 안식일에 있었던 사건을 설명한다. 그는 제자들이 예수님의 시신을 훔쳤다는 소문이 유대인 사이에서 떠도는 것을 알고 이 단락을 서술한다(Wilkins, 1021). 62절은 '이튿날, 곧 준비일 다음날'을 강조한다. 그런데 이 표현이 약간 어색하다(Keck, 497). 준비일 다음날은 안식일인데, '안식일'이라고 하면 간단하게 될 것을 왜 우회적으로 표현할까? 분명히 '이튿날'은 금요일, 즉 예수님이 죽으신 날을 기준으로 한 것이다. 이런 기교는 이제 중요한 날은 주님이 죽으신 날이고, 이 날을 기준으로 해서 '셋째 날에' 살아날 것이라는 예언이 성취된다는 것을 암시한다(Pulpit; Gundry, 583).

❀ 마태복음에서 바리새인들은 22장 이후에는 나타나지 않았다. 그런데 느닷없이 바리새인들이 본문에 등장한다. 대제사장들과 바리새인들은 정치적으로 적대 관계였기에, 이들이 함께 빌라도를 찾아간 것은 아주 특이하다. 그것도 안식일에 말이다(Osborne, 1176). 여기서 마태는 바리새인들이 그처럼 중요하게 여기던 안식일 규례까지 어길 정도로 주님을 열렬히 대적하는 모습을 부각한다(양용의, 564).

【63절】 말했다. "각하! 우리는 [{저} 사기꾼이] 아직 살아 있을 때 '내가

[{사흘} 후에] ‖살아날‖ 것이다'라고 말한 것을 기억합니다."

❀ 예수님을 대적하는 자들이 부활에 관한 주님의 예언을 기억하고 있었다는 것이 매우 아이로니컬하다. '각하'에 해당하는 헬라어 '퀴리오스'는 '주인', '소유자', '통치자'를 의미한다. 마태복음에서 이 칭호는 몇몇 비유를 제외하면 오직 예수님에게만 적용된다. 종교 지도자들은 이제 참된 주님을 거절하고 로마인을 자신들의 주인으로 삼는다(Osborne, 1176). 이들은 예수님을 '사기꾼'으로 매도한다. 여기에 마지막 역설이 있다. 저자는 예수님의 부활을 부정하기 위해 거짓말을 지어내는 이들이 바로 사기꾼임을 암시한다(Bock 2005, 145). 본문은 '살아나다'란 동사를 제일 강조하여 주님의 부활을 예상하게 한다.

【64절】 그러므로 {셋째} 날까지는 그 무덤을 철저히 지키도록 명하십시오. 혹시라도 그 제자들이 와서 그를 훔쳐가고는 사람들에게 "그가 죽은 자들 가운데서 살아났다!"라고 말하지 않도록 하기 위함입니다. 그러면 [그 {마지막} 속임수가] ‖처음 것보다 더 나쁠‖ 것입니다.

❀ 마지막 문장에서 '처음 것'은 예수님이 메시아라는 사실이고, '마지막 속임수'는 그분이 부활하셨다는 소식이다. 마지막 속임수가 처음 것보다 더 나쁠 것이라는 이들의 주장은, "악한 세대"와 관련된 예수님의 예언(12:45)을 상기시킨다(Gundry, 584). 64절은 '마지막 속임수'보다 '처음 것'을 더 강조하여 예수님이 '메시아'라는 진리를 더 부각한다. 이것이 마태복음의 주제이기 때문이다. 우리는 마지막 문장에서 아이러니를 본다. 사실 '더 나쁜 속임'은 종교 지도자들이 메시아이며 하나님의 아들이신 예수님을 거절한 것이다(Osborne, 1177).

【65절】 빌라도가 그들에게 말하였다. "당신들에게 경비병이 있으니 가서 당신들이 아는 대로 직접 그것을 굳게 지키시오."

❋ 빌라도의 말은 두 가지로 해석이 가능하다(EXB). 첫째, 너희에게 유대인 성전 수비대가 있으니 그들로 하여금 지키게 하라. 둘째, 내가 경비병들을 내어줄 터이니 그들로 하여금 지키게 하라. 그렇지만 28:14-15에 비추어 볼 때, 본문의 경비병은 총독의 지시를 받는 로마 군인이었던 것이 분명하다. 따라서 후자의 의미로 보아야 한다(양용의, 564; 고영민, 246). 실제로 '경비병'에 해당하는 헬라어('쿠스토디아')가 라틴어에서 차용된 단어다(Nolland, 1238). '당신들이 아는 대로 굳게'라는 말은 고대 사회에서 무덤 강탈이 빈번했음을 함축한다(Osborne, 1178).

【66절】 그러자 [그들은] 가서 직접 그 돌을 봉인하고 경비병을 세워 그 무덤을 굳게 지켰다.

❋ 무덤을 봉하는 것은 입구에 있는 돌과 무덤 전면 사이의 틈을 밀랍으로 막는 작업을 뜻한다. 법적 문서의 인봉과 같은 이런 장치는 허가를 얻은 대리인 외에 누구도 깨뜨릴 수 없었다(Osborne, 1178). 무덤을 봉인하는 장면은 복음서에서 이곳에만 나온다(Gundry, 584). 예루살렘 관료들이 안식일에 이런 일을 한 것은 그들이 이 사건의 경위에 얼마나 깊은 관심이 있었는지, 또 그들의 경건이 얼마나 허울 좋은 것인지 폭로한다(Keener 1998, 150). 66절은 '그들'(종교 지도자들)이 직접 이 일을 했다는 점을 강조한다. 마태는 예수님의 부활을 믿지 않는 자들에게 '의심하려면 제대로 하라'고 경고한다(Wright, 270).

제28장

부활하신 예수

【1절】 그런데 〈안식일이 지나고, 그 주(週)의 첫째 날이 동틀 무렵에〉 막달라 마리아와 {다른} 마리아가 그 무덤을 살펴보기 위해 왔다.

❀ 내러티브의 흐름을 이해하기 위해 먼저 28장의 문학적 구조를 살펴볼 필요가 있다. 마태는 샌드위치 기법을 활용하여 유대 당국자들의 거짓 주장에 대한 설명(28:11-15)을 실제로 일어난 사건(1-10절, 16-20절) 사이에 배치한다(Nolland, 1243). 아울러 네 개의 키워드, 즉 '알리다'(8, 11절), '가르치다'(15, 20절), '제자'(13, 16절), '경배하다'(9, 17절)를 사용하여 이 세 단락을 결합한다. 이러한 기법은 주님의 부활이 진리임을 함축하며, 독자로 하여금 어떤 입장을 취할 것인지 선택하게 한다.

❀ 저자는 여기서 날짜와 관련된 중요한 언급을 한다. 안식일, 즉 토요일이 지나고 '한 주의 첫째 날이 동틀 무렵'은 주일(일요일) 새벽이다. 그렇다면 이 날은 27:63에서 언급한 제3일째 되는 날이다(목회와신학, 399). 예수님이 '사흘 만에' 살아나셨다는 말이 현대인의 계산으로는 잘 이해가 안 될 수도 있다. 하지만 구약성경이 날의 일부를 온전한 날로 계산했다는 점에 유의하면 쉽게 이해된다(Wilkins, 1048). '첫째 날이 동틀 무렵'은 새 시대가 밝아오고 있

음을 알려 주는 상징적 문구다(Green 2005, 459). 이것을 근거로 기독교인들이 주일 아침에 하나님을 예배하기 위해 모인다(Wilkins, 1047). 후반부는 '다른' 마리아를 강조하여 이 두 여인의 증언이 유효하다는 점을 부각한다(Keck, 498). 마가의 병행구는 세 여인이 예수님의 몸에 향유를 바르기 위해서 왔다고 설명한다(16:1). 그렇지만 마태는 주님의 매장과 부활 간의 연속성을 강조하기 위해 27:61과 동일한 인물을 등장시킨다(Harrington, 410).

【2절】 그리고 보라! [{큰} 지진이] 일어났다. 왜냐하면 [주의 천사가] 〈하늘에서 내려와 가까이 다가가더니〉 그 돌을 굴려 내고 그 위에 계속 앉아 있었기 때문이었다.

❋ 개역개정으로는 알 수 없지만, 헬라어 성경에는 '보라'라는 감탄사가 28장에만 여섯 번이나 사용되어 각 장면을 더욱 극적으로 만든다. 개역개정 2절을 보면 큰 지진이 먼저 일어나고, 나머지 사건이 전개된 것처럼 보인다. 그러나 헬라어 원문은 다르다. 문장 중간에 이유를 나타내는 접속사가 있다. 따라서 지진은 천사가 하늘에서 내려온 사건의 결과로 보아야 한다. 이런 기교는 지진보다 초자연적인 천사의 출현에 더 관심을 갖게 한다(France, 1099). '지진'은 본 단락과 십자가 처형 장면(27:51)을 하나로 만든다. 예수님이 십자가에서 죽으실 때 나타났던 초자연적 사건들이 부활 현장에서도 이어진다. 지진에 대한 언급은 마태복음에만 있다.

❋ 마태복음은 다른 복음서와는 다르게 두 여인이 지켜보는 가운데 천사가 내려와 돌을 굴려 내는 장면을 묘사한다. 다른 복음서에는 여인들이 무덤에 도착하여 돌이 이미 굴려져 있는 상황을 발견한다(막 16:4; 눅 24:2; 요 20:1). 하지만 마태는 아무 증인도 없는

상태에서 무덤이 열려 있지 않도록 하기 위해 사건의 순서를 좀 더 효과적으로 만든다(Hagner, 1294). 우리는 여기서 주님의 부활이 역사적 사실이라는 것을 보여주려는 저자의 치밀한 노력을 엿볼 수 있다. 2절 마지막 부분에서 갑자기 동사의 시제가 바뀐다. 연속해서 부정과거 시제가 사용되다가, 마지막 부분('계속 앉아 있었다')에서 미완료 시제가 나타난다. 이러한 변화는 예수님의 부활 사건에 동참한 천사가 무덤을 막았던 돌 위에 보란 듯이 앉아 있는 광경을 잘 보여준다(Osborne, 1183).

천사에 관한 설명과 관련하여 마태는 '한 천사', 마가는 '한 청년'(16:5), 누가는 '두 사람'(24:4), 요한은 '두 천사'(20:12)로 각기 다르게 기술한다. 복음서 저자들이 자신의 강조점에 따라 세부 내용을 다소 다르게 표현하므로 이 차이를 서로 조화시키려고 애쓸 필요는 없다.

【3절】 그런데 [그의 모습은 마치 번개와 같았고] [그의 옷은 눈처럼 희었다].

❀ 천사의 모습이 번개와 같았다는 설명은 마태복음에만 있다. 마가와 요한은 '흰옷'을 입었다고 서술하며(막 16:5; 요 20:12), 누가는 '찬란한 옷'을 입었다고 기술한다(24:4). 3절은 천사에 대한 이중적 묘사(그의 모습과 옷에 대한 언급)를 강조하는데, 이는 예수님의 신성을 함축하며 구약성경을 상기시킨다. '번개'와 '눈처럼 흰 옷'이란 표현은 각각 다니엘 7:9, 10:6을 암시한다(Gundry, 587; 양용의, 567).

【4절】 그리고 [그에 대한 두려움 때문에] 지키던 자들은 떨었고 마치 죽은 자들처럼 되었다.

❋ 4절에 등장하는 경비병들은 십자가 처형 현장에 있었던 군병들(27:54)과 뚜렷한 대조를 보인다. 이들 모두 지진을 경험했고 두려움에 사로잡혔다. 그러나 무덤을 지키던 자들은 신앙을 고백하지 않았고 마치 죽은 사람처럼 되었다(Garland, 263). 아마 경비병들은 두려워하며 기절했을 것이다. 우리는 여기서 고대 로마의 군병들이 절대로 넘어지지 않도록 훈련된 용감한 자들임을 기억해야 한다(Osborne, 1184).

여기에 아이러니가 있다. 주님의 시신을 지키던 군인들은 '죽은 자들'처럼 되었고, 그들이 지키던 '죽었던' 예수님은 살아나셨다. 이를 입증하듯 '죽은 사람'에 해당하는 헬라어 '네크로스'가 본 절과 7절('죽은 자')에 등장한다(France, 1100). 하나님의 재창조가 시작되는 곳에서 하나님을 대적하는 옛 세상은 죽음의 공포를 느낀다(김창선, 390). 마가와 누가는 여인들이 놀랐다고 말하는데(막 16:5; 눅 24:5), 마태는 오히려 두려워 떠는 군병들의 모습을 강조한다(Hagner, 1294).

【5절】 하지만 그 천사는 그 여인들에게 [대답하며] 말했다. "[너희는] 두려워하지 말라! 왜냐하면 나는 너희가 [십자가에 못 박히신 예수를] 찾고 있다는 것을 알고 있기 때문이다.

【6절】 그는 여기 계시지 않는다. 왜냐하면 그가 말하던 대로 살아나셨기 때문이다. 이리 오라! 그가 누워 계셨던 곳을 보라."

❋ 내레이터는 예수님의 부활 사건 과정에 대해 어떤 설명도 하지 않는다. 부활은 무대 밖에서 일어나고 오직 부활하셨다는 천사의 선언, 텅 빈 무덤, 주님과 제자들의 만남을 통해 부활이 사실로 확인될 뿐이다. 6절은 마가복음에는 없는 '그가 말하던 대로'를 첨가하여 사흘 만에 살아날 것이라고 하신 예언의 성취를 강조한

다(Green 2005, 464). 마가의 병행구에는 이 문구가 "너희가 거기서 뵈오리라"는 설명과 결합되어 있다(16:7).

【7절】 그리고 [빨리 가서] 그의 제자들에게 "그가 죽은 자들 가운데서 살아났고, 그리고 보라! 그가 너희보다 먼저 갈릴리로 가실 것이니, 너희 자신들이 [그곳에서] 그를 보게 될 것이다" 하고 말하여라. 보라! 내가 너희에게 말하였다.

❀ 첫 문장은 '빨리 가서'를 강조하여 긴급성을 더한다. 왜냐하면 이 시점이 시대의 전환점이기 때문이다(Osborne, 1185). '빨리'에 해당하는 헬라어가 마태복음에 세 번 사용되는데, 7-8절에서 연달아 두 번 등장한다. 마태는 부활을 강조하기 위해 '주님께서 살아나셨다'는 6절의 내용을 여기서 한 번 더 반복한다. 이 반복된 내용이 마가의 병행구에는 없다. 마지막 문장 역시 마가복음에 없다. 저자는 이 마지막 문장을 첨가함으로써 6절에 있는 예수님의 말씀('그가 말하던 대로')에 천사의 목소리를 덧붙인다. 그 결과 부활 소식을 전하라는 명령은 이중 위임이 된다(Osborne, 1185).

❀ '갈릴리'는 예수님께서 어린 시절을 보내신 곳이고, 그분의 지상 사역의 중심지였다. 천사의 지시는 예수님이 부활하신 후에 제자들보다 먼저 갈릴리로 가실 것이라는 주님의 예언(26:32)을 성취시킨다(Wilkins, 1052). 본문의 '갈릴리'는 단지 지리적인 장소라기보다 신학적 의미를 함축한다. 그곳은 "흑암에 앉은 백성이" 있는 이방인의 땅이며(4:15-16), 모든 민족에게 복음을 전하라는 주님의 마지막 명령(28:16-20)을 예고한다(Keck, 499). 부활의 첫 증인이 여성이었다는 것은 매우 중대한 의미가 있다. 이는 부활 이야기를 교회가 꾸며낸 것이 아님을 확증한다. 1세기 유대인 사회에서 여성의

증언은 효력이 없었다(Keener 1998, 150). 만약 꾸며냈다면 남성 증인을 등장시켰으리라.

【8절】 그러자 그들은 〈두려움과 큰 기쁨을 느끼며 서둘러 그 무덤을 떠나〉, 그의 제자들에게 소식을 전하기 위해 달려갔다.

❀ 부활 소식을 전하라는 임무를 부여받고 기뻐하며 떠나는 여인들의 모습은 마태복음에만 있는데, 매우 특이하고 중요한 변화다(Nolland, 1251). 마가는 여인들이 몹시 놀라 떨며 도망하였고, 아무에게 아무 말도 하지 못하였다고 서술한다(16:8). 그러나 마태는 큰 기쁨을 느끼며 서둘러 떠나는 여인들을 강조하며, 마가복음에 있는 제자들의 부정적인 모습을 긍정적으로 바꾼다(김득중, 403). 저자가 왜 '큰 기쁨'이란 문구를 여기에 삽입하며 강조했을까? 마태복음에서 '큰 기쁨'에 해당하는 헬라어가 오직 두 번, 본 절과 2:10에 등장한다. 이 문구는 동방 박사 이야기와 본 사건을 하나로 연결한다. 동방 박사들이 아기 예수가 탄생하신 곳 위에 별이 멈춘 것을 보고 크게 기뻐했듯이(2:10), 이 여인들도 크게 기뻐하며 부활 소식을 전하기 위해 달려간다(Garland, 264).

여인들이 부활하신 주님을 경배하다

【9절】 그런데 보라! [예수께서] 그들을 만나 "너희에게 기쁨이 있으라!" 하고 말씀하셨다. 그러자 [그들은] 다가가서 그의 두 발을 붙잡고 그에게 경배하였다.

❋ 9-10절은 마가복음과 누가복음에는 없다. 부활하신 예수님이 두 여인에게 나타나신 이 장면은 복음서의 절정이다. 마태는 '보라'라는 감탄사를 사용하여 독자의 관심을 끌어모은다. 개역개정에 "평안하냐"로 번역된 표현은 예수님 당시의 인사말인데, '기뻐하라'의 뜻이며 행복을 기원한다(고영민, 249). 저자는 두 여인이 주님께 경배하였다고 말하며, 부활하신 예수님께 대한 가장 적절한 태도가 '경배'라고 역설한다(Harrington, 410). ('경배하다'에 해당하는 헬라어가 동방 박사 이야기에도 나온다.)

개역개정에는 '발'이 단수인데, 헬라어 원문에는 복수로 되어 있다. 여인들이 주님의 두 발을 붙잡았다는 말은, 부활이 단순한 환상이 아니라 육체적 부활임을 분명히 한다(Wilkins, 1053). 발을 붙잡는 행위는 왕이나 통치자에 대한 복종과 존경을 상징한다(Hagner, 1302). 요한복음에서는 부활한 예수님이 마리아에게 자신을 만지지 말라고 말씀하신다(20:17).

【10절】 [그때] 예수께서 그들에게 말씀하신다. "두려워하지 말라! 너희는 가서 내 형제들에게 갈릴리로 가라고 전하여라. [거기서] 그들 자신이 나를 보게 될 것이다."

❋ 부활하신 주님의 명령은 천사의 명령을 반복한다. 여기서 '거기'(갈릴리)가 강조된 것은 예수님의 극적인 갈릴리 출현(28:16-20)을 더욱 부각하기 위함이다(Harrington, 410). 예수님은 제자들을 '내 형제'라고 부르신다. 그것은 주님께서 자신을 버린 제자들을 이미 용서하셨고, 주님의 희생으로 모두가 하나님 안에서 형제가 되었음을 알려 준다(목회와신학, 400). 주님께서 여인을 부활의 소식을 전하는 대사로, 또 화해의 중재자로 삼으셨다는 사실은 그분의 구원사역에서 중요한 전환점을 이룬다. 이는 여인이 부활의 첫

목격자이기에 남성과 동등하며, 남성의 협력자로 회복되어야 한다는 점을 시사한다(Wilkins, 1054).

군병들이 뇌물을 받다

【11절】 이제 그들이 [가고] 있을 때, 보라! [그 경비병들 중 몇 명이] 그 도시로 들어가서 일어난 모든 일들을 대제사장들에게 보고하였다.

❀ 11-15절은 마태복음에만 있다. 이 단락은 27:62-66과 밀접하게 연결되어 있으며, 그것의 후속편이라 할 수 있다(Hagner, 1305). 아직 경비 의무가 공식적으로 끝난 것이 아니기에, 일부 경비병은 무덤을 지키고 다른 경비병들이 대제사장에게 가서 상황을 보고한다. 이들은 무덤을 지키기 위해 빌라도가 성전 당국자들에게 배정한 로마 군병들이다. 그러기에 그들은 빌라도가 아닌 유대 종교 지도자들에게 달려간다. 만약 그들이 성전 수비대였다면, 빌라도의 반응을 두려워할 필요가 없었으리라(Wilkins, 1056; Gundry, 592).

❀ 11절은 여인들이 '가고' 있는 동안에 '경비병 몇 명이' 대제사장에게 보고한 사실을 강조한다. 마태는 여인들과 경비병들의 행위를 병치시킨다. 이들은 모두 동일한 무덤 현장에서 동일한 광경을 목격했지만, 각기 다른 방향으로 간다. 이들의 대조적인 행동은 마태에게 중요한 의미를 지닌다(Nolland, 1255).
여인들이 부활과 화해의 메시지를 '전하라는' 명령을 받고 떠났다면, 군병들은 자신들이 본 모든 것을 '보고하러' 갔다. '전하다'와

'보고하다'에 해당하는 헬라어는 '아팡겔로'이다. 저자는 이 단어를 8-11절에서 연속해서 세 번이나 사용하여 여인들과 군병들의 행위를 뚜렷하게 대비한다(Keck, 501). 제자들은 부활 소식을 전하기 위해 달려가고, 주님을 대적하는 자들은 빈 무덤의 역사적 사건을 분쇄하기 위해 달려간다(Wilkins, 1055).

【12절】 그러자 그들은 〈장로들과 함께 모여 논의하였고〉, 그 군인들에게 [충분한 은전들을] 주며 다음과 같이 말하였다.

❁ 마태복음에서 마지막으로 대제사장들과 장로들이 함께 의논한다. 이들은 주님의 부활 흔적을 없애기 위해 공모한다. 마태는 '장로들과 함께 논의하였다'는 대목을 강조하여 이들의 악행을 고발한다. 종교 지도자들은 주님을 처형할 때 사용한 방법과 동일한 방법을 채택한다. 아니, 오히려 더욱 악화된다. 가룟 유다에게 은전 30개를 주어 예수님을 넘겨주게 하였다면(26:15), 이번에는 더 많은 '충분한 은전'을 건네준다(Blomberg, 429). '은전'에 대한 언급은 인클루지오 구조를 형성하며 수난 이야기의 처음과 끝을 장식한다(Hagner, 1306). 마태는 '은전'에 해당하는 헬라어('아르귀리온')를 유다의 자살 사건과 이 삽화에서 무려 여섯 번이나 사용한다. (이 두 에피소드는 마태복음에만 있다.) 돈에 대한 저자의 특별한 관심은 그의 과거 직업이 세리였음을 암시하는지도 모른다(Gundry, 592).

【13절】 너희는 "‖그의 제자들이‖ [밤에] 와서 ‖우리가 잠자는 동안에‖ 그를 훔쳐갔다"라고 말하여라.

❁ 신약시대에 경비병이 근무 중 잠들 경우에는 혹독한 처벌을 받았는데, 로마 군인의 근무 태만은 처형으로 이어질 수 있었다. 십

자가에 달려 죽은 시체를 지키는 임무도 예외는 아니었다(Keener 1998, 150). 따라서 경비병 중 몇 명은 분명히 밤새도록 깨어 있었을 것이다(Hagner, 1306). 13절은 '제자들'과 '잠자는 동안에'를 제일 강조하여 종교 지도자들의 주장이 허위임을 고발한다. 이들의 주장은 오직 경비병이 깨어 있었을 경우에만 성립하기 때문이다(Green 2005, 468). 여기에 일종의 아이러니가 숨어 있다. 예수님을 사기꾼으로 규정하고 제자들의 사기 행각을 막겠다고 나선 대제사장들이 마지막 부분에 와서 스스로 사기꾼이 된다(김창선, 393).

【14절】 그리고 〈만일 이 말이 총독에게 전해지면〉 ‖우리가‖ 그를 설득하여 [너희가] ‖걱정하지 않도록‖ 해주겠다.

❀ 경비병이 의무를 제대로 이행하지 못하면 통상적으로 중형을 선고받기에 종교 지도자들은 군병들에게 이 약속을 했을 것이다(Bock 2012, 679). 경비병의 면책을 약속한 유대 관료들은 빌라도에게 뇌물을 쓸 계획을 가지고 있었는지 모른다. 기록에 의하면 빌라도는 뇌물에 약했다고 전해진다(Keener 1998, 150).

【15절】 그러자 [그들은] 그 은전들을 받고 그들이 가르침을 받은 대로 하였다. 그래서 이 말이 오늘날까지 유대인들 사이에 널리 퍼져 있다.

❀ 저자는 11절과 마찬가지로 군병들과 제자들의 행위를 병치시킨다. 대제사장과 장로들이 알려준 거짓 가르침(15절)과 예수님의 가르침(20절)은 극적인 대비를 이룬다. 실제로 '가르치다'에 해당하는 헬라어 '디다스코'가 15절과 20절에서 동일하게 사용된다. 여기서 전자는 거짓말이고, 후자는 생명의 가르침이다(France, 1106).

마태복음은 마지막까지 하나님의 왕국과 사탄의 왕국 간의 대결 양상을 보여준다(Keck, 501). 마태는 자신이 복음서를 기술하는 시점까지도 '유대인들' 사이에 이런 소문이 퍼져 있었다는 점을 지적한다. 예수님을 '유대인의 왕'이라 부른 대목(2:2; 27:11)을 제외하면, 마태복음에서 유일하게 '유대인'이란 용어가 사용된 곳이 바로 이곳이다. 본문의 유대인은 마태 공동체와는 다른 공동체에 속해 있음이 분명하다. 우리는 여기서 옛 이스라엘과 새로운 공동체가 끝내 결별하는 장면을 본다(Burridge, 175-76). 대제사장이 경비병과 합의한 내용은 1세기만의 현상이 아니다. 본문은 되풀이될 수밖에 없는 기독교 신앙의 특징을 경고한다(Wright, 280).

숭고한 위임 명령

【16절】 [그 {열한} 제자들은] 갈릴리로 가서 [예수께서] 그들에게 지시하신 산에 이르렀다.

❋ 16-20절은 마태복음에만 있다. 이 마지막 다섯 절은 26-28장에 기록된 수난과 부활 이야기의 결론일 뿐만 아니라, 마태복음의 결론이다(Hagner, 1310). 안타깝게도 여기서 처음으로 열두 제자가 아닌 '열한' 제자가 등장한다. '11'이란 숫자는 상당한 의미를 지닌다. 가룟 유다는 스스로 목매어 죽었기에 제외된다. 그러나 베드로는 주님을 부인하고 시험을 당하는 순간에 달아났을지라도 여전히 제자의 숫자에 포함된다(Wilkins, 1060).

제자들은 갈릴리로 가서 주님이 지시하신 산에 이른다. 마태복음에서 산은 중요한 상징적 의미를 지닌다. 예수님은 처음에 나오는 '산'에서 제자의 생활 패턴을 제시하였고(5장), 중간에 등장하는 '산'에서 자신의 정체를 드러냈으며(17장), 마지막 장면의 '산'에서 세계 선교를 명하신다(Green 2005, 470).

【17절】 그리고 그들은 그를 보고 경배하였다. 하지만 [몇 사람은] ‖의심하였다‖.

❀ 17절은 제자들이 예수님께 '경배하였다'('프로스퀴네오')고 설명한다. 제자들이 경배했다는 말은, 마태복음의 내러티브가 완전한 하나의 원을 그리며 시작 지점으로 돌아왔다는 것을 보여준다. 마태복음의 첫 부분에서 동방 박사들은 유대인의 왕으로 태어나신 아기 예수께 경배하였다(2:11). 이제 마지막 장면에서 주님은 제자들로부터 경배를 받으신다. 하늘과 땅의 모든 권세를 부여받으신 최고의 통치자, 즉 왕으로서 말이다. 마태복음의 처음과 끝은 이렇게 연결되어 있다. 저자는 '경배하다'란 동사를 사용하여(9, 17절) 28장에 있는 세 단락(1-10, 11-15, 16-20절)을 하나로 묶는다(Garland, 265).

❀ 마지막 문장은 독자의 예상을 벗어난다. 몇 사람은 의심하였다니, 도대체 이 말이 무슨 뜻인가? 이 문제에 대해 학자들의 견해가 엇갈린다(Wilkins, 1061). 그렇지만 문맥과 강조된 부분을 보면 의외로 쉽게 이해할 수 있다. 27-28장을 살펴보면 오직 마태만이 문맥의 흐름을 중단시키며 27:62-66과 28:11-15을 삽입하여, 주님의 부활을 부인하는 자들의 주장을 논박한다(Adams, 179). 17절도 이런 맥락에서 생각해야 한다.

저자는 예수님의 제자들이 시신을 훔쳐가고 거짓 소문을 냈다는 유대 당국자들의 주장(13절)을 언급한 후에, 여기서 이 주장을 반박한다. 만약 제자들이 거짓 소문을 퍼뜨렸다면, 그 제자들 중 일부가 의심하는 것이 말이 되느냐고 따진다. 제자들 중에 의심하는 자가 있었다는 사실은, 부활 소문을 퍼뜨리기 위해 제자들이 시신을 훔쳐갔다는 주장이 얼마나 허무맹랑한지를 입증한다(목회와신학, 401; 고영민, 251).

❀ 우리는 17절에서 '의심하였다'는 단어가 제일 강조된 점에 유의해야 한다. 만약 저자가 이 단어를 부정적 의미로 사용했다면 이렇게 강조할 리가 없다. 아예 마지막 문장 자체를 쓰지 않았으리라. '의심하다'에 해당하는 헬라어('디스타조')가 신약성경에서 마태복음 14:31과 본 절에만 나타난다. 따라서 이는 근본적인 불신이라기보다 베드로의 경우와 같이 믿음이 부족한 상태, 아직 머뭇거리는 상태를 의미한다(Garland, 266; Blomberg, 430). 본문에 '경배하다'와 '의심하다'가 동시에 나오는데, 신약성경에서 이 두 단어가 함께 등장하는 곳 역시 14:31-33과 본 절밖에 없다.

【18절】 그러자 예수께서 [다가와] 그들에게 말씀하셨다. "하늘 안과 땅 위에 있는 {모든} 권세가 내게 주어졌다."

❀ 마태복음은 갈릴리의 한 산에서 예수님이 제자들에게 세계 선교를 명하시는 장면으로 마무리된다. 18-20절에 있는 위임 명령은 히브리어 성서의 마지막 책인 역대하 36:23에 있는 페르시아 왕 고레스의 칙령을 떠올리게 한다. 마태는 의도적으로 히브리어 성서의 마지막 말씀을 연상시키는 내용을 부활하신 주님의 명령에 담고 있다(김창선, 395).

예수님의 말씀은 세 부분으로 나눠진다. 첫째는, 자기소개 말씀이다(18절 후반부). 둘째는, 선교 명령이다(19-20절 전반부). 셋째는, 약속의 말씀이다(20절 후반부). 이 단락에 '모든'('파스')이란 단어가 네 번 등장한다('모든 권세', '모든 민족', '모든 것들', '모든 날들 동안'). 저자는 이 단어를 사용하여 본 단락을 하나로 엮는다(Garland, 265).

❋ 18절은 '다가와'를 강조한다. 마태복음의 다른 곳에서는 대체로 사람들이 예수님께 다가간다. 그렇지만 여기서는 주님께서 실패한 열한 제자에게 다가와 주도적으로 관계 회복을 선언하신다(양용의, 574). 부활한 주님은 하나님을 대신하여 하늘과 땅을 다스리시는 우주적 통치자, 즉 영원한 왕으로 묘사된다. 동방 박사들로부터 왕으로 경배를 받은 예수님, 이방인들로부터 유대인의 왕이라고 조롱을 당한 주님이 이제 '왕위'를 차지하신다. 낮아진 인자께서 하나님의 아들로 높임을 받아 왕의 자리에 오르신다(Keck, 503). 우리는 여기서 '다윗 왕의 자손'(1:1)이신 예수님의 '왕권'이 드러나는 놀라운 광경을 본다(France, 1113).
개역개정은 마지막 부분을 "하늘과 땅의 모든 권세를 내게 주셨으니"로 번역하는데, 이는 저자의 의도를 살리지 못한다. 이 문장의 초점은 수동태 동사, 곧 '주어졌다'에 있다. 본문은 예수님께서 죽은 자 가운데서 부활하심으로써 아버지로부터 '모든' 권세를 부여받은 사실을 강조한다(목회와신학, 401).

【19절】 그러므로 너희는 가서 {모든} 민족들을 제자로 삼아라. 그들에게 계속해서 세례를 주어 아버지와 아들과 성령의 이름 안으로 들어가게 하고

❋ 본문을 제대로 이해하려면 19-20절 전반부의 문장 구조를 파악해야 한다. 개역개정을 보면 예수님의 명령이 여러 번 등장하는 것처럼 보인다. '가라', '제자를 삼으라', '세례를 베풀라', '가르쳐 지

키게 하라'. 하지만 헬라어 원문으로 보면 명령형은 하나밖에 없다. 그것은 '제자를 삼으라'이다. 주동사가 바로 이것이고, 이 명령형을 나머지 세 개의 분사('가라', '세례를 베풀라', '가르쳐 지키게 하라')가 앞뒤로 감싸고 있다. 이 분사들은 제자를 삼는 방법을 구체적으로 보여준다(김병국, 174).

❀ 19절에서 강조된 '모든' 민족은 유대인과 이방인을 다 포함한다(Wilkins, 1067). "아버지와 아들과 성령의 이름으로"(개역개정)에서, '이름으로'라는 말은 '이름 안으로 들어가는 것'을 의미한다. 이는 하나님 아버지와 아들과 성령의 지배를 받는 존재가 되게 하는 것, 성삼위 하나님과의 신비한 교제 안으로 들어가는 것을 함축한다(Hagner, 1320; 고영민, 251). 여기서 '이름'이 단수인데, 이러한 기교는 예수님과 삼위일체 하나님의 신성을 선포한다(Wilkins, 1069). 복음이 모든 민족에 전파된다는 말은, 하나님께서 아브라함에게 약속하신 복(창 12:3)이 메시아 예수님 안에서 성취되었음을 보여준다(Keck, 504). 동시에 주님이 '아브라함의 자손'(1:1)임을 입증한다.

[20절] 나 자신이 너희에게 명령한 것은 무엇이든지 모든 것들을 계속 그들에게 가르쳐 지키게 하면서 하라. 그리고 보라! 이 시대가 끝날 때까지 모든 날들 동안 [내가] [너희와 함께] 있다.

❀ 마태복음에서 지금까지 가르치는 사역은 예수님만의 고유한 영역이었다. 그런데 이제는 주님께서 제자들에게 가르치도록 허락하신다(France, 1118). 제자들이 가르쳐야 할 모든 것에는 다섯 번의 강화(講話), 복음서에 기록된 예수님의 말씀뿐 아니라, 주님의 삶 전체가 포함된다(Wilkins, 1071; Keck, 504). 마지막 문장이 예언적 현재형인데, 이는 주님의 임재가 현실적이며 꼭 그렇게 하시겠다는

그분의 의지를 드러낸다(고영민, 252).

여기서 '내가'와 '너희와 함께'가 강조되었다. 요한복음은 '성령님'이 우리와 함께하신다고 약속한다(14:16). 그런데 마태복음은 주님께서 친히 함께하신다고 선언한다. '너희와 함께'라는 문구는 구약성경에 자주 등장한다(창 26:24; 28:15; 출 3:12; 수 1:5). 예수님은 구약의 하나님이 이스라엘 백성에게 말씀하셨던 것처럼 제자들에게 말씀하신다(Gundry, 597). 아울러 임마누엘 하나님(1:23)의 약속이 성취되었음을 알려 주신다(Wright, 282). 저자는 주님이 항상 함께하신다는 것을 보여주기 위해 그분이 하늘로 승천하신 사건을 의도적으로 서술하지 않는다(목회와신학, 402). 마가와 누가는 승천 사건을 기록한다(막 16:19; 눅 24:51).

❄ 마지막 단락(16-20절)은 이 복음서의 결론이며 마태복음 그 자체다(Harrington, 416). 마태복음은 처음과 끝이 사중으로 엮여 매우 치밀하게 짜인 멋진 문학작품이다. 첫째, 본문은 예수님을 소개하며 "하늘과 땅의 모든 권세를" 부여받으신 통치자, 즉 '왕'이라고 선언한다(18절). 이러한 표현은 그분이 "다윗의 자손"(1:1)이라는 진리를 입증한다. 둘째, 마태는 예수님을 통해 '모든 민족'이 제자가 될 것을 예고한다(19절). 이는 주님이 "아브라함의 자손"(1:1)이라는 점을 확증한다. 하나님께서 아브라함을 복의 통로로 삼아 주셨기 때문이다(창 12:3). 셋째, 주님은 세상 끝 날까지 우리와 항상 함께하겠다고 단언하신다(20절). 이 선언은 "임마누엘 하나님"(1:23)의 모습을 실제적으로 보여준다. 넷째, 그렇다면 그분에 대한 우리의 반응은 어떠해야 하는가? 저자는 동방 박사들(2:11)과 부활하신 주님께 경배한 제자들(9절, 17절)을 상기시키며 바로 이들처럼 경배하라고 촉구한다.

예수님은 우리에게 지켜야 할 명령의 목록만 건네시는 분이 아니다. 그분의 세계 선교 위임 명령은 마태복음의 처음(1:23)과 끝(28:20)에 나오는 '약속' 사이에 놓여 있다. 그것은 영원히 우리와 함께하신다는 임마누엘 약속이다. 이보다 더 위대한 인격적인 약속은 없다(Wright, 286).

참고문헌(Bibliography)

강대훈. 『마태복음 주석』(상하). 서울: 부흥과개혁사, 2019.

고영민. 『원문성경 신약』. 서울: 쿰란, 2015.

길성남. 『성경이 무엇을 말하느냐?』. 서울: 성서유니온, 2014.

김경진. 『공관복음 어떻게 읽을 것인가?』. 서울: 솔로몬, 2012.

______. 『누가복음 어떻게 읽을 것인가?』. 서울: 대서, 2013.

김득중. 『주요 주제를 통해서 본 복음서들의 신학』. 서울: 한들, 2006.

김병국. 『혼자 공부하는 신약성경 헬라어 강독』. 서울: 대서, 2008.

김창선. 『공관복음서의 예수』. 서울: 비블리카 아카데미아, 2012.

김춘기. 『예수를 따르는 자: 복음서의 제자직』. 서울: 한들, 2009.

류모세. 『열린다 성경: 식물 이야기』. 서울: 두란노, 2008.

______. 『열린다 성경: 광야 이야기』. 서울: 두란노, 2009a.

______. 『열린다 성경: 절기 이야기』. 서울: 두란노, 2009b.

______. 『열린다 성경: 생활 풍습 이야기(상)』. 서울: 두란노, 2010a.

______. 『열린다 성경: 생활 풍습 이야기(하)』. 서울: 두란노, 2010b.

______. 『열린다 성경 난해 구절1』. 서울: 규장, 2014.

목회와신학 편집부. 『마태복음 어떻게 설교할 것인가』. 서울: 두란노아카데미, 2003.

민영진. 『성경 바로 읽기』. 서울: 대한기독교서회, 1999.

______. 『바이블 FAQ』. 서울: 대한기독교서회, 2006.

서중석. 『복음서 해석』. 서울: 대한기독교서회, 1991.

______. 『복음서의 예수와 공동체의 형태』. 서울: 이레서원, 2007.

양용의. 『마태복음 어떻게 읽을 것인가』. 서울: 성서유니온, 2018.

유상섭. 「예수께서 풍랑을 잠잠케 한 사건에 대한 세 관점」. 『총신대논총』 25 (2005): 253-82.

______. 「오병이어 기적에 대한 네 복음서의 관점」. 『신학연구』 6 (2007): 1-49.

______. 「문둥병자의 정결 기사에 대한 각 복음서의 강조점」. 『총신대논총』 29 (2009): 265-91.

윤철원. 『복음서 신학 특강』. 서울: 신앙과 지성사, 2014.

이연길. 『내러티브로 성경 읽기』. 서울: 쿰란, 2015.

장인식. 『복음서 그 차이를 읽다』. 서울: 예영, 2017.

장재일. 『히브리적 관점으로 다시 보는 마태복음』 (상하). 서울: 쿰란, 2011.

제자원. 『그랜드 종합주석 마태복음-마가복음』. 서울: 성서교재간행사, 1992.

______. 『옥스퍼드 원어성경대전 마태복음』 101-103. 서울: 제자원, 2006.

최갑종. 『마태복음 산책』. 고양: 이레서원, 2020.

Adams, Edward. *Parallel Lives of Jesus*. Louisville: John Knox, 2011.

Attridge, Harold W. eds. *The HarperCollins Study Bible*. New York: HarperCollins, 2006.

Bailey, Kenneth E. 『중동의 눈으로 본 예수』. 박규태 역. 서울: 새물결플러스, 2016.

Barton, Stephen C. 『사복음서의 영성』. 김재현 역. 서울: 기독교문서선교회, 1997.

Barton, Bruce B. et al. 『적용을 도와주는 마태복음』 (상하). 전광규/김진선 공역. 서울: 성서유니온, 2002.

Blomberg, Craig L. *The New American Commentary Matthew*. Nashville:

B&H, 1992.

Bock, Darrell L. 『키워드로 푸는 성경 사복음서』. 유상섭 역. 서울: 디모데, 2005.

________. 『복음서를 통해 본 예수』. 신지철/김철 공역. 서울: 솔로몬, 2012.

Boring, M. Eugene. *Mark: A Commentary*. Louisville: John Knox, 2006.

Bruner, Frederick Dale. *Matthew 13-28*. Grand Rapids: Eerdmans, 2004.

Burridge, Richard A. 『복음서와 만나다』. 손승우 역. 서울: 타임교육, 2017.

Carter, Warren. *Matthew and the Margins: A Socio-Political And Religious Reading*. Maryknoll: Orbis, 2001.

Case-Winters, Anna. *Matthew: A Theological Commentary on the Bible*. Louisville: John Knox, 2015.

Duvall, J. S. and Daniel Hays. 『성경 해석』. 류호영 역. 서울: 성서유니온, 2009.

Edersheim, Alfred. 『메시아: 예수 그리스도의 생애와 시대』 vol. 2-vol. 4. 황영철/김태곤 역, 서울: 생명의말씀사, 2012.

Ehrman, Bart D. *The New Testament*. New York: Oxford University, 2008.

Evans, Craig A. 『마가복음 8:27-16:20』. 김철 역. 서울: 솔로몬, 2015.

Fee, Gordon D. and Douglas Stuart. 『성경을 어떻게 읽을 것인가』. 오광만/박대영 공역. 서울: 성서유니온, 2008.

France, R. T. *The Gospel of Matthew*. Grand Rapids: Eerdmans, 2007.

Freeman, James M. 『성경 속의 생활풍속 따라잡기 신약편』. 남송현 역. 서울: 아가페, 1997.

Garland, David E. *Reading Matthew*. New York: Crossroad, 1993.

Gibbs, Jeffrey A. *Matthew 1:1-11:1*. Saint Louis: Concordia, 2006.

Green, Joel B. 『어떻게 복음서를 읽을 것인가?』. 정옥배 역. 서울: 한국기독학생회, 1988.

Green, Michael. 『마태복음 강해』. 김장복 역. 서울: 한국기독학생회, 2005.

Gundry, Robert H. *Matthew*. Grand Rapids: Eerdmans, 1982.

Hagner, Donald A. 『마태복음(WBC)』 (상하). 채천석 역. 서울: 솔로몬, 1999.

Harrington, Daniel J. *The Gospel of Matthew*. Collegeville: Liturgical, 1991.

Johnson, Luke T. *The Gospel of Luke*. Collegeville: Liturgical, 1991.

Kaiser, Walter C. et al. 『IVP 성경난제주석』. 김재영 외 공역. 서울: 한국기독학생회, 2017.

Keck, Leander E. eds. *The New Interpreter's Bible: Matthew-Mark*. Nashville: Abingdon, 1995.

Keener, Craig S. 『IVP 성경배경주석 신약』. 정옥배 외 역. 서울: 한국기독학생회, 1998.

________. *The Gospel of Matthew: A Socio-Rhetorical Commentary*. Grand Rapids: Eerdmans, 2009.

Luz, Ulrich. 『마태 공동체의 예수 이야기』. 박정수 역. 서울: 대한기독교서회, 2002.

MacArthur, John. *The MacArthur Bible Commentary*. Nashville: Thomas Nelson, 2005.

Nolland, J. *The Gospel of Matthew(NIGTC)*. Grand Rapids: Eerdmans, 2005.

Osborne, Grant R.『강해로 푸는 마태복음』. 김석근 역. 서울: 디모데, 2015.
Pennington, Jonathan T.『복음서 읽기』. 류호영 역. 서울: 기독교문서선교회, 2015.
Peterson, Eugene H.『이 책을 먹으라』. 양혜원 역. 서울: 한국기독학생회, 2006.
Phillips, John. *Exploring the Gospel of Matthew*. Grand Rapids: Kregel, 2005.
Quarles, Charles L.『마태신학』. 홍승민 역. 서울: 개혁주의신학사, 2017.
Rhodes, Ron. *Understanding the Bible from A to Z*. Eugene: Harvest House, 2003.
Schultz, Richard L.『문맥, 성경 이해의 핵심』. 김태곤 역. 서울: 아가페, 2014.
Snodgrass, Klyne R. *Stories with Intent*. Grand Rapids: Eerdmans, 2008.
Strauss, Mark L.『네 편의 초상 한 분의 예수』. 박규태 역. 서울: 성서유니온, 2017.
Swindoll, Charles R. *Swindoll's Living Insights Matthew*. 2 vols. Carol Stream: Tyndale, 2020.
Talbert, Charles H. *Reading Luke*. Macon: Smyth & Helwys, 2002.
Tolmie, D. F.『서사학과 성경 내러티브』. 이상규 역. 서울: CLC, 2008.
Wilkins, Michael J.『NIV 적용주석 마태복음』. 채천석 역. 서울: 솔로몬, 2012.
Wright, Nicholas T.『모든 사람을 위한 마태복음』(상하). 양혜원 역, 서울: 한국기독학생회, 2010.

Bible Gateway (https://www.biblegateway.com)

Asbury Bible Commentary

Bible Hub (https://biblehub.com/commentaries)

Meyer's NT Commentary

Expositor's Greek Testament

Cambridge Bible for Schools and Colleges

Bengel's Gnomen

Pulpit Commentary

Ellicott's Commentary for English Readers

Benson Commentary

Barnes' Notes on the Bible

Jamieson-Fausset-Brown Bible Commentary

Matthew Poole's Commentary

Gill's Exposition of the Entire Bible

Vincent's Word Studies

Clarke's Commentary

People's New Testament

Blue Letter Bible (https://www.blueletterbible.org)

https://www.biblestudytools.com/commentaries

Robertson's Word Pictures of the New Testament

강조 성경
마태의 시선으로 예수님을 만나다

1판 1쇄 인쇄 _ 2021년 11월 20일
1판 1쇄 발행 _ 2021년 11월 25일

지은이 _ 장인식
펴낸이 _ 이형규
펴낸곳 _ 쿰란출판사

주소 _ 서울특별시 종로구 이화장길6
편집부 _ 745-1007, 745-1301~2, 747-1212, 743-1300
영업부 _ 747-1004, FAX 745-8490
본사평생전화번호 _ 0502-756-1004
홈페이지 _ http://www.qumran.co.kr
E-mail _ qrbooks@daum.net / qrbooks@gmail.com
한글인터넷주소 _ 쿰란, 쿰란출판사
등록 _ 제1-670호(1988.2.27)
책임교열 _ 박은아 · 최진희

 ISBN 979-11-6143-627-2 93230